VOYAGEURS
ANCIENS ET MODERNES

OU

CHOIX DES RELATIONS DE VOYAGES
LES PLUS INTÉRESSANTES ET LES PLUS INSTRUCTIVES
DEPUIS LE CINQUIÈME SIÈCLE AVANT JÉSUS-CHRIST JUSQU'AU DIX-NEUVIÈME SIÈCLE,

AVEC

BIOGRAPHIES, NOTES ET INDICATIONS ICONOGRAPHIQUES,

PAR M. ÉDOUARD CHARTON
RÉDACTEUR EN CHEF DU MAGASIN PITTORESQUE

Ouvrage couronné par l'Académie française dans sa séance du 20 août 1857.

TOME TROISIÈME.

VOYAGEURS MODERNES
QUINZIÈME SIÈCLE ET COMMENCEMENT DU SEIZIÈME.

PARIS
AUX BUREAUX DU MAGASIN PITTORESQUE,
QUAI DES GRANDS-AUGUSTINS, 29.

1861

VOYAGEURS

ANCIENS ET MODERNES.

VOYAGEURS MODERNES.

LES PROPRIÉTAIRES DE CET OUVRAGE SE RÉSERVENT LE DROIT DE TRADUCTION DANS TOUS LES PAYS QUI ONT TRAITÉ AVEC LA FRANCE.

Paris. — Typographie de J. Best, rue St-Maur-St-Germain, 15.

VOYAGEURS
ANCIENS ET MODERNES

OU

CHOIX DES RELATIONS DE VOYAGES
LES PLUS INTÉRESSANTES ET LES PLUS INSTRUCTIVES

DEPUIS LE CINQUIÈME SIÈCLE AVANT JÉSUS-CHRIST JUSQU'AU DIX-NEUVIÈME SIÈCLE;

AVEC

BIOGRAPHIES, NOTES ET INDICATIONS ICONOGRAPHIQUES,

PAR M. ÉDOUARD CHARTON
RÉDACTEUR EN CHEF DU MAGASIN PITTORESQUE

OUVRAGE COURONNÉ PAR L'ACADÉMIE FRANÇAISE DANS SA SÉANCE DU 20 AOUT 1857

TOME TROISIÈME

VOYAGEURS MODERNES.
QUINZIÈME SIÈCLE ET COMMENCEMENT DU SEIZIÈME.

PARIS
AUX BUREAUX DU MAGASIN PITTORESQUE
QUAI DES GRANDS-AUGUSTINS, 29.

1863

PRÉFACE.

Les six relations réunies dans ce volume se rapportent aux deux plus grands événements géographiques des temps anciens et modernes : la découverte de l'Amérique, et celle de la navigation vers l'Inde en doublant le cap de Bonne-Espérance.

Il nous a paru juste de remettre en mémoire notre compatriote Jean de Béthencourt, qui fonda le premier, au commencement du quinzième siècle, un établissement européen au delà des colonnes d'Hercule, en plein Océan, et qui, en ouvrant ainsi la carrière à Colomb et à Gama, leur prépara la première étape de leurs immortelles explorations.

Plus d'un quart du volume est ensuite consacré aux relations des quatre voyages de Christophe Colomb. Nous les avons annotées et mêlées de cartes et d'estampes choisies, de manière à donner (nous l'espérons du moins) une instruction aussi complète que possible sur tout ce qui concerne la vie, le caractère, le but et les travaux de ce grand génie.

Nous avons donné place, immédiatement après, à la relation du voyage le plus célèbre d'Améric Vespuce. Ce document a été pour nous une occasion de répandre des éclaircissements encore peu connus sur les questions fréquemment agitées à propos du navigateur florentin, et qui importent peut-être autant à la morale qu'à la géographie.

La quatrième relation, inconnue certainement aux lecteurs (sauf quelques très-rares exceptions), est celle du voyage de Vasco da Gama : on l'a traduite ici en français, pour la première fois, d'après un manuscrit appartenant autrefois au monastère de Santa-Cruz de Coimbre, et conservé aujourd'hui dans la bibliothèque de Porto. C'est, sous le titre de Routier (Roteiro), un journal fidèle, écrit avec une naïveté amusante par un marin portugais qui faisait partie de l'équipage de Gama.

Le voyage de Magellan vient ensuite. Aucun récit ne pouvait être préféré à celui d'Antonio Pigafetta, compagnon de ce grand navigateur. Nous avons profité de la traduction d'Amoretti, mais en la soumettant, comme il était indispensable, à une révision très-minutieuse.

Il a été de même nécessaire de modifier d'une manière notable la traduction de la première lettre de Cortez, que l'on doit à Flavigny. Il a fallu surtout changer presque toutes les dénominations de lieux et de peuples qui, fausses ou défigurées dans ces anciennes versions, auraient mis en perplexité l'esprit des lecteurs.

Nous devons déclarer que, pour tout ce qui concerne ces trois dernières relations, nous avons fait appel à l'obligeante collaboration de notre ami M. Ferdinand Denis, dont la science spéciale sur les voyages espagnols et portugais est bien connue. Sans son aide, il nous eût été bien difficile, au milieu d'épreuves douloureuses que nous avons eu à subir cette année, de remplir à temps nos engagements envers le public. Nous sommes heureux, en constatant la part importante que M. Ferdinand Denis a bien voulu prendre dans notre travail, de l'assurer ici de toute notre reconnaissance.

Ajoutons que nous avons des remercîments à adresser à M. Ramon de la Sagra, qui nous a permis d'emprunter une belle carte à son Atlas sur Cuba. Nous avons eu soin, du reste, de faire connaître dans les notes ce que nous devons à ses écrits, ainsi qu'à ceux de M. de Santarem, enlevé récemment à la science, et de MM. de Humboldt, Washington-Irving, de Verneuil, de la Roquette, Ed. Poe, et autres savants étrangers ou français, dont il est impossible de ne pas invoquer l'autorité toutes les fois que l'on veut entretenir le public des voyageurs des quinzième et seizième siècles.

Les bibliographies qui suivent les relations ont été, comme dans les deux premiers volumes, l'objet de recherches très-consciencieuses; nous espérons qu'elles rendront service à l'étude non moins qu'à la curiosité.

ÉD. CH.

TABLE DES MATIÈRES.

JEAN DE BÉTHENCOURT, voyageur français; biographie............................... page	2
Histoire de la conquête des Canaries........	3
Expédition à l'île de Fortaventure...........	7
Ile de Gomère et île de Fer................	27
Voyage du frère mendiant.................	35
La Grande-Canarie........................	39
Palma, Ténériffe, Lancerote...............	45
Excursion au cap Bojador.................	63
Bibliographie............................	75
CHRISTOPHE COLOMB; biographie.............	76
Premier voyage de Colomb................	92
Deuxième voyage........................	141
Troisième voyage........................	164
Quatrième voyage.......................	170
Bibliographie............................	189
AMÉRIC VESPUCE; biographie.................	192
Voyage d'Améric Vespuce aux côtes du Brésil..	198
Bibliographie............................	207
VASCO DA GAMA; biographie.................	209
Notice sur la relation de son premier voyage aux Indes orientales.......................	214
Journal de son voyage....................	219
Cap de Bonne-Espérance..................	225
Ile de Mozambique.......................	233
Calicut.................................	243
Retour.................................	257
Bibliographie............................	264
FERNAND DE MAGELLAN; biographie............	266
Notice sur Pigafetta, compagnon de Magellan..	271
Voyage de Magellan autour du monde........	273
Patagonie...............................	280
Navigation dans le détroit.................	287
La mer Pacifique.........................	291
Ile des Larrons..........................	295
Iles Philippines..........................	297
L'île de Zebu............................	303
Mort de Magellan........................	311
Bornéo.................................	321
L'île de Tidor............................	325
Timor..................................	345
Retour en Europe........................	349
Bibliographie............................	353
FERNAND CORTEZ; biographie................	357
Voyage en Californie.....................	365
Lettre de Cortez à Charles-Quint...........	368
La Nouvelle Séville.......................	369
Province de Cempoal.....................	371
République de Tlascala...................	373
Cholula................................	377
Monuments mexicains....................	382
Marche contre Mexico....................	387
Le roi Montézuma.......................	391
Exploration des côtes....................	397
Le grand temple de Mexico................	401
Mort de Montézuma......................	409
La Noche triste..........................	413
Bibliographie............................	419

FIN DE LA TABLE.

ERRATA.

Dans le tome II *(Voyageurs du moyen âge)*, vers la fin de la notice sur MARCO-POLO, page 256, dernière ligne, nous avons commis une inexactitude qu'il faut rectifier ainsi :

L'abbé Lebeuf a eu sous les yeux, sans se douter qu'il y fût question de Marco-Polo, la Chronique de saint Bertin, où Jean le Long, d'Ypres, déclare que le fameux voyageur vénitien écrivit sa relation « en français vulgaire, » et que lui-même, Jean d'Ypres, en possédait une copie. — C'est M. d'Avezac qui, le premier, a produit ce témoignage formel; le savant M. Th. Wright n'a fait que le citer.

Dans la carte page 254, au lieu de : « Iles masculines et féminines, » lisez : « Ile des hommes et île des femmes. » Il y a quelques autres incorrections de peu d'importance dans l'orthographe des désignations de lieux sur cette même carte.

VOYAGEURS

ANCIENS ET MODERNES.

VOYAGEURS MODERNES.

QUINZIÈME ET SEIZIÈME SIÈCLES.

JEAN DE BÉTHENCOURT,
VOYAGEUR FRANÇAIS.

[1402-1405.]

Primera-Tierra, sur la côte septentrionale de la grande-Canarie. — D'après Barker-Webb et Sabin Berthelot.

Jean de Béthencourt, né vers 1339, baron de Saint-Martin-le-Gaillard, dans le comté d'Eu, en Normandie (¹), chambellan de Charles VI (²), avait appris la guerre et la navigation sous l'amiral Jean de Vienne, l'un de ses parents (³). Sa femme appartenait à une branche de la famille des Fayel. Si considérable que fût sa position, il ambitionna plus de renommée et plus de richesse. Au commencement du quinzième siècle, la démence du roi, les rivalités des maisons d'Orléans et de Bourgogne, jetaient le trouble dans toutes les provinces de France et rendaient incertaines toutes les fortunes. Il paraît aussi que Béthencourt ne jouissait pas d'une paix inaltérable dans son ménage. Au milieu de ces circonstances, cédant à sa passion pour de grandes entreprises, et encore dans la maturité de l'âge, il conçut le projet de conquérir les îles Canaries. On croit qu'il avait été encouragé ou même appelé à cette entreprise par son parent Robert de Braquemont, qui avait servi Henri III de Castille, et avait obtenu de ce roi l'autorisation de faire la conquête de ces îles. Il est probable d'ailleurs qu'à cette époque, où se réveillait si vivement l'ardeur des découvertes, plus d'une imagination convoitait les Canaries qui, entrevues par les voyageurs anciens, avaient reçu d'eux le nom d'îles Fortunées, et qui depuis, côtoyées ou touchées, sur quelques points, de siècle en siècle, par des navires égarés, avaient paru, à ces rares et rapides explorateurs de hasard, des séjours délicieux, riches de tous les charmes et de tous les dons de la nature (⁴). Une aventure récente avait donné à toutes ces traditions de l'antiquité et du moyen âge une éclatante confirmation. En 1393, des Biscayens et des Andalous, commandés par un nommé Gonzalo Peraza Martel, seigneur d'Almonaster, ayant abordé à l'île de Lancerote, avaient assailli les indigènes, emmené captifs le roi, la reine, cent soixante-dix de leurs sujets, et emporté un grand nombre de produits de toute sorte qui attestaient la fertilité du sol. Aucune tentative n'avait été renouvelée depuis; mais en Portugal, en Espagne, en France, les esprits éclairés pressentaient l'approche de celle qui assurerait enfin à l'Europe et à sa civilisation la conquête de l'archipel; c'était à notre compatriote normand qu'il était réservé de répondre à leur attente.

(¹) « Les uns (Loysel et Lescarbot) le font Picard, les autres Normand, comme il était; car sa demeure est assez remarquée près de Dieppe, au pays de Caux. » (Bergeron.)

(²) La charge de chambellan était plutôt honorifique qu'active; elle donnait aux gentilshommes qui en étaient pourvus l'avantage de demeurer avec le roi lorsqu'ils venaient à la cour, et ordinairement d'assister aux délibérations du grand conseil. L'ancien cérémonial nous est très-peu connu; nous ne savons point ce que le chambellan avait à faire de service domestique pour justifier son titre.

(³) Son cousin, suivant Guilbert (*Mémoires biographiques et littéraires*, etc., *sur les hommes qui se sont fait remarquer dans le département de la Seine-Inférieure*; 1812).

La charge d'amiral était l'un des grands offices de la couronne, mais le moindre de tous en ce temps-là. L'amiral était à la fois ministre de la marine, chef de la justice de la mer et commandant général des flottes. Tout cela réuni n'était pas de très-haute importance à une époque où la France n'avait ni la côte de Flandre, ni celle de Calais, ni celle de Bretagne, ni celle de Guyenne, ni celle de Provence, et où nous ne possédions en fait de ports que Dieppe, Harfleur, la Rochelle et Aigues-Mortes; encore perdîmes-nous Dieppe et Harfleur sous l'amirauté de Robert de Braquemont, parent de Béthencourt. Braquemont était un homme de mer, mais le plus souvent le grand amiral était un seigneur qui n'avait jamais navigué sur d'autres eaux que celles de la faveur; ses fonctions, dont il abandonnait la partie active à des lieutenants, n'étaient qu'une façon de gagner de l'argent.

(⁴) Il est très-vraisemblable que les îles Canaries étaient connues des Phéniciens, et Pline constate qu'elles furent explorées par un roi de Numidie, fils de Juba, mort l'an 776 de Rome.

On cite, parmi les navigateurs du moyen âge que le hasard avait conduits à quelqu'une des Canaries : — huit Arabes, partis de Lisbonne au commencement du douzième siècle, et parvenus probablement jusqu'à Lancerote ou à Fortaventure (on a surnommé ces Arabes *almaghrourins*, c'est-à-dire « quartier de ceux qui ont été trompés, » probablement parce que leur entreprise, qui était d'aller jusqu'aux extrémités de l'Océan, la *mer ténébreuse*, n'avait pas réussi); — un Génois, nommé Lancelot Maloisel; — vers 1291, deux capitaines génois, Tedio ou Teodosio Doria et Ugolino ou Agostino Vivaldi, dont les galères firent naufrage; — en 1341, sous le roi de Portugal Alphonse IV, trois grandes caravelles commandées par Angiolino del Tegghia (la relation de ce voyage a été écrite par Boccace; M. Sébastien Ciampi l'a publiée en 1827); — en 1360, deux bâtiments espagnols expédiés par don Luis de la Cerda, et qui abordèrent à l'île Gomère, ou à la Grande-Canarie; — en 1377, un capitaine biscayen, Martin Ruys de Avendaño, jeté par une tempête sur la côte de Lancerote; — en 1382, le capitaine Francisco Lopez; — en 1386, un navire castillan commandé par don Fernando, comte d'Urena et d'Andeyro, chassé par les vents sur le rivage de l'île Gomère (les insulaires firent prisonniers les Espagnols, mais les renvoyèrent généreusement dans leur patrie); — en 1393 (1399, suivant quelques auteurs), le seigneur d'Almonaster.

Il faut ajouter que les îles Canaries sont plus ou moins vaguement indiquées sur plusieurs cartes du quatorzième siècle, notamment sur un portulan décrit par Baldelli dans son histoire du *Millione*; sur la carte des *Pizzigani*, dressée à Venise en 1367; dans l'Atlas catalan de 1357. (Voy. Santarem, *Essai sur l'histoire de la cosmographie et de la cartographie.*)

Béthencourt méritait à un autre titre encore de prendre place en tête de ce volume consacré aux étonnantes découvertes des quinzième et seizième siècles. Ce valeureux gentilhomme, comme l'appelle Humboldt [1], explora, dans les intervalles de ses conquêtes, la côte d'Afrique jusqu'au sud du cap Bojador, que les Portugais se sont longtemps enorgueillis d'avoir dépassé les premiers plus de trente ans après [2].

On peut donc dire que Béthencourt fit véritablement les premières étapes des deux immortelles navigations de Christophe Colomb et de Vasco de Gama [3]; et c'est par là que, malgré la date de son entreprise [4], il se détache du moyen âge et se rapporte immédiatement au grand mouvement des découvertes modernes.

La relation de tous les événements accomplis depuis le jour où Béthencourt partit de son manoir jusqu'à son retour définitif en France a été écrite, sous ses yeux, par F. Pierre Bontier, franciscain, et Jean le Verrier, prêtre, qu'il avait emmenés avec lui : « C'est, dit avec raison un biographe, le plus ancien monument qui nous reste des établissements que les Européens ont faits outre-mer, et elle rend le nom de Béthencourt illustre dans l'histoire. » Le manuscrit, orné de miniatures en camaïeu brun rehaussé de blanc, existe encore et appartenait naguères encore à M. Guérard de la Quinerie. Un descendant de Béthencourt permit, en 1630, à Pierre Bergeron d'imprimer ce récit, sauf un chapitre relatif à des discussions conjugales qui n'importaient pas, en effet, au sujet. Nous reproduisons ici le texte de cette ancienne édition, dont les exemplaires sont devenus extrêmement rares, en modifiant seulement, mais avec réserve, des locutions et des formes de phrase qui en eussent rendu la lecture trop obscure et trop difficile. Nous avons aussi fait graver quelques-unes des miniatures, qui, si curieuses qu'elles soient, n'ajoutent point cependant assez de lumière au récit pour mériter d'être toutes publiées.

HISTOIRE DE LA CONQUÊTE DES CANARIES

PAR LE SIEUR DE BÉTHENCOURT.

Chapitre Ier. — Comment M. de Béthencourt partit de Granville et s'en alla à la Rochelle, et de là en Espagne, et ce qui lui advint.

Au temps jadis, on avait coutume de mettre en écrit les bonnes chevaleries et les étranges choses que faisaient les vaillants conquéreurs. Ainsi donc qu'on trouve aux anciennes histoires, nous voulons

---

[1] *Histoire de la géographie du nouveau continent.*

[2] Voy. les Mémoires de M. d'Avezac : *Note sur la première expédition de Béthencourt aux Canaries et sur le degré d'habileté nautique des Portugais à cette époque*; Paris, 1846 ; — *Notice des découvertes faites au moyen âge dans l'océan Atlantique, antérieurement aux grandes explorations portugaises du quinzième siècle*; Paris, 1845.

« Les Portugais, dit M. d'Avezac dans ce dernier ouvrage (p. 57), ne parvinrent à doubler le cap de Bugeder (Bojador) qu'en 1434, après des tentatives vainement réitérées pendant plus de douze ans, tandis que Béthencourt avait fait au sud du cap, une quarantaine d'années auparavant, une expédition *(ghaziah* ou *razzia)*, etc. »

[3] Colomb et Gama firent leur première halte aux Canaries. Colomb aborda à ces îles neuf jours après son départ pour y faire radouber une de ses caravelles; Gama arriva en vue des Canaries après sept jours de navigation, et pêcha le long des côtes.

« Gonzalès de Illescas, dans son *Histoire pontificale*, fait remarquer que la conquête des Canaries aida grandement à la découverte du nouveau monde, ces îles servant d'escale très-commode pour une si longue navigation. » (Bergeron.)

« L'Islande, les Açores et les *Canaries*, dit Humboldt, sont les points d'arrêt qui ont joué le rôle le plus important dans l'histoire des découvertes et de la civilisation, c'est-à-dire dans la série des moyens qu'ont employés les peuples de l'occident pour entrer en rapport avec les parties du monde qui leur étaient restées inconnues. » *(Hist. de la géogr. du nouveau continent*, t. II, p. 56.) — A quelques lignes plus loin, l'auteur appelle ces îles « les avant-postes de la civilisation européenne, des points d'attente et d'espérance. » (P. 57.)

[4] Les historiens s'accordent généralement à donner pour limite au moyen âge l'année (1453) où Constantinople fut prise par les Turcs; mais on comprend que c'est là une convention arbitraire et qui ne peut s'appliquer d'une manière utile et raisonnable qu'à la condition de se prêter à la logique des faits. En réalité, d'ailleurs, il n'y a point plusieurs âges.

faire ici mention de l'entreprise du sieur de Béthencourt, né au royaume de France, en Normandie. Ledit Béthencourt se partit de son hôtel de Grainville-la-Teinturière, en Caux, et s'en vint à la Rochelle. Là, il trouva Gadifer de la Salle, un bon et honnête chevalier, lequel allait à son aven-

Comment monseigneur de Béthencourt se partit de Granville et s'en alla à la Rochelle. — D'après une miniature du manuscrit de la relation (commencement du quinzième siècle) (¹).

ture, et il y eut parole entre ledit Béthencourt et Gadifer. Et lui demanda, Mgr de Béthencourt, de quel côté il voulait tirer, et ledit Gadifer disait qu'il allait à son aventure. Adonc Mgr de Béthencourt lui dit qu'il était fort joyeux de l'avoir trouvé, et lui demanda s'il lui plairait de venir en sa compagnie; puis il conta audit Gadifer son entreprise, si bien que ledit Gadifer fut tout joyeux de l'ouïr parler. Il y eut entre eux deux moult de belles paroles, qui trop longues seraient à raconter.

Adonc partirent Mgr de Béthencourt et messire Gadifer et toute son armée de la Rochelle, le premier jour de mai 1402, pour venir aux côtes de Canare (²), pour voir et visiter tout le pays, en espérance de conquérir les îles et mettre les gens à la foi chrétienne (³); et ils avaient un très-bon navire, suffi-

(¹) Le propriétaire du manuscrit et M. P. Margry, qui en est le dépositaire, nous ont donné l'autorisation de copier cette miniature ainsi que trois autres dont l'on trouvera la reproduction plus loin.

(²) Des Canaries. Ce nom ne fut donné d'abord qu'à la plus grande des îles. « Aucuns estiment, dit Bergeron, qu'elle a été appelée Canarie à raison de la quantité de chiens qui furent trouvés en icelle; mais j'ai souvent ouï dire aux anciens habitants qu'elle a été ainsi nommée à cause d'une espèce de canne ou de roseau à quatre carres qui croît en abondance en ces îles-là, de laquelle sort un lait qui est un très-dangereux poison. »

(³) Ce désir de convertir les idolâtres fut un des mobiles de presque tous les voyageurs des quinzième et seizième siècles, comme on le verra dans le cours de ce volume. Non-seulement Béthencourt fit servir à cette œuvre de propagation

samment garni de gens et de victuailles, et de toutes les choses qui leur étaient nécessaires pour leur voyage. Ils devaient suivre le chemin de Belle-Ile; mais, au passage de l'île de Ré, ils eurent vent contraire, dirigèrent leur voie en Espagne, et arrivèrent au port de Vivières (¹). Là demeura Mgr de Béthencourt, avec sa compagnie, huit jours. Or il y eut un grand discord entre plusieurs gens de la compagnie, tant que le voyage fut en grand danger d'être rompu; mais ledit seigneur de Béthencourt et messire Gadifer les rapaisèrent.

Adonc se partit de là le sieur de Béthencourt, avec lui messire Gadifer de la Salle et autres gentilshommes, et vinrent à la Coulongne (²); et y trouvèrent un comte d'Écosse, le sire de Hely, messire Rasse de Renty et plusieurs autres avec leur armée. Mgr de Béthencourt descendit à terre et alla à la ville, où il avait à besogner, et trouva qu'ils défaisaient de plusieurs habillements une nef qu'ils avaient prise, nous ne savons sur qui. Quand Béthencourt vit cela, il pria le comte qu'il pût prendre de la nef quelques choses qui leur étaient nécessaires, et le comte lui octroya, et Béthencourt s'en alla en la nef, et fit prendre une ancre et un batel et les fit amener à sa nef. Mais quand le seigneur de Hely et ses compagnons le surent, ils n'en furent mie contents et leur en déplut. Et vint messire Rasse de Renty vers eux, et leur dit qu'il ne plaisait mie au sire de Hely qu'ils eussent le batel ni l'ancre. Béthencourt leur répondit que c'était par la volonté du comte de Craforde (³), et qu'ils ne le rendraient point. Ouïe leur réponse, le sire de Hely vint vers Mgr de Béthencourt, et lui dit qu'il ramenât ou fît ramener ce qu'il avait pris de leur nef, et il lui répondit encore qu'il l'avait fait par le congé du comte.

Par suite, il y eut grosses paroles assez. Quand Mgr de Béthencourt vit cela, il dit au sieur de Hely : « Prenez batel et ancre, de par Dieu! et vous en allez. — Puisqu'il vous plaît, répondit le sire de Hely, ce ne ferai-je mie, mais je les y ferai mener aujourd'hui ou j'y pourvoirai autrement. — Prenez-les si vous voulez, répondirent ledit Béthencourt et Gadifer, car nous avons autre chose à faire. » — Ledit Béthencourt était sur son départ et voulait lever les ancres et se tirer hors du port, et incontinent ils partirent.

CHAPITRE II. — Comment M. de Béthencourt et son armée arrivèrent à Cadix, et comment ils furent accusés par les marchands de Séville.

Quand ils virent cela, ils armèrent une galiote et vinrent après ledit Béthencourt; mais ils n'approchèrent point plus près, excepté lorsqu'on parla à eux, et il y eut assez de paroles qui trop longues seraient à raconter. Ils n'eurent pas autre chose ni autre réponse que comme la première était, et s'en retournèrent enfin. Et M. de Béthencourt et sa compagnie prirent leur chemin, et quand ils eurent doublé le cap de Fine-terre (⁴), ils suivirent la côte de Portugal jusqu'au cap Saint-Vincent, puis reployèrent et tinrent le chemin de Séville, et arrivèrent au port de Calix (⁵), qui est assez près du détroit de Maroc (⁶), et ils y séjournèrent longuement. Et fut ledit de Béthencourt empêché, car les marchands demeurant en Séville qui avaient perdu leur navire sur la mer, pris l'on ne savait par qui, c'est à savoir soit par les Génevois (⁷), les Plaisantins ou les Anglais, les accusèrent tellement devant le conseil du roi (⁸), qu'ils ne purent rien recouvrer, en disant qu'ils étaient voleurs et qu'ils avaient affondré trois navires, pris et pillé ce qui était dedans.

---

le franciscain et le prêtre qu'il avait emmenés avec lui, mais encore, après la conquête, il alla demander au pape un évêque pour les Canaries.

(¹) Vivero.
(²) La Corogne.
(³) Craford.
(⁴) Le cap Finistère, en Galice.
(⁵) Cadix.
(⁶) Détroit de Gibraltar.
(⁷) Génois.
(⁸) Henri III de Castille.

CHAPITRE III. — Comment M. de Béthencourt se défendit de l'accusation des marchands génevois (génois), plaisantins et anglais, et de la mutinerie des mariniers.

Donc Béthencourt descendit à terre et alla à Sainte-Marie du Port ([1]), pour savoir ce que c'était; là, il fut pris et mené en Séville. Mais quand le conseil du roi eut parlé à lui et qu'il leur eut fait réponse, ils le prièrent que la chose demeurât ainsi et qu'il n'en fût plus parlé quant à présent, et le délivrèrent tout au plein. Et lui étant en Séville, les mariniers, mus de mauvais courage ([2]), découragèrent tellement toute la compagnie, en disant qu'ils avaient peu de vivres et qu'on les menait mourir, que de quatre-vingts personnes n'en demeura que cinquante-trois. Béthencourt s'en revint en la nef, et avec aussi peu de gens qu'il leur en restait, ils prirent leur voyage ([3]), duquel ceux qui sont demeurés avec Béthencourt et n'ont mie voulu consentir aux mauvais faits de Berthin de Berneval ont souffert moult de pauvreté, de peine, de travail en plusieurs manières, ainsi que vous oirez ci-après.

CHAPITRE IV. — Comment ils partirent d'Espagne et arrivèrent à l'île Lancelot (Lancerote).

Et après se partirent du port de Calix et se mirent en haute mer ([4]), et furent trois jours en bonace, sans avancer leur chemin, ou presque point, et puis se releva le temps. Et ils furent en cinq jours au port de l'île Gracieuse ([5]) et descendirent en l'île Lancelot ([6]), et entra M. de Béthencourt par le pays et mit grande diligence de prendre des gens de Canare ([7]); mais il ne put, car il ne savait mie encore le pays. Il retourna donc au port de Joyeuse ([8]), sans autre chose faire. Et lors M. de Béthencourt demanda à messire Gadifer de la Salle et aux autres gentilshommes ce qu'il leur était avis de faire. Il fut avisé qu'ils prendraient des compagnons et se remettraient au pays, et n'en partiraient jusqu'à tant qu'ils eussent trouvé des gens. Et bientôt en fut trouvé qui descendirent des montagnes et vinrent par devers eux, et appointèrent que le roi du pays viendrait parler à M. de Béthencourt, en certain lieu; et ainsi fut fait. Ledit roi du pays ([9]) vint vers Béthencourt, en la présence de Gadifer et de plusieurs autres gentilshommes, et se mit

([1]) Le port Sainte-Marie.
([2]) *Mauvais courage*, c'est-à-dire *mauvaise intention*. Les Portugais, en interprétant mal le mot *courage*, ont à tort prétendu établir que, par suite de la lâcheté des matelots normands, Béthencourt avait été obligé de recourir à des marins espagnols (voy. le *Diario do Governo* de Lisbonne, 5 septembre 1845). Ce petit trait de partialité contre les Normands se rattache au plan général d'attribuer uniquement au Portugal l'honneur de toutes les premières découvertes dans l'océan Occidental, le long de l'Afrique. (Voy. d'Avezac, *Découvertes faites au moyen âge dans l'océan Atlantique*; Paris, 1845.)
([3]) D'où l'on est fondé à conclure que Béthencourt ne se pourvut point de pilotes et de matelots espagnols, ce que des écrivains portugais ont avancé pour enlever aux Normands le mérite d'avoir su faire route vers les Canaries sans secours étranger.
Il ressort aussi très-clairement du texte que l'expédition se fit au printemps, avec une seule nef. Ce fut celle qui, après avoir conduit les deux chevaliers et leurs gens aux Canaries, ramena Béthencourt à Cadix, et se perdit dans la traversée de Cadix à Séville, ce qui força Béthencourt à en demander une autre au roi de Castille. Plus tard, il en acheta une troisième.
([4]) Ainsi les Normands de Béthencourt avaient déjà la pratique de la haute mer à une époque où les Portugais eux-mêmes ne savaient encore que caboter le long des côtes.
([5]) *Graciosa*, petite île du groupe des Canaries qui a environ cinq milles de long, et dont la plus grande largeur n'excède pas un mille.
([6]) L'île *Lancerote*, longue d'environ 44 kilomètres sur 16 de large.
([7]) Canariens.
([8]) *Allegranza*. Cette île, située au nord de l'archipel des Canaries, n'a guère plus de 2 kilomètres d'étendue. On y cultive une ficoïde, la glaciale (*Mesembryanthemum cristallinum*), pour en extraire la soude. La chasse des puffins ou plongeons, dont on vend la chair, et celle des grands goëlands, qui fournissent une espèce d'édredon, y est très-productive.
([9]) Le roi Guadarfia.

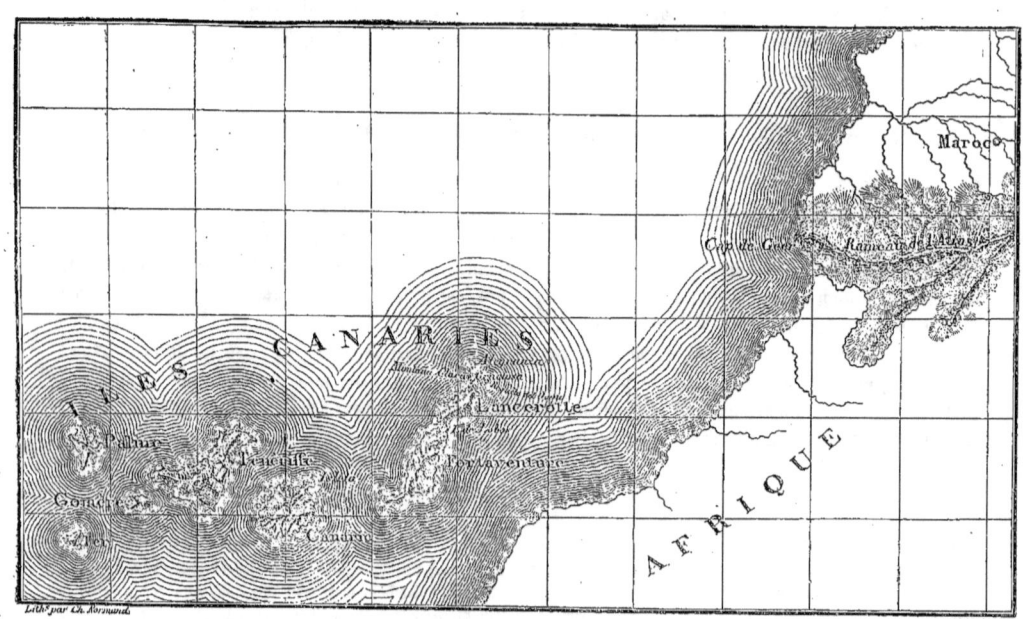

Carte des Îles Canaries.

ledit roi en l'obéissance dudit Béthencourt et de sa compagnie, comme amis, non mie comme sujets, et on leur promit qu'on les garderait à l'encontre de tous ceux qui leur voudraient mal faire. Mais on ne leur a mie bien tenu convenant (¹); ainsi comme vous oirez plus à plein ci-après. Et demeurèrent ledit roi sarrasin et M. de Béthencourt d'accord, et fit faire ledit sieur de Béthencourt un chastel qui s'appelle Rubicon (²), et y laissa une partie de sa compagnie. Puis, comme il parut audit de Béthencourt qu'un nommé Berthin de Berneval était homme de bonne diligence, il lui bailla tout le gouvernement de ses gens et du pays; puis passa ledit de Béthencourt et Gadifer de la Salle, avec le surplus de sa compagnie, en l'île d'Erbanie, nommée Forte-Adventure (³).

CHAPITRE V. — Comment M. de Béthencourt partit de l'île Lancerote pour aller à l'île d'Erbanie, dite Forte-Adventure, par le conseil de Gadifer de la Salle.

Et, tantôt après, M. de Bethencourt prit conseil de Gadifer qu'on irait de nuit en ladite île de Forte-Adventure, et ainsi fut fait. Ledit Gadifer et Remonet de Lenedan et toute une partie des compagnons y

Comment M. de Béthencourt se partit de l'île Lancerote pour aller en l'île d'Erbanie. — Miniature du manuscrit original (quinzième siècle).

allèrent tout le plus avant qu'ils purent, et jusqu'à une montagne, là où est une fontaine vive et courante. Et mirent grande peine et grande diligence d'encontrer leurs ennemis, bien marris qu'ils ne les purent

(¹) Convention, promesse.
(²) Dans la partie sud-ouest de l'île.
(³) Après l'arrivée des aventuriers normands, cette île prit le nom de *Forte-Adventure* ou *Fortaventure*, par allusion sans doute aux rudes combats qu'ils eurent à soutenir pour s'emparer du pays. Elle a un peu plus de 80 kilomètres dans sa plus grande longueur, et le développement de la côte dans tous les contours peut être évalué à 200 kilomètres.

trouver. Mais s'étaient lesdits ennemis retraits en l'autre bout du pays, dès qu'ils avaient vu arriver le navire au port. Et demeura ledit Gadifer avec la compagnie huit jours, jusqu'à ce qu'il leur convînt re-

Vue de l'île Allegranza prise de l'île de Lancerote (¹).

tourner, par faute de pain, au port de Louppes (²). Et puis prirent lesdits chevaliers conseil ensemble, et ordonnèrent qu'ils s'en iraient par terre au long du pays, jusqu'à une rivière nommée le Vien de Palme, et se logeraient sur le bout d'icelle rivière, et que la nef se retrairait tout le plus près qu'elle pourrait, et qu'ils descendraient leurs vivres à terre, et là se fortifieraient et n'en partiraient jusqu'à tant que le pays serait conquis et les habitants mis à la foi catholique.

CHAPITRE VI. — Comment les mariniers refusèrent Gadifer de sa nef même.

Robin le Brument, maître marinier d'une nef que ledit Gadifer disait lui appartenir, ne voulait plus demeurer ni recevoir Gadifer et ses compagnons, et il fallut qu'ils eussent des otages pour les repasser en l'île Lancerote, ou autrement ils fussent demeurés par delà sans vivres. Et firent dire Robin Brument et Vincent Cerent, par Colin Brument, son frère, à Gadifer, que lui et ses compagnons n'entreraient point plus forts qu'eux dans la nef. Et ils les repassèrent au bastel de la nef, en laquelle il entra comme otage, lui et Annibal son bâtard, en grande douleur de cœur de ce qu'il était en telle sujétion, qu'il ne se pouvait aider du sien propre.

CHAPITRE VII. — Comment M. de Béthencourt s'en alla en Espagne et laissa messire Gadifer, à qui il donna la charge des îles.

Adonc M. de Béthencourt et Gadifer revinrent au château de Rubicon. Et, quand ils furent là, les mariniers pensant grande mauvaiseté se hâtèrent moult d'eux en aller. Si ordonna ledit sieur de Béthencourt, par le conseil dudit Gadifer et de plusieurs autres gentilshommes, qu'il s'en irait avec lesdits mariniers, pour les venir secourir à leurs nécessités, et que le plus tôt qu'il pourrait il reviendrait et amènerait des rafraîchissements de gens et de vivres. Puis parlèrent aux mariniers, afin que les vivres qui sont au navire fussent descendus à terre, excepté ceux dont ils auraient besoin pour leur retour. Et ainsi fut fait, hormis que lesdits mariniers en détruisirent le plus qu'ils purent, et d'artillerie (³) et d'autres choses qui leur eussent été depuis bon besoin. Et se partit M. de Béthencourt du port de Rubicon, avec

---

(¹) Voy. la note 8 de la p. 6.

(²) *Isla de Lobos.* Cet îlot, situé entre Lancerote et Fortaventure, a environ 4 kilomètres de circonférence. Il doit son nom aux loups marins (les phoques), qui abondaient autrefois sur son rivage. Il est remarquable par les anfractuosités de ses bords.

(³) Outils et instruments de guerre. « *Artillerie* vient, dit Ménage, de l'ancien mot *artiller*, qui signifiait proprement rendre fort par art, et garnir d'outils et d'instruments de guerre. *Artiller* ou *artillier* vient de *ars, artis.* »

les mariniers en son navire, et s'en vint à l'autre bout de l'île Lancelot, et là demeurèrent. Ledit sieur de Béthencourt envoya quérir à Rubicon messire Jean le Verrier, prêtre, et son chapelain, à qui il dit plusieurs choses de secret, et à un nommé Jean le Courtois, auquel il bailla aucunes charges qui pouvaient toucher son honneur et profit, et lui en chargea qu'il prît bien garde à toutes choses qu'ils verraient qui seraient à faire, et qu'ils fussent eux deux comme frères, en maintenant toujours paix et union dans la compagnie, et que, le plus tôt qu'il pourrait, il ferait diligence pour retourner. Et adonc ledit Béthencourt prit congé de messire Gadifer et de toute la compagnie, et partit ledit sieur, et cinglèrent tant qu'ils vinrent en Espagne.

Ici, nous ne continuerons à parler de cette matière, et parlerons du fait de Berthin de Berneval, natif de Caux en Normandie et gentilhomme de nom et d'armes (¹), auquel ledit sieur se fiait fort, et avait été élu par lui et messire Gadifer, comme j'ai devant dit, lieutenant et gouverneur de l'île Lancelot et de la compagnie. Et ledit Berthin, tout le pis qu'il put faire il le fit, et de grandes trahisons, comme vous ouïrez plus à plein déclaré.

CHAPITRE VIII. — Comment Berthin de Berneval commença ses malices à l'encontre de Gadifer.

Afin qu'on sache que Berthin de Berneval avait déjà mauvaiseté machinée en son cœur, il faut dire que, dès qu'il fut venu vers M. de Béthencourt, à la Rochelle, il commença à rallier des compagnons et fit alliance avec plusieurs gens. Et un peu après par lui fut commencée une grande dissension en la nef, entre les Gascons et Normands; et de vrai ledit Berthin n'aimait point messire Gadifer, et cherchait à lui faire tout le plus de déplaisir qu'il pouvait. Et tant advint que Gadifer s'armait en sa chambre pour vouloir apaiser le débat d'entre les mariniers, qui s'étaient retirés au château (²) de devant en ladite nef. Ils jetèrent audit Gadifer deux dards, dont l'un passa entre lui et Annibal, qui lui aidait à s'armer en sa chambre, et s'attacha en un coffre. Et étaient quelques-uns des mariniers montés au château du mât, et avaient dards et barres de fer tout prêts pour jeter sur nous; et à moult grande peine fut apaisée cette noise. Et dès lors commencèrent des coalitions et dissensions les uns contre les autres, en telle manière qu'avant que la nef partît d'Espagne pour traverser aux îles de Canaries, ils perdirent bien deux cents hommes des mieux appareillés qui y fussent : de quoi on a eu depuis grande souffrette par plusieurs fois; car s'ils eussent été loyaux, ledit Béthencourt aurait été plus tôt seigneur des îles de Canarie, ou de la plus grande partie d'elles.

CHAPITRE IX. — Comment Gadifer, qui avait fiance à Berthin, l'envoya parler à un patron d'une nef.

Et après que M. de Béthencourt fut parti de Rubicon, et qu'il eut commandé à Berthin de Berneval qu'il fît son devoir en tout ce qu'il est raison de faire, et qu'il obéît à messire Gadifer, ainsi que tous les gens dudit sieur de Béthencourt, car M. de Béthencourt tenait messire Gadifer pour un bon chevalier et sage, et c'était l'avantage de messire Gadifer qu'il s'était mis en la compagnie de M. de Béthencourt, bien que peu de temps après il dût y avoir de grandes dissensions et de grandes noises entre eux deux, comme vous oirez ci-après; or donc, après qu'est parti M. de Béthencourt de Rubicon, et qu'il est allé en Espagne, Gadifer, qui avait plus de confiance en Berthin de Berneval qu'en nul autre, l'envoya vers une nef qui était arrivée du port de l'île de Loupes (³); et pensait Berthin que ce fût la nef *Tranchemare*, de laquelle Ferrant d'Ordognes était maître, auquel il pensait avoir grande accointance. Mais ce n'était pas elle, mais une autre nef qui s'appelait *Morelle*, de laquelle Francisque Calve avait le gou-

---

(¹) Armoiries.
(²) Gaillard d'avant.
(³) L'îlot de Lobos. (Voy. la note 2 de la p. 9.)

vernement. Et parla Berthin ou fit parler à un des compagnons de la nef qui s'appelait Simene (¹), en la présence de quelques autres, qu'ils l'emmenassent avec eux, et trente des compagnons de la nef, et qu'il prendrait quarante hommes des meilleurs qui fussent en l'île Lancelot. Mais ils ne voulurent pas consentir à cette grande mauvaiseté, et leur dit Francisque Calve qu'il n'appartenait pas à Berthin, et qu'à Dieu ne plût qu'ils fissent une telle déloyauté à tels et si bons chevaliers comme étaient M. de Béthencourt et messire Gadifer, de les dégarnir ainsi du peu de gens qui leur était demeuré, et aussi de prendre et ravir ceux que ledit Béthencourt et tous ses gens avaient assurés et mis en leur sauvegarde, lesquels avaient bonne espérance d'être baptisés et mis en notre foi.

CHAPITRE X. — Comment Berthin donna faux à entendre à ceux de son alliance.

Après un peu de temps, Berthin, qui toujours avait mauvaise volonté et trahison en sa pensée, parla à tous ceux qu'il pensa être du mauvais courage qu'il était, et les exhorta, et dit qu'il leur dirait telle chose que ce serait le bien, l'exhaussement et l'honneur de leurs personnes. Et à tous ceux qui avec lui s'accordèrent, il leur fit jurer qu'ils ne le découvriraient point; puis leur donna à entendre comment Béthencourt et Gadifer leur devaient donner, à Remonnet de Levéden et à lui, certaine somme d'argent, et qu'ils s'en iraient au premier navire qui viendrait en France, et que les compagnons seraient départis parmi les îles, et là demeureraient jusqu'à leur retour. Et avec ledit Berthin quelques Gascons s'accordèrent, desquels les noms s'ensuivent : Pierre de Liens, Augerot de Montignac, Siort de Lartigue, Bernard de Châtelvary, Guillaume de Nau, Bernard de Mauléon (dit le Coq), Guillaume de Salerne (dit Labat), Morelet de Courogne, Jean de Bidouille, Bidaut de Hournau, Bernard de Montauban, et un du pays d'Auxis (²), nommé Jehan l'Alieu; et tous ceux-ci s'accordèrent avec ledit Berthin et plusieurs autres d'autres pays, desquels mention sera faite ci-après, ainsi qu'il écherra en leur endroit.

CHAPITRE XI. — Comment Gadifer alla à l'île de Loupes.

Depuis, Gadifer, ne soupçonnant nullement que Berthin de Berneval, qui était de noble lignée, dût faire nulle mauvaiseté, partit lui et Remonnet de Levéden et plusieurs autres, avec son bateau, de Rubicon, et passèrent en l'île de Loupes, pour avoir des peaux de loups marins (³) pour la nécessité de chaussure qui manquait aux compagnons, et là demeurèrent pendant quelques jours, tant que vivres firent défaut; car c'est une île déserte et sans eau douce. Puis Gadifer renvoya Remonnet de Levéden avec le bateau au château de Rubicon, pour chercher des vivres, et lui recommanda qu'il revînt le lendemain, car il n'avait de vivres que pour deux jours. Quand Remonnet et le bateau furent arrivés au port de Rubicon, ils trouvèrent que pendant que Gadifer et les dessus dits étaient passés en l'île de Loupes, Berthin s'en était allé avec ses alliés à un port nommé l'île Gracieuse, où était arrivée la nef *Tranchemare*. Et donna ledit Berthin à entendre au maître de la nef assez de mensonges, et lui dit qu'il prendrait quarante hommes des meilleurs qui fussent en l'île Lancelot, qui valaient 2 000 francs, afin que ledit maître le voulût recevoir en sa nef, lui et ses compagnons; et tant fit par ses fausses paroles que le maître, mû de grande convoitise, lui octroya. Et cette chose advint le quinzième jour après la Saint-Michel 1402; et s'en retourna incontinent Berthin, persévérant en sa malice et en sa très-mauvaise intention.

(¹) Ximénès?
(²) L'Auxois, en Bourgogne.
(³) Les phoques ou loups marins ne fréquentent plus ces parages depuis la guerre d'extermination que leur firent les compagnons de Béthencourt.

CHAPITRE XII. — Comment le traître Berthin, sous beau semblant, fit venir le roi de l'île Lancelot avec les siens pour les prendre.

Gadifer étant en l'île de Loupes, et Berthin en l'île Lancelot, au château de Rubicon, après qu'il fut revenu de l'île Gracieuse, là vinrent deux Canariens vers lui, disant comment les Espagnols étaient

L'île Gracieuse, vue de l'île Lancerote (¹).

descendus à terre pour les prendre. Berthin leur répondit qu'ils s'en allassent et se tinssent ensemble, car ils seraient tantôt secourus. Et ainsi s'en allèrent les deux Canariens. Et là Berthin, qui tenait une lance en main, reniant Dieu, dit : « J'irai parler aux Espagnols, et s'ils y mettent la main, je les tuerai ou ils me tueront, car je prie Dieu que jamais je n'en puisse retourner. » De quoi quelques-uns de ceux qui étaient là lui dirent : « Berthin, c'est mal dit. » Et derechef il dit : « J'en prie Dieu de paradis. » Et cependant il partit du château de Rubicon, accompagné de plusieurs de ses alliés, c'est à savoir : Pierre de Liens, Bernard de Montauban, Olivier de Barré, Guillaume le bâtard de Blécy, Phelipot de Baslieu, Michelet le cuisinier, Jacquet le boulanger, Pernet le maréchal, avec plusieurs qui ne sont pas ici nommés ; et ses autres complices demeurèrent au château de Rubicon. Berthin, ainsi accompagné, s'en alla à un certain village nommé la Grand'Aldée, où il trouva quelques-uns des grands Canariens. Et lui, ayant grande trahison en pensée, leur fit dire : « Allez, et me faites venir le roi et ceux qui avec lui sont, et je les garderai bien contre les Espagnols. » Et les Canariens le crurent, à cause de la sûreté et affiance que eux avaient au sieur de Béthencourt et à sa compagnie ; et vinrent à ladite Aldée comme dans une retraite sûre, jusqu'au nombre de vingt-quatre, auxquels Berthin fit bonne chère, et les fit souper. Il avait de plus deux Canariens, un nommé Alphonse, et une femme nommée Isabelle, lesquels ledit sieur de Béthencourt avait amenés pour être leurs truchements en l'île de Lancelot (²).

CHAPITRE XIII. — Comment, après que Berthin eut pris le roi, il les mena à la nef *Tranchemare* et les bailla aux larrons.

Quand les Canariens eurent soupé, Berthin leur fit dire : « Dormez sûrement et ne craignez rien, car je vous garderai bien. » Et cependant les uns s'endormirent et les autres non ; et quand Berthin vit qu'il était temps, il se mit devant leur porte l'épée à la main, toute nue, et les fit tous prendre et lier. Et ainsi fut-il fait, hormis un nommé Auago, qui en échappa. Et quand il les eut pris et liés, il vit bien qu'il était découvert, et qu'il n'en pouvait plus avoir ; il partit de là, persévérant en sa grande malice,

---

(¹) Voy. la note 5 de la p. 6.
(²) Béthencourt les avait amenés de France, comme il sera dit plus loin.

COURAGE D'UN ROI CANARIEN. — VIOLENCES DE BERTHIN.

et s'en alla droit au port de l'île Gracieuse, où était la nef d'Espagne nommée *Tranchemare*, et amena les prisonniers avec lui.

CHAPITRE XIV. — Comment le roi se délivra de ceux auxquels Berthin l'avait baillé en garde.

Quand le roi se vit en tel point et connut la trahison de Berthin et de ses compagnons, et l'outrage qu'ils lui faisaient, en homme hardi, fort et puissant, il rompit ses liens et se délivra de trois hommes

L'île Lancerote, côte du sud-est. — D'après Berthelot (¹).

qui en garde l'avaient, desquels était un Gascon qui le poursuivit. Mais le roi retourna moult aigrement sur lui, et lui donna un tel coup que nul ne l'osa plus approcher. Et c'est la sixième fois qu'il s'est délivré des mains des chrétiens par sa valeur; et n'en demeura que vingt-deux, lesquels Berthin bailla et délivra aux Espagnols de la nef *Tranchemare*, à l'exemple du traître Judas Iscariote qui trahit notre sauveur Jésus-Christ et le livra entre les mains des Juifs pour le crucifier et le mettre à mort. Ainsi fit Berthin, qui bailla et livra ces pauvres gens innocents en la main des larrons qui les menèrent vendre en terres étrangères et en perpétuel servage.

CHAPITRE XV. — Comment les compagnons de Berthin prirent le bateau que Gadifer avait transmis pour vivres.

Cependant Berthin, étant en la nef, envoya le bâtard de Blessi et quelques-uns de ses alliés au château de Rubicon, et trouvèrent le bateau qui était à Gadifer, lequel il avait envoyé pour chercher vivres pour lui et ses compagnons qui étaient en l'île de Loupes, comme dessus est dit. Et alors les compagnons de Berthin, pensant à accomplir leur entreprise, se retirèrent vers quelques Gascons, leurs compagnons de serment, lesquels, à l'aide les uns des autres, se saisirent du bateau et entrèrent dedans; mais Remonnet de Lenéden accourut pour le reprendre. Là était le bâtard de Blessi, qui courut sus à Remonnet, l'épée toute nue en la main et le pensa tuer. Ils s'éloignèrent en la mer, bien avant, avec le bateau, et les autres demeurèrent dehors, disant : « S'il y a si hardi des gens de Gadifer pour mettre la main au bateau, nous le tuerons sans remède; car, quoi qu'il arrive, Berthin sera reçu dans la nef et tous ses gens, quand bien même Gadifer et ses gens ne devraient manger jamais. » Quelques-uns de Gadifer, étant au château de Rubicon, dirent ainsi : « Beaux seigneurs, vous savez bien que Gadifer est passé par delà en l'île de Loupes pour la nécessité de chaussure qui était entre nous, et n'a avec lui ni pain, ni farine, ni eau douce, et n'en peut point avoir ni recouvrer, si ce n'est par le bateau. Plaise à vous que nous l'ayons pour lui transmettre aucunes victuailles, pour lui et pour ses gens, ou autrement nous les

(¹) Voy. la note 6 de la p. 6.

tenons pour morts. » Et ils répondirent : « Ne nous en parlez plus, car nous n'en ferons rien, pour parler bref ; mais seront Berthin et toutes ses gens conduits en la nef *Tranchemare*. »

Chapitre XVI. — Comment Berthin transmit le bateau de *Tranchemare* quérir les vivres de Gadifer.

Le lendemain, à l'heure de nones ([1]), arriva le bateau de la nef *Tranchemare* au port de Rubicon, avec sept compagnons dedans. Les gens de Gadifer leur demandèrent : « Beaux seigneurs, que cherchez-vous ? » Et répondirent dudit bateau : « Berthin nous a envoyés ici et nous dit au partir de la nef qu'il serait ici aussitôt que nous. » Et les alliés dudit Berthin cependant, étant au château de Rubicon, firent grand dégât et grande destruction de vivres qui là étaient appartenant à M. de Béthencourt, lesquels vivres il avait laissés audit Gadifer et à ses gens de la compagnie, comme de vin, de biscuit, de chair salée et autres victuailles ; nonobstant qu'il avait départi les vivres tous également au petit comme au grand, et ne lui était demeuré tant seulement que sa droite portion, excepté un tonneau de vin qui n'était pas encore partagé entre eux.

Chapitre XVII. — Comment Berthin livra les femmes du château aux Espagnols, et les prirent de force.

Et au soir du même jour Berthin vint par terre au château de Rubicon, accompagné de trente hommes des compagnons de la nef *Tranchemare*, disant ainsi : « Prenez pain et vin et ce qui y sera ; pendu soit-il qui rien en épargnera, car il m'en a plus coûté qu'à nul d'eux, et maudit soit-il qui rien y laissera qu'il puisse prendre ! » Et Berthin disait cela et beaucoup d'autres paroles qui trop longues seraient à écrire. Et même quelques femmes, lesquelles étaient du pays en France, il les donna et livra par force et contre leur gré aux Espagnols, qui les traînèrent d'amont le chastel jusques en bas sur la marine ([2]), nonobstant les grands cris et les grands griefs qu'elles avaient. Et ledit Berthin étant audit lieu disait ainsi : « Je veux bien que Gadifer de la Salle sache que, s'il était aussi jeune que moi, je l'irais tuer ; mais parce qu'il ne l'est pas, par aventure, je m'en dispenserai. S'il me monte un peu à la tête, je l'irai faire noyer en l'île de Loupes, et il y pêchera aux loups marins. » C'était bien affectueusement parlé contre celui qui jamais ne lui avait fait qu'amour et plaisir.

Chapitre XVIII. — Comment Berthin fit charger les deux bateaux de vivres et d'autres choses.

Et le lendemain matin Berthin de Berneval fit charger le bateau de Gadifer et celui de la nef *Tranchemare* de plusieurs choses, comme de sacs de farine en grande quantité, et des bagages de plusieurs guises, et un tonneau de vin qui y était, le seul qui restait : eux emplirent une queue qu'ils amenèrent avec eux, et le restant burent et gâtèrent, ainsi qu'ils détruisirent plusieurs coffres, malles et bouges de plusieurs manières avec toutes les choses qui dedans étaient, lesquelles seront déclarées quand temps et lieu sera ; et plusieurs arbalètes et tous les arcs qui y étaient, excepté ceux que Gadifer avait avec lui en l'île de Loupes. Et de deux cents cordes d'arcs qui devaient y être n'en demeura nulle ; et grand foison de fil pour faire cordes d'arbalètes, le tout emportèrent avec eux. Et de toute l'artillerie ([3]), de quoi il y avait grand foison de belle et bonne, ont pris et emporté à leur plaisir. Et nous fûmes réduits

---

([1]) La neuvième heure du jour, trois heures après midi.
([2]) Le port.
([3]) Bâtons à feu.

à dépecer un vieux câble qui nous était demeuré pour faire cordes pour arcs et pour arbalètes, et sans ce peu d'armes de trait que nous avions, nous étions en aventure d'être tous perdus et détruits; car les Canariens craignent les arcs sur toutes choses. Et avec cela les Espagnols emportèrent en leurs mains quatre douzaines de dards, et prirent deux coffres à Gadifer, et ce qui était dedans.

CHAPITRE XIX. — Comment Francisque Calve envoya quérir Gadifer en l'île de Loupes.

Pendant que les bateaux s'en allèrent vers la nef, les gens de Gadifer, considérant que leur capitaine avait telle nécessité de vivres, en étant tout à fait dépourvu, lors partirent les deux chapelains, et deux écuyers du château de Rubicon, et s'en allèrent devant le maître de la nef *Morelle*, qui était au port de l'île Gracieuse, là où était la nef *Tranchemare*, lesquels en prièrent le maître qu'il lui plût de sa grâce secourir Gadifer de la Salle, lequel était en l'île de Loupes, lui onzième en péril de mort, sans nuls vivres depuis plus de huit jours. Et ledit maître, mû de pitié, regardant la grande trahison que Berthin lui avait faite, lui envoya un de ses compagnons nommé Simene; et, lui venu à Rubicon, il se mit à l'aventure avec quatre compagnons de la compagnie dudit sieur de Béthencourt, c'est à savoir Guillaume le moine, Jean le chevalier, Thomas Richard et Jean le maçon. Et passèrent en l'île de Loupes en un petit coquet ([1]) qui était demeuré là; car, bien que Berthin eût laissé le coquet, il emporta tous les avirons, et prit, ledit Simene, autant de vivres qu'il put porter. C'est le plus horrible passage de tous ceux qui sont dans cet endroit de la mer, et pourtant il n'est que de quatre lieues.

CHAPITRE XX. — Comment Gadifer repassa, en un petit coquet, en l'île Lancerote.

Gadifer étant en l'île de Loupes, en grande détresse de faim et de soif, attendant la merci de notre Seigneur, toutes les nuits mettait un drap de linge dehors à la rosée du ciel, puis le tordait et buvait les gouttes pour étancher la soif. Ne sachant rien de tout le fait dudit Berthin, ledit Gadifer fut fort émerveillé quand il en ouït parler. Alors il se mit tout seul dans le coquet, sous le gouvernement dudit Simene et des compagnons susdits, et ils vinrent à Rubicon, Gadifer disant ainsi : « Il me pèse moult de la grande mauvaiseté et grande trahison qui a été faite contre ces pauvres gens que nous avions assurés. Mais sur tout cela il nous faut passer, nous n'y pouvons mettre remède; loué soit Dieu en toutes ses œuvres, lequel est juge en cette querelle ! » Et disait ainsi ledit Gadifer, « que M. de Béthencourt et lui n'auraient jamais pensé qu'il eût osé faire ni machiner ce qu'il a fait; car ledit Béthencourt et moi nous l'élûmes à notre avis comme un des plus suffisants de la compagnie, et le bon seigneur et moi fûmes bien malavisés. »

CHAPITRE XXI. — Comment les deux chapelains, frère Pierre Bontier et messire Jean le Verrier, allèrent en la nef *Tranchemare*.

Les deux chapelains étant à la nef *Morelle*, quelques jours après, ils virent les deux bateaux venir de Rubicon, qui étaient chargés de victuailles de quoi nous devions vivre, et de moult autres choses. Alors ils prièrent le maître de la nef qu'il lui plût d'aller avec eux en l'autre nef dite *Tranchemare*, lesquels y allèrent tous ensemble, et deux gentilshommes qui là étaient, l'un nommé Pierre du Plessis et l'autre Guillaume d'Allemagne. Là disait Berthin : « Ne pensez point qu'aucunes de ces choses soient à Béthencourt ni à Gadifer; elles sont miennes, témoin ces deux chapelains-ci, » lesquels lui dirent en la pré-

---

([1]) Nacelle.

sence de tous. « Berthin, nous savons bien que quand vous vintes premièrement avec M. de Béthencourt vous n'aviez rien qui fût vôtre, ou si peu que rien; M. de Béthencourt même vous bailla, entre nous, 100 francs de Paris, quand il entreprit l'entreprise qui, s'il plaît à Dieu, s'achèvera et viendra à son honneur et profit. Mais ce qui est ici est audit seigneur et à M. Gadifer, et peut bien apparaître par les livrées et devises dudit seigneur de Béthencourt. » Ledit Berthin répond et dit : « S'il plaît à Dieu, j'irai tout droit en Espagne où est M. de Béthencourt; et si j'ai aucune chose du sien, je le lui rendrai bien, et de ce ne vous mêlez, et ne doutez que ledit sieur de Béthencourt mettra remède en plusieurs choses, de quoi on se peut bien douter et de quoi je me veux bien taire. » Ledit Berthin n'aimait point messire Gadifer, parce qu'il était plus grand maître que lui et de plus grande autorité, et ledit Berthin pensait que ledit seigneur de Béthencourt, son maître, ne lui saurait pas si mauvais gré qu'il était avis aux autres, et que s'il avait quelque chose qui déplût à sondit seigneur, il ne les appellerait pas pour faire sa paix. Et enfin sortirent de la barque, disant ainsi : « Berthin, puisque vous emmenez ces pauvres gens, laissez-nous Isabelle la Canarienne, car nous ne saurions parler aux habitants qui demeurent en cette île; et aussi laissez-nous votre bateau que vous avez amené, car nous ne pouvons pas vraiment vivre sans lui. » Berthin répond : « Ce n'est point à moi, mais à mes compagnons; ils en feront à leur volonté. » Et lors se saisirent les deux chapelains et les deux écuyers dudit bateau. Alors les compagnons de Berthin prirent Isabelle la Canarienne et, par le sabord de la nef, la jetèrent en la mer; et elle eût été noyée sans les susdits chapelains et écuyers, lesquels la tirèrent hors de la mer et la mirent dans le bateau. Et enfin ils se séparèrent les uns des autres, et bientôt après s'apprêtèrent ceux de la nef à s'en aller. Et ainsi se conduisit Berthin comme dessus est dit et comme vous ouïrez encore ci-après

CHAPITRE XXII. — Comment Berthin laissa ses compagnons à terre et s'en alla avec sa proie.

Et bien que Berthin et ses compagnons de serment fussent en la nef en sa compagnie, lui, ayant volonté de tout mal accomplir, fit tant que les compagnons qui étaient de sa bande furent mis à terre, par lesquels il avait fait tout l'exploit ci-devant dit de sa trahison. Car s'ils n'eussent été avec lui et de son alliance, il n'eût osé faire ni entreprendre la trahison et la mauvaiseté qu'il fit. Et leur dit le très-mauvais homme : « Donnez-vous le meilleur conseil que vous pourrez, car avec moi vous ne vous en viendrez point. » Et le faisait ledit Berthin, parce qu'il avait peur que ceux-ci ne lui fissent un cas pareil. Et aussi ledit Berthin avait intention de parler à M. de Béthencourt, quand il viendrait en Espagne, et de faire sa paix avec lui, laquelle il fit mieux qu'il put en lui donnant à entendre des choses dont une partie ledit seigneur crut être vérité, comme un temps à venir vous ouïrez, quoique ledit seigneur fut bien averti de son fait et qu'il avait fait tout cela par son avarice.

CHAPITRE XXIII. — Comment les compagnons que Berthin laissa à terre désespérés prirent leur chemin droit à la terre des Sarrasins.

Ces compagnons, à terre, tous déconfortés, craignant la colère de M. de Béthencourt et de Gadifer, et aussi des compagnons de ces derniers, se plaignirent aux chapelains et écuyers susdits, disant : « Aussi bien Berthin est véritablement un traître, car il a trahi son capitaine et nous aussi. » Et là se confessèrent quelques-uns d'entre eux à messire Jean le Verrier, chapelain de Mgr de Béthencourt. Et disaient ainsi : « Si notre capitaine Gadifer nous voulait pardonner la mauvaiseté que nous avons faite contre lui, nous serions tenus à le servir toute notre vie. » Et ils chargèrent Guillaume d'Allemagne de le lui demander en leur nom et de leur faire savoir la réponse; et ledit Guillaume partit incontinent pour aller vers lui. Mais aussitôt après, eux craignant sa venue, ils se saisirent du bateau et se mirent dedans. et s'éloignèrent bien avant en la mer, considérant le mal et le péché par lequel ils avaient offensé un tel chevalier et leur capitaine, craignant l'ire et le courroux de celui-ci; et, en gens désespérés, prirent leur chemin avec le bateau directement vers la terre des Maures (¹); car les Maures peuvent bien être à mi-chemin de là et de l'Espagne et de leur gouvernement. Ils s'allèrent noyer en la côte de Barbarie, près du Maroc, et de douze qu'ils étaient dix furent noyés et les deux autres furent esclaves : de quoi l'un est depuis mort, et l'autre, qui s'appelle Siot de Lartigue, est demeuré vif en la main des païens.

CHAPITRE XXIV. — Comment le sieur de Béthencourt étant arrivé en Espagne, la nef de messire Gadifer périt.

Nous retournerons à parler de M. de Béthencourt, et dirons que la nef où il était arrivé en Espagne, laquelle on disait qu'elle était à Gadifer, arriva au port de Cadix. Ledit sieur, sachant bien que les mariniers de ladite nef étaient mauvais et malicieux, fit grande diligence contre eux, et en fit mettre en prison quelques-uns des principaux et prit la nef en sa main. Il vint des marchands pour l'acheter; mais ledit sieur ne le voulait pas, car son intention était de retourner, avec ce navire et d'autres encore, auxdites îles de Canaries et d'y porter et envoyer de la victuaille; car il était fort entré en grâce du roi de Castille. Il fit partir ladite nef du port de Cadix pour la mener à Séville, pensant bien faire; et en allant, elle fut perdue et périt, ce qui fut un grand dommage; et il arriva au port de Basremede (²). Et ainsi qu'on dit, il s'y trouvait des bagues qui valaient de l'argent, qui appartenaient à messire Gadifer de la Salle; et ce qui en fut recueilli valait bien cinq cents doubles (³), à ce qu'on dit, qui ne vint point au profit ni à la connaissance dudit Gadifer. Et un peu avant que la nef ne périt, M. de Béthencourt s'en était allé de Cadix en Séville, là où était le roi de Castille. Et là vint Francisque Calve, qui promptement était arrivé des îles de Canarie et s'offrit de retourner vers Gadifer, s'il lui plaisait de le ravitailler. Et il lui dit qu'il en ordonnerait le plus tôt qu'il pourrait, mais qu'il fallait qu'il allât vers le roi de Castille, qui alors était en Séville. Et ainsi fit-il, comme vous ouïrez plus à plein, et la grande chère et la bienvenue que ledit roi lui fit.

CHAPITRE XXV. — Comment la nef *Tranchemare* arrive au port de Cadix avec les prisonniers.

Quelques jours après arriva la nef *Tranchemare* au port de Cadix, là où étaient Berthin et une partie de ceux qui avaient été consentants avec lui; car les autres qui étaient de son alliance par désespoir s'étaient allés noyer sur les côtes de la terre des Maures. Et Berthin avait avec lui les pauvres Canariens, habitants de l'île Lancelot, que sous ombre de bonne foi ils avaient pris par trahison, pour les mener vendre en terres étrangères comme esclaves. Et là était Courtille, trompette de Gadifer, qui incontinent fit prendre Berthin et tous ses compagnons, et fit faire le procès contre eux, et par main de justice les fit enchaîner et mettre dans les prisons du roi, à Cadix; et fit savoir à M. de Béthencourt, qui était à Séville, tout le fait, et que, s'il voulait là venir, il retrouverait tous les pauvres Canariens. Ledit sieur fut bien ébahi d'ouïr telles nouvelles, et leur manda que le plus tôt qu'il pourrait il y mettrait remède; mais il ne pouvait partir à cette heure, car il était sur le point de parler au roi de Castille pour cela et pour autre chose. Tandis que ledit seigneur de Béthencourt faisait sa besogne près du roi de Castille, un nommé Ferrand d'Ordogne amena la nef en Aragon, et tout le chargement et les prisonniers, et les vendit.

(¹) Le nom de Maures, qui, chez les anciens, était restreint aux habitants de la Mauritanie, fut plus tard étendu à un plus grand nombre d'individus, et s'applique de nos jours à une forte partie des indigènes de l'Algérie, du royaume de Maroc, du Biledulgérid, de l'Etat de Sidy-Hescham, et du Sahara.

(²) Barrameda.

(³) Le ducat d'argent *(de plata)* était de la valeur d'environ 4 fr. 20 cent.; le ducat de cuivre *(de vellon)* valait moins de moitié. — Il s'agit probablement ici de doubles ducats d'argent.

CHAPITRE XXVI. — Comment M. de Béthencourt fit hommage au roi d'Espagne.

Et avant que M. de Béthencourt partît de l'île Lancelot et des îles de Canarie, ledit seigneur ordonna au mieux qu'il put de ses besognes, et laissa à messire Gadifer tout le gouvernement, lui promettant que le plus tôt qu'il pourrait il reviendrait le secourir et rafraîchir de gens et de vivres, ne pensant pas qu'il y aurait un tel désarroi qu'il y a eu. Mais on comprend qu'ayant affaire à un tel prince que le roi de Castille, on ne peut pas avoir sitôt fait, et pour une telle matière. Ledit seigneur de Béthencourt vint faire la révérence audit roi, lequel le reçut bien bénignement et lui demanda ce qu'il voulait. Et ledit de Béthencourt lui dit : « Sire, je viens vous demander secours : c'est qu'il vous plaise me donner congé de conquérir et mettre à la foi chrétienne des îles qui s'appellent les îles de Canarie, dans lesquelles j'ai été et commencé, si bien que j'y ai laissé de ma compagnie qui tous les jours m'attendent, et aussi un bon chevalier, nommé messire Gadifer de la Salle, auquel il a plu me tenir compagnie. Et, très-cher sire, pour ce que vous êtes roi et seigneur de tout le pays à l'environ, et le plus proche roi chrétien, je suis venu requérant votre grâce qu'il vous plaise me recevoir à vous en faire hommage. » Le roi qui l'ouït parler fut fort joyeux et dit qu'il était le bienvenu, et le prisa fort d'avoir un si bon et honnête vouloir de venir de si loin que du royaume de France conquérir et acquérir l'honneur. Et disait ainsi le roi : « Il lui vient d'un bon courage de vouloir me faire hommage d'une chose qui est, ainsi que je peux entendre, à plus de deux cents lieues d'ici, et de laquelle je n'ouïs jamais parler. » Le roi lui dit qu'il fît bonne chère, qu'il lui accorderait ce qu'il voudrait, et le reçut à hommage et lui donna la seigneurie, tout autant qu'il était possible, desdites îles de Canarie ; et, en outre, lui donna le cinquième des marchandises qui desdites îles viendraient en Espagne, lequel cinquième ledit seigneur leva une grande saison. Et encore donna le roi, pour approvisionner Gadifer et ceux qui étaient demeurés avec lui, vingt mille maravédis (¹) à prendre à Séville. Lequel argent fut baillé par le commandement de M. de Béthencourt à Enguerrand de la Boissière, lequel n'en fit pas fort son devoir, car on dit que ledit la Boissière s'en alla en France avec tout ou une partie. Mais pourtant ledit sieur de Béthencourt y remédia bientôt, en sorte qu'ils eurent des vivres, et il y retourna lui-même le plus tôt qu'il put, comme vous ouïrez ci-après. Le roi lui permit de battre monnaie au pays de Canarie, et ainsi fit-il quand il fut investi et saisi paisiblement desdites îles.

CHAPITRE XXVII. — Comment Enguerrand de la Boissière vendit le bateau de la nef qui avait péri.

Comme Enguerrand de la Boissière vendit le bateau de la nef qui avait péri, en prit l'argent et feignit, par lettres, de vouloir envoyer des victuailles, ils eurent grand défaut de choses nécessaires jusqu'à tant que M. de Béthencourt y eût remédié ; car ils vécurent un carême à manger de la chair. Et, comme on peut savoir, nul, si grand soit-il, ne se peut garder de fausseté et de trahison. Ledit seigneur avait fait bailler l'argent que le roi de Castille lui avait donné audit Enguerrand, pensant qu'il en ferait son devoir. Un nommé Jean de Lesecases accusa devant ledit Béthencourt ledit Enguerrand, et qu'il ne faisait pas son devoir à l'égard de l'argent que le roi lui avait fait bailler. Alors ledit sieur de Béthencourt vint vers le roi et le pria qu'il lui plût lui faire avoir une nef et des gens pour secourir ceux des îles. Pour laquelle chose le roi lui fit bailler une nef bien outillée, et en cette nef il y avait bien quatre-vingts hommes de fait ; et, de plus, lui fit bailler quatre tonneaux de vin et dix-sept sacs de farine, et plusieurs choses nécessaires qui leur manquaient en artillerie et autres provisions. Et M. de Béthencourt écrit à messire Gadifer qu'il entretînt les choses tout au mieux qu'il pourrait, et qu'il serait aux

---

(¹) Ancienne petite monnaie espagnole, de la valeur d'un de nos centimes environ. Ce mot venait, dit-on, du nom d'une dynastie arabe, les Almoravides ou Morabétoun. Le maravédis d'or valait 75 centimes.

îles le plus tôt qu'il se pourrait faire, et qu'il mît les gens qu'il lui envoie en besogne, et qu'ils besognassent toujours fermement. Et en outre lui écrit qu'il avait fait hommage au roi de Castille des îles de Canarie, et que le roi lui a fait grande chère et plus d'honneur qu'à lui n'appartient, et, de plus, lui a donné de l'argent et promis de faire beaucoup de bien, et qu'il ne doutât pas qu'il ne fût près de lui bientôt et le plus tôt qu'il se pourrait faire. « La barque ira là où vous voudrez ordonner d'aller autour des îles, laquelle chose je conseille que vous fassiez, pour toujours savoir comme on s'y devra gouverner. J'ai été bien ébahi des grandes faussetés que Berthin de Berneval a faites, et il lui en arrivera mal tôt ou tard. Il ne m'avait pas donné à entendre ainsi; comme je l'ai su depuis, je vous avais écrit que l'on prît garde à lui; car on m'avait bien dit qu'il ne vous aimait point de grand amour. Mon très-cher frère et ami, il faut souffrir beaucoup de choses; ce qui est passé, il le faut oublier, en faisant toujours le mieux qu'on pourra. »

Ledit Gadifer fut tout joyeux de tout, de la venue du vaisseau et de ce qu'il lui avait écrit, sinon de ce qu'il avait fait hommage au roi de Castille. Car il pensait avoir part et portion desdites îles de Canarie, ce qui n'est point l'intention dudit sieur de Béthencourt, comme il sera montré. De sorte qu'il y aura de grosses paroles et des noises entre les deux chevaliers; et il peut bien être que lesdites îles eussent été déjà conquises, s'il n'y eût eu aucune jalousie. Car la compagnie ne voulait obéir qu'à M. de Béthencourt : aussi c'était bien raison, car il était le droit chef et meneur et premier moteur de la conquête desdites îles. Ledit de Béthencourt fait ses apprêts tant le plus tôt qu'il peut, car tout le désir qu'il a, c'est de venir parfaire la conquête des îles de Canarie. Quand ledit sieur de Béthencourt partit de l'île de Lancelot, c'était son intention d'aller jusques en France et ramener Mme de Béthencourt; car il l'avait fait venir avec lui jusqu'au port de Cadix, et elle ne passa point ledit port de Cadix. Et incontinent qu'il eut fait hommage au roi, il fit ramener madite dame sa femme en Normandie jusqu'à son hôtel de Granville-la-Teinturière (¹); et Enguerrand de la Boissière fut en sa compagnie; ledit seigneur la fit mener bien honnêtement; et bientôt après ledit seigneur partit de Séville avec une toute petite compagnie que le roi de Castille lui fit avoir, et de plus le roi de Castille lui donna de l'artillerie de toute manière, tant qu'il fut bien content, comme il devait l'être. Or s'en va Mme de Béthencourt en son pays de Normandie, en sondit hôtel de Granville, au pays de Caux, là où ceux du pays lui firent grande chère, et elle fut là jusqu'à tant que mondit seigneur revint de Canare, comme vous ouïrez ci-après.

CHAPITRE XXVIII. — Les noms de ceux qui trahirent Gadifer, et ceux de l'île Lancelot et leurs propres compagnons.

Ce sont les noms tous ensemble de ceux qui ont été traîtres avec Berthin. Et premièrement ledit Berthin, Pierre des Liens, Ogerot de Montignac, Siot de Lartigue, Bernard de Castellenau, Guillaume de Nau, Bernard de Mauléon dit le Coq, Guillaume de Salerne dit Labat, Maurelet de Conrengé, Jean de Bidouville, Bidaut de Hornay, Bernard de Montauban, Jean de l'Aleu, le bâtard de Blessi, Phlippot de Baslieu, Olivier de la Barre, le Grand Perrin, Gillet de la Bordenière, Jean le Brun, Jean le Cousturier de Béthencourt, Pernet le maréchal, Jacques le boulanger, Michelet le cuisinier. Tous ont été cause de beaucoup de mal, et la plupart étaient du pays de Gascogne, d'Anjou, de Poitou, et trois de Normandie. Nous quitterons cette matière, et parlerons de messire Gadifer et de la compagnie.

CHAPITRE XXIX. — Comme ceux de l'île Lancelot s'estrangèrent (s'éloignèrent) des gens de M. de Béthencourt après la trahison que Berthin leur avait faite.

Les gens de l'île Lancelot furent très-malcontents d'avoir été tellement pris et trahis, en sorte qu'ils disaient que notre foi et notre loi n'étaient point si bonnes que nous disions, puisque nous trahissions

(¹) On a omis de publier un chapitre du manuscrit qui ne se rapportait qu'à des discussions de la vie privée.

l'un et l'autre, et que nous faisions si terrible chose l'un contre l'autre, et que nous n'étions point fermes dans nos actes. Et furent ces païens de Lancelot tous mus contre nous et nous fuyaient, au point qu'ils se révoltèrent et tuèrent de nos gens, dont ce fut pitié et dommage. Et parce que Gadifer ne peut, quant à présent, bien poursuivre le fait, il requiert tous justiciers du royaume de France et d'ailleurs en aide de droit et pour qu'en ceci ils fassent justice, si quelques-uns des malfaiteurs peuvent être atteints et choir à leurs mains, ainsi comme à tel cas appartient.

CHAPITRE XXX. — Comme Ache, un des principaux de l'île Lancelot, fit traiter (proposer) de prendre le roi.

Or cette chose étant ainsi advenue, nous en sommes fort diffamés par suite, et notre foi déprisée, laquelle ils tenaient à bonne, et maintenant tiennent le contraire, et en outre ils ont tué nos compagnons et en ont blessé plusieurs. Gadifer leur manda qu'ils lui livrassent ceux qui avaient fait cela, ou qu'il ferait mourir tous ceux des leurs qu'il pourrait atteindre. Durant ces choses vint vers lui un nommé Ache, païen de ladite île qui voulait être roi de l'île Lancelot ([1]); et parlèrent, messire Gadifer et lui, moult longuement sur cette matière. Enfin, s'en alla Ache, et quelques jours après il envoya son neveu, lequel M. de Béthencourt avait amené de France pour être son truchement; et lui manda que le roi le haïssait, et que tant qu'il vivrait nous n'aurions rien d'eux, sinon à grand'peine; et qu'il était tout à fait coupable de la mort de ses gens; et, s'il voulait, qu'il trouverait bien moyen de lui faire prendre le roi et tous ceux qui avaient pris part à la mort de ses compagnons. De quoi Gadifer fut bien joyeux, et lui manda qu'il prît bien ses mesures, et qu'il lui fît savoir le tems et l'heure. Et ainsi fut fait.

CHAPITRE XXXI. — Comme Ache trahit son seigneur en espérance de trahir Gadifer et sa compagnie.

Or cette trahison était double, car il voulait trahir le roi son seigneur, et son propos et son intention étaient de trahir après Gadifer et tous ses gens à l'aide de son neveu Alphonse, lequel demeurait continuellement avec nous. Et il savait que nous étions si peu de gens, qu'il lui semblait bien qu'il n'y avait pas grande difficulté à nous détruire, car nous n'étions demeurés en vie qu'un bien petit nombre en état de nous défendre. Or vous ouïrez ce qu'il en advint.

Quand Ache vit le moment pour faire prendre le roi, il manda à Gadifer qu'il vînt, et que le roi était dans un de ses châteaux, en un village près de l'Acatif, et avait cinquante de ses gens avec lui. Alors partit incontinent Gadifer avec ses compagnons, lui vingtième; et ce fut la veille de la Sainte-Catherine 1402; et il marcha toute la nuit, et arriva sur eux dès qu'il fut jour, là où ils étaient tous en une maison et tenaient conseil contre nous. Il pensait pouvoir pénétrer, mais ils gardèrent l'entrée de la maison et firent grande défense, et blessèrent plusieurs de nos gens. Il en sortit cinq de ceux qui avaient été à tuer nos compagnons, dont trois furent grièvement blessés, l'un d'une épée dans le corps, les autres de flèches. Et alors entrèrent nos gens sur eux par force et les prirent. Mais comme Gadifer ne les trouva

---

([1]) Le roi Guadarfia était fils d'une princesse nommée Ico, dont la naissance passait pour être illégitime. Asche ou Atchen, son parent, et un des chefs les plus puissants de l'île, dénonça cette illégitimité dans l'espérance d'avoir l'autorité souveraine. Le conseil des Guayres (les nobles de Lancerote), s'étant assemblé pour décider cette question, soumit Ico à une épreuve barbare, en usage dans ces sortes de cas. On la conduisit dans un caveau où elle fut enfermée avec trois femmes du peuple, et dans lequel on introduisit une fumée épaisse et continue. Ico devait supporter cette épreuve si sa naissance n'était pas équivoque, tandis que ses trois compagnes devaient succomber. Une vieille femme la sauva, dit-on, de cette cruelle alternative, en lui conseillant de tenir dans la bouche une éponge imbibée d'eau. Un résultat aussi inespéré satisfit les Guayres : les trois innocentes victimes moururent suffoquées, Ico seule sortit triomphante de cette espèce de *jugement de Dieu*. Estimée dès lors de noblesse pur sang, on ne contesta plus son origine; son fils Guadarfia fut proclamé, et Atchen, abandonné de ses partisans, se vit forcé de le reconnaître pour son souverain légitime. Mais ce dernier n'avait pas renoncé à ses projets ambitieux et n'attendait qu'une occasion favorable pour essayer de nouveau de les mettre à exécution. Il profita de l'arrivée des Européens. — Voy. Viera, *Noticias*.

VENGEANCE ET REPRÉSAILLES.

point coupables de la mort de ses gens, il les délivra à la requête dudit Ache. Et fut retenu le roi et un autre nommé Alby, lesquels il fit enchaîner par le cou, et les mena tout droit en la place où ses gens avaient été tués. Et les trouva où ils les avaient couverts de terre ; et, moult courroucé, prit ledit Alby et lui voulait faire trancher la tête. Mais le roi lui dit en vérité qu'il n'avait point été à la mort de ses compagnons, et s'il trouvait qu'il y eût été jamais consentant ou coupable, qu'il s'engagerait à donner sa tête à couper. Lors Gadifer dit qu'il se gardât bien et que ce serait à son péril, car il s'informerait tout à plein. Et en outre le roi lui promit qu'il lui baillerait tous ceux qui furent à tuer ses gens. Et enfin ils s'en allèrent tous au château de Rubicon, où le roi fut mis en deux paires de fers. Quelques jours après il se délivra par la faute des fers mal accoutrés, qui étaient trop larges. Quand Gadifer vit cela, il fit enchaîner ledit roi, et lui fit ôter une paire de fers qui moult le blessaient.

CHAPITRE XXXII. — Comment Ache appointa à Gadifer qu'il serait roi.

Quelques jours après vint Ache au château de Rubicon, et parlèrent qu'il serait roi à condition qu'il ferait baptiser lui et tous ceux de sa part. Et quand le roi le vit venir, il le regarda moult dépitement, en disant : *Fore troncquevé*, c'est-à-dire « traître mauvais. » Et ainsi s'éloigna Ache de Gadifer, et se vêtit comme roi (¹). Et quelques jours après Gadifer envoya de ses gens pour quérir de l'orge, car nous

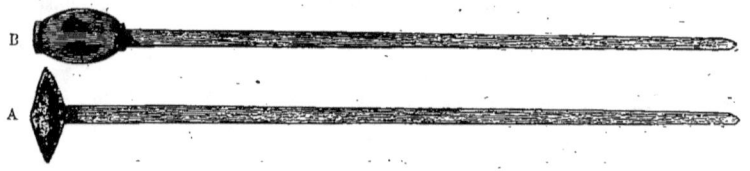

A, A'népa ou bâton de commandement des *Menays* ou princes de Ténériffe. — B, Houlette des anciens Guanches (²).

n'avions presque plus de pain. Ils rassemblèrent grande quantité d'orge et la mirent en un vieux château que Lancelot Maloisel avait jadis fait faire, à ce que l'on dit (³) ; et de là partirent et se mirent en chemin, au nombre de sept, pour venir à Rubicon chercher des gens pour y porter l'orge. Et quand ils furent sur le chemin, ledit Ache nouvellement fait roi, avec ses compagnons, lui vingt-quatrième, vint à l'encontre d'eux en semblance d'amitié, et allèrent longuement ensemble. Mais Jean le Courtois et les compagnons commencèrent à craindre un peu, et se tenaient tous ensemble, et ne voulaient point qu'ils se joignissent à eux, excepté Guillaume d'Andrac, qui cheminait avec eux et ne se doutait de rien. Quand ils eurent cheminé quelque temps et qu'ils virent le moment, ils chargèrent sur ledit Guillaume et l'abattirent à terre, le blessèrent de treize plaies, et l'eussent achevé ; mais ledit Jean et les compagnons ouïrent le bruit et retournèrent vigoureusement sur eux, le recouvrèrent à grand'peine, et le ramenèrent au château de Rubicon.

(¹) Les rois canariens portaient une couronne ou sorte de mitre de peau garnie de coquillages. On dit que, pour les imiter, Jean de Béthencourt orna de coquilles sa toque de baron. On l'a représenté ainsi sur un portrait qui n'a rien d'authentique.

(²) « Ce bâton et la houlette qui l'accompagne ont été retirés d'une grotte, aujourd'hui presque inaccessible, située dans la vallée de l'Orotava, aux environs du village du Realejo, contre les berges escarpées d'un grand ravin de la montagne de Tigayga, dans l'île de Ténériffe. » *(Histoire naturelle des îles Canaries.)*

(³) Si, comme on le suppose, ce Lancelot de Maloysel avait abordé aux Canaries dans la seconde moitié du treizième siècle, la construction dont il s'agit devait être attribuée à un navigateur plus moderne. (Voy. la note 4 de la p. 2.)

CHAPITRE XXXIII. — Comment le roi s'échappa des prisons de Rubicon, et comment il fit périr Ache.

Or il arriva que ce même jour, dans la nuit, le premier roi s'échappa de la prison de Rubicon, et emporta les fers et la chaîne dont il était lié ; et aussitôt qu'il fut à son hôtel, il fit prendre ledit Ache, qui s'était fait roi et qui l'avait trahi, et le fit lapider de pierres, et puis le fit ardoyer ([1]). Le second jour après, les compagnons qui étaient au vieux château apprirent comment le nouveau roi avait couru sus à Jean le Courtois, et à d'Andrac, et aux compagnons. Ils prirent un Canarien qu'ils avaient et lui allèrent trancher la tête sur une haute montagne, et la mirent sur un pal, bien haut, afin que chacun la pût bien voir, et dès lors commencèrent guerre contre ceux du pays. On prit grand'foison de leurs gens, et femmes et enfants, et le surplus sont en tel point qu'ils vont se tapir par les cavernes. Et n'osent nullement attendre, et sont toujours par les champs la plus grande partie d'entre eux, et les autres demeurent à l'hôtel pour garder le château et les prisonniers ; et font toute diligence qu'ils peuvent à prendre gens, car c'est tout leur réconfort, quant à présent, en attendant M. de Béthencourt, lequel enverra bientôt réconfort, comme vous ouïrez. Berthin leur a fait un grand mal et trouble, et est cause de mainte mort donnée.

CHAPITRE XXXIV. — Comment Gadifer eut propos de tuer tous les hommes de défense de l'île Lancelot.

Tel est le dessein de Gadifer et des compagnons que, s'ils ne trouvent autre remède, ils tueront tous les hommes de défense du pays, et conserveront les femmes et les enfants, et les feront baptiser, et vivront comme eux jusques à tant que Dieu y ait autrement pourvu ; et à cette Pentecôte, plus de quatre-vingts personnes, tant hommes que femmes et enfants, ont été baptisées ; et Dieu, par sa grâce, les veuille tellement confirmer en notre foi, que ce soit bon exemple à tout le pays de par ici. Il ne faut point faire de doute que si M. de Béthencourt pouvait venir, et qu'il eût un peu d'aide de quelques princes, on ne conquerrait pas seulement les îles de Canare ; on conquerrait beaucoup de plus grands pays, desquels il est bien peu fait mention, et de bons, et d'aussi bons qu'il soit guère au monde, et de bien peuplés de gens mécréants, et de diverses lois, et de divers langages. Si ledit Gadifer et les compagnons eussent voulu mettre les prisonniers à rançon, ils eussent bien recouvré les frais que leur a coûtés ce voyage. Mais à Dieu ne plaise ! car la plupart se font baptiser ; et à Dieu ne plaise que nécessité les contraigne que jamais ils soient vendus ! Mais ils sont ébahis de ce que M. de Béthencourt n'envoie pas de nouvelles, ou de ce qu'il ne vient point quelque navire d'Espagne ou d'ailleurs, qui ont coutume de venir et de fréquenter ces marches ([2]) ; car ils ont grande nécessité d'être rafraîchis et réconfortés. Que Dieu, par sa grâce, y veuille remédier !

CHAPITRE XXXV. — Comment la barge de M. de Béthencourt arriva bien autorisée.

En peu d'heures Dieu labeure ([3]) ; les choses sont bientôt changées, quand il plaît à Dieu ; car il voit et connaît les pensées et volontés des cœurs, et n'oublie jamais ceux qui ont en lui bonne espérance, et ils

---

([1]) Brûler.
([2]) « *Marche* vient de l'allemand *march*, qui signifie frontière, et que Vossius dérive de *merken*, qui signifie marquer. Ce mot de *marche* a été pris plus largement et a signifié aussi une grande province frontière. De là vient qu'on a dit la marche de Brandebourg, d'Ancône, Trévisane, etc. On a appelé de là *marchiones* et *marchisi* ceux qui commandaient dans ces marches, d'où les Flamands et nous avons fait le mot de *marquis*, et les Italiens celui de *marchese*. » (Ménage, *les Origines de la langue française*.)
([3]) Travaille.

sont à cette heure réconfortés. Il arriva une barque au port de l'île Gracieuse, que M. de Béthencourt leur a envoyée, de quoi ils furent tout joyeux, et en furent rafraîchis et ravitaillés. Il y avait bien en la barque plus de quatre-vingts hommes, dont il y en avait plus de quarante-quatre en point de se trouver sur les reins. Car le roi de Castille les avait baillés à M. de Béthencourt, et il y avait plusieurs artilleries, et des vivres assez.

Et, comme j'ai devant dit, le sieur de Béthencourt a écrit à messire Gadifer de la Salle une lettre dans laquelle il lui écrivait plusieurs choses, entre lesquelles il lui mandait qu'il avait fait hommage au roi de Castille des îles de Canarie : de laquelle chose il n'était point joyeux et ne faisait point si bonne chère qu'il avait coutume de faire. Les gentilshommes et les compagnons s'en émerveillaient, car il leur semblait qu'il devait faire bonne chère et qu'il n'avait pas autre cause; mais nul ne put savoir ce que c'était. Les nouvelles étaient partout que M. de Béthencourt avait fait hommage au roi de Castille des îles de Canarie; mais personne n'eût pensé que telle en fût la cause, et ledit Gadifer ne s'en fût ouvert à personne. Il s'apaisa et en laissa le moins paraître qu'il put. Item, le maître de la nef et de la barque leur dit au vrai ce qu'étaient devenus les traîtres qui tant leur ont fait de mal, desquels les noms sont ci-devant déclarés, auxquels Dieu y a montré son bon plaisir et a pris vengeance du mal qu'ils leur ont fait. Car les uns se sont en Barbarie noyés, et les autres sont à leur pays à honte et à déshonneur. Et est advenue une grande merveille; car l'un des bateaux de la nef Gadifer, — que les Gascons qui étaient là emmenèrent au mois d'octobre 1402, pendant lequel ils se noyèrent et périrent sur la côte de Barbarie, — revint sain et entier de plus de cinq cents lieues d'ici, là où ils furent noyés, et arriva au port de l'île Gracieuse au mois d'août 1403, au même lieu où ils l'avaient pris quand le traître Berthin les eut trahis et fait bouter hors de la nef où ils étaient et mettre à terre; et ils tenaient cela à moult grande chose, car c'est un grand réconfort pour eux. Or est la barque reçue, et les gens et les vivres, et leur fit ledit Gadifer la meilleure chère qu'il put, quoiqu'il ne fût pas trop joyeux. Il leur demanda des nouvelles de Castille, et le maître du vaisseau lui répondit « qu'il n'en savait aucunes, excepté que le roi fait bonne chère à M. de Béthencourt, qui sera bientôt par ici; mais qu'il a fait ramener Mme de Béthencourt en Normandie, et je pense à cette heure qu'elle y est. Il y a déjà longtemps que je suis parti du pays, et il se hâtait fort dès lors de l'envoyer, afin de retourner par ici, car il lui ennuie très-fort d'être par delà, et sûrement il sera bientôt ici : il ne faut pas laisser de faire du mieux qu'on pourra jusqu'à ce qu'il soit venu. » Gadifer répondit : « On n'y manquera pas, on ne laissera pas de besogner, quoiqu'il n'y soit pas, comme on a fait. »

CHAPITRE XXXVI. — Comment Gadifer, en cette barge, partit de l'île Lancelot pour visiter toutes les autres îles.

Et après que la barge de M. de Béthencourt fut arrivée au port de Rubicon et qu'ils eurent recueilli tous les vivres qui y étaient, vins, farines et autres choses, messire Gadifer partit et se mit en la mer dans la barque avec la plupart de la compagnie pour aller visiter les autres îles pour M. de Béthencourt, et pour la conquête, qui, s'il plaît à Dieu, arrivera à bonne fin. Aussi le maître de barque et les compagnons avaient grand désir de gagner pour remporter des denrées de par ici, pour y gagner en Castille, car ils peuvent emporter plusieurs manières de marchandises, comme cuirs, graisses, oursolle (¹), qui vaut beaucoup d'argent et sert à la teinture, dattes, sang-de-dragon et plusieurs autres choses qui sont au pays. Car lesdites îles étaient et sont en la protection et seigneurie de M. de Béthencourt, et avait-on crié de par le roi de Castille que nul n'y allât, sinon avec sa permission, car il avait obtenu cela du

---

(¹) « L'orseille appartient à la famille des lichens; on en a formé un genre particulier, sous le nom de *Rocella tinctoria*, distingué des autres lichens par des tiges cylindriques allongées, point fistuleuses, d'un aspect poudreux, d'une consistance un peu coriace, portant des paquets épars de poussière blanche et des réceptacles ou tubercules hémisphériques entiers et sessiles. La matière colorante rouge, de nature résineuse, qu'on en retire, la rend extrêmement précieuse pour la teinture. Cette couleur pourpre, qu'on emploie pour teindre la laine, la soie et plusieurs étoffes, s'obtient par le procédé suivant : après avoir réduit la plante en poudre très-fine et avoir passé cette poudre au tamis, on l'arrose pendant quelque temps avec de

roi. Lequel Gadifer, quand il vint aux îles, ignorait cela. Et ils arrivèrent en l'île d'Erbanie, et descendirent du navire ledit Gadifer, Remonet de Lenéden, Hannequin d'Auberbosc, Pierre de Reuil, Jamet

L'Orseille (*Lichen roccella*) (¹).

de Barège, avec d'autres de ceux de la compagnie, et des prisonniers qu'ils avaient et deux Canariens pour les conduire.

CHAPITRE XXXVII. — Comment Gadifer part de la barge pour aller en l'île d'Erbanie.

Quand Gadifer fut passé de la barque en l'île d'Erbanie, quelques jours après, il partit, lui et Remonet de Lenéden et les compagnons de la barque, au nombre de trente-cinq hommes, pour aller au ruisseau des Palmes voir s'ils pourraient rencontrer quelques-uns de leurs ennemis. Et arrivèrent près de là pendant la nuit, et trouvèrent une fontaine près de laquelle ils se reposèrent un peu, puis commencèrent à monter une haute montagne d'où l'on peut bien apercevoir une grande partie du pays. Et quand ils furent bien à mi-chemin de la montagne, les Espagnols ne voulurent pas aller plus avant et s'en retournèrent au nombre de vingt et un, pour la plupart arbalétriers; et quand Gadifer vit cela il n'en fut pas joyeux et il continua son chemin, lui treizième, et il n'y avait que deux archers. Quand ils

l'urine d'homme, à laquelle on ajoute de la potasse ou de la chaux, et on la couvre ainsi dans des tonneaux. Dans cet état, cette matière, livrée au commerce sous le nom de *pâte d'orseille*, *orseille préparée* (*oricello* des Florentins), communique sa couleur propre à l'eau par l'ébullition, et va servir à teindre en pourpre différents tissus. » (Chaumeton, Poiret, Chamberet, *Flore médicale*.)

(¹) Voy. la note précédente.

furent en haut, il prit six compagnons et s'en alla où le ruisseau tombe en la mer pour savoir s'il y avait quelque port (¹); et puis revint en remontant le long du ruisseau, et trouva Remonet de Lenéden et les compágnons qui l'attendaient à l'entrée des Palmiers. Là le courant est si fort que c'est une grande merveille, et ne dure pas plus de deux jets de pierre et de deux ou trois lances de large; et ils jugèrent à propos de déchausser leurs souliers pour passer sur les pierres de marbre, qui étaient si unies et si glissantes qu'on ne pouvait s'y tenir qu'à quatre pieds, et encore fallait-il que les derniers appuyassent les pieds à ceux des autres de devant avec le bout des lances; et puis ils tiraient les derniers après eux (²). Et quand on est au delà on trouve le vallon beau et uni et moult délectable; et il peut bien y avoir huit cents palmiers (³) qui ombragent la vallée et les ruisseaux des fontaines qui courent parmi; et ils sont par groupes de cent et six-vingts ensemble, longs comme des mâts de navire, de plus de vingt brasses de haut, si verts, et si feuillus, et tant chargés de dattes, que c'est une moult belle chose à regarder. Et là ils dînèrent à la belle ombre sur l'herbe verte, près des ruisseaux courants, et se reposèrent un petit, car ils étaient moult lassés (⁴).

CHAPITRE XXXVIII. — Comment ils se rencontrèrent avec leurs ennemis.

Après, ils se mirent en chemin et montèrent une grande côte, et il fut ordonné à trois compagnons d'aller devant assez longuet. Et quand ces trois compagnons furent un peu éloignés, ils rencontrèrent leurs ennemis et leur coururent sus, et les mirent en chasse. Et Pierre le Canarien leur tua une femme, et en prit deux autres en une caverne, dont l'une avait un petit enfant à la mamelle qu'elle étrangla : on pense bien que ce fut par crainte qu'il ne criât. Mais Gadifer et les autres ne savaient rien de tout ce fait, sinon qu'ils se doutèrent bien que dans le fort pays de la plaine qui était devant eux il y avait des gens. Alors Gadifer disposa du peu de gens qu'il avait, de manière à comprendre tout ce méchant pays; et ils se placèrent assez loin l'un de l'autre, car ils n'étaient demeurés derrière que onze.

CHAPITRE XXXIX. — Comment ceux qu'ils encontrèrent au fort pays coururent sus aux Castillans.

Il advint que les Castillans qui étaient demeurés avec eux arrivèrent sur une compagnie de gens qui étaient environ cinquante personnes, lesquelles coururent aux Castillans et les enchantèrent jusqu'au moment où leurs femmes et leurs enfants furent éloignés. Les autres compagnons, qui étaient bien au loin dispersés, accoururent vers le cri le plus tôt qu'ils purent, et arriva le premier Remonet de Lenéden tout seul, qui leur courut sus; mais ils l'entourèrent, et sans Hannequin d'Auberbosc, qui là vigoureusement vint frapper sur eux, et évidemment les fit déguerpir, Remonet était en péril de mort. Survint

---

(¹) Le port de la Peña.
(²) L'exactitude de cette description est confirmée par les voyageurs modernes; MM. Barker-Webb et Sabin Berthelot franchirent ce passage difficile tout à fait de la même manière.
(³) « Le palmier dattier *(Phœnix dactylifera)*, arbre dioïque, de 60 pieds, dont le bois, dur extérieurement, mais mou et facilement destructible à l'intérieur, est employé pour les constructions; ses feuilles sont pennées, son spadice ou *régime* sort d'une grande spathe et porte des fleurs staminées ou pistillées; ces dernières deviennent des baies dont la graine a un *testa* membraneux et un *albumen* osseux très-dur, sillonné d'un côté; le mésocarpe sucré est l'unique nourriture des nègres et des tribus arabes qui vivent dans le Biledulgérid. Quand ces peuples se font la guerre, ils vont détruire les dattiers à étamines sur le terrain de leurs ennemis, afin de les affamer en rendant stériles les palmiers à pistils. » (Lemaout, *les Trois Règnes de la nature*.)
(⁴) « Dans cette vallée de Rio-Palma s'élève aujourd'hui la chapelle de Notre-Dame de la Peña. On y révère une Vierge miraculeuse que saint Diego de Alcala, un des moines fondateurs du couvent de Béthencourie, retira, dit-on, du milieu d'un rocher. Cette madone a les yeux fermés, et l'on assure que sa cécité date seulement de la première invasion des Barbaresques. La bonne Vierge, me dit le sacristain que j'interrogeais sur ce fait, ne voulut pas voir san Diego maltraité par un Maure, et ferma les yeux. » *(Hist. nat. des Canaries.)*

aussi Geoffroy d'Auzonville, avec un arc en sa main, et il en était bien besoin, et il les mit tout à fait en fuite. Mais Gadifer, qui était bien avant au fort pays, accourait tant qu'il pouvait, lui quatrième, et prit le chemin droit aux montagnes, là où ils se dirigeaient. Et venait au-devant quand la nuit le surprit, et en fut si près qu'il leur parla, et à grand'peine s'entre-trouvèrent entre eux tant il faisait obscur. Et s'en revinrent tout de nuit à la barque, et ne purent rien prendre que quatre femmes, et dura la chasse de haute heure de vespre jusqu'à la nuit, et furent si lassés de part et d'autre qu'à peine purent-ils hâter leurs pas. Et n'eût été l'obscurité de la nuit qui surprit Gadifer et ses compagnons, il n'en fût échappé aucun, et dès le commencement les Castillans s'arrêtèrent et ne furent point à la chasse. Et jamais depuis Gadifer ne s'y voulut fier en tout le voyage, qui dura trois mois environ, jusqu'à tant que M. de Béthencourt vint au pays avec une autre compagnie.

CHAPITRE XL. — Comment Gadifer passa à la Grande-Canarie et parla aux gens du pays.

Et alors ils partirent d'Erbanie et arrivèrent à la Grande-Canarie, à l'heure de prime. Ils entrèrent en un grand port qui est entre Teldes et Argonnez, et là, sur le port, vinrent des Canares environ cinq cents, et parlèrent à eux, et venaient à la barque vingt-deux tous ensemble, après qu'on les avait rassurés, et leur apportaient des figues et du sang-de-dragon (1), qu'ils changeaient pour des hains à pêcher (2), pour vieille ferraille et pour petits couteaux. Et ils eurent du sang-de-dragon qui valait bien 200 doubles d'or, et tout ce qu'ils leur baillèrent ne valait pas 2 francs. Et puis, quand ils étaient retirés et que le bateau accostait terre, ils couraient sus aux uns et aux autres, et l'escarmouche durait longtemps. Quand cela était passé, ils se remettaient en la mer, les Canariens revenaient en la barque comme auparavant et apportaient de leurs choses, et cela dura les deux jours qu'ils furent là. Et Gadifer envoya Pierre le Canarien parler au roi qui était à cinq lieues de là. Et parce qu'il ne retourna pas juste à l'heure qu'il devait retourner, les Espagnols, qui étaient maîtres de la barque, ne voulurent plus attendre, et firent voile, et s'en allèrent à quatre lieues de là, pensant prendre de l'eau. Mais les Canariens ne les laissèrent pas prendre terre, et toujours ils combattront quiconque se présentera avec peu de gens, car ils sont grande quantité de gens nobles selon leur état et leur manière. Et nous avons trouvé le testament des frères chrétiens qu'ils ont tués, il y a douze ans, au nombre de treize (3). Selon ce que disent les Canariens, ils les tuèrent parce qu'ils avaient envoyé des lettres en la terre des chrétiens contre eux avec qui ils avaient demeuré sept ans, leur annonçant chaque jour les articles de foi. Le testament dit aussi que nul ne se doit fier à eux, quelque beau semblant qu'ils fassent, car ils sont traîtres de nature, et pourtant se disent gentilshommes au nombre de six mille (4). Pourtant a dessein Gadifer, s'il peut trouver cent archers et autres gens, d'entrer au pays, de s'y fortifier et d'y demeurer jusqu'à tant qu'à l'aide de Dieu il soit mis en notre sujétion et à la foi de notre Seigneur Jésus-Christ.

---

(1) *Sang-dragon*, suc du dragonnier, substance résineuse d'un rouge de sang, inodore, insipide, soluble dans l'alcool et l'éther, inflammable et brûlant avec une odeur balsamique agréable. On s'en sert dans la fabrication des vernis rouges.
(2) Hameçons.
(3) « En 1382, le capitaine Francisco Lopez, qui se rendait avec son navire de Séville en Galice, fut, dit-on, entraîné au sud par la force de la tourmente, et se vit contraint de chercher un refuge, le 5 juin, à l'embouchure du ravin de Guiniguada, où l'on a fondé depuis la capitale de la Grande-Canarie. Lopez et douze de ses compagnons furent traités d'abord avec humanité par le *guanartème* de cette partie de l'île, et passèrent sept ans occupés paisiblement du soin des troupeaux qu'on leur avait confiés. Ils profitèrent de ce séjour forcé pour donner une instruction chrétienne à plusieurs jeunes Canariens, dont quelques-uns avaient déjà appris la langue castillane ; mais les naturels, changeant tout à coup de conduite à leur égard, les massacrèrent tous sans exception. Il paraît cependant qu'avant de recevoir la mort, les malheureux Espagnols confièrent un écrit à l'un de leurs néophytes. » (*Hist. nat. des îles Canaries*, p. 42, t. Ier, première partie.)
(4) « Les nobles de la Grande-Canarie, dit Viera, se reconnaissaient à des distinctions particulières et jouissaient de certains priviléges ; ils portaient la barbe et les cheveux longs. Le *faycan* ou le grand-prêtre, dont l'autorité balançait celle des princes, avait seul le droit de conférer la noblesse et d'armer les chevaliers. La loi exigeait que l'aspirant fût reconnu possesseur de terres et de troupeaux, descendant de noble, et en état de porter les armes. »

EXPÉDITION DANS L'ILE GOMÈRE ET DANS L'ILE DE FER.

CHAPITRE XLI. — Comment la compagnie partit de la Grande-Canarie et passa l'île de Fer jusques à l'île de Gomère.

Et alors partit la compagnie et prit le chemin pour aller visiter les autres îles, et vint à l'île de Fer et la côtoyèrent tout au long sans prendre terre. Et passèrent tout droit en l'île de Gomère et arrivèrent

Le grand Dragonnier d'Orotava (55 pieds de circonférence au niveau du sol) (¹).

(¹) « A la limite extrême des liliacées, qui presque toutes sont des herbes, et près de l'humble asperge aux rameaux filiformes, vient se placer le monstrueux dragonnier de l'Inde orientale et des îles Canaries. Le genre *Dracœna* est carac-

par nuit, et ceux de l'île faisaient du feu en quelques lieux sur le rivage de la mer (¹). Des compagnons se mirent en un coquet et descendirent vers les feux, et trouvèrent un homme et trois femmes qu'ils prirent et amenèrent à la barque (²). Ils demeurèrent là jusqu'au jour, et puis quelques-uns descendirent pour prendre eau. Mais les gens du pays s'assemblèrent et leur coururent sus (³), si bien qu'ils furent contraints de retourner en la barque sans prendre eau, car la place était en trop grand désavantage pour nos gens.

CHAPITRE XLII. — Comment Gadifer et la compagnie partirent de l'île de Gomère et vinrent à l'île de Fer, où ils demeurèrent vingt-deux jours.

Après, ils partirent de là et prirent leur chemin vers l'île de Palmes; mais ils eurent vent contraire et grand tourment. Et ils se résolurent de tenir le chemin de l'île de Fer, et ils y arrivèrent de jour et prirent terre; et là ils demeurèrent bien vingt-deux jours et prirent quatre femmes et un enfant, et trouvèrent porcs, chèvres, brebis en grande abondance (⁴). Et est le pays très-mauvais à une lieue vers la mer tout alentour; mais le milieu, qui est très-haut, est un beau et délicieux pays, et y sont les bo-

térisé par son périanthe profondément divisé, à segments courbés en dehors; par ses étamines à filets épaissis dans leur milieu et insérés au fond du périanthe, et par sa baie sillonnée et à trois loges ne contenant qu'une graine. Sa tige, de consistance molle, laisse exsuder dans les grandes chaleurs un suc résineux rouge, qui est le vrai *sang-dragon* des officines; ses rameaux, qui vont en se bifurquant, sont couronnés à leur sommet par des touffes de feuilles en forme de glaive, épineuses à leur extrémité, et les fleurs forment des grappes rameuses terminales.

» C'est surtout le dragonnier d'Orotava que les voyageurs vont admirer à Ténériffe. Son tronc, creusé par le temps jusqu'à l'origine des premières branches, s'élève à une hauteur de 72 pieds, et dix hommes se tenant par la main peuvent à peine embrasser sa circonférence. Lorsque l'île de Ténériffe fut découverte, en 1402, la tradition rapporte qu'il était déjà aussi gros qu'aujourd'hui. Ce qui vient confirmer cette tradition, c'est la lenteur avec laquelle croissent les jeunes dragonniers qui viennent aux Canaries, et dont l'âge est exactement connu. » (Lemaout, *les Trois Règnes de la nature.*)

« Dix hommes, dit aussi M. Sabin Berthelot, pouvaient à peine embrasser le tronc du grand dragonnier d'Orotava. Ce cippe prodigieux offrait à l'intérieur une cavité profonde que les siècles avaient creusée; une porte rustique donnait entrée dans cette grotte, dont la voûte à moitié entamée supportait encore un énorme branchage; de longues feuilles, aiguës comme des épées, couronnaient l'extrémité des rameaux. Un jour un ouragan terrible arracha le tiers des rameaux de cet arbre séculaire. La date de cet événement, 21 juillet 1819, est inscrite sur une plate-forme en maçonnerie que l'on a bâtie au sommet du tronc pour recouvrir la crevasse et prévenir l'infiltration des eaux. »

(¹) Ces insulaires étaient tous troglodytes; les grottes naturelles leur servaient d'habitation.

(²) Les Gomérytes (indigènes de Gomère) portaient le *tumark* (manteau de peau de chèvre) plus long que leurs voisins des îles, et le teignaient en rouge ou en violet. Les femmes avaient des jupes en peau de mouton; elles se coiffaient avec des toques légères qui leur tombaient sur les épaules, et se chaussaient avec des sandales en cuir de porc.

(³) Les Gomérytes s'étaient rendus redoutables par leur adresse et leur intrépidité dans les combats. Des exercices gymnastiques développaient en eux ces qualités dès l'âge le plus tendre, et la poésie entretenait l'enthousiasme guerrier en célébrant la mémoire des héros. Voici un de leurs chants nationaux :

« Un jour Gualheguéya, suivi de plusieurs compagnons, avait gagné à la nage un rocher solitaire pour y ramasser des coquillages, lorsqu'une troupe de requins affamés vint cerner le récif.

» Les féroces poissons avaient coupé la retraite aux Gomérytes et se préparaient à les dévorer, mais Gualheguéya, se dévouant pour ses frères, se précipita sur le plus grand de la bande, et le saisit de ses bras nerveux.

» Le monstre se débat sous l'ennemi qui le presse, et frappe la mer de sa large queue; la mer gronde, écume, bouillonne, et la bande vorace s'enfuit épouvantée.

» Alors les Gomérytes profitent de la lutte pour traverser le détroit; Gualheguéya redouble d'efforts, il tourmente son ennemi, le laisse à demi expirant, et s'élance triomphant sur la plage.

» Gualheguéya vainquit le monstre et sauva ses frères. Il fut brave ce jour-là. »

(⁴) Les anciens habitants de l'île de Fer, vêtus d'un manteau de peau de mouton, qu'ils portaient le poil en dehors pendant l'été, et qui leur servait de fourrure en hiver, étaient armés de longs bâtons, pour s'aider à gravir les rochers. Leurs maisons étaient des édifices circulaires soutenus par une forte muraille, et surmontés d'un toit en rotonde qu'ils consolidaient avec des branches d'arbre recouvertes d'une couche de feuillage et de paille. Chaque habitation pouvait contenir une famille d'environ vingt personnes; mais vers le littoral ils avaient établi leurs demeures dans des grottes spacieuses, qui servent encore aujourd'hui pour renfermer les troupeaux. Ils vivaient entre eux dans une parfaite union. (Galindo et Garcia del Castillo.)

cages grands et verts en toutes saisons. Et il y a plus de cent mille pins, qui sont si gros pour la plupart, que deux hommes ne les sauraient embrasser. Et les eaux bonnes y sont en grande abondance, et il y a tant de cailles que c'est merveille, et il y pleut souvent. Et il n'y a en cet endroit que peu de gens, car chaque année on les prend. Et dans l'année 1402, il y fut pris, à ce que l'on dit, quatre cents personnes; mais ceux qui y sont à présent seraient venus s'il y avait eu quelque truchement.

CHAPITRE XLIII. — Comment ils passèrent en l'île de Palme, puis retournèrent de l'autre bande, côtoyant les îles.

Pourtant depuis a-t-on trouvé moyen d'avoir un truchement connaissant le pays et parlant le langage, pour entrer dans cette île et dans les autres. Puis ils partirent et s'en allèrent au delà, droit en l'île de Palme, et prirent port à droite d'une rivière qui chet en la mer, et là se fournirent d'eau pour leur retour, et partirent de là. Et quand ils eurent doublé l'île de Palme, ils eurent si bon vent qu'ils furent en deux jours et deux nuits au port de Rubicon, à cinq cents milles de là. Et s'en vinrent côtoyant toutes les îles de l'autre groupe, jusques audit port, sans prendre terre nulle part. Et ils avaient demeuré trois mois ou environ, et ils revinrent sains et saufs et trouvèrent en bon état leurs compagnons, qui avaient plus de cent prisonniers au château de Rubicon. Et il y en avait eu une grande foison de morts. Et les compagnons tenaient leurs ennemis en telle nécessité que ceux-ci ne savaient plus que faire et se venaient de jour en jour rendre à leur merci, puis les uns, puis les autres, tant qu'ils sont demeurés peu de gens en vie sans être baptisés, et spécialement de gens qui les puissent incommoder; et ils sont au-dessus de leur fait. Quant à l'île de Lancerote, dans laquelle il n'y avait pas plus de trois cents hommes quand ils y arrivèrent, c'est une bonne petite île qui ne contient que douze lieues de long sur quatre de large; et M. de Béthencourt y descendit au mois de juillet 1402.

CHAPITRE XLIV. — Comment les autres îles furent visitées par Gadifer, et de quelles vertus elles étaient.

Et quant aux autres îles, M. de Béthencourt les a fait visiter par messire Gadifer et d'autres, chargés de cela. En sorte qu'ils ont avisé comment elles seront conquises; et les ayant fréquentées et y ayant demeuré un espace de temps, ils ont vu et connu de quelle manière et de quel profit elles sont. Et elles sont de grand profit et fort plaisantes, et en bon air et gracieux; et il ne faut point douter que s'il s'y trouvait des gens, comme il y en a en France, qui sussent faire leur profit, ce seraient des îles fort bonnes et fort profitables; et, s'il plaît à Dieu que M. de Béthencourt vienne, au plaisir de Dieu on en viendra à bout et à bonne fin.

CHAPITRE XLV. — Comment M. de Béthencourt arriva à Rubicon, en l'île Lancerote, et la chère qu'on lui fit.

Le jour même que la barque arriva au port de Rubicon, au retour des îles, elle repartit et s'en alla dans un autre port, nommé l'Aratif[1]; et là on leur fit livrer de la viande pour leur retour, et ils partirent de là pour s'en aller en leur pays d'Espagne; et alors fut envoyé par Gadifer, vers M. de Béthencourt, un gentilhomme nommé Geoffroy d'Auzonville, lequel portait à M. de Béthencourt des lettres

---

[1] Le port d'Arrecife est un des plus sûrs de l'archipel des Canaries, mais les sables vaseux qui l'encombrent n'en permettent pas l'entrée aux navires d'un fort tonnage; presque tous les bâtiments étrangers vont s'amarrer au port de Naos, situé un peu plus à l'est. Plusieurs îlots barrent ces deux mouillages et les défendent contre les vents du sud.

annonçant comme tout se portait et tout ce que ladite barque avait fait. Mais avant que cette barque arrivât en Espagne, M. de Béthencourt était arrivé au port de Rubicon avec une belle petite compagnie ; et messire Gadifer et toute la compagnie vinrent au-devant de lui : on ne saurait croire le grand accueil qu'on lui faisait. Là vinrent aussi les Canariens qui s'étaient fait baptiser, qui se couchaient à terre en lui pensant faire révérence, disant que c'est la coutume du pays, et que, quand ils se couchent, c'est dire qu'ils se mettent tout à fait à la grâce et merci de celui à qui cela se fait. Vous eussiez vu pleurer de joie tous, grands et petits, au point que la nouvelle en vint au roi, qui tant de fois a été pris et s'est toujours échappé. Et lui et tous ses alliés eurent si grande peur, qu'avant trois jours accomplis ledit roi, qui leur avait fait beaucoup de mal, fut pris lui dix-neuvième.

Ils trouvèrent, à cause de cette prise, assez de vivres, abondance d'orge et plusieurs autres choses. Et alors, quand le demeurant des Canariens vit que leur roi était pris, et qu'ils ne pouvaient résister, ils vinrent tous les jours se rendre à la merci de M. de Béthencourt. Le roi demandant à parler audit seigneur, il fut mené vers lui, en présence de messire Gadifer et de plusieurs autres. Et alors le roi se mit à se coucher, en disant qu'il se tenait pour vaincu et se mettait à la merci de M. de Béthencourt, et lui cria merci et à messire Gadifer. Et il leur dit qu'il voulait se faire baptiser, lui et tout son hôtel, ce dont M. de Béthencourt fut bien joyeux et toute la compagnie ; car ils espéraient que c'était un grand commencement pour avoir le demeurant des îles et pour les tirer tous à la foi chrétienne. M. de Béthencourt et messire Gadifer se retirèrent à part et parlèrent ensemble, et s'embrassèrent et baisèrent, pleurant l'un et l'autre de la grande joie qu'ils avaient d'être cause de mettre en la voie du salut tant d'âmes et de personnes, et arrêtèrent eux deux comment et quand ils seraient baptisés.

CHAPITRE XLVI. — Comment le roi de Lancerote requit M. de Béthencourt qu'il fût baptisé.

L'an 1404, le vingtième jour de février (jeudi), avant carême prenant, le roi païen de Lancerote requit M. de Béthencourt qu'il fût baptisé. Il fut baptisé, lui et ceux de sa maison, le premier jour de carême, et il montrait par semblant qu'il avait bon vouloir et bonne espérance d'être bon chrétien. Et le baptisa messire Jean le Verrier, chapelain de Mgr de Béthencourt, et il fut nommé Louis par ledit seigneur. Tout le pays, l'un après l'autre, et petits et grands, se faisaient baptiser. Et pour ce, on leur a fait donner une instruction, la plus simple qu'on a pu, pour initier ceux qui ont été baptisés et préparer les autres au baptême qui leur sera donné dorénavant, s'il plaît à Dieu ; ledit religieux messire Pierre Pontier et messire Jean le Verrier étaient assez bons clercs, et la firent au mieux qu'ils purent.

CHAPITRE XLVII. — C'est l'instruction que M. de Béthencourt donne aux Canariens baptisés chrétiens.

Premièrement, il est un seul Dieu tout-puissant, qui, au commencement du monde, forma le ciel et la terre, les étoiles, la lune et le soleil, la mer, les poissons, les bêtes, les oiseaux, l'homme nommé Adam, et de l'une de ses côtes il forma la femme nommée Ève, la mère de tous les vivants, et il la nomma Virago, femme de ma côte. Et il forma et ordonna toutes les choses qui sont sous le ciel, et fit un lieu moult délicieux, nommé paradis terrestre ; il y mit l'homme et la femme, et là fut premièrement une seule femme conjointe en un seul homme (et qui croit autrement pèche) [1], et il leur abandonna à manger tous les fruits qui y étaient, excepté un, qu'il leur défendit expressément. Mais à quelque temps de là, le diable prit la forme d'un serpent et parla à la femme, et, par ses suggestions, lui fit manger du fruit que Dieu avait défendu ; elle en fit manger à son mari, et, pour ce péché, Dieu les fit mettre hors du paradis terrestre et de ses délices, et donna trois malédictions au serpent, deux à la femme et

---

[1] Ces instructions étaient conçues de manière à combattre surtout les coutumes les plus vicieuses des insulaires. On insiste en cet endroit contre la polygamie.

une à l'homme. Et dorénavant, furent condamnées les âmes de tous ceux qui trépasseraient avant notre Seigneur Jésus-Christ, lequel voulut prendre chair humaine en la vierge Marie, pour nous racheter des peines d'enfer, où tous allaient jusqu'au temps dessus dit.

Chapitre XLVIII. — De l'arché de Noé, tour de Babel et confusion des langues.

Et après que les gens eurent commencé à multiplier sur terre, ils firent beaucoup de maux et d'horribles péchés, desquels notre Seigneur se courrouça et dit qu'il ferait tant pleuvoir qu'il détruirait toute chair qui était dessus terre. Mais Noé, qui était homme juste et craignant Dieu, trouva grâce devant lui. Dieu lui dit qu'il voulait détruire toute chair, depuis l'homme jusqu'aux oiseaux; que son esprit ne demeurerait pas en l'homme permanablement, qu'il amènerait les eaux du déluge sur eux. Il lui commanda qu'il fît une arche de bois carré, poli, qu'il oindrait devant et dehors de bitume (le bitume est une glu si forte et si tenante que, quand deux pièces de bois en sont assemblées, on ne les peut par nul art désassembler...; et on le trouve flottant dans les grands lacs de l'Indie, sur les algues); que l'arche fût de certaine longueur et largeur; qu'il y mettrait sa femme, ses trois fils et leurs trois femmes, et que de toutes choses portant vie il mit avec lui une paire de chacun; de quoi nous sommes tous issus. Après le déluge, quand ils virent qu'ils furent multipliés en grand nombre, un nommé Nimbrod voulut régner par force, et ils s'assemblèrent tous en un champ nommé le *champ de Sanaar*, et réglèrent de se partager entre eux les trois parties du monde : que ceux qui étaient descendus de Sem, l'aîné des fils de Noé, tiendraient l'Asie; que ceux qui étaient descendus de Cham, l'autre fils de Noé, tiendraient l'Afrique, et que les descendants de Japhet, le dernier fils, tiendraient l'Europe. Mais avant de partir, ils commencèrent une tour si grande et si forte, qu'ils voulaient qu'elle vînt jusqu'au ciel, en perpétuelle mémoire d'eux. Mais Dieu, qui vit qu'ils ne cesseraient pas leur ouvrage, leur confondit leur langage en telle manière que nul n'entendait la voix de l'autre; et là naquirent les langages qui sont aujourd'hui. Et puis il envoya ses anges, qui firent si grand vent venter, qu'ils abattirent la tour jusque près des fondements, qui encore y paraissent, à ce que disent ceux qui les ont vus.

Chapitre XLIX. — Continuation de l'instruction à la foi.

Ensuite ils se séparèrent pour se rendre dans les trois parties du monde, et les générations d'à présent sont descendues d'eux. De l'une d'elles issit Abraham, homme parfait et craignant Dieu, à qui Dieu donna la terre de promission, et à ceux qui de lui naîtront. Dieu les aima moult et les fit son saint peuple, et ils s'appelèrent les fils d'Israël. Il les mit hors du servage d'Égypte, fit de grandes merveilles pour eux et les favorisa sur toutes les nations du monde, tant qu'il les trouva bons et obéissants à lui. Mais, contre son commandement et sa volonté, ils se prirent aux femmes d'autres lois, et adorèrent les idoles et les veaux d'or. C'est pourquoi il se courrouça contre eux, les fit détruire et les bailla aux mains des païens et des Philistins par plusieurs fois. Mais dès qu'ils se repentaient et lui criaient merci, il les relevait et les mettait en grande prospérité; et il fit pour eux des choses telles qu'il ne fit jamais pour aucun autre peuple, car il leur donna les prophètes qui parlèrent par la bouche du Saint-Esprit. Ils leur annonçaient les choses à venir et l'avénement de notre Seigneur Jésus-Christ, qui devait naître d'une Vierge (c'est à savoir la Vierge Marie, laquelle descendit de ce peuple, de la lignée du roi David, lequel roi descendit de la lignée de Juda, le fils de Jacob), et qu'il rachèterait tous ceux qui étaient condamnés par le péché d'Adam. Mais ils ne le voulurent croire, ni connaître cet avénement; ils le crucifièrent et le mirent à mort, nonobstant les grands miracles qu'il faisait en leur présence. Et c'est pour cela qu'ils ont été détruits, comme chacun sait. Car, allez par tout le monde, vous ne verrez pas de Juif qui ne soit en sujétion d'autrui, et qui ne soit jour et nuit en peur et en crainte de sa vie; et c'est pour cela qu'ils sont décolorés comme vous voyez.

CHAPITRE L. — Encore de cette même matière pour instruire les Canariens.

Or il est vrai que quand les Juifs mirent à mort notre Seigneur Jésus, il y avait moult de gens qui étaient ses disciples, et spécialement il en avait douze, dont l'un d'eux le trahit. Ils étaient continuellement avec lui et lui voyaient faire les grands miracles. Par quoi ils crurent fermement, et le virent mourir. Après sa résurrection il leur apparut plusieurs fois, et les enlumina de son Saint-Esprit. Il leur commanda qu'ils allassent par toutes les parties du monde prêcher de lui toutes les choses qu'ils avaient vues. Et il leur dit que tous ceux qui croiraient en lui et seraient baptisés seraient sauvés, et que tous ceux qui en lui ne croiraient pas seraient condamnés. Or croyons donc fermement qu'il est un seul Dieu, tout-puissant et tout-sachant, qui descendit en terre et prit chair humaine au sein de la Vierge Marie, et vécut trente-deux ans et plus, et puis prit mort et passion en l'arbre de la croix pour nous racheter des peines d'enfer, où nous descendions tous pour le péché d'Adam, notre premier père, et ressuscita au troisième jour; et entre l'heure qu'il mourut et l'heure qu'il ressuscita, descendit en enfer, et en tira hors ses amis et ceux qui, par le péché d'Adam, y étaient trébuchés; et de là en avant, par ce péché nul n'y entrera.

CHAPITRE LI. — Comment on doit croire les dix commandements de la loi.

Nous devons croire les dix commandements de la loi que Dieu écrivit de son doigt en deux tables, au mont de Sinaï, moult longtemps devant, et les bailla à Moïse pour montrer au peuple d'Israël. Il y en a deux des plus principaux : c'est que l'on doit croire, craindre et aimer Dieu sur toutes choses et de tout son courage ; et l'autre, que l'on ne doit faire à autrui ce que l'on ne voudrait qu'autrui lui fît. Et qui gardera bien ces commandements et croira fermement les choses dessus dites, il sera sauvé. Et sachons de vrai que toutes les choses que Dieu commanda en la vieille loi sont figures de celles du Nouveau Testament. Ainsi serait le serpent d'airain que Moïse fit dresser au désert, bien haut, sur un fût, contre la morsure des serpents, qui parfigure notre Seigneur Jésus-Christ qui fut attaché et levé bien haut en l'arbre de la croix, pour garder et défendre tous ceux qui croient en lui contre la morsure du diable, qui auparavant avait puissance sur toutes les âmes qu'il perdit jusqu'alors.

CHAPITRE LII. — Comment on doit croire le saint sacrement de l'autel ; de la pâque, de la confession et d'autres points.

En ce temps les Juifs tuaient un agneau dont ils faisaient leurs sacrifices à leurs pâques, et ils ne lui brisaient nuls os. Cet agneau parfigure notre Seigneur Jésus-Christ, qui fut crucifié et mis à mort par les Juifs, le jour de leurs pâques, sans lui briser les os. Ils mangèrent cet agneau avec pain azyme, c'est-à-dire pain sans levain, et avec jus de laitues champêtres. Ce pain nous profigure que l'on doit faire le sacrement de la messe sans levain ; mais les Grecs pensent le contraire. Et parce que notre Seigneur savait qu'il devait mourir le vendredi, il avança sa pâque et la fit le jeudi; et peut-être qu'il la fit de pain levé. Mais nous, qui tenons la loi de Rome, nous disons qu'il la fit de pain sans levain. Et le jus des laitues champêtres, qui est amer, nous profigure l'amertume en quoi les fils d'Israël étaient en Égypte en servage, dont ils furent délivrés par le commandement et la volonté de Dieu. Et il y a tant d'autres choses qu'il dit et qu'il fit, qui sont pleines de si grands mystères, que nul ne les peut entendre s'il n'est moult grand clerc. Et si grand péché que nous fassions, ne nous désespérons pas, ainsi que fit Judas le traître, mais demandons-en pardon avec grande contrition de cœur, confessons-nous en dévotement, et il nous pardonnera. Et ne soyons pas paresseux, c'est un trop grand péril; car selon l'état où il nous trouvera nous serons jugés. Gardons-nous le plus que nous pour-

Comment on doit croire le sacrement de l'austel. — D'après une miniature du manuscrit original.

rons de pécher mortellement, ce sera le sauvement de nous et de nos âmes. Ayons toujours mémoire des paroles qui sont écrites ici, montrons-les et apprenons-les à ceux que nous faisons baptiser par ici. Car, en faisant cela, nous pouvons grandement acquérir l'amour de Dieu et le salut de nos âmes et des leurs. Et afin qu'ils le pussent mieux entendre, nous avons fait et ordonné cette instruction le plus simplement que nous avons su faire, selon le peu d'entendement que Dieu nous a donné. Car nous avons bonne espérance en Dieu que de bons clercs prud'hommes viendront un de ces jours par ici, qui redresseront et mettront tout en bonne forme et en bonne ordonnance, qui leur feront entendre les articles de la foi mieux que nous ne savons faire, et qui leur expliqueront les miracles que Dieu a faits pour eux et pour nous dans le passé, et le jugement dernier, et la résurrection générale, afin d'ôter tout à fait leurs cœurs de la mauvaise créance dans laquelle ils ont longtemps été, et dans laquelle sont encore la plus grande partie d'eux.

CHAPITRE LIII. — Comment M. de Béthencourt a visité toutes ces îles; de leur bonté, et de la facilité qu'on aurait à les conquérir, avec les autres pays d'Afrique.

Nul ne se doit émerveiller si M. de Béthencourt a entrepris de faire une telle conquête comme celle des îles de par ici, car beaucoup d'autres au temps passé ont fait d'aussi extraordinaires entreprises, dont ils sont bien venus à bout. Et que l'on ne doute point que si les chrétiens voulaient un peu aider la chose, toutes les îles, les unes et les autres, et grandes et petites, seraient conquises; et si grand bien en pourrait advenir que toute la chrétienté s'en réjouirait. M. de Béthencourt a vu et visité toutes les îles Canaries, et messire Gadifer de la Salle, bon et sage chevalier, en a fait autant; et ils ont visité aussi toute la côte des Maures, depuis le détroit de Maroc en venant vers les îles.

Il dit aussi que si quelque noble prince du royaume de France ou d'ailleurs voulait entreprendre quelque grande conquête par ici, chose bien faisable et bien raisonnable, il le pourrait faire à peu de frais; car le Portugal, l'Espagne et l'Aragon les fourniraient, pour leur argent, de toutes sortes de vivres, mieux qu'aucun autre pays, et de navires, et de pilotes qui connaissent les ports et les contrées. Et on ne saurait par où ni de quel côté on pourrait, sur les Sarrasins, faire conquête plus licite et plus propre, ni qui plus facilement se pût faire, et à moindre peine et à moindre coût que par ici. Car la raison en est que le chemin est aisé, bref et court et peu coûteux, en regard des autres chemins. Et quant aux îles de par ici, c'est le plus sain pays qu'on puisse trouver, et il n'y habite nulle bête qui porte venin, et spécialement aux îles Canaries (¹). Et quoique M. de Béthencourt et sa compagnie y aient demeuré bien longtemps, nul n'y a été malade, ce dont ils ont été bien ébahis. Et on s'y rendrait, en temps convenable, de la Rochelle en moins de quinze jours, et de Séville en cinq ou six jours, et de tous les autres ports à proportion.

Un grand avantage est que c'est un pays uni, grand et large, pourvu de tous biens, de bonnes rivières et de grosses villes. Encore y a-t-il un autre avantage: les mécréants y sont tels qu'ils n'ont aucunes armures ni talent pour les batailles. Ils ne savent ce que c'est que guerre et ne peuvent recevoir secours d'autres gens; car les monts de Clère (²), qui sont si grands et si merveilleux, les séparent des Barbariens, dont ils sont fort éloignés. Ils ne sont pas gens à redouter, ainsi que le seraient d'autres nations, car ils sont gens sans armes de trait. Et on le peut bien prouver par M. de Bourbon et par plusieurs autres, qui, en l'année 1390, furent devant Afrique (³), la meilleure et la plus belle de leurs possessions. Et chacun sait qu'en bataille c'est la chose qui est la plus redoutée que le trait, et spécialement dans les régions de par ici. D'autant plus que l'on ne peut être armé aussi fortement que l'on est en France, en raison de la longueur du chemin, et du pays qui est un peu chaud. Et l'on pourrait avoir facilement des nouvelles du prêtre Jean (⁴). Et, une fois entré au pays, on trouverait près de là une sorte de gens appelés *Farfus* (⁵), qui sont chrétiens et qui pourraient nous renseigner sur beaucoup de choses grandement profitables, car ils connaissent les pays et les contrées, et en parlent les langages. Et, dans notre compagnie, il y en a un d'eux qui a toujours pris part à notre conquête, en visitant lesdites îles, et par lui on a appris beaucoup de choses.

(¹) La zoologie des îles Canaries, comme celle de la plupart des îles du littoral de l'Afrique, ne comprend qu'un petit nombre d'animaux terrestres. Elle se compose de chauves-souris, de chiens, de porcs, de chèvres, de moutons, qui sont antérieurs à l'arrivée des conquérants; de chats, de lapins, de rats, de chevaux, d'ânes, de bœufs, de chameaux, que les Européens y ont introduits. On y trouve aussi plusieurs espèces de lézards. Les phoques, qui étaient très-abondants, ont été complètement détruits. La *Faune* de MM. Webb et Berthelot ne cite aucun représentant de l'ordre des ophidiens.

(²) Les monts Atlas.

(³) *Afrikiah*, port important de la côte de Tunis; ancienne *Africa*.

(⁴) Le prêtre Jean d'Abyssinie. « C'est, dit Humboldt, le mythe du prêtre Jean, nestorien kéraïte, tué par Gengis-Khan, en 1203, qui fut transporté de l'est à l'ouest. (Voy., dans notre deuxième volume, à la relation de Marco-Polo, les notes sur le prêtre Jean, *passim*.)

« Un des explorateurs que le roi Jean II de Portugal envoya par terre à la découverte d'une route vers les Indes orientales, Covilhâ, se rendit à la cour du roi abyssin appelé prêtre Jean. Il sut plaire à ce monarque, qui l'obligea de rester dans ses états, où il vivait encore en 1520, lorsque don Rodrigo de Lima fut envoyé en Abyssinie. En outre, un prêtre abyssin vint en Portugal pour donner à Jean II des détails plus positifs sur son pays et sur son roi. Le monarque portugais lui remit à son départ des lettres pour son souverain. » (M. de Santarem, *Rapport à la Société de géographie sur un mémoire de M. da Silveira relativement à la découverte des terres du prêtre Jean et de la Guinée par les Portugais.)*

(⁵) Ainsi appelés au Maroc; les mêmes que les *Rabatins* à Tunis.

Chapitre LIV. — Comment M. de Béthencourt se mit en peine pour connaître les ports et les passages du pays des Sarrasins.

Or l'intention de M. de Béthencourt est de visiter la contrée de terre ferme depuis le cap de Cantin, qui est à mi-chemin d'ici et d'Espagne, jusqu'au cap de Bugeder, qui fait la pointe de la terre ferme droit devant nous, et s'étend de l'autre côté jusqu'au fleuve de l'Or, au delà vers le midi, pour voir s'il pourra trouver quelque bon port et lieu qui puisse être fortifié et qui soit tenable, en temps et lieu, pour avoir l'entrée du pays et le mettre à treu (¹) s'il chet à point. Et si ledit seigneur de Béthencourt eût trouvé quelque secours au royaume de France, il ne faut point douter qu'à présent ou bientôt il ne serait venu à son but; et spécialement à l'égard des îles Canariennes, s'il plaît à Dieu, ledit seigneur y arrivera; et aussi par le conseil de son prince et souverain seigneur le roi de France, son intention étant toujours de conduire l'entreprise plus avant. Mais sans aide il ne la pourrait mettre en une grande perfection, pour l'honneur et l'exhaussement de la foi chrétienne, qui n'est pas par ici connue; et cela par défaut de ceux qui devraient entreprendre de telles choses, et qui auraient dû déjà les avoir entreprises pour montrer au peuple qui habite ici la connaissance de Dieu, et, en faisant cela, acquérir grand honneur en ce monde, et grande gloire et grand mérite devant Dieu.

Chapitre LV. — Comment un frère mendiant, dans un livre qu'il a fait, devise des choses qu'il a vues.

Et ledit de Béthencourt a grande volonté de savoir la vérité sur l'état et le gouvernement du pays des Sarrasins, et des ports de mer que l'on dit être bons du côté de la terre ferme, qui s'étend douze lieues près de nous au droit du cap de Bugeder et de l'île d'Erbanie, où ledit sieur de Béthencourt est à présent. Pour cela avons-nous mis en cet endroit, touchant ces pays voisins, plusieurs choses extraites du livre d'un frère mendiant qui fit le tour de ce pays (²), se rendit à tous les ports de mer qu'il nomme et dont il devise, et alla par tous les royaumes chrétiens et par tous ceux des païens et des Sarrasins qui sont de ce côté, et qu'il nomme tous; qui cite les noms des provinces et les armes (³) des rois et des princes. Mais ce serait chose trop longue à décrire, et nous n'en prendrons, quant à présent, que ce qui nous sera nécessaire pour nous entretenir de beaucoup de choses touchant la conquête, là où il écherra à point. Et comme il parle avec fidélité des pays et des contrées dont nous avons vraie connaissance, il nous semble qu'il doit faire de même de tous les autres pays; et pour cela nous avons mis ci-après plusieurs choses de son livre dont nous avons besoin.

Chapitre LVI. — Du voyage du frère mendiant en diverses contrées d'Afrique (⁴).

Nous commencerons quand il fut au delà des monts de Clère. Il vint à la ville de Maroc que Scipion l'Africain conquit, que l'on avait jadis coutume de nommer *Carthago*, et qui était la capitale de toute

---

(¹) « Vieux mot, dit Ménage, qui signifie les subsides que les rois ont accoutumé de lever sur les sujets. Il vient de *tributum*. »
(²) Ce moine espagnol avait voyagé en compagnie d'Arabes; sa relation paraît être perdue.
(³) Armoiries.
(⁴) Au point de vue géographique, le *Voyage du frère mendiant* ne peut être traité légèrement. Son itinéraire est très-facile à saisir sur la carte : par Maroc, les ports de la côte (Azamor, Mogador, etc.), la *Gazule* (pays de Djézzoula, d'où les anciens faisaient sans doute *Gœtulia*, au sud-est d'Agadir), le cap Noun et Bojador. Après ce point, on reconnaît les Plages aréneuses (*Plagas arenosas* des cartes anciennes, côte du Sahara en avant du cap Blanc); la haute montagne,

l'Afrique (¹); et de là il s'en vint vers la mer Océane, à Nifet, à Samor (²) et à Saphi (³), qui est bien près du cap de Cantin. Et puis il vint à Moguedor (⁴), qui est une autre province appelée la Gasule : c'est là que commencent les monts de Clère; et de là il s'en vint à la Gasule susdite, qui est un grand pays pourvu de tous biens. Et il s'en alla vers la mer, à un port qui se nomme Samatène (⁵), et de là au cap de Non (⁶), qui est dans la direction de nos îles. Et là il se mit en mer en un *pensil* (⁷), et vint au port de Saubrun (⁸), et parcourut toute la côte des Maures que l'on nomme les *plaigues aréneuses* jusqu'au cap de Bugeder, qui est à douze lieues de nous, et se trouve en un grand royaume qui s'appelle la Guinoye (⁹). Et de là ils se rendirent aux îles de par deçà, qu'ils visitèrent et reconnurent. Puis ils cherchèrent par terre et par mer bien d'autres pays dont nous ne ferons nulle mention.

Et le frère se sépara d'eux et s'en alla contre orient par maintes contrées, jusqu'à un royaume qui s'appelle Dongalla, qui est en la province de Nubie, habité par les chrétiens, et qui est appelé royaume du prêtre Jean, en un de ses titres, patriarche de Nubie. Ce royaume de Dongalla confine d'un côté aux déserts d'Égypte, et de l'autre à la rivière de Nil, qui vient des frontières du prêtre Jean, et il s'étend jusqu'au point où le fleuve du Nil se fourche en deux parties, dont l'une fait le fleuve de l'Or, qui vient vers nous, et dont l'autre va en Égypte et se jette dans la mer à Damiette (¹⁰). De ce pays le frère s'en alla en Égypte, au Caire et à Damiette, et là s'embarqua sur un vaisseau chrétien. Et puis il revint à Sarrette (¹¹), qui est en face de Grenade, et retourna par terre à la cité de Maroc, traversa les monts de Clère et passa par la Gasule. Là il trouva des Maures qui armaient une galère pour aller au fleuve de l'Or; il se loua à eux, et ils se mirent en mer, se dirigeant vers le cap de Non, le cap de Saubrun et le cap de Bugeder, et suivirent toute la côte du midi jusqu'au fleuve de l'Or.

pour laquelle on peut choisir entre les monts Cintra et les monts blancs et noirs des Arabes du Sahara; les îles voisines de la côte, deux des trois îles d'Arguin, explorées plus tard et plus en détail par les Portugais, etc.; le royaume de *Gotome* (royaume de Gedoumah ou Djidoumagh, au nord du haut Sénégal, près Galam); Melle ou Melli, au sud de Tombouctou, cité ou région célèbre au moyen âge, indiqué hypothétiquement sur des cartes modernes excellentes, comme celle des *Itinéraires du Sahara*, par M. Renou (commission scientifique d'Algérie).

Le cours du Nil, sa scission en deux branches, qui feraient de l'Afrique du Nord un grand delta, sont dans les idées géographiques du moyen âge, et le nom donné par les Arabes au Niger (Nil des noirs) a dû y contribuer. Ajoutons, pour mémoire, que le Sahara est géologiquement un terrain d'alluvion récente, *qui se dessèche chaque jour de plus en plus* (voy. *le Soudan*, de M. d'Escayrac de Lauture), et qu'il a dû y avoir des *bahr* intérieurs (comme les *bahr bela mâ*, ou fleuves sans eau des déserts voisins de l'Égypte) dont la tradition a pu se conserver il y a cinq cents ans.

Reste la *grande île, peuplée de noirs*, avec le *lac ambiant*. Nous avions d'abord cru que c'était le lac Tchad, au centre duquel est le bel archipel des Biddoumas, peuple noir très-intéressant observé en 1852 par Overweg. Mais il faut remarquer qu'il y a deux siècles des géographes croyaient à l'existence simultanée dans le Soudan du Ouangara (Tchad) et d'un *lac plus grand, ayant au centre une île grande comme la moitié de la Corse* (voir les *sphères de Coronelli*, entre autres). Ce lac, *traversé par un grand fleuve parallèle à l'équateur* (ce qui rentre encore dans les idées du frère mendiant), est évidemment un souvenir grossier du lac Tibbie, dans le Bambarra, lac en réalité peu étendu, sans îles, et d'ailleurs mal exploré encore.

En somme, on ne peut refuser de reconnaître dans le *Voyage du frère mendiant* des données réelles, intéressantes, et qui, si elles n'indiquent pas un homme qui ait traversé l'Afrique (ce qui était à peu près impossible alors à un Européen), prouvent au moins qu'il connaissait la côte jusqu'à la hauteur d'Arguin, et qu'il avait recueilli des caravanes de vagues lumières sur la géographie de l'intérieur. *(Note communiquée par M. Lejean.)*

(¹) Erreur manifeste.
(²) Azamor, ville de l'empire de Maroc, sur la Moroeja, à son embouchure dans l'Atlantique.
(³) Saffi ou Azaffi, ville murée de l'état de Maroc, sur l'océan Atlantique.
(⁴) Mogador.
(⁵) Cap Sem?
(⁶) Noun.
(⁷) Barque.
(⁸) Port Sabreira.
(⁹) Guinée.
(¹⁰) Tout annonce que les véritables sources du Nil seront très-prochainement connues.
(¹¹) Zera?

Chapitre LVII. — Continuation du voyage du frère mendiant.

Et, suivant ledit frère, quand ils furent là, ils trouvèrent sur le rivage du fleuve des fourmis bien grandes, qui tiraient des grains d'or de dessous terre (1). Et les marchands gagnèrent considérablement en ce voyage. Puis ils partirent de là, et firent route en côtoyant le rivage. Et ils trouvèrent une île très-bonne et très-riche, qui s'appelle île *Gulpis* (2) où ils firent un grand profit, et où sont des gens idolâtres. Et ils partirent de là et allèrent plus avant, et trouvèrent une autre île qui s'appelle *Caable*, et la laissèrent à main droite. Et puis, ils trouvèrent sur la terre ferme une montagne très-haute et très-abondante en toutes sortes de biens, qui s'appelle *Alboc*, et de laquelle naît une rivière très-grande. Alors la galère des Maures s'en retourna, et le frère demeura quelque temps en cet endroit; puis il entra au royaume de Gotome. Là sont des montagnes si hautes qu'on les dit être les plus hautes du monde. Quelques-uns les appellent en leur langue les monts de la Lune, les autres les monts de l'Or. Il y en a six, dont il naît six grosses rivières, qui toutes chéent au fleuve de l'Or (3); elles y forment un grand lac, et dans ce lac il y a une île qui s'appelle *Palloye*, et qui est peuplée de gens noirs. De là le frère s'en alla toujours en avant, jusqu'à une rivière nommée Euphrate, qui vient du paradis terrestre (4). Il la traversa, et s'en alla par maints pays et par maintes diverses contrées jusqu'à la cité de Melée, où demeurait le prêtre Jean. Il y resta bien des jours, parce qu'il y voyait assez de choses merveilleuses, dont nous ne faisons nulle mention, quant à présent, en ce livre, afin de passer outre plus rapidement, et dans la crainte que le lecteur ne les prît pour mensonges.

Dans la saison d'avant le voyage de M. de Béthencourt, un bateau partit d'une des îles nommée Erbanie, vint par ici avec quinze compagnons dedans, et s'en alla au cap de Bugeder, qui se trouve dans le royaume de Guinée, à douze lieues près de nous, et là ils prirent des gens du pays et s'en retournèrent à la Grande-Canarie, où ils trouvèrent leurs compagnons et leur navire qui les attendaient.

Chapitre LVIII. — Continuation du dessein du sieur de Béthencourt de faire des découvertes en Afrique.

Le frère mendiant dit en son livre que l'on ne compte du cap de Bugeder au fleuve de l'Or que cent cinquante lieues françaises; la carte le fait aussi voir. C'est le cinglage de trois journées pour les vaisseaux et les barques (mais les galères, qui vont terre à terre, sont plus longtemps) : aussi n'est-ce pas une affaire pour nous que d'y aller d'ici. Si les choses de par deçà sont telles que le dit le livre du frère espagnol et telles que le disent et racontent ceux qui ont visité ces pays, l'intention de M. de Béthencourt est, avec l'aide de Dieu, des princes et du peuple chrétiens, d'ouvrir le chemin du fleuve de l'Or. S'il venait à bonne fin, ce serait un grand honneur et un grand profit pour le royaume de France et pour tous les royaumes chrétiens, vu que l'on approcherait du pays du prêtre Jean, d'où viennent tant de biens et de richesses. On ne doit pas douter que beaucoup de choses restent à faire, qui auraient

---

(1) Voy. notre tome 1er *(Voyageurs anciens)*, note 2, p. 109.

(2) Ile d'Arguin, ou du fleuve Sénégal.

(3) Tout ceci est un peu obscur. Ces hautes montagnes ne peuvent être que les monts de Kong (qui sont d'une élévation très-ordinaire); si *Gotome* n'est pas le *Gedumah*, il pourrait être le royaume de *Gotto*, au nord du Kong. A ces monts se rattache le haut plateau de Timbo, d'où sortent en effet six beaux fleuves (Sénégal, Gambie, Rio-Grande, etc.); inutile de dire qu'aucun ne tombe au *fleuve de l'or*, qui est une baie, et pas un fleuve. Le Sahara occidental n'a d'autre fleuve que le *Sagiet-el-Hamra* (rivière rouge), affluent du *Draa* marocain; le voyage de M. Panet (1850) a mis ce fait hors de doute. — Sur le plateau de Timbo et ses fleuves, voy. Hecquard *(Voyage à Timbo*, 1851).

(4) Sur la tradition relative aux quatre grands fleuves sortant du paradis terrestre, voy. les tables de l'*Essai sur l'histoire de la cosmographie et de la cartographie pendant le moyen âge*, par M. de Santarem, et un Mémoire de M. Letronne sur le *Paradis terrestre*, publié dans l'*Histoire de la géographie du nouveau continent*, t. III, p. 118.

pu réussir au temps passé si on les avait entreprises. Il ne se vante pas de les accomplir, mais il fera en sorte, s'il ne réussit pas, qu'on doive le tenir pour excusé, lui et toute sa compagnie, car il ne négligera rien pour savoir si on peut réussir ou si on ne le peut pas du tout maintenant. Mais, avec l'aide de Dieu, il conquerra et convertira à la foi chrétienne une foule d'hommes qui se sont jusqu'à présent perdus, faute de doctrine et d'enseignement. C'est grande pitié; car, allez par tout le monde, vous ne trouverez nulle part des gens plus beaux ni mieux faits, hommes et femmes, que ceux qui sont dans ces îles; ils ont grand entendement, et il ne s'agit que leur montrer. Et comme ledit seigneur de Béthencourt a grand désir de connaître l'état des autres lieux de cette contrée qui sont voisins, tant îles que terres fermes, il ne négligera rien pour s'instruire exactement sur tous ces pays.

CHAPITRE LIX. — Comment le sieur de Béthencourt, Gadifer et leur compagnie eurent beaucoup à souffrir de plusieurs manières.

Or il faut retourner à notre première matière et la poursuivre selon la marche des événements. Nous dirons que ledit seigneur de Béthencourt et Gadifer, ayant consommé les vivres qu'ils avaient recouvrés après la prise du roi de l'île Lancelot, eurent beaucoup à souffrir, eux qui étaient accoutumés à bien vivre. Ils sont restés pendant un an sans pain et sans vin, vivant de chair et de poisson, car il le fallait; et ils ont bien longtemps couché sur la terre sans draps, linge ni langes, si ce n'est la pauvre robe déchirée dont ils étaient vêtus. Ils en ont été bien accablés, outre la lutte qu'il leur a fallu soutenir contre leurs ennemis. Ils les ont tous mis à merci, et, par la grâce de Dieu, les ont baptisés et convertis à notre foi, après qu'ils se furent révoltés contre nous, spécialement ceux de Lancelot, en faisant une guerre à mort par suite de la trahison qui leur fut faite, comme il est dit ci-dessus [1].

CHAPITRE LX. — Comment M. de Béthencourt et Gadifer eurent paroles ensemble.

Un jour, de l'an 1404, il advint que messire Gadifer de la Salle était si fort pensif que M. de Béthencourt lui demanda ce qu'il avait et pourquoi il faisait si étrange figure. Alors ledit Gadifer lui dit qu'il avait été un grand espace de temps dans sa compagnie, qu'il y avait eu de grands travaux et qu'il lui serait bien dur d'avoir perdu sa peine; qu'il lui baillât une ou deux de ses îles, afin qu'il les accrût et mît en valeur pour lui et les siens; et de plus, il demanda audit de Béthencourt qu'il lui donnât l'île d'Erbanie et une autre île qui s'appelle Enfer [2] et celle de Gomère. Toutefois, toutes ces îles n'étaient pas encore conquises et il y avait beaucoup à faire pour les avoir. Quand M. de Béthencourt l'eut assez ouï parler, il lui répondit : « Monsieur de la Salle, mon frère et mon ami, il est bien vrai que, quand je vous trouvai à la Rochelle, vous fûtes content de venir avec moi, et nous étions fort satisfaits l'un de l'autre, n'ayant eu aucun différend. Le voyage que j'ai fait jusqu'ici fut commencé au sortir de mon hôtel de Grainville en Normandie, et j'emmenai mes gens, mon navire, des vivres et de l'artillerie, et tout ce

---

[1] Cet aveu, échappé aux conquérants eux-mêmes, légitime l'éloquente protestation que Las Casas termine ainsi : « Soyez-en certains, la conquête de ces îles, aussi bien que celle d'autres terres lointaines, est une injustice. Vous vous assimiliez aux tyrans; vous allez envahir pour mettre tout à feu et à sang, pour faire des esclaves et avoir votre part du butin, pour ravir la vie et le patrimoine à ceux qui vivaient tranquilles sans penser à vous nuire...... Et croyez-vous que Dieu ait établi des priviléges parmi les peuples, qu'il ait destiné à vous plutôt qu'aux autres tout ce que la prodigue nature nous accorde de biens ici-bas? Serait-il juste que tous les bienfaits du ciel, que tous les trésors de la terre, ne fussent que pour vous? » *(Ist. de Indias.)*

[2] L'île de Ténériffe. Cette île avait été nommée *Nivaria* par les premiers navigateurs, à cause de la couche de neige qui ceignait son pic. Plus tard, la dénomination d'île d'Enfer lui fut appliquée, sans doute à l'époque d'une nouvelle recrudescence du volcan qui la domine. Enfin, à une époque postérieure, le mot de Ténériffe, employé par les indigènes, a prévalu. *(Hist. des îles Canaries.)*

que j'ai pu faire, jusques à la Rochelle, où je vous trouvai, et tant qu'à la fin je suis venu ici par l'aide de Dieu, de vous et de tous les bons gentilshommes et autres champions de ma compagnie. Pour vous répondre, les îles et pays que vous demandez ne sont pas encore conquis ni réduits, comme, s'il plaît à Dieu, ils le seront, car j'espère qu'ils seront conquis et baptisés. Je vous prie de ne vous point en ennuyer, car il ne m'ennuie pas d'être avec vous. Mon intention n'est pas que vous perdiez votre peine, ni que vous ne soyez pas récompensé, car vous avez bien droit à l'être. Je vous en prie, achevons notre entreprise et faisons en sorte d'être frères et amis. — C'est très-bien dit, reprit messire Gadifer; mais il y a une chose dont je ne suis pas content, c'est que vous ayez déjà fait hommage au roi de Castille des îles de Canarie, et que vous vous en disiez tout à fait seigneur. Et même ledit roi a fait crier presque par tout son royaume, et en particulier à Séville, que vous en êtes seigneur et que personne n'ait à venir par ici dans lesdites îles de Canarie sans votre permission. Et il a fait crier en outre qu'il veut que vous ayez le quint ou le denier quint de toutes les marchandises qui seront prises dans lesdites îles et portées au royaume de Castille — A l'égard de ce que vous dites, ajouta Béthencourt, il est bien vrai que j'en ai fait hommage et qu'aussi je m'en regarde comme le vrai seigneur, puisqu'il plaît au roi de Castille. Mais s'il vous plaît d'attendre la fin de notre affaire, pour vous contenter, je vous donnerai et laisserai telle chose dont vous serez content. — Je ne serai pas tant en ce pays, dit messire Gadifer, car il faut que je m'en retourne en France; je ne veux plus rester ici. » M. de Béthencourt ne put pas, pour l'heure, avoir plus de paroles de lui, et il paraît bien que ledit Gadifer n'était point content. Pourtant n'avait-il rien perdu, mais il avait gagné de plusieurs manières, en prisonniers et autres choses qu'il avait eus et pris dans lesdites îles. S'il n'avait pas perdu sa nef, son profit aurait été plus grand encore. Lesdits chevaliers pour l'heure s'apaisèrent le mieux qu'ils purent, si bien qu'ils partirent de l'île Lancelot et vinrent en l'île d'Erbanie, nommée Fortaventure, et y travaillèrent très-bien, comme vous ouïrez ci-après.

CHAPITRE LXI. — Comment M. de Béthencourt s'en alla en l'île d'Erbanie et y fit un fort grand et bon voyage, car il y eut plus à faire que nulle part ailleurs.

Puis ensuite M. de Béthencourt passa en l'île d'Erbanie (¹), y fit une grande prise, et les ennemis qu'ils ont pris ils les ont passés en l'île Lancelot. Et après M. de Béthencourt a commencé à se fortifier

Vue de l'île Fortaventure, à la distance de 48 kilomètres. — D'après Borda.

contre les ennemis, afin de mettre le pays dans sa sujétion, et aussi parce qu'on leur a donné à entendre que le roi de Fez veut armer contre lui et toute sa compagnie, et dit que toutes les îles doivent lui appartenir. M. de Béthencourt a été dans cette île bien trois mois, a couru tout le pays et trouvé des

---

(¹) « L'île d'Erbanie ou Fortaventure est, après Ténériffe, la plus grande de l'archipel Canarien. Elle est divisée en deux parties distinctes par un isthme de trois quarts de lieue de large : la première partie, ou la grande terre, reçut des aborigènes le nom de *Maxorata*; l'autre partie, ou la presqu'île, est encore désignée sous celui de *Handia*. Avant la conquête, ces deux portions de territoire étaient occupées par deux peuples presque toujours en guerre, et dont le plus faible, sans doute, avait élevé sur l'isthme une forte muraille pour se défendre des invasions du plus fort. Quelques fragments de ce mur sont restés debout et rappellent les constructions cyclopéennes. » *(Histoire naturelle des Canaries.)*

gens de grande stature (¹), forts et bien fermes en leur loi. M. de Béthencourt s'est appliqué à se fortifier, et a commencé à bâtir sur la pente d'une grande montagne, sur une fontaine vive, à une lieue de la mer, une forteresse qui s'appelle Richeroque (²), que les Canariens ont prise depuis que M. de Béthencourt est retourné en Espagne, et dont ils ont tué une partie des gens que ledit sieur y avait laissés.

CHAPITRE LXII. — Comment le sieur de Béthencourt et Gadifer eurent grosses paroles ensemble, et de leur entreprise sur la Grande-Canarie.

Après que M. de Béthencourt eut commencé à se fortifier, ledit sieur et messire Gadifer se dirent plusieurs paroles qui n'étaient pas très-plaisantes pour l'un et pour l'autre. Ledit messire Gadifer étant

Vue de l'île de la Grande-Canarie prise de l'*Isleta*.

en une place qu'il avait fortifiée, ils s'écrivirent l'un à l'autre. Dans les lettres que messire Gadifer écrit à M. Béthencourt il y avait pour toute écriture seulement, et non autre chose : *Si vous y venez, si vous y venez, si vous y venez*. Alors M. de Béthencourt lui récrit par son poursuivant d'armes : *Si vous vous y trouvez, si vous vous y trouvez, si vous vous y trouvez*. Ils furent un certain temps en grande haine et s'adressant de gros mots. Mais, au bout de quinze jours, M. de Béthencourt ayant envoyé une belle petite compagnie à la Grande-Canarie, messire Gadifer y alla.

Le vingt-cinquième jour de juillet 1404, il monta dans la barque de M. de Béthencourt pour visiter le pays de la Grande-Canarie avec la troupe que M. de Béthencourt avait organisée, et ils entrèrent en mer. Mais, quelques jours après, ils eurent une tempête extraordinaire et ils cinglèrent en un jour, entre deux soleils, cent milles avec vent contraire. Ensuite ils arrivèrent à la Grande-Canarie, près de Teldes; mais ils n'osèrent prendre port, car le vent soufflait trop fort et la nuit tombait; ils allèrent vingt-cinq milles plus avant, jusqu'à une ville nommée *Argygneguy* (³), y prirent port et y demeurèrent

---

(¹) Les habitants de la partie nord de l'île, qu'on désignait sous le nom de *Maxorata*, étaient remarquables par leur haute stature.

(²) On voit encore aujourd'hui les ruines du château de Richeroque, au milieu d'un hameau auquel il a donné son nom.

(³) « La petite ville d'Argygneguy, ou mieux Arguineguin, pouvait contenir environ quatre cents maisons ; on en retrouve les restes dans un ravin qui porte le même nom. Les habitations sont placées sur plusieurs rangs autour d'un grand cirque, au milieu duquel on voit les ruines d'un édifice plus considérable que les autres et présentant, devant la porte d'entrée, un énorme banc demi-circulaire, avec son dossier, le tout en pierres sèches, ce qui a fait présumer que cette maison était la résidence d'un chef, et que le conseil s'assemblait dans cet endroit. De longues et fortes solives en laurier (*barbusano*), bois presque incorruptible, recouvrent encore quelques-unes de ces habitations, dont la forme est elliptique, et qui offrent intérieurement trois alcôves pratiquées dans l'épaisseur de la muraille, qui a de huit à neuf pieds de largeur. Le foyer est placé près de la porte d'entrée, qui fait face à l'alcôve du fond. La muraille est sans ciment, en pierres brutes et très-grosses à l'extérieur, mais parfaitement taillées et alignées à l'intérieur. Ces pierres blanches sont aussi bien unies que pourrait le faire le meilleur de nos maçons. » (*Hist. nat. des Canaries.*)

onze jours à l'ancre. Là, Pierre le Canarien vint leur parler; puis y vint le fils d'Artamy, le roi du pays (¹), et une grande quantité d'autres Canariens venaient à la barque, comme ils avaient fait autrefois. Mais quand ils virent le peu de forces que nous avions et le peu de gens que nous étions, ils pensèrent à nous trahir. Pierre le Canarien nous dit qu'ils nous donneraient de l'eau fraîche, puis il fit venir des pourceaux qu'ils devaient nous livrer, et il dressa une embûche. Le bateau ayant abordé assez près du rivage pour recevoir les objets, et les Canariens tenant le bout d'une corde à terre et ceux du bateau tenant l'autre bout, l'embuscade s'avança sur eux et les chargea à grands coups de pierres. Après les avoir tous blessés, leur avoir pris deux avirons, trois barils pleins d'eau et un câble, ils se jetèrent tout à coup à la mer, pensant prendre le bateau. Mais Annibal, le bâtard de Gadifer, tout blessé qu'il était, saisit un aviron, les repoussa et conduisit le bateau bien au large, tandis que plusieurs de ses compagnons s'étaient laissés choir au fond du bateau et n'osaient lever la tête; deux des trois gentilshommes de M. de Béthencourt avaient des boucliers qui furent très-utiles. Puis ils revinrent à la barque, bien battus et navrés, puis ils firent mettre à leur place, dans le bateau, des compagnons reposés. Voyant que la trêve était ainsi rompue, ils retournèrent pour escarmoucher contre les Canariens; mais ceux-ci vinrent à leur rencontre avec des boucliers armoriés aux armes de Castille, qu'ils avaient, la saison précédente, enlevés aux Espagnols. Et nos compagnons perdirent une assez grande quantité de bons traits sans causer à leurs ennemis grand dommage. Ils s'en retournèrent à la barque, levèrent l'ancre, s'en allèrent au port de Teldes et y demeurèrent deux jours.

CHAPITRE LXIII. — Comment le désaccord persistant entre Béthencourt et Gadifer, ils s'en allèrent tous deux en Espagne pour y pourvoir.

Puis ils partirent de là, s'en retournèrent en l'île d'Erbanie, vers Mgr de Béthencourt, et quand ils eurent abordé à la terre, le vent devint contraire. Néanmoins Gadifer descendit à terre et rencontra une embuscade de Castillans qui étaient venus dans une barque, amenant une abondante provision de vivres pour M. de Béthencourt; et ils dirent qu'un jour de cette semaine quarante-deux Canariens avaient rencontré dix de leurs compagnons très-bien armés, et qu'ils les avaient très-vigoureusement chargés, peut-être voyant bien que c'étaient des nouveaux venus, car ils ne se risquent pas ainsi avec leurs voisins qu'ils connaissent. Gadifer, arrivé avec ses compagnons, se montra fort las de beaucoup de choses qui lui déplaisaient; il voyait bien et pensait bien que plus il resterait en ce pays et moins il acquerrait, et que M. de Béthencourt était tout à fait dans les bonnes grâces du roi de Castille. Et en outre, il entendit le maître de la barque qui avait amené les vivres à M. de Béthencourt dire que le roi l'avait envoyé par ici pour l'approvisionner de vivres et d'armes. Et il ajoutait beaucoup de bien qu'il rapportait et disait dudit de Béthencourt, tant que ledit Gadifer s'en ébahit fort et ne put s'empêcher de dire au maître de la barque que ledit sieur de Béthencourt n'avait pas tout fait par lui-même; que si d'autres n'y eussent mis la main les choses ne seraient pas si avancées, et que s'il fût venu il y a un an ou deux, avec les vivres qu'il apportait, il serait arrivé encore plus à propos. Et il y eut tant de paroles qu'elles vinrent, par ledit maître, aux oreilles de M. de Béthencourt, qui fut très-ébahi et courroucé de l'envie que lui portait ledit Gadifer. Si bien que, l'ayant plus tard rencontré, M. de Béthencourt lui dit: « Je suis bien ébahi, mon frère, de ce que vous portiez tant envie à mon bien et à mon honneur, et je ne pensais pas que vous eussiez un tel sentiment contre moi. » Messire Gadifer lui répondit qu'il avait été grand laps de temps hors de son pays et qu'il ne devait pas avoir perdu sa peine, et qu'il voyait bien que plus il resterait ici et moins il gagnerait. M. de Béthencourt lui répondit: « Mon frère, c'est mal dit à vous, car je n'ai pas si injuste dessein que je ne veuille reconnaître ce que vous avez fait, quand les

---

(¹) Avant la conquête, la Grande-Canarie était divisée en dix tribus indépendantes, qui obéissaient à leurs chefs respectifs. Une femme supérieure, nommée Andamana, avec l'aide de Guntidafe, vaillant guerrier qu'elle épousa, parvint à les réunir toutes sous son sceptre. Ils moururent tous les deux vers la fin du quatorzième siècle, laissant le royaume à leur fils Artémi Semidan, qui avait aussi hérité de la bravoure de son père, et en donna des preuves en repoussant les premières invasions des Européens. (Abreu Galindo.)

choses seront arrivées, s'il plaît à Dieu, à un point de perfection où elles ne sont pas encore. — Si vous me voulez donner, dit Gadifer, les îles dont autrefois je vous ai parlé, je serai content. » M. de Béthencourt répondit qu'il en avait fait hommage au roi de Castille et qu'il ne s'en déferait point; et il y eut entre eux plusieurs gros mots qui seraient trop longs à rapporter. Huit jours après, M. de Béthencourt ayant disposé ses gens et ses affaires, ledit Béthencourt et Gadifer partirent des pays de Canarie et s'en allèrent en Espagne, n'étant pas très-contents l'un de l'autre. Et se mit M. de Béthencourt en sa nef et ledit Gadifer en une autre, et ils firent leurs affaires ensemble quand ils furent en Espagne, comme vous ouïrez ci-après.

CHAPITRE LXIV. — Comment le sieur de Béthencourt et Gadifer étant arrivés en Espagne, Gadifer, ne pouvant rien gagner contre lui, s'en retourne en France, et Béthencourt aux îles.

Quand M. de Béthencourt et Gadifer furent arrivés à Séville, ledit sieur de Béthencourt s'opposa aux réclamations que Gadifer faisait pour plusieurs choses qu'il disait lui appartenir. Le roi de Castille en eut des nouvelles, mais ledit Gadifer eut tout à fait le dessous. Aussitôt il dit qu'il voulait aller en France et qu'il y avait bien à faire. Ledit Gadifer, voyant bien qu'il n'y pouvait rien faire de plus, partit d'Espagne pour se rendre en France, dans son pays, et on ne le revit jamais plus aux îles de Canarie. M. de Béthencourt eut depuis bien à faire pour conquérir lesdites îles de Canarie, comme vous ouïrez en détail ci-après. Pourtant nous laisserons ce sujet quant à présent pour parler des îles que M. de Béthencourt a visitées et fait visiter, de leur situation, de leurs productions et de leur gouvernement.

CHAPITRE LXV. — De l'île de Fer et de ses habitants.

Nous parlerons premièrement de l'île de Fer, qui est une des plus lointaines (¹). C'est une bien belle île, grande de sept lieues de long sur cinq de large. Elle a la forme d'un croissant et elle est très-forte,

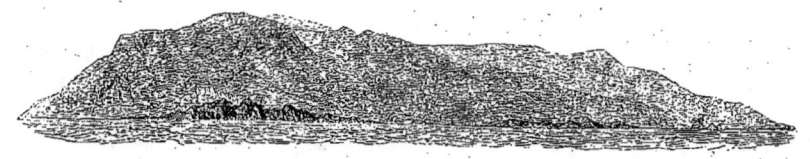

L'île de Fer vue du côté de l'est. — D'après le père Feuillée.

car elle n'a ni bon port ni bon entrage : elle a été visitée par ledit sieur et par d'autres. Pendant le long séjour qu'y fit Gadifer, elle était bien peuplée de gens; mais on les a capturés à plusieurs reprises, et conduits comme esclaves en pays étrangers. Aujourd'hui, il n'y reste plus que peu d'habitants. Le sol est élevé et assez uni; il est couvert de grands bosquets de pins et de lauriers (²) portant des mûres merveilleusement grosses et longues. La terre en est bonne et propre à la culture du blé, de la vigne

---

(¹) Le nom espagnol de *Hierro* donné à l'île de Fer vient de *hero*, qui, dans le langage du pays, désigne les puits ou citernes dont les habitants se servent pour conserver les eaux pluviales, et non du mot *hierro* (fer), car, comme il est dit dans le texte, ce métal est loin d'y être abondant.

(²) Le *Laurus indica*, suivant les auteurs de l'*Histoire naturelle des Canaries*.

et de bien d'autres plantes (¹). On y trouve beaucoup d'arbres portant des fruits de différentes espèces. Il y a en abondance des faucons, des éperviers, des alouettes, des cailles, et une sorte d'oiseau de la grosseur d'un perroquet, au vol court et ayant le plumage du faisan (²). Les eaux y sont bonnes (³); il

L'Arbre qui pleure, ou l'Arbre saint, de l'île de Fer. — D'après l'estampe publiée dans le tome II de *the Universal Magazine of knowlegde and pleasure*, etc., p. 184 (année 1748).

y a grande abondance d'animaux, savoir : des pourceaux, des chèvres et des brebis ; il y a des lézards grands comme des chats et bien laids à voir, mais ils ne font aucun mal (⁴). Les habitants du pays, hommes et femmes, sont très-beaux (⁵); les hommes portent de grandes lances sans fer, car ils n'ont pas de fer ni aucun métal. Il y vient des grains de toutes sortes en assez grande quantité. Dans les parties les plus hautes de l'île il y a des arbres qui toujours dégouttent eau belle et claire (⁶), qui chet en fosse auprès

---

(¹) De hautes montagnes, où l'on retrouve des forêts vierges, attirent sur l'île une masse de vapeurs qui humectent et fertilisent le sol, bien que, dans plusieurs endroits, la compacité des laves et la nature des autres produits volcaniques retardent encore le développement de la végétation.

(²) Probablement le *Pterocles arenarius*.

(³) Pendant l'hiver, les habitants ont grand soin de recueillir les eaux pluviales dans les *hères* ou citernes. A un quart de lieue environ du bourg de Valverde, on en a creusé une quarantaine dans l'épaisseur du tuf. On en voit aussi de semblables dans d'autres vallées de l'île, et chaque commune entretient des gardiens près de ces précieux réservoirs.

(⁴) Ces animaux étaient très-communs dans l'île, et y atteignaient presque la grosseur des iguanes d'Amérique.

(⁵) « Les *Herrenos* ou habitants de l'île de Fer, dit Viera, sont comme la terre qui les a vus naître, forts, sains et féconds. Agiles de corps et bien proportionnés, ils ont en général le teint plus blanc que les autres insulaires. Vifs, gais, amateurs du chant et de la danse, ils sont tous très-enclins au mariage. »

(⁶) Ce passage fait allusion à l'*arbre saint* ou *garoé*, comme l'appelaient les gens du pays.

« Quoique fort vieux, écrivait Galindo en 1632, il est encore entier, sain et frais, et ses feuilles continuent toujours

des arbres. Cette eau est de telle nature que, quand on a mangé à satiété et qu'on en boit, avant une heure, la viande est toute digérée et l'appétit revient aussi vif qu'auparavant (¹).

CHAPITRE LXVI. — De l'île de Palme, qui est la plus lointaine.

L'île de Palme, qui est la plus avancée d'un côté en la mer Océane, est plus grande qu'elle ne se montre sur la carte. Elle est très-haute et très-forte, garnie de grands bocages de différentes sortes, tels

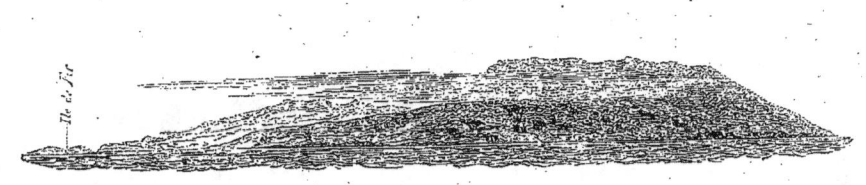

L'île de Palme vue à 20 kilomètres de distance. — D'après le père Feuillée.

que pins et dragonniers portant sang-de-dragon (²), et d'autres arbres portant un lait très-utile en médecine et des fruits de diverses sortes. Il y court de bonnes rivières; les terres y sont bonnes pour tous les labourages et bien garnies d'herbages (³). Le pays est fort et bien peuplé de gens; car il n'a pas été foulé comme ont été les autres pays (⁴). Les gens sont beaux (⁵) et ne vivent que de chair (⁶). C'est le plus délectable pays que nous ayons trouvé dans les îles de par ici; mais il est bien à l'écart, car c'est l'île la

à distiller une assez grande abondance d'eau pour donner à boire à toute l'île; merveilleuse fontaine par laquelle la nature remédie à la sécheresse du sol, et pourvoit aux besoins des habitants. »
M. le docteur Roulin, qui a publié une notice intéressante sur cet arbre merveilleux, pense que c'était un *Laurus fœtens*. L'arbre saint fut renversé par un ouragan dans les premières années du dix-septième siècle. Le phénomène qui émerveillait nos ancêtres nous est maintenant clairement expliqué : les arbres agissent comme de véritables alambics en distillant, par leur action réfrigérante, les vapeurs contenues dans l'air. Les modernes habitants de l'île de Fer renouvellent de nos jours le miracle de l'arbre saint. Dans les lieux éloignés des *hères*, les pâtres se procurent de l'eau potable en creusant des trous sur les troncs de certains arbres; les vapeurs de la rosée et des brouillards ne tardent pas à les remplir.

(¹) La *Sabinosa*, l'une des deux sources qui se trouvent dans l'île, est celle qu'ont désignée nos auteurs. L'eau en est presque chaude, l'odeur est sulfureuse et la saveur piquante. Les habitants en font usage contre les obstructions.

(²) Voy., p. 27, la gravure représentant le Dragonnier.

(³) « Les côtes de Palma sont très-fertiles et produisent en abondance tout ce qu'on trouve dans le reste de l'archipel. Les légumes y sont très-bons, et la vigne y réussit à merveille. » (Bory Saint-Vincent, *Essai sur les îles Fortunées*.)

(⁴) Les Haouarythes, tribu qui formait l'ancienne population de l'île, résistèrent à toutes les invasions jusqu'à la fin du quinzième siècle.
« Ils étaient tous gens de cœur, dit Viera dans ses *Noticias*, et les femmes palmaises, douées la plupart d'un courage viril, s'élevaient au rang des hommes par leur force et leur audace. »
Mayantigo, un de leurs guerriers, reçoit en combattant une blessure grave, et bientôt la gangrène attaque son bras fracassé. Il s'arme alors de son *tafiague*, espèce de tranchet d'obsidienne, et opère lui-même la désarticulation du coude.

(⁵) Ils étaient grands et robustes de corps; leurs visages n'avaient rien de disgracieux, les traits en étaient réguliers, et le prince Mayantigo fut appelé, dit-on, *morceau du ciel*, à cause de sa belle physionomie. Quant à la couleur de leur teint, il paraîtrait qu'elle était généralement assez blanche; l'un de leurs princes avait été surnommé *Azuquahé*, qui signifiait le Brun, sans doute pour le distinguer des autres. (Voy., plus loin, une gravure et une note au chapitre LXXXIV.)

(⁶) « Ils avaient cependant utilisé la semence d'une espèce de chénopodée qu'ils appelaient *amagante*, et qu'ils faisaient bouillir dans du lait. Ils se servaient, pour manger cette pâte liquide, d'un goupillon nommé *aguamante*, qu'ils fabriquaient avec des racines de mauve réduites en filaments par la macération. » (Viera.)

plus éloignée de la terre ferme. Toutefois, il n'y a du cap de Bugeder, qui est terre ferme des Sarrasins, que cent lieues françaises. Et, de plus, c'est une île dont l'air est fort bon, où l'on est rarement malade et où les gens vivent longuement.

Chapitre LXVII. — De l'île Gomère.

L'île de Gomère, qui est à quatorze lieues en deçà (de l'île de Palme), est une île très-forte, en forme de trèfle. Le pays est bien haut et assez uni, mais les baricaves (¹) y sont merveilleusement grandes et

L'île de Gomère.

profondes (²). Le pays est habité par un peuple nombreux qui, de tous les autres pays de par ici, parle le plus étrange langage : ils parlent des lèvres, comme s'ils étaient sans langue ; et on dit par ici qu'un grand prince les fit mettre là en exil et leur fit tailler leurs langues ; et, d'après leur manière de parler,

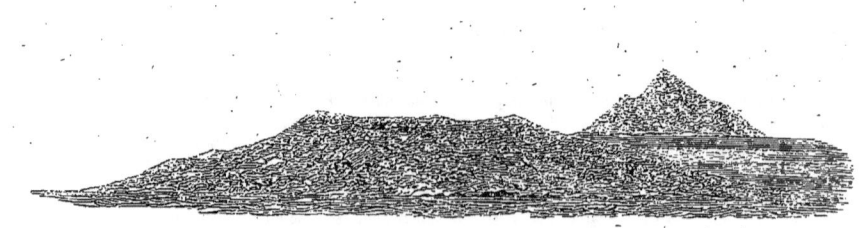

L'île de Gomère vue de l'île de Fer.

on pourrait le croire. Le pays est garni de dragonniers, d'une assez grande quantité d'autres arbres, de menu bétail (³) et de beaucoup d'autres choses étranges qui seraient trop longues à raconter.

(¹) Fondrières.
(²) « Cette île est très-fertile, très-boisée, pourvue de sources limpides et du meilleur port de l'archipel. L'intérieur du pays est en général très-montueux ; tout le sol intérieur est fendu par des ravins d'une profondeur extraordinaire, et, bien que sa constitution géologique soit de nature volcanique, comme celle des îles voisines, on n'y remarque aucune trace d'éruption moderne. » *(Hist. nat. des Canaries.)*
(³) Les Gomérites possédaient de nombreux troupeaux ; l'île abondait en gras pâturages, qu'arrosaient une multitude de torrents. De superbes forêts ombrageaient les montagnes, et les palmiers croissaient en foule dans leurs riantes vallées. La liqueur fermentée connue sous le nom de *miel de Palma*, que les paysans de la Gomère tirent encore aujourd'hui de la séve du dattier, était très-estimée des primitifs habitants.

Chapitre LXVIII. — De l'île d'Enfer ou Ténériffe.

Vue du pic de Teyde, dans l'île de Ténériffe (¹).

L'île d'Enfer, qui s'appelle *Tonerfis,* est en forme de herse, presque comme la Grande-Canarie (²). Elle est grande environ de dix-huit lieues françaises sur dix de large; et, dans la meilleure partie, il y a une grande montagne, la plus haute qui soit dans toutes les îles Canariennes, et la patte de la montagne s'étend de tous côtés dans la plus grande partie de toute l'île. Tout autour sont les baricaves garnies de grands bocages et de belles fontaines courantes, de dragonniers et de beaucoup d'autres

(¹) « Le Teyde, ou pic de Ténériffe, un des plus grands cônes volcaniques connus, occupe le centre d'un plateau dont la base a plus de 10 lieues de tour, et lance sa pointe à plus de 1 900 toises au-dessus de l'Océan. Le cratère qui occupe le sommet du pic n'est plus aujourd'hui qu'une solfatare d'environ 300 pieds de diamètre et 100 pieds de profondeur. Ce chapiteau volcanique a près de 500 pieds de haut et repose sur une ceinture de lave qui s'est épanchée en larges coulées le long des pentes du cône.

» Nos regards plongeaient sur le vaste Océan d'une hauteur de 11 430 pieds; la section du globe que nous pouvions embrasser d'un coup d'œil mesurait un diamètre de plus de 100 lieues, car nous apercevions Lancerote au bout de l'horizon, à la distance de 160 milles; puis Fortaventure, qui s'allongeait vers la Grande-Canarie; à l'occident, l'ombre du Teyde s'étendant jusque sur la Gomère en immense triangle, et un peu plus loin, Palma et l'île de Fer nous montraient leurs cimes escarpées. Ainsi, tout l'archipel Canarien était là réuni comme sur un plan en relief, et, sous nos pieds, Ténériffe, avec ses groupes de montagnes et ses profondes vallées. » *(Hist. nat. des Canaries.)*

(²) « La forme de Ténériffe est très-irrégulière; l'île s'étend du nord-est au sud-ouest sur une ligne de 21 lieues de côte, et n'en a guère plus de 12 sur sa plus grande largeur; la totalité de sa surface occupe un circuit d'environ 54 lieues. La

Vue de la forêt d'Agua-Garcia, dans l'île de Ténériffe (1). — D'après l'Atlas de l'*Histoire naturelle des Canaries*.

partie qui se prolonge vers le nord-est est la plus étroite, et a moins de 4 lieues d'un côté à l'autre; elle offre de chaque bord de hautes falaises et de profondes anfractuosités au débouché des vallées côtières. Du centre de l'île s'élève un pic gigantesque dont le sommet pyramidal apparaît au-dessus des nuages; des montagnes secondaires se groupent autour de sa base, tandis qu'à l'orient et à l'occident deux chaînes de sommités prolongent leurs contre-forts vers la côte, et lancent sur l'Océan deux promontoires escarpés, le cap *Teno* et celui d'*Anaga*. » (*Hist. nat. des Canaries.*)

(1) La forêt d'Agua-Garcia est située dans la région du nord-est de Ténériffe, à peu près à mi-chemin de Matanza à la Laguna. « Elle est traversée, dit Dumont d'Urville, par un ruisseau limpide qui coule avec un doux murmure au travers des basaltes, et de jolis sentiers bien percés en font une promenade délicieuse. De superbes lauriers des Indes, des *Ilex* et des *Viburnum* en forment la base, tandis que d'énormes bruyères de quarante à cinquante pieds de hauteur en forment la lisière. Par le ton général, l'aspect et la forme des végétaux, et surtout des fougères, cette forêt rappelle parfaitement celles des îles de l'océan Pacifique, de la Nouvelle-Guinée, et surtout d'Ualan. » (*Voyage de l'Astrolabe.*)

arbres de différentes sortes et formes. Le pays est très-bon pour toutes les cultures; un peuple bien nombreux y habite, le plus hardi de tous les autres peuples qui habitent dans les îles. Jamais il ne fut

Profil de l'île de Ténériffe.

traqué ni mené en servage, comme les autres (¹). Ce pays se trouve près de Gomère, à six lieues vers le midi, et, de l'autre côté, à quatre lieues au nord de la Grande-Canarie. On dit que c'est une des bonnes îles de par ici.

CHAPITRE LXIX. — De la Grande-Canarie et des gens qui y sont.

La Grande-Canarie contient vingt lieues de long et douze de large; elle est en forme de herse. On compte douze lieues de la Grande-Canarie à l'île d'Erbanie; c'est la plus renommée de toutes les autres îles (²). Les montagnes y sont grandes et merveilleuses du côté du midi, et, vers le nord, le pays est assez uni et bon pour le labourage. C'est un pays garni de grands bois de pins et de sapins, de dragonniers, d'oliviers, de figuiers, de palmiers portant des dattes et de beaucoup d'autres arbres portant des fruits de diverses sortes. Les gens qui y habitent sont un grand peuple, et se disent gentilshommes, sans ceux d'autre condition (³). Ils ont du froment, des fèves et des blés de toutes sortes; tout y croît. Ils sont grands pêcheurs de poissons (⁴) et font les nœuds merveilleusement bien. Ils vont tout nus, si ce n'est qu'ils portent des braies en feuilles de palmiers (⁵). La plupart d'entre eux portent des devises de diverses manières entaillées sur leur chair, suivant la plaisance de chacun; et ils portent leurs cheveux liés par derrière en forme de tresses. Ce sont de belles gens et bien formés, et leurs femmes sont bien belles.

(¹) Les Guanches de Ténériffe (nom donné à la race primitive) sont, de tous les Canariens, ceux qui ont le plus longtemps résisté à la conquête. Ce fut seulement en 1496 que, vaincus par les Espagnols, ils perdirent leur indépendance. L'avantage du lieu, pour engager l'action, était ce qu'ils recherchaient le plus. Ingénieux en stratagèmes, ils disposaient leurs embuscades, se divisaient en plusieurs bandes pour tomber sur l'ennemi à un signal convenu. En temps de guerre, les tribus confédérées se communiquaient les avis au moyen de feux qu'elles allumaient au sommet des montagnes, et des vedettes, placées de loin en loin, s'avertissaient par des sifflements qui se faisaient entendre à une grande distance. Les prisonniers étaient toujours respectés, et chaque parti les échangeait contre ceux du sien qui avaient eu le même sort.

(²) La Grande-Canarie est située à dix ou douze lieues des côtes orientales de Ténériffe; l'isthme de Guanartème l'unit à la presqu'île de l'Isletta. Sans ce petit appendice qui la prolonge au nord-est, sa forme serait presque ronde. L'île entière, jointe ainsi à son îlot, embrasse une circonférence d'environ quarante lieues.

(³) Voy. la note 4 de la p. 26.

(⁴) Viera cite deux sortes de pêche qui étaient usitées aux Canaries. La pêche au flambeau, d'abord, était faite la nuit, sur le rivage. Les pêcheurs entraient dans l'eau avec des torches enflammées, et avec des dards ils harponnaient les poissons qu'attirait la lumière. La seconde pêche, dite à la tabaïba, consistait à empoisonner avec du suc d'euphorbe (Euphorbia piscatoria) les flaques d'eau que la mer laisse à la marée basse dans les anfractuosités de la côte. Le poisson, étourdi par le suc caustique de cette plante, se laissait prendre facilement.

(⁵) Le costume des chefs se distinguait des autres. Nicosolo da Recco, parlant des prisonniers qui furent amenés à Lisbonne, s'exprime en ces termes : « Le tablier du chef est de feuilles de palmier, tandis que les autres le portent en jonc peint en jaune et en rouge. »

et s'affublent de peaux pour couvrir partie de leur corps. Ils sont bien fournis de bêtes, à savoir de pourceaux, de chèvres et de brebis, et de chiens sauvages qui ressemblent à des loups, mais qui sont petits (¹).

M. de Béthencourt et Gadifer, et plusieurs autres de sa compagnie, y ont été, tant pour voir leurs habitudes et leur gouvernement, aviser les descentes et les entrées qui sont bonnes et sans danger, qu'afin de donner ordre pour que l'on sonde et mesure les ports et les côtes de la terre, partout où un navire peut approcher. A une demi-lieue de la mer, du côté du nord-est, sont deux villes, à deux lieues l'une de l'autre, l'une nommée *Telde* et l'autre *Argonès*, assises sur des ruisseaux courants. Et à vingt-cinq milles de là, du côté du sud-est, il y a sur la mer une autre ville en très-bon lieu pour être fortifiée, d'un côté par la mer qui vient y battre, et qui a, de l'autre côté, un ruisseau d'eau douce. Elle se nomme *Argineguy* (²), et on y pourrait faire un très-bon port pour les petits navires, malgré le danger qui en résulterait pour la forteresse. Il ne faut point dire que ce ne soit une fort bonne île pleine de tous

Gens de la Grande-Canarie (³). — Miniature du manuscrit original (quinzième siècle).

biens : les blés y viennent deux fois l'an, sans nul amendement ; et l'on ne saurait trop malaisément labourer la terre qu'il n'y vienne plus de biens qu'on ne saurait dire

CHAPITRE LXX. — De l'île de Fortaventure ou Erbanie, et de ses deux rois.

L'île de Fortaventure, que nous appelons *Erbanie*, comme font ceux de la Grande-Canarie, est à douze lieues en deçà, du côté du nord-est. Elle contient environ dix-sept lieues de long et huit de

---

(¹) D'après un fragment de la relation du roi Juba, Pline fait dériver le nom de *Canaria* des chiens nombreux que les explorateurs mauritaniens avaient trouvés dans l'île.
(²) Voy. la note 3 de la p. 40.
(³) Les habitants de la Grande-Canarie se servaient d'une hache en jaspe verdâtre qui portait une pointe à l'opposé du tranchant, et ressemblait assez à celle des anciens Gaulois.

large; mais il y a tel point où elle n'est large que d'une lieue d'une mer à l'autre. Là le pays est sablonneux, et il y a un grand mur de pierre qui traverse tout le pays d'un côté à l'autre. Le pays est

Habitation des anciens Canariens (¹). — D'après Barker-Webb et Sabin Berthelot.

formé de plaines et de montagnes, et l'on peut chevaucher d'un bout à l'autre (²). On y trouve, à quatre ou cinq lieues, des ruisseaux courants d'eau douce, sur lesquels des moulins pourraient moudre, et il y a sur ces ruisseaux de grands bocages de bois qui s'appellent *tarhais,* qui portent une gomme de sel bel et blanc; mais ce n'est point un bois dont on puisse faire de bon ouvrage, car il est tortu et ressemble à la bruyère par la feuille. Le pays est abondamment garni d'un autre bois qui porte un lait de grande vertu en médecine comme baume, et d'autres arbres de merveilleuse beauté, qui portent plus de lait que ne font les autres arbres, et sont anguleux sur plusieurs faces : sur chaque face, il y a un rang d'épines en manière de ronces; les branches sont grosses comme le bras d'un homme, et quand on les coupe, elles sont toutes pleines de lait de merveilleuse vertu (³). Il y a une grande abondance d'autres bois, comme de palmiers portant dattes, d'oliviers et de mastiquers. Il y croît une graine qu'on appelle *orsolle* (⁴), qui vaut beaucoup; elle sert à teindre le drap ou d'autres choses, et c'est la meilleure graine que l'on puisse trouver en nul pays pour cet usage. Si cette île est une fois conquise et mise à la foi chrétienne, cette graine sera d'un grand rapport au seigneur du pays (⁵).

Le pays n'est pas fort peuplé de gens, mais ceux qui s'y trouvent sont de grande stature. Il est très-difficile de les prendre vifs, et ils sont de mœurs telles, que si quelqu'un d'eux a été pris par les chrétiens et qu'il retourne vers eux, ils le tuent sans nul remède. Ils ont grande foison de villages et se logent plus ensemble que ne font ceux de l'île Lancelot. Ils ne mangent point de sel, ne vivent que de chair, en

(¹) « Ils construisaient leurs maisons en pierrre, sans ciment; l'entrée en était si étroite qu'un homme n'y passait qu'avec peine, en se courbant. Ces maisons étaient en partie souterraines; de là le nom de *casas hondas* que l'on donne aujourd'hui à celles qui existent encore. » (Galindo.)

(²) Le sol de Fortaventure est beaucoup moins accidenté que celui des autres îles; les plus hautes montagnes atteignent à peine 500 mètres d'élévation. La chaîne qu'elles forment parcourt la grande terre de Maxorata dans toute sa longueur.

(³) L'*Euphorbia Canariensis*. « Cet euphorbe croît, dans les îles Canaries, sur les rochers arides et sur les grèves des bords de la mer. Si l'on fait une incision à l'écorce de cette plante, il en sort un suc laiteux et âcre qui est un poison très-violent; mais si l'on perce l'écorce, la partie ligneuse, et la moëlle, qui est fort grosse, une eau saine et rafraîchissante en jaillit. » (Barker-Webb et Sabin Berthelot, *Hist. nat. des Canaries.*)

(⁴) Voy. p. 24. « L'orseille croit ordinairement sur les parois des rochers. Les dangers auxquels s'exposent nos badigeonneurs ne sont rien en comparaison de ceux que courent ceux qui récoltent l'orseille. La corde des orseilleurs est sans nœuds; leurs jambes ne sont retenues par aucun crochet, une seule planchette les maintient en équilibre; assis sur ce frêle soutien, les élans qu'ils se donnent en appuyant les pieds contre les berges les font voltiger de droite et de gauche. C'est par ce moyen qu'ils s'accrochent aux saillies du roc; un petit bâton recourbé les retient devant les endroits qu'ils veulent explorer. Lorsque les accidents de la montagne rendent inutile le secours de la corde, ils se servent de la lance des Guanches, saisissent d'un coup d'œil leur point d'appui, et franchissent tous les ressauts. » (*Hist. nat. des Canaries.*)

(⁵) Francisco Escolar évalue la récolte annuelle de l'orseille, dans Fortaventure, à 390 quintaux.

MŒURS, RELIGION. — L'ÎLE LANCEROTE.

font une grande provision sans la saler, la pendent dans leurs antieux (¹), la font sécher jusqu'à ce qu'elle soit bien fanée, et puis la mangent. Cette chair est de beaucoup plus savoureuse et de meilleure qualité

Petite Cruche en terre rouge ; — Collier ou Bracelet composé de grains cylindriques en terre cuite ; — Poinçon en os (trouvés dans un tombeau, à Fortaventure) (²). — D'après Barker-Webb et Sabin Berthelot, Bory de Saint-Vincent, etc.

que celle des pays de France, sans nulle comparaison. Les maisons sentent très-mauvais, à cause des chairs qui y sont pendues. Ils sont bien approvisionnés de suif et le mangent aussi savoureusement comme nous le pain. Ils sont bien approvisionnés de fromages qui sont souverainement bons, les meilleurs que l'on fasse dans cette contrée. Ces fromages ne sont faits que de lait de chèvres, dont le pays est beaucoup plus peuplé que nulle des autres îles ; on en pourrait prendre chaque année soixante mille et mettre à profit les cuirs et les graisses, dont chaque bête rend bien de trente à quarante livres ; c'est merveilleux de voir la quantité de graisse qu'elles rendent, et que la chair est si bonne et meilleure de beaucoup que celle de France.

Il n'y a point de bon port pour hiverner les gros navires ; mais, pour les petits navires, il y en a de très-bons. Dans tout le pays de plaine, on pourrait faire des puits pour avoir de l'eau douce, pour arroser les jardins et faire ce qu'on voudrait. Il y a de bonnes veines de terre pour la culture. Les habitants ont l'entendement dur, sont très-fermes en leur foi et ont des temples où ils font leurs sacrifices (³). C'est l'île la plus proche de la terre des Sarrasins, car il n'y a que douze lieues françaises de là au cap de Bugeder, qui est sur le continent d'Afrique.

(¹) Maisons.
(²) « Une partie des ustensiles des habitants primitifs consistaient en vases d'argile ou de bois dur, en aiguilles et hameçons d'os ou d'épine de poisson et de cordes de boyaux. Ils savaient mouler aussi de petits grains cylindriques en terre cuite, d'une couleur brune, rougeâtre, qu'ils perçaient d'un trou pour les enfiler ensemble et en faire des colliers. » (Viera).
(³) « Il existait à Fortaventure de grands édifices de pierre destinés au culte. Ces temples, qu'on appelait *efequenes*, étaient circulaires : deux murs concentriques formaient une double enceinte, dont l'entrée principale n'avait guère plus de largeur que celle des habitations ordinaires. C'était dans ces temples, situés pour la plupart sur le sommet des montagnes, qu'ils

CHAPITRE LXXI. — Des îles Lancerote et de Loupes.

L'île Lancerote est à quatre lieues de l'île de Fortaventure, du côté du nord nord-est; entre elles deux est l'île de Loupes, qui est dépeuplée, est presque ronde, ne contient qu'une lieue de long et autant de large, et se trouve à un quart de lieue de Fortaventure, et d'autre part à trois lieues de l'île Lancerote. Du côté d'Erbanie (¹) est un très-bon port pour les galères; là viennent tant de loups marins que c'est merveille, et on pourrait avoir, chaque année, des peaux et des graisses pour cinq cents doubles ou plus. Et quant à l'île Lancerote, qui s'appelle en leur langage *Tite-Roi-Gatra*, elle est de la grandeur et de la façon de l'île de Rhodes. Il y a grande foison de villages et de belles maisons. Elle était très-peuplée de gens; mais les Espagnols et autres corsaires de mer les ont maintes fois pris et menés en servage, de sorte qu'ils sont demeurés peu de gens. Quand M. de Béthencourt y arriva, ils n'étaient environ que trois cents personnes, qu'il conquit à grand'peine et à grand travail, et qui, par la grâce de Dieu, ont été baptisés.

Du côté de l'île Gracieuse, le pays et l'entrée sont si forts que nul n'y pourrait entrer par force; et de l'autre côté, vers la Guinée, qui

Moulin à bras (²). — D'après Barker-Webb et Sabin Berthelot.

est un pays de terre ferme occupé par les Sarrasins, le pays est assez uni; il n'y a, en fait de bois, que de petits buissons pour brûler et une sorte de bois appelé *hyguères*, dont tout le pays est garni d'un bout à l'autre, et qui porte un lait de grande vertu en médecine. Il y a grande foison de fontaines et de citernes, de pâturages et de bonnes terres à cultiver. Il y croît grande quantité d'orge, dont on fait de très-bon pain. Le pays est bien garni de sel. Les habitants sont belles gens; les hommes vont tout nus, sauf un manteau qui les couvre par derrière jusqu'au jarret, et n'ont point honte de leur nudité. Les femmes, belles et honnêtes, sont vêtues de grandes houppelandes de cuir traînant jusqu'à terre; la plus grande partie d'elles ont trois maris. Les femmes portent beaucoup d'enfants, elles n'ont point de lait en leurs mamelles, mais allaitent leurs enfants à la bouche; et pour cela, elles ont les lèvres de dessous plus longues que celles de dessus, ce qui est chose laide à voir. L'île Lancerote est une île

---

déposaient des offrandes de beurre et faisaient des libations avec du lait de chèvre en l'honneur d'une divinité protectrice à laquelle ils adressaient leurs prières, en élevant les mains vers le ciel. Des prêtresses, dont les mystérieuses révélations entretenaient leur crédulité, exerçaient chez eux une grande influence. L'histoire a conservé les noms de deux de ces femmes devineresses, *Tibabrin et Tamonanto*, sa fille, qui prédisaient l'avenir, apaisaient les dissensions et présidaient aux cérémonies religieuses. » (Viéra.)

(¹) Avant l'arrivée de Béthencourt, l'île de Fortaventure était déjà connue sous le nom d'Herbanie. Abreu Galindo suppose que ce mot avait été donné à l'île par les Européens à cause des herbages qui couvraient toute l'île.

(²) « Les anciens habitants de Lancerote et de Fortaventure réduisaient le grain en farine après l'avoir torréfié; deux petites pierres volcaniques, raboteuses et taillées en forme de meule, leur servaient de moulin à bras. Ils faisaient tourner celle de dessus avec un bâton, dont ils assujettissaient une des extrémités sur la meule, tandis que l'autre bout se mouvait dans une planchette percée d'un trou et maintenue contre le mur. Ils pétrissaient ensuite la farine avec de l'eau ou du lait, quelquefois avec du miel, dans des vases d'argile cuite. Cette espèce de polenta, qu'ils appelaient *gofio*, était en usage dans toutes les îles. » (Galindo.)

fort plaisante et bonne, et il y peut arriver beaucoup de marchandises, car il y a spécialement deux ports bons et aisés. Il y croît de l'orseille, qui est une marchandise très-recherchée et d'un grand profit (¹). Nous laisserons cette matière et parlerons de M. de Béthencourt, qui est au royaume de Castille, près du roi du pays.

CHAPITRE LXXII. — Comment M. de Béthencourt prit congé du roi d'Espagne et revint aux îles.

Quand M. de Béthencourt en eut fini avec messire Gadifer, il reçut du roi de Castille des lettres de l'hommage qu'il avait fait des îles Canaries, et il prit congé dudit roi pour s'en retourner aux îles, car il en était besoin. Ledit Gadifer avait laissé son bâtard et quelques autres avec lui; pour cette cause, ledit sieur de Béthencourt désirait retourner le plus tôt qu'il pourrait. Il ne serait pas allé en Castille, si ce n'eût été qu'il craignait que messire Gadifer entreprît sur lui, et qu'il eût rapporté au roi de Castille quelque chose dont il n'eût pas été content, non pas qu'on pût dire qu'il eût mal servi; mais, comme j'ai dit ci-devant, il désirait avoir ses lettres toutes faites, grossoyées et scellées. Le roi lui avait auparavant baillé et fait bailler des lettres, mais elles n'étaient pas comme les dernières. Le roi lui donna plein pouvoir de battre monnaie au pays, et il lui donna le cinquième denier des marchandises qui viendraient desdites îles en Espagne. Les lettres furent passées devant un tabellion nommé Sariche, demeurant à Séville. En ladite ville de Séville on trouvera tout le fait et le gouvernement dudit de Béthencourt. Et outre que le roi était fort content de lui, plusieurs bourgeois de Séville l'aimaient fort et lui firent maintes gracieusetés, telles qu'armures, vivres, or et argent, dont il avait grand besoin. Il était fort bien connu dans ladite ville et fort aimé.

Ledit seigneur de Béthencourt prit congé du roi et s'en retourna aux îles tout joyeux, comme un homme à qui il semble que sa besogne a été bien faite, et il arriva à l'île de Fortaventure, où il fut reçu de ses gens bien joyeusement, comme vous ouïrez ci-après plus pleinement.

CHAPITRE LXXIII. — Comment Béthencourt arrive en l'île de Fortaventure, sa réception et ce qui lui arriva ensuite.

Or M. de Béthencourt est arrivé en l'île d'Erbanie nommée Fortaventure, et a trouvé Annibal, bâtard de messire Gadifer, lequel vint au-devant de lui faire la révérence, et ledit seigneur le reçut honnêtement. « Monsieur, dit Annibal, qu'est devenu monsieur mon maître? » Ce dit M. de Béthencourt : « Il s'en est allé en France, en son pays. — Adonc, dit Annibal, je voudrais bien que je fusse avec lui. » Ce dit ledit sieur de Béthencourt : « Je vous y mènerai, s'il plaît à Dieu, mais quand j'aurai fait mon entreprise. — Je suis fort ébahi, dit Annibal, comment il nous a laissés sans nous envoyer quelque nouvelle. — Je pense, dit M. de Béthencourt, qu'il vous aura écrit par mon poursuivant. » Et aussi l'avait-il fait.

Ledit seigneur arriva en une forteresse nommée Richeroque, laquelle il avait fait faire, et il trouva une partie de ses gens en cette place. Il en était sorti quinze de la place en ce jour, et ils étaient allés courir sur leurs ennemis. Et leurs ennemis canariens vinrent sur eux (²), leur coururent sus vigoureusement, en tuèrent incontinent six, et les autres, moult battus et froissés, se retirèrent dans la forteresse. Alors ledit Béthencourt y mit remède bientôt. Or il y avait une autre forteresse où se tenait une partie de la

---

(¹) Voy. la note 1, p 23.
(²) « Les naturels de Fortaventure étaient des hommes bien constitués, forts et courageux; ceux qui habitaient la région septentrionale de l'île, connue sous le nom de *Maxorata*, se distinguaient par leur haute stature. Ils pouvaient franchir, par bonds successifs, trois lances placées parallèlement à hauteur d'homme et à différentes distances. Le ravin le plus escarpé n'arrêtait pas la fougue du berger guanche, qui s'élançait du haut de la montagne pour atteindre le jeune chevreau. » (Galindo.)

compagnie où était Annibal, et ladite forteresse se nomme Baltarhays. M. de Béthencourt partit avec sa compagnie et laissa Richeroque dépourvu, afin d'avoir plus de gens pour venir à Baltarhays. Incontinent qu'il fut parti, les Canariens vinrent rompre et détruire Richeroque (¹), et s'en allèrent au port dit *Gardins*, à une lieue près de là, où étaient les vivres de M. de Béthencourt. Ils brûlèrent une chapelle qui y était, s'emparèrent des approvisionnements, à savoir force fer et canons, rompirent les coffres et les tonneaux, prirent et détruisirent tout ce qui était là. M. de Béthencourt assembla tout autant qu'il put trouver de gens en ladite île, car il y en avait en l'île Lancerote qui n'y pouvaient être. Le bon seigneur se mit en campagne, et ils ont eu affaire avec leurs ennemis plusieurs fois, et toujours ont eu la victoire, et spécialement en deux journées, dans lesquelles ont été tués plusieurs Canariens. Ceux qu'ils ont pu prendre vifs, ils les ont fait passer en l'île Lancerote, avec leur roi, qui était demeuré avec eux, depuis que M. de Béthencourt et Gadifer partirent de là, afin qu'il fît cultiver et rouvrir les fontaines et les citernes que M. de Béthencourt avait fait détruire pour certaine cause par Gadifer et la compagnie, durant la guerre d'entre eux, avant qu'il eût conquis le pays. Et en ces endroits il y a tant de bétail, tant privé que sauvage, qu'il est de nécessité qu'elles soient ouvertes, car autrement les bêtes ne pourraient vivre. Et ledit roi a mandé à M. de Béthencourt qu'on lui envoie du drap pour vêtements et de l'artillerie, car tous les habitants de l'île Lancerote se mettent à être archers et gens de guerre, et se sont très-vaillamment maintenus avec les chrétiens contre ceux d'Erbanie, et le font encore de jour en jour ; et plusieurs d'entre eux sont morts en la guerre, en combattant et aidant les nôtres. Et ceux d'Erbanie, pour mieux soutenir leur guerre contre eux cette saison, ont mis ensemble tous les hommes au-dessus de dix-huit ans. Et il appert bien qu'ils ont eu guerre entre eux, car ils ont les plus forts châteaux que l'on puisse trouver nulle part. Ils les ont abandonnés et ne s'y retirent plus, de crainte qu'ils ne soient enclos ; car ils ne vivent que de chair, et si on les enclosait en leurs forteresses, ils ne pourraient vivre, car ils ne salent point leurs chairs, ce qui fait qu'elles ne pourraient durer longtemps. Ce n'est pas merveille si entre nous, qui sommes une grande multitude de peuple en terre ferme et en grande étendue de pays, nous faisons guerre l'un contre l'autre, puisque ceux qui sont ainsi enfermés dans les îles de mer guerroient et s'occient l'un l'autre. Mais Dieu souffre toutes ces choses afin qu'en nos tribulations nous puissions avoir vraie connaissance de lui ; car plus nous aurons d'adversités en ce monde, plus nous devons nous humilier devant lui. De ce qui est dit ci-dessus de la mort des gens de M. de Béthencourt, le fait arriva le septième jour d'octobre 1404.

CHAPITRE LXXIV. — Comment ledit sieur de Béthencourt fit rétablir le château de Richeroque, et de ses combats contre les Canariens.

Après cela, le premier jour de novembre suivant, M. de Béthencourt revint à Richeroque et le fit remettre en état. Il envoya quérir grande quantité de ses gens en l'île Lancerote, tant de ceux du pays que d'autres, lesquels vinrent vers lui. Et puis il envoya Jean le Courtois, Guillaume d'Andrac, ceux de Lancelot et plusieurs autres, pour écouter et pour voir s'il viendrait rien sur eux. Ils s'en allaient pêchant à la ligne, quand vinrent sur nos gens soixante Canariens qui leur coururent sus. Nos gens se défendirent si bien et si vigoureusement, qu'ils s'en vinrent à l'hôtel, qui était à deux lieues françaises de là, toujours combattant avec leurs ennemis, sans perdre aucun des leurs. Mais s'ils n'eussent été assez bien approvisionnés de traits, ils ne s'en fussent jamais retournés sans perte. Et le troisième jour suivant, quelques-uns de la compagnie étaient allés avec ceux de l'île Lancelot, les mieux armés qu'ils purent trouver : ils se rencontrèrent avec leurs ennemis qui leur coururent sus, et combattirent longue-

---

(¹) Le district d'Oliva, le plus septentrional de l'île, comprend dix hameaux, au nombre desquels est celui de Richeroque, où l'on voit les ruines du château de ce nom, que Béthencourt avait fait construire.

Si ces peuples eussent été unis et solidaires, ils auraient pu opposer aux Européens une plus longue résistance, et peut-être seraient-ils sortis vainqueurs de la lutte. Mais par suite de leur isolement et de leurs divisions, les Lancerotains aidèrent à soumettre les indigènes de Fortaventure, comme plus tard ils furent employés les uns et les autres à l'asservissement de Canarie, et comme les habitants de cette dernière île furent eux-mêmes les instruments de la conquête de Ténériffe.

ment, mais à la fin ceux d'Erbanie furent déconfits et mis en déroute. Item, tantôt après, Jean le Courtois et Annibal (bâtard de Gadifer) partirent de Baltarhays. M. de Béthencourt était à Richeroque, où il le faisait rétablir. Lesdits Courtois et Annibal prirent des compagnons de l'île Lancelot et s'en allèrent à l'aventure. Ils vinrent à un village, où ils trouvèrent une partie des gens du pays assemblés, leur coururent sus, les combattirent bien âprement, en telle manière que leurs ennemis furent déconfits, et qu'il en mourut sur la place dix, dont l'un était un géant de neuf pieds de long [1]. M. de Béthencourt leur avait expressément défendu que nul ne l'occît, s'il était possible, et qu'ils le prissent vif; mais ils dirent qu'ils n'auraient pu autrement faire, car il était si fort et combattait si bien contre eux que, s'ils l'eussent épargné, ils étaient en aventure d'être tous déconfits et morts. Annibal et quelques-uns de la compagnie s'en retournèrent à l'hôtel bien battus et navrés, et ils ramenèrent avec eux mille chèvres à lait.

CHAPITRE LXXV. — Diverses rencontres et combats contre les Canariens.

En ce temps et auparavant ledit bâtard de Gadifer et quelques-uns de ses alliés portaient envie aux gens de M. de Béthencourt, par qui a été faite toute la conquête, le commencement et la fin, et malgré cela, s'ils eussent pu être les plus forts, ils auraient fait affront aux gens dudit sieur de Béthencourt. Mais quelque chose qu'on lui dît, il dissimulait toujours, parce qu'il avait besoin d'eux et parce qu'il était en pays étranger et ne voulait point qu'on leur fît nul déplaisir, sinon en cas de nécessité. Cependant Jean le Courtois et des compagnons de la maison de mondit seigneur s'armèrent très-bien comme pour aller combattre contre leurs ennemis. Il était bien matin quand il vinrent; aussi pensait-on qu'ils allaient en embuscade; car il n'y avait pas quatre jours que beaucoup de Canariens s'étaient embarqués pensant rencontrer quelques-uns des nôtres; il n'y avait guère de temps qu'ils nous avaient bien battus, tellement qu'ils nous ont renvoyés à l'hôtel, les têtes sanglantes et les bras et les jambes rompus de coups de pierres. Car ils n'ont point d'autres armes, et croyez qu'ils jettent et manient une pierre beaucoup mieux que ne fait un chrétien; il semble que ce soit un carreau d'arbalète quand ils la jettent; et ils sont gens fort légers et courent comme des lièvres. Grâce à Dieu, quelque mal qu'ils nous fissent, ils n'eurent aucun des nôtres. Il advint, quelques jours après, que les enfants qui gardaient les bêtes trouvèrent les lieux où les Canariens avaient couché la nuit. Ils le vinrent dire où Annibal était logé, pendant que ceux de Béthencourt tiraient de l'arc et de l'arbalète, et ils leur dirent comment ils avaient trouvé la trace des ennemis. Un nommé d'Andrac, qui avait servi Gadifer, demanda aux autres s'ils voulaient aller avec eux pour voir s'ils pourraient rencontrer les Canariens; mais ils avaient d'autres desseins et n'y allèrent point. Six des compagnons de Gadifer y allèrent incontinent (car ils n'étaient pas plus nombreux, sinon deux autres qui restaient pour garder le logis où ils se tenaient), et ils allèrent de nuit, ayant chacun son arc en sa main, s'embusquer sur une montagne près de là où les Canariens avaient été l'autre nuit avant. Le lendemain matin d'Andrac, accompagné des compagnons de l'hôtel de mondit seigneur et de ceux de l'île Lancelot, partit pour aller les rejoindre, et ils avaient avec eux des chiens comme s'ils allaient se divertir en bas de l'île. Quand ils furent au pied de la montagne où était notre embuscade, ils avisèrent leurs ennemis qui les suivaient. Alors les nôtres envoyèrent un des compagnons pour dire à d'Andrac de gagner la montagne, car les Canariens étaient en grand nombre. Ils montèrent en haut de la montagne, et les ennemis les côtoyaient comme s'ils les voulaient enclore. Alors nos gens descendirent à leur rencontre; un de nos compagnons se battit avec eux et abattit d'un coup d'épée un Canarien qui pensait le saisir entre ses bras. Les autres s'enfuirent quand ils virent si clairement nos gens réunis contre eux; ils se retirèrent aux montagnes et nos gens revinrent à l'hôtel.

[1] Abreu Galindo a parlé aussi du tombeau d'un autre géant de Fortaventure bien plus grand; mais il y a évidemment exagération dans les dimensions qu'il lui attribue.

CHAPITRE LXXVI. — Comment le sieur de Béthencourt envoya Jean le Courtois parler à Annibal, qui était à Baltarhays.

Ensuite, M. de Béthencourt envoya Jean le Courtois et quelques autres à la tour de Baltarhays ([1]) parler à Annibal et à d'Andrac, serviteurs de Gadifer (car ils disaient beaucoup de paroles qui ne plaisaient point à mondit sieur), et il leur manda par ledit Courtois qu'ils tinssent le serment qu'ils devaient. Ils répondirent qu'ils voulaient se garder de mal faire. Alors Jean le Courtois demanda à Annibal pourquoi ils avaient déchiré une lettre que M. de Béthencourt avait envoyée. Ils répondirent que cela avait été fait par la volonté d'Alphonse Martin et d'autres. Il y eut beaucoup de paroles qui seraient trop longues à raconter. Jean le Courtois demanda par un truchement les prisonniers canariens qui étaient entre les mains de cet Annibal. On lui en avait bien baillé en garde une trentaine qui étaient départis à différentes vacations, comme à garder les bêtes ou à autres choses auxquelles on les avait mis. Quand ils furent venus, Jean le Courtois dit à son truchement qu'il les menât en son logis, et ainsi fut fait. D'Andrac fut moult outré et courroucé contre lui, et dit qu'il ne lui appartenait point de faire cela, qu'il n'avait point à leur commander, et que Gadifer seul en avait la puissance. Jean le Courtois lui répondit que Gadifer n'avait nulle puissance. « Prenez, dit-il, que vous soyez ou ayez été son serviteur, vous n'avez plus, ni lui, aucune puissance en cet endroit. Il a plu à M. de Béthencourt que je sois son lieutenant, tout indigne que je suis; mais puisqu'il lui plaît, je le servirai ainsi que je dois faire. Mais je suis ébahi de ce que vous osez faire, car je sais bien que Gadifer a fait tout ce qu'il a pu envers M. de Béthencourt notre maître; et ils ont si bien fait l'un et l'autre que ledit Gadifer, que vous dites être votre maître, ne reviendra jamais en ce pays pour y rien demander. » Ledit Andrac fut moult courroucé d'ouïr dire telles paroles; et il le requit qu'il se départit de faire et dire un tel déshonneur de son maître, qu'il n'avait pas desservi M. de Béthencourt, et que sans monsieur leur maître la conquête des îles ne serait pas si avancée qu'elle est. « Mais je vois bien que je suis trop faible pour résister contre vous; je fais clameur contre vous et demande l'aide de tous les rois chrétiens, comme il convient en pareil cas. » Ledit d'Andrac et Annibal étaient principalement courroucés de ce qu'on leur voulait enlever leur part des prisonniers; ce n'était pourtant pas l'intention de M. de Béthencourt, qui depuis les apaisa. Mais ledit Andrac et Annibal avaient toujours été envieux des gens de mondit seigneur; s'ils eussent été les plus forts, ils leur eussent fait déplaisir il y a longtemps; mais ceux de M. de Béthencourt étaient toujours dix contre un. Quand ledit Annibal et d'Andrac virent qu'ils ne pourraient faire autre chose et que ceux de M. de Béthencourt ne tenaient compte d'aucune de leurs paroles, il fallut qu'ils obéissent. Ledit Jean le Courtois s'en alla avec ses prisonniers et s'en vint vers M. de Béthencourt, à Richeroque. Il commença à lui dire qu'il avait trouvé de terribles gens et bien orgueilleux, qui ont répondu fort fièrement. « Et qui est-ce? dit M. de Béthencourt. — C'est, dit Jean le Courtois, Annibal et d'Andrac, parce que j'ai voulu avoir les prisonniers qu'ils avaient. Les autres y ont part aussi bien qu'eux et il ne leur appartient pas d'en avoir la garde. Il semble, à les ouïr parler, qu'ils doivent être seigneurs du pays et qu'on n'eût rien fait s'ils n'y eussent été. Et, en bonne foi, Monsieur, s'il n'eût tenu qu'à eux, ni vous ni vos gens ne seriez pas ainsi que vous êtes, et je pense que vous l'avez bien aperçu. — Taisez-vous, dit Monsieur, il ne faut point que vous m'en parliez, car je sais ce qui se passe depuis longtemps. Je pense que leur maître leur a écrit de ses nouvelles et la besogne qu'il a faite en Castille près du roi. Je ne serais pas content que vous leur fissiez quelque tort, et je veux qu'ils aient leur part et portion des prisonniers comme les autres. Au surplus, j'y mettrai si bon remède que chacun sera content. Quand je m'en irai, je les emmènerai avec moi en leur pays; ainsi on en sera délivré. Il ne faut pas faire tout ce que l'on serait en droit de faire; on doit toujours se contraindre et garder son honneur plus que son profit. » Quelques jours après, ledit Courtois envoya un nommé Michelet Helye et d'autres en sa compagnie vers Annibal et d'Andrac; il leur dit que Courtois leur mandait, de par M. de Béthencourt, que

---

([1]) Dans le val Tarahal.

BAPTÊME DE DEUX ROIS CANARIENS.

l'on lui envoyât toutes les femmes canariennes qu'ils avaient. D'Andrac répondit que Courtois n'en aurait pas par lui; qu'ils ne les pourraient avoir que par force et par outrage, comme ils avaient pris les autres prisonniers, car il ne voulait pas combattre contre lui ni contre d'autres. Après que Jean le Courtois eut eu la réponse, il vint, fit sa tentative, et trouva les compagnons plus affairés que de longtemps ils n'avaient été, couvrant leurs maisons à cause de la force du temps et de la pluie qu'il faisait. Il y avait peu de gens à l'hôtel, qui vinrent cependant, suivant leur résolution, et se mirent entre l'hôtel et eux. Ceux de Jean le Courtois se mirent à côté d'une tour qui était là. Quand d'Andrac vit cela, il y accourut tant qu'il put courir et commença à leur dire : « Qu'est ceci, beaux seigneurs? que nous pensez-vous faire? Ne vous suffit-il du déshonneur et de la vilenie que vous nous avez faits à notre maître messire Gadifer? Ne nous avez-vous pas fait assez de mal? Ne vous souvient-il pas de l'aide qu'au temps passé nous vous avons donnée? car il nous semble que vous n'en faites point de compte. » Alors Jean le Courtois dit : « Faites-nous mettre ces femmes dehors. » Et il commanda à ses gens que l'on rompit tout et que l'on fit tant qu'on les eût. Alors un Allemand demanda en son langage du feu pour brûler la tour. D'Andrac l'entendit bien et dit : « Beaux seigneurs, vous pouvez bien tout brûler si vous voulez. » Et il leur dit beaucoup de paroles qui seraient trop longues à dire et à raconter. Mais il leur dit qu'ils faisaient grand déshonneur à M. de la Salle de prendre ainsi son hôtel et ses biens « qu'il nous avait laissés en garde; et vous ne faites pas bien, et je prends ceux-ci à témoin de l'outrage que vous nous faites. » Alors Jean le Courtois dit que non-seulement l'hôtel, mais tout le pays, était à M. de Béthencourt, et que ledit sieur en était roi, seigneur et maître, et que dès avant que messire Gadifer partît des îles il le savait bien. « Je suis bien ébahi, dit Courtois, comme vous osez vous rebeller contre M. de Béthencourt qui, encore à présent, est en cette île; et, quand il l'apprendra, il vous en saura peu de gré. Et, qui plus est, votre maître est en son pays qui est si loin d'ici; et, qui plus est, il a fait tout son effort près du roi de Castille, si bien qu'il s'en est allé en France, et pourtant il est parti assez d'accord avec M. de Béthencourt. Si vous me croyez, vous viendrez vers mondit sieur : il est tel qu'il vous traitera mieux que vous ne l'avez mérité. » D'Andrac et Annibal dirent : « Nous irons vraiment, et je crois fermement qu'il nous fera raison et qu'il nous fera rendre nos prisonniers ou telle part que nous devrons avoir. » Ledit Courtois entra dans la tour et dans l'hôtel, prit les femmes et les emmena avec tous les autres Canariens en l'île Lancerote; et enfin ils partirent et s'en allèrent.

CHAPITRE LXXVII. — Comment les deux rois sarrasins de l'île d'Erbanie parlementèrent pour se rendre et se faire chrétiens.

Peu de temps après, ceux de l'île d'Erbanie, ignorant la discorde d'entre nous, voyaient la guerre que M. de Béthencourt leur avait faite et considéraient qu'ils ne la pourraient longtemps soutenir à l'encontre de ce seigneur et des chrétiens, et que les chrétiens étaient armés et artillés, tandis qu'eux-mêmes ne l'étaient pas; car, comme je l'ai dit autrefois, ils n'ont aucune armure et ne sont vêtus que de peaux de chèvre et de cuir (¹), et aussi ne se revengent que de pierres et de lances de bois non ferrées qui pourtant faisaient beaucoup de mal. Quoiqu'ils voient bien qu'ils ne pourraient longtemps durer, ils sont dispos et allègres; et, vu la relation de quelques-uns d'entre eux, qui ont été prisonniers, et ce qu'ils leur ont rapporté de la manière du gouvernement des chrétiens, et de leur entreprise, et comme ils traitent gracieusement tous ceux qui veulent être leurs sujets, ils ont décidé qu'ils viendraient vers ledit sieur de Béthencourt, qui était le chef de la compagnie, roi et seigneur du pays, comme tout nouveau conquérant sur les mécréants. Car jamais ils ne furent chrétiens, et jamais aucun chrétien, que l'on

---

(¹) Au lieu du manteau de leurs voisins de Lancerote, les naturels de Fortaventure portaient des jaquettes de peau de mouton qui descendaient jusqu'à mi-cuisse, et dont les manches très-courtes laissaient les bras demi-nus. Les souliers ou *maho* étaient aussi de peau de chèvre dont le poil tourné en dehors, et les bonnets, de forme plus conique à Fortaventure que dans les autres îles, étaient de même nature et ornés par devant de trois grandes plumes. Les femmes avaient une coiffure semblable, mais leurs bonnets étaient serrés autour de la tête avec une bande de cuir qu'elles teignaient en rouge. (Galindo.)

sache, n'avait entrepris leur conquête. Et il est vrai qu'ils sont en cette île d'Erbanie deux rois qui ont longtemps eu ensemble une guerre dans laquelle il y a eu, en plusieurs fois, beaucoup de morts, tant qu'ils sont bien affaiblis; et, comme il est ci-devant dit, il est bien visible qu'ils ont été en guerre entre eux, car ils ont des châteaux bâtis à leur manière comme on n'en pourrait trouver nulle part (¹). Ils ont aussi un très-grand mur de pierre qui s'étend tout au travers du milieu du pays, d'une mer à l'autre (²).

CHAPITRE LXXVIII. — Comment les deux rois envoyèrent un Canarien vers ledit sieur de Béthencourt.

Or il est venu vers M. de Béthencourt un Canarien qui a été envoyé par les deux rois païens d'Erbanie. Ils lui mandent qu'il lui plaise qu'ils viennent vers lui en trêve, qu'ils avaient grand désir de le voir et de lui parler, et que leur vouloir et désir était d'être chrétiens. Quand M. de Béthencourt eut entendu cela par un truchement qu'il avait, il fut bien fort joyeux. Il rendit réponse audit Canarien par son truchement que, quand il leur plaira de venir pour faire ce qu'il rapportait et disait, il leur ferait très-bonne chère et joyeuse, et qu'ils seront les très-bienvenus quand ils viendront. Ledit Canarien s'en retourna avec un Canarien nommé Alphonse qui s'était fait chrétien et auquel on fit très-bonne chère. Quand ils furent arrivés, les deux rois furent fort joyeux en entendant la réponse qu'avait faite M. de Béthencourt. Ils voulaient retenir Alphonse le truchement pour qu'il les conduisît quand ils iraient vers mondit seigneur; mais il ne le voulut pas, car on ne le lui avait pas commandé. Alors les rois le firent conduire sûrement jusqu'à l'hôtel de mondit sieur. Ledit Alphonse lui rapporta tout ce qu'ils avaient dit et fait, et un beau présent de je ne sais quel fruit qui croît en pays bien lointain et odorait si très-bon que c'était merveille (³).

CHAPITRE LXXIX. — Comment les deux rois furent baptisés avec tous leurs gens, et comment le sieur de Béthencourt prit congé d'eux et des siens pour aller faire un voyage en France, et de l'ordre qu'il donna aux îles avant son départ.

Il est venu premièrement un des rois vers M. de Béthencourt, celui du côté de l'île Lancerote (⁴); lui et ses gens qu'il avait amenés étaient au nombre de quarante-deux. Ils furent baptisés le dix-huitième jour de janvier 1405, et il fut nommé Louis. Trois jours après, vinrent vingt-deux personnes qui furent baptisées ce jour même. Le vingt-cinquième jour du même mois de janvier, le roi qui était du côté de la Grande-Canarie (⁵) vint vers ledit seigneur avec quarante-six de ses gens. Ils ne furent pas baptisés ce jour-là, mais trois jours après, et ledit roi fut nommé Alphonse. Et depuis lors ils venaient tous se faire baptiser, puis les uns, puis les autres, selon qu'ils étaient logés et épars par le pays, tant qu'aujourd'hui, Dieu merci, ils sont tous chrétiens. On apporte les petits enfants, dès qu'ils sont nés, en la cour de Baltarhays, et ils sont baptisés là, dans une chapelle que M. de Béthencourt a fait faire; ses gens vont et viennent avec eux, leur administrant ce qu'il faut de tout ce que l'on peut trouver. Ledit seigneur a commandé qu'on leur fasse la plus grande douceur que l'on pourra.

Il ordonna, en présence des deux rois, que Jean le Courtois serait toujours son lieutenant comme il

---

(¹) De toutes ces constructions, on ne trouve plus aujourd'hui que les ruines du château de Zonzanas, situées dans la partie centrale de l'île. De grands blocs de pierre brute forment, dans cet endroit, une enceinte circulaire. Leur disposition n'a rien de bien artistique; cependant ces quartiers de roches sont entassés là dans un certain ordre, et leur assemblage dénote encore quelque chose de monumental. (Barker-Webb et Sabin Berthelot.)

(²) Le rempart gigantesque qui traversait l'isthme de Pared d'orient en occident, sur un espace d'environ quatre lieues, divisait le pays en deux principautés: celle de Maxorata, au nord, embrassant la majeure partie de l'île, et celle de Handia, au sud, comprenant toute la presqu'île de ce nom.

(³) Les présents précédaient toujours, chez eux, les traités de paix.

(⁴) Le chef de Maxorata, que nos auteurs appellent aussi roi sarrasin.

(⁵) Le chef de la presqu'île de Handia, désigné aussi sous le nom de roi païen.

avait été, et qu'il voulait s'en aller faire un tour en France, en son pays, où il demeurerait le moins qu'il pourrait. Ainsi fit-il, car il eut si bon temps qu'il n'y demeura que le temps d'aller et de venir, quatre mois et demi. Il ordonna à messire Jean le Verrier et à messire Pierre Bontier de demeurer toujours pour enseigner la foi catholique. Il emmena le moins qu'il put de gens avec lui, sinon trois Canariens et une Canarienne, à cette fin qu'ils vissent la manière d'être du royaume de France, pour en rendre compte quand il les ramènerait au pays de Canarie. Le dernier jour de janvier, il partit de l'île d'Erbanie en pleurant de joie, et tous les autres de l'île pleuraient de ce qu'il s'en allait, et plus encore les Canariens que les autres, car ledit seigneur les avait doucement traités. Il emmena aussi avec lui quelques-uns des gens de Gadifer, non pas d'Andrac ni Annibal, et il partit : Dieu veuille le conduire et reconduire!

CHAPITRE LXXX. — Comment le sieur de Béthencourt partit des îles et arriva au port de Harfleur, et de là en son hôtel; et de la bonne chère qui lui fut faite par tous les siens.

Ledit seigneur de Béthencourt partit de l'île d'Erbanie, se mit en mer, et cingla si bien qu'en vingt et un jours il arriva au port de Harfleur. Il y trouva messire Hector de Bracqueville, qui lui fit grande bienvenue, et plusieurs du pays qui le connaissaient. Il ne fut que deux nuits à Harfleur avant d'aller à Grainville, en son hôtel, et là il trouva messire Robert de Bracquemont, chevalier et proche parent, oncle dudit sieur. Ledit seigneur lui avait donné pour un certain temps la terre de Béthencourt et la baronnie de Grainville, et lui en faisait certaine somme de deniers chaque année. Ledit Bracquemont ne sut rien de son arrivée que quand on lui dit qu'il était au bout de la ville de Grainville; alors il sortit du château, et ils se rencontrèrent sur le marché. Il ne faut pas demander s'ils se firent grande chère l'un à l'autre. Les gentilshommes d'alentour y vinrent, et ceux de la ville qui étaient hommes dudit seigneur de Béthencourt. On ne pourrait dire la chère qu'on lui faisait tous les jours. Il ne cessait de venir de ses parents et autres gentilshommes du pays. Il y vint messire Ystache d'Erneville et son fils Ytasse, le baron de la Heuse et plusieurs autres grands seigneurs que je ne saurais dire. Ils avaient bien ouï parler de la conquête des îles de Canarie, et de la grande peine et travail que ledit seigneur y avait eus, car Mme de Béthencourt, que ledit seigneur avait renvoyée du royaume d'Espagne, avait apporté les premières nouvelles de la conquête, ainsi que Berthin de Berneval, qui s'en était venu sans congé, et n'y a pas eu un fort grand honneur, comme vous avez pu ouïr ci-devant. Et puis ledit seigneur écrivait fort souvent, de sorte qu'on avait toujours des nouvelles.

M. de Béthencourt ne trouva point sa femme à Grainville, car elle était à Béthencourt. Il l'envoya quérir; et quand elle fut venue, il ne faut point demander la joie qu'ils eurent tous deux. Jamais monsieur ne fit si grande chère à madame; il lui donna et apporta des nouvelles du pays de par delà. Messire Renaut de Béthencourt, frère dudit seigneur, vint avec ladite dame. Et quand ledit seigneur eut été à Grainville environ huit jours, ledit messire Ytasse d'Erneville et d'autres voulurent prendre congé de lui. Alors il leur dit que le plus tôt qu'il pourrait il retournerait en Canarie, qu'il emmènerait le plus qu'il pourrait de gens du pays de Normandie, et que son intention était de conquérir la Grande-Canarie, s'il pouvait, ou au moins il lui baillerait une touche. Ledit messire Ytasse, qui était présent, dit que, s'il lui plaisait, il irait. « Mon neveu, dit M. de Béthencourt, je ne vous veux pas donner cette peine, je prendrai avec moi de plus légères gens que vous. » Plusieurs gentilshommes qui étaient là s'offrirent aussi, comme un nommé Richard de Grainville, parent dudit seigneur; un Jean de Bouille, qui y alla; un nommé Jean du Plessis, qui y fut aussi; Maciot de Béthencourt et quelques-uns de ses frères, qui y furent; et plusieurs autres, dont la plus grande partie y furent avec ledit seigneur et des gens de plusieurs conditions. « Car, dit M. de Béthencourt, j'y veux mener des gens de tous les métiers que l'on connaisse. Et quand ils y seront, il ne faut point douter qu'ils seront en bon pays pour vivre bien à l'aise, et sans grande peine de corps. Je donnerai à ceux qui viendront assez de terre pour labourer, s'ils veulent prendre cette peine. Il y a beaucoup de gens de métier en ce pays qui n'ont pas un pied de terre et qui vivent à grand'peine, et s'ils veulent venir par delà, je leur promets que je les traiterai le mieux que je pourrai, et mieux que nuls qui y puissent venir, et beaucoup mieux que les gens du pays même qui se sont faits chrétiens. »

Chacun prit congé dudit sieur, excepté messire Renaut de Béthencourt, son frère, et messire Robert de Bracquemont, qui demeurait au château de Grainville quand il arriva. Et bientôt après tout le pays sut que M. de Béthencourt voulait retourner auxdites îles de Canarie, et qu'il voulait des gens de tout métier, et gens mariés et à marier, comme il les pourrait trouver, et ayant bonne volonté d'y aller. En sorte que vous eussiez vu venir tous les jours dix, douze et même trente personnes qui s'offraient à lui tenir compagnie, sans demander nuls gages. Même il y en avait qui étaient contents de venir avec leur provision de vivres. Ledit seigneur réunit, d'une manière ou d'une autre, beaucoup de gens de bien. Il y mena huit-vingts hommes de défense, dont vingt-trois amenèrent leurs femmes. Premièrement Jean de Bouille, Jean du Plessis, Maciot de Béthencourt et quelques-uns de ses frères, qui tous étaient gentilshommes, vinrent avec ledit seigneur, et les autres étaient tous gens mécaniques et de labour. Il y en eut onze de Grainville, dont l'un avait nom Jean Anice, et un autre Pierre Girard. Il y en eut trois de Bouille, de Havouard et de Beuzeuille; beaucoup des villages de Caux; de Béthencourt, il y eut Jean le Verrier et Pierre Loisel, et quatre ou cinq autres de Picy et des pays environnants. Il y en avait de tous métiers; et quand ledit seigneur eut le nombre qu'il voulait avoir, il fit ses apprêts pour s'en retourner en Canarie. Il acheta une nef qui était à messire Robert de Bracquemont, et il eut ainsi pour le voyage deux nefs qui étaient siennes, et il fit la plus grande diligence qu'il put pour s'en retourner en Canarie. Et quand il eut fait ses apprêts et qu'il eut mandé à tous ceux qui voulaient venir avec lui qu'ils fussent prêts à partir le sixième jour de mai suivant, et qu'ils se trouvassent à Harfleur, où étaient les deux barques, il manda à tous ses amis et voisins qu'il partirait audit jour, et que le premier de mai il prendrait congé de ses amis et payerait sa bien-allée. Les siens chevaliers et gentilshommes se trouvèrent en ce jour à son hôtel de Grainville, et là furent reçus par ledit sieur, qui leur fit grand'chère. Et il y eut plus de dames et damoiselles que je ne saurais dire ni écrire. La fête et la chère durèrent trois jours accomplis. Au quatrième, ledit sieur partit de Grainville et s'en alla attendre sa compagnie à Harfleur, ledit sixième jour de mai. Le neuvième jour, ledit sieur et sa compagnie se mirent en mer, et ils eurent vent à désir.

CHAPITRE LXXXI. — Comment le sieur de Béthencourt arrive à Lancerote, où il est reçu à grande chère des siens et de ceux du pays.

Or M. de Béthencourt partit le neuvième jour de mai 1405, et cingla tant qu'il descendit à l'île Lancerote et à l'île Fortaventure. Trompettes et clairons sonnaient, et tabourins, menestrés, harpes, rebequets, bucines, et toutes sortes d'instruments. On n'eût pas ouï Dieu tonner au milieu de la mélodie qu'ils faisaient; et tant que ceux d'Erbanie aussi bien que ceux de Lancelot furent tout ébahis, et spécialement les Canariens [1]. Ledit seigneur ne pensait pas avoir amené tant d'instruments, mais ledit seigneur ne se doutait pas qu'il y avait beaucoup de jeunes gens qui en jouaient et avaient apporté leurs instruments avec eux. Aussi Maciot de Béthencourt, qui, en partie, avait eu la charge de s'enquérir quels compagnons c'étaient, conseillait audit sieur de les prendre suivant qu'ils lui semblaient qu'ils étaient propres et habiles. Bannières et étendards étaient étendus, et tous les compagnons étaient en leur habillement quand ledit sieur descendit à terre. Ils étaient assez honnêtement habillés. M. de Béthencourt leur avait donné à chacun un hoqueton, et à six gentilshommes qui étaient avec lui ils étaient argentés, ce que ledit seigneur paya ; néanmoins, il y en avait beaucoup d'autres argentés ; mais qui les avait, les payait. Jamais M. de Béthencourt n'arriva si glorieusement. Quand le navire ne fut plus qu'à une demi-lieue, les gens de l'île Lancerote virent et s'aperçurent bien que c'était leur roi et seigneur. Vous

---

[1] « Ces peuples, dit le père Galindo, étaient humains, sociables et fort joyeux, grands amateurs du chant et de la danse; leur musique, qu'ils accompagnaient de claquements de mains et de battements de pieds exécutés en mesure, était toute vocale. »

eussiez vu de la nef les Canariens, femmes et enfants, qui venaient au rivage au-devant de lui, et disaient et criaient en leur langage : « Voici venir notre roi ! » Et ils étaient si joyeux qu'ils sautaient, se serraient et s'embrassaient de joie ; et il paraît bien clairement qu'ils avaient grande joie de sa venue, et il ne faut pas douter que ceux que ledit sieur laissa aux îles d'Erbanie et de Fortaventure n'eussent autant de joie. Et, comme j'ai dit, les instruments qui étaient aux barques faisaient si grande mélodie, que c'était belle chose à ouïr, dont les Canariens étaient tout ébahis, et qui leur plaisait terriblement.

Quand M. de Béthencourt fut arrivé à terre, il ne faut pas demander si tout le peuple lui fit grand accueil. Les Canariens se couchaient à terre (¹), en pensant lui faire le plus grand honneur qu'ils pouvaient, c'était à dire qu'en se couchant ainsi ils étaient à lui corps et biens. Ledit seigneur les reçut et leur fit le plus grand accueil qu'il put, et spécialement au roi, qui s'était fait chrétien. Ceux de l'île de Fortaventure surent bien que leur roi et seigneur était arrivé en l'île Lancerote. Jean le Courtois, lieutenant dudit seigneur, prit un bateau, et six compagnons avec lui, dont Annibal et un nommé de la Boissière faisaient partie ; ils vinrent à l'île Lancerote vers ledit seigneur et lui firent la révérence comme il convenait. Alors M. de Béthencourt demanda à Jean le Courtois comment tout allait. « Monsieur, tout va bien et de mieux en mieux. Je pense et crois que vos sujets seront bons chrétiens, car ils ont beau commencement et sont si joyeux de votre arrivée, que jamais personne ne pourrait l'être davantage. Les deux rois chrétiens voulaient s'en venir avec moi, mais je leur ai dit que vous y viendriez bientôt, et que je ne retournerais point, si ce n'est avec vous. — Ainsi ferez-vous, dit ledit sieur ; j'irai demain, s'il plaît à Dieu. »

Ledit seigneur et la plupart des siens furent logés à Rubicon, au château. Il ne faut pas demander si les gens que ledit seigneur avait amenés dernièrement de Normandie étaient ébahis de voir le pays et les Canariens, habillés comme ils l'étaient ; car, comme je l'ai dit ci-devant, ils ne sont habillés que par derrière, et de cuir de chèvre, et les femmes sont vêtues de houppelandes de cuir jusques à terre (²). Ils étaient bien joyeux de voir le pays, qui leur plaisait fort, et plus ils le regardaient, plus il leur plaisait. Ils mangeaient de ces dattes et des fruits du pays qui leur semblaient fort bons, et rien ne leur faisait aucun mal. Ils étaient fort joyeux de s'y trouver, et il leur semblait qu'ils vivraient bien au pays. Je ne saurais vous rien dire si ce n'est qu'ils étaient fort contents. Ils le seront encore plus quand ils verront l'île d'Erbanie. Monsieur demanda à Annibal comment il le trouvait et ce qu'il lui semblait de sa compagnie. « Monsieur, dit Annibal, il me semble que si d'abord on fût venu de cette manière, les choses n'eussent pas duré aussi longtemps qu'elles ont fait, et l'on serait plus avancé encore qu'on ne l'est. C'est une fort belle et fort honnête compagnie que celle que vous avez ; et quand les autres Canariens des autres îles qui ne sont point chrétiens verront si belle ordonnance, ils s'émerveilleront plus qu'ils n'ont fait. — C'est bien mon intention, dit monsieur, d'aller voir la Grande-Canarie, et de leur bailler une touche. »

CHAPITRE LXXXII. — Comment le sieur de Béthencourt fut bien reçu en l'île de Fortaventure, et comment il partit de là pour aller à la conquête de la Grande-Canarie ; comment il toucha à l'Afrique, et comment ses vaisseaux furent écartés.

M. de Béthencourt partit de l'île Lancerote pour aller en l'île de Fortaventure, et il prit tous les gens qu'il avait amenés. Quand il y fut arrivé, vous eussiez vu là un grand nombre de Canariens qui étaient arrivés à la rive de la mer à la rencontre de leur roi et seigneur ; et les deux rois qui s'étaient faits chrétiens y étaient. Il ne faut pas demander si eux et tous les autres du pays étaient joyeux. On ne saurait dire la joie qu'ils exprimaient à leur façon et manière ; ils volaient tous de joie. Ledit seigneur arriva

---

(¹) La coutume de se coucher par terre, en témoignage de respect et de soumission, existait à Fortaventure et à l'île Lancerote.

(²) Le *tamarco*, manteau de peau de chèvre, qui était cousu avec des ligaments de cuir aussi fins que le fil commun, ne dépassait pas les genoux.

à Richeroque, qu'il trouva bien fort et bien rhabillé; car Jean le Courtois y avait fait beaucoup travailler depuis que ledit seigneur était parti. Lesdits deux rois chrétiens vinrent encore s'offrir audit seigneur, qui leur fit le plus grand accueil qu'il put et les retint à souper avec lui.

Le cap Bojador. — D'après le *Manuel de la navigation à la côte occidentale d'Afrique*, par C.-P. de Kerhallet.

Ledit seigneur ne les entendait point, mais il avait un truchement qui parlait le français et leur langage, et au moyen duquel on entendait ce qu'ils disaient. Et tandis que ledit sieur soupait, il y avait des ménestriers qui jouaient, et les deux rois ne pouvaient manger, du plaisir qu'ils prenaient à ouïr lesdits ménestriers, et aussi de voir ces hoquetons brodés. Car il y en avait bien cinquante-quatre, fort chargés d'orfévrerie; et il y en avait d'autres qui s'habillaient à qui mieux mieux, à l'envi l'un de l'autre, spécialement des fils des hommes dudit seigneur qui étaient de Grainville et de Béthencourt. Et lesdits rois dirent que si d'abord nous fussions venus en ce point, ils eussent été vaincus il y a longtemps, et qu'il ne tiendrait qu'au roi de conquérir encore beaucoup de pays. Lesdits Canariens n'appellent pas autrement M. de Béthencourt que le roi, et le tenaient pour tel.

« Or çà, dit M. de Béthencourt, mon intention est de faire une course à la Grande-Canarie et de savoir ce que c'est. — Monsieur, dit Jean le Courtois, ce sera bien fait; il me semble qu'ils ne dureront guère, pourvu qu'il plaise à Dieu qu'on puisse avoir quelque connaissance du pays et de son entrée. — J'ai intention, dit Annibal qui était présent, d'y mouiller mes soupes et d'y gagner bon butin. J'y ai autrefois été: il me semble que ce n'est pas si grand'chose qu'on dit. — Ah! dit Monsieur, si, c'est grand'chose: je suis averti qu'ils sont dix mille gentilshommes, ce qui est bien grand'chose, et nous ne comptons pas devant eux. Mais nous tâcherons d'y aller, afin de connaître le pays pour le temps à venir, et ne fût-ce que pour connaître les ports et passages du pays. S'il plaît à Dieu, il viendra quelque bon prince de quelque pays qui les conquerra et autres choses avec: Dieu par sa grâce le veuille faire ainsi! Il faut voir quand j'y pourrai aller et qui je laisserai par ici. Quant au regard de vous, Jean le Courtois, vous viendrez avec moi au voyage. — Eh bien, Monsieur, dit le Courtois, j'en suis bien fort joyeux. — Je laisserai Maciot de Béthencourt, dit M. de Béthencourt, afin qu'il connaisse le pays, car mon intention n'est point de le ramener en France. Je ne veux plus que ce pays soit sans le nom de Béthencourt et sans quelqu'un de mon lignage (¹). — Monsieur, dit Jean le Courtois, s'il plaît à Dieu, je m'en retournerai avec vous en France. Je suis un mauvais mari : il y a cinq ans que je ne vis ma femme, et, à la vérité, elle n'en souffrait pas trop. »

Et quand Monsieur eut soupé, chacun s'en alla où il devait aller. Le lendemain, ledit seigneur s'en alla à Baltarhays (²), et là un enfant canarien fut baptisé pour la bienvenue dudit seigneur, qui en fut le parrain et le nomma Jean. Il fit apporter à la chapelle des vêtements, une image de Notre-Dame et des parements d'église, et un fort beau missel, et deux petites cloches, chacune d'un cent pesant. Il ordonna qu'on appelât la chapelle *Notre-Dame de Béthencourt* (³). Et messire Jean le Verrier fut curé du pays et y vécut bien aise le reste de sa vie.

Quand M. de Béthencourt eut été un certain temps au pays, il prit jour pour aller à la Grande-Canarie. Il ordonna que ce serait le sixième jour d'octobre 1405 ; et en cette journée, il fut prêt à y aller avec les nouveaux hommes qu'il avait amenés et plusieurs autres. Ils se mirent en mer ce jour-là, et trois galères partirent, dont deux étaient audit seigneur et l'autre était venue du royaume d'Espagne, que le roi lui avait envoyée. La fortune fit que les barques furent séparées sur la mer, et qu'elles vinrent toutes trois près des terres sarrasines, bien près du port de Bugeder (⁴). M. de Béthencourt et ses gens y descendirent, et ils furent bien huit lieues dans le pays (⁵). Ils prirent des hommes et des femmes qu'ils emmenèrent avec eux, et plus de trois mille chameaux (⁶). Mais ils ne les purent recevoir (tous) au navire ; ils en tuèrent et en jarrèrent (⁷), et puis s'en retournèrent à la Grande-Canarie, comme M. de Béthencourt l'avait ordonné. Mais fortune fit en chemin que, des trois barques, l'une arriva en Erbanie, la deuxième en l'île de Palme. Ils demeurèrent là, en faisant la guerre à ceux du pays, jusqu'à tant que l'autre barque où était M. de Béthencourt fût arrivée.

CHAPITRE LXXXIII. — Comment le sieur de Béthencourt arriva à la Grande-Canarie, où il y eut grand combat des siens, qui par leur outrecuidance furent battus par les Canariens.

Tantôt après, M. de Béthencourt s'en alla à la Grande-Canarie, et plusieurs fois lui et le roi Artamy parlèrent ensemble. Là arriva une des barques qui avaient été à la côte de Bugeder, et dans laquelle étaient des gens de mondit sieur, un nommé Jean le Courtois, Guillaume d'Auberbosc, Annibal, d'Andrac et plusieurs autres compagnons. Quand ils furent arrivés là, ils furent un peu orgueilleux de ce qu'ils étaient entrés si avant en terre ferme au pays des Sarrasins. Là, un Normand nommé Guillaume

---

(¹) En effet, Maciot de Béthencourt, son neveu, succéda à Jean de Béthencourt dans le gouvernement des trois îles conquises ; et Prud'homme de Béthencourt, qui prit pour femme la nièce d'un guanartème ou chef, perpétua aux Canaries le nom du baron normand.

(²) Val Tarahal.

(³) Cette chapelle, qui avait été construite en 1410 par Jean le Masson, fut dévastée en 1539 par les pirates marocains, lors de l'invasion qu'ils firent sous les ordres du Maure Xaban-Arraez. On l'a, un peu plus tard, relevée et restaurée, et on peut la voir aujourd'hui au milieu de la petite ville gothique de *Betancuria*.

(⁴) Le port du cap Bojador est dans une anse formée par la berge *sud* du cap et une falaise qui vient à la suite. C'est un fait que M. d'Avezac a établi dans sa *Note sur la véritable situation du mouillage marqué au sud du cap de Bugeder dans toutes les cartes nautiques*. Voy. surtout les pages 76 et suivantes de cette Note, publiée au mois d'août 1846 dans le *Bulletin de la Société de géographie*. On ne saurait donc contester à Béthencourt l'honneur d'avoir dépassé le cap Bojador trente ans avant les Portugais. (Voy. plus haut, p. 3.)

(⁵) *Lieues*, comme il est écrit dans le manuscrit original, et non *jours*, comme l'ont imprimé Bergeron et Vander-Aa. (Voy. aussi sur ce sujet le Mémoire de M. d'Avezac indiqué dans notre note précédente.)

(⁶) C'est Béthencourt qui a introduit le chameau aux îles Canaries.

(⁷) Coupèrent les jarrets ; ou *enjarrèrent*, mirent la chair dans des jarres ?

d'Auberbosc dit qu'il penserait bien traverser avec vingt hommes toute l'île de la Grande-Canarie, malgré tous les Canariens, qui se disent bien dix mille hommes de défense. Contre la volonté de M. de Béthencourt, ils commencèrent l'escarmouche et descendirent à terre, à un village nommé Arguyneguy. Il y avait sur deux bateaux quarante-cinq hommes, parmi lesquels étaient des gens de Gadifer. Ils repoussèrent les Canariens bien avant dans les terres et se débandèrent fort. Quand les Canariens virent leur désarroi, ils se rallièrent, leur coururent sus, les déconfirent, gagnèrent l'un des bateaux et tuèrent vingt-deux hommes. Là moururent Guillaume d'Auberbosc, qui avait fait et commencé l'escarmouche; Geoffroy d'Auzonville; Guillaume d'Allemagne; Jean le Courtois, lieutenant dudit sieur de Béthencourt; Annibal, bâtard de Gadifer; un nommé Seguirgal, Girard de Sombray, Jean Chevalier, et plusieurs autres.

CHAPITRE LXXXIV. — Comment le sieur de Béthencourt partit de la Grande-Canarie et alla à la conquête de l'île de Palme et de celle de Fer, les combats qu'il y eut, et comme il laissa des siens en l'île de Fer pour la peupler.

Après, M. de Béthencourt partit de la Grande-Canarie sur ses deux barques qui étaient là, et avec quelques-uns qui étaient échappés de cette journée. Il passa outre jusqu'en l'île de Palme, où il trouva

Type de Palma (1). — D'après Barker-Webb et Sabin Berthelot.

ceux de l'autre barque qui étaient descendus à terre et faisaient une grosse guerre à ceux de l'île. Il descendit à terre avec eux; ils entrèrent bien avant dans le pays et eurent affaire en plusieurs fois à leurs ennemis (2). Il y en eut de morts de côté et d'autre, et beaucoup plus de Canariens que des nôtres. Il mourut

(1) MM. Barker-Webb et Sabin Berthelot décrivent ainsi les Canariens : « Ce sont des hommes au teint hâlé, plus ou moins blancs, au front saillant et un peu étroit, aux grands yeux vifs, fendus, foncés, quelquefois verdâtres, à la chevelure épaisse, un peu crépue, et variant du noir au brun-rouge. Le nez est droit, les narines sont dilatées, les lèvres fortes, la bouche grande, les dents blanches et bien rangées; le corps est sec, robuste, musculeux; la taille, médiocre dans certaines îles, et au-dessus de la moyenne dans quelques autres. »

(2) « Les Palmeros, dit Azurara, sont d'une telle adresse à lancer les pierres, qu'il leur arrive rarement de manquer leur coup, tandis qu'ils évitent ceux de leurs adversaires par les mouvements de souplesse et de contraction qu'ils savent imprimer à leur corps. » (Chronique de la conquête de Guinée.)

La Caldera, vallée de l'île de Palma (¹). — D'après Barker-Webb et Sabin Berthelot.

(¹) « Palma est, après Ténériffe, l'île la plus montueuse de l'archipel canarien; sa surface n'est pas moins tourmentée. On voit au centre de l'île une vallée solitaire dont nous admirâmes l'imposant aspect; les habitants la nomment *la Caldera*. Les rochers qui la cernent élèvent leurs crêtes sourcilleuses à cinq mille pieds environ au-dessus de l'abîme. Ce puissant massif forme une ligne de circonvallation d'environ six lieues d'étendue; des berges, taillées à pic, défendent vers l'est et le nord les abords de l'enceinte; à l'occident, le défilé d'*Adamacansis* présente une rampe scabreuse qui circule le long des précipices; mais on n'oserait s'engager dans ce sentier sans en bien connaître tous les détours. Du côté du sud, les montagnes s'écartent et laissent entre elles une profonde déchirure, qui se prolonge jusque sur le littoral; c'est le ravin des Angoisses, gorge étroite et dangereuse qu'il faut monter pour pénétrer dans *la Caldera*. »

« Ce qui frappe le plus en parcourant l'île de Palma, disent ailleurs MM. Barker-Webb et Sabin Berthelot, c'est sa hauteur

cinq de nos gens, et il en mourut des leurs plus de cent. Après qu'ils eurent demeuré six semaines au pays, ils se retirèrent aux barges qui les attendaient. Alors deux barges furent disposées pour aller à l'île de Fer, où ils demeurèrent bien trois mois. Après qu'ils y eurent été si longuement, Monsieur s'avisa d'envoyer à ceux du pays un truchement nommé Augeron, lequel était de Gomère et que ledit seigneur avait eu en Aragon, dès devant qu'il vînt à la conquête. Le roi d'Espagne, qui s'appelait le roi don Enricque, et dont la reine s'appelait Catherine, le lui avait fait avoir. Ledit seigneur envoya ce truchement aux Canariens de l'île de Fer, et cet Augeron était frère du roi de cette île [1]. Tant fit ce truchement qu'il amena son frère, le roi du pays, et cent onze personnes sous cette assurance. Ils furent amenés à M. de Béthencourt, qui en retint pour sa part trente et un, dont le roi était le premier. Les autres furent départis au butin, et il y en eut de vendus comme esclaves.

Monsieur fit cela pour deux causes : pour apaiser ses compagnons et pour bouter là des ménages que ledit seigneur avait amenés de Normandie, afin de ne pas faire un si grand déplaisir à ceux de Lancerote et de Fortaventure; car il eût fallu qu'il mît lesdits compagnons et ménages auxdites îles. Il y en eut six-vingts ménages de ladite compagnie et de ceux qui connaissaient mieux le labour; et le reste fut mis aux îles de Fortaventure et de Lancerote. Et n'eût été ces gens que M. de Béthencourt y mit, l'île de Fer eût été déserte et sans créature du monde. Dans d'autres temps et plusieurs fois, elle a été dépeuplée de gens que l'on a pris toujours. Et toutefois c'est, dans tout le pays qu'elle contient, une des plus plaisantes îles qui soient dans le pays de par ici.

CHAPITRE LXXXV. — Comment le sieur de Béthencourt retourne en Fortaventure, où il ordonne du partage des terres aux siens; de la justice et police du pays, et des bons avertissements qu'il donne à son neveu pour bien gouverner.

Après que M. de Béthencourt eut conquis l'île de Palme et celle de Fer, ledit seigneur s'en revint à l'île de Fortaventure avec ses deux barges. Il se logea à la tour de Baltarhays, que messire Gadifer avait commencé à faire tandis qu'il était en Espagne, et donna ordre en ce pays à beaucoup de choses qui longues seraient à raconter. Il logea de ceux qu'il avait amenés, comme j'ai dit, six-vingts dans l'île de Fer, et le reste dans celles de Fortaventure et de Lancerote. Il donna à chacun une part et portion de terres, de manoirs, maisons et logis, suivant qu'il lui semblait bon et qu'il lui convenait; et il fit tant qu'il n'y eut personne qui ne fût content. Il ordonna que ceux qu'il avait amenés ne payeraient quoi que ce soit du monde avant neuf ans; mais qu'au bout de neuf ans ils payeraient comme les autres : c'est-à-dire qu'ils payeraient le cinquième denier, la cinquième bête, le cinquième boisseau de blé et de tout, le cinquième pour toutes charges. A l'égard de l'orseille, nul ne l'osera vendre sans le congé du roi et seigneur du pays. C'est une graine qui peut valoir beaucoup au seigneur et qui vient sans qu'on y mette la main. Quant au regard des deux curés d'Erbanie et de Lancerote, il est tout notoire qu'ils doivent avoir le dixième; mais parce qu'il y a beaucoup de peuple et peu de secours d'église, ils n'auront que le trentième jusqu'à ce qu'il y ait un prélat. « Et, au plaisir de Dieu, dit le sieur, quand je partirai d'ici j'irai à Rome requérir que vous ayez en ce pays un prélat évêque, qui ordonnera et magnifiera la foi catholique. »

Ensuite, ledit seigneur nomma son neveu lieutenant et gouverneur de toutes les îles que ledit seigneur a conquises, et lui commanda que, n'importe comment, Dieu y soit servi et honoré tout le mieux que l'on pourra, et que les gens du pays fussent tenus doucement et amoureusement. Et il lui commanda d'éta-

---

extraordinaire comparativement à la petite étendue de sa surface; car ses côtes n'embrassent dans tous leurs contours qu'une circonférence de vingt-huit lieues, et pourtant le point culminant de la montagne atteint une élévation de 7 234 pieds au-dessus du niveau de la mer. Cette altitude paraît encore bien plus considérable lorsque, placé sur la cime de *los Muchachos*, le voyageur aperçoit d'une part les rochers qui bordent le littoral, et de l'autre l'immense cratère de *la Caldera*, dont la profondeur est d'environ 5 000 pieds. » *(Histoire naturelle des Canaries.)*

[1] Armiche était le nom de ce prince, qui, n'ayant personne à combattre, gouvernait paternellement sa petite principauté, et ne recevait de ses sujets qu'un tribut volontaire et proportionné aux ressources de chacun d'eux. (Galindo.)

blir dans chaque île deux sergents qui auront le gouvernement de la justice, sous lui et sous sa délibération; qu'il rende la justice suivant qu'il pourra connaître que le cas l'exige; que les gentilshommes qui y demeureront soient de bon gouvernement; que s'il y avait quelque jugement à rendre, ces gentilshommes y fussent appelés d'abord, afin que le jugement soit fait en grande délibération de plusieurs personnes, des plus savantes et des plus notables. « Et jusqu'à ce que Dieu y ait ordonné et que le pays soit plus peuplé, j'ordonne qu'il soit fait ainsi. J'ordonne aussi que tous les ans, au moins deux fois, vous envoyiez vers moi, en Normandie, et que vous m'envoyiez des nouvelles de par ici; que le revenu desdites îles Lancerote et Fortaventure soit mis à faire deux églises, telles que Jean le Masson, mon compère, ordonnera et édifiera; car autrefois je lui ai conté et dit comme je les veux avoir. Car j'ai amené assez de charpentiers et de maçons pour les bien faire.

» Et quant à votre provision et à vos gages pour vivre, je veux que sur les cinq deniers de revenu que je pourrai avoir desdites îles que vous en ayez un à toujours, tant que vous vivrez et serez en ce pays mon lieutenant. Je veux que le surplus du revenu d'ici à cinq ans soit mis en partie aux églises, et l'autre part en édifices tels que vous et ledit Jean le Masson ordonnerez, soit en réparation ou en nouveaux édifices. En outre, je vous donne plein pouvoir et autorité qu'en toutes choses que vous jugerez profitables et honnêtes vous ordonniez et fassiez faire, en sauvant mon honneur d'abord et mon profit (¹). Qu'au plus près que vous pourrez, vous suiviez les coutumes de France et de Normandie, c'est-à-dire en justice et en autre chose que vous verrez bonne à faire. Aussi je vous prie et charge que le plus que vous pourrez vous ayez paix et union ensemble, que vous vous entr'aimiez tous comme frères, et spécialement qu'entre vous, gentilshommes, vous n'ayez point d'envie les uns contre les autres. Je vous ai à chacun ordonné votre fait; le pays est assez large: apaisez-vous l'un l'autre et apparentez-vous l'un à l'autre; aidez l'un à l'autre. Je ne saurais plus que vous dire, si ce n'est que principalement vous ayez paix ensemble, et tout se portera bien. »

CHAPITRE LXXXVI. — Comment le sieur de Béthencourt continue d'ordonner tout ce qui est du gouvernement des îles avant son départ pour la France.

Ledit seigneur avait deux mules que le roi d'Espagne lui avait données, sur lesquelles il chevauchait parmi les îles. Il fut trois mois en ce pays après qu'il fut venu de la Grande-Canarie, et en ces îles il chevaucha et chemina partout, en parlant bien doucement au peuple du pays avec trois truchements qu'il avait avec lui. En effet, il y avait déjà beaucoup de gens qui parlaient et entendaient le langage du pays, spécialement ceux qui étaient venus au commencement de la conquête. Pendant qu'il chevauchait dans le pays, ledit Maciot était avec lui, et les autres gentilshommes qu'il voulait faire rester au pays, et Jean le Masson, et les autres du métier. Il y avait aussi des charpentiers et gens de tout métier qui cheminaient avec lui. Et ledit seigneur leur montrait et disait ce qu'il voulait en les oyant et écoutant parler. Quand il eut été par le pays au mieux qu'il put, et qu'il eut dit ce qu'il lui semblait bon de faire, il fit crier par le pays qu'il partirait d'aujourd'hui en un mois, qui serait le quinzième jour de décembre; que s'il y en avait qui voulussent quelque chose du roi et seigneur du pays, ils vinssent vers lui, et qu'il ferait tant que chacun serait content. Ledit seigneur vint à Rubicon, en l'île Lancerote, et il se tint là jusqu'à son départ, qui fut le jour ci-devant dit. Il lui vint plusieurs gens, et de plusieurs sortes, desdites îles Lancerote et Fortaventure. Quant au regard de l'île de Fer, il n'en vint pas, car il y en était demeuré si peu que rien, et ce qui était demeuré n'était point en état de résister à ceux auxquels M. de Béthencourt avait ordonné d'y aller et d'y demeurer. De la Gomère non plus, il n'en vint aucun. Au regard de l'île de Loupes, il n'y demeure personne, et il n'y a que des bêtes qu'on appelle loups marins, qui valent beaucoup, comme j'ai autrefois dit. Il lui vint de l'île Lancerote le roi, qui était Sar-

---

(¹) Pendant les cinq premières années de son administration, Maciot de Béthencourt sut gouverner avec équité et douceur. Il fonda la capitale de Lancerote, qu'il appela Teguize, du nom de sa femme qui était fille de Guadarfia, l'ancien roi de l'île. Mais, plus tard, il révolta la population par ses exactions et sa tyrannie, et il fut forcé de quitter le pays.

rasin, et qui demanda à son vrai seigneur et roi du pays, M. de Béthencourt, s'il lui plaisait bailler et donner le lieu où il demeurait, et certaines quantités de terres, pour labourer et pour vivre. M. de Béthencourt lui octroya qu'il voulait bien qu'il eût hôtel et ménage plus que nul autre des Canariens de cette île, et des terres suffisamment; mais que lui ni aucun du pays n'aurait de forteresse. Ledit seigneur lui bailla un hôtel qu'il demanda, qui était au milieu de l'île, et il lui bailla environ trois cents acres tant de bois que de terres autour de son hôtel, en payant le *truage* (¹) que ledit seigneur avait ordonné, c'est-à-dire le cinquième de toutes choses. Le roi canarien fut fort content; il ne pensait jamais avoir si bien, et, à vrai dire, il eut tout des meilleures terres du pays pour le labour. Aussi connaissait-il bien le lieu qu'il demandait. Plusieurs autres, et de ceux de Normandie et des Canariens de cette île, y vinrent, et chacun fut contenté selon ce qu'il le valait.

Les deux rois de l'île de Fortaventure, qui s'étaient fait baptiser, vinrent vers ledit sieur de Béthencourt, et ledit seigneur leur bailla pareillement lieu et place, ainsi qu'ils le requéraient, et il leur donna à chacun quatre cents acres tant bois que terres, et ils furent fort contents. Ledit seigneur logea les gentilshommes de son pays dans les fortes places, et il fit ensorte qu'ils fussent contents; et les autres du pays de Normandie furent pareillement logés chacun selon qu'il semblait être de raison de faire. C'était bien raison qu'ils fussent mieux que les Canariens du pays. Ledit seigneur fit tant que chacun fut content. Il ordonna plusieurs autres choses qui seraient longues à raconter, et, partant, je m'en tais.

Je veux parler de son retour, et comment il commanda à tous les gentilshommes qu'il avait amenés, et à ceux qui étaient auparavant au pays, qu'ils vinssent, deux jours avant son départ, vers lui, et aussi que tous les maçons et charpentiers y fussent; il voulut que les trois rois canariens s'y trouvassent aussi, afin en ce jour de leur dire sa volonté, et de les recommander à Dieu.

CHAPITRE LXXXVII. — Comment le sieur de Béthencourt festoie tous les siens et les rois canariens, et ce qu'il leur dit avant que de partir.

Le deuxième jour avant son départ, M. de Béthencourt était au château de Rubicon, là où il fit cette journée fort grande chère à tous les gentilshommes et à ces trois rois qui s'y trouvèrent, ainsi qu'il avait commandé. Jean le Masson et d'autres maçons et charpentiers, et plusieurs autres du pays de Normandie et du pays même, y étaient aussi, lesquels dînèrent et mangèrent tous en ce jour au château de Rubicon. Et quand ledit seigneur eut dîné, il s'assit en une chaire un peu haute, à cette fin qu'on l'ouït plus à l'aise, car il y avait plus de deux cents personnes. Et là ledit seigneur commença à parler : « Mes amis et mes frères chrétiens, il a plu à Dieu, notre créateur, d'étendre sa grâce sur nous et sur ce pays, qui est à cette heure chrétien et mis à la foi catholique. Dieu, par sa grâce, le veuille maintenir et me donner pouvoir et à vous tous de nous y savoir si bien conduire que ce soit l'exaltation et augmentation de toute chrétienté! Et pour savoir pourquoi j'ai voulu que vous soyez ici tous en présence, je vous le dirai. Il est vrai que pour vous tenir tous ensemble en amour, je vous ai assemblés, à cette fin que vous sachiez par ma bouche ce que je veux ordonner; et ce que j'ordonnerai, je veux qu'ainsi il soit fait. Et premièrement, j'établis mon parent Maciot de Béthencourt mon lieutenant et gouverneur de toutes les îles et de toutes mes affaires, soit en guerre, justice, en édifices, réparations, nouvelles ordonnances; selon qu'il verra qu'il se pourra ou devra faire, et en quelque manière qu'il le voudra faire ou faire faire, ou deviser sans y rien réserver, en gardant toujours l'honneur d'abord et ensuite profit de moi et du pays. Et à vous tous, je vous prie et charge que vous lui obéissiez comme à ma personne, et que vous n'ayez point d'envie les uns sur les autres. J'ai ordonné que le cinquième denier soit à moi et à mon profit, c'est-à-dire la cinquième chèvre, le cinquième agneau, le cinquième boisseau de blé, le cinquième de toutes choses. Et de ces deniers et devoirs (²) on prendra jusques à cinq avec les deux parts, dont l'une servira à faire deux belles églises, l'une en l'île de Fortaventure et l'autre en l'île de

---

(¹) L'impôt.
(²) Redevances.

Lancelot, et l'autre part sera audit Maciot, mon cousin; et quand ce viendra au bout des cinq ans, s'il plaît à Dieu, je ferai tout le mieux que je pourrai. Et quant à ce que je laisse audit Maciot, je veux qu'il ait le tiers du revenu du pays à toujours, tant qu'il vivra. Et au bout de cinq ans, il sera tenu de m'envoyer le surplus du tiers du revenu à mon hôtel, en Normandie. Et il sera tenu, tous les ans, de m'envoyer des nouvelles de ce pays. En outre, je vous prie et charge que tous vous soyez bons chrétiens et serviez bien Dieu. Aimez-le et le craignez; allez à l'église; augmentez-en et gardez-en les droits du mieux que vous saurez et pourrez, en attendant que Dieu vous ait donné un pasteur, c'est-à-dire un prélat qui ait le gouvernement de vos âmes. Et, s'il plaît à Dieu, je travaillerai pour qu'il y en ait un : et quand je partirai d'ici au plaisir de Dieu, je m'en irai à Rome requérir du pape que vous en ayez un, comme j'ai dit. Dieu me donne la grâce de vivre assez pour ce faire! Or çà, dit ledit seigneur, s'il y a quelqu'un qui veuille me dire ou m'aviser de quelque chose, je le prie qu'à cette heure il le dise et qu'il ne laisse point de parler, soit petit ou grand, et je l'ouïrai volontiers. »

Il n'y eut personne qui dît mot; mais ils disaient tous ensemble : « Nous ne saurions que dire; Monsieur a si bien dit que l'on ne saurait ni penser ni dire mieux. » Chacun était content; ils étaient bien joyeux que Maciot avait le gouvernement du pays, et ledit seigneur le fit parce qu'il était de son nom et de sa lignée. Ledit seigneur ordonna ceux qu'il voulait avoir avec lui à Rome. Messire Jean le Verrier, son chapelain, curé de Rubicon, voulut aller avec ledit sieur. Ledit seigneur eût bien voulu qu'il fût demeuré, mais il pria Monsieur qu'il lui tînt compagnie. Il prit Jean de Bouille, écuyer, et six autres de sa maison, et pas plus : l'un était cuisinier, l'autre valet de chambre et palefrenier; chacun avait son office. Et quand ce vint au quinzième jour de décembre, ledit seigneur se mit en mer en l'une de ses barques. Il laissa l'autre barque à Rubicon, et chargea ledit Maciot que, le plus tôt qu'il pourrait, après Pâques passé, il renvoyât ladite barque en Normandie, à Harfleur, et qu'il la chargeât des nouveautés du pays; et cela sans faute.

Chapitre LXXXVIII. — Comment le sieur de Béthencourt part des îles et arrive en Espagne, et de là s'en va à Rome, vers le saint-père.

Après que M. de Béthencourt eut pris congé de tous ses gens et de tout le pays, et se mit en mer, vous eussiez vu tout le peuple crier et braire, et plus encore les Canariens que ceux du pays de Normandie; c'était pitié des pleurs et des gémissements que les uns et les autres faisaient. Leurs cœurs leur disaient qu'ils ne le verraient jamais plus et qu'il ne viendrait plus au pays; et il fut vrai, car jamais oncques depuis il n'y fut. Pourtant avait-il dessein d'y revenir, et le plus tôt qu'il pourrait. Il y en eut quelques-uns qui se boutèrent en la mer jusqu'aux aisselles, en tirant la barque où était Monsieur. Il leur faisait tant de mal de ce qu'il s'en allait que nul ne saurait penser, et disaient ainsi : « Notre droiturier seigneur, pourquoi nous laissez-vous? Nous ne vous verrons jamais. Las! que fera le pays, quand il faut qu'un tel seigneur, si sage et si prudent, et qui a mis tant d'âmes en voie de salvation éternelle, qu'il nous laisse? Nous aimerions bien mieux qu'il en fût autrement, si c'était son plaisir; mais puisqu'il lui plaît, il faut qu'il nous plaise; c'est bien raison qu'il fasse son plaisir. » Et s'il faisait mal au peuple desdites îles de son allée, il faisait encore plus de mal audit seigneur d'en partir et de les laisser; car le cœur lui disait bien qu'il n'y viendrait jamais plus, et il avait le cœur si serré qu'il ne pouvait parler. Il ne leur pouvait dire adieu, et il ne fut oncques en la puissance dudit seigneur qu'à nul quelconque, tant fût-il son parent et ami, il sût proférer de la bouche de dire adieu; et quand il voulait dire ce mot, il avait le cœur si très-étreint qu'il ne le pouvait dire. Or ledit seigneur de Béthencourt part et la voile est levée : Dieu, par sa grâce, le veuille garder de mal et d'encombrié!

Il eut assez bon vent et arriva en sept jours à Séville, là où on lui fit fort grande chère, et il y fut trois ou quatre jours. Il s'enquit là où était le roi d'Espagne : on lui dit qu'il était à Valladolid, et il s'en alla vers lui. Lequel roi d'Espagne lui fit encore plus grande chère qu'il n'avait oncques fait. Car ledit roi avait beaucoup ouï parler de sa conquête, et comme il avait fait tout baptiser, et tout par beaux et bons moyens. Quand M. de Béthencourt vint devers le roi d'Espagne et qu'il lui eut fait la révérence, ledit roi le reçut fort honnêtement; et si autrefois il lui avait fait grande chère, il lui en fit une plus grande encore. Le roi lui demanda comment le fait de la conquête avait été, et la manière et la façon. Et ledit seigneur lui raconta tout le mieux qu'il put, et tant que le roi fut si aise de l'ouïr parler qu'il ne lui ennuyait point. Ledit seigneur fut quinze jours à la cour d'Espagne. Le roi lui donna de grands dons assez pour aller au voyage là où il voulait aller. Il lui donna deux beaux genets et une mule fort bonne et bien belle, qui porta ledit seigneur jusqu'à Rome. Quand il partit de l'île Lancelot, il avait donné à Maciot de Béthencourt une des deux mules qu'il avait et n'en ramena qu'une.

Quand ledit seigneur eut été assez longuement à la cour du roi d'Espagne et qu'il fut temps qu'il partît, il voulut prendre congé du roi et lui dit : « Sire, s'il vous plaît, je vous veux requérir d'une chose. — Or dites, dit le roi. — Sire, il est bien vrai que les îles du pays de Canarie, dont je vous ai raconté la conquête, contiennent en tout plus de quarante lieues françaises et qu'il y a un beau peuple. Il est besoin qu'ils soient exhortés par un homme de grande façon et par un homme de bien qui soit leur pasteur et leur prélat. Il me semble qu'il y vivra bien et qu'il aura assez de quoi pour s'entretenir; et qu'aussi le pays se rendra et se fera, et augmentera, s'il plaît à Dieu, toujours de mieux en mieux. S'il vous plaît, de votre grâce, en récrire au pape, afin qu'il y ait un évêque, vous serez cause de leur grande perfection et salvation des âmes de ceux qui y sont à présent et de ceux qui sont encore à venir. » Répondit le roi : « Monsieur de Béthencourt, il ne tiendra pas à moi d'en écrire; vous dites très-bien, et l'on ne saurait mieux dire. Je le ferai très-volontiers, et encore je récrirai pour celui que vous voudriez qui y fût mis, si c'est votre volonté. — Sire, au regard de cela, je ne connais personne que je préfère à un autre. Mais il est besoin qu'ils aient un prélat qui soit bon clerc et qui sache la langue du pays : le langage de ce pays (¹) approche fort de celui du pays de Canare. — Je vous baillerai, dit le roi, un homme de bien avec vous qui vous conduira à Rome, qui est un très-bon clerc, qui parle et entend bien le langage de Canare. Je récrirai au pape votre fait, tout ainsi qu'il est et que vous me l'avez conté, et je pense et crois qu'il ne vous refusera pas et vous recevra honnêtement; car il me semble qu'ainsi le doit-il faire. »

Un évêque au quinzième siècle. — D'après un vitrail de l'église cathédrale de Limoges.

(¹) L'Espagne.

Le roi récrit les lettres au pape, ainsi qu'il avait dit, et il les bailla audit seigneur, ainsi que ce clerc que le roi avait dit, lequel se nomme *Alure des Cases*, c'est-à-dire *Albert des Maisons*. Ainsi ledit seigneur fut prêt à s'en aller en son voyage de Rome, et prit congé du roi. Il s'en alla tout par terre, lui onzième, assez honnêtement; car il fit des livrées à tous ses gens, dès qu'il arriva à Séville, devant qu'il eût parlé au roi d'Espagne, et il chevaucha tant qu'il arriva à Rome, comme vous ouïrez ci-après.

CHAPITRE LXXXIX. — Comment le sieur de Béthencourt arrive à Rome, est bien reçu du pape et obtient ce qu'il désire, à savoir un évêque pour les îles.

M. de Béthencourt arriva à Rome et fut là l'espace de trois semaines. Il se présenta au pape et lui bailla les lettres que le roi d'Espagne lui envoyait. Et quand il les eut fait lire par deux fois et eut bien entendu la matière, il appela M. de Béthencourt, lequel baisa le pied du pape, qui lui dit : « Vous êtes

Innocent VII (¹).

un de nos enfants, et pour tel je vous tiens ; vous avez fait un beau fait et un beau commencement, et vous serez cause le premier, s'il plaît à Dieu, de parvenir et faire parvenir à une plus grande chose. Le roi d'Espagne me récrit ici que vous avez conquis certaines îles, lesquelles sont à présent à la foi de Jésus-Christ, et que vous les avez fait tous baptiser. C'est pourquoi je vous veux tenir mon enfant et enfant de l'Église ; et vous serez cause et commencement qu'il y aura d'autres enfants qui conquerront après plus grande chose. Car, ainsi que j'entends, le pays de terre ferme n'est pas loin de là : le pays de Guinée et le pays de Barbarie ne sont pas à plus de douze lieues. Le roi d'Espagne me récrit encore que vous avez été bien dix lieues dans ledit pays de Guinée (²), et que vous avez tué et amené des Sarrasins de ce pays. Vous êtes bien homme de qui on doit tenir compte, et je veux que vous ne soyez pas mis en oubli, et que vous soyez mis en écrit avec les autres rois et en leur catalogue. Et ce que vous me demandez, que vous ayez un prélat et évêque au pays, votre raison et votre volonté sont honnêtes, et celui que vous voulez qu'il le soit, puisqu'il est homme suffisant à l'office, je vous l'octroie. »

M. de Béthencourt le remercia humblement et fut fort joyeux qu'il faisait si bien ses besognes. Le pape arraisonna (³) ledit seigneur de plusieurs choses, comment son courage le mouvait d'aller si loin du

(¹) Cette médaille représente, sur la face, le buste d'Innocent VII, barbu et la tête chenue, avec cette légende en latin : *Innocent VII de Sulmone* ; sur le revers, la vue cavalière d'une église, et ces mots : *Temple du Saint-Esprit*. (*Trésor de numismatique et de glyptique*, publié sous la direction de MM. Paul Delaroche, Henriquel Dupont et Charles Lenormant.)

(²) Ce passage confirme et complète ce qui a été dit plus haut, p. 63, notes 4 et 5.
(³) Entretint.

pays de France. Ledit seigneur lui répondit tellement que le pape était si content, que tant plus il l'oyait et plus aise il était. Le pape le fit recevoir honnêtement en son hôtel et lui fit des largesses. Quand il eut été environ quinze jours à Rome, il voulut prendre congé du pape; les bulles furent faites ainsi qu'il fallait qu'elles fussent; et M. Albert des Maisons fut évêque de toutes les îles de Canare. Ledit seigneur prit congé du pape, qui lui donna sa bénédiction et lui dit qu'il ne l'épargnât pas dans les choses qui lui pourraient faire plaisir, et qu'il le ferait volontiers.

CHAPITRE XC. — Comment le sieur de Béthencourt reprend le chemin de France, et l'évêque Albert retourne en Espagne, et de là va aux Canaries.

Quand M. de Béthencourt eut pris congé du pape, il prit son chemin pour s'en retourner en son pays. Il est vrai qu'il ne savait que faire de retourner en Espagne avec son évêque; mais il s'en retourna en France et en Normandie, à son hôtel. Son évêque prit congé de lui à Rome, et ledit seigneur récrivit au roi d'Espagne, et il manda au maître de la nef qui l'avait amené de Canarie à Séville, que, le plutôt qu'il pourrait trouver sa charge, il amenât son navire à Harfleur. Mais le navire était déjà parti, et on ne put jamais savoir ce qu'il devint, si ce n'est qu'on dit audit seigneur qu'il était avis à quelques-uns qu'il s'était noyé en la mer, près en la Rochelle, et qu'il était chargé et venait par ici. Jamais on n'en entendit plus parler, et la barque fut perdue. Or l'évêque est venu en Espagne vers le roi, et lui a apporté des lettres de M. de Béthencourt, desquelles il fut joyeux qu'il avait fait sa besogne. M. de Béthencourt récrivit aussi, par cet évêque, à Maciot de Béthencourt, lequel se fit faire chevalier depuis que Monsieur partit. Or nous laisserons M. de Béthencourt (¹), et parlerons dudit messire Maciot et de l'évêque qui est arrivé aux îles de Canarie.

CHAPITRE XCI. — Comment l'évêque Albert arrive aux Canaries, où il est bien reçu par Maciot et par tous les peuples; de son bon gouvernement et de sa charge.

Messire Albert des Maisons est arrivé aux îles de Canarie, en l'île de Fortaventure, où il a trouvé messire Maciot de Béthencourt. Il lui a baillé les lettres que M. de Béthencourt lui envoie, dont il fut joyeux; et tout le pays, d'avoir prélat et évêque. Et quand le peuple le sut, on lui fit fort grande chère, et plus encore parce qu'il entendait le langage du pays. Cet évêque ordonna en l'église ce qu'il voulut et ce qui était à faire. Il se gouverna si bien et si gracieusement, et si débonnairement, qu'il eut la grâce du peuple, et fut cause de bien grands biens du pays. Il prêchait bien souvent, puis en une île, puis en une autre, et il n'y avait point d'orgueil en lui. Et à chaque prêchement, il faisait faire une prière pour M. de Béthencourt, leur roi et souverain seigneur qui était cause de leur vie, c'est-à-dire de la vie éternelle et du salut de leurs âmes. Aussi, au prône de l'église, toujours on priait pour ledit seigneur qui les avait fait chrétiens. Ledit évêque se gouverna si bien que nul ne le pouvait reprendre (²).

(¹) « A une physionomie noble, à des pensées élevées, à un courage impétueux, ferme, résolu; à un génie doux et tolérant, Jean de Béthencourt joignit le goût des actions chevaleresques..... Le vrai caractère de notre héros fut celui de son siècle, la valeur et la piété. De toutes manières sa mémoire doit être éternelle dans nos îles, et ce nom de Béthencourt, si répandu dans maintes familles de presque toutes les Canaries, qui s'honorent de le porter, mérite de sonner agréablement aux oreilles de leurs habitants. » (Viera, *Noticias*.)

(²) Il mourut en 1410; ses conseils avaient été très-utiles à Maciot de Béthencourt.

CHAPITRE XCII. — Des bonnes qualités et vertus de Maciot de Béthencourt, et du progrès de la foi dans les îles Canaries.

Quant au regard de messire Maciot, on ne peut s'empêcher de dire qu'il est tout bon. Il n'y a ni roi, ni prince, ni grand, ni petit, qui ne dise de grands biens de lui. Il se fait aimer de tous, et principalement de ceux du pays. Ceux-ci commencent fort à labourer, planter et édifier. Ils prennent un très-beau commencement; Dieu, par sa grâce, les veuille entretenir, afin qu'ils puissent faire le profit de leurs âmes et de leurs corps! Ledit messire Maciot fait fort besogner aux églises, dont l'évêque est moult joyeux : il n'y a ni grand, ni petit qui ne fasse, de tout son pouvoir, du bien à l'église [1]. Ce n'est pas que les Canariens du pays ne fassent aussi leur devoir; ils apportent des pierres, ils besognent, aident de ce qu'ils savent faire, et ont un grand et bon vouloir, ainsi que l'on peut apercevoir. Aussi ceux que M. de Béthencourt y mena dernièrement sont bien aises, et ne voudraient pour rien être autre part; car ils ne payent aucun subside, ni autres choses, et vivent en un grand amour ensemble. Nous cesserons de parler de cette matière, et parlerons de M. de Béthencourt qui est en chemin de retourner de Rome en son pays de Normandie.

CHAPITRE CXIII. — Comment M. de Béthencourt arrive à Florence, de là va à Paris, puis en sa maison de Granville, et enfin de sa maladie, de ses derniers propos et de sa mort.

M. de Béthencourt a tant chevauché qu'il est arrivé à Florence, et là a trouvé des marchands qui avaient autrefois ouï parler de lui et de ses faits. Quand il vint là, quelques-uns demandèrent quel seigneur c'était; il y eut quelques-uns de ses gens qui dirent que c'était le roi de Canare. Il était tantôt tout commun qu'il était arrivé à la ville un roi qu'on appelait *le roi de Canare*, et qu'il était logé à l'enseigne du Cerf, en la Grande-Rue; et tant, que les nouvelles vinrent à l'hôtel de la ville. Il y avait un marchand qui autrefois avait vu M. de Béthencourt à Séville, et avait ouï parler des îles de Canare, et que ledit seigneur les avait conquises. Et ce marchand le contait au maire de la ville qui était là en l'hôtel de la ville. Bientôt ils envoyèrent au logis pour savoir si c'était M. de Béthencourt, et trouvèrent que c'était lui. Et quand le maire le sut, on lui envoya un bien honnête présent, de par le maire et les seigneurs de la ville. Il y avait vin et viande bien honnête, que vint présenter ce marchand qui le connaissait, lequel fit demeurer ledit sieur en la ville de Florence, le festoya si honnêtement qu'on ne vous le saurait dire, et défraya ledit seigneur de toutes choses. Que ledit seigneur le voulût ou non, il fallut qu'ainsi fût fait : aussi c'était un fort riche marchand. Ledit marchand avait dîné avec lui en son logis à Séville, et ils avaient privetté ensemble; et par quelques paroles que ledit marchand lui dit, M. de Béthencourt le reconnut. Le quatrième jour qu'il fut en cette ville, il partit, et ce marchand le convoya plus de deux lieues. Et ledit seigneur s'en vint, et chevaucha tant qu'il arriva à Paris, là où il trouva des connaissances assez. Il fut huit jours dans Paris pour se rafraîchir; et après les huit jours, il s'en vint à Béthencourt où il trouva Mme de Béthencourt, et vécut un espace de temps. Il ne faut point demander la chère qu'on lui fit. Tous les seigneurs et gentilshommes le venaient voir, et aussi les parents de ceux qu'il avait amenés aux îles de Canare, qui demandaient : Comme le fait mon frère [2]? Comme le fait mon neveu? mon cousin? etc. Il venait gens de toutes parts. Quand ledit seigneur eut resté un peu de temps à Béthencourt, il s'en alla à son hôtel de Grainville, et se logea en son château. Il ne faut pas demander si on lui fit grande chère; s'il y était venu à l'autre fois des gens de bien, il en vint encore plus; vous n'eussiez vu que gens venir et présents apporter. Et ledit seigneur se tint

---

[1] Il présida à la construction de Saint-Marcial de Rubicon et de Sainte-Marie de Béthencourne.

[2] C'est-à-dire : « Comment va mon frère? etc. »

audit lieu de Grainville bien fort longuement; et il fit venir Mme de Béthencourt à Grainville. Dans un espace de temps, messire Reynault de Béthencourt revint de l'hôtel du duc Jean de Bourgogne, celui qui fut tué à Montereau-faut-Yonne ([1]); ce Reynault était son grand maître d'hôtel pour l'heure, et il venait voir sa femme qui était à Rouvray, laquelle se nommait dame Marie de Briauté. Et quand il sut que son frère était venu, le plus tôt qu'il put il s'en alla vers lui, et ils se firent grande chère l'un à l'autre. Ainsi le devaient-ils faire, car ils n'étaient qu'eux deux de père et de mère, issus de messire Jean de Béthencourt et de dame Marie de Bracquemont. M. de Béthencourt, roi de Canare, n'avait nul enfant; sa femme était belle et jeune dame; mais il était déjà fort ancien; elle était issue de ceux de Fayel, d'entour Troyes en Champagne. Ledit seigneur de Béthencourt, conquérant des îles de Canare, vécut un espace de temps; il eut des nouvelles desdites îles, et il s'attendait qu'il y retournerait de bref; mais jamais depuis il n'y retourna. Il eut nouvelle que ses deux barques, qui apportaient des marchandises et nouveautés du pays, étaient perdues en la mer. Il eût eu des nouvelles de messire Maciot plus tôt qu'il n'a eu, si ce n'eût été l'aventure desdites barques qui ont été perdues.

Un jour advint qu'il fut malade en son château de Grainville, et voyait bien qu'il se mourait. Il envoya quérir plusieurs de ses amis, et principalement son frère qui était son plus prochain et son héritier, et il avait l'intention de lui dire beaucoup de choses. Mme de Béthencourt était déjà trépassée. Il demanda par plusieurs fois où était son frère. Et quand il vit qu'il ne venait point, il dit en la présence de ceux qui étaient là, que c'était la chose qui lui touchait le plus sa conscience, que le tort et le déplaisir qu'il avait faits à son frère, et qu'il savait bien que son frère ne l'avait point desservi : « Je vois bien que je ne le verrai jamais plus; mais je vous charge que vous lui disiez qu'il voie à Paris, chez un nommé Jourdain Guérard, et qu'il lui demande un coffret de lettres que je lui ai baillées, en ces enseignes qu'il y a dessus écrit : *Ce sont les lettres de Grainville et de Béthencourt.* » Tantôt après ces paroles, il ne fut guère qu'il rendît l'âme. Sondit frère vint comme il se mourait et qu'il ne pouvait plus parler. Il ne faut pas douter qu'il a eu une aussi belle fin qu'on saurait dire; il fit son testament et eut tous ses sacrements. Messire Jean le Verrier, son chapelain qui l'avait mené et ramené des îles de Canare, écrivit son testament, et fut à son trépas tout du long. Ledit seigneur mourut saisi ([2]) seigneur de Béthencourt, de Grainville-la-Teinturière, de Saint-Sère sous le Neufchâtel, de Lincourt, de Riville, du Grand-Quesnay et Hucquelleu, de deux fiefs qui sont à Gourel en Caux, et baron de Saint-Martin-le-Gaillard, en la comté d'Eu. Il est trépassé, et est allé de ce siècle en l'autre. Dieu lui veuille pardonner ses méfaits ! Il est enterré à Grainville-la-Teinturière, dans l'église de ladite ville, tout devant le grand autel de ladite église, et trépassa l'an mil quatre cent vingt-cinq.

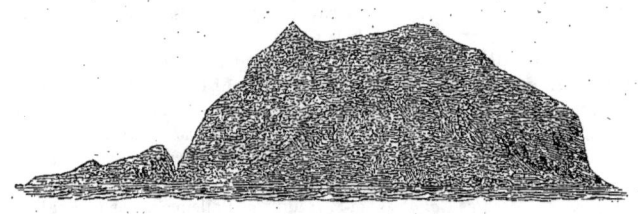

L'île Montana-Clara, près de l'île Graciosa ([3]).

([1]) En 1419.
([2]) En possession des seigneuries de...
([3]) Ce rocher, situé à un quart de lieue au nord de la Graciosa, s'élève au-dessus de la mer jusqu'à la hauteur de trois cents pieds; une petite source, cachée dans ses anfractuosités, attirait autrefois un grand nombre de serins, qu'on appelait *canaris;* mais on dit que, des pêcheurs ayant incendié les broussailles qui en ombrageaient le cours, ces oiseaux disparurent.

BIBLIOGRAPHIE.

Texte. — Manuscrit du quinzième siècle, orné de miniatures, autrefois en la possession de M. Guérard de la Quinerie, appartenant aujourd'hui à Mme de Montruffet. — *Histoire de la première découverte et conquête des îles Canaries*, faite dès l'an 1402 par messire Jean de Béthencourt, chambellan du roi Charles VI, écrite du temps même par F. Pierre Bontier, religieux de Saint-François, et Jean le Verrier, prêtre, domestiques dudit sieur de Béthencourt, et mise en lumière par M. Galien de Béthencourt, conseiller du roi en sa cour de parlement de Rouen; Paris, Soly, rue Saint-Jacques, *au Phénix*, 1630 (édit. par Bergeron).

Ouvrages a consulter. — Cadamosto, *el Libro de la prima navigatione per Oceano et le terre de'negri de la Bassa-Æthiopia, per comandamento del illustrissimo signore Infante don Enrico de Portogallo*, in-4°; Venise, 1507. — Gomez Eanez d'Azurara, *Chronique de la conquête de Guinée*, dont M. Ferdinand Denis a retrouvé le manuscrit. — R. P. fray Alonzo de Espinosa, *Del origen y milagros de la santa imagen de Nuestra-Senora de Candelaria, que aparecio en la isla de Tenerife, con la descripcion de esta isla*; Sevilla, 1594. — Barros, *l'Asie*, ou *Histoire des conquêtes des Portugais*, dans les relations de divers voyages curieux de Thévenot. — Don Cristoval del Cristo, *De las excellencias de las Canarias*. — Don Antonio de Viana, *Antiguedades de las islas Afortunadas de la gran Canaria*, etc.; Séville, 1604. — George Glas, *the History of the discovery and conquest of the Canary islands*, etc., London, 1764. — Nunez de la Pena, *Conquista y antiguedades de las islas de la gran Canaria y su descripcion*, etc., in-4°; Madrid, 1676. — Don Joseph Anchieta d'Alarcon, *Noticias historicas pertenescientes a las Canarias*. (Manuscrit.) — Garcia del Castillo, *Antiguetades de la isla del Hierro*. (Manuscrit.) — Castillo Ruiz de Vergara, naturel de Canaria, *Descripcion historica y geografica de las islas de Canaria*, manuscrit in-4°; 1739. — D. J.-B. Franchy Lugo de Ténériffe, *Representacion historico-politica por la villa de la Orotava*. (Manuscrit.) — P. Alonzo Garcia, jésuite, *Historia natural y moral de las islas de Canaria*, écrite vers la fin du seizième siècle. — Fray Joseph de Sosa, *Topografia de la isla Afortunada de Gran Canaria*, etc., 1 vol. in-4°; 1678. — Don Antonio Porlier, *Dissertacion historica sobre la epoca del primer descubrimiento, expedicion y conquista de las islas Canarias; — Discurso sobre los primeros pobladores de las islas de Canaria, y que pars era en los tiempos primitivos, con la question de la existencia de la isla Aprositus, San-Brandon o Encantada; — Adicion sobre la famosa question de la existencia del arbol de la isla del Hierro*. — Don Joseph de Viera y Clavijo, *Noticias de la historia general de las islas de Canaria*, 4 vol. in-4°; Madrid, 1773. — Fray Pedro de Quesada, *Diversos fragmentos para la historia de las islas de Canaria*, etc. — Jean-Baptiste Munoz, *Recueil d'extraits*. (Manuscrit. Biblioth. Ternaux.) — Barthélemy de las Casas, *Historia general de Indias*. — Ælius Antonius Nebrissensis, *Rerum Hispanarum et Hispaniens historia*. — Antonio Galuao, *Tratado dos diversos e desvayrados caminhos, por onde nos tempos passados a pimenta e especearia veyo da India as nossas partes*, etc.; Lisbonne, 1550. — André Thevet, *Grand Insulaire*, histoire de deux voyages faits par lui aux Indes australes et occidentales, etc. (Manuscrit de la Biblioth. imp.) — Francisco Thamara, *el Libro de las costumbres de todas las gentes del mundo y de las Indias*; Anvers, 1556. — Lucius Marineus de Sicile, *Obra de las cosas memorables de España*. — Girolamo Benzoni, *la Historia del mondo nuovo*, la qual tratta delle isole e mari nuovamente retrovati e delle nuove citta da lui propio vedute per acqua e per tierre in quatordici anni; Venise, 1572. — Casteillanos, *Elegias de varones illustres*. — Pedro de Medina, *Primera y segunda parte de las grandezas y cosas notables de España*; Alcala, 1595. — Francisco Lopes de Gomara, *primera, segunda y tercera parte de la Historia de las Indias*, in-fol.; Meciña, 1552. — Lope de Vega, *la Famosa comedia de los Guanches de Tenerife y conquista de Canaria*. — Esteban de Garibay, *Compendio historial de las chronicas y universal historia de todos los reynos de España*. — Don Cristoval de la Camara, *Constituciones sinodales del obispado de la Gran-Canaria y su santa Iglesia*, in-4°; Madrid, 1631. — Ortez de Zuniga, *Anales de Sevilla*. — Antonio Cordeyro, *Historia insulana das ilhas a Portugal sugueytas no oceano Occidental*; Lisbonne, 1717. — Candido Lusitano, pseudonyme de Joseph Freire, *la Vie de l'Infant don Henri de Portugal*; Lisbonne, 1758. — Bory de Saint-Vincent, *Essai sur les îles Fortunées*, in-4°; Paris, an 11; — *Voyage aux quatre principales îles des mers d'Afrique*; — Article du même auteur sur les îles Canaries dans l'*Encyclopédie moderne*. — Barrow, *Voyage à la Cochinchine par les îles de Madère, Ténériffe et du cap Vert*, etc., traduit par Malte-Brun, 2 vol in-8, avec atlas; Paris, 1807. — Léopold de Buch, *Description physique des îles Canaries*, in-8, traduit de l'allemand par C. Boulanger; Paris, 1836.

D'Avezac, *Note sur la première expédition de Béthencourt aux Canaries*, et sur le degré d'habileté nautique des Portugais à cette époque, broch. in-4°; Paris, 1846; *Notice des découvertes faites, au moyen âge, dans l'océan Atlantique*, etc.; Paris, 1845. — Sainte-Claire Deville, *Voyage aux Antilles et aux îles de Ténériffe et de Fogo*; Paris, Gide et Baudry, 1848. — MM. P. Barker-Webb et Sabin Berthelot, *Histoire naturelle des îles Canaries*, 3 forts vol. in-fol. avec planches et atlas; Paris 1852. (Le propriétaire de ce bel ouvrage est aujourd'hui l'éditeur Mellier.)

Voyez aussi C. Lavollée, *Voyage en Chine*, 1 vol. in-8; Paris, 1852; les ouvrages de Sprat, Cook, Macartney, Fleurieu, Pingré et Borda, Péron, Freycinet, Dumont d'Urville, et ce qui a été publié sur l'expédition de la Pérouse et de Labillardière.

CHRISTOPHE COLOMB,

VOYAGEUR GÉNOIS.

[1492-1504.]

Christophe Colomb (Cristoforo Columbo) est né à Gênes (¹), probablement vers l'année 1436 (²). Il était le fils aîné de Dominique Colomb, fabricant en lainage (³). Sa mère se nommait Suzanne Fontanarossa. Il avait deux frères, Barthélemy et Jacques (que les Espagnols ont appelé Diego), et une sœur mariée à un charcutier, Jacques Bavarello.

Dominique Colomb ne mourut que plusieurs années après les premières grandes découvertes de son fils. Sans doute il n'était pas aussi pauvre que l'a écrit son petit-fils Ferdinand; il possédait à Gênes deux maisons (⁴), et il eut assez de ressources pour assurer à ses enfants les bienfaits d'une instruction très-supérieure à celle de la plupart des fils d'artisan. Après avoir appris, à Gênes, dans son enfance, la lecture, l'écriture, l'arithmétique, le dessin et les éléments de la peinture, Christophe Colomb fut envoyé à l'université de Pavie, où il reçut des leçons de grammaire, de langue latine, de géométrie, de géographie, d'astrologie (ou astronomie) et de navigation (⁵).

(¹) Parmi les villes ou villages qui se sont disputé l'honneur d'avoir donné naissance à Christophe Colomb, on cite Cogoleto, Bugiasco, Finale, Quinto et Nervi dans la rivière de Gênes; Savone, Palestrella et Arbizoli, près de Savone; Cosseria, entre Millesimo et Carcere; la vallée d'Oneglia; Castello di Cuccaro, entre Alexandrie et Casale; Plaisance; Pradello, dans le val de Nura du Plaisantin. On s'accorde aujourd'hui à regarder comme certain que Gênes est la patrie de ce grand homme. (Voy., sur cette question, la section 2, t. III, p. 354 de l'*Histoire de la géographie du nouveau continent*, par Humboldt, et les Éclaircissements sur la vie de Colomb, n° 1, dans l'*Histoire de Christophe Colomb*, par Bossi). — M. Rochefort-Labouisse a cherché à établir que Christophe Colomb était d'origine française.

(²) C'est la date adoptée par Bernaldez Cura de los Palacios, le chevalier Napione, Navarette, Humboldt. Mais l'incertitude est telle que les biographes, commentateurs, etc., varient entre eux d'environ vingt-cinq ans. Ainsi Christophe Colomb serait né : en l'année 1430, selon les données de Ramusio; — en 1441, selon le père Charlevoix; — en 1445, selon Bossi; — en 1446, selon Munoz; — en 1447, selon Robertson et Spotorno; — en 1449, selon Willard; — en 1455, selon les combinaisons des époques indiquées dans une lettre de Colomb, datée de la Jamaïque le 7 juillet 1503.

(³) Le père de Colomb, signant comme témoin un acte testamentaire passé par-devant notaire, à San-Stefano de Gênes, en 1494, alors qu'il avait cessé de travailler, se qualifie ainsi : *olim textor pannorum*. Ferdinand, fils de Christophe Colomb, dans la Vie de son père qu'il a écrite, cite comme une des illustrations de sa famille *Colon el Mozo* (le Jeune), amiral, né à Cogoleto. Il avoue cependant qu'il n'est point parvenu à trouver des preuves de ce fait : « Je pense, ajoute-t-il, qu'il y a plus de gloire pour nous (les fils) à descendre de l'amiral (Christophe Colomb), que de scruter si le père de celui-ci était homme de boutique. » Christophe Colomb lui-même comptait Colon el Mozo parmi ses parents : « Je ne suis pas le premier amiral de ma famille; qu'on me nomme comme on veut (dit-il dans une lettre à la nourrice de l'infant don Juan); David, ce roi si sage, a gardé les brebis, et puis il fut roi de Jérusalem. Je sers ce même Dieu qui éleva David. »

(⁴) L'une dans le *vicolo di Mulcento*; l'autre avec boutique, *extrà muros*, dans la *contrada di porta Sant-Andrea*. On présume que Christophe Colomb naquit dans la première de ces maisons, et qu'il fut baptisé à San-Stefano.

(⁵) Bossi a donné la liste des professeurs qui ont occupé les chaires de mathématiques et de philosophie naturelle, à l'université de Pavie, depuis l'année 1460 jusqu'à l'année 1480. Mais en admettant, contrairement à son avis, l'année 1436 comme date de celle où naquit Colomb, l'intérêt serait d'avoir les noms des professeurs depuis 1446 jusqu'à l'an 1450. — « Il y a quelque probabilité, selon Humboldt, qu'Antonio de Tergazo et Stefano de Faenza furent les maîtres de Colomb en astronomie nautique. » — « On sait, dit Bossi, que sous le titre de philosophie naturelle on enseignait alors la physique d'Aristote et quelquefois même la cosmographie; on sait également que sous le titre d'astrologie on comprenait cette partie des mathématiques enseignées à cette époque dans les écoles, c'est-à-dire la géométrie et la géodésie, le mouvement des corps célestes et tout ce qu'on savait d'astronomie réuni avec tout ce qui appartenait à la science des pronostics, à l'astrologie judiciaire et à la cabale. » (*Vita di Cristoforo Colombo*, p. 73.)

PREMIÈRES NAVIGATIONS DE CHRISTOPHE COLOMB.

Dans sa quatorzième année, il interrompit ses études universitaires et commença son apprentissage de marin. L'histoire de sa vie depuis cette époque jusqu'à l'an 1487 est très-obscure (¹).

« J'ai passé vingt-trois ans sur mer, dit-il dans une de ses lettres à Ferdinand et à Isabelle; j'ai vu » tout le Levant, et l'Occident, et le Nord; j'ai vu l'Angleterre; j'ai été plusieurs fois de Lisbonne à la » côte de Guinée. »

Il écrit ailleurs : « Dès l'âge le plus tendre j'allai en mer, et j'ai continué de naviguer jusqu'à ce » jour. Quiconque se livre à la pratique de cet art désire savoir les secrets de la nature d'ici-bas. Voilà » déjà plus de quarante ans que je m'en occupe. Tout ce que l'on a navigué jusqu'ici (sur la surface des » mers), je l'ai navigué aussi (²). »

On a quelques notions sur plusieurs de ses navigations dans la Méditerranée, mais on ne peut en préciser les dates.

Il paraît avoir fait plusieurs courses sous le commandement de son parent Colomb le Jeune *(Colon el Mozo)*, célèbre marin, neveu d'un autre Colomb (Francesco Colon) qui fut capitaine dans les armées navales de Louis XI (³).

Il parle d'un voyage à Chio, où il vit recueillir le mastic.

Il eut le commandement de galères génoises près de l'île de Chypre, dans une guerre avec les Vénitiens.

Il fit une expédition à Tunis dans les intérêts du roi René d'Anjou. Il est probable que cette expédition se rapporte aux années 1461 ou 1463, lorsque Jean II de Calabre appela les Génois à son aide pour chercher à conquérir Naples sur Ferdinand de la maison d'Aragon. Colomb dit dans une de ses lettres à Ferdinand et à Isabelle (⁴) : « Il m'arriva d'être envoyé à Tunis par le roi Reinier (que Dieu a » rappelé à lui), pour capturer la galère *la Fernandine*; et lorsque j'arrivai à la hauteur de l'île San-» Petro, en Sardaigne, j'appris qu'il s'y trouvait deux vaisseaux et une caraque avec la galère, ce qui » troubla tellement les gens de mon équipage, qu'ils prétendaient ne pas aller plus loin, mais retourner » à Marseille pour chercher un autre vaisseau et de nouvelles troupes. Comme je n'avais aucun moyen » de les contraindre, je fis semblant de me rendre à leurs désirs; je changeai le point du compas, et » déployai toutes les voiles. C'était le soir; et le lendemain matin nous étions à la hauteur de Cartha-» gène, tandis que tous étaient persuadés que nous faisions route vers Marseille. »

Le voyage de Christophe Colomb jusqu'à l'Islande eut lieu en 1477, comme cet illustre navigateur le dit lui-même dans son traité des *Cinq zones habitables* : « L'an 1477, au mois de février, je naviguai plus » de cent lieues au delà de Tile, dont la partie méridionale est éloignée de l'équateur de 73 degrés et » non de 63, comme prétendent quelques géographes, et Tile n'est pas placé en dedans de la ligne qui » termine l'occident de Ptolémée (⁵). Les Anglais (principalement ceux de Bristol) vont avec leurs mar-» chandises à cette île, qui est aussi grande que l'Angleterre. Lorsque je m'y trouvai, la mer n'était » pas gelée, quoique les marées y soient si fortes qu'elles y montaient à vingt-six brasses et descen-» daient autant. Il est vrai que le Tile dont parle Ptolémée se trouve là où il le place, et se nomme » aujourd'hui Frislande. »

(¹) « Lorsqu'on fait une étude sérieuse des documents relatifs à la vie de Christophe Colomb, on ne peut que gémir sur l'incertitude qui règne dès que l'on arrive à la partie de cette intéressante vie antérieure à l'année 1487. Ce regret augmente quand on se rappelle tout ce que les chroniqueurs nous ont conservé minutieusement sur la vie du chien Becerillo (voy. la p. 203 du t. XXI du *Magasin pittoresque*), ou sur l'éléphant Aboulababat qu'Aaroun-al-Raschyd envoya à Charlemagne. » (Humboldt.)

(²) *Profecias.*

(³) « La vie du marin sur la Méditerranée se composait, à cette époque, de voyages hasardeux et d'entreprises hardies. Une simple expédition de commerce ressemblait alors à une expédition de guerre, et le bâtiment marchand avait souvent plus d'un combat à soutenir pour aller d'un port à l'autre. » (Washington Irving, *Hist. d Ch. Colomb*, ch. II.)

(⁴) Lettre aux rois catholiques d'Espagne, en date de janvier 1495.

(⁵) « C'est, je crois, la distinction entre le Thulé de Dicuil (l'Islande), et les Feroe ou Mainland, l'île principale du groupe des Shetland. » (Humboldt, *Hist. de la géogr. du nouv. contin.*, t. II, p. 114.)

« Toutefois, ajoute Humboldt, il y a erreur dans les degrés. La côte méridionale de l'Islande se trouve par 63 degrés et demi, et non par 73; les Shetland sont par les 60 degrés et demi, et non par 63. »

Voy. dans notre premier volume *(Voyageurs anciens)*, p. 166 et 168, la relation de PYTHÉAS.

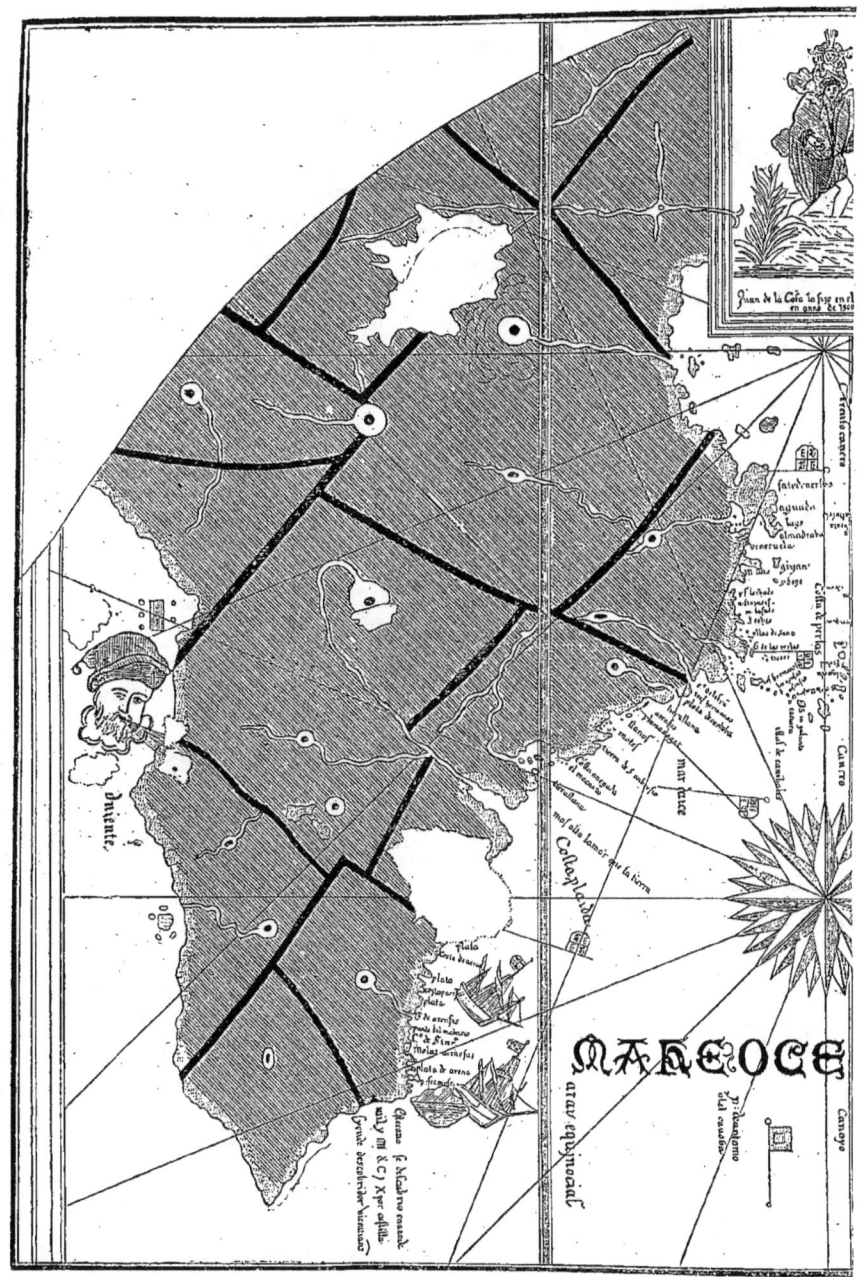

Le Nouveau Continent. — Fragment de la célèbre carte (¹) tracée en 1500 par Juan de la Cosa, de Biscaye.

(¹) La carte originale, qui appartenait à M. Walckenaër, a été rachetée par l'Espagne; M. Jomard en a conservé une copie. L'image de saint Christophe que Juan de la Cosa a dessinée en tête de la carte paraît être une allusion à Christophe

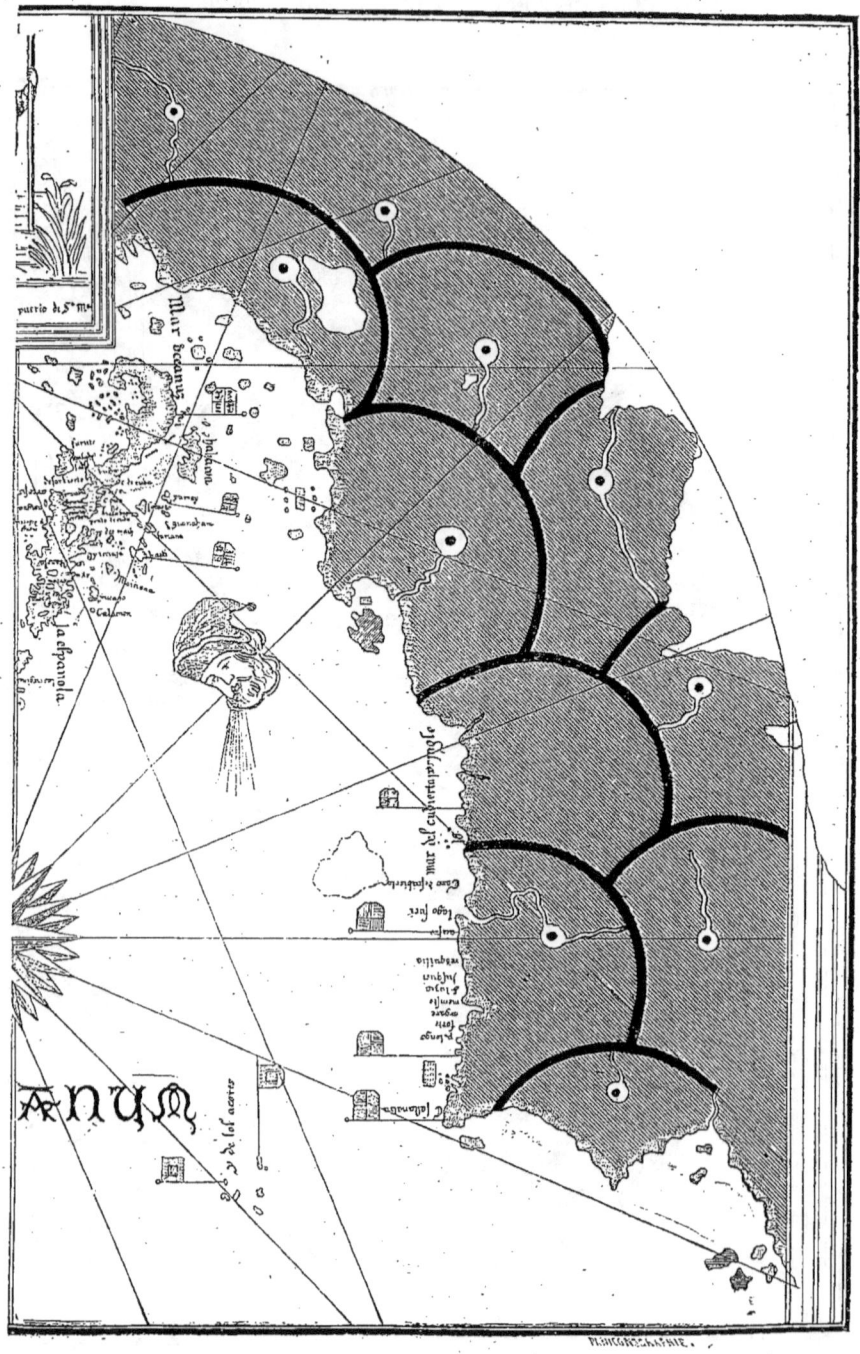

qui accompagna Christophe Colomb dans son second voyage, et fut pilote d'Alonzo Hoyeda en 1499.

Colomb. M. Ferdinand Denis ne serait pas éloigné de supposer qu'il a voulu donner au saint les traits du navigateur. Humboldt s'étonne que Juan de la Cosa n'ait point placé de pavillon sur l'île Guanahani.

Lorsque Colomb entreprit ce voyage au Nord, il avait établi depuis plusieurs années sa demeure habituelle en Portugal; il était venu en 1470 à Lisbonne (¹). Cette ville était alors la capitale de la renaissance géographique. Alphonse V régnait; Henri de Portugal vivait encore (²). Ce prince généreux, instruit, enthousiaste, avait établi un collége naval, élevé un observatoire à Sagres, appelé à lui les savants les plus capables de le seconder, et obtenu une bulle du pape qui accordait au gouvernement de Portugal un droit exclusif sur toutes les terres qu'il pourrait découvrir dans l'océan Atlantique jusqu'au continent de l'Inde. Sous sa protection, on voyait se former des compagnies et des associations « dans lesquelles la passion des voyages était encore stimulée, dit Washington Irving (³), par l'intérêt. De simples particuliers rivalisaient avec elles. De temps en temps le départ d'une nouvelle expédition, le retour d'une escadre annonçant de nouvelles contrées découvertes, de nouveaux royaumes visités, mettaient toute la ville en mouvement. L'amour de la science, le goût des aventures ou la curiosité faisaient affluer à Lisbonne une foule d'étrangers, qui venaient pour s'instruire de plus près ou pour prendre part aux profits de ces découvertes. »

Aucun autre lieu du monde ne pouvait avoir plus d'attraits pour Colomb. Agé seulement de trente-quatre ans, déjà il avait acquis une grande expérience comme navigateur. De hardis desseins fermentaient dans son imagination; mais il sentait la nécessité d'accroître ses connaissances et de chercher des protecteurs. Il épousa à Lisbonne dona Felipa, fille de Bartolomeo Muniz Perestrello, gentilhomme italien qui s'était autrefois distingué dans plusieurs navigations sous le commandement du prince Henri, et avait fondé une colonie à l'île de Porto-Santo, dont il avait été le gouverneur. Cependant dona Felipa était sans fortune. Colomb, pour soutenir son ménage, vendit des livres à images, construisit des globes, dessina des cartes (⁴) et s'associa à diverses expéditions envoyées à la côte de Guinée. En même temps il se livra avec passion aux travaux scientifiques et littéraires. « Il est probable, dit Humboldt, que c'est pendant son long séjour en Portugal, de 1470 à 1484, âgé de trente-quatre à quarante-huit ans, qu'il refit pour ainsi dire ses études. » Par son application, il parvint à un degré d'instruction peu ordinaire parmi les marins de son temps. Quoiqu'il n'ait jamais affecté de prétentions à la science, il donne dans ses *Prophéties*, écrites vers la fin de sa vie, une assez haute idée de l'étendue et de la variété de son savoir : « Le Seigneur, dit-il, me gratifia abondamment de connaissances dans la marine;
» de la science des astres, il me donna ce qui pouvait suffire; de même de la géométrie et de l'arith-
» métique. De plus, il m'accorda l'esprit et la dextérité pour dessiner les sphères et pour y placer en
» propres lieux les villes, les rivières et les montagnes. J'ai étudié toutes sortes d'écrits, l'histoire, les
» chroniques, la philosophie, et d'autres arts pour lesquels notre Seigneur m'ouvrit l'intelligence. »

On considère comme prouvé (⁵) qu'il conçut presque dès son arrivée à Lisbonne, en 1470, l'idée de l'entreprise qui ne devait s'accomplir que vingt-deux ans plus tard, et qui a immortalisé son nom. Une fois son âme possédée de cette grande pensée, il dirigea tous ses efforts vers les moyens de la féconder, de l'éclairer, de l'appuyer sur des preuves, sur des autorités considérables, et de préparer les moyens

---

(¹) On a raconté de la manière la plus pittoresque l'arrivée de Christophe Colomb en Portugal. « Il commandait, dit Bossi, un des vaisseaux de Colon el Mozzo, lorsqu'un combat terrible s'engagea dans les mers du Portugal entre l'escadre de cet amiral et quatre galères vénitiennes qui revenaient de Flandre. Le carnage fut sanglant : les deux escadres s'étaient serrées de près, et le navire que commandait Colomb, s'étant trouvé engagé avec un vaisseau vénitien auquel on avait mis le feu, était sur le point de sauter; Colomb voit le danger qui le menace, s'élance dans la mer, saisit une rame qui tombe sous sa main, et, par des efforts redoublés, il aborde sur les côtes de Portugal, non loin de Lisbonne. Bientôt après il se rendit dans cette ville, où il reçut l'accueil le plus amical de la part de ses compatriotes. »
Cette aventure aurait eu lieu, suivant Sabellico, Léon Ximénès et Munoz, en 1485; mais il est certain qu'à cette dernière époque Colomb était sorti du Portugal depuis plus d'une année.

(²) Il mourut le 13 novembre 1473.

(³) *Histoire de Christophe Colomb* (ch. III), ouvrage écrit sur les documents les plus authentiques et avec un rare talent.

(⁴) La composition d'une carte géographique exacte n'était pas, au quinzième siècle, une œuvre vulgaire. Venise frappa une médaille en l'honneur de Fra Mauro pour la carte qu'il avait exécutée vers 1459, et Améric Vespuce acheta au prix de 130 ducats (555 dollars d'aujourd'hui) une carte de terre et de mer faite en 1439 par Gabriel Valesca.

(⁵) Navarrete, *Viages de los Españoles*, t. Ier, p. LXXIX; Humboldt, *Histoire de la géographie du nouveau continent*, t. Ier, p. 12

de parvenir à la faire accepter. « J'eus des rapports constants, dit-il, avec des hommes lettrés, ecclésiastiques et séculiers, latins et grecs, juifs et maures. » Parmi les cosmographes les plus distingués

Portrait de Colomb. — D'après le portrait qui était dans la galerie de Paolo Giovio, et inséré dans l'édition illustrée des *Éloges d'écrivains célèbres* ([1]).

([1]) Bâle, 1575.

Paolo Giovio (Paul Jove), né à Côme en 1483, avait une belle collection de portraits d'hommes illustres de son temps. Celui qu'il considérait comme représentant avec fidélité les traits de Colomb a un caractère remarquable de dignité et de simplicité.

Il nous a paru intéressant de recueillir et de placer pour la première fois les uns près des autres les différents portraits de Colomb que l'on a conservés, et dont il nous a été possible de nous procurer les dessins. Aucun d'eux n'est tout à fait incontesté; mais leur comparaison aidera le lecteur à se faire quelque idée de ce qu'était la physionomie de l'illustre navigateur.

« Colomb était, dit Gomara (fol. 15 b), un homme de belle taille, fort de membres, à visage allongé, frais et rougeâtre de teint, rempli de taches de rousseur.

« Dans sa jeunesse, dit Fernando Colomb, mon père avait les cheveux blonds, mais déjà, à l'âge de trente ans, il les avait blancs. »

« Il était grand, bien fait, robuste et d'un maintien noble et élevé. Il avait le visage long, ni plein, ni maigre ; le teint vif, même un peu rouge, et quelques taches de rousseur. Son nez était aquilin ; il avait les os de la joue un peu saillants ; ses yeux, gris-clair, s'enflammaient aisément. Il était simple dans sa mise. » (Washington Irving, d'après Fernando, las Casas, etc.)

« Colomb revint en Castille (de son second voyage) en 1496, portant par dévotion, et comme c'était son habitude, le cordon de Saint-François et un vêtement qui, par la coupe et la couleur, était presque entièrement semblable à l'habit des religieux de l'Observance. » (Bernaldez, quelquefois nommé Cura Paroco de la villa de los Palacios, *Historia de los reyes catolicos*, ch. VII.)

« Comme l'amiral était très-dévot à saint François, il aimait de préférence la couleur brun-grisâtre; nous l'avons vu à Séville, vêtu à peu près comme un moine franciscain. » (Las Casas, *Hist. inédit.*, lib. Ier, cap. CII.)

On conserve un portrait de Colomb, dont nous ne connaissons aucun dessin, à la maison communale de Cogoleto, où les habitants montrent une espèce de cabane au bord de la mer comme étant, suivant eux, le lieu de naissance de l'illustre navigateur.

Sur les doutes relatifs à l'authenticité des portraits de l'amiral conservés à Cuccaro, chez le duc de Berwick, à Madrid, etc., voy. Cancellieri, *Notizie di Christ. Colombo*, 1809, p. 180; *Codice Colombo-Amer.*, p. 75.

qu'il connut à Lisbonne, on doit citer au premier rang Martin Behaim ([1]). Il se mit en relation, à l'aide du Florentin Lorenzo Giraldi, avec un astronome non moins célèbre, Toscanelli, de Florence, et l'on verra plus loin que la correspondance qui eut lieu entre ce dernier et lui ne fut pas sans influence sur le développement du dessein qui s'était emparé de son esprit.

Mais avant tout il est nécessaire de se former une idée exacte de ce projet de Christophe Colomb.

Plus d'une fois les historiens et surtout les poëtes se sont imaginé qu'ils grandissaient la gloire de Colomb en le représentant comme ayant conçu le premier, le seul au monde, par une sorte d'inspiration surhumaine, l'idée de l'existence d'un nouveau monde ([2]).

C'est une erreur : là n'est pas la gloire de Colomb.

On sait que ce grand homme n'a pas eu un seul moment l'idée de découvrir un nouveau monde, et qu'il est mort sans avoir même soupçonné qu'il eût découvert le continent que nous appelons Amérique ([3]).

Ce que Colomb chercha et voulut avec une intelligence, une persévérance, une force de volonté et un courage admirables, ce fut la découverte de la route qui devait conduire, selon lui, des côtes occidentales de l'Europe, à travers l'océan Atlantique, aux côtes orientales de l'Asie, qu'il appela toujours l'Inde.

En un mot, il ne fut jamais préoccupé, suivant ses propres expressions, que de « chercher l'Orient par l'Occident, et de passer, » par la voie de l'ouest, à la terre où naissent les épiceries. »

Portrait de Colomb, gravé par Th. de Bry, à côté de celui d'Améric. Vespuce, dans une médaille faisant partie de la gravure qui a pour titre : *Americæ retectio*, mise à la suite de la préface de la quatrième partie de l'*Amérique*.

Or cette idée n'était pas nouvelle. Elle était venue de l'antiquité jusqu'au quinzième siècle, en pénétrant et se confirmant de plus en plus par la réflexion et par l'étude dans quelques esprits supérieurs. Colomb suivit sa trace, s'attacha, ainsi que le prouvent ses écrits, à l'approfondir, à la vérifier en se servant de toutes les connaissances qu'il avait acquises, de tous les conseils dont il fut à même de s'entourer ; et, une fois profondément convaincu qu'elle était vraie et praticable, il mit en œuvre toutes ses hautes facultés, toute sa puissance personnelle, pour la faire comprendre, accepter, et pour la réaliser lui-même, subissant, sans se laisser abattre, la misère, les dédains, l'ironie, et jusques à la haine.

Les anciens croyaient que les extrémités de l'Asie orientale étaient beaucoup moins éloignées qu'elles ne le sont des extrémités occidentales de l'Europe. Marin de Tyr avait donné à la terre, depuis les îles Canaries jusqu'à l'extrémité orientale de l'Asie, une étendue totale de 225 degrés ; il ne restait donc, pour l'Océan compris entre l'extrémité de l'Asie et ces îles, qu'une étendue de 135 degrés ([4]). C'est

---

([1]) Né vraisemblablement, comme Colomb, en 1436, et mort à Lisbonne, deux mois après lui, en 1506 ; auteur du Globe de 1492, qu'il construisit à Nuremberg en 1490, et où le roi de Mango, Cambalu et le Cathay sont placés à 100 degrés seulement à l'ouest des îles Açores. On ne connaît point la véritable patrie de Behaim. Il a passé tour à tour pour être né en Portugal, en Bohême, à l'île Fayal des Açores, etc. Il est plus probable qu'il était originaire de Nuremberg. Il habita seize ans l'île Fayal, où demeurait son beau-père, le chevalier Jobst von Hürter, seigneur de Murkirchen. Pendant plus de vingt ans il avait été marchand de draps à Vienne, à Anvers et à Venise. A Lisbonne, il contribua à la construction de l'astrolabe, qui se fixait au grand mât du vaisseau. Il voyagea en 1484 sur les côtes d'Afrique, au delà de l'équateur. Il fut nommé par le roi de Portugal, en 1485, chevalier de l'ordre du Christ, et membre d'une commission scientifique chargée d'indiquer les moyens de naviguer d'après la hauteur du soleil.

([2]) Un des vers les plus célèbres sur la découverte de Colomb est celui que Gagliuffi improvisa, dit-on, en voyant la prétendue maison natale de l'illustre navigateur, à Cogoleto :

Unus erat mundus ; duo sint, ait iste ; fuere.

([3]) « Les plus belles gloires ne sont pas celles qui n'empruntent rien à autrui et vivent solitaires sur leur fonds, mais celles qui proviennent de la plus étroite alliance avec les gloires antérieures, et qui font corps avec le genre humain. Colomb s'embarquant, sur la seule autorité de ses rêveries, pour la conquête d'un continent inconnu, n'eût été qu'un fou couronné par la main du hasard, tandis que Colomb obéissant fidèlement aux lois de la géographie antique, et mourant sans se douter de l'existence des terres nouvelles dont il avait trouvé la route, mérite à bon droit d'être considéré comme un des plus audacieux et des plus sages navigateurs. » (Jean Reynaud, *Encyclopédie nouvelle*.)

([4]) « La longueur de la terre habitée comprise entre les méridiens des îles Fortunées et de Sera était, d'après Marin de Tyr

ce qui a fait dire à d'Anville que « la plus grande des erreurs dans la Géographie de Ptolémée a conduit les hommes à la plus grande découverte des terres nouvelles. »

Christophe Colomb.—D'après la gravure du fils de Th. de Bry, publiée en tête de la cinquième partie des *Grands Voyages*. (Ce serait, suivant Th. de Bry, la copie fidèle d'un portrait peint, d'après nature, par ordre d'Isabelle et de Ferdinand IV, avant le départ de Colomb pour ses expéditions) (¹).

En effet, penser que les Canaries, si voisines de l'Espagne, n'étaient qu'à 135 degrés des côtes de la Chine ; qu'il fallait en parcourir seulement 115 pour arriver à la grande île de Cipango (²); qu'il n'y avait donc qu'une traversée de 2 000 lieues à faire pour atteindre les pays du Cathay et du Mangi (³), où étaient réunies tant de richesses et de merveilles, quel puissant motif de séduction et d'encouragement, à une époque où l'ambition des découvertes, se réveillant de toutes parts en Europe, était secondée par des progrès si notables dans l'astronomie et dans l'art de la navigation (⁴) !

« Colomb, dit Fernando, son fils, avait reconnu que l'espace contenu entre les îles du cap Vert et la fin déterminée par les travaux de Marin de Tyr, ne pouvait être plus que le tiers du grand cercle de la sphère (du périmètre équatorial) (⁵).

(*Ptol. geogr.*, lib. I, cap. II), de 15 heures, ou de 225 degrés. C'était avancer les côtes de la Chine jusqu'au méridien des îles Sandwich, et réduire l'espace à parcourir des îles Canaries aux côtes orientales de l'Asie à 135 degrés, erreur de 86 degrés en longitude. La grande extension de 23 degrés et demi que les anciens donnaient à la mer Caspienne contribuait également beaucoup à augmenter la largeur de l'Asie. » (Humboldt, *Hist. de la géogr. du nouv. contin.*, t. II, p. 362.)

(¹) On retrouve le même portrait dans la collection des Portraits des grands hommes, publiés en 1597, par Théodore de Bry, n° 1.

(²) Le Japon, placé par Marco-Polo à cinq cents lieues est de la Chine.

(³) La Chine. (Voy., dans notre deuxième volume, la relation de Marco-Polo.)

(⁴) Ce fut pendant le quatorzième siècle que les navigateurs européens s'essayèrent à l'usage de la boussole. Au quinzième, Martin Behaim et deux médecins de Henri de Portugal étudièrent, par ordre de ce généreux prince, et trouvèrent, comme nous l'avons dit précédemment, les moyens d'appliquer utilement l'astrolabe à la navigation.

« De cet instrument (l'astrolabe), perfectionné et modifié, on a fait depuis le quart de cercle moderne. Il est impossible de décrire l'effet que cette invention produisit sur la navigation. Au lieu de côtoyer les rivages, comme les anciens navigateurs, obligés, s'ils s'en éloignaient, de chercher en tâtonnant leur chemin d'après la direction incertaine des astres, le marin moderne pouvait s'aventurer hardiment dans des mers inconnues, certain, s'il ne rencontrait pas de port lointain, de pouvoir toujours retrouver sa route, à l'aide de l'astrolabe et de la boussole. » (Washington Irving.)

(⁵) *Vida del amirante*, cap. vi.

Colomb savait aussi que le plus grand génie peut-être qui ait paru sur la terre, Aristote, avait écrit dans son traité du Ciel (¹): « Ainsi donc tous ces faits (les observations astronomiques) démontrent évidemment que non-seulement la figure de la terre est ronde, mais encore que la circonférence n'en est pas grande, car un si petit déplacement (de l'Égypte et de Chypre à des contrées plus septentrionales) ne produirait pas si vite une différence aussi sensible. Voilà comment ceux qui croient que *les pays situés vers les colonnes d'Hercule touchent aux pays de l'Inde*, et que de cette façon il n'y a qu'une seule mer, ne semblent pas faire une supposition trop insoutenable. Ils citent, entre autres preuves, les éléphants, qui se retrouvent également dans ces deux régions extrêmes; ce qui paraît indiquer que si les mêmes animaux s'y retrouvent, c'est que ces pays se rejoignent entre eux. » Et dans la Météorologie (²): « Il y a une grande différence entre la longueur et la largeur de la terre; car on trouve que l'espace compris entre les colonnes d'Hercule et l'Inde est à l'espace compris entre l'Éthiopie, près du lac Méotide, et les dernières limites de la Scythie, dans le rapport d'un peu plus de 5 à 3, si l'on calcule d'après les navigations par mer et les voyages par terre, autant du moins qu'on peut se fier à l'exactitude de pareilles évaluations (³). »

Dans une de ses lettres aux monarques espagnols (⁴), Colomb fait allusion au passage que nous venons de citer en ces termes: « Aristote dit que ce monde est petit, et qu'on peut passer facilement d'Espagne dans les Indes; Avenruyz confirme cette idée, et le cardinal Pierre de Alliaco la cite en appuyant cette opinion, qui est conforme à celle de Sénèque, etc. (⁵). »

(¹) *Traité du ciel*, liv. II, ch. XIV, p. 298, A, B, de l'édition de Bekker.

(²) Liv. II, ch. V, p. 362, B. 20.

(³) Parmi les autres assertions d'Aristote ou attribuées à Aristote, sur lesquelles s'appuyait Colomb, on remarque encore celles-ci: « On répète vulgairement que la terre se divise en îles et en continents parce qu'on ignore qu'elle n'est tout entière qu'une île unique, entourée par la mer qu'on appelle Atlantique. Il est bien à croire qu'il y a beaucoup d'autres mers encore situées au loin, et qui sont de l'autre côté de celle-là, les unes plus grandes qu'elle, les autres plus petites, mais qui toutes restent invisibles pour nous, qui ne pouvons voir que celle-là. En effet, le même rapport que les îles connues de nous ont avec les mers qui les entourent se retrouve entre notre continent et l'Atlantique, de même qu'entre beaucoup d'autres continents et la mer entière; car ce sont en quelque sorte de grandes îles entourées par des océans non moins grands. » *(Du Monde*, ch. III, p. 392, B. 20.)

« Dans la mer qui est en dehors des colonnes d'Hercule, les Carthaginois ont découvert, à ce qu'on dit, une île déserte qui est couverte de forêts et qui a des fleuves navigables. Elle produit aussi les fruits les plus extraordinaires. Elle est éloignée de plusieurs jours de navigation. » (*Récits surprenants*, p. 836, B. 20.)

Rappelons au lecteur que les deux traités *Du Monde* et des *Récits surprenants* sont apocryphes, quoique anciens, et que par conséquent il ne faut pas les mettre au compte d'Aristote, bien que, protégés par son autorité, ils aient pu avoir une grande influence sur Christophe Colomb.

C'est M. Barthélemy Saint-Hilaire, membre de l'Institut, qui a bien voulu traduire du texte grec, à notre intention, ces différents passages d'Aristote.

(⁴) Datée d'Haïti.

(⁵) Il est probable que Colomb, qui cite souvent Aristote, avait lu les passages dont il se sert, non dans le texte original, mais dans l'*Imago mundi* de Pierre d'Ailly [Alliacus] (cap. VIII et XLIX), dans le *Compendium cosmographicum* (cap. XIX), et la *Mappa mundi* (cap. *De figura terræ*). C'est aussi dans ces ouvrages et dans d'autres cosmographes italiens, espagnols et arabes qu'il dut lire les extraits des autres auteurs anciens dont il invoquait l'autorité.

Le cardinal Pierre d'Ailly, évêque de Cambrai depuis 1396, est nommé tour à tour: en latin, *Petrus de Alliaco*; en espagnol, *Pedro de Ailiaco*; *Pedro de Heliaco*; on le cite aussi sous la simple dénomination de *Cardinalis Cameracensis*. C'était un homme érudit littérairement, mais peu instruit en cosmographie. Sa Géographie n'est qu'une compilation médiocre; il devait plaire beaucoup à Colomb en ce qu'il insiste à chaque occasion sur la grande extension de l'Asie vers l'est et sur la proximité de l'Inde et de l'Espagne, en se fondant sur les opinions d'Aristote et de Strabon.

Colomb citait aussi l'opinion d'Alfragan (Al-Fergani, ou Ahmed Mouhammed Ebn-Kothair, de Fergana) sur le peu d'étendue de la circonférence du globe.

« Le monde n'est pas si grand que le vulgaire l'imagine, écrit Colomb à Ferdinand et à Isabelle (le 5 juillet 1503). Un
» degré de distance de l'équateur est de cinquante-six milles et deux tiers. C'est là une chose que l'on pourra rendre évi-
» dente. »

Cette mesure avait été donnée par Al-Fergani.

Colomb affirmait souvent que « le monde était peu de chose; que six parties de la surface du globe étaient à sec, et que
» seulement la septième était couverte d'eau. » (Même lettre.)

Cette notion erronée était puisée dans le quatrième livre d'Esdras, connu anciennement dans l'Église grecque sous la dénomination de l'*Apocalypse d'Esdras*.

Probablement, en citant ainsi Sénèque, Colomb faisait allusion à ce passage des *Questions naturelles* (¹) : « Quand l'homme, spectateur curieux de l'univers, a contemplé la course majestueuse des

Christophe Colomb. — D'après une gravure faite à Rome en 1596 par Capriolo, et reproduite dans le travail iconographique de M. Carderera sur Colomb (²).

astres, et cette région du ciel qui offre à Saturne une route de trente ans, il méprise, en jetant de nouveau ses regards vers la terre, la petitesse de son étroit domicile. *Combien y a-t-il depuis les derniers rivages de l'Espagne jusqu'à l'Inde? L'espace de très-peu de jours*, si le vent est favorable au vaisseau. »

Colomb savait aussi que Strabon avait rappelé et commenté cette opinion bien connue d'Ératosthènes (³) : « La zone tempérée, comme disent les mathématiciens, revenant sur elle-même, forme entièrement le cercle, de sorte que si l'étendue de la mer Atlantique n'était pas un obstacle, nous pourrions nous rendre par mer de l'Ibérie (l'Espagne) dans l'Inde, en suivant toujours le même parallèle, dont les terres ci-dessus, mesurées en stades, occupent plus du tiers, puisque enfin le parallèle de Thines, sur laquelle nous avons pris la distance depuis l'Inde jusqu'à l'Ibérie, n'a pas en tout 200 000 stades..... Nous n'appelons terre habitée que cette portion de la zone tempérée que nous habitons, et qui nous est connue. Mais on conçoit que, dans cette même zone, il peut exister *deux terres* habitées, et peut-être plus de deux, surtout aux environs du parallèle qui passe par Thines et traverse la mer Atlantique (⁴). »

Parmi les contemporains mêmes de Colomb, plusieurs se proposaient comme lui la solution de ce

(¹) *Præf.*, II. Voy., sur ce sujet, les remarques de Humboldt, *Examen critique de l'histoire de la géographie du nouveau continent*, t. Iᵉʳ, p. 159.

(²) Ce portrait nous paraît être une copie du tableau attribué au peintre Antonio del Rinçon et conservé dans la bibliothèque du roi d'Espagne. Nous avons publié une esquisse de cette peinture dans le *Magasin pittoresque*, 3ᵉ année, p. 316.

(³) Lib. I, p. 113, 114, alm.; p. 64, 65, cas.

(⁴) Traduction de Laporte, du Theil et Coray.

Cette conjecture de Strabon sur l'existence possible d'autres grandes terres habitables *entre l'Europe et l'Asie* fut inaperçue ou négligée de tous les géographes et de Colomb lui-même. A plus forte raison n'arriva-t-il à personne de tenir un compte sérieux de cette remarquable prophétie de Sénèque :

> .... *Venient annis*
> *Sæcula seris, quibus Oceanus*
> *Vincula rerum laxet,* ET INGENS
> PATEAT TELLUS, *typhisque novos*

problème posé par les anciens ([1]). La relation de Marco-Polo, en révélant à l'Europe ou même exagérant les richesses de la Chine, avait redoublé l'ardeur des voyages en Asie ([2]). Le plus grand nombre des géographes et des navigateurs continuaient à chercher les moyens d'abréger la route de l'est, soit par les terres, soit en découvrant la route de mer au delà de l'Afrique; mais d'autres s'étaient arrêtés à la pensée de la route plus directe par l'ouest.

Dix-huit ans avant sa première découverte, Christophe Colomb avait eu la certitude qu'Alphonse V, roi de Portugal, avait fait demander à Toscanelli ([3]), par le chanoine Fernando Martinez, une instruction détaillée sur le chemin de l'Inde par la voie de l'ouest. Il s'empressa d'écrire lui-même au savant Florentin, par l'entremise de Lorenzo Giraldi. Toscanelli répondit à Colomb, en 1474, et lui communiqua une copie de la lettre qu'il avait adressée au chanoine Fernando Martinez : « Je vois, dit-il à Colomb, que vous avez le grand et noble désir de passer dans le pays où naissent les épiceries, et, en réponse à votre lettre, je vous envoie la copie de celle que j'adressai, il y a quelques jours, à un ami attaché au service du sérénissime roi de Portugal, et qui avait eu l'ordre de son altesse de m'écrire sur le même sujet..... Je pourrais, un globe à la main, démontrer ce que l'on désire; mais j'aime mieux, pour faciliter l'intelligence de l'entreprise, marquer le chemin sur une carte semblable aux cartes marines ([4]), où j'ai dessiné moi-même toute l'extrémité de l'Occident, depuis l'Irlande jusqu'à la fin de la Guinée, vers le sud, avec toutes les îles qui se trouvent sur cette route. J'ai placé vis-à-vis (des côtes d'Irlande et d'Afrique), droit à l'ouest, le commencement des Indes, avec les îles et les lieux où vous pourrez aborder. Vous y verrez aussi à combien de milles vous pourrez vous éloigner du pôle arctique vers l'équateur, et à quelle distance vous arriverez à ces régions si fertiles et si abondantes en épiceries et en pierres précieuses. »

Toscanelli distingue les îles qui sont près du continent asiatique, par exemple, Cipango ([5]), de celles que l'on rencontrera sur la route, entre autres l'Antilia ([6]). Sur sa carte, il donnait les distances précises à parcourir : « Il y a, dit-il, de Lisbonne à la fameuse cité de Quisay ([7]), en prenant le chemin

Detegat orbes, nec sit terris
Ultima Thule..............
(MÉDÉE, act. II, v. 374.)

« Un temps viendra, dans le cours des siècles, où l'Océan élargira la ceinture du globe pour découvrir à l'homme une terre immense et inconnue; la mer nous révélera de nouveaux mondes, et Thulé ne sera plus la borne de l'univers. » (Traduction de M. E. Greslou.)

Au quinzième siècle, on croyait à l'existence, non d'un continent inconnu, mais de quelques îles seulement, notamment d'Antilia, entre l'Europe et l'Asie.

([1]) « Les grandes découvertes de l'hémisphère occidental ne furent point le résultat d'un heureux hasard. Il serait injuste d'en chercher le premier germe dans ces dispositions instinctives de l'âme auxquelles la postérité attribue souvent ce qui est le résultat d'une longue méditation. Colomb et les autres grands navigateurs qui ont illustré les annales de la marine espagnole étaient, pour l'époque où ils vivaient, des hommes remarquables pour leur instruction. Ils ont fait d'importantes découvertes parce qu'ils avaient des idées justes de la terre et de la longueur des distances à parcourir, parce qu'ils savaient discuter les travaux de leurs devanciers, observer les vents qui règnent sous différentes zones, mesurer et la variation de l'aiguille aimantée pour corriger leur route, et la longueur du chemin; appliquer à la pratique les méthodes les moins imparfaites que les géomètres d'alors avaient proposées pour diriger un navire dans la solitude des mers. » (Humboldt.)

([2]) L'usage des copies manuscrites de la relation de Marco-Polo fut assez commun pendant le temps que Colomb s'occupait de ses projets de découvertes, c'est-à-dire entre 1471 et 1492.

([3]) Paolo del Pozzo Toscanelli, né à Florence en 1397, mort en 1482.

([4]) « Je vous envoie, dit Toscanelli (cité par Humboldt), une carte marine toute semblable à celle que j'ai fait parvenir au chanoine. » Ce fut d'après cette carte que Colomb se dirigea dans son premier voyage de découverte; mais il avait à son bord une autre carte marine qu'il avait tracée lui-même, et qui était sans doute modifiée et plus complète. Celle de Toscanelli se trouvait, cinquante-trois ans après, entre les mains de las Casas. On ignore ce qu'elle est devenue.

([5]) Rappelons que c'est le nom que Marco-Polo avait appliqué au groupe d'îles qui composent le Japon. (Voy. notre tome II, p. 380.)

([6]) La plus ancienne indication de cette île imaginaire, qui en définitive a donné son nom aux *Antilles*, d'après l'exemple donné par Pierre Martyr d'Anghiera, en 1493, paraît être celle de l'Atlas vénitien d'Andrea Bianco, en 1436. *Antilia* s'y trouve représentée à 240 lieues marines à l'ouest des côtes du Portugal, par les 27° 55′ de longitude occidentale de Paris, et par les 39° 20′ et 38° 30′ de latitude. Sa longueur atteint celle du Portugal et de l'Angleterre. Au nord de l'*Antilia* est l'île de la *Main de Satan*.

([7]) Quinsaï, Hang-tcheou-fou, qui fut la capitale de la Chine sous la dynastie des Hong. (Voy. notre tome II, p. 371.)

tout droit vers l'ouest, 26 *espacios* dont chacun a 150 milles, tandis que de l'île d'Antilia jusqu'à Cipango il y a 10 *espacios,* lesquels équivalent à 225 lieues. »

Portrait de Christophe Colomb. — D'après celui de la galerie de Vicence publié par M. Jomard (¹).

« Vous aurez vu, écrit Toscanelli dans sa seconde lettre à Colomb, que le voyage que vous voulez entreprendre est bien moins difficile qu'on ne le pense; vous seriez persuadé de cette facilité si, comme moi, vous aviez eu occasion de fréquenter un grand nombre de personnes qui ont été dans ces pays (l'Inde des épiceries). »

Le grand projet qui amena les découvertes géographiques de 1492, à la surprise et à l'admiration de toute l'Europe, était donc, dès l'année 1474, un sujet d'étude sérieuse en Italie et en Portugal. Il occupait aussi les imaginations populaires; en effet, si les démonstrations cosmographiques ne pouvaient persuader que quelques hommes éclairés, il y avait, à côté, des indications et presque des preuves matérielles qui étaient de nature à faire impression sur les esprits les moins cultivés.

Depuis longtemps les habitants des Açores et des Canaries, ainsi que des navigateurs qui s'étaient aventurés au delà, affirmaient avoir entrevu des îles éloignées dans l'Océan. C'étaient des illusions (²); mais les faits que l'on citait pour défendre ces erreurs des sens avaient en eux-mêmes une signification très-sérieuse. Un pilote du roi de Portugal, Martin Vincente, avait trouvé, à 450 lieues à l'ouest du cap Saint-Vincent, une sculpture en bois d'un art singulier, travaillée sans l'aide d'aucun instrument de fer, et poussée par un vent de l'ouest. Pedro Correa, beau-frère de Colomb, avait vu, près de l'île de Madère, une autre pièce de bois sculpté d'un style aussi inconnu et venant aussi de l'ouest. Des roseaux d'une dimension extraordinaire, qui rappelaient les bambous de l'Inde cités par Ptolémée (³), avaient été vus dans ces parages; le roi de Portugal en avait fait montrer quelques-uns à Colomb; d'un nœud à l'autre, ils pouvaient contenir neuf *garrafas* de vins. Les habitants des Açores rapportaient que lorsque le vent soufflait de l'ouest la mer rejetait, surtout dans les îles Graciosa et Fayal, des troncs de

---

(¹) On oppose à ce portrait que la fraise n'a été généralement adoptée que vers le milieu du seizième siècle.

(²) On avait donné des noms à ces îles imaginaires : — l'Antilia, ou l'île des sept villes (séparées ou ne formant qu'une seule île); l'île Saint-Brandan, Borodon ou Brandamis; l'île de Bracie, Brasil ou Berzil; l'île Maïda; l'île Verte, etc. (Voy. les savantes notices de Humboldt dans son *Histoire de la géographie du nouveau continent*, t. II, p. 163 et suiv.; un appendice de la vie de Christophe Colomb, par M. Washington Irving; *le Monde enchanté*, par M. Ferdinand Denis.)

(³) *Cosmographie de Ptolémée*, liv. II, ch. xvii.

pins énormes, d'une espèce inconnue. Sur les bords de l'île de Flores (¹), on avait trouvé un jour les cadavres de deux hommes dont la physionomie et les traits différaient entièrement de ceux des habitants de l'Europe et de l'Afrique (²). Enfin, des habitants du cap de la Verga (sans doute dans les Açores) avaient dit à Colomb qu'ils avaient vu des *almadias*, ou barques couvertes, remplies d'une espèce d'hommes dont ils n'avaient jamais entendu parler (³).

Cependant au milieu de tant d'hommes, les uns savants, les autres enthousiastes, crédules, aventureux, ou avides de gloire et de richesse, tous également préoccupés de la découverte probable, possible, d'une route qui conduirait, à travers l'Atlantique, vers des terres connues ou inconnues du côté des Indes, un seul, Colomb, se dévoua résolûment à cette pensée, et en fit l'intérêt principal, unique, irrévocable de sa vie. Pour la réaliser, il lui fallait non-seulement exposer des sommes d'argent considérables, mais encore être assuré de l'appui d'un gouvernement, afin de pouvoir prendre possession à un titre imposant et sérieux des territoires qui seraient découverts; or cet homme était pauvre, inconnu. Il était déjà parvenu à l'âge de près de quarante ans; il lui fallut dix-huit ans de patience et de persévérance laborieuse pour arriver à ce but qui avait paru au vieux Toscanelli si peu éloigné et si facile à atteindre. Alphonse de Portugal, engagé, vers la fin de sa vie, dans une guerre avec l'Espagne, avait abandonné les grandes entreprises maritimes. Son successeur, Jean II, se montra plus disposé à suivre les traces de son grand-oncle, le prince Henri. Colomb obtint une audience de ce monarque, qui d'abord parut disposé à l'écouter favorablement, et convoqua un conseil où l'on discuta s'il était raisonnable de chercher à parvenir aux Indes par la route du côté de l'ouest, ou s'il ne valait pas mieux s'en tenir à poursuivre les découvertes en Afrique, qui devaient conduire au même résultat. Ce fut Caradilla, évêque de Ceuta, qui combattit avec le plus d'ardeur la proposition de Colomb, en la représentant comme chimérique. Toutefois Jean II, plus confiant dans la possibilité du succès, fit partir une caravelle en apparence pour les îles du cap Vert, avec des instructions secrètes pour suivre la direction indiquée dans le Mémoire de Colomb. Après peu de jours une tempête survint, et les pilotes effrayés ramenèrent la caravelle à Lisbonne. Colomb perdit tout espoir de réussir près d'un monarque qui s'était montré si peu loyal à son égard. D'ailleurs il était devenu veuf; aucun intérêt ne le retenait plus en Portugal. Il quitta Lisbonne, avec son fils Diego, vers la fin de 1484. Quelques auteurs supposent qu'il se rendit d'abord à Gênes, et que le gouvernement de la république, affaibli par de récents désastres, n'accueillit point son projet; peut-être (mais c'est peu probable) alla-t-il alors à Venise, où il aurait éprouvé, suivant d'autres, un nouveau refus.

En 1485, on le voit paraître en Espagne; il est pauvre, il voyage à pied avec son fils Diego, âgé de dix à douze ans. Un jour, à une demi-lieue de Palos de Moguer, dans l'Andalousie, il s'arrête sur le seuil du couvent franciscain de Santa-Maria de Rabida, et il demande un peu de pain et d'eau pour son fils. Le gardien de ce monastère, Juan-Perez de Marchena (⁴), le fait entrer, lui adresse quelques questions; il est frappé de la noble simplicité de ses réponses, l'interroge avec plus de curiosité, et est étonné de la grandeur de ses vues; il lui donne l'hospitalité, il se charge même de l'éducation de son fils. Au printemps de 1486, il lui remet une lettre pour Fernando de Talavera, confesseur de la reine de Castille; mais ce dernier, regardant le projet de se rendre aux Indes par l'ouest comme impraticable, ne donne point suite à la recommandation du gardien de Santa-Maria de Rabida. Colomb dut se résigner encore à attendre des circonstances plus favorables; il s'établit à Cordoue et y vécut, comme en Portugal, de la vente de ses globes et de ses cartes (⁵). Il ne cessa point cependant de chercher des pro-

---

(¹) Une des Açores, celle qui est le plus à l'ouest.
(²) Herrera dit : « Des cadavres à large face ne ressemblant pas à des chrétiens. »
(³) « La véritable cause du transport de ces bois sculptés, bambous, pins, cadavres et barques était, non pas les vents d'ouest et de nord-ouest, mais bien le grand courant d'eau chaude connu sous le nom de *gulf-stream* ou *florida-stream*. » (Humboldt, *Histoire de la géographie du nouveau continent*, t. II, p. 249.)
(⁴) Il y a quelque confusion dans les biographes sur le titre de ce religieux; on admet ordinairement que c'était le prieur. Mais Navarrette dit très-précisément dans une de ses notes : « Juan-Perez de Marchena, franciscain, gardien du couvent de la Rabida. » Cette fonction de gardien pouvait très-bien être exercée par un homme d'un mérite supérieur. (Voy. la note 3 de la p. 91 de notre deuxième volume *(Voyageurs du moyen âge)*.
(⁵) En 1485, Christophe Colomb se trouvait en Espagne, gagnant sa vie à dessiner des cartes marines ou à vendre des

tecteurs, et il parvint à se concilier la faveur de Pedro-Gonzalès de Mendoza, archevêque de Tolède et grand cardinal d'Espagne. Ce prélat présenta Colomb à Ferdinand et à Isabelle. Cette fois, Colomb fut écouté avec bienveillance. Le roi l'invita à soumettre son projet à l'examen d'un conseil réuni dans le couvent dominicain de Saint-Étienne, à Salamanque, et qui fut composé, non pas, comme on l'a dit souvent, de moines ignorants, mais de professeurs d'astronomie, de géographie, de mathématiques, d'autres savants, de dignitaires de l'Église, et aussi de quelques religieux instruits. On sait que malheureusement le plus grand nombre de ces examinateurs ([1]), se renfermant avec intention dans une thèse presque uniquement religieuse, n'opposèrent aux démonstrations et aux raisonnements scientifiques de Colomb que des textes bibliques et les opinions cosmographiques de Moïse, des prophètes et des premiers pères de l'Église, exposées pour la plupart dans la Topographie chrétienne de Cosmas ([2]). Les uns niaient, avec Lactance et saint Augustin, la forme sphérique de la terre et l'existence des antipodes; les autres, même en admettant la sphéricité, contestaient la possibilité de communiquer avec un hémisphère opposé, en raison soit de la chaleur, soit de la longueur du voyage en mer, soit enfin parce que si l'on parvenait à descendre de l'autre côté du cercle, on ne pourrait jamais le remonter. C'était la foi à la lettre des livres saints qui était la base de leur argumentation, et on n'allait à rien moins qu'à insinuer contre le grand navigateur la terrible accusation d'hérésie. Cependant Colomb sut convaincre quelques-uns de ses auditeurs, entre autres Diego de Deza, alors professeur de théologie, et depuis archevêque de Tolède. Ce n'était pas assez pour vaincre toutes les préventions soulevées contre ses idées. On ajourna l'étude de son projet. Puis des guerres survinrent et détournèrent longtemps de lui l'attention des monarques. Il s'agissait d'en finir tout à fait avec l'occupation des Maures en Espagne, et l'on conçoit que Ferdinand voulut avant tout employer toutes ses forces à une entreprise d'un si haut intérêt national. Ce fut seulement après la reddition de Grenade que les monarques prêtèrent une attention calme et sérieuse aux propositions de Christophe Colomb. La minorité du conseil de Salamanque avait en somme exercé sur leur esprit une influence favorable. Il s'en fallut de peu que, cette fois, l'insuccès ne vînt de Colomb lui-même; il demandait tout d'abord et avec une fière assurance d'être nommé amiral, vice-roi des contrées qu'il aurait découvertes, et d'avoir le dixième des bénéfices. De telles prétentions de la part d'un étranger, sans noblesse, pauvre, n'ayant d'autre titre qu'un projet très-contesté, parurent exorbitantes. Colomb, indigné, se retira et sortit de Grenade. Il allait offrir en France, à Charles VIII, et peut-être

Ferdinand le Catholique et Isabelle de Castille. — Médaille d'or conservée au cabinet des médailles de la Bibliothèque impériale.

à Henri VII d'Angleterre ce que refusaient Aragon et Castille. Ces deux rois connaissaient déjà ses plans et avaient le désir de l'entendre ([3]). Mais Isabelle, cédant aux instances de quelques amis zélés du hardi navigateur, entre autres de Luis de Sant-Angel, receveur des revenus ecclésiastiques en Ara-

---

livres à estampes. « Il habitait vraisemblablement au Puerto de Santa-Maria, dans la maison de son protecteur, le duc de Medina-Celi. » (Humboldt.)

([1]) Si des moines repoussèrent le projet de Colomb, ce furent aussi des moines qui en prirent la défense. « Quand j'étais la risée de tous, dit-il dans le commencement de la relation de son troisième voyage, deux moines seuls restèrent constants dans leur affection pour moi. » On pense qu'il faisait ainsi allusion au dominicain Diego de Deza, professeur de théologie à l'université de Salamanque, depuis archevêque, et à Perez ou Antonio de Marchena (sans doute la même personne que Juan-Perez, le gardien du couvent de la Rabida, dit Humboldt).

([2]) Voy. t. II, p. 1 et suiv., *Voyageurs du moyen âge*, relation de Cosmas.

([3]) Colomb avait envoyé, en 1488, son frère Barthélemy près de Henri VII. Oviedo dit que le roi « se moqua de tout ce que Colomb proposait, tenant ses paroles pour frivoles. » Mais Colomb dit lui-même, dans une de ses lettres à Ferdinand et à Isabelle, qu'il avait reçu de Henri VII une réponse favorable.

gon, et d'Alonzo de Quintanilla, touchée surtout du reproche qu'ils lui adressaient de refuser les moyens de convertir à la foi catholique des milliers d'infidèles, envoya un courrier pour rappeler Colomb. Bientôt un traité fut signé par les monarques, le 17 avril 1492, à Santa-Feta, dans la *vega* (plaine) de Grenade; ce que Colomb avait demandé lui fut accordé : les articles du traité énonçaient « qu'il aurait, pour lui pendant sa vie, et pour ses héritiers et ses successeurs à perpétuité, l'office d'amiral dans toutes les terres qu'il pourrait découvrir ou acquérir dans l'Océan; qu'il serait vice-roi et gouverneur général de toutes ces terres, et qu'il aurait droit à un dixième de toutes les perles, pierres précieuses, or, argent, épices, et toutes denrées et marchandises quelconques obtenues de quelque manière que ce pût être dans les limites de sa juridiction. » Le dernier article enfin l'autorisait à avancer un huitième des frais de l'armement, ce qui lui donnerait droit au huitième des bénéfices. C'était Colomb qui avait offert cette avance. En effet, il équipa un des trois navires de l'expédition à l'aide d'un marché qu'il conclut avec un riche navigateur, Martin-Alonzo Pinzon (¹).

Les trois Caravelles de Christophe Colomb (d'après la supposition de M. Jal). — Frontispice des premières œuvres de Jacques de Vaulx, 1583; manuscrit Colbert, in-fol. n° 6815 (Bibliothèque impériale).

Alors commence pour Christophe Colomb, déjà parvenu à l'âge de cinquante-six ans, une vie nouvelle. C'est surtout dans les relations de ses voyages qu'il est intéressant d'en lire les événements tour à tour si glorieux et si tristes. Mais avant d'entrer dans le détail de ses illustres navigations, il semble utile d'en résumer, comme dans un sommaire, les principaux résultats, afin qu'on se fasse plus aisément une idée exacte de l'ensemble.

Dans son premier voyage, en 1492, Christophe Colomb découvrit les îles San-Salvador, la Conception, Fernandina, Isabelle, dans l'archipel des Lucayes (²), une partie de la côte septentrionale de Cuba, la côte septentrionale de Saint-Domingue (l'Espagnole). Cette première expédition dura sept mois.

Son second voyage, en 1493, dura neuf mois, et eut pour résultat la découverte des îles la Dominique, la Guadeloupe, Marie-Galante, Saint-Martin, Sainte-Croix, Puerto-Rico et la Jamaïque. Christophe Colomb explora cette fois une beaucoup plus grande partie de Saint-Domingue et la partie méridionale de Cuba.

A son troisième voyage, en 1498, Colomb découvrit la Trinité, aborda au continent d'Amérique, sur la côte entrecoupée par les branches de l'Orénoque, reconnut le golfe de Paria, les îles de l'Assomption (Tabago), de la Conception (Grenade), de la Marguerite et de Cubaga. Ce fut en revenant de ce voyage, pendant son séjour à Saint-Domingue, qu'il fut arrêté par le gouverneur Bobadilla, et renvoyé chargé de fers en Espagne.

A son quatrième et dernier voyage, Christophe Colomb, âgé de soixante-six ans (³), découvrit l'île de

---

(¹) « De ces trois navires, *la Gallega* était la maîtresse, en laquelle était Colomb. Et l'une des deux autres était *la Pinta*, de laquelle Martin-Alonzo Pinzon était capitaine; et l'autre se nommait *la Nina*, de laquelle était capitaine François-Martin Pinzon, avec lequel était Vincent-Yanez Pinzon. Les trois capitaines et pilotes étaient frères, tous natifs de Palos, comme la plupart de ceux qui allaient en cette armée.

» Et étaient en tout jusques au nombre de cent vingt hommes. » (Oviedo, liv. II, chap. v.)

Le nom de la caravelle ou navire amiral monté par Colomb était, non point *la Gallega*, comme le dit Oviedo, mais *la Santa-Maria*. Peut-être fut-ce Colomb qui lui donna ce nom, au jour du départ, par un sentiment de piété.

(²) Sur la désignation de ces îles, voy. plus loin les notes de la relation.

(³) De soixante-dix ans si l'on admet, avec Ramusio, l'année 1430 pour date de la naissance. (Voy. la note 2 de la p. 76.)

Guanaga, vint à deux journées de distance du Yucatan, côtoya Honduras, les Mosquites, passa près des îles Limonares, explora la côte Riche, l'isthme de Veraguas, qu'il supposa voisin des états du grand khan, aborda Porto-Bello et Puerto del Retrete (Puerto-Escribanos), dans l'isthme de Panama.

On ne saurait se faire une idée de ce que causèrent d'étonnement et d'enthousiasme en Europe les nouvelles de chacune de ces expéditions.

« Chaque jour, dit Pierre Martyr d'Anghiera (¹), il nous arrive de nouveaux prodiges de ce *monde nouveau*, de ces antipodes de l'ouest qu'un certain Génois, nommé Christophe Colomb, vient de découvrir. Notre ami Pomponius Lœta n'a pu retenir des larmes de joie lorsque je lui ai donné les premières nouvelles de cet événement inattendu. Qui peut s'étonner aujourd'hui parmi nous des découvertes attribuées à Saturne, à Cérès et à Triptolème? Qu'ont fait de plus les Phéniciens lorsque, dans des régions lointaines, ils ont réuni des peuples errants et fondé de nouvelles cités? Il était réservé à notre temps de voir accroître ainsi l'étendue de nos conceptions, et paraître inopinément sur l'horizon tant de choses nouvelles. »

« A Londres, dit le légat Galéas Butrigarius (²), à la cour du roi Henri VII, quand les premières nouvelles nous arrivèrent de la découverte des *côtes de l'Inde*, faite par le Génois Christophe Colomb, tout le monde convint que c'était une chose presque divine de naviguer par l'ouest vers l'est, où croissent les épiceries (³). »

L'émulation excitée par le succès de Colomb provoqua immédiatement un grand nombre d'expéditions. « Telles étaient alors, dit de Humboldt, l'ardeur et la rivalité des peuples commerçants, des Espagnols, des Anglais et des Portugais, que cinquante ans suffirent pour ébaucher la configuration des masses continentales de l'autre hémisphère au sud et au nord de l'équateur..... Lorsque Diego Ribéro revint, en 1525, du congrès de la Puente de Caya, près d'Yelves, les grands contours du nouveau monde étaient trouvés, depuis la terre de Feu jusqu'au Labrador. Sur les côtes occidentales, les progrès étaient naturellement plus lents; cependant, en 1543, Rodriguez Cabrillo avança jusqu'au nord de Monterey; tant il est vrai, comme l'observe un littérateur judicieux, M. Villemain, que lorsqu'un siècle commence à travailler sur quelque grande espérance, il ne se repose pas qu'elle ne soit accomplie. »

On a longtemps et souvent contesté à Colomb le mérite d'avoir le premier abordé le nouveau monde. « Lorsque Colomb avait proposé un nouvel hémisphère, on lui avait soutenu que cet hémisphère ne pouvait exister, et quand il l'eut découvert, on prétendit qu'il avait été connu depuis longtemps (⁴). » Sans doute, en laissant de côté la possibilité que dans des temps qui échappent à notre vue les Phéniciens fussent parvenus jusqu'en Amérique, on ne saurait contester que plusieurs points du nouveau continent n'aient été abordés au nord par les Normands-Scandinaves et par Sébastien Cabot (⁵). Mais ces entreprises partielles n'avaient eu aucune conséquence importante, et, comme on l'a fait justement observer, Colomb aurait pu savoir que les colons scandinaves du Groenland avaient découvert la terre de Vinland, que des pêcheurs de Friesland avaient abordé à une terre appelée Drogeo; toutes ces nouvelles ne lui auraient aucunement paru se lier à ses projets : il cherchait les Indes. Le Groenland

---

(¹) Lettre de décembre 1493. Pierre Martyr est l'écrivain qui a nommé Christophe Colomb pour la première fois.

(²) Dans le récit des premières aventures de Sébastien Cabot.

(³) La vue des indigènes du nouveau monde, si différents des Asiatiques, ne fit point cesser l'illusion des premiers navigateurs, parce que, d'après les récits de Marco-Polo lui-même, de Balducci Pelogetti et de Nicolas de Conti, on croyait que les mers du Japon, de la Chine et du grand archipel des Indes étaient presque couvertes d'îles innombrables, riches autant en or qu'épiceries. Dans la mappemonde de Martin Behaim, terminée en 1492, se trouve une citation de Marco-Polo (liv. III, ch. XLII), et de 12 700 îles « avec des montagnes d'or, des perles, et douze espèces d'épiceries. » Behaim transportait au nord-ouest les Maldives.

Dans les premiers temps de la conquête de l'Amérique, on avait coutume de considérer chaque partie nouvellement découverte comme une île plus ou moins grande. Peu à peu on reconnaissait la contiguïté de ces parties.

(⁴) *Essai sur les mœurs et l'esprit des nations*. Il est superflu de rappeler que Colomb n'avait pas promis un nouvel hémisphère.

(⁵) Sébastien Cabot toucha en effet à l'Amérique septentrionale le 24 juin 1497, par conséquent antérieurement à la découverte *continentale* de Colomb au golfe de Paria. Il côtoya le continent depuis la baie de l'Hudson jusqu'au sud de la Virginie dans un navire de Bristol, *the Matthew*.

avait toujours été considéré par les géographes du moyen âge comme appartenant aux mers d'Europe.

Les discussions qui se sont élevées à ce sujet, les travaux critiques qui ont déterminé avec précision la part exacte de Colomb dans la plus grande découverte géographique des temps anciens et des temps modernes, n'ont aucunement diminué les droits de ce grand homme à la reconnaissance du monde. Dépouillé de tout ce qui n'était que prestige et exagération, il est resté éminent, admirable, et la supériorité intellectuelle qui éclate dans ses actions se confirme dans les récits qu'il en avait tracés lui-même [1].

« L'amiral, dit son fils, eut soin, dans son premier voyage, de décrire jour par jour tout ce qui arrivait dans la route, les vents qui soufflaient, les courants qu'il éprouvait, les oiseaux et les poissons qu'il avait occasion d'observer. » Il fit de même dans tous les voyages qu'il exécuta successivement en allant de Castille aux Indes [2]. On a conservé différentes lettres et d'autres écrits de Colomb, mais par malheur le journal de son premier voyage est le seul qui existe ; encore n'a-t-il pas été conservé intégralement tel qu'il avait été écrit ; l'évêque Bartolomé de las Casas, qui possédait le manuscrit de Colomb, a cru devoir l'abréger en citant toutefois par intervalles, et sans modification, quelques passages entiers de l'auteur. Le récit original devait être d'une grande étendue ; l'abrégé ne forme pas moins d'un tome in-folio contenant cent cinquante deux pages de l'écriture de las Casas, qui est très-fine et très-serrée [3]. Nous sommes obligé nous-même de ne donner qu'un extrait de cette rédaction de las Casas ; mais, comme lui, nous y entremêlons quelques fragments empruntés littéralement au texte de Colomb [4].

PREMIER VOYAGE DE CHRISTOPHE COLOMB.

(3 août 1492. — 4 mars 1493.)

« Je partis de la ville de Grenade le samedi 12 du mois de mai de l'année 1492 ; je vins à la ville de Palos, port de mer, où j'équipai trois vaisseaux qui convenaient très-bien à l'entreprise, et je sortis de ce port approvisionné de beaucoup de vivres et accompagné de beaucoup de gens de mer [5]. »

Vendredi 3 août. — « Ce vendredi 3 août 1492, nous partîmes de la barre de Saltes [6], à huit heures, et, une forte brise nous poussant vers le sud, nous fîmes, jusqu'au coucher du soleil, 60 milles, qui sont 15 lieues [7] ; ensuite nous filâmes au sud-ouest, puis au sud quart sud-ouest, ce qui était notre route pour aller aux Canaries [8]. »

---

[1] *Vida del Amirante*, cap. xiv. Colomb écrivait au pape, en février 1502 : « Je m'attriste de ne pas pouvoir me rendre personnellement à Rome pour présenter à Votre Sainteté un écrit dans lequel j'ai raconté mes exploits à la manière de Jules César, etc. »

[2] Voy., plus loin, la Bibliographie qui termine les relations des découvertes de Christophe Colomb.

[3] Ce manuscrit de las Casas est conservé dans les archives du duc del Infantado. Il a été publié pour la première fois en 1825, par don M.-F. Navarette, et traduit en français par MM. Chalumeau de Verneuil et de la Roquette (Paris, Treuttel et Würtz, 1828). Une copie manuscrite de la rédaction de las Casas existe aussi dans les mêmes archives.

On possède de plus sur ce premier voyage : 1° une lettre de Christophe Colomb à Luis de Santangel, intendant en chef du roi et de la reine catholiques ; 2° une lettre presque entièrement semblable de Colomb à don Rafael Sanchez (Sanxès), traduite en latin par Leandro Cosco. Bossi l'a publiée dans l'appendice de sa Vie de Colomb, traduite en français, et publiée à Paris en 1824. Il la considérait comme très-rare ; mais on peut voir par une note du deuxième volume de la traduction de Navarette due à MM. Verneuil et de la Roquette, p. 363, que cette lettre avait été réimprimée plusieurs fois, et dans plusieurs collections. Il aurait pu suffire d'en donner une nouvelle traduction à nos lecteurs, mais il nous a paru que cette analyse du voyage était trop succincte pour offrir assez d'intérêt.

[4] Ces passages seront guillemetés.

[5] *Discours préliminaire.*

[6] Ile située vis-à-vis la ville d'Huelva, et formée par deux bras du fleuve Odiel.

[7] Colomb comptait en milles italiens. La lieue marine espagnole n'est que de trois milles ; la lieue marine italienne de quatre.

[8] Voy. plus haut la note 3 de la p. 3.

Christophe Colomb debout sur son navire, l'astrolabe à la main. — D'après la gravure placée en tête de la quatrième partie des *Grands Voyages* (¹).

(¹) C'est une œuvre d'imagination, comme presque toutes les gravures insérées par Th. de Bry dans sa collection de

Lundi 6 août. — Le gouvernail de l'une des trois caravelles se disloqua. L'amiral (Colomb) (¹) soupçonna que cet accident était un acte de malveillance ; on avait vu, avant le départ, un des marins, nommé Gomez Rascon, se concerter secrètement avec Cristobal Quintero, propriétaire de la caravelle, et qui ne faisait ce voyage que contre son gré (²).

Mercredi 8 août. — L'amiral voulut aller à l'île de la Grande-Canarie pour réparer ou pour échanger contre une autre cette caravelle, que l'on nommait *la Pinta*, et qui était commandée par Martin-Alonzo Pinzon, associé à l'entreprise (³).

Les pilotes des trois caravelles ne pouvaient s'entendre sur le chemin à suivre pour aller aux Canaries ; l'amiral, plus instruit, résolut la question avec justesse.

Dimanche 12 août. — L'amiral aborda à l'île Gomère dans la nuit de ce dimanche.

Il alla ensuite à la Grande-Canarie (ou à Ténériffe). Les trois équipages réparèrent *la Pinta* ; on changea sa forme, qui était latine ou triangulaire, et on la fit ronde.

En passant près de Ténériffe pour aller à la Gomère, on vit un grand feu sortir de la Sierra de l'île de Ténériffe, qui est extrêmement élevée (⁴).

Dimanche 2 septembre. — On vint à Gomère. Des habitants de cette île et d'autres de l'île de Fer affirmèrent à l'amiral (ce qu'il avait déjà entendu dire souvent) que tous les ans ils voyaient une terre à l'ouest des Canaries (⁵).

Jeudi 6 septembre. — On partit de bonne heure du port de la Gomère. Un bâtiment qui venait de l'île de Fer avertit l'amiral que trois caravelles portugaises l'attendaient à quelque distance avec de mauvaises intentions. Colomb pensa que ce pouvait être par ordre ou par permission du roi de Portugal, jaloux de ce qu'il était sorti de ce royaume pour entrer au service de l'Espagne. On ne rencontra point les caravelles.

Dimanche 9 septembre. — On fit ce jour-là 19 lieues, mais l'amiral en déclara un moins grand nombre, afin que si le voyage était plus long qu'il ne l'avait prévu, les marins ne fussent pas aussi prompts à s'effrayer et à se décourager. Il persévéra dans cette mesure de prudence pendant toute la navigation (⁶).

L'amiral eut à réprimander plusieurs fois les marins parce qu'ils déclinaient sur le quart nord-est et même au demi-quart.

Mardi 11 septembre. — On vit les débris du mât d'un navire de 120 tonneaux, mais il fut impossible de le prendre.

Jeudi 13 septembre. — Courants contraires. A la fin du jour, on remarqua que les boussoles nord-ouestaient ; de même le lendemain, au lever du jour (⁷).

---

voyages aux Indes orientales. Cependant Th. de Bry assure, dans ses avis aux lecteurs, qu'en 1587, ayant fait un voyage en Angleterre, Richard Hackluyt lui avait procuré des dessins d'après nature représentant les habitants du nouveau monde. Mais Th. de Bry, éditeur et graveur à la fois, sacrifiant toujours au succès, modifia ces dessins originaux pour les accommoder au goût et au style de son temps.

(¹) Las Casas ne le désigne jamais dans son abrégé que sous son titre d'amiral ; nous suivrons le plus ordinairement son exemple. Aujourd'hui encore, dans l'Amérique espagnole, on dit toujours l'*Amirante*, en parlant de Christophe Colomb.

(²) Le roi et la reine avaient ordonné que deux caravelles fussent fournies par la ville de Palos, et mises à la disposition de Colomb. Un autre décret obligeait les maîtres et les équipages à partir avec l'amiral, dans quelque direction qu'il jugeât à propos de faire voile.

(³) Voy. la note 1 de la p. 90. On suppose que les frères Pinzon avaient fourni au moins l'un des trois bâtiments et les fonds nécessaires pour payer le huitième de la dépense que Colomb avait promis d'avancer.

(⁴) « Christophe Colomb est le premier qui ait rapporté l'époque fixe d'une éruption de l'île de Ténériffe. » (Humboldt.) Voy. le Pic de Ténériffe, p. 46.

(⁵) Sur cette illusion, voy. la note 2 de la p. 87.

(⁶) Il avait un journal de route à la disposition des marins, et un autre qu'il tenait secret, et où étaient notées les véritables distances.

(⁷) « La découverte importante de la variation magnétique, ou plutôt celle du changement de la variation dans l'océan Atlantique, appartient, à n'en pas douter, à Christophe Colomb. C'est à tort que l'on a voulu attribuer cette découverte à Sébastien Cabot, dont le voyage est postérieur de cinq ans. Colomb vérifia les boussoles par des méthodes qu'il décrit confusément ; il reconnut très-bien qu'en relevant l'étoile polaire il fallait tenir compte de son mouvement horaire, et que la boussole était dirigée vers un point invisible à l'ouest du pôle du monde. Les Chinois, à la vérité, connaissaient ce phé-

Vendredi 14 septembre. — On continua à naviguer dans la direction de l'ouest. Les marins de la caravelle *Nina* virent une hirondelle de mer et un *paille-en-queue*, ce qui leur donna trop d'espé-

Le Paille-en-queue (¹).

rance. Cependant, disait Colomb, ces oiseaux ne s'aventurent pas d'ordinaire à plus de vingt-cinq lieues en mer.

Samedi 15 septembre. — Au commencement de la nuit, on vit en avant des caravelles, à quatre ou cinq lieues, un merveilleux rameau de feu tomber du ciel (²).

Dimanche 16 septembre. — La température fut très-douce pendant ce jour et les suivants ; c'était une véritable jouissance que de contempler les belles matinées qui se succédaient : il n'y manquait, dit l'amiral, que le chant des rossignols. Le temps était aussi agréable qu'il peut l'être en Andalousie, au mois d'avril.

On vit flotter de petits amas d'herbes qui paraissaient encore fraîches (³). Les marins supposèrent

---

nomène de la variation magnétique quatre cents ans plus tôt ; mais il est bien certain que jusqu'à Christophe Colomb les pilotes européens n'employaient aucune correction relative à la variation de la boussole. » (Humboldt.)

(¹) Ou queue-de-jonc, ou oiseau des tropiques ; le *Phaeton œthereus* de Linné.

Il eût certainement mieux valu ne marquer ni rocher ni terre dans cette gravure et dans les quatre qui suivent, c'eût été s'accorder mieux avec le récit ; mais l'artiste, averti trop tard, et prié par nous de modifier son travail, a répondu qu'il importait peu, qu'il s'agissait de faire connaître les animaux rencontrés par les caravelles beaucoup plus que de peindre les scènes mêmes de voyage, que l'effet des dessins était meilleur ainsi, etc. Laissons donc ces figures telles qu'elles sont et effaçons, par la pensée seulement, les accessoires.

(²) Une étoile filante.

(³) Du varech. (Voy. la note 8 de la p. 96.)

qu'on approchait de la terre; mais l'amiral pensa qu'il était près d'une île (¹), et non de la terre, car, dit-il, « je trouve la terre ferme plus en avant. »

Lundi 17 septembre. — Courant favorable à la navigation vers l'ouest; beaucoup d'herbes des rochers venant du couchant (²).

Les pilotes, croyant être près de terre, prirent la direction du nord, qu'ils marquèrent; mais ils s'aperçurent avec crainte et tristesse que les aiguilles nord-ouestaient un grand quart; ils pensaient qu'elles ne les guidaient pas fidèlement. L'amiral, pour les rassurer, leur ordonna de marquer de nouveau le nord dès l'aube du jour, et il leur montra que les aiguilles étaient bonnes. Il leur expliqua ensuite ce phénomène en leur disant que c'est l'étoile qui paraît immobile qui se meut, tandis que les aiguilles restent fixes (³).

Le nombre des herbes avait augmenté dès le point du jour, et dans l'un des amas on trouva une écrevisse vivante. L'amiral voulut la garder; il lui parut que c'était un excellent signe, parce que, disait-il, on ne rencontre jamais d'écrevisse à quatre-vingts lieues de terre.

On remarqua que, depuis le départ des Canaries, l'air était plus tempéré et l'eau de mer moins salée.

Les marins luttaient de vitesse; chacun d'eux désirait apercevoir la terre le premier.

Les marins de la caravelle *la Nina* tuèrent une *tonina* (⁴). On vit un grand nombre de ces poissons, et aussi un *paille-en-queue*.

L'amiral écrivit : « Ces signes venaient du couchant, où j'espère que le Dieu puissant, dont les mains seules donnent toute victoire, nous fera bientôt trouver la terre. »

Mardi 18 septembre. — Une mer aussi calme que dans le fleuve de Séville.

Le bâtiment *la Pinta*, bon voilier, s'élança en avant, parce que Martin-Alonzo Pinzon avait vu un grand nombre d'oiseaux voler vers le couchant, et il espérait voir la terre pendant la nuit.

Une obscurité du côté du nord parut un signe du voisinage de la terre.

Mercredi 19 septembre. — A dix heures du matin un *fou* (⁵) se jeta sur le bâtiment; il en vint un autre dans l'après-midi. Cet oiseau ne s'éloigne pas ordinairement à plus de vingt-cinq lieues de la terre (⁶). Des brumes s'élevèrent et il n'y avait pas de vent, signe certain, disait-on, de la proximité de la terre.

L'amiral eut la conviction qu'à droite ou à gauche, au nord ou au sud, il y avait des îles; mais il ne voulut pas s'arrêter à les chercher et déclara qu'il continuerait sa route directement vers les Indes. « Le temps est bon, dit-il, et, s'il plaît à Dieu, tout se verra au retour. »

Jeudi 20 septembre. — Trois fous vinrent à la caravelle de l'amiral. On vit beaucoup d'herbes. On prit à la main un oiseau de rivière qui avait les pieds comme une mouette; il ressemblait à une hirondelle de mer (⁷). De petits oiseaux qui habitent les terres vinrent le matin chanter au haut des mâts et quittèrent le navire vers le soir. Un quatrième fou venant de l'ouest nord-ouest se dirigea vers le sud-est. L'amiral ne douta point qu'il n'eût laissé la terre à l'ouest nord-ouest, parce que, dit-il, les oiseaux dorment à terre, et vont le matin chercher leur nourriture sur la mer.

Vendredi 21 septembre. — Au lever du jour on vit la mer couverte d'herbes venant de l'ouest (⁸),

---

(¹) On approchait non d'une île, mais de brisants, marqués sur les cartes espagnoles comme ayant été vus en 1802.

(²) Les brisants étaient encore à quarante lieues ouest. Le lieutenant de vaisseau don Manuel Moreno, qui a accompagné Churrucca dans son expédition chronométrique des Antilles, place ces brisants par 28 degrés de latitude et 43° 22′ de longitude ouest de Paris.

(³) Les pilotes se rassurèrent, ignorant à la fois la variation de la boussole et la non-fixité de l'étoile polaire. La véritable cause de la déclinaison et de l'inclinaison de l'aiguille aimantée n'est pas connue; on en est encore aux hypothèses. Ce qu'on peut lire de plus instructif sur ce passage de la relation se trouve compris entre les pages 29 et 64 du troisième volume de l'*Histoire de la géographie du nouveau continent*.

(⁴) La thonine est une petite espèce du genre des thons; elle a le dos couvert de petites taches et vermiculations noires.

(⁵) Le *Sula* de Cuvier, rangé par Linné dans les *Pelecanus*.

(⁶) On était à dix lieues des brisants.

(⁷) C'était en effet probablement une hirondelle de mer (*Sterna*, Linné).

(⁸) Il existe, dans l'Atlantique, deux accumulations de varech flottant, que l'on confond sous la dénomination vague de *mar de sargasso* ou *sargaço*, et que l'on peut distinguer par les noms de *grand* et de *petit banc de varec*. Ces masses spo-

comme si sa surface eût été glacée. Il vint un fou. On aperçut une baleine. L'amiral fit remarquer que les baleines se tiennent toujours près de terre (¹).

Le Fou (²).

Samedi 22 septembre. — Presque pas d'herbe; divers oiseaux; des damiers ou pétrels tachetés (³). On navigua à l'ouest nord-ouest.

« Le vent contraire me fut fort nécessaire, parce que les gens de mon équipage étaient en grande fermentation, persuadés que, dans ces mers, il ne soufflait aucun vent pour retourner en Espagne (⁴). »

Le soir, des herbes très-épaisses.

Dimanche 23 septembre. — Navigation au nord-ouest, quart au nord, et de temps à autre dans la véritable direction à l'ouest. Une tourterelle, un fou, un moineau de rivière, d'autres oiseaux blancs, des écrevisses dans les herbes.

Le calme de la mer fit murmurer l'équipage, qui répétait que puisqu'il n'y avait pas de grosse mer dans ces parages, jamais on n'aurait de vents pour retourner en Espagne. Heureusement bientôt la mer s'éleva (⁵).

radiques et la bande qui les unit occupent une superficie six à sept fois grande comme celle de la France. Le 21 septembre, Colomb était par lat. 28 degrés, et par long. 43 degrés un quart.

(¹) On était à quatre lieues nord des brisants. (Voy. la note 2 de la p. 96.)
(²) Le Sula. (Voy. la note 1 de la p. 95.)
(³) En espagnol, *pardelas*.
(⁴) C'était une illusion.
(⁵) On remarquera la simplicité de ces paroles de Colomb.

« Ainsi, dit l'amiral, la grosse mer me fut très-nécessaire, ce qui n'était pas encore arrivé, si ce n'est du temps des Juifs, quand les Égyptiens partirent d'Égypte à la poursuite de Moïse qui délivrait les Hébreux de l'esclavage. »

Le Damier ou Pétrel tacheté (¹).

Lundi 24 septembre. — Un fou; beaucoup de damiers.

Mardi 25 septembre. — L'amiral se rendit à la caravelle *Pinta* pour parler à Martin-Alonzo Pinzon au sujet d'une carte qu'il lui avait envoyée trois jours auparavant, et sur laquelle il paraît que l'amiral avait peint quelques îles qu'il supposait se rencontrer dans cette mer (²). Martin-Alonzo prétendait qu'on était dans le voisinage de ces îles; c'était aussi l'avis de l'amiral. Suivant lui, la cause pour laquelle on ne les avait pas trouvées était le courant qui portait le navire au nord-est, et on était moins avancé (à l'ouest) que les pilotes ne le supposaient. De retour à son bord, il voulut qu'on lui envoyât la carte marine, ce qui se fit au moyen d'une corde. Il se mit à travailler (faire son point, *cartear*) sur la carte, conjointement avec son pilote et ses marins, jusqu'à ce que Martin-Alonzo, au coucher du soleil, monta à la poupe de son navire, et, comme transporté de joie, appela l'amiral en criant : « Bonne nouvelle ! j'aperçois la terre ! » L'amiral, entendant avec quelle conviction s'exprimait Martin-Alonzo, se jeta à genoux pour remercier Dieu. Les équipages de *la Pinta* et du navire amiral entonnèrent le *Gloria in*

(¹) Voy. la note 1 de la p. 95.

(²) Peut-être la carte même de Toscanelli, sur laquelle étaient tracées, suivant ce savant Florentin, « toutes les îles qui se trouvent le long de la route qui de l'occident doit mener aux Indes, et qui représente encore l'extrémité orientale du continent de l'Asie, avec les ports et îles où l'on peut mouiller. »

Bossi a publié le texte entier des lettres de Toscanelli dans son Appendice à la vie de Christophe Colomb.

excelsis Deo. Les marins de *la Nina*, montés sur le mât de hune et dans les cordages, affirmaient qu'ils voyaient la terre. D'après les ordres de l'amiral, on quitta la route de l'ouest pour prendre la direction du sud-ouest, du côté de cette terre que l'on croyait être à vingt-cinq lieues.

La Frégate (¹).

La mer devint très-unie; les marins se mirent à nager, ils virent des dorades et d'autres poissons.

Jeudi 27 septembre. — On prit une dorade et on vit un paille-en-queue.

Samedi 29 septembre. — On vit une frégate, oiseau qui se nourrit de ce qu'il force les fous à rejeter (²). L'air était d'une douceur délicieuse. On rencontra une autre frégate, trois fous, beaucoup d'herbe.

Dimanche 30 septembre. — On navigua à l'ouest. Quatre paille-en-queue se posèrent sur la caravelle de l'amiral, ce qui parut un bon signe. Quand plusieurs oiseaux de même espèce volent ensemble, on peut croire, dit l'amiral, qu'ils ne sont pas égarés et que la terre est proche. Encore des fous et de l'herbe.

« Les étoiles connues sous le nom de Gardes paraissent au commencement de la nuit, près du bras,
» dans la direction du couchant; au lever du jour elles paraissent dans la ligne et sous le bras, dans la
» direction du nord-est. Il semble qu'elles ne font pas plus de trois lignes, c'est-à-dire neuf heures,
» pendant toute la durée de la nuit. »

(¹) Voy. la note 1 de la p. 95.
(²) *Pelecanus Fregate*. « Cet oiseau fait la chasse aux fous et les force à lui abandonner les poissons qu'ils tiennent déjà dans leur bouche. » (Cuvier.)

A la fin du jour, déviation des aiguilles aimantées; elles se retrouvent juste dans la direction de l'étoile du nord, au point du jour (¹).

Lundi 1ᵉʳ octobre. — Une grande pluie de peu de durée. Le pilote de l'amiral dit avec un sentiment d'inquiétude que depuis l'île de Fer on avait fait 578 lieues vers l'ouest. L'amiral savait qu'on en avait fait 700, et il en accusait 584.

Mardi 2 octobre. — L'herbe vient de l'est à l'ouest, c'est-à-dire dans le sens opposé où on l'avait vue jusqu'alors. Beaucoup de poissons; un oiseau blanc semblable à une mouette.

Mercredi 3 octobre. — Des damiers, de l'herbe flétrie, de l'herbe fraîche portant en apparence une espèce de fruit (²).

Jeudi 4 octobre. — Plus de quarante damiers en troupe; deux fous, une frégate, une sorte de mouette.

Vendredi 5 octobre. — Toujours des damiers; un grand nombre de poissons volèrent sur la caravelle de l'amiral (³).

Samedi 6 octobre. — Martin-Alonzo Pinzon exprima l'avis qu'il valait mieux naviguer au quart de l'ouest, dans la direction du sud-est. Ce ne fut pas l'opinion de l'amiral; il ne voulait pas dévier de la direction de l'ouest : avant tout il fallait, dit-il, arriver à la terre ferme d'Asie; on verrait les îles ensuite.

Dimanche 7 octobre. — Comme le roi et la reine avaient promis une récompense au premier qui verrait la terre, les caravelles se mirent à lutter de vitesse en avant. L'amiral avait ordonné que la caravelle qui aurait cet avantage arborerait un pavillon au bout du mât de hune et ferait une décharge. Quand le soleil se leva, *la Nina* fit les signes convenus : son équipage croyait avoir découvert la terre, parce qu'un très-grand nombre d'oiseaux volaient du nord au sud-ouest, soit pour fuir l'hiver, soit pour aller se reposer la nuit à terre. C'était encore une illusion. Cependant, Colomb, tenant compte de ce signe, consentit à essayer de la direction ouest sud-ouest (⁴).

Lundi 8 octobre. — La mer était belle comme la rivière de Séville, et la température aussi douce qu'au mois d'avril; l'air était doux comme en Andalousie : c'était un plaisir de respirer cet air, qui est comme embaumé, dit Colomb. On vit de l'herbe fraîche, des oiseaux des champs fuyant au sud, des corneilles, des canards, un fou. De nuit, on fit jusqu'à quinze milles à l'heure, dans la direction ouest sud-ouest.

Mardi 9 octobre. — Navigation au sud-ouest. Le vent souffle ouest quart au nord-ouest. Pendant la nuit, on entend passer des oiseaux.

Mercredi 10 octobre. — Ici les gens de l'équipage se plaignirent de la longueur du chemin; ils ne voulaient pas aller plus loin (⁵). L'amiral fit de son mieux pour relever leur courage, en les entretenant des profits qui les attendaient. Il ajouta, du reste, avec fermeté, qu'aucune plainte ne le ferait changer de résolution; qu'il s'était mis en route pour se rendre aux Indes, et qu'il continuerait sa route jusqu'à ce qu'il y arrivât, avec l'assistance de Notre-Seigneur.

(¹) Colomb continue à supposer que la déclinaison résulte de ce que l'étoile polaire est mobile comme les autres étoiles.

(²) Voy. Humboldt, *Histoire de la géographie du nouveau continent*, t. III, p. 68.

(³) En espagnol, *golondrinas*. Sans doute des trigles volants, dactyloptères.

(⁴) « Si la caravelle avait continué la route vers l'ouest, qu'elle suivait constamment depuis le 30 septembre, elle aurait donné contre l'île Eleuthera, sur le grand banc de Bahama, et cette navigation du banc de Bahama dans une mer inconnue pouvait offrir bien des dangers. » (Humboldt.)

Les ennemis de Colomb voulurent attribuer à Martin-Alonzo Pinzon le mérite d'avoir fait changer la direction de navigation qui amena la découverte. « Il avait vu, dit un marin, des perroquets passer dans la soirée du 7, et il savait que ces oiseaux n'allaient pas sans motifs du côté du sud. »

« Jamais vol d'oiseau n'a eu dans les temps modernes des suites plus graves, fait observer Humboldt, car le changement de rumb effectué le 7 octobre a décidé de la direction dans laquelle ont été faits les premiers établissements des Espagnols en Amérique. »

(⁵) On doit remarquer ces expressions modérées. Oviedo, Pierre Martyr, Herrera, ont parlé d'insurrection, de menaces, d'un danger de mort pour Christophe Colomb. « Comme les historiens aiment les effets dramatiques qui résultent de l'opposition des caractères, dit Humboldt, ils ont cru devoir agrandir le navigateur génois en exagérant les dangers auxquels l'exposaient la malice, la timidité ou l'ignorance de ses matelots. Le conte d'Oviedo sur les trois jours que Colomb obtint, le 8 octobre, pour continuer à avancer vers l'ouest, copié par tous les biographes et poëtes modernes, a été réfuté par Munoz (lib. III, § 7). Au 8 octobre, qui devait être le jour si dangereux pour la révolte, selon Oviedo, les lignes écrites par Colomb, sous l'impression du moment, n'annoncent certainement pas des terreurs ou une humeur chagrine. »

DÉCOUVERTE DE LA TERRE. — PRISE DE POSSESSION.

Jeudi 11 octobre. — Navigation à l'ouest-sud-ouest. Grosse mer. Des damiers et un roseau vert près de la caravelle de Colomb. De la caravelle *la Pinta* on aperçut aussi un roseau, un bâton, un autre petit bâton que l'on prit et qui parut avoir été taillé avec du fer, un débris de roseau, une herbe de

Le Trigle volant (¹).

terre, une planchette. L'équipage de *la Nina* vit un petit bâton couvert d'épines à fleurs; tous les esprits en furent réjouis.

L'amiral ordonna, quand vint la fin du jour, de reprendre la direction ouest.

Le navire *la Pinta*, le meilleur voilier des trois caravelles, était en tête. Il fit signe qu'il avait découvert la terre. Ce fut un marin nommé Rodrigo de Triana qui vit cette terre le premier. Car l'amiral, se trouvant à dix heures du soir dans le gaillard de poupe, avait bien aperçu une lumière; mais elle était entourée d'une obscurité si épaisse, qu'il resta en doute si c'était un signe de terre. Cependant il appela le tapissier du roi, Pedro Guttierez, et l'ayant invité à regarder, celui-ci vit aussi une lumière; Rodrigo Sanchez de Ségovie, contrôleur de la flotte, appelé à son tour, ne vit pas la lumière; mais comme on était averti par l'amiral, on la chercha, et on la vit depuis une ou deux fois : elle faisait l'effet d'une bougie que l'on élève et que l'on baisse tour à tour (²).

Au moment où les marins se réunirent pour chanter le *Salve*, l'amiral les invita à se tenir attentifs au

---

(¹) Voy. la note 1 de la p. 95.

(²) Voici la version d'Oviedo (liv. II, ch. v) : « Un marinier de ceux qui étaient dans le principal navire, natif de Lépé, dit : « Feu ! terre ! » Et incontinent un serviteur de Colomb nommé Salzedo répliqua, disant : « Monseigneur l'amiral l'avait déjà dit. » Et tantôt après Colomb dit : « Il y a longtemps que je l'ai dit, et que j'ai vu ce feu-là qui est en terre. » Et ainsi pour vrai était advenu qu'un jeudi, à deux heures après minuit, l'amiral appela un gentilhomme nommé Escobedas, valet de

gaillard de poupe et à bien regarder, promettant de donner au premier qui verrait la terre un pourpoint de soie, outre la récompense de 10 000 maravédis de rente, et autres promises par le roi et la reine (¹).

Vendredi 12 octobre. — *A deux heures de la nuit, on aperçut réellement la terre : on n'en était éloigné que de deux lieues* (²).

On mit en panne, et on attendit le jour. Cette terre était une petite île des Lucayes, que les Indiens appelaient *Guanahami* (³). Bientôt parurent quelques habitants : ils étaient tout nus.

L'amiral descendit dans la barque armée avec Martin-Alonzo Pinzon et Vincent-Yanez Pinzon, son frère, capitaine de *la Nina*. L'amiral tenait à la main la bannière royale : les deux capitaines portaient chacun une bannière de la croix verte, qui servait de signe de reconnaissance dans chaque bâtiment. Au milieu de ces bannières était une croix; à droite de la croix, un F (Ferdinand); à gauche, un I (Isabelle). En abordant, ils virent de beaux arbres verts, diverses espèces de fruits, et beaucoup d'eau. Avec l'amiral et les deux capitaines étaient le contrôleur Rodrigo Sanchez de Ségovie, le secrétaire de toute la flotte, Rodrigo Descovedo, et plusieurs autres. L'amiral, les appelant en témoignage, déclara qu'il prenait possession de l'île au nom du roi et de la reine, et l'on dressa sur-le-champ un acte pour constater cette déclaration (⁴). Tandis que ces choses se passaient, des habitants de l'île vinrent autour de l'amiral et de ses compagnons.

Voici les paroles mêmes de Colomb, rapportées par l'évêque las Casas :

« Désirant leur inspirer de l'amitié pour nous, et persuadé, en les voyant, qu'ils se confieraient mieux à nous et qu'ils seraient mieux disposés à embrasser notre sainte foi si nous usions de douceur pour les persuader plutôt que si nous avions recours à la force, je fis don à plusieurs d'entre eux de bonnets de couleur et de perles de verre qu'ils mirent à leur cou. J'ajoutai différentes autres choses de peu de prix : ils témoignèrent une véritable joie, et ils se montrèrent si reconnaissants que nous en fûmes émer-

garde-robe du roi catholique, et lui dit qu'il voyait du feu. Et le lendemain matin, sur le point du jour, à l'heure que Colomb avait dit le jour précédent, on vit du principal navire l'île que les Indiens appellent Guanahany, du côté du nord.

» Et le premier qui vit la terre, quand il fut jour, se nommait Rodrigue de Tryana, le onzième jour d'octobre, l'an 1492. »

Oviedo dit plus loin que le marinier qui avait prétendu avoir vu la terre le premier « étant après retourné en Espagne, parce qu'on ne lui fit aucun présent, de ce dépité et marry, s'en alla en Afrique et renia sa foi. »

On lit dans les pièces du procès de 1513 *(Probanzas del fiscal,* preg. 18) qu'un marin du navire de Martin-Alonzo Pinzon, nommé Juan-Rodriguez Bermejo, aperçut pendant cette nuit, au clair de la lune, *une plage de sables éclairée*, et cria : *Terre! terre!* Le témoin qui rapporta ce fait en concluait que l'honneur de la découverte de Guanahani appartenait à Bermejo ou au commandant du navire où était ce marin, c'est-à-dire Martin-Alonzo Pinzon.

(¹) M. de Verneuil fait observer que le maravédis de ce temps ayant la valeur de 3 réaux actuels, ou 80 centimes de France, la rente promise était de 8 000 francs, ce qui était une somme considérable pour cette époque. Cette récompense fut adjugée non à Rodrigo de Triana, mais à l'amiral, parce qu'il avait aperçu le premier la lumière.

« Au premier coup d'œil, dit Washington Irving, il peut paraître peu digne du caractère noble et généreux de Colomb d'avoir disputé la récompense à ce pauvre matelot; mais il faut se rappeler que toute son ambition était concentrée sur ce point, et il était sans doute aussi fier d'avoir aperçu la terre le premier que d'avoir conçu le projet hardi de la découvrir. »

(²) « Et sitôt que l'amiral vit la terre, il se mit à deux genoux, et lui sourdaient les larmes des yeux en grande abondance du grand plaisir qu'il sentait, et il commença incontinent de dire avec saint Ambroise et saint Augustin : *Te Deum laudamus, te Dominum confitemur.* » (Oviedo, l. II, chap. v.)

« Les historiens du dix-septième siècle, qui gémissaient déjà sur les maux dont, selon eux, l'Europe a été accablée par la découverte de l'Amérique, ont fait remarquer que Colomb est parti pour la première expédition, le *vendredi 3 août 1492*, de la barre de Saltes, et que la première terre d'Amérique a été découverte le *vendredi 12 octobre* de la même année. »

(³) Ou Guanahanin (lettre de Colomb au trésorier Rafael Sanchez). Navarette suppose que cette île, surnommée San-Salvador par Colomb, doit être la plus septentrionale des îles Turques, au nord de Saint-Domingue, l'île de la Grande-Saline, *the Grand Kay of Turks Islands, la Isla del Gran-Turco*, à l'est du groupe des Caïques, et à l'ouest du *Mouchoir carré*, à environ cent lieues au sud-est de San-Salvador, par le parallèle 21° 30' au nord, vis-à-vis le milieu de la côte septentrionale de l'île de Saint-Domingue.

Humboldt se fonde sur la carte de Juan de la Cosa et sur d'autres documents et des inductions d'une grande autorité pour affirmer que Guanahami n'est autre que le *Cat-Island* des cartes anglaises, l'île du Chat, une des îles Bahama, que l'on nomme encore aujourd'hui San-Salvador. C'est aussi l'opinion de Washington Irving, qui a étudié cette question avec beaucoup de soin.

(⁴) Le père Claude Clément donne, dans ses *Tables chronologiques*, une formule de prières dont l'on croit que Colomb fit usage en cette occasion, et qui servit ensuite, par ordre royal, à Balboa, à Cortez et à Pizarre.

veillés. Quand nous fûmes sur les embarcations, ils vinrent à la nage vers nous, pour nous offrir des perroquets, des pelotes de fil de coton, des zagaies et beaucoup d'autres choses : en échange, nous leur donnâmes de petites perles de verre, des grelots et d'autres objets. Ils acceptaient tout ce que nous leur présentions, de même qu'ils nous donnaient tout ce qu'ils avaient. Mais ils me parurent très-pauvres de toute manière. Les hommes et les femmes sont nus comme au sortir du sein de leur mère. Parmi ceux que nous vîmes, une seule femme était assez jeune, et aucun des hommes n'était âgé de plus de trente ans. Du reste, ils étaient bien faits, beaux de corps et agréables de figure. Leurs cheveux, gros comme des crins de queue de cheval, tombaient devant jusque sur leurs sourcils; par derrière, il en pendait une longue mèche, qu'ils ne coupent jamais. Il y en a quelques-uns qui se peignent d'une couleur noirâtre; mais naturellement ils sont de la même couleur que les habitants des îles Canares ([1]). Ils ne sont ni noirs ni blancs : il y en a aussi qui se peignent en blanc, ou en rouge, ou avec toute autre couleur, soit le corps entier, soit seulement la figure, ou les yeux, ou seulement le nez. Ils n'ont pas d'armes comme les nôtres, et ne savent même pas ce que c'est. Quand je leur montrais des sabres, ils les prenaient par le tranchant et se coupaient les doigts. Ils n'ont pas de fer. Leurs zagaies sont des bâtons. La pointe n'est pas en fer, mais quelquefois une dent de poisson ou quelque autre corps dur. Ils ont de la grâce dans leurs mouvements. Comme je remarquai que plusieurs avaient des cicatrices par le corps, je leur demandai, à l'aide de signes, comment ils avaient été blessés, et ils me répondirent, de la même manière, que des habitants des îles voisines venaient les attaquer pour les prendre, et qu'eux se défendaient. Je pensai et je pense encore qu'on vient de la terre ferme pour les faire prisonniers et esclaves : ils doivent être des serviteurs fidèles et d'une grande douceur. Ils ont de la facilité à répéter vite ce qu'ils entendent. Je suis persuadé qu'ils se convertiraient au christianisme sans difficulté, car je crois qu'ils n'appartiennent à aucune secte. Si Dieu le permet, à mon départ, j'en emmènerai d'ici six, et je les conduirai à Votre Altesse, et ils apprendront la langue espagnole. Les seuls animaux que j'aie encore vus dans cette île sont les perroquets. »

Samedi 13 octobre. — « Dès que se leva le jour, nous vîmes venir sur la plage beaucoup d'hommes, tous jeunes et d'une taille assez élevée : c'est vraiment une fort belle race. Leurs cheveux ne sont pas crépus et tombent naturellement. Ils ont le front et la tête plus larges que ne les ont les autres races que j'ai vues dans mes voyages. Leurs yeux sont beaux et ne sont pas petits; leurs jambes sont très-droites, leur ventre n'est pas trop gros : il est bien fait. Ils approchèrent de mon navire dans des pirogues faites avec des troncs d'arbres, semblables à de longs canots, et tout d'une pièce, construits d'une manière remarquable pour un si pauvre pays. Parmi ces pirogues, les unes pouvaient porter quarante ou quarante-cinq hommes; il y en avait de moins grandes, et d'autres si petites qu'un seul homme pouvait s'y tenir. Pour rame, ils ont une sorte de pelle de boulanger, et ils s'en servent parfaitement. Si une barque vient à chavirer, tous ceux qui la montent se jettent à la nage, la remettent à flot, et enlèvent l'eau qui est à l'intérieur à l'aide de calebasses qu'ils portent sur eux... Je les regardai avec beaucoup d'attention pour m'assurer s'ils avaient de l'or, et je remarquai que plusieurs en portaient un petit morceau à un trou qu'ils se font au nez. Je réussis à apprendre, au moyen de signes, qu'en tournant leur île et naviguant vers le sud, nous trouverions une contrée dont le roi avait de grands vases d'or et une grande quantité de ce métal. J'essayai de leur persuader de venir avec moi dans ce pays, mais ils refusèrent. Je résolus d'attendre jusqu'à l'après-midi du lendemain et de me diriger vers le sud-ouest, où, d'après les informations de beaucoup d'entre eux, il y avait une terre, de même qu'au sud et au nord-ouest. Je compris aussi que les habitants de cette dernière contrée venaient souvent les attaquer et allaient aussi chercher de l'or et des pierres précieuses au sud-ouest. Cette île est sans montagnes, vaste, couverte d'arbres verts; on y trouve beaucoup d'eau et notamment, au milieu, un lac. C'est un plaisir de voir sa verdure. Ses habitants sont doux : il est bien vrai que leur avidité pour les choses que nous leur laissions voir les portait à nous les dérober et à se sauver à la nage, lorsqu'ils n'avaient rien à nous donner en échange; mais ils donnaient très-volontiers tout ce qu'ils avaient pour nos moindres bagatelles, même des morceaux d'écuelle et de verre cassé : j'ai vu l'un d'eux donner, pour trois

---

[1] « Et il est naturel que cela soit, dit ailleurs l'amiral, puisque la situation de cette île est, avec celle de l'île de Fer, l'une des Canaries, en ligne directe de l'est à l'ouest. »

ceutis (¹), valant environ une blanche de Castille (²), seize pelotes de coton qui pouvaient fournir vingt-cinq ou trente livres de coton filé. J'interdis aux gens de l'équipage les échanges pour du coton et je défendis que l'on en prît, ayant l'intention de faire tout emporter pour Vos Altesses, s'il s'en trouvait une grande quantité. C'est une des productions de cette île : ne voulant pas y séjourner, je ne saurais les connaître toutes. Par la même raison, et désirant essayer d'aborder à Cipango (³), je n'ai pas le temps de faire chercher d'où ils tirent l'or qu'ils portent à leur nez. Mais voici la nuit, et ils sont tous retournés à terre sur leurs pirogues. »

Dimanche 14 octobre. — « Au point du jour, ayant fait préparer les chaloupes des caravelles et le bateau de mon navire, je côtoyai l'île, dans la direction nord nord-est, afin d'explorer l'autre partie opposée à l'est. Bientôt j'aperçus deux ou trois groupes d'habitations d'où sortirent les habitants pour venir de notre côté sur la plage : ils nous appelaient et semblaient remercier le ciel de notre arrivée. Ceux-ci nous présentaient de l'eau, ceux-là des choses à manger (⁴) ; si je n'approchais pas de terre, ils se mettaient à nager vers nous. Leurs figures nous montraient clairement qu'ils croyaient que nous étions venus du ciel. Un vieillard vint à mon bateau ; quelques hommes appelaient tous les habitants avec de grands cris, leur disant : « Venez vers les hommes descendus du ciel et apportez-leur à boire et à manger. » Tous nous invitaient à aborder ; mais je n'osais, parce que l'île tout entière est entourée d'un rocher, sauf en cet endroit où se trouve un enfoncement et un port où tiendraient bien tous les vaisseaux chrétiens ; mais l'entrée en est extrêmement étroite. Certainement il y a dans l'enceinte plusieurs bancs de sable, mais couverts d'une eau aussi dormante que celle d'un étang. Je cherchais des yeux où je pourrais construire un fort. Mes regards s'arrêtèrent sur une petite presqu'île renfermant six huttes : en deux jours, on

Fac-simile d'une gravure sur bois de 1493 représentant, suivant Bossi, la caravelle de Colomb, d'après un dessin de Colomb lui-même (⁵).

(¹) *Ceuti* ou *cepti*, petite monnaie de Ceuta qui avait cours en Portugal.
(²) La *blanca* valait un demi-maravédis ; une autre monnaie du même nom valait 5 deniers ou un peu moins de 2 liards.
(³) Nom que Marco-Polo donne au Japon. (Voy. les *Voyageurs du moyen âge*, p. 380.)
(⁴) Des fruits et le *cassava*, espèce de pain de peu de goût, mais nourrissant, fait avec une racine nommée *yucca*.
(⁵) Cette gravure fait partie du rare volume de neuf feuillets in-8° ou in-4° conservé à la Bibliothèque de Milan, et contenant la traduction latine par Leandro Cosco de la lettre de Christophe Colomb à Raphaël Sanxis (Xansis, Sanchez). Bossi suppose que le dessin doit être attribué à Colomb ou à l'un de ceux qui l'avaient accompagné ; « car, dit-il, ces dessins, ayant été exécutés à Rome à la fin du quinzième siècle, auraient été mieux dessinés et mieux gravés si l'on n'avait pas eu l'intention de rendre fidèlement les dessins envoyés d'Espagne. » Mais on peut élever des doutes sérieux sur cette supposition, qui ne paraît être qu'ingénieuse. Ce que l'on sait des études de Colomb suffirait d'ailleurs pour autoriser à nier qu'il ait été l'auteur de ces dessins si imparfaits.

pouvait en faire une île. Il est cependant douteux que cette précaution soit nécessaire : les habitants sont bien inexpérimentés en ce qui se rapporte aux combats. Vos Altesses s'en rendront facilement compte en voyant les sept individus que j'ai fait prendre ([1]) afin de les conduire en Espagne où ils apprendront notre langue; je les transporterai ensuite ici. Je réponds même que si Vos Altesses me commandaient d'emmener tous les habitants en Castille ou de les faire prisonniers chez eux, rien ne s'y opposerait; c'est une tâche à laquelle suffiraient cinquante hommes. Près de la petite péninsule étaient des jardins où poussaient des légumes et des arbres fruitiers aussi verdoyants que nos arbres de Castille en avril et en mai; dans ces jardins, les plus beaux que j'aie jamais vus, il y a des sources d'eau douce abondante. Ayant tout étudié avec attention, nous revînmes à nos navires et nous mîmes à la voile. Mais nous ne tardâmes pas à voir un si grand nombre d'îles que je ne savais à laquelle aborder de préférence; les indigènes que j'avais emmenés m'affirmèrent par signes que la quantité de ces îles ne pouvait s'exprimer; ils prononcèrent plus de cent noms pour les désigner. Je cherchai donc à reconnaître quelle était la plus grande afin de me diriger vers elle. Cette île est à environ cinq lieues de Guanahani, que j'ai appelée San-Salvador ([2]); les autres sont à des distances diverses; toutes ont un terrain uni, fertile et bien peuplé; leurs habitants, bien que candides et de bon naturel, sont en guerre les uns avec les autres. »

Lundi 15 octobre. — La nuit approchait, on mit en panne de peur de donner sur des récifs pendant l'obscurité. Il était midi quand l'amiral arriva devant l'île, et ce fut seulement au coucher du soleil qu'il jeta l'ancre près de la pointe ouest. Il aurait voulu s'assurer si l'on y pouvait trouver beaucoup d'or. Les habitants de San-Salvador qu'il avait emmenés lui faisaient signe que dans cette île et dans les autres on portait de gros bracelets d'or aux bras et aux jambes; mais Colomb n'avait pas grande confiance en eux.

Mardi 16 octobre. — Au lever du jour, l'amiral approcha du rivage avec les barques armées. Un grand nombre d'individus de la même race que ceux de San-Salvador vinrent à sa rencontre, lui firent un excellent accueil et offrirent aux Espagnols tout ce que ceux-ci leur demandaient. Mais un vent de large sud-est s'étant levé, Colomb retourna vers son navire. En ce moment, il arriva qu'un des naturels de l'île San-Salvador, peu satisfait d'être fait prisonnier, lança en mer une grande pirogue que l'on avait laissée sur *la Nina*, et s'en servit pour fuir; déjà, pendant la nuit précédente, un autre insulaire s'était sauvé à la nage. On voulut poursuivre la pirogue, on ne l'atteignit point, et le fugitif courut dans l'intérieur des terres. On ramena seulement la pirogue. A cette scène en succéda une autre que Colomb raconte ainsi :

« Une autre petite pirogue vint d'une autre pointe de l'île. Elle était conduite par un seul homme, qui offrit comme échange un peloton de coton. Mais il ne voulait pas entrer dans la caravelle; plusieurs marins se jetèrent à la mer et le prirent. De la poupe de ma caravelle, j'avais tout vu. Je fis venir cet Indien, et, quand il fut près de moi, je lui mis sur la tête un bonnet rouge, au bras des verroteries vertes, aux oreilles deux grelots; j'ordonnai ensuite qu'on lui rendît sa pirogue, que l'on avait déjà montée dans la barque, et qu'on le laissât se retirer. De même, je voulus qu'on lâchât une autre pirogue attachée à la poupe de *la Nina*. J'observai avec intérêt ce qui se passait sur la rive au moment où y aborda l'Indien auquel je venais de faire des présents, et dont j'avais refusé le coton. Il était entouré d'un grand nombre d'habitants et il paraissait se louer beaucoup de nous; j'imagine qu'il ajoutait que si nous avions emmené l'Indien qui s'était sauvé, c'était qu'il s'était rendu coupable de quelque faute envers nous. Mon espérance avait été, en effet, qu'il ferait ainsi des rapports favorables sur notre compte; c'est pourquoi j'avais agi avec lui avec bonté, dans le but de nous concilier ces pauvres

---

([1]) Jusqu'à quel point peut-on justifier ces violences? D'où s'en tirait le droit? C'est ce que nous laissons à l'examen de chaque conscience. L'évêque las Casas les a flétries avec une noble et éloquente indignation. Rappelons toutefois que, dès le temps des croisades, l'opinion générale du monde chrétien était que, dans l'intérêt de la foi et de la conversion universelle, il était légitime de se rendre maître des infidèles, et, par suite, de leur territoire.

([2]) Cette île, que Navarette suppose être la Grande-Caïque, paraît être la Conception, située précisément à cinq lieues est sud-est de San-Salvador. (Cap Colomb : latitude, 24° 9'; longitude, 77° 37'. — Centre : latitude, 23° 51'; longitude, 77° 27'.)

gens, afin qu'on ne les trouve pas hostiles lorsque Vos Altesses enverront de nouveau vers cette île. Tous les cadeaux que je lui avais faits ne valaient pas, du reste, quatre maravédis. »

L'amiral fit voile pour une autre île très-grande qu'il voyait à l'ouest, et dont les habitants, suivant ce que faisaient comprendre les Indiens emmenés de San-Salvador, portaient des chaînes d'or aux jambes, aux bras, au cou, au nez et aux oreilles.

Cette île, qu'il appela Fernandina (¹), était à 9 lieues de la Conception, et elle parut à l'amiral avoir 28 lieues de côte. Il remarqua que, comme San-Salvador et la Conception, elle était verte, fertile, très-plane, sans montagne, mais de même entourée de récifs.

Pirogue indienne. — D'après une gravure de l'*Histoire naturelle des Indes*, par Oviedo (²).

Entre ces deux îles, on rencontra un homme seul dans une pirogue, et qui allait de Santa-Maria à la Fernandina. Il approcha et demanda à monter sur la caravelle de l'amiral. On hissa après lui sa pirogue, où l'on vit un panier d'osier contenant une petite enfilade de perles de verre et deux *blanches* (³), ce qui fit supposer qu'il avait été de San-Salvador à Santa-Maria. Il avait de plus un peu de pain, une gourde pleine d'eau, de la poudre de terre rouge polie et des feuilles sèches qui devaient avoir quelque vertu, car les habitants de San-Salvador avaient plusieurs fois voulu s'en servir comme moyen d'échange. Colomb fit servir à cet homme du pain, du miel et de la boisson ; en arrivant près de l'île Fernandina, il l'y laissa aller avec sa pirogue et tout ce qui était à lui.

(¹) La Grande-Exuma, à huit ou neuf lieues à l'ouest de la Conception. (Cap N. : latitude, 23° 42′ ; longitude, 78° 22′.)
(²) Traduite du castillan en français par Jean Poleur ; Paris, 1555.
Oviedo, page de l'infant don Juan, fils unique de Ferdinand, avait vu le triomphe de Colomb à Barcelone. Il consacra trente-quatre années de sa vie à étudier les mœurs des anciens habitants des Antilles et l'histoire naturelle des régions découvertes par Colomb. Les gravures sur bois jointes à son livre paraissent être une reproduction exacte de ce qu'il avait vu et dessiné.

« Chaque canot, dit-il, est d'une seule pièce ou d'un seul arbre, que les Indiens vident à grands coups de haches bien affilées ; ils coupent, creusent le bois, et brûlent petit à petit ce qui est moulu, rompu ou coupé..... A la longue ils font ainsi une barque ou petite nacelle quasi de la façon d'une auge, longue, étroite plus ou moins, suivant la longueur et la largeur de l'arbre qu'ils emploient, bien polie et unie par-dessous, parce qu'ils n'y laissent point de quille, comme à nos barques et navires.

» J'en ai vu quelques-unes qui portaient bien quarante et cinquante hommes. Ils les appellent *piroguas* et naviguent avec des voiles de coton ; ils se servent de *nahes*, qui ne signifient autre chose que avirons. Aucunes fois ils naviguent debout, aucunes fois assis, et aucunes fois à genoux, comme il leur tient à plaisir. Ces *nahes* sont comme des pelles longues, mais le bout d'en haut est comme la potence d'un boiteux.

» Ces canots se renversent de fois à autre, mais ne vont point à fond quoique pleins d'eau ; les Indiens, qui sont grands nageurs, les redressent aussitôt. »

(³) Monnaie de Castille. (Voy. la note 1 de la p. 104.)

Mercredi 17 octobre. — Toute la nuit on resta en panne, et l'on eut immédiatement la preuve que la conduite tenue à l'égard de l'Indien avait porté ses fruits. Avant le jour, de grandes pirogues remplies d'habitants vinrent apporter de l'eau et beaucoup d'autres choses. L'amiral fit donner à chacun de ces Indiens une bagatelle, des perles isolées ou enfilées par douzaines, de petits tambours de basque en cuivre qui valent en Espagne un maravédis, des aiguilles, qu'ils aiment beaucoup, et de la mélasse. Vers trois heures, on envoya une chaloupe pour faire de l'eau ; les habitants s'offrirent pour guides aux marins, et voulurent eux-mêmes porter les barils à la barque. L'amiral, espérant trouver une mine d'or, résolut de faire le tour de l'île. Il voulait atteindre Samaot ou Samaet, lieu où tous les Indiens prétendaient que l'on trouvait l'or ; mais il ignorait si c'était une île ou une ville.

Les naturels de Fernandina ressemblent complétement, dit l'amiral, à ceux des deux premières îles ; seulement ils paraissent un peu plus civilisés, plus habiles, plus rusés, car ils cherchent à tirer le meilleur parti possible de leurs échanges. Les femmes portaient un petit tablier. On vit aussi des espèces de mantilles en coton.

Parmi les arbres, il y en avait qui ne ressemblaient point à ceux d'Europe. Quoiqu'ils ne fussent l'objet d'aucune culture, du même tronc sortaient des branches de différentes formes : l'une avec des feuilles semblables à celles des roseaux, d'autres avec l'apparence de lentisques, etc.

On ne remarqua aucune apparence d'un culte religieux ([1]). On vit des baleines et des poissons de toutes couleurs, bleus, jaunes, rouges, quelques-uns faits comme des coqs.

A terre, les seuls animaux observés furent des perroquets, des lézards, une couleuvre.

Sur une observation de Martin-Alonzo Pinzon, Colomb mit à la voile au nord nord-ouest, et, près du cap de l'île, à 2 lieues, il trouva un excellent port dont l'entrée était étroite et l'intérieur assez large pour contenir cent vaisseaux. Il y entra avec toutes les embarcations des caravelles, et il envoya des hommes à terre pour y faire de l'eau. Lui-même, en les attendant, se promena sur la verdure et sous de beaux arbres, dont la plupart lui parurent tout à fait différents de ceux de l'Europe.

A leur retour, les marins racontèrent qu'ils étaient entrés dans les maisons : à l'extérieur, elles avaient la forme de pavillons, et elles avaient de hautes cheminées ; à l'intérieur, elles étaient propres et bien entretenues. Elles étaient disséminées par groupes de dix ou douze au plus. Les lits et les meubles étaient à peu près semblables à des filets de coton. Les femmes mariées et les filles âgées de plus de dix-huit ans portaient des espèces de petites braies de coton. Il y avait de gros et de petits chiens.

On avait rencontré un Indien qui portait au nez une plaque d'or sur laquelle on avait remarqué des caractères ; mais les marins n'avaient pas osé lui proposer un échange pour ce morceau d'or. L'amiral supposait que c'était une monnaie.

Les Indiens pris à San-Salvador faisaient comprendre que l'île de Samoet était plus grande que la Fernandina, et qu'il fallait retourner en arrière pour la trouver ; l'amiral navigua de nuit, de manière à s'éloigner de cette dernière île ; mais la pluie étant survenue et le temps devenant très-chargé, on revint au cap sud-est de la Fernandina.

Vendredi 19 octobre. — *La Santa-Maria*, caravelle de l'amiral, prit la direction du sud-est ; *la Pinta*, celle de l'est et du sud-est ; *la Nina*, celle du sud sud-est. Trois heures après, les trois navires aperçurent une île, firent voile de son côté et y abordèrent, avant midi, à la pointe nord : c'était, suivant les Indiens, l'île Samoeto ; l'amiral lui donna le nom d'Isabelle ([2]), et il appela le Beau-Cap (*el cabo Hermoso*) un cap situé à l'ouest et où il mouilla pendant la nuit. Cette île lui parut plus belle encore que celles qu'il avait déjà vues. Quelques collines éparses ajoutaient à la nudité du paysage. Un promontoire, au nord, était couvert d'une forêt épaisse. « Mes yeux, dit Colomb, ne peuvent se lasser de contempler cette verdure si belle et ces feuillages si différents de ceux de nos arbres. Je suis persuadé que, parmi ces plantes et ces arbustes, il y en a beaucoup qui seraient très-précieux en Espagne pour la médecine, l'épicerie et la teinture ; malheureusement, je n'y connais rien, ce qui me cause une

---

([1]) Voy. plus loin une note sur les croyances de ces peuples.

([2]) C'est l'île Longue, au sud-est ou à l'est sud-est de la Grande-Exuma (cap N. : latitude, 23° 40' ; longitude, 77° 40'). Navarette suppose que c'est la Grande-Inague ; mais son avis est combattu par tous les géographes.

grande contrariété. En arrivant au cap, les fleurs et les arbres répandaient un si doux parfum que nous respirions l'air avec délices. Je m'avancerai demain dans l'intérieur; c'est dans l'intérieur, disent les Indiens qui sont avec nous, que demeure le roi. Je verrai ce roi, je parlerai à ce souverain qui, disent-ils, commande à toutes les îles d'alentour, a des vêtements magnifiques et est tout couvert d'ornements en or. Ce n'est pas cependant que j'aie une très-grande confiance en eux. D'abord il se peut que je ne les comprenne pas bien; puis, comme ils n'ont pas chez eux beaucoup d'or, ils s'exagèrent peut-être la valeur de ce que le roi possède de ce métal... Du reste, je n'ai pas l'intention de visiter ces îles de manière à les étudier en détail; je n'y parviendrais pas en cinquante ans. Je veux voir et découvrir le plus grand nombre possible de pays et être de retour au mois d'avril près de Vos Altesses, s'il plaît à Dieu. Seulement, si je découvre un endroit où il se trouve véritablement beaucoup d'or et d'épices, je m'y arrêterai pour en réunir la plus grande quantité possible.

Dimanche 21 octobre. — On aborda et on vit une hutte; elle était déserte; sans doute les habitants avaient fui. L'amiral défendit que l'on touchât aux ustensiles, qui étaient tous en ordre. Il pénétra dans l'intérieur avec les deux frères Pinzon et quelques marins. Ils virent de belles forêts, de grands lacs, des bandes très-nombreuses de perroquets, un serpent (¹) long de sept palmes qui s'élança dans un lac, et que l'on tua à coups de lance. L'amiral voulut en conserver la peau afin de la porter en Espagne avec des échantillons de tous les végétaux qui paraissaient avoir de la valeur. « On vient de m'apprendre à connaître l'aloès, dit-il, et l'on m'assure que c'est un bois de grand prix : aussi j'en ferai porter dix quintaux sur mon navire (²). » Les habitants de quelques huttes prirent la fuite à l'approche des Espagnols et allèrent se cacher sur une montagne avec tout ce qu'ils purent emporter; on eut soin de ne toucher à rien de ce qu'ils avaient laissé. Bientôt un d'eux s'étant hasardé à s'approcher, on lui donna des grelots et des perles en verre. L'amiral, pour lui témoigner de la confiance, lui demanda de l'eau; et peu d'instants après tous les habitants vinrent sur la plage avec leurs calebasses pleines d'eau.

Lundi 22 et mardi 23 octobre. — On resta ces deux jours sur la côte de l'île, toujours dans l'espérance que l'on verrait le roi; mais il ne parut pas, et l'on vit seulement des habitants peints en blanc, en rouge, en noir et en autres couleurs comme ceux des autres îles. Un calme plat retenait d'ailleurs les navires. Colomb était déterminé à se rendre à une grande île peu éloignée que les Indiens appelaient Cuba, et où, suivant eux, il y avait un grand nombre de très-grandes pirogues et beaucoup de marins. Il était persuadé que ce devait être Cipango (³). « Je veux ensuite aller à la terre ferme, à la ville de Guisay (⁴), et remettre au grand khan les lettres de Vos Altesses. »

Jeudi 25 octobre. — Les trois caravelles avaient levé les ancres dans la nuit du mercredi. Le jeudi, vers trois heures, on vit sept ou huit îles échelonnées sur une seule ligne, du nord au sud (⁵); l'amiral les appela les îles de Sable *(islas de Arena)*. On ne s'y arrêta point.

Samedi 27 octobre. — La pluie tomba par torrents pendant la nuit.

Dimanche 28 octobre. — Dans la matinée de ce jour, la flottille arriva en vue de Cuba (⁶). On mouilla dans un grand fleuve. Les rivages étaient couverts de beaux arbres et surtout de palmiers,

---

(¹) Sans doute une espèce de gros lézard d'Amérique que l'on nomme quelquefois *Leguano* ou *Sennebrie*.

« Ce n'est pas à cause qu'ils viennent pondre leurs œufs dans le sable du bord de la mer qu'ils ont été appelés amphibies, comme le dit le sieur de Rochefort, parce que s'ils trouvent le sable plus loin ils y font sans difficulté leurs œufs; mais à cause qu'étant quelquefois poursuivis par des chiens, ils se jettent dans le fond des rivières et y demeurent fort longtemps.

» Ces lézards ont la vie si dure que, si on ne sait l'invention de les faire mourir, on a toutes les peines du monde à les tuer. J'ai vu frapper plus de cent coups de la tête d'un lézard, tout de la force d'un homme, sur un rocher, sans le pouvoir faire mourir. Le secret est de leur fourrer un petit bâton ou un poinçon dans les naseaux, car ils expirent sur-le-champ, sans se débattre en façon quelconque; ou bien on leur fiche un clou sur le milieu de la tête, ou l'on fiche une épingle pour les faire mourir. Au reste, ce sont les plus beaux jeûneurs du monde, car on les peut garder vivants, sans boire ni manger, trois semaines entières. » (Du Tertre, *Histoire générale des Antilles*, t. II, p. 311.)

(²) Le bois d'aloès, ou *Agallochum*, n'a rien de commun avec l'aloès. « C'est, dit Cuvier, un arbre de la famille des euphorbes, dont le bois brûle avec une odeur agréable; Colomb aura pris quelque bois odoriférant pour du bois d'aloès. »

(³) Le Japon.

(⁴) Quinsay, Hang-tcheou-fou. (Voy. la note 7 de la p. 86.)

(⁵) Sans doute les îles Mucaras.

(⁶) On suppose que ce fut vis-à-vis la côte à l'ouest de las Nuevitas del Principe.

dont les feuilles servent à couvrir les huttes des habitants; de petits oiseaux chantaient dans le feuillage. L'amiral se fit conduire vers deux huttes; ceux qui les habitaient s'enfuirent. A l'intérieur, on

Le grand Lézard des Antilles (¹).

trouva un chien qui n'aboya point (²), des filets en corde et en fil de palmier, un hameçon en corne, des harpons en os. Les Indiens de Guanahani firent entendre qu'il fallait un voyage de vingt jours en canot pour faire le tour de l'île, et qu'elle était traversée par dix grands fleuves. Ils ajoutaient que l'on y trouverait des perles et des mines d'or. Les ports favorables y parurent nombreux, les fleuves profonds, les montagnes belles et hautes, mais non très-étendues.

L'amiral donna le nom de Saint-Sauveur *(San-Salvador)* au fleuve ou au port où il avait d'abord jeté l'ancre (³). Il navigua ensuite vers le couchant, passa devant un fleuve qu'il nomma fleuve de la Lune *(rio de la Luna)* (⁴). Le soir, il arriva devant un autre fleuve beaucoup plus grand, et il lui donna le nom de fleuve des Mers *(rio de Mares)* (⁵). En ce dernier endroit il envoya deux chaloupes à terre. A leur approche, tous les habitants abandonnèrent leurs demeures. Ces maisons, couvertes de rameaux de palmier, plus grandes et mieux faites que celles des autres îles, mais construites de même, étaient

---

(¹) Voy. la note 1 de la p. 108. — « L'Iguane *(Lacerta iguana)* est vert jaunâtre en dessus, marbré de vert pur; il a la queue annelée de brun, une crête de grandes écailles dorsales en forme d'épines, le bord antérieur du fanon denté comme le dos; il est long de 4 à 5 pieds, commun dans toute l'Amérique chaude, où sa chair passe pour délicieuse, quoique malsaine. Il vit en grande partie sur les arbres, va quelquefois à l'eau, se nourrit de fruits, de grains, de feuilles; la femelle pond dans le sable ses œufs, gros comme ceux d'un pigeon, agréables au goût et presque sans blanc. » (G. Cuvier, *Règne animal*.)

(²) On croit que ce que les Espagnols appelèrent des chiens muets étaient des almiquis ou des ratons. (Voy. plus loin.)

(³) Suivant Navarette, c'est le port ou la baie de Nipe, à six lieues sud sud-est de la pointe des Mules.

(⁴) Au port de Banes?

(⁵) Au port de las Nuevitas del Principe?

placées çà et là en désordre, sous les arbres, comme les tentes d'un camp. A l'intérieur elles étaient très-propres, et les meubles étaient ornés. On y remarqua des statues à figure de femme, des masques sculptés avec adresse (¹), des oiseaux apprivoisés, des chiens qui sont muets, et tous les instruments nécessaires à la pêche.

On rencontra des ossements d'animaux; Colomb supposa que c'étaient des os de vaches, et en conclut que ces peuples avaient du bétail (²).

« Toute la nuit nous entendîmes les chants des oiseaux et les cris des grillons; l'air était embaumé, le climat tempéré. »

Mardi 30 octobre. — A quinze lieues nord-ouest du fleuve de Mares on rencontra un cap que Colomb appela le cap des Palmiers (³).

Les Indiens de Guanahani prétendaient qu'il y avait derrière ce cap un fleuve, et de ce fleuve à Cuba quatre jours de marche. Martin-Alonzo Pinzon crut comprendre que ce qu'ils nommaient ainsi devait être une ville (⁴), que le pays s'étendait au loin vers le nord, et que le roi était en guerre avec le *grand khan*, nommé par eux *Cami*. L'amiral décida qu'il fallait envoyer un présent au roi de Cuba, et il ajouta qu'il fallait se hâter de se rendre auprès du grand khan, dont la résidence devait être non loin de là, ou dans la ville de Cathay (⁵).

Mercredi 31 octobre. — On navigua le long de la côte, on passa devant un cap qui s'avançait beaucoup dans la mer (⁶). La crainte d'une tempête obligea les caravelles à revenir au *rio de Mares*.

Jeudi 1ᵉʳ novembre. — On attira les naturels par le moyen ordinaire, c'est-à-dire en faisant à l'un d'eux un bon accueil, et on leur fit comprendre qu'on cherchait seulement de l'or, qui se nomme chez eux *nucay*. Un d'eux portait à son nez un morceau d'argent travaillé. L'amiral crut comprendre à leurs signes qu'on verrait arriver, quelques jours après, des marchands de l'intérieur des terres, pour acheter ce que l'on apportait dans les caravelles.

« Je crois, dit Colomb, que je suis en terre ferme, à cent lieues de Zayto et de Guinsay (⁷). »

Vendredi 2 novembre. — L'amiral envoya à terre Rodrigo de Jerez d'Ayamonte, Luis de Torres, juif qui savait l'hébreu, le chaldéen et un peu d'arabe, et deux Indiens, l'un de Guanahani, l'autre habitant du pays même. Il leur donna des colliers de perles, afin qu'il leur fût possible d'acheter au besoin de la nourriture, et il leur recommanda de revenir au plus tard le sixième jour suivant. Il leur remit des instructions sur tout ce qu'ils avaient à regarder et à demander, et sur ce qu'ils avaient à dire au roi du pays (⁸).

Samedi 3 novembre. — L'amiral remonta le fleuve dans la chaloupe, jusqu'à deux lieues, pour trouver l'eau douce et visiter le pays, mais il ne vit que de grands bois odoriférants. Les habitants vinrent en pirogues aux navires pour offrir des pelotes de coton, des hamacs, en échange d'autres objets.

Dimanche 4 novembre. — Deux hommes de l'équipage et Martin-Alonzo Pinzon croyaient avoir trouvé de la cannelle et des cannelliers; Colomb leur prouva que c'était une erreur. Il montra de véritables échantillons de cannelle et de poivre aux Indiens, qui lui assurèrent par signes qu'on trouverait beaucoup de ces productions au sud-est, et que de ce côté aussi il y avait des marchandises et de grands navires. Ils indiquèrent plusieurs fois un lieu nommé Bohio (⁹) comme pouvant fournir beaucoup d'or et de perles.

Ces Indiens faisaient encore comprendre qu'il y avait dans cette direction des hommes avec un seul

---

(¹) Peut-être des idoles. (Voy. plus loin.)
(²) On suppose que c'étaient des crânes de veaux marins.
(³) La colline ou l'éminence de Juan Danue.
(⁴) Las Casas pense que les Indiens voulaient parler de la province de Cubanacan.
(⁵) La Chine. (Voy. la relation de Marco-Polo.)
(⁶) Punta del Maternillo.
(⁷) Zaitem (Tsuen-cheu ou Emoui) et Quinsay (Hang-tcheou-fou). (Voy. p. 371 et 379 de notre deuxième volume.)
(⁸) « Il est difficile de ne point sourire aujourd'hui de cette ambassade envoyée dans l'intérieur de Cuba, à un pauvre chef de sauvages, transformé par l'imagination de Colomb en monarque asiatique. Mais tel est le caractère singulier de ce premier voyage, qui ne fut qu'une suite continuelle de rêves brillants. » (Washington Irving.)
(⁹) Las Casas fait observer que, dans la langue de ces Indiens, *Bohio* signifiait maison.

œil et des hommes à tête de chien (¹); ces monstres mangeaient les hommes, leur tranchaient la tête et buvaient leur sang.

Parmi les plantes et légumes du pays, Colomb remarqua des mames (ou patates) ayant le goût des châtaignes, puis des haricots, des fèves et du coton.

Lundi 5 novembre. — On s'occupa de la réparation des navires, en ayant soin de ne pas travailler à tous à la fois, afin que l'équipage pût à toute heure pourvoir à sa sûreté. Malgré la douceur des habitants, Colomb les surveillait avec prudence.

Le contre-maître de *la Nina* découvrit de la gomme lentisque, et bientôt après on vit en effet des mastiquiers.

Mardi 6 novembre. — Dans la nuit du 5 au 6 on vit revenir ceux que Colomb avait envoyés en ambassade près du roi. Voici ce que racontèrent les deux Européens : ils avaient trouvé, à 12 lieues, un groupe d'environ cinquante grandes maisons en forme de tentes (²); les habitants, au nombre de mille environ, les avaient parfaitement accueillis, et avaient témoigné par leur admiration qu'ils les croyaient descendus du ciel. On les avait portés sur les bras à la plus belle hutte, puis, après les avoir fait asseoir sur des sièges, on s'était assis à terre, en cercle autour d'eux. On leur baisa les pieds, les mains; on les toucha pour s'assurer qu'ils étaient de chair et d'os. Dans tous les villages où ils passèrent on agit de même à leur égard. Ils rencontrèrent des hommes et des femmes qui portaient des herbes pour en aspirer le parfum et des charbons allumés. (³)

Ils avaient remarqué des oies, des perdrix; ils n'avaient point vu d'autres quadrupèdes que des chiens qui n'aboyaient pas (⁴).

Dans une seule hutte, ils avaient trouvé plus de 500 *arrobes* de coton (⁵).

Quelques Indiens avaient accompagné les deux ambassadeurs. On aurait voulu les emmener en Espagne; ils refusèrent.

« Aujourd'hui, dit l'amiral, j'ai fait mettre le navire à flot. Je hâte les travaux dans le désir de partir jeudi, au nom de Dieu, dans la direction du sud-est, pour y chercher de l'or, des épiceries, et découvrir des terres. »

Les vents contraires retardèrent le départ jusqu'au 12 novembre.

Lundi 12 novembre. — L'amiral se dirigea à l'est quart sud-est. Les Indiens lui disaient que de ce côté il trouverait l'île *Babeque* (⁶), où l'on se servait de marteaux pour faire des lingots avec l'or que

---

(¹) Voy. la relation d'HÉRODOTE, p. 121 du premier volume, et celle de MARCO-POLO, p. 392 du deuxième volume.

Il est remarquable de voir que ces imaginations si bizarres se sont retrouvées dans tous les temps et dans tous les pays. Les hommes à queue ne pouvaient manquer à la liste; Colomb en parle dans sa lettre à Raphaël Sanchez. « On trouve, dit-il, dans la partie de Juana (Cuba) qui s'étend au couchant deux provinces que je n'ai point visitées, dont l'une, appelée par les Indiens *Anan*, est habitée par des hommes qui ont une queue. »

(²) Navarette suppose que ce devait être sur l'emplacement de la ville *del Principe* ou *el Bayanco*.

(³) C'était du tabac que ces hommes et ces femmes fumaient.

Instrument des Indiens pour fumer par les narines. — D'ap. Oviedo.

Las Casas, dans son *Histoire des Indes*, ch. LXVI, dit que les herbes étaient sèches et renfermées dans une autre feuille également sèche qui avait la forme des petits mousquets d'enfants; cette sorte de bâton était allumé par un bout; on le suçait et on l'absorbait par le nez. On voit qu'il s'agit du cigare. Ils se servaient aussi de porte-cigares pour le nez. Oviedo dit : « Les caciques et principaux avaient petits bâtons creux, fort jolis et bien faits, de la grandeur d'environ une palme et de la grosseur du petit doigt de la main, qui ont deux petits tuyaux répondant à un, comme il est ici peint, le tout d'une pièce. Ainsi les mettaient en leurs narines, et l'autre bout simple recevait la fumée de l'herbe qui ardait. »

(⁴) Voy. la note 2 de la p. 109, et plus loin.

(⁵) « Environ 11 600 livres de France. » (De la Roquette.)

(⁶) Babèque, Bohio, Carítaba, étaient les noms que les Indiens paraissaient donner à la côte de la terre ferme. « Ce changement de direction eut une influence marquée sur les découvertes de Christophe Colomb, dit Washington Irving. Il avait navigué fort avant dans ce qu'on appelle l'ancien détroit, entre Cuba et les Bahamas. Encore deux ou trois jours, et il aurait découvert l'erreur dans laquelle il tombait en supposant que Cuba faisait partie de la terre ferme, erreur où il resta jusqu'à sa mort. Il aurait pu recueillir aussi des renseignements sur la proximité du continent et se diriger vers la côte de la Floride; ou bien encore, continuant à longer l'île de Cuba, dans la direction du sud-ouest, rencontrer la côte opposée d'Yucatan, et réaliser ses plus brillantes espérances en faisant la découverte du Mexique. Mais c'était assez pour sa gloire d'avoir découvert le nouveau monde; les régions plus opulentes qu'il renfermait dans son sein étaient réservées à illustrer d'autres entreprises. »

l'on ramassait, la nuit, sur la plage, en s'éclairant avec des chandelles. Il côtoya l'île, qui lui parut très-peuplée près d'un fleuve auquel il donna le nom de fleuve du Soleil *(rio del Sol)* (¹).

Vue à vol d'oiseau de Cuba. — D'après une ancienne estampe reproduite par Ramon de la Sagra.

Il résolut de prendre quelques habitants pour les emmener en Espagne.

« Hier, dit-il, une pirogue s'approcha de mon navire. Cinq des six jeunes gens qui s'y trouvaient montèrent vers moi; je les ai fait retenir, et je les emmène. J'envoyai ensuite à une hutte du côté ouest du fleuve, et on m'en ramena sept femmes, petites et grandes, et trois petits enfants..... La nuit suivante, un homme, le mari d'une des femmes et père des trois enfants, âgé de quarante à quarante-cinq ans, est venu à bord et m'a demandé de l'emmener avec sa famille. »

(¹) Probablement *el Puerto del Padre.*

Mardi 13 novembre. — On avança en louvoyant, parce que l'amiral voulait voir une sorte de havre formé par l'intervalle de deux très-hautes montagnes ([1]).

Mercredi 14 novembre. — L'amiral, continuant à côtoyer l'île de Cuba, entra dans un port très-large et très-profond, rempli d'îles fort belles et fort élevées ([2]).

« Quelques-unes de ces îles semblent se terminer en pointe de diamant et toucher au ciel; d'autres portent à leur cime une sorte de table; elles sont couvertes de bois, sans roches, et baignées par une mer si profonde qu'une grande caraque pourrait y aborder. »

Colomb donna au port qui était près de l'embouchure de l'entrée de ces îles le nom de port du Prince *(puerto del Principe)*, et à la mer même de cet archipel le nom de mer de Notre-Dame *(mar de Nuestra-Senora)*.

Vendredi 16 novembre. — Dans tous les lieux où il s'arrêtait, Colomb avait coutume de faire élever une croix ([3]). Or, sur une pointe de terre, dans le port où il était, il vit deux grands madriers d'inégale dimension placés en croix. « Un menuisier, dit-il, n'aurait pas fait cette croix mieux proportionnée ([4]). »

A son retour au navire, il vit les Indiens qu'il avait à bord occupés à pêcher de très-gros limaçons.

Il chercha s'il y avait dans cette mer des coquillages à perles; il trouva les coquillages où elles sont ordinairement; mais elles n'en contenaient point, sans doute parce que le temps de leur production, mai ou juin, était passé.

Les gens de l'équipage trouvèrent un animal qui parut être un taso ou taxo ([5]); ils pêchèrent un poisson très-dur, sauf aux yeux et à la queue, tout écaillé, ressemblant parfaitement à un cochon.

Samedi 17 novembre. — Dans sa visite à ces îles, l'amiral trouva, sur une prairie couverte de beaux palmiers, de grosses noix, de gros rats semblables à ceux de l'Inde, d'énormes écrevisses, et il sentit une forte odeur de musc ([6]).

Deux des cinq jeunes gens qu'on avait emmenés le 12 novembre prirent la fuite.

Lundi 19 novembre. — Les trois caravelles partirent au point du jour et naviguèrent au nord nord-est; le soir il vit, à soixante milles est, l'île *Babeque.*

Mercredi 21 novembre. — Vents contraires; navigation au sud quart sud-est.

Ici Martin-Alonzo Pinzon, capitaine de *la Pinta*, se sépare des deux autres caravelles contre la volonté de Colomb, qui écrit : « Pinzon m'a dit et fait bien d'autres choses. »

Jeudi 22 novembre. — Courants contraires.

Martin-Alonzo Pinzon s'était mis à naviguer seul à l'est. Il voulait sans doute atteindre le premier l'île Babeque et recueillir l'or qui, d'après le rapport des Indiens, s'y trouvait en grande quantité.

L'amiral ordonna que l'on tînt le fanal allumé pendant toute la nuit, afin que Pinzon revînt s'il en avait le désir ([7]).

Vendredi 23 novembre. — L'amiral navigua vers la terre, au sud, mais le courant l'écartait. Il n'était pas éloigné d'un cap qui, selon les indigènes retenus à son bord, faisait partie de la terre *Bohio* ([8]). Les pauvres gens éprouvaient une grande terreur à la pensée d'aborder à cette contrée, habitée, disaient-ils,

---

([1]) Les montagnes du Cristal et du Moa, d'après Navarette.

([2]) Navarette croit que ce port est celui de Tanama.

([3]) Ce n'était pas seulement un acte religieux, c'était aussi une manière de prendre possession du pays et un moyen de reconnaissance.

([4]) « Les croix, qui ont tant excité la curiosité des *conquistadores*, dans diverses contrées du nouveau monde, ne sont pas des *contes de moines* et méritent, comme tout ce qui a rapport au culte des peuples indigènes de l'Amérique, un examen sérieux. Je me sers du mot culte, car un relief conservé dans les ruines du Palenque de Guatemala ne me paraît laisser aucun doute qu'une figure symbolique en forme de croix était un objet d'adoration. Il faut faire observer toutefois qu'à cette croix manque le prolongement supérieur, et qu'elle forme plutôt la lettre *tau*. » (Humboldt, *Géographie du nouveau continent*, t. II, p. 354.)

([5]) Voy., sur cet animal et sur les deux suivants, les gravures des pages 114, 115, 116, et leurs notes.

([6]) Le chevrotain porte-musc n'existe pas en Amérique, mais on y trouve beaucoup d'animaux à odeur musquée.

([7]) Au lever du jour, *la Pinta* avait complètement disparu. Martin-Alonzo Pinzon était jaloux de l'autorité de Colomb; plus riche que lui, et propriétaire d'une ou de deux des caravelles, il ne se considérait pas comme soumis ou comme inférieur sous aucun rapport au pauvre Génois, si subitement élevé au rang d'amiral.

([8]) On ne sait s'ils voulaient dire seulement *maison*.

par des hommes qui n'avaient qu'un œil au front, qu'ils nommaient cannibales, qui étaient bien pourvus d'armes et mangeaient leurs prisonniers.

Samedi 24 novembre. — A trois heures du matin, l'amiral fit relâche à l'île Plate ([1]), puis il explora, dans la journée, les sites environnants.

Ile de Cuba. — Le Coati ([2]).

Dimanche 25 novembre. — L'amiral monta dans sa chaloupe et alla visiter une pointe de terre au sud-est de la petite île Plate ([3]). A l'entrée de ce cap il vit un grand ruisseau dont les eaux limpides descendaient du sommet au pied de la montagne, avec grand bruit; il s'en approcha, et il trouva dans cette eau des pierres tachetées de couleur d'or; il fit emporter les plus belles.

Les mousses s'écrièrent qu'ils apercevaient sur la montagne des forêts de pins. Colomb les vit en effet et trouva qu'ils étaient admirables; il y avait aussi des chênes et des arbousiers.

Le fleuve avait jeté sur la plage d'autres pierres, les unes couleur de fer, d'autres qui, d'après ce que disaient quelques gens de l'équipage, annonçaient l'existence de mines d'argent.

Lundi 26 novembre. — Au lever du jour, l'amiral sortit du port de Sainte-Catherine, dans l'île Plate, et navigua dans la direction du cap del Pico ([4]). Il reconnut le long de la côte neuf ports, sept fleuves et plusieurs îles. Il s'arrêta près d'un cap qu'il nomma *Campana*.

Mardi 27 novembre. — On continua à explorer la côte. Colomb décrit avec enthousiasme la magnificence des paysages, la fraîcheur du climat, la profonde limpidité des eaux.

([1]) La baie de Moa, dans l'île de Cuba.
([2]) Voy. p. 113. *Taxus* en latin, *taisson* en vieux français, signifie blaireau. Cuvier croit que l'animal dont parle Colomb était un coati.
([3]) La pointe du Mangle ou du Guarico.
([4]) La pointe Vaez.

Dans un des ports (¹) il vit des plantations agréables, un jardin ; sur des madriers, dans un hangar de bois couvert de feuilles de palmier, il y avait une pirogue en construction, d'une seule pièce, et longue comme une fuste de douze bancs.

Mercredi 28 novembre. — Pluie, temps couvert. On resta dans le port.

Île de Cuba. — Le Coffre (²).

Jeudi 29 novembre. — Même temps. Quelques marins rencontrèrent un vieillard qui n'avait pas eu la force de fuir à leur approche, comme les autres habitants, et lui donnèrent quelques objets.

Dans une maison déserte on trouva un pain de cire. L'amiral s'en montra très-satisfait, « car, dit-il, là où il y a de la cire, il doit y avoir mille autres bonnes choses. »

Quelques marins trouvèrent aussi, dans une maison, deux paniers d'osier dont l'un servait de couvercle à l'autre ; ayant regardé à l'intérieur, ils y virent une tête d'homme. Ces paniers étaient suspendus à un pilier. On trouva dans un autre groupe de huttes deux paniers semblables, renfermant aussi une tête humaine.

Vendredi 30 novembre. — Le temps ne permettant point de mettre à la voile, l'amiral envoya huit hommes armés à l'intérieur, mais tous les habitants fuyaient devant eux ; quatre jeunes gens qui creusaient la terre se mirent à courir comme les autres.

Près d'une rivière ils virent une belle pirogue d'une seule pièce, et si longue que cent cinquante personnes auraient pu s'y tenir et y ramer.

Samedi 1ᵉʳ décembre. — Pluie et vents contraires. L'amiral fait élever une grande croix sur le roc, à l'entrée du port, qu'il appela *Puerto-Santo*.

(¹) Le port de Baracoa.
(²) Voy. p. 113. Un coffre *(Ostracion,* Linné), ou un baliste.

Dimanche 2 décembre. — Toujours un temps contraire.

Lundi 3 décembre. — L'amiral alla avec des chaloupes explorer les environs; dans une petite anse, il vit cinq grands canots travaillés avec beaucoup d'art.

On parvint, à l'aide de quelques petits présents, à se mettre en rapport avec plusieurs groupes d'In-

Ile de Cuba. — L'Agouti (¹).

diens. Un grand nombre de ces habitants étaient peints en rouge; quelques-uns avaient des panaches en plumes sur la tête; tous portaient des zagaies. L'amiral leur donna en échange de zagaies des grelots, des bagues de cuivre, des billes, etc. Les mousses obtinrent aussi des faisceaux de zagaies pour un petit morceau d'écaille de tortue.

L'amiral remarqua une belle maison; elle avait deux portes, comme la plupart des autres; à l'intérieur, les chambres étaient si bien travaillées qu'il supposait que c'était un temple; mais rien ne confirma cette conjecture (²).

Mardi 4 décembre. — L'amiral mit à la voile et longea la côte; il vit plusieurs fleuves (³).

Mercredi 5 décembre. — On resta pendant la nuit près du cap Cindo. Au point du jour, on vit un autre cap (⁴). L'ayant passé, l'amiral reconnut que la côte tournait au sud, puis qu'elle inclinait vers le

---

(¹) Voy. p. 113. Des *agoutis*, suivant las Casas. Oviedo parle de *cories*, semblables, dit-il, à des lapereaux : c'est ce que nous appelons le cochon d'Inde.

(²) « Ces peuples ne connaissent point l'idolâtrie, mais ils croient que toute puissance, toute force, en un mot tout ce qui est bon, se trouve dans le ciel; c'est parce qu'ils croient que moi, mes matelots et mes navires nous sommes descendus des régions éthérées, qu'ils nous ont si bien accueillis. » (Lettre de Christophe Colomb à Raphaël Sanchez.) — Ils furent ensuite cruellement détrompés! — Voy. plus loin la note sur les Zémés.

(³) Entre autres le fleuve Boma.

(⁴) La pointe de *los Azules*.

sud-ouest (¹); plus loin, il aperçut un cap très-élevé. Continuant à naviguer, comme le lui permettait le vent nord-est, il vit vers le sud-est une très-grande île que les Indiens appelèrent encore Bohio (²).

L'amiral se détermina à s'éloigner de Cuba ou Juana (³), dont il avait visité les côtes sur une étendue de 120 lieues au sud-est, et, s'étant dirigé vers cette terre nouvelle, il en approcha vers le soir, après avoir fait 22 lieues au sud-est; il envoya la caravelle *Nina* reconnaître le port qui était en face avant qu'il ne fît tout à fait nuit (⁴).

Jeudi 6 décembre. — Au lever du jour, l'amiral se trouva à 4 lieues de ce port, qu'il nomma port Marie *(puerto Maria)*, de même qu'il nomma cap de l'Étoile *(cabo del Estrella)* (⁵) un très-beau cap qu'il voyait à la distance de 28 milles; cap de l'Éléphant *(cabo del Elefante)* (⁶) un autre cap à l'est quart sud-est, éloigné de 54 milles; et enfin cap Cinquin (⁷) un troisième cap à 28 milles vers l'est sud-est. Entre ces deux derniers caps, il y avait un îlot qu'il nomma île de la Tortue.

On vit toute la nuit, sur la côte, un grand nombre de feux. C'était le jour de la fête de Saint-Nicolas. L'amiral entra dans le port à l'heure de vêpres, et, en l'honneur du saint, l'appela port Saint-Nicolas (⁸).

Un grand nombre de pirogues naviguaient dans le port; elles prirent la fuite à l'approche des caravelles. Les Indiens qui étaient à bord du navire amiral et de *la Nina* donnaient tous les signes d'une grande terreur.

Fac-similé d'une gravure sur bois de 1493 représentant la découverte de l'île Espagnole (Saint-Domingue) (⁹).

Il parut à l'amiral que l'île avait plus de rochers que celles qu'il avait vues jusqu'alors. Les arbres lui parurent plus petits; la campagne était unie, la terre élevée.

Vendredi 7 décembre. — Dès le lever du jour on mit à la voile et on côtoya la terre à l'est, jusqu'au cap Cinquin; on poursuivit jusqu'à un port que l'amiral appela port de *la Conception* (¹⁰). En cet endroit on pêcha des mules, des soles et d'autres poissons communs dans la Méditerranée.

(¹) C'est, dit Navarette, le côté oriental de l'île de Cuba qui présente une grande plage nommée pointe de *Maïci*.
(²) C'était Saint-Domingue, l'île Espagnole, Haïti. Il est probable, d'après le procès soutenu par Diego Colomb contre le fisc, que Martin-Alonzo Pinzon vit le premier l'île d'Haïti, tandis que l'amiral était sur les côtes de Cuba.
(³) Nom qu'il avait sans doute donné à Cuba : « Cette île est plus grande que l'Angleterre et l'Écosse réunies, » dit-il dans sa lettre à Raphaël Sanchez.
(⁴) Le port du môle de Saint-Nicolas, dans l'île Espagnole.
(⁵) Le cap Saint-Nicolas.
(⁶) La pointe *Palmista*.
(⁷) Au sud-est, le grand port à l'Écu *(puerto Escudo)*.
(⁸) Précédemment il avait appelé port Marie : c'est, du reste, encore aujourd'hui le port Saint-Nicolas.
(⁹) Voy. la note 5 de la p. 104.
(¹⁰) La baie Mosquito.

A terre, on entendit le rossignol (¹) et d'autres oiseaux qui rappelaient ceux de l'Europe; on vit un myrte (²) et d'autres arbres semblables à ceux de Castille; cinq hommes que l'on rencontra prirent la fuite.

Samedi 8 décembre. — Fortes averses; vent très-violent.

Dimanche 9 décembre. — L'amiral ne vit qu'une seule maison près du port Saint-Nicolas; mais elle était construite avec plus d'habileté qu'aucune de celles qu'il eût encore vues dans les autres îles. La terre était cultivée; les plaines lui parurent presque semblables à celles de Castille, et plus belles encore : c'est pourquoi il donna à cette île le nom d'île Espagnole *(isla Española).*

Lundi 10 décembre. — Vent nord-est très-violent. Six hommes de l'équipage bien armés s'avancèrent à quelques lieues dans l'intérieur; ils ne virent ni maisons, ni habitants; mais ils rapportèrent qu'ils avaient vu des chemins très-larges, quelques cabanes, d'excellentes terres, des lentisques, des emplacements où l'on avait fait de grands feux.

Mardi 11 décembre. — Les Indiens appelaient encore du nom de Babèque une île qu'ils disaient être très-grande, et du nom de Bohio une autre île plus grande que Cuba, et non entourée d'eau (³). Le mot de *caniba* revenait aussi très-souvent dans leurs discours; et l'amiral en fut d'autant plus confirmé dans l'opinion qu'il s'agissait des États du grand khan et que ces contrées devaient être peu éloignées. Il supposait que ce puissant seigneur envoyait des vaisseaux pour faire esclaves les habitants des îles, ce qui expliquait les terreurs de ces pauvres gens. On trouva beaucoup de mastic liquide, et l'on pêcha des saumons, des lampes, des crabes, des chabots, des vandoises, des dorées, des merluches, etc. On vit des sardines (⁴).

Mercredi 12 décembre. — L'amiral fit dresser une croix à l'entrée du port « en signe de ce que ce pays est désormais soumis à Vos Altesses, et surtout en signe de Jésus-Christ notre Seigneur, et en l'honneur de la chrétienté. »

Trois matelots entrèrent dans une forêt : ils poursuivirent des Indiens qui fuyaient devant eux, et ils réussirent à prendre une femme qui avait un fort anneau d'or au nez; ils la conduisirent à la caravelle de l'amiral. « Cette femme, dit Colomb, était très-belle et fort jeune. » Elle parlait avec les Indiens qu'on avait emmenés des autres îles. Colomb la fit habiller, lui donna des grelots, des bagues de laiton et des perles de verre; puis il la fit reconduire par trois hommes de l'équipage et trois Indiens qui étaient à bord.

Jeudi 13 décembre. — Les trois marins qui avaient accompagné la femme revinrent à trois heures après minuit. Ils n'avaient pas été jusqu'aux habitations où elle demeurait. Le matin, l'amiral envoya à terre neuf hommes bien armés et un Indien. Ils arrivèrent à un groupe d'environ mille maisons, situé à 4 lieues et demie au sud-est, dans une vaste plaine (⁵). Comme il arrivait ordinairement, en les voyant venir, les habitants prirent la fuite, emportant tout ce qu'ils possédaient; mais l'Indien qui était avec les chrétiens, ayant couru après eux, parvint à les rassurer assez pour les décider à revenir au nombre de près de deux mille. Ils approchèrent donc, et, en témoignage de respect pour les Espagnols, plusieurs d'entre eux mettaient les mains sur leur tête : cependant ils demeurèrent tout tremblants pendant quelque temps encore; mais aussitôt que leur confiance fut entièrement revenue, ils allèrent chercher dans leurs maisons leurs provisions, du poisson et du pain qui a le goût de châtaignes; ils font ce pain avec des racines grosses comme des radis ou des carottes (⁶). Ils plantent de petites branches, au pied de ces petites branches poussent les racines qu'ils râpent, pétrissent, et qu'ils

---

(¹) Le rossignol n'existe pas en Amérique; mais Cuvier fait observer qu'on y trouve un grand nombre d'oiseaux à bec fin qui ont pu être pris pour lui.

(²) L'observation de la note précédente s'applique aussi au myrte.

(³) Il paraît évident qu'ils voulaient parler du grand continent.

(⁴) Il y a erreur ou fausse application dans la plupart de ces noms. Les poissons dont parle le journal n'existent point pour la plupart dans la mer des Antilles.

(⁵) Ce village a longtemps été connu sous le nom de Gros-Morne; le fleuve était celui qui se jetait dans la mer, à l'ouest du port de la Paix, et qu'on appelait le port des Trois-Rivières.

(⁶) « Je n'ai pu m'apercevoir qu'il existât parmi eux quelque idée de propriété; tout ce qu'ils possèdent paraît être en commun, surtout les vivres et les objets de ce genre. » (Lettre de Colomb à Raphaël Sanchez.)

font ensuite cuire ou griller ; ils apportèrent aussi des perroquets. Tandis que ces choses se passaient, on vit arriver une foule d'autres habitants, et au milieu d'eux était la jeune femme que l'amiral avait si bien accueillie ; on la portait sur les épaules, et c'était son mari qui conduisait la troupe (1).

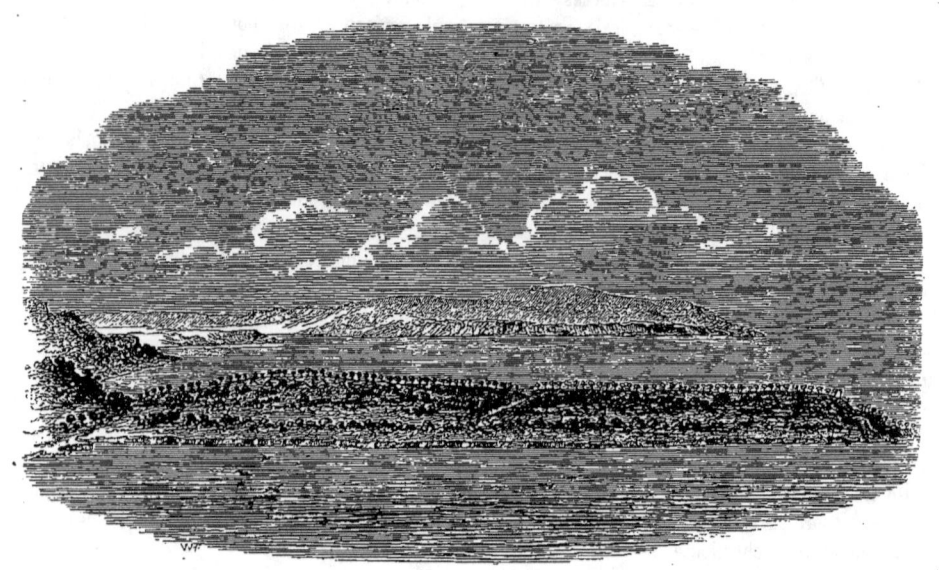

Cap et Môle Saint-Nicolas, à Saint-Domingue. — D'après Moreau de Saint-Méry.

Les neuf hommes dirent à leur retour que ces Indiens et ces Indiennes étaient beaucoup plus blancs que ceux qui habitaient les autres îles ; deux jeunes filles surtout leur avaient paru aussi blanches que des Espagnoles.

Ils avaient vu un beau fleuve au milieu de la vallée (2), des cotonniers, des aloès, des lentisques ; mais ils n'avaient pas trouvé d'or.

Vendredi 14 décembre. — L'amiral sortit du port de la Conception, et fut porté par le vent sur la côte de l'île de la Tortue (3), qu'il dit être très-peuplée, bien cultivée, fertile, presque sans montagnes. Il revint le soir au port d'où il était parti.

Samedi 15 décembre. — L'amiral fut de nouveau conduit par le vent à l'île de la Tortue ; il y vit un fleuve navigable et bordé de pierres blanches, qu'il nomma le Guadalquivir, et une vallée si admirable qu'il lui donna le nom de vallée du Paradis. Il remarqua que, dès qu'il arrivait dans cette île, comme dans l'Espagnole, les habitants allumaient de grands feux sur les endroits élevés, et il pensa que c'était un signe de leur frayeur.

Dimanche 16 décembre. — Colomb mit à la voile vers minuit. Entre les deux îles, dans le golfe qui les sépare, il aperçut un petit canot dirigé par un seul Indien, et il admira comment cet homme pouvait tenir la mer si loin de côte, malgré la violence du vent. Il le fit monter dans son bâtiment avec le canot, et, lui ayant donné différents petits objets, il le conduisit à terre, vers un village de la côte de l'île Espagnole (4). Ce que cet Indien rapporta aux habitants de ce village sur la bonté des Espagnols,

---

(1) « D'après ce que j'ai pu voir, chaque homme se contente d'une femme, à l'exception du prince, auquel il est permis d'en avoir vingt. Les femmes semblent plus adonnées au travail que les hommes. » (Lettre de Colomb à Raphaël Sanchez.)
(2) Le fleuve des Trois-Rivières *(de los Tres-Rios)*.
(3) Célèbre depuis comme ayant été habitée par les boucaniers.
(4) Le port de la Paix *(puerto de Paz)*.

et ce qu'on y avait déjà appris de l'intérieur des terres, produisit un très-bon effet. Dès qu'on vit les deux caravelles approcher de terre, cinq cents Indiens accoururent, et bientôt ils furent suivis de leur roi. Ils montèrent au navire de l'amiral un à un; ils n'apportaient rien; quelques-uns avaient des grains d'or fin aux oreilles et aux narines; ils les donnèrent avec plaisir. L'amiral remarqua le roi qui était resté sur le rivage et auquel on donnait des témoignages de respect; il était beau, vigoureux et bien constitué, avec de l'embonpoint comme ses sujets, et entièrement nu, de même que tous les hommes et toutes les femmes. Il parut à l'amiral que c'était un jeune homme d'environ vingt ans, entouré de ses conseillers, dont l'un, plus âgé, était sans doute un gouverneur; il chargea un de ses alguazils de lui porter un présent; on observa des cérémonies particulières pour le remettre au roi. Comme ce qui préoccupait surtout l'amiral était la recherche de l'or, il fit demander au roi, par un des Indiens de sa suite, s'il en trouverait beaucoup à l'île de Babèque. Le roi répondit que c'était bien, qu'il y avait en effet en cet endroit une grande quantité d'or, qu'il suffisait de deux jours pour s'y rendre, et il indiqua à l'alguazil la route à suivre; il termina en disant que tout ce qu'il avait dans son pays était à la disposition de l'amiral.

Les racines qui servaient à faire le pain étaient grosses comme la jambe. L'amiral dit en avoir vu de semblables en Guinée.

La sève des arbres était en cet endroit si vigoureuse, que la verdure des feuilles en devenait noire.

Le soir, le roi vint à la caravelle de Colomb, qui lui fit rendre les honneurs dus à un chef, et ordonna qu'on lui servît un repas à l'espagnole. Il voulut qu'on lui expliquât ce qu'étaient le roi et la reine de Castille; mais le roi et les autres Indiens restèrent convaincus que ce roi et cette reine habitaient le ciel, de même que l'amiral et ceux qui l'accompagnaient.

« Avec les seuls marins qui sont sur mes navires, dit l'amiral, je puis explorer en maître toutes ces îles. Les habitants sont sans armes et nus; ils sont craintifs : mille de ces pauvres gens fuient devant trois de nos hommes. Ils sont faits pour obéir; ils ensemenceront, ils exécuteront tous les travaux qu'on leur commandera. Il n'y a donc qu'à leur enseigner à bâtir des villes, à se vêtir et à adopter nos coutumes. »

Lundi 17 décembre. — La violence du vent obligea l'amiral à rester dans le même port ([1]). Il envoya les matelots pêcher au filet.

Les Indiens prenaient plaisir dans la société des chrétiens; ils leur montrèrent des flèches ou javelots en roseau surmontés de petits bâtons durcis au feu et se terminant en pointe, et ils leur dirent que c'étaient des armes dont se servaient les habitants de Canniba, ou Cannibales. Ils firent venir aussi deux hommes auxquels manquaient quelques morceaux de leur chair, et ils assurèrent que c'étaient les Cannibales qui avaient dévoré cette chair avec leurs dents.

On rapporta ces choses à l'amiral, qui, se croyant toujours près des États du grand khan, n'ajouta pas foi aux affirmations des Indiens.

Quelques gens de l'équipage étant retournés par son ordre à la bourgade, y échangèrent des billes de verre contre de minces feuilles d'or. Ces feuilles paraissaient provenir d'un morceau de ce métal, grand comme la main, et que portait encore un des Indiens. C'était un homme qu'on entourait de respect, et les marins reconnurent bientôt que c'était un chef, un roi, ou, pour l'appeler comme les Indiens, un cacique. Désirant lui-même faire des échanges, il se retira quelques instants dans sa case, fit couper sa plaque d'or en petits morceaux, et les apportant ensuite, les donna pour différents petits objets. Lorsqu'il eut tout épuisé, il laissa entendre aux Européens qu'on était allé chercher pour lui beaucoup plus d'or, et que, dès qu'il l'aurait, il continuerait à trafiquer avec eux.

Le soir, on vit venir de l'île de la Tortue environ quarante Indiens dans un canot. Sur le rivage de l'île Espagnole étaient assis, en signe de paix, les habitants de la bourgade. Le canot s'étant approché, quelques-uns de ceux qui le montaient essayèrent de descendre à terre; mais ils s'arrêtèrent et renoncèrent à leur projet à l'aspect du cacique, qui, s'étant levé seul, leur adressa des ordres, et leur jeta même de l'eau et des pierres.

Dans cette circonstance, le cacique voulut donner une preuve d'alliance aux Espagnols : il remit à

([1]) Le port de la Paix.

l'alguazil de Colomb une pierre, en l'invitant à la jeter contre les gens du canot; le prudent alguazil refusa.

Le Port de la Paix, à Saint-Domingue.

On parla encore à l'amiral de *Banèque*, d'où l'on tirait peut-être le peu d'or que possédaient ces Indiens (1).

Mardi 18 décembre. — On manquait de vent pour sortir du port, et, de plus, on attendait l'or du cacique.

L'amiral fit pavoiser son navire et *la Nina*, et célébrer la fête de sainte Marie de l'O (2).

Le cacique, qui avait passé la nuit à sa demeure, dans l'intérieur des terres, arriva à la bourgade vers trois heures de l'après-midi, assis dans un palanquin porté par quatre hommes et escorté de plus de deux cents de ses sujets; puis il se dirigea vers le rivage, et il monta sur le navire au moment où Colomb dînait. Il était accompagné de deux hommes âgés, son conseiller et son précepteur, qui ne le quittaient point. Quant au reste de son cortége, il lui ordonna d'un signe d'aller s'asseoir sur le pont.

Colomb remarqua le respect que ce jeune chef savait inspirer à ses sujets, et la dignité de son maintien, bien qu'il fût tout nu comme les autres Indiens.

« Lorsque le roi entra dans mon navire, dit-il, j'étais à table, sous le château de la poupe. Il s'avança droit vers moi, n'hésita pas à s'asseoir à mes côtés; son précepteur et son conseiller prirent place à ses pieds. Il ne voulut absolument pas me laisser me déranger ou me lever avant que mon repas ne fût terminé. Je donnai ordre qu'on lui servît quelques-unes de nos viandes, dans la pensée qu'il lui serait agréable d'en goûter. Il n'accepta de différents mets que je lui présentai que ce qui était nécessaire pour se montrer civil à mon égard; il envoya le reste aux personnes de sa suite, qui toutes en mangèrent. Il en fut de même des boissons : il les portait à ses lèvres, les goûtait et les portait ensuite aux Indiens. Il y avait dans son air et ses gestes une dignité remarquable. Il était très-sobre de paroles, et le peu

---

(1) Las Casas fait observer que jamais on n'arriva à cette île de Banèque. Mais il est possible que ce nom fût donné par les indigènes à la Jamaïque.

(2) On honore *sainte Marie de l'O* dans un couvent et une église situés au milieu d'un *ovale* de rochers, près de Ségovie.

qu'il disait semblait être sérieux et sage. Son conseiller et son précepteur, assis à ses pieds, suivaient attentivement le mouvement de ses lèvres, parlaient avec lui ou entre eux, en témoignant toujours un extrême respect. Après le repas, un de ses serviteurs apporta une ceinture toute semblable de forme à celles de Castille ; le travail seul en était différent. Le roi prit cette ceinture et me la présenta, en même temps que deux morceaux d'or très-minces et travaillés. »

« Je crois, ajoute Colomb, qu'ils n'ont que très-peu d'or, quoiqu'ils demeurent si près du pays où on le trouve en grande abondance. »

« Il me parut que le roi regardait avec plaisir une garniture de mon lit ; je m'empressai de la lui offrir, et je lui donnai aussi de beaux grains d'ambre que je portais en collier, des chaussures de couleur et un flacon plein d'eau de fleurs d'oranger. Il se montra parfaitement satisfait, et il exprima de son mieux, de même que son précepteur et son conseiller, le regret de ne pouvoir converser avec moi ; il me fit cependant comprendre que je n'avais qu'à demander ce que je désirais, et que tout ce qui était dans l'île serait à ma disposition. Je lui montrai une pièce de monnaie en or faisant partie d'un collier, et sur laquelle étaient gravés les portraits de Vos Altesses, et je lui répétai que vous gouverniez une immense étendue de terre, que vous étiez les souverains les plus puissants du monde. Je lui fis voir aussi les bannières royales et les bannières de la croix, qu'il regarda avec des signes d'estime. Il me parut dire à ses conseillers : « Quels puissants princes doivent être en effet ceux qui ont envoyé ces navires de si loin et du ciel ! »

Comme, la nuit approchant, le cacique exprima le désir de se retirer, l'amiral le fit conduire avec cérémonie dans le canot, et, pour lui faire honneur, ordonna qu'on le saluât de plusieurs décharges de mousqueterie. Arrivé à terre, il s'assit sur son palanquin et s'éloigna avec les deux cents Indiens. Chacun des présents que lui avait faits l'amiral fut remis à un personnage de distinction, et on les porta ainsi devant lui. Derrière lui était son fils, sur les épaules d'un Indien d'un rang supérieur, avec une escorte nombreuse, et son frère, également escorté, mais marchant à pied, en s'appuyant sur les bras de deux seigneurs.

Toutes les fois que le cacique rencontra depuis des hommes de l'équipage, il leur fit donner à manger et rendre tous les honneurs possibles.

Un vieillard indien, haut placé près du roi, dit à l'amiral qu'à cent lieues au plus, et dans une direction qu'il indiquait, il y avait un groupe considérable d'îles où se trouvait de l'or en telle quantité que, dans quelques-unes, on n'avait qu'à se baisser pour le prendre ; on le passait au tamis, puis on le fondait et on en faisait des barres et une foule d'ouvrages différents.

Ce vieillard ajouta même qu'une de ces îles n'était qu'un rocher d'or.

Colomb fit planter une grande croix au milieu de la place principale de la bourgade. Les Indiens aidèrent les chrétiens dans ce travail et firent même leurs prières au pied de la croix.

Mercredi 19 décembre. — L'amiral mit à la voile et sortit vers le soir du golfe formé par l'île de la Tortue et l'Espagnole.

On vit de loin un port ([1]), plusieurs pointes de terre, une baie, une rivière, un grand promontoire avec des habitations ([2]) ; de l'autre côté, un vallon entouré de montagnes couvertes d'arbres ; à l'est du cap Torres ([3]), une petite ville que l'amiral nomma Saint-Thomas, le cap haut et bas ([4]), le mont Caribata ([5]), qui entre dans la mer et est très-verdoyant.

Les nuits duraient quatorze heures ([6]).

Jeudi 20 décembre. — A la fin du jour, on entra dans un très-vaste port, très-sûr, bien caché par des rochers épars ; il est situé entre l'île Saint-Thomas et le cap Caribata ([7]). A l'entrée est un canal. De très-hautes montagnes couvertes d'arbres l'entourent ; au sud-est on voit un grand vallon cultivé.

([1]) Le port de la Granja.
([2]) La rade du port Margot.
([3]) La pointe de Limbé.
([4]) Pointe et île Margot.
([5]) Montagne sur le Guarico et Monte-Cristi.
([6]) Treize heures un quart seulement au nord de Saint-Domingue, et en hiver.
([7]) La baie d'Acul.

VISITES ET ÉCHANGES. — MAISONS DE SAINT-DOMINGUE.

On aperçut deux îlots (¹) à une lieue de l'île Saint-Thomas.
Sur la côte, on vit des peuplades et des feux.

Vue de la baie de l'Acul.
A, baie de l'Acul ; — B, île à Rats ; — C, pointe des Trois-Marie.

Vendredi 21 décembre. — L'amiral visita le port, qu'il trouva supérieur à tous ceux qu'il avait vus jusqu'alors dans le cours de ses voyages.

Deux hommes allèrent à la recherche d'une bourgade ; ils en trouvèrent une grande (²) à peu de distance de la mer. Six autres hommes descendirent à terre pour s'y mettre en rapport avec les habitants, qui les accueillirent à merveille et exprimèrent leur conviction qu'ils avaient devant eux des envoyés du ciel.

Des Indiens vinrent dans plusieurs canots pour inviter l'amiral, au nom de leur chef, à venir dans sa bourgade, non loin de là, sur une pointe de terre. Colomb y alla ; la plage était couverte d'hommes, de femmes, d'enfants, qui le suppliaient de rester parmi eux.

Un autre chef envoya des messagers à l'amiral en lui faisant la même invitation, et l'amiral se rendit aussi près de lui. Ce chef avait fait amasser une grande quantité de provisions, et il les envoya à bord des barques espagnoles. En retour, Colomb leur donna des grelots, des bagues de laiton et des grains de verre. On faisait beaucoup d'instances pour l'empêcher de partir. Quand il s'éloigna, des canots l'accompagnèrent jusqu'à son navire.

Un troisième chef indien était venu, du côté de l'ouest, le visiter pendant son absence.

L'entrée du port est à l'ouest ; au nord-ouest sont trois îles, et à une lieue du cap un grand fleuve. L'amiral compara ce port à une mer ; il l'appela port de la mer de Saint-Thomas.

Samedi 22 décembre. — Le chef de la bourgade voisine (³) envoya à l'amiral une ceinture ornée au milieu d'une figure d'animal à grandes oreilles, et dont la langue et le nez étaient faits en or battu. Ses ambassadeurs ne parvinrent pas à se faire comprendre.

L'amiral envoya six hommes, parmi lesquels était son secrétaire, à une grande peuplade, à trois lieues vers l'ouest (⁴).

Le chef donna la main au secrétaire pour rendre sa personne et celles qui l'accompagnaient sacrées aux yeux des Indiens. Il les conduisit ensuite à sa demeure, leur fit servir un repas ; le soir, il leur donna trois oies grasses et quelques morceaux d'or. Les Indiens escortèrent ces six envoyés, et voulaient les porter lorsqu'il y avait à traverser des rivières ou des marécages.

Plus de cent vingt canots vinrent à bord des deux navires, apportant du pain, du poisson, de l'eau dans des cruchons de terre, des semences d'épices. Ils jettent un grain de ces semences dans une écuelle d'eau, et font ainsi une boisson qu'ils disent être très-saine.

Dimanche 23 décembre. — Ce jour se passa encore en visites mutuelles ; c'était une continuelle affluence d'Indiens. Un très-grand nombre d'entre eux venaient dans leurs canots, à deux portées d'arbalète des navires, et montraient leurs présents en criant : Prenez ! prenez ! Cinq chefs vinrent

---

(¹) L'un d'eux est l'île à Rats *(isla de Ratas)*.
(²) Le village d'Acul.
(³) Guacanagari, souverain du Marien. (Voy. plus loin.)
(⁴) Aujourd'hui le village *del Recreo*.

aussi avec leurs familles. La plupart assurèrent à Colomb qu'il y avait beaucoup d'or dans l'île, et il demeura persuadé que c'était la vérité, d'autant plus qu'on lui avait donné en effet de bons morceaux de ce métal. « Que la miséricorde de Dieu m'aide à découvrir cet or, ou plutôt cette mine, car beaucoup m'assurent qu'ils la connaissent, » dit l'amiral (¹).

Il estimait que l'île était plus grande que l'Angleterre (²).

Les embarcations allèrent à une bourgade située à trois lieues sud-est de la Punta-Santa (³). Le cacique, entouré de deux mille hommes, vint recevoir les chrétiens sur la place; il leur donna des morceaux d'or pour l'amiral, des perroquets et des morceaux d'étoffe de coton qui servent à voiler les femmes. Les autres Indiens firent aussi présent d'étoffes et d'ustensiles aux marins.

Lundi 24 décembre. — Les habitants de l'île Espagnole sont, suivant l'amiral, très-supérieurs par la beauté et l'intelligence à tous ceux des autres îles. S'ils se peignent presque tous en rouge, et

Maisons des Indiens dans l'île Espagnole (⁴). — D'après Oviedo.

quelques-uns en noir ou autrement, c'est pour se garantir de l'ardeur du soleil. Les maisons sont jolies, bien construites. Les chefs ou juges sont parfaitement obéis, et le plus souvent sur un seul signe de la main.

Deux Indiens désignèrent un lieu éloigné vers l'est, et nommé Civao (qui parut à l'amiral devoir être

---

(¹) Une cupidité personnelle n'inspirait point seule ces désirs à Colomb; mais il savait bien que ses découvertes ne tourneraient à sa gloire, en Espagne, que si elles procuraient tout l'or qu'il avait promis.

(²) Elle est plus petite d'au moins six milles carrés.

(³) La pointe *San-Honorato.*

(⁴) Oviedo décrit ces maisons faites de bois, de cannes, et couvertes de paille ou de feuillage (livre VI de l'*Histoire naturelle des Indes*).

Au milieu des maisons dont le toit était en pointe, à peu près comme étaient les maisons gauloises, il y avait un poteau ou un mât qui touchait jusqu'au sommet, et auquel on attachait toutes les pointes des perches, à la façon d'un pavillon ou d'une tente de camp.

Les maisons des caciques et des habitants notables étaient de meilleure façon et de plus grande étendue; elles avaient deux gouttières et étaient longues comme celles des chrétiens, mais faites de même avec des poteaux et cannes pour les parois; on y voyait des portails, galeries et promenoirs couverts de feuilles ou de chaume, où l'on recevait les visiteurs.

Les diverses parties qui composaient la maison étaient liées avec une espèce d'osier qu'Oviedo appelle *bexuco*, « fort propre à faire liaison, ne se pourrissant point, et servant de clous pour attacher les membrures et les cannes. »

Cipango) (¹), comme renfermant beaucoup d'or; le cacique de ce pays, disait-il, avait une bannière d'or battu.

Un îlot plat, que l'amiral nomme la Amiga (²), est au milieu de l'embouchure du port. Des récifs avoisinent cette île; mais il y a une passe près de la Amiga, au pied du mont Caribata, à l'ouest; il s'y trouve aussi un grand port (³).

Mardi 25 décembre, jour de Noël. — Du lundi au mardi, vers onze heures du soir, l'amiral, qui n'avait pris aucun repos depuis trente-six heures, alla se coucher. Le navire amiral et *la Nina* avancèrent, sous un vent très-modéré, du golfe de Saint-Thomas jusqu'à la Punta-Santa. Le dimanche précédent, les embarcations envoyées au cacique, à 3 lieues est sud-est de la Punta-Santa, avaient observé les côtes, les bas-fonds, les bancs et les récifs; il semblait donc qu'il n'y eût absolument aucun danger à craindre. Mais le marin qui avait en main le gouvernail, voyant la mer très-calme, voulut imiter l'amiral; il laissa la barre à un jeune homme inexpérimenté, sans tenir compte de la volonté de Colomb, qui avait expressément défendu que l'on confiât jamais le timon aux novices, quel que fût le temps. A minuit, le calme étant parfait et la mer tranquille, « comme dans une écuelle, » tous les gens de l'équipage se couchèrent aussi, et il ne resta plus debout que le jeune homme qui était au gouvernail; or il arriva que le courant entraîna le vaisseau vers un des bancs. Cependant, malgré l'obscurité, on pouvait voir et même entendre ces brisants à la distance de plus d'une lieue. Le vaisseau toucha, mais sans choc violent: ce fut à peine si l'on éprouva une légère secousse; le novice seul entendit le bruissement des flots et sentit que le gouvernail était engagé. Alors il se mit à pousser des cris. Colomb s'éveilla en sursaut, et arriva sur le pont si rapidement que personne ne s'aperçut avant lui que l'on eût échoué. Le maître du navire préposé à sa garde fut le second à se lever. L'amiral ordonna à l'équipage de charger une ancre sur l'embarcation qui était à la poupe et de la jeter au large derrière le navire : son intention était de dégager le bâtiment; mais le maître et plusieurs marins sautèrent dans cette embarcation, et au lieu d'attendre d'autres ordres, comme le supposait l'amiral, ils firent force de rames vers la caravelle *la Nina*, qui était à une demi-lieue. Le commandant de la caravelle refusa sagement de les recevoir à son bord. Ils furent donc obligés de revenir au vaisseau; mais ils y furent précédés par l'embarcation de *la Nina*. Avant leur arrivée, l'amiral avait fait couper le grand mât pour alléger le navire et essayer si l'on ne pourrait pas le remettre à flot, parce que déjà la marée se retirait et le navire penchait; mais les eaux baissant toujours et *la Santa-Maria* se penchant de plus en plus, la manœuvre ne réussit pas; heureusement le calme de la mer fit que le bâtiment ne fut point fracassé; les intervalles qui sont entre les cordages s'entr'ouvrirent seuls. Dès que les embarcations furent à portée, l'amiral s'en servit pour transporter son équipage à bord de *la Nina*; puis, un vent de terre s'étant levé, il jugea prudent de mettre en panne pour attendre le jour, afin que l'on pût se bien diriger, ce qui était difficile à cause de l'obscurité et parce que l'on avait quelque doute sur l'étendue des bancs. Quant à lui, il revint à bord du navire, en y entrant du côté du banc, après avoir envoyé à terre Diego de Arana de Cordoue, alguazil de l'escadre, et Pierre Gutierrez, officier de la maison royale. Il les avait chargés l'un et l'autre d'aller donner avis de l'événement fâcheux qui lui était survenu au chef indien, dont la résidence était à environ une lieue et demie. Ce chef, qui le samedi précédent avait invité Colomb à le venir voir, donna des signes de douleur sincère à cette nouvelle, et il s'empressa de mettre de très-grands canots à la disposition de l'amiral, pour décharger le navire. Il vint lui-même avec ses frères et ses parents pour présider aux travaux des Indiens, exciter leur zèle et veiller à ce qu'aucun des objets transportés ne fût détourné ou perdu. Par intervalles, il envoyait quelqu'un de ses parents à l'amiral pour lui offrir des consolations et l'assurer que tout ce qu'il possédait était à lui, s'il le désirait. Grâce à la vigilance de ce chef et à la probité des Indiens, on ne perdit même pas un bout d'aiguillette. Ce qui avait été retiré du vaisseau fut porté près des maisons, jusqu'à ce que l'on eût préparé un endroit plus convenable pour servir de dépôt, et le chef aposta des Indiens armés, afin de faire bonne garde alentour pendant la nuit.

(¹) Colomb persistait à se croire près du Japon.
(²) L'île à Rats.
(³) Le port Français.

« Ce chef et tout son peuple, dit Colomb, ne cessèrent de verser des larmes. Ce sont des gens aimants et sans cupidité, et tellement bons à tout, que je certifie à Vos Altesses que je ne crois pas qu'il y ait dans le monde entier de meilleures personnes, ni un meilleur pays. Ils aiment leur prochain comme eux-mêmes; ils ont une manière de parler, la plus douce et la plus affable du monde, toujours avec un sourire aimable. Hommes et femmes sont nus comme leurs mères les ont mis au monde; mais Vos Altesses peuvent croire qu'ils ont d'excellentes mœurs, que le roi a une superbe représentation et un cortége merveilleux, et que tout s'y est passé avec tant de retenue et d'une manière si bien ordonnée, que cela fait plaisir à voir; ils ont beaucoup de mémoire; ils veulent tout voir et tout examiner, et ils demandent ce que c'est et quel en est l'usage (¹). »

Mercredi 26 décembre. — Le cacique vint, au lever du jour, à bord de *la Nina*, où était l'amiral. Il avait les larmes aux yeux; il pria Colomb de ne pas prendre de chagrin, renouvela toutes les offres de service qu'il lui avait faites la veille, et lui dit qu'il lui cédait deux grandes maisons pour y mettre en sûreté ce qu'ils voudraient ou pour y loger eux-mêmes.

Pendant cet entretien, un canot, venant d'un autre endroit, approcha de *la Nina*; les Indiens qui le conduisaient montrèrent des morceaux d'or en criant : *Chuq! chuq!* pour désigner les grelots qu'ils désiraient avoir en échange.

D'autres Indiens, témoins du marché, arrivèrent aussi en canots, et prièrent l'amiral de leur garder des grelots jusqu'à ce qu'ils revinssent avec quatre morceaux d'or qui seraient, disaient-ils, aussi grands que la main (²).

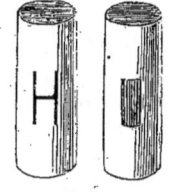

Tambours indiens. — D'après Oviedo.

De son côté, le cacique, remarquant combien l'amiral aimait l'or, lui dit de se tenir en repos d'esprit et en gaieté, parce qu'il trouverait moyen de lui donner autant de ce métal qu'il en désirerait, soit en le tirant de l'île qui en produisait beaucoup, soit en le faisant venir de *Civao*, où il y avait tant d'or qu'il n'y avait aucune valeur. L'amiral supposait toujours que par *Civao* on entendait *Cipango*.

L'amiral invita le cacique à dîner. A son tour le cacique lui servit à terre une collation composée de pain, de lapins, de chevrettes, de poissons, de racines et de fruits. Il portait une chemise et des gants que lui avait donnés l'amiral. Il mangeait avec beaucoup de propreté et de décence. Quand ce repas fut terminé, on lui présenta des herbes pour qu'il en frottât ses mains, sans doute afin d'adoucir la peau, et de l'eau pour les laver. Ensuite il conduisit l'amiral vers des plantations d'arbres verts, autour des maisons; derrière eux marchaient plus de mille personnes, toutes nues.

L'amiral, causant avec le cacique des gens de Caniba ou Caraïbes qui viennent faire prisonniers les habitants de l'île Espagnole, fit tirer sur la plage, par un de ses meilleurs archers, quelques flèches; il fit aussi décharger une arquebuse et un espingard; il expliqua par signes au cacique émerveillé que, grâce à ces armes, les rois de Castille sauraient bien soumettre et détruire tous les Caraïbes. Les sujets du cacique, en entendant le bruit des armes à feu, étaient tombés à terre de frayeur.

Le cacique fit présent de différentes choses à l'amiral et à ceux qui l'accompagnaient : parmi ces présents était un grand masque, dont les yeux, les oreilles et d'autres endroits étaient en or, il y avait aussi des joyaux que le chef indien mit lui-même sur la tête et au cou de Colomb.

Cette conduite si affectueuse aida Colomb à se consoler de sa mésaventure et de la lâcheté des gens de son équipage qui l'avaient abandonné au moment où il allait commander les manœuvres nécessaires pour sauver le bâtiment. Il se félicita même bientôt de cet événement, car il lui vint à la pensée de le mettre à profit en faisant construire en ce lieu une petite forteresse.

« J'ai donné ordre, dit-il, de bâtir avec solidité une tour et un fort sur une voûte. Ce n'est pas qu'il me paraisse nécessaire de se faire une défense contre les habitants, car je suis convaincu qu'il me suffirait du peu de monde que j'ai pour conquérir l'île tout entière, quoiqu'elle soit, autant que je puis en

---

(¹) Traduction de MM. de Verneuil et de la Roquette.

(²) Les grelots étaient ce qui plaisait le plus aux Indiens. « Ils étaient fous de la danse, et souvent ils sautaient en chantant de certains airs qu'ils accompagnaient du son d'une espèce de tambour fait d'un tronc d'arbre, et du cliquetis de morceaux de bois creux; mais lorsqu'ils suspendaient les grelots autour d'eux, et qu'ils entendaient leur son aigu et argentin répondre au mouvement de leur danse, rien ne pouvait égaler les transports de leur joie. » (Washington Irving.)

juger, plus grande que le Portugal, et deux fois plus peuplée..... Mais je crois bon de donner une idée, par cette construction, de ce dont sont capables les sujets de Vos Altesses. On prépare le bois qui servira à construire l'édifice, ainsi que des provisions de pain et de vin pour plus d'un an, et des graines pour semer. Je laisserai en cet endroit la chaloupe de mon navire, et divers hommes de l'équipage, qui ont grand désir de découvrir la mine d'où provient l'or, à la fois dans l'intérêt du service de Vos Altesses, et pour m'être agréables, entre autres un arquebusier, un charpentier, un calfateur, un tonnelier, etc. »

Du reste, l'amiral fait observer que le navire échoué était très-lourd, mauvais voilier et peu propre à un voyage de découvertes. Il est persuadé qu'à sa prochaine visite à l'île, en revenant de Castille, les hommes préposés à la garde de la forteresse auront rempli un tonneau de l'or obtenu par échange, et qu'ils auront trouvé la mine d'or et assez d'épices pour permettre au roi et à la reine d'entreprendre la conquête de la *Casa-Santa*, ou Saint-Sépulcre. Il rappelle aux deux souverains qu'il leur avait exprimé le désir que les produits de ses découvertes eussent cette destination. « Vos Altesses me répondirent en riant que cette idée leur plaisait, et qu'il n'était pas besoin même de l'espoir que je leur donnais pour qu'elles eussent l'envie de faire cette conquête. »

Jeudi 27 décembre. — Le cacique, son frère et un autre de ses parents dînèrent avec l'amiral.

Le bruit vint que *la Pinta*, depuis si longtemps séparée des deux autres caravelles, était dans une rivière à une extrémité de l'île. Sur-le-champ le cacique, pour obliger l'amiral, envoya un canot dans cette direction.

Vendredi 28 décembre. — L'amiral étant descendu à terre, le cacique le fit conduire à la plus belle et la plus grande maison de la bourgade. Une estrade en feuilles de palmier avait été préparée pour Colomb. A peine y eut-il pris place que le cacique, qui avait dirigé tous les honneurs qu'on lui rendait sans s'être laissé voir, accourut vers lui et lui attacha au cou une belle plaque d'or.

Samedi 29 décembre. — Un jeune homme, neveu du cacique, vint de bonne heure rendre visite à l'amiral sur la caravelle, et, en réponse à ses questions, lui dit qu'il y avait, à l'est, à la distance de quatre journées, plusieurs îles où l'on trouvait beaucoup d'or, et que ces îles s'appelaient Guarionex, Macorix, Mayonic, Fuma, Cibao, Coroay (¹). Colomb écrivit ces noms.

On lui apprit plus tard que le cacique avait réprimandé ce jeune homme pour avoir donné cet avis.

Vers la nuit, le cacique envoya encore à l'amiral un grand masque d'or (²). Il lui fit demander une aiguière et un bassin à laver les mains.

Dimanche 30 décembre. — Le nom de ce cacique était Guacanagari. Cinq chefs, ses tributaires, vinrent le voir, portant sur leur tête leur couronne.

Le cacique alla recevoir l'amiral lorsqu'il descendit à terre, et lui donna le bras pour le conduire jusqu'à la maison qu'il avait déjà mise la veille à sa disposition.

On fit de nouveaux échanges de présents ; le cacique mit sa couronne sur la tête de Colomb, qui, en retour, lui donna un collier, un manteau d'écarlate, des brodequins de couleur et un anneau d'argent. Le cacique parut ravi.

Deux des chefs tributaires donnèrent chacun à Colomb une grande plaque d'or.

Un Indien annonça qu'il avait vu l'avant-veille *la Pinta* dans un port de l'est.

Vincento Yanez, le capitaine de *la Nina*, assura qu'il avait vu de la rhubarbe (³).

Lundi 31 décembre. — L'amiral, considérant qu'il était difficile de continuer ses explorations avec une seule caravelle, résolut de retourner en Espagne pour y faire connaître ses découvertes. Il fit charger du bois et de l'eau sur le navire.

Mardi 1ᵉʳ janvier 1493. — On envoya, vers minuit, un canot pour aller chercher de la rhubarbe à l'îlot de *la Amiga*, à l'entrée du port ou mer de San-Tomé ; on en remplit un grand panier.

Le canot que le cacique avait envoyé pour chercher *la Pinta* revint sans l'avoir découverte. Un marin qui avait été dans ce canot rapporta qu'à la distance de vingt lieues il avait vu un chef indien qui avait

---

(¹) Las Casas fait observer qu'il s'agissait non pas d'îles, mais de provinces de l'île Espagnole.
(²) Ou plus probablement orné de plaques d'or.
(³) La rhubarbe ne croît que dans la haute Asie. (Voy. notre deuxième volume, p. 302.)

sur la tête deux plaques d'or, et qui s'était hâté de les ôter après avoir échangé quelques paroles avec les sujets de Guacanagari.

Mercredi 2 janvier. — L'amiral aurait voulu mettre à la voile ce jour-là, mais le vent était contraire.

Il descendit à terre, et fit faire la petite guerre entre les gens armés de son équipage, afin de donner au cacique une idée de la force et de l'habileté des Espagnols, qui sauraient le protéger contre les Caraïbes. Il fit aussi tirer une arquebuse contre le flanc de la caravelle échouée, et le cacique vit la pierre traverser le vaisseau et aller se perdre fort loin dans la mer.

Le cacique fit de grandes démonstrations d'amitié à l'amiral, et de chagrin à cause de son projet de départ.

Un des courtisans du cacique prétendit que ce chef avait ordonné de faire une statue d'or pur aussi grande que l'amiral; qu'elle serait terminée dans dix jours.

Colomb désigna trente-neuf hommes pour la garde de la forteresse, et leur donna comme lieutenants chargés de les commander : Diego de Arena (de Cordoue), Pedro Gutierrez, tapissier du roi et officier du premier maître d'hôtel, et Rodrigo de Escovedo (de Ségovie). Il les chargea de chercher, pendant son absence, la mine d'or, un port plus rapproché de l'est et convenable pour élever une ville. Il leur laissa de l'artillerie, du vin, du pain pour un an, des semences, la chaloupe du navire échoué, tout ce qui était dans ce bâtiment, et de plus ses ouvriers, son écrivain, son alguazil, un arquebusier, qui était bon ingénieur, un constructeur de navires, un calfateur, un tonnelier, un médecin, un tailleur : tous ces hommes étaient, en outre, marins.

Jeudi 3 janvier. — Colomb ne voulut plus retarder son départ. *La Nina* sortit du port à l'aide d'un peu de vent; elle se dirigea vers une montagne élevée que l'amiral appela Monte-Cristi, et qui est à 18 lieues à l'est du cap Santo ([1]). On s'arrêta à 6 lieues de la montagne pour y passer la nuit. L'amiral était persuadé que *Cipango* se trouvait dans cette île ([2]).

Samedi 5 janvier. — On mit à la voile au lever du jour. Dans un îlot peu éloigné de Monte-Cristi, qui est une très-belle montagne, on trouva du feu et quelques débris qui indiquaient que des pêcheurs s'étaient arrêtés en cet endroit. On y vit aussi de très-belles pierres de couleur propres à bâtir des églises et des palais. L'amiral remarqua des pieds de lentisque. A l'est de la montagne est un cap que Colomb nomma le cap du Veau ([3]).

Dimanche 6 janvier. — On continua à longer la côte. Après midi, un des marins, qui était monté en vigie pour observer les récifs, avertit qu'il voyait la caravelle *Pinta* venant du côté de *la Nina*. Les bancs de sable ne permettant pas de jeter l'ancre en cet endroit, l'amiral ordonna de retourner au bas de Monte-Cristi, où *la Pinta* ne tarda point à le rejoindre. Martin-Alonzo Pinzon se rendit à bord de *la Nina*, et s'efforça d'expliquer et d'excuser son absence; mais les raisons qu'il donna étaient toutes très-mauvaises. Colomb feignit toutefois de s'en contenter. Il avait d'autres sujets de se plaindre de Martin-Alonzo Pinzon, qui s'était montré plus d'une fois insolent à son égard; mais la prudence voulait qu'il ne soulevât aucune discussion pendant le cours du voyage. Il fut, du reste, informé que Pinzon ne s'était séparé de la flotille que pour aller seul à l'île *Banèque* ([4]), où un Indien lui avait fait espérer qu'il trouverait beaucoup d'or. Déçu dans son espérance, il avait ensuite côtoyé l'île Espagnole jusqu'à vingt lieues de la Nativité ([5]), et il avait recueilli, au moyen d'échanges, une assez grande quantité d'or qu'il avait partagée par moitié entre lui et l'équipage.

L'amiral remarque toutefois que les morceaux d'or ramassés dans l'île Espagnole n'étaient pas plus

---

([1]) Monte-Cristi est, au nord (80 degrés est), à la distance de 10 lieues.

([2]) Toujours même illusion et même vague dans le sens attaché aux noms de lieux que la relation de MARCO-POLO avait fait connaître.

([3]) La pointe Rucia.

([4]) On a déjà vu ce nom revenir plusieurs fois; il est probable qu'il servait, dans la langue des Indiens, à indiquer la terre ferme.

([5]) Nom que Colomb avait donné à l'établissement et au lieu où devait s'élever le fort, parce qu'il était arrivé en cet endroit le jour de Noël

gros que des grains de blé (¹), tandis que dans l'île Yamaye (²) ils étaient, d'après le rapport des Indiens, gros comme des fèves.

Des Indiens assurèrent que près de l'île Yamaye, à l'est, se trouvait une île habitée uniquement par des femmes (³), et que, pour atteindre la terre ferme où les indigènes étaient vêtus, il fallait dix jours de navigation en canot, c'est-à-dire environ 60 ou 70 lieues à partir de l'île Espagnole et de l'île Yamaye.

Lundi 7 janvier. — On fut occupé à boucher une voie d'eau dans *la Nina*. Les marins, s'étant avancés dans le pays pour couper du bois, virent beaucoup d'aloès et de lentisques.

Mardi 8 janvier. — Des vents d'est et de sud-est s'élevèrent avec trop de force pour permettre la navigation. L'amiral alla en chaloupe à un fleuve situé à un peu plus d'une lieue au sud-ouest du Monte-Christi, et à 17 lieues de la Nativité; il trouva que le sable de l'embouchure était chargé d'une quantité extraordinaire de poussière d'or (⁴); quelques grains étaient de la grosseur d'une lentille. On remplit les barriques d'eau en remontant le fleuve à une portée d'arquebuse, et, au retour, on vit de petits morceaux d'or dans les cercles des barriques et de la pipe. Colomb appela ce fleuve *rio del Oro*. Il avait vu, depuis la Nativité, plusieurs autres grands fleuves qui n'étaient pas, lui disait-on, à 20 lieues des mines d'or (⁵). L'amiral aurait volontiers continué à explorer les côtes de l'île Espagnole; mais les frères Pinzon et plusieurs de leurs gens étaient devenus tellement rebelles à son autorité, et lui manquaient tellement de respect, qu'il avait hâte de revenir en Espagne.

Mercredi 9 janvier. — A minuit, on mit à la voile et l'on se dirigea vers l'est nord-est, à 60 milles à l'est de Monte-Christi; on remonta une pointe que l'on nomma Punta-Roja (⁶), et l'on y passa la nuit.

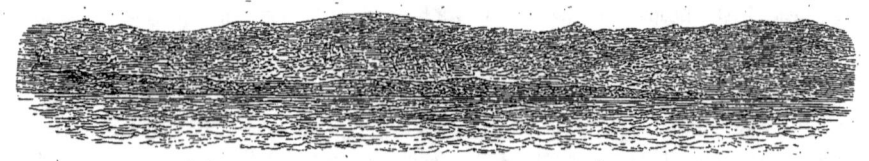

La pointe Isabélique.

Le pays que l'on avait vu pendant le jour était élevé, plat, et offrait aux regards le spectacle agréable de riches campagnes cultivées, sillonnées de cours d'eau, et ne s'arrêtant qu'au loin devant des montagnes majestueuses.

Les matelots prirent beaucoup de tortues; quelques-unes étaient larges comme un bouclier.

Colomb rapporte qu'il vit trois sirènes. Elles s'élevèrent beaucoup au-dessus du niveau de la mer, mais elles ne lui parurent nullement belles (⁷).

Jeudi 10 janvier. — On arriva à un fleuve que Colomb nomma fleuve de Grâce (⁸); on jeta l'ancre dans un port qui se trouve à l'embouchure : ce port est très-bon; mais il est rempli de tarières (⁹) qui avaient fort endommagé *la Pinta* pendant un long séjour qu'elle avait fait précédemment seule en ce lieu.

(¹) Las Casas prétend avoir vu dans l'île Espagnole des morceaux d'or pesant 8 livres, et d'autres gros comme des pains de Valladolid.
(²) La Jamaïque.
(³) Cette assertion confirmait Colomb dans l'idée qu'il était près de l'Asie; Marco-Polo avait parlé d'une île où l'on ne trouvait que des femmes. (Voy. notre deuxième volume, p. 411.)
(⁴) La rivière Yague, Santiago, ou de Saint-Jacques. Las Casas dit qu'en effet cette rivière est très-grande et roule beaucoup d'or.
(⁵) Las Casas dit que les mines étaient à moins de 4 lieues de ces fleuves.
(⁶) Pointe Isabélique.
(⁷) C'étaient des lamantins ou manates. (Voy. la gravure, p. 130, et sa note.)
(⁸) La rivière *Chuzona-Chico*, à 3 lieues ¹/₂ du port de Plata.
(⁹) Insecte de mer qui a la tête garnie de fortes écailles.

Martin-Alonzo Pinzon s'était emparé de force de quatre hommes et de deux jeunes filles. L'amiral fit habiller ces Indiens, et les renvoya libres, parce que, dit-il, les habitants de toutes ces îles sont les

Lamantins ou Manates, mammifères de l'ordre des cétacés herbivores, que les navigateurs du moyen âge prenaient pour des sirènes (¹).

sujets du roi et de la reine, et que de plus il est juste que, dans un endroit où Leurs Altesses ont un établissement, le peuple soit traité avec humanité et bienveillance, surtout puisqu'on trouve en cette région beaucoup d'or, des épices et des terres fertiles.

Vendredi 11 janvier. — On rencontra successivement le cap Beaupré, la montagne d'Argent (²), d'une grande hauteur, d'une beauté remarquable et dominant un beau port (³), la Pointe-de-Fer (⁴), la Pointe-Sèche (⁵), le cap Rond (⁶), le cap Français (⁷), un grand promontoire (⁸), le cap du Beau-Temps, le cap Escarpé.

Samedi 12 janvier. — L'île Espagnole paraissait à Colomb de plus en plus étendue. Ce jour-là il vit un cap partagé en deux pointes escarpées, et qu'il appela, pour ce motif, cap du Père et du Fils (⁹),

---

(¹) Le lamantin d'Amérique est le type du genre. Il atteint 6 mètres de longueur. On l'appelle poisson-femme, vache marine, bœuf marin, grand lamantin des Antilles. Son lait a une saveur très-agréable.
(²) *Monte de Plata.* Colomb l'appela ainsi parce que sa cime est toujours couronnée par des nuages blancs.
(³) Le port d'Argent *(puerto de Plata).*
(⁴) Pointe Macuris.
(⁵) Pointe Sesua, Seyva ou Sesera.
(⁶) Cap de la Roca.
(⁷) Le vieux cap Français.
(⁸) La baie Écossaise.
(⁹) L'une de ces pointes était l'île Yazual.

le port Sacré (¹), le cap de l'Amoureux (²), un autre cap plus élevé et plus rond (³), et une très-grande baie au milieu de laquelle est une petite île (⁴). Une chaloupe s'avança vers la rive de la baie; à son approche, tous les habitants prirent la fuite. Colomb avait voulu s'assurer s'il était devant une île séparée de l'Espagnole.

Dimanche 13 janvier. — La flottille fut retenue dans le port par le calme. Des gens de l'équipage étant descendus à terre pour y chercher des ajes, se trouvèrent en présence d'hommes qui avaient des flèches et des arcs; ils leur achetèrent deux arcs et beaucoup de flèches; l'un d'eux les suivit, sur leur invitation, jusqu'aux caravelles. L'amiral supposa que cet homme, nu, laid, dont le visage était barbouillé de noir, dont les cheveux étaient très-longs et attachés en arrière dans un paquet de plumes de perroquet, devait être un de ces Caraïbes qui mangeaient la chair humaine (⁵); il fut porté à en conclure que le golfe qu'il avait vu la veille était une île, et l'Indien le confirma dans cette idée, en ajoutant, par signes, qu'on y trouverait des morceaux d'or gros comme la poupe de la caravelle. Il donnait à l'or le nom de *tuob,* tandis que les premiers Indiens de l'île Espagnole l'appelaient *caona* (⁶), et ceux de San-Salvador *nozay*. Il parla de l'île Mantinino, située à l'est de Carib, peuplée seulement de femmes, et où il y avait beaucoup de tuob, et de l'île de Goanin (⁷), où il se trouvait aussi une grande quantité de tuob. On donna à cet Indien des morceaux de drap vert et rouge et de petites perles de verre; on le fit dîner, puis on le reconduisit à terre, où l'attendaient, cachés derrière les arbres, plus de cinquante hommes nus, tous semblables à lui, et armés d'arcs et de bâtons. Quand

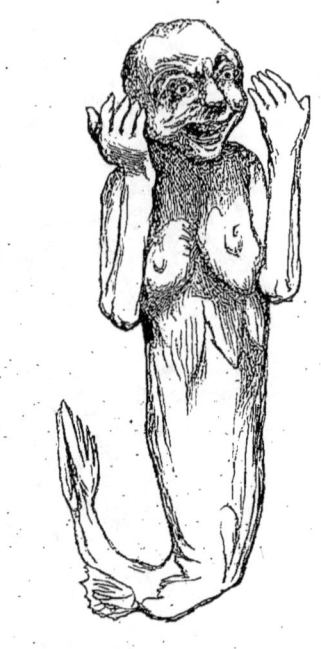

Prétendue Sirène conservée au Musée de Leyde (⁸).

il fut près d'eux, il leur parla sans doute des chrétiens de manière à les rassurer; en effet, ils mirent à terre leurs armes et vinrent au-devant de sept Espagnols qui étaient dans la chaloupe. D'abord ils con-

Le vieux cap Français.

sentirent à vendre deux arcs; mais tout à coup, changeant de dispositions, non-seulement ils refusèrent de rien échanger de plus, mais ils coururent chercher des cordes et revinrent avec l'intention de prendre

(¹) Le port Yaqueron.
(²) Le cap Cabron.
(³) Le cap Samana.
(⁴) La baie de Samana et les Caies de Levantados.
(⁵) « Il n'y a jamais eu de Caraïbes dans l'île Espagnole. » (Las Casas.)
(⁶) Ils se servaient aussi du mot *tuod* pour désigner le cuivre et l'or de qualité inférieure.
(⁷) Sans doute les îles Vierges et l'île de Porto-Rico.
(⁸) Ce dessin est de M. Winterhalter, l'auteur du *Décameron* et de beaucoup d'autres tableaux charmants où sont représentées les véritables sirènes; c'est M. A. Barbier, auteur des *Iambes*, qui a bien voulu nous permettre de le faire graver.

et de lier les Espagnols. Ceux-ci, malgré leur petit nombre, s'élancèrent contre ces sauvages, en blessèrent deux, l'un avec un sabre, l'autre avec une flèche. Tous les Indiens fuirent alors, abandonnant leurs arcs et leurs flèches. Il était évident toutefois que c'étaient des hommes plus courageux que ceux que l'on avait vus jusqu'alors. Peut-être était-il avantageux qu'on leur eût inspiré quelque crainte, afin de donner plus de force et d'autorité aux trente-neuf Espagnols qui resteraient dans la forteresse et feraient des excursions dans les îles voisines.

Lundi 14 janvier. — Le matin, l'Indien qu'on avait bien accueilli la veille sur le navire ramena un grand nombre d'autres indigènes et un chef, tous bien disposés. Le chef monta sur la caravelle de l'amiral avec trois de ses sujets; il fit offrir quelques billes au roi, qui, en échange, lui donna un bonnet et un morceau de drap rouge, ainsi que des perles de verre; il fit aussi servir du miel et du biscuit à ces Indiens. Le roi fit signe que, le lendemain, il viendrait avec un masque d'or, et qu'il y avait une grande quantité d'or dans ce pays, ainsi qu'à Mantinino et à Carib.

Les caravelles avaient été mal calfatées à Palos; elles faisaient eau par la quille.

Colomb se plaint de la mauvaise volonté qu'il rencontra dans tous ceux qui auraient dû le bien seconder; depuis que l'entreprise fut décidée, il n'a eu de vrais protecteurs que Dieu, le roi et la reine. « Depuis sept ans, qui s'accomplirent le 20 janvier (¹), il aurait augmenté de cent millions de revenus le trésor royal, » sans l'hostilité qu'il avait rencontrée.

Mardi 15 janvier. — Le roi ne vint pas, mais il envoya ce qu'il avait promis, une couronne d'or (²). Un grand nombre d'Indiens, armés d'arcs et de flèches, offrirent du coton, du pain et des ajes en échange de bagatelles. Quatre d'entre eux, jeunes et intelligents, étant montés ensuite seuls sur la caravelle, l'amiral, dans l'espoir qu'il obtiendrait d'eux des renseignements utiles sur le pays, résolut de les emmener (³).

Les arcs de ces Indiens étaient faits en bois d'if et aussi grands que ceux de l'Angleterre et de la France; les flèches étaient faites de roseaux longs de quatre pieds et demi à six pieds, terminés par un petit bâton aigu d'une palme et demie, auquel les uns attachent une dent de poisson, les autres de l'herbe.

Parmi les produits, on remarqua du coton fin et long, des lentisques et de l'aji, espèce de poivre qui est en si grande quantité dans l'île Espagnole, qu'on pourrait en charger cinquante caravelles par an.

De ses observations, soit sur l'abondance de cette plante et sur ce qu'elle croît à peu de profondeur, soit sur la disposition des îles, Colomb arrive à conclure que les Indes sont à moins de 400 lieues des îles Canaries.

Mercredi 16 janvier. — Trois heures avant le jour, les deux caravelles partirent de ce golfe, que Colomb appela le golfe des Flèches (⁴), et se dirigèrent à l'est quart nord-est pour aller à l'île de Carib, suivant les indications de l'un des quatre jeunes Indiens pris la veille. A la distance de 64 milles environ, on devait avoir cette île au sud-est; mais après deux lieues seulement, un vent favorable pour le retour en Espagne s'étant levé, les gens de l'équipage témoignèrent du chagrin de voir que l'on n'en profitait point. De plus, les caravelles étaient en mauvais état. Colomb se résigna donc à renoncer, pendant ce voyage, à de nouvelles découvertes. Il aurait bien désiré cependant rencontrer sur sa route cette île de Mantinino, habitée par des femmes sans hommes; il dit qu'il aurait conduit vers le roi et la reine cinq ou six de ces femmes. Cette île et celle de Carib, habitées par des hommes, devaient être au sud-est.

On continua la navigation vers l'Europe par un bon vent. Colomb appela San-Theramo le dernier cap de l'île Espagnole (⁵).

Jeudi 17 janvier. — Navigation rapide au nord-est quart est et à l'est. Deux fous vinrent sur la caravelle; beaucoup d'herbe de mer, une grande quantité de thons.

(¹) Ce passage semble indiquer que Colomb était entré au service du roi et de la reine le 20 janvier 1486.
(²) Plus haut, il s'agit d'un masque.
(³) Avec ce procédé, il était bien impossible de se faire aimer des indigènes. Les rapts des personnes ne pouvaient que répandre des sentiments de crainte et de haine. De ces premières violences, que l'on excusait par la nécessité, on fut plus tard conduit à réduire les Indiens en captivité pour les vendre et s'enrichir.
(⁴) La baie de Samana ou le fleuve Yuna, suivant Navarette.
(⁵) Probablement, dit Navarette, le cap Samana.

Vendredi 18 janvier. — Au nord-est, à l'est, au quart nord-est, à l'est nord-est; une frégate, après avoir fait quelques cercles autour de *la Nina*, s'en alla vers le sud-est.

Samedi 19 janvier. — La mer couverte de petits thons; des fous, des paille-en-queue, des frégates.

Vue du cap Samana.

Dimanche 20 janvier. — Encore un grand nombre de petits thons, de frégates, de damiers et d'autres oiseaux; air tépide, mer unie.

Lundi 21 janvier. — L'air paraît plus froid. Colomb s'attendait en effet à le trouver de plus en plus froid en avançant vers le nord, « et aussi, ajoute-t-il, à cause du resserrement du globe, qui augmente la longueur de la nuit. »

Mardi 22 janvier. — Navigation au nord nord-est, au nord-est quart nord, à l'est nord-est. Les Indiens s'amusent à nager. De l'herbe, des paille-en-queue.

Mercredi 23 janvier. — *La Pinta* restait souvent en arrière; son mât d'avant était mauvais. Colomb remarque que rien n'aurait empêché Martin-Alonzo Pinzon de s'en procurer un bon dans les Indes. Toujours de l'herbe et des paille-en-queue.

Jeudi 24 janvier. — Onze lieues pendant la nuit, quatorze pendant le jour.

Vendredi 25 janvier. — La provision de vivres était très-réduite; on n'avait plus que du pain, du vin et des ajes des Indes. Les matelots prirent une tonina ([1]) et un très-grand requin.

Du samedi 26 janvier au mardi 5 février. — Rien de remarquable. Ce dernier jour on vit flotter sur la mer de petits bâtons.

Mercredi 6 février. — Vicente-Yanez Pinzon prétendit qu'il laissait au nord l'île de Flores et à l'est l'île de Madère; Roldan dit qu'il laissait au nord nord-est l'île de Fayal ou Saint-Grégoire, et à l'est l'île de Porto. Beaucoup d'herbes.

Jeudi 7 février et jours suivants. — L'herbe change de nature.

Dimanche 10 février. — Les pilotes assurent être à 150 lieues plus près de la Castille que ne le croit l'amiral.

Mardi 12 février. — Tempête.

Mercredi 13 février. — Vents furieux, grosses vagues, éclairs venant du nord nord-est; peu ou pas de voiles; une mer terrible.

Jeudi 14 février. — La tempête ne fait que devenir plus furieuse; les vagues, s'entre-choquant, menacent d'engloutir les caravelles; la violence des vents redouble encore. Pour échapper au péril, l'amiral fit courir *la Nina* en poupe, où la portait le vent; *la Pinta* fit de même; mais on cessa bientôt de la voir, et elle ne répondit plus aux signaux. La nuit fut horrible. Colomb décida qu'un de ceux qui montaient la caravelle et que désignerait le sort ferait un pèlerinage à Sainte-Marie de Guadalupe ([2]), avec un cierge de cinq livres. On assembla donc autant de pois chiches qu'il y avait de personnes sur le navire, et, après en avoir marqué un d'une croix, on les mêla dans un sac. Colomb mit le premier la main au sac, et il en tira le pois marqué de la croix; il promit solennellement d'accomplir le vœu. On tira au sort une deuxième fois pour un pèlerinage à Notre-Dame de Lorette, dans la Marche d'Ancône; ce fut un matelot du port de Sainte-Marie, nommé Pedro de Villa, qui eut le pois marqué. Colomb s'en-

---

([1]) Voy. la note 4 de la p. 96.
([2]) En Espagne.

gagea à lui payer les frais de son voyage. Enfin, une troisième fois, on demanda au sort de désigner un pèlerin qui irait passer une nuit à Sainte-Claire de Moguer, et qui y ferait dire une messe. Ce fut encore Colomb qui tira le pois chiche.

L'amiral et tout l'équipage firent en outre le vœu d'aller tous ensemble, et en chemise, prier dans une église dédiée à Notre-Dame ([1]). Chacun, du reste, fit en son particulier quelque autre vœu.

Mais la tempête ne s'apaisait point, et il semblait qu'il n'y eût plus d'espoir de salut. On n'avait plus de lest; pour tenir lieu de ce qui en manquait, l'amiral fit remplir d'eau de mer les tonneaux vides.

Colomb avait bien des sujets d'être tourmenté : il songeait à ses deux fils ([2]) qu'il avait laissés à Cordoue, et qui seraient orphelins; il pensait avec amertume que si les deux caravelles périssaient, la nouvelle des grandes découvertes qu'il avait faites ne parviendrait jamais en Espagne. Mais il retrouvait de la confiance et de l'espoir en se rappelant combien Dieu lui avait donné de preuves de sa protection et de sa miséricorde depuis son départ. Cependant, qui peut sonder les secrets de la volonté divine? Il écrivit sur un parchemin un récit rapide de ses découvertes, et la prière adressée à celui qui trouverait ce parchemin de le porter au roi et à la reine; puis, sans communiquer son projet à aucun de ceux qui l'entouraient, il enferma ce parchemin, bien entouré de toile cirée, dans une grosse barrique de bois qu'il fit jeter à la mer.

A la fin de la nuit le ciel s'éclaircit à l'horizon, du côté de l'occident, et la mer commença à s'apaiser.

Vendredi 15 février. — Lorsque le soleil se leva, on aperçut la terre à l'est nord-est, à environ cinq lieues de distance. Colomb estima que l'on était près des îles Açores, tandis que, suivant les pilotes et les matelots, on devait être en face de la Castille.

Samedi 16 février. — La terre qu'on avait vue la veille disparut, mais on en vit une autre à huit lieues.

A l'heure du *Salve*, quelques marins dirent qu'ils voyaient une lumière du côté de l'île qu'on avait aperçue la veille.

Pendant la nuit, l'amiral, qui depuis le mercredi n'avait pas dormi et qui souffrait beaucoup des jambes, prit un peu de repos.

Dimanche 17 février. — Vers la nuit on arriva devant l'île; mais l'obscurité était si épaisse qu'on ne put la reconnaître.

Lundi 18 février — Cette île était Sainte-Marie, l'une des Açores. On aborda, et la nouvelle des découvertes qu'on venait de faire fut accueillie avec une grande apparence de joie par les habitants.

Colomb se félicite de la justesse de son pointage; grâce au soin qu'il a eu de tenir secret le compte exact des distances, il est sûr de posséder seul la véritable connaissance de la route des Indes.

Mardi 19 février. — Le capitaine de l'île, *Juan de Castaneda*, envoya trois hommes à l'amiral pour lui porter quelques provisions, entre autres des poules et du pain frais. Il le faisait avertir qu'il viendrait à bord lui-même, le lendemain, avec les trois gens de l'équipage qui étaient descendus dans l'île, et qu'il gardait près de lui, disait-il, pour entendre d'eux le récit du voyage aux Indes.

Colomb, empressé d'accomplir les vœux faits pendant la tempête, envoya la moitié de l'équipage à terre pour y aller, en chemise, prier à une église dédiée à Notre-Dame; lui-même se proposait d'y aller ensuite avec le reste de ses gens; mais pendant que les premiers étaient en prières à un ermitage que l'on ne pouvait apercevoir de la caravelle, ils furent attaqués et faits prisonniers par les insulaires armés, soit à pied, soit à cheval, et ayant en tête leur capitaine. Vers onze heures du matin, l'amiral, inquiet de ne pas voir revenir ceux qu'il avait envoyés, leva l'ancre et approcha de terre. Alors vinrent dans la chaloupe le capitaine et beaucoup d'hommes armés.

Quand la chaloupe fut près de la caravelle, le capitaine se leva et dit qu'avant de monter sur le navire il demandait que sa sûreté personnelle lui fût garantie. Colomb lui répondit qu'il n'avait rien à craindre, mais qu'il s'étonnait de ne voir avec lui aucun de ses gens. Le capitaine n'osa pas venir à bord; c'était s'accuser lui-même : aussi Colomb lui adressa-t-il de vifs reproches, en lui déclarant que, la Castille

---

([1]) On se rappelle que Colomb avait placé sous cette invocation sa caravelle, qui était restée échouée au port de la Nativité.

([2]) Diego Colomb et Fernando Colomb.

n'étant pas en guerre avec le Portugal, on n'avait aucune raison de retenir des Espagnols de force; qu'il avait des lettres de recommandation du roi et de la reine de Castille pour tous les princes, seigneurs et hommes du monde; et il montra de loin ces lettres. Il ajouta que, si l'on persistait à garder les Espagnols, il n'en irait pas moins à Séville, et que l'action indigne dont il se plaignait ne tarderait pas à être sévèrement punie. Le capitaine et plusieurs autres hommes armés répondirent qu'ils avaient agi par ordre du roi de Portugal, et qu'ils se souciaient peu des menaces qu'il leur faisait au nom du roi et de la reine de Castille. L'amiral, n'ayant pu obtenir d'eux une meilleure réponse, leur assura qu'il tirerait vengeance de cet odieux procédé. Le capitaine et ses gens retournèrent à terre.

La caravelle alla mouiller dans le port, quoiqu'il fût mauvais; mais le vent et la mer ne permettaient pas de faire autrement.

Mercredi 20 février. — On coupa les amarres de la caravelle; l'amiral se fit du lest avec de l'eau de mer, comme précédemment, et mit à la voile pour se rendre à l'île Saint-Michel. Le vent était violent, la mer très-houleuse; l'obscurité empêcha d'apercevoir aucune terre. Parmi les gens de la caravelle, il n'y en avait plus que trois qui connussent le service de mer. Il fallut rester toute la nuit en panne.

Jeudi 21 février. — Quand le soleil fut levé, comme on n'aperçut pas l'île Saint-Michel, Colomb se détermina à retourner à Sainte-Marie, afin de reprendre, s'il était possible, ses gens, sa chaloupe, ses ancres et ses amarres.

En comparant l'horrible temps qui le mettait en danger avec le beau calme dont il avait joui pendant ses découvertes, il se rappela que les théologiens et les savants avaient placé, avec raison, le paradis terrestre à l'extrémité de l'Orient; et il lui était bien manifeste que c'était près de là qu'il avait navigué.

Il entra dans le port de Sainte-Marie. Un homme parut sur un rocher et agita son manteau; peu après la chaloupe arriva avec cinq matelots, un notaire et deux ecclésiastiques; ils demandèrent s'ils pouvaient monter à bord avec sécurité, et, sur la réponse affirmative qu'on leur adressa, ils vinrent sur la caravelle. L'amiral leur fit bon accueil, et, parce qu'il était tard, il les invita à coucher à bord.

Vendredi 22 février. — Les envoyés de l'île demandèrent à Colomb de leur montrer les actes constatant qu'il avait fait son voyage par autorisation du roi et de la reine de Castille. Quand il eut donné à lire la circulaire royale et les autres papiers qui établissaient ses titres et droits, ils se retirèrent, et la chaloupe ne tarda pas à revenir avec les gens de l'équipage qui avaient été prisonniers. Ceux-ci dirent à l'amiral que si l'on avait réussi à s'emparer de lui, on les aurait certainement gardés tous ensemble dans l'île; mais n'ayant point réussi à le tromper, les habitants avaient compris qu'il n'y avait pour eux aucun avantage à persister dans leur mauvais dessein.

Samedi 23 février. — Le temps devint meilleur, la caravelle côtoya l'île afin de chercher du bois et des pierres pour lui servir de lest. On ne trouva un bon mouillage que le soir.

Dimanche 24 février. — On navigua vers la Castille.

Lundi 25 février. — Un très-gros oiseau, ressemblant à un aigle, s'abattit sur la caravelle.

Mardi 26 février. — Mer calme le matin; le soir, le temps fut moins favorable.

Mercredi 27 février. — Vents contraires, mer agitée, navigation difficile; on était à 125 lieues du cap Saint-Vincent, à 80 de l'île de Madère, à 106 de l'île de Sainte-Marie.

Jeudi 28 février et jours suivants. — On continua la navigation en louvoyant.

Dimanche 3 mars. — Une horrible tempête rompit les voiles et mit la caravelle en un très-grand péril. On tira au sort un pèlerinage en chemise à Notre-Dame de la Cinta à Huelva : ce fut Colomb que le sort désigna. Tous les gens de l'équipage firent aussi le vœu de jeûner le premier samedi qui suivrait l'arrivée en Espagne.

On eut des signes certains que l'on approchait de terre; mais la tourmente ne cessait pas. La nuit se passa dans les alarmes les plus vives; le naufrage paraissait imminent.

Lundi 4 mars. — Au lever du jour, Colomb reconnut qu'on était vis-à-vis la roche de Cinta, qui est près du fleuve de Lisbonne. Il était impossible de jeter l'ancre dans le port de Cascaes, ville située à l'embouchure, à cause de la tempête. Les habitants restèrent assemblés sur le rivage, pendant toute la matinée, effrayés du danger, et priant pour la caravelle.

La caravelle entra dans le fleuve; vers trois heures elle était près de Rastelo. L'amiral écrivit au roi de Portugal, qui était à neuf lieues de là, pour lui demander sa protection et l'autorisation de se rendre à Lisbonne de peur que, dans un port désert, de mauvaises gens, le soupçonnant d'apporter une grande quantité d'or, ne tentassent contre lui et son équipage quelque violence. Dans sa lettre il se faisait connaître, annonçant qu'il venait non pas de Guinée, mais des Indes par l'ouest, et que le roi et la reine de Castille lui avaient recommandé d'entrer en toute confiance, s'il était nécessaire, dans les ports du roi de Portugal.

Mardi 5 mars. — Bartolomé Diaz, patron d'un grand vaisseau du roi de Portugal mouillé à Rastelo, et bien pourvu d'armes et d'artillerie, vint sommer l'amiral de le suivre pour répondre aux questions du capitaine de ce vaisseau et aux facteurs du roi. Colomb déclara qu'il était amiral du roi et de la reine de Castille, et qu'il n'avait point à se soumettre à de pareils interrogatoires. Le patron l'invita alors à envoyer le maître de la caravelle. Colomb répondit par un nouveau refus; mais, sur la demande du patron, il consentit à lui montrer les lettres du roi de Castille. Le patron se retira; et ayant été rapporter au capitaine ce qui s'était passé, celui-ci, qui se nommait Alvaro Dama, vint aussitôt à bord de *la Nina* au son des trompettes, des fifres et des timbales, pour faire honneur à Colomb; il lui témoigna une grande considération, et le pria de lui demander tout ce qu'il désirerait.

Mercredi et jeudi 6 et 7 mars. — La nouvelle d'un navire espagnol arrivant des Indes excita une curiosité universelle à Lisbonne; un nombre très-considérable d'habitants vinrent voir Colomb et les Indiens : leurs exclamations, leurs gestes à la vue des Indiens et de Colomb, montraient que leur surprise était extrême.

Vendredi 8 mars. — Le roi de Portugal envoya une lettre à Colomb pour l'inviter à venir le visiter. Il avait ordonné que l'on donnât à l'amiral tout ce qu'il demanderait, sans accepter aucun argent de lui. Colomb, quoiqu'il ne fût pas sans éprouver quelque défiance [1], résolut de se rendre à cette invitation.

Samedi 9 mars. — Grande pluie tout le jour. Vers le soir, Colomb arriva, dans la vallée de Paraiso [2], à la résidence du roi. Il y fut reçu très-honorablement : le roi voulut qu'il demeurât assis devant lui. Il l'écouta avec attention, l'entretint avec affabilité; mais il fit observer qu'il lui semblait que, d'après un traité conclu entre lui et les rois de Castille, les terres découvertes par Colomb lui appartenaient [3]. Colomb répondit avec réserve qu'il ignorait quels étaient les termes de ce traité, qu'il n'avait fait qu'exécuter les ordres de ses souverains, et que, suivant leurs instructions, il n'avait été ni en Guinée, ni aux mines. Le roi lui assigna pour logement la demeure du plus grand seigneur qui se trouvât en ce lieu, le prieur del Clato [4].

Dimanche 10 mars. — Le roi eut une longue conversation avec Colomb sur son voyage; il lui témoigna beaucoup de considération et voulut qu'il fût toujours assis en sa présence.

Lundi 11 mars. — Après dîner, Colomb prit congé du roi, qui le fit reconduire par tous les personnages distingués de la cour. De cette résidence il se rendit au monastère de Saint-Antoine, près du village de Villafranca, afin de se présenter devant la reine, qui l'avait fait prier de venir la visiter. Il reçut d'elle l'accueil le plus gracieux. Il alla coucher à Llandra.

Mardi 12 mars. — Un écuyer vint de la part du roi pour offrir à Colomb de l'accompagner et de le défrayer entièrement sur la route, s'il voulait retourner par terre en Castille. Il lui fit amener deux

---

[1] Il ne pouvait pas oublier l'acte déloyal que Jean II avait commis à son égard. (Voy. plus haut.)

[2] Valparaiso.

[3] Les prétentions du roi de Portugal se fondaient sur la bulle du pape Martin V, qui avait donné à la couronne de Portugal toutes les terres qu'elle découvrirait depuis le cap Bojador jusqu'aux Indes, et sur le traité de 1479, par lequel le roi et la reine de Castille s'engageaient à respecter ces droits. Il essaya de les faire prévaloir, et il y eut par suite de longues négociations entre lui et Ferdinand. Ce dernier se hâta de demander la sanction de son droit, sur les découvertes de Colomb, à Alexandre VI, qui était né à Valence, et sujet de la couronne d'Aragon. Ce fut alors qu'Alexandre VI rendit la fameuse bulle qui terminait les contestations des deux puissances, en traçant une ligne idéale tirée du pôle nord au pôle sud, et passant à 100 lieues à l'ouest des Açores et des îles du cap Vert. Tous les pays découverts ou à découvrir à l'ouest de cette ligne étaient alloués à l'Espagne, tous les pays à l'est au Portugal. Les deux rois, d'un commun accord, et par un traité en date du 7 mai 1494, reculèrent la ligne de démarcation de 370 lieues à l'ouest des îles du cap Vert.

[4] Des historiens espagnols et même portugais ont prétendu que des courtisans avaient conseillé cette nuit à Jean II de faire assassiner Colomb.

mules, l'une pour lui, l'autre pour son pilote, qui l'avait accompagné à la résidence royale ; mais Colomb préféra se rendre en Espagne par mer.

Mercredi 13 mars. — A huit heures du matin, *la Nina* mit à la voile.

Vendredi 15 mars. — Vers midi, Colomb entra, par la barre de Saltes, dans le port de Palos, d'où il était sorti le 3 août de l'année précédente.

Ici se termine le journal dont nous venons de donner un extrait.

Ce voyage célèbre avait duré un peu moins de sept mois et demi. A Palos, on n'espérait plus le retour des caravelles. C'était avec douleur et avec effroi que les familles de ce port avaient vu partir leurs parents pour cette expédition audacieuse. A peine s'étaient-ils éloignés, que la réflexion avait encore exagéré les craintes. L'Océan, que les Arabes appelaient la mer Ténébreuse (¹), ne s'était jamais offert aux imaginations que comme un chaos, un abîme sans limites, rempli de monstres affreux. Mais dès qu'on fut assuré que la caravelle qui entrait, le 3 août, dans le port, était bien *la Nina*, et qu'elle était montée par Colomb ; dès que le bruit se répandit que l'on avait vraiment découvert des terres inconnues à l'ouest, la population, prise d'un enthousiasme indicible, accourut sur le rivage : tous les travaux furent interrompus ; et quand Colomb descendit de son navire, le mouvement spontané et unanime des habitants fut de l'accompagner en procession à l'église, pour y remercier avec lui la bonté divine qui avait permis d'accomplir un si grand miracle.

Colomb apprit que la cour était à Barcelone, et sur-le-champ il écrivit à Ferdinand et à Isabelle pour leur apprendre son arrivée et demander leurs ordres. Presque aussitôt après il partit pour Séville.

Le soir du 15 mars, la caravelle *la Pinta* fit aussi son entrée à Palos. Elle avait été jetée par la tempête dans la baie de Biscaye. Martin-Alonzo Pinzon avait abordé à Bayonne, et s'était empressé d'écrire de ce lieu au roi et à la reine de manière, croit-on, à s'attribuer en grande partie l'honneur de la découverte. Il leur demandait d'être autorisé à se rendre près d'eux. Il espérait arriver avant Colomb. Mais lorsqu'il vit que *la Nina* l'avait précédé à Palos, et lorsqu'il fut témoin de la réception que les habitants faisaient à l'amiral, il se sentit pris d'un profond découragement ; il débarqua secrètement et attendit le départ de Colomb pour se retirer chez lui. Quelques jours après il reçut de la cour, au lieu d'une réponse favorable, une lettre de blâme au sujet de sa conduite avec Colomb. Munoz et Charlevoix rapportent qu'il mourut peu de jours après (²).

A Séville, Colomb trouva la lettre royale qui portait pour adresse : « A don Christophe Colomb, notre amiral sur la mer Océane, et vice-roi et gouverneur des îles découvertes dans les Indes. » Le roi et la reine l'attendaient à Barcelone : il partit sans retard.

Sur la route, les populations accouraient de tous côtés pour le saluer de leurs acclamations.

Quand il fut près de Barcelone, il vit arriver à sa rencontre un cortége nombreux de seigneurs et de peuple. « Son entrée dans cette noble cité, dit un de ses biographes (³), a été comparée à l'un de ces triomphes que les Romains avaient coutume d'accorder à leurs généraux vainqueurs. Les Indiens ouvraient la marche (⁴) ; ils étaient peints de diverses couleurs, suivant la mode de leur pays, et parés des ornements d'or de leur nation. Après eux, on portait différentes sortes de perroquets vivants, des oiseaux et des animaux empaillés, d'espèces inconnues, et des plantes rares auxquelles on supposait des vertus

---

(¹) Voy. Édrisi.

(²) Martin-Alonzo Pinzon était un homme doué de qualités supérieures ; il avait aidé puissamment Colomb de son argent et de son influence avant leur départ. Il avait partagé ses périls ; il aurait eu droit à partager avec lui, dans une certaine mesure, les honneurs de la découverte. Il se perdit lui-même par trop d'orgueil, d'ambition personnelle, et pour n'avoir pas su comprendre le génie de Colomb.

Son frère, Vicente-Yanez, a rendu son nom célèbre par quelques découvertes importantes.

Quelques descendants de cette famille existent encore à Huelva, près de Palos ; ils sont marins et ont peu d'aisance.

(³) Washington Irving.

(⁴) Il y avait seulement six Indiens. Colomb en avait ramené dix, mais il en était mort un pendant la traversée, et on en avait laissé trois malades à Palos.

Ces six Indiens furent baptisés à Barcelone en présence du roi et de la reine. Cinq d'entre eux accompagnèrent Colomb dans son second voyage ; le prince Jean voulut garder près de lui le sixième, qui ne tarda pas à mourir.

Le Triomphe de Colomb (¹). — Dessin d'un manuscrit conservé au palais

précieuses; on étalait aux regards du public des couronnes et des bracelets d'or qui pouvaient donner une haute idée de la richesse des régions nouvellement découvertes. Colomb arrivait ensuite, monté sur son cheval, et entouré d'une brillante cavalcade de jeunes Espagnols. La foule se pressait sur les places

---

(¹) « Le dessin est enfermé dans un encadrement de 10 pouces de largeur environ sur 8 de hauteur. Au milieu de la composition est le héros, assis sur un char dont les roues à palettes tournent dans une mer clapoteuse où des monstres, représentant sans doute l'Envie et l'Ignorance dont il fut poursuivi, se montrent à peine; à côté de Colomb, la Providence; devant

ducal de Gênes, et que l'on suppose avoir été fait par Colomb lui-même.

et dans les rues; les croisées et les balcons étaient remplis de dames, et les toits mêmes étaient couverts de spectateurs. Le public ne pouvait se rassasier de contempler ces trophées d'un monde inconnu. »

On conduisit Colomb dans une vaste salle où l'attendaient le roi et la reine, entourés des plus grands

le char et le traînant, comme feraient des chevaux marins, la Constance et la Tolérance; derrière le char, et le poussant, la Religion chrétienne; en l'air, au-dessus de Colomb, la Victoire, l'Espérance et la Renommée. » (A. Jal, *France maritime*, t. II, p. 265.)

seigneurs d'Espagne, et assis sous un riche dais de brocart d'or (¹). Au moment où Colomb entra, Ferdinand et Isabelle se levèrent. Il se mit à genoux pour baiser leurs mains, mais ils s'empressèrent

Armoiries de Christophe Colomb. — D'après Oviedo (²).

de le relever, lui ordonnèrent de s'asseoir, et l'invitèrent à faire le récit de son voyage. Ses paroles excitèrent une émotion que le respect avait peine à contenir. Quand il eut terminé son discours, le roi, la reine, l'assemblée entière tombèrent à genoux, et toutes les voix, s'unissant ensemble, chantèrent un *Te Deum*. Tels étaient les transports de joie, d'espoir, de reconnaissance qui agitaient toutes les âmes, que las Casas, pour peindre ce qu'on éprouvait dans ce moment solennel, n'a trouvé que ces expressions : « Il semblait qu'ils eussent un avant-goût des délices du paradis (³). »

(¹) C'était au palais connu sous le nom de la *Casa de la Deputacion*, où les rois d'Aragon faisaient leur résidence quand ils venaient en Catalogne.
Ce monument était de style gothique.
On trouve une très-belle et très-fidèle description de cette solennité de la mi-avril 1493 dans l'ouvrage de M. Ferdinand Denis, intitulé : *Ismaël-ben-Kaïzar*, ou *la Découverte du nouveau monde* (Paris 1829), t. III, p. 1 et suiv.
(²) « Un écusson avec un château d'or en champ de gueules, ayant les portes et fenêtres d'azur, et un lion de pourpre ou de couleur de mûre en champ d'argent, avec une couronne, lampassé et rampant, comme les rois de Castille et de Léon les portent; au-dessous, en la partie droite, une mer, en mémoire de la grande mer Océane; les eaux au naturel, perses et blanches; et y est figurée la terre ferme des Indes, qui comprend la quasi-circonférence de ce quartier, laissant la supérieure partie ouverte; et entre les deux pointes plusieurs grandes et petites îles. Et tant cette terre que les îles doivent être fort vertes, garnies de palmes et autres arbres. En la partie senestre il y a cinq ancres d'or en champ d'azur pour enseigne de l'office et titre d'amiral perpétuel des Indes. » (Oviedo, liv. II, chap. vii.)
(³) On n'a découvert à Barcelone aucun document relatif à l'entrée triomphale de Christophe Colomb, ni à sa réception offi-

Le roi confirma le traité qui avait accordé positivement à Colomb les titres d'amiral, vice-roi et gouverneur de tous les pays qu'il avait découverts et qu'il découvrirait; de plus, il lui accorda des armoiries dans lesquelles les armes royales, le château et le lion d'Aragon étaient écartelés, avec un groupe d'îles, au milieu des flots. La devise jointe à ces armes était :

> Por Castilla y por Leon
> Nuevo mundo hallo Colon.

Les jours suivants, on vit souvent le roi se promener à cheval, ayant Colomb à son côté.

Les plus sages esprits ne surent point se garantir, après ce premier voyage, des illusions les plus extraordinaires. Comme Colomb, on était persuadé que l'on avait découvert une extrémité de l'Asie jusque-là inconnue, une terre d'or, et si supérieure en beauté au reste du monde, que l'on ne pouvait la comparer qu'au paradis terrestre, si toutefois ce n'était ce paradis même. Colomb disait avec une calme et fière conviction que les trésors de ces contrées lointaines étaient inépuisables et aussi faciles à transporter en Espagne que les produits les plus connus. Pour lui, il se proposait de consacrer, avant peu d'années, ses profits particuliers à la levée d'une armée qu'il mènerait à la conquête de Jérusalem.

Colomb était alors arrivé au sommet de ce qu'il devait connaître de bonheur dans la vie; il ne pouvait pas être longtemps sans redescendre vers l'infortune.

DEUXIÈME VOYAGE DE CHRISTOPHE COLOMB.

(25 septembre 1493. — 11 juin 1496.)

On décida que Colomb partirait dans le plus bref délai possible pour un nouveau voyage.

Cette fois on lui donna le commandement d'une flotte de dix-sept navires, parmi lesquels étaient trois grands vaisseaux; les autres étaient des cavarelles de diverses grandeurs. Il eut pour équipage les meilleurs pilotes de l'Espagne, des marins expérimentés, des ouvriers en tous genres. Un grand nombre de nobles voulurent faire partie de l'expédition, qui s'éleva à 1 200 hommes. On remplit les navires de provisions de toute nature : chevaux, bétail, graines, plantes, médicaments, objets d'échange, miroirs, grelots, verroteries, draps de couleur. Colomb fut investi du titre et de l'autorité de capitaine général de l'escadre; ses pouvoirs étaient illimités. Le 8 mai, il prit congé du roi et de la reine. Le 25 septembre, ses dix-sept navires sortaient de la baie de Cadix, en présence d'un immense concours de spectateurs, tous pleins de la confiance et de l'espoir exagérés qui animaient les navigateurs.

On possède deux récits de ce second voyage, écrits, l'un en latin par Pierre Martyr d'Anghiera [1], contemporain de Colomb, et qui était en Espagne à l'époque de ces grands événements; l'autre par Chanca, médecin de Séville, qui fit le voyage sur l'escadre de Colomb. « Ces deux récits ne se contredisent point, » dit Navarette, qui a publié le second. Nous offrons à nos lecteurs le premier, en nous servant de la naïve traduction faite en 1532, et qui est devenue extrêmement rare [2].

Le roi et la reine ayant grande espérance que l'on pourrait enseigner aux peuples nouveaux l'Évangile et Jésus-Christ, et que grand profit en viendrait, firent disposer dix-sept navires pour la seconde navi-

cielle dans la *Casa de la Deputacion*. Cependant ces faits ont eu pour témoin oculaire Oviedo, alors âgé de quinze ans, page de l'infant don Juan, et qui rapporte que le roi Ferdinand était encore tout pâle et tout défiguré de la blessure au cou que lui avait faite, quatre mois plus tôt, l'assassin Cagnamarès.

[1] Né en 1455, à Arona, sur le lac Majeur; mort à Grenade, en Espagne, vers 1526. (Voy. plus loin la Bibliographie.)

[2] Le volume que nous avons sous les yeux est un bel exemplaire très-complet qui fait partie de la réserve de la Bibliothèque impériale.

gation, et assembler mille et deux cents hommes de pied, bien armés, et bons forgeurs de toute artillerie (¹) et artisans d'autres métiers ; ils voulurent aussi qu'il y eût aucunes gens à cheval entre les gens d'armes de pied, auxquels baillèrent juments, brebis et autres plusieurs bêtes, tant mâles que femelles. Ils firent ajouter force blé, orge, poirées, fruits et semences, non-seulement pour les nourrir, mais aussi pour semer, comme vignes et autres telles plantes que les terres étranges n'ont pas. Enfin, ils leur baillèrent aussi toutes sortes d'instruments nécessaires à édifier une nouvelle cité. Et ainsi commença la seconde navigation de Christophe Colomb, environ le vingt-quatrième de septembre, l'an mil quatre cent quatre-vingt-treize (²).

Et environ le premier d'octobre ils arrivèrent aux îles Fortunées et abordèrent à la dernière trouvée, dite l'île de Fer (³), en laquelle n'y a nulle eau qui soit bonne pour boire, sinon celle distillée de la rosée d'un seul arbre en une fosse faite à la main, au plus haut côté de ladite île (⁴). De là, le troisième jour, ils mirent les voiles au vent en la grande mer Océane.

Ils partirent donc le troisième jour d'octobre de l'île de Fer (⁵), naviguant vingt et un jours devant que trouver aucune île, tendant à gauche, suivant l'aquilon plus que au premier voyage, et pour ce ils tombèrent aux îles des Canibales ou Caribes, desquels on avait seulement ouï parler pendant le premier voyage (⁶).

La première île était toute couverte d'arbres sans plantes ou verdure, si bien qu'on ne pouvait y voir la longueur d'une aune de terre nue ou pierreuse. Laquelle, pour ce que ils la trouvèrent le dimanche, ils l'appelèrent la Dominique. De là, sans s'y plus arrêter, parce qu'ils crurent qu'elle était inhabitée, ils passèrent outre, estimant avoir bien fait pendant vingt et un jours huit cents et vingt lieues, tant avaient eu les vents d'aquilon à point à la poupe et au derrière de leurs navires.

Après peu de temps, apparurent devant eux des îles dont les arbres exhalaient suaves et aromatiques odeurs par le tronc, les rameaux et les racines (⁷) ; mais ils ne virent ni hommes ni aucunes bêtes, sinon lézards d'une magnitude non ouïe (⁸), comme racontèrent ceux qui descendirent pour investiger cette île, qu'ils appelèrent Galanta (⁹). Adonc ils partirent du promontoire de cette île, que l'on voit d'assez loin ; et il leur sembla apercevoir, à une distance environ de sept lieues, un port de grande largeur à l'embouchure d'un fleuve de cette montagne.

Et cette terre fut la première qu'ils trouvèrent habitée, depuis les îles Fortunées (¹⁰). Quand ils furent arrivés auprès, ils reconnurent que c'était l'île des infâmes Canibales. Et cheminant par l'île, ils trouvèrent vingt ou trente villages, ayant maisons toutes faites de bois, en forme ronde comme une boule, toutes autour d'une place qui était au milieu. Ces maisons ont le sommet fait en pointe, comme sont les tentes de guerre, couvertes de feuilles de palmier et semblables arbres arrimés ensemble en manière

---

(¹) Voy., sur ce mot, la note 3 de la p. 9.

(²) « On partit de Cadix le 25 septembre. » (Relation du docteur Chanca, de Séville, qui fit ce second voyage en qualité de médecin de l'escadre, et aussi de notaire pour les Indes.)

(³) Voy. p. 42.

(⁴) C'est l'arbre saint ou l'arbre qui pleure, décrit et figuré précédemment dans la relation de Béthencourt, p. 43.

(⁵) « La flotte mouilla à la Grande-Canarie, puis à l'île Gomière, avant d'aller à l'île de Fer. On partit de l'île de Fer le 13 octobre. » (Chanca).

(⁶) La traversée depuis les Canaries fut heureuse, « excepté, dit Chanca, la veille de Saint-Simon, qu'il nous survint un accident qui nous mit en grand danger. »

« Le 3 novembre, le dimanche après la Toussaint, au lever du soleil, un pilote du vaisseau amiral s'écria : Bonne nouvelle ! voici la terre ! » Les pilotes comptaient qu'on avait fait 1100 lieues depuis Cadix.

Ce dimanche, en effet, on aperçut devant les navires une île couverte de montagnes, c'était la Dominique ; et bientôt, à droite, une autre, unie, mais très-boisée, c'était Marigalante (Marie-Galande).

Le même jour on vit quatre autres îles.

Il semble que, dans sa description, Pierre Martyr confond la Dominique et Marie-Galande.

La première nuit, une partie de la flotte mouilla dans un port de la Dominique, l'autre dans un port de Marie-Galande.

(⁷) Quelques Espagnols ayant voulu goûter un de ces fruits (peut-être celui du mancenilier), éprouvèrent des douleurs si vives qu'ils semblaient pris de rage, dit Chanca ; leurs figures enflaient.

(⁸) Voy. p. 109.

(⁹) Le vaisseau que montait l'amiral avait pour nom Marigalante.

(¹⁰) Les Canaries.

très-sûre contre la pluie. Et par dedans ils tendent de travers des cordes de coton ou de racines torses semblables à sparte, auxquelles aussi pendent lits et loudiers de coton.

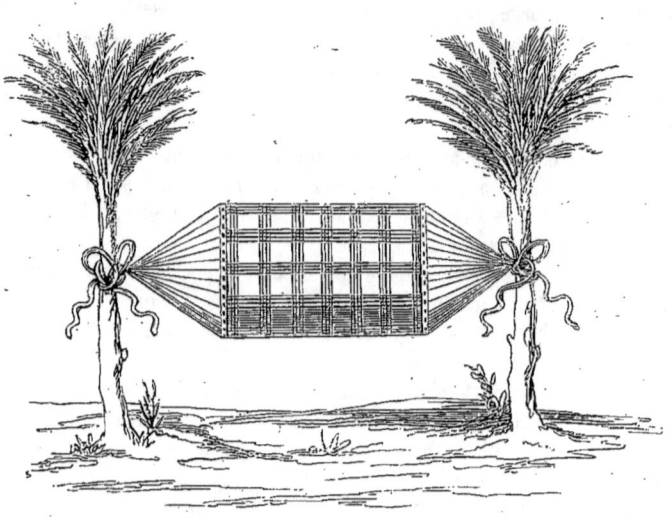

Lits ou Hamacs des Indiens (1). — D'après Oviedo.

Ce pays de sa nature produit le coton, et ainsi ils usent de ces lits de coton; et quand ils se veulent jouer et récréer, ils viennent tous sur cette place environnée de maisons qu'ils appellent *boios*. Sur cette grande place, les Espagnols virent deux rudes simulacres soutenus de deux grands serpents; lesquels cuidaient que ils les adorassent; mais depuis on apprit que non, et que ces serpents étaient mis là seulement pour beauté. Et s'ils adorent autre chose que le Dieu du ciel, on ne sait, parce qu'ils ont des simulacres faits de coton à la semblance des fantômes qu'on dit apparaître de nuit.

Et quand ces gens virent les nôtres venir, soudainement tant hommes que femmes abandonnèrent leurs maisons et s'enfuirent. Alors environ trente des autres Indiens qu'ils avaient pris ou pour manger ou pour servage, vinrent se réfugier près des nôtres. Dans les maisons on vit toutes manières de ustensiles de terre, comme pots, écuelles, chaudrons, non point trop dissemblables des nôtres, et dans les cuisines des chairs d'hommes bouillies avec chairs de papegaux (2) et d'oisons. Quelques-unes étaient préparées en broche pour rôtir. Et en cherchant le profond desdites maisons, on trouva partout des os de jambes et des bras humains soigneusement gardés pour faire les pointes de leurs flèches ou sagettes, parce qu'ils n'ont point de fer ; et ils jettent tous les autres os quand on mange lesdites chairs.

On trouva pendue à une poutre la tête d'un jeune homme nouvellement tranchée, encore moite de sang. Puis, en cherchant diligemment par toute cette île, on trouva, outre le grand fleuve, sept autres fleuves. Et on appela cette île Guadeloupe, pour la semblance de la montagne de Guadeloupe (3); les habitants l'appellent Carucueria (4), et c'est la première habitation des Canibales (en venant d'Europe).

(1) De semblables hamacs étaient en usage dans toutes les îles.
(2) Perroquets.
(3) Notre-Dame de la Guadeloupe, dans l'Estramadure.
(4) « On arriva à la Guadeloupe du côté d'une grande montagne qui semblait vouloir s'élever jusqu'au ciel, et au milieu de laquelle était un pic plus haut que tout le reste de la montagne, et duquel coulaient des sources d'eaux vives de divers côtés. A la distance de trois lieues, ces sources ressemblaient à un jet d'eau qui se précipitait de si haut qu'il semblait tomber du ciel, et qui paraissait aussi gros qu'un bœuf. » (Chanca.)
Il y avait trois îles (des Caraïbes) : l'une nommée *Turuguiera* (la Guadeloupe); l'autre, que nous vîmes la première, appelée *Ceyre* (Marie-Galande?), et la troisième *Ayay* (Sainte-Croix).
Les Caraïbes se distinguaient de leurs prisonniers en ce qu'ils portaient à chaque jambe deux anneaux tissus de coton; l'un au genou, l'autre près de la cheville, et ces anneaux, étant très-serrés, leur faisaient d'énormes mollets.

Nos gens emportèrent de cette île sept papegaux plus grands que faisans et dissemblables aux autres, car ils ont le ventre et le dos colorés de pourpre, les ailes de diverses couleurs, plumes jaunes mêlées

Volcan de la Guadeloupe; éruption d'eau.

∼ , voie de Taujas ; — ∼ , piton Dolomieu ; — ∼ , le grand pic.

avec pourpre, plumes sur le col et épaules pendantes comme les chapons à nous. Et sont les papegaux aussi abondants à eux en leurs bois, comme à nous les passereaux, étourneaux et autres semblables oiseaux. Ils les nourrissent et puis les mangent.

Les nôtres donnèrent différentes choses aux femmes captives, lesquelles, comme à refuge, étaient venues à eux, afin qu'elles allassent où elles savaient que les Caraïbes étaient cachés, et qu'elles fissent effort pour les amener, en leur faisant espérer d'autres dons. Ces femmes donc partirent, et pendant la nuit elles demeurèrent avec les Caraïbes, et le lendemain matin elles en ramenèrent plusieurs, sur espérance de dons ; mais ces hommes, quand eurent vu les nôtres, tous émus de terreur ou de conscience de leurs méfaits, regardant l'un l'autre soudainement, s'assemblèrent, et très-légèrement, comme une volée d'oiseaux, s'enfuirent aux vallées des bois. Les nôtres donc, n'ayant point réussi à prendre des Canibales, se retirèrent aux navires et brisèrent les canots des Indiens, puis partirent de l'île de Guadeloupe, environ le huitième de novembre (¹), pour aller visiter leurs compagnons, qu'ils avaient délaissés en l'île Espagnole, l'année de devant, passant plusieurs autres îles à dextre et à senestre.

Et, du côté du septentrion, ils en virent une grande, que ceux qui avaient été délivrés des Canibales leur dirent être l'île appelée Madanino, habitée seulement de femmes (²). Elles ont grandes fosses de

(¹) « On partit de la Guadeloupe le 10 novembre, un dimanche. » (Navarette.)
(²) Voy. la relation du premier voyage, mercredi 16 janvier.

terre où elles se cachent, si l'on vient à entrer dans l'île, et si on les poursuit, elles se défendent avec leurs sagettes, desquelles sont très-industrieuses et certaines.

Mais le vent soufflant d'aquilon empêcha les navires d'aller à ladite île. Et environ dix lieues devant Madanino, est une autre île nommée Vecte par les habitants ; elle est abondante en peuple et en tous biens nécessaires à vivre, et les navires passèrent auprès. Et comme elle est environnée de hautes montagnes, on l'appela l'île de Mont-Serrat ([1]). On comprit par les signes et les paroles de ces Indiens à bord que les Canibales vont bien jusqu'à 250 lieues pour chasser les hommes et les manger.

Le jour ensuivant, on vit une île ronde, que l'amiral appela l'île Sainte-Marie Rotonde ; puis, le jour suivant, on en vit semblablement une autre, qu'il appela l'île de Saint-Martin ; et après, une autre tendant de orient en occident. Les Indiens assurent que ces îles étaient fort belles et fertiles ([2]). La dernière est la plus grande ; elle est nommée des habitants Ayay, et elle fut appelée par Colomb l'île de Sainte-Croix ; là on jeta l'ancre pour prendre eau.

L'amiral commanda que trente hommes de son navire descendissent en terre pour explorer l'île ; et ces hommes étant descendus à la rive trouvèrent quatre chiens et autant d'hommes jeunes et femmes au rivage, venant au-devant d'eux, tendant les bras comme suppliants et demandant aide et délivrance de la gent cruelle. Les Canibales, voyant cela, tout ainsi que dans l'île de Guadeloupe, fuyant, se retirèrent tous aux forêts. Et nos gens demeurèrent deux jours en l'île pour la visiter.

Pendant ce temps, ceux qui étaient demeurés au navire virent venir de loin un canot, ayant huit hommes et autant de femmes ; nos gens leur firent signe ; mais eux approchant, tant hommes que femmes, commencèrent à transpercer très-légèrement et très-cruellement de leurs sagettes les nôtres avant qu'ils eussent eu le loisir de se couvrir de leurs boucliers, en telle manière qu'un Espagnol fut tué d'un trait d'une femme, et celle même d'une autre sagette en transperça un autre ([3]).

Ces sauvages avaient des sagettes envenimées, contenant le venin au fer ; parmi eux était une femme à laquelle obéissaient tous les autres et s'inclinaient devant elle. Et c'était, comme on pouvait apercevoir par conjecture, une reine, ayant un fils de cruel regard, robuste, de face de lion, qui la suivait.

Les nôtres donc, estimant qu'il valait mieux combattre main à main, que d'attendre plus grands maux en bataillant ainsi de loin, avancèrent tellement leur navire à force d'avirons, et par si grande violence le firent courir, que la queue d'icelui, de roideur qu'il allait, enfondra le canot des autres au fond.

Mais ces Indiens, très-bons nageurs, sans se mouvoir plus lentement ni plus fort, ne cessèrent de jeter force sagettes contre les nôtres, tant hommes que femmes. Et ils firent tant qu'ils parvinrent, en nageant, à une roche couverte d'eau, sur laquelle ils montèrent et bataillèrent encore virilement. Néanmoins ils furent finalement pris et l'un d'eux fut occis, et le fils de la reine percé en deux endroits ; et furent emmenés en le navire de l'amiral, où ils ne montrèrent pas moins de férocité ni d'atrocité de face que si c'eussent été lions de Libye, quand ils se sentent pris dans des filets. Et ils étaient tels que nul ne les eût pu bonnement regarder sans que d'horreur le cœur et les entrailles ne lui eussent tressailli, tant leur regard était hideux, terrible et infernal.

Et ainsi naviguèrent nos gens de plus en plus, environ loin cent cinquante lieues, tant que ils entrèrent dans une grande mer pleine de innumérables îles, merveilleusement différentes l'une de l'autre. Les unes étaient pleines d'arbres, les autres pleines d'herbes plaisantes, les autres sèches, stériles et pierreuses ; quelques-unes avaient des montagnes très-hautes et rochers de pierre, les unes de couleur de pourpre, les autres de violet et les autres très-blanches. Aussi estimait-on qu'elles étaient pleines de métaux et pierres précieuses. Mais, à cause de la mer tumultueuse et par crainte de briser leurs navires auxdits rochers, les Espagnols les laissèrent pour une autre fois, poursuivant toujours leur chemin, et ils appelèrent cette assemblée d'îles *Archipelagus* ([4]).

Eux partis de là, environ mi-chemin trouvèrent une autre île, laquelle ils appelèrent île Saint-Jean,

---

([1]) L'île de Monserra.
([2]) Entre autres *Santa-Maria la Antigua*.
([3]) D'après Navarette, ce serait à l'île Saint-Martin qu'on se serait arrêté, et que se serait passée cette scène.
([4]) Colomb appela cet archipel les *Onze mille Vierges*, et donna à la plus grande le nom de *Sainte-Ursule*.

dont ceux qu'ils avaient délivrés des Canibales se disaient être (¹). Elle est labourée et peuplée, ayant force bois et forêts, et bons ports et entrées. Cette île est très-infestée des Canibales, avec lesquels

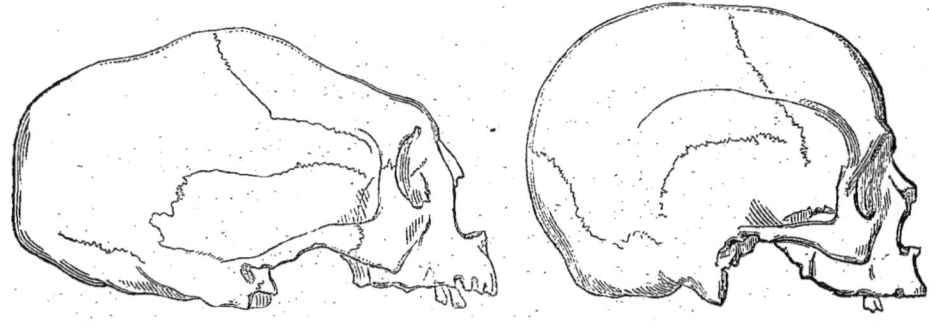

Crâne d'un Caraïbe adulte de l'île Saint-Vincent. — D'après Gall (²).   Crâne d'Européen.

toujours ont perpétuelles haines. Ces peuples n'ont nuls navires pour passer aux terres des Canibales; et quand les Canibales les viennent assaillir, souventefois l'issue de la bataille est incertaine; et s'il advient qu'ils soient victorieux, ils rendent aux Canibales autant pour autant : ils les mettent par pièces, les rôtissent, et furieusement les déchirent aux dents, et les dévorent.

On entendait toutes ces choses par le moyen des interprètes indiens, lesquels la première fois on avait emmenés en Espagne. Quelques gens de l'équipage, pour faire provision d'eau, descendirent en terre, et trouvèrent douze maisons vulgaires, sans habitants, entre lesquelles était une très-grande et belle, et ils ne savaient si en ce temps les habitants s'étaient retirés aux montagnes, pour la chaleur, ou pour la crainte des Canibales.

Toute cette île n'a qu'un roi, auquel obéissent tous les habitants en merveilleuse révérence.

Les nôtres ensuite partant, firent environ 50 lieues, suivant la côte méridionale de cette île. Et cette nuit deux femmes et un adolescent, de ceux qu'ils avaient délivrés des Canibales, saillirent en la mer, et, en nageant, se retirèrent en leur île.

Toutefois nos gens, retenant les autres, vinrent en l'île Espagnole (³), que moult désiraient. Cette île est distante de la première île des Canibales environ 50 lieues.

Au commencement de l'Espagnole il y a une région appelée Xamana (⁴), où on avait pris, au premier voyage, dix hommes indiens, desquels seulement trois vivaient, et les autres sept étaient morts pour l'air et mutation des viandes. Et de ces trois, l'amiral en fit délier un pour envoyer devant, quand ils vinrent à la côte de Xamana. Et cependant les deux autres de nuit se jetèrent en l'eau, et, nageant,

---

(¹) L'île Saint-Jean-Baptiste, suivant le nom que lui donna Colomb. C'est Porto-Rico. Les indigènes l'appelaient *Buriquen*, dit Chanca. La flotte resta deux jours dans un des ports de cette île, au golfe *Mayaguës*.

(²) Voy. l'*Anatomie et Physiologie du système nerveux en général, et du cerveau en particulier*, etc., par F.-J. Gall; Paris, 1819. Les Caraïbes aplatissaient le front et l'occiput de leurs enfants nouveau-nés.

« La taille des hommes (Canibales) est pour l'ordinaire au-dessus de la médiocre; ils sont tous bien faits et bien proportionnés; les traits du visage sont assez agréables; il n'y a que le front qui paraît un peu extraordinaire, parce qu'il est fort plat et comme enfoncé. Ils ont tous les yeux noirs et assez petits.

» Les femmes sont plus petites que les hommes, assez bien faites et grasses; elles ont les yeux et les cheveux noirs, le tour du visage rond, la bouche petite, les dents fort blanches, l'air plus gai, plus ouvert et plus riant que les hommes; avec tout cela elles sont fort réservées et fort modestes. Elles sont rocouées ou peintes de rouge, comme les hommes, mais simplement, et sans moustaches ni lignes noires. Leurs cheveux sont attachés derrière la tête avec un cordon de coton; leur nudité est couverte d'un morceau de toile de coton ouvragé et brodé avec de petits grains de rassade de différentes couleurs, garni par le bas d'une frange de rassade d'environ trois pouces de hauteur. » (Labat, *Nouveau voyage aux îles d'Amérique*, t. II, p. 74.)

(³) Entre l'île Saint-Jean et l'Espagnole (Saint-Domingue) on rencontre une petite île, la *Mona y Monito*.

(⁴) « Comme cette île est grande, elle est divisée en provinces qui portent des noms différents. On appelle cette partie où nous arrivâmes en premier lieu *Hayti*; la province qui la touche s'appelle *Xamana*, et l'autre *Bohio*. » (Chanca.)

TRISTE DÉCOUVERTE. — FLEUVES ROULANT DE L'OR.

s'enfuirent. L'amiral ne s'en chagrina guères, estimant avoir assez d'interprètes de ceux qu'il avait laissés en l'île, et qu'il espérait y retrouver (¹)!

Les Espagnols, ayant avancé plus avant, virent un canot long de plusieurs rames venir au-devant d'eux, en lequel était le frère du roi Guaccanarel (²), auquel l'amiral, par grand accord et amitié, avait recommandé ses hommes.

Cet Indien, arrivé à nous, présenta deux images d'or pour don à l'amiral, au nom de son frère, et lui annonça en son langage la mort de ses gens qu'il avait là laissés. Mais pource qu'ils n'avaient interprètes, nos gens ne l'entendirent point.

Mais quand ils vinrent au château fait de bois, et maisons, fossés et murailles, lesquelles on avait faites, ils trouvèrent tout mis en cendres, et n'y avait plus pas un (³); laquelle chose troubla fort l'amiral et ses compagnons, estimant toutefois quelqu'un des siens encore vivre.

Lors déchargèrent toute leur artillerie ensemble comme un grand tonnerre, afin que aucun de leurs compatriotes, si d'aventure, craignant le péril des habitants, fussent cachés en quelque bois ou tanières de bêtes, entendissent leur venue. Mais ce fut fait pour néant, car n'y avait plus pas un en vie (⁴).

Ensuite l'amiral envoya des messagers devers le roi Guaccanarel, lesquels, tant qu'ils purent concevoir, rapportèrent qu'il y avait plusieurs rois plus grands que ledit Guaccanarel, et de plus grande puissance qu'il n'était. Deux de ces rois principalement (⁵), émus de la renommée de nouvelle gent, avaient assemblé grande multitude, selon leur manière de faire, et avaient tué tous les nôtres vaincus en bataille, et avaient brûlé leur fort et leurs maisons, en somme tous leurs ustensiles de ménage. Le roi Guaccanarel avait été en cette bataille grièvement navré d'une sagette, pource qu'il voulait aider aux nôtres, montrant encore sa jambe blessée, laquelle était liée d'une bande de coton; et pour ce n'avait pu aller à l'amiral, laquelle chose il désirait fort.

Mais on supposa qu'il était faux qu'il y eût plusieurs rois et plus puissants que Guaccanarel en l'île Espagnole.

Et certes les habitants de ladite île Espagnole seraient heureux s'ils étaient instruits en la religion de Christ (⁶); car ils vivent sans poids, sans mesure, sans mortifère pécune, sans lois, sans juges, sans calomniateurs, sans livres, contents de la loi de nature, et sans avoir soin du temps à venir.

Toutefois cette gent est touchée d'ambition de dominer, et c'est pourquoi ils ont guerre les uns contre les autres.

Or, pour retourner à notre propos, celui qui avait été envoyé au roi récita que, la bande ôtée, il n'avait vu ni plaie, ni cicatrice de plaie à la jambe; mais qu'il trouva ledit roi feignant le malade, gisant au lit en sa chambre, où étaient sept lits entour de sa couche (⁷); ce qui lui fit soupçonner que les nôtres avaient été occis par son conseil.

Toutefois l'ambassadeur dissimula la chose, et fit pacte avec le roi que, le lendemain, il viendrait visiter l'amiral aux navires.

Guaccanarel vint donc aux navires ainsi qu'il avait promis, et salua les nôtres, et aux principaux donna dons. Puis après il jeta son œil sur les femmes délivrées des Canibales, et principalement sur une, laquelle les nôtres appelaient Catherine. Et, avec les yeux riants, parla à elle doucement; puis civilement et courtoisement il prit congé de l'amiral, après avoir vu par admiration les chevaux et autres choses qu'il n'était pas accoutumé de voir.

Quelques-uns des nôtres donnèrent conseil à l'amiral de retenir ledit Guaccanarel afin de le punir si, par son conseil, les nôtres eussent été occis. Mais l'amiral ne fut pas d'avis d'irriter les cœurs des habitants de l'île. Le jour ensuivant son frère vint aux navires, lequel, au nom de Guaccanarel ou en son

---

(¹) L'amiral aborda à l'île Espagnole le vendredi 22 novembre.
(²) Guacamari, Guacanagari. (Voy. p. 126 et suiv.)
(³) Voy. sur cette forteresse, p. 128.
(⁴) L'amiral arriva le mercredi 27 novembre; pendant la nuit, à l'entrée du port de la Nativité.
(⁵) Guacanagari nommait ces deux chefs Conabo et Mayreni.
(⁶) Il faudrait ajouter, pour compléter le sens : « C'est la seule chose qui manque à leur bonheur, car ils vivent, etc. »
(⁷) Voy. le hamac, p. 143.

nom, trouva manière de séduire les femmes captives. Car la nuit séquente Catherine, subornée par les promesses des frères du roi, pour avoir liberté pour soi et pour les sept autres femmes, si elle pouvait, se confiant en la force de leurs bras, se jetèrent en la mer, et passèrent trois milliaires, nageant environ trois milles, la mer étant assez inquiétée et tumultueuse.

Les nôtres, avec les plus légers navires les ensuivirent, se dirigeant d'après la même lumière qui les conduisait étant au rivage, et ils en atteignirent trois; mais ils pensèrent que Catherine et les quatre autres étaient parvenues à Guaccanarel. Car quand le jour fut venu, les messagers envoyés par l'amiral trouvèrent que Guaccanarel avec les femmes avaient fui et que tous les ustensiles avaient été enlevés, ce qui leur augmenta la suspicion que Guaccanarel avait été consentant de la mort de leurs compagnons.

Alors Melchior (¹), qui avait été envoyé premier ambassadeur, prit trois cents hommes et les mena avec lui pour les chercher. Ils vinrent d'aventure ès bouches d'un grand fleuve, ayant beau port, assez grand pour entrer de front trois navires de charge, en sûreté de vents, ayant couteaux d'un côté et d'autre, et appelèrent ce port le port Royal (²). Au milieu duquel il y a un promontoire plein d'arbres, de papegaux et d'autres plusieurs beaux oiseaux chantant à plaisir et nidifiant.

Et quand les nôtres cherchaient la terre entre ces deux fleuves, ils voient une maison haute de loin, à laquelle ils vont, ayant suspicion que Guaccanarel était là retiré. Et en allant, un homme leur vint au-devant, ayant le front renfrogné et les sourcils élevés, et accompagné de cent hommes tout armés de arcs, sagettes et pieux aiguisés, comme menaçant et se disant *tainos*, c'est-à-dire nobles, et non Canibales.

Et dès que les nôtres leur eurent donné signe de paix, ils ôtèrent incontinent les armes et leur férocité; et quand chacun eut pris une sonnette de laiton, tantôt firent si ferme alliance et amitié avec eux, que présentement ils descendirent de leurs hauts rochers en leurs naves par le fleuve, apportant dons pour donner aux nôtres.

La maison dont nous avons parlé est ronde et de figure sphérique, et ils trouvèrent, en la mesurant de circonférence à circonférence, qu'elle avait 32 grands pas de diamètre, environnée d'autres populaires maisons, et qu'elle était voûtée de voûtes faites de roseaux de diverses couleurs entrelacés par artifice admirable.

Ces gens, interrogés sur Guaccanarel, dirent que cette région n'était pas à lui, mais au seigneur qui commandait en ce lieu, et qu'ils avaient bien entendu que Guaccanarel, de la plaine près des rivages, s'était retiré aux montagnes. Et ainsi fait accord d'amitié avec eux, nos gens retournèrent aux autres navires, et là racontèrent à l'amiral ce qu'ils avaient trouvé.

Adonc l'amiral envoya autres centeniers pour explorer encore cette île en divers lieux, sous la conduite d'Hoiedan (³) et Corvalan, deux nobles jeunes hommes et vaillants, dont chacun avait sa centurie, c'est-à-dire cent hommes pour soi (⁴).

Eux partis de là, l'un trouva quatre fleuves descendant des montagnes et portant or en leurs arènes, et l'autre, d'une autre part, trois; tellement que, eux présents, les paysans du lieu qui les accompagnaient cueillaient l'or auxdits fleuves en cette manière. Premièrement ils faisaient une fosse dedans le sable et arène dudit fleuve, profonde jusqu'au coude, et du bas de la fosse, de la main senestre apportaient or mêlé avec sable; après, industrieusement la purgeaient de la main dextre, et, tout purgés, mettaient les grains aux mains des nôtres.

Et Colomb même en a apporté un roc rude (⁵), en la semblance d'une pierre, pesant 9 onces, trouvé par Hoiedan. Contents donc de ces signes, ils retournèrent à l'amiral et lui contèrent ce qu'ils avaient trouvé. Aussi était bruit qu'il y avait un roi des montagnes dont descend l'or ès fleuves, lequel appellent les habitants *Caunaboa*, c'est-à-dire seigneur de la maison d'or; car ce mot *boa* signifie maison, et *cauni*

(¹) Melchior Maldonado, un des capitaines.

(²) Le port *del Fin* ou *Bahiaja*, suivant Navarette.

(³) Alonzo de Ojeda était un cavalier noble et intrépide, qui fut lui-même plus tard chef d'une expédition indépendante et hostile à Colomb. Washington Irving raconte à son sujet une anecdote amusante *(Histoire de Christophe Colomb*, liv. V, chap. IX).

(⁴) Ce départ pour les mines de Cibao eut lieu dans le mois de janvier 1494.

(⁵) Une pépite.

FONDATION D'UNE CITÉ. — PRODUCTIONS DE SAINT-DOMINGUE. 149

or, et *cacic* roi. Et en nulles autres eaux se trouvent poissons meilleurs, ni plus savoureux, ni moins nuisants que en ces fleuves; et ils disent toutes les eaux de ces fleuves être très-salubres.

La condition de cette île est que au mois de décembre les oiseaux font leurs nids et petits, et il y fait assez chaud. Le chariot du pôle se cache tout sous le pôle arctique en cette région-là. L'amiral Colomb

Laveurs d'or dans l'île Espagnole (Saint-Domingue). — D'après Oviedo (¹).

cherchant lieu pour édifier une cité, en élut un élevé (²), près d'un port, auquel, en peu de jours éleva aucunes maisons et un oratoire auquel, le jour de l'Épiphanie, treize prêtres firent la fête de l'apparition de Notre-Seigneur, démontrée aux sages d'Orient, et en une partie du monde tant étrange et hors de religion firent solennité et service de Dieu.

Puis après il se disposa d'envoyer des nouvelles au roi et à la reine, selon le temps de la promesse (³). Et furent envoyés aux apothicaires et vendeurs d'épiceries toutes manières de grains de ce pays, où étaient comme écorces et moelles d'arbres ressemblant à cinnamome; pourquoi on put connaître quels fruits et semences porte cette région.

Car les grains, écorce, moelle et petites bêtes qui en tombent, touchés à la lèvre, sont très-chauds; ils semblent âpres et amers, tellement que si on les tient longuement en la bouche, ils poignent la langue âprement; mais tantôt après, si on boit de l'eau, cette âpreté est ôtée.

Ils envoyèrent aussi des grains de froment, blancs et noirs, de quoi les Indiens font le pain, ensemble, du bois qu'ils appellent aloès, lequel quand on le coupe rend une fort bonne odeur, avec plusieurs autres telles choses, lesquelles présentement sont passées sous silence pour plus de brièveté.

L'île Espagnole (que l'amiral estimait être l'île d'Ophir, de laquelle est parlé au tiers livre des Rois) s'étend en largeur 5 degrés; car en aucune autre part la latitude et élévation du pôle arctique n'est de 22 degrés, et au côté de septentrion de 27 degrés. Sa longueur du côté d'orient à celui de l'occident est de 780 milliaires, qui sont lieues d'Espagne, 4 milliaires pour lieue, 195, et de France 190; mais de la longitude jusques aux Gades, ils ne sont pas encore certains (⁴).

(¹) « En plusieurs endroits de cette île Espagnole l'on trouve de l'or, tant aux montagnes qu'aux fleuves, comme en celui de Cibao, en celui du Cotuy, et aux vieilles ruines et autre part... » (*Histoire naturelle des Indes*, liv. VI.) — Oviedo donne ensuite une description étendue de la manière d'extraire et de laver l'or.

(²) On éleva, dit Chanca, sur le rivage d'une des rivières (près d'un excellent port, à 10 lieues à l'est de Monte-Cristi), une ville nommée *Marta* (Isabelle).

(³) Douze bâtiments partirent du port de la Nativité, le 2 février 1494, pour porter ces nouvelles au roi et à la reine d'Espagne.

(⁴) Saint-Domingue ou Haïti est située au sud-est de Cuba, et à l'est de la Jamaïque, par 16° 45′, 20° latitude nord, et 70° 45′, 76° 53′ longitude ouest. Sa longueur est de 660 kilomètres, et sa largeur de 260.

La forme de l'île est en la façon d'une feuille de châtaignier. Et l'amiral propose de fonder une maison sur le coupeau d'une montagne étant vers le côté de septentrion, pource qu'en ce lieu est adjointe une montagne éminente, très-convenable à tirer pierres pour édifier et avoir la chaux.

Et au pied de la montagne est terre plaine, qui s'étend en grand espace, en aucune part, ayant 60 milles de longueur, et de largeur 12 milles, en aucune part plus ou moins; au plus large elle en a 20, et au plus étroit 7.

Et par cette plaine passent plusieurs fleuves salubres, dont le plus grand est navigable, tombant à demi-stade du port, auquel la cité est jointe. Et en cestui port, en la vallée d'icelui est si grande uberté et aménité de toutes choses, qu'à peine le saurait-on dire.

En la rive de ce fleuve on peut clore jardins propres à semer toutes manières de poirées, de raves, laitues, choux, bourraches et autres choses semblables. Et du jour qu'ils ont semé, ils le recueillent mûr coutumièrement le seizième jour; et les melons, courges, pompons et semblables, au trentième jour, et disent que jamais ils n'en mangèrent de meilleurs.

Et ces jardinages en tout temps sont frais; les racines de canne de sucre dedans quinze jours ont jeté cannes d'une coudre de haut, mais le jus ne s'épaissit point. Et du sarment de vigne planté on mange grappes très-saines le second an. Outre, un rustique des champs sema un petit de blé au commencement de février, et apporta une poignée d'épis au commencement d'avril, qui leur fut chose de grande admiration. Brief, en cette île, toutes semences et fruits fructifient deux fois l'an.

Pendant ce temps, l'amiral envoya encore trente hommes pour visiter une région qui s'appelle Cipangi ([1]). Cette région est montueuse, pleine de rochers au dos du milieu de l'île, en laquelle les habitants montraient par signes avoir abondance d'or.

Et les messagers retournés contaient merveilles des richesses d'icelle. De ces montagnes descendent quatre grands fleuves, lesquels, par un merveilleux art de nature, divisent quasi toute l'île en quatre parties égales. L'un, appelé des habitants *Junna*, va tout droit à l'occident; l'autre, appelé *Attibunic*, va à l'opposite; le tiers, dit *Jachen*, va vers le septentrion; et le quart, *Naiba*, va au midi.

Après que l'amiral eut ouï ces nouvelles, que la cité était jà fossoyée, et ayant boulevards assez pour la défense des siens en son absence, il prit au mois de mars, avec les hommes à cheval, environ cinq cents hommes de pied, pour aller en personne à la dessusdite région portant or.

Tendant droit vers le midi, il passa un fleuve et la plaine, puis encore passa la montagne, et vint à l'autre plaine. Et alors descendit en une vallée par laquelle passe un fleuve plus grand que le premier, et là fit passer toute son armée. Laquelle vallée surmontée, qui n'était pas moindre que la première, il descendit encore en une autre vallée qui est le commencement de Cipangi, par laquelle tant fleuves que vaisseaux descendent de toutes parts des coteaux aux arènes, esquels tous se trouve or à foison.

Et l'amiral, entré en région portant or, proposa de faire une tour sur un haut coteau de la rive d'un grand fleuve, pour connaître sûrement peu à peu les secrets de dedans la région. Et celle faite, appelèrent la tour de Saint-Thomas. Et quand il édifiait ladite tour, les habitants, de jour en jour, venaient à lui, désirant avoir sonnettes et autres telles choses des nôtres.

Et l'amiral ordonna de donner ce qu'ils demanderaient, mais qu'ils apportassent de l'or. Et iceux, à ces promesses, couraient tantôt à la prochaine rivière et en petit de temps retournaient les mains chargées d'or.

Lors un ancien des habitants vint et apporta deux rocs d'or, dont chacun était de la pesanteur d'une once, pour lesquels il demanda seulement une sonnette. Lequel, quand il vit les nôtres s'émerveiller de la grandeur des rocs, lui-même s'émerveilla de cela, comme disant que c'était petite chose. Il prend en sa main quatre pierres, desquelles la plus grosse était plus grosse qu'une grosse pomme d'or rouge, et la plus petite plus grosse qu'une grosse noix, leur donnant signe qu'il y avait des cailloux d'or aussi gros que la plus grosse de ces pierres en la terre de sa naissance, environ à demi-journée de là, et que n'était point grand soin et cure à ses circonvoisins de cueillir l'or. Car ils n'estiment pas beaucoup l'or en soi, mais l'estiment d'autant qu'il a de beauté d'artifice, et d'autant qu'il vient à plaisir à un chacun.

Outre ce vieil homme, plusieurs autres Indiens vinrent apportant rocs d'or de 10 et 12 drachmes;

---

[1] Cibao.

et ils affirmaient qu'autrefois on avait trouvé au lieu d'où ils l'avaient apportée une pierre d'or, grosse comme la tête d'un enfant, laquelle ils montraient.

Et l'amiral, demeurant là aucuns jours, envoya Luxan, un bon gentilhomme (¹), avec quelques hommes armés pour explorer une partie de la région, lequel, retourné, raconta choses plus grandes lui avoir été dites par les habitants, mais n'apporta rien, pource que de ce n'avait eu commandement de l'amiral.

Les habitants ont aromates ou épiceries dissemblables de ceux dont nous usons, et ils en ont des forêts pleines, où chacun en cueille tant qu'il lui plaît, comme de l'or, pour faire des échanges avec les habitants d'autres îles qui leur donnent plats, siéges et choses semblables, lesquelles sont artificiellement faites d'un bois noir qui ne croît point en l'île Isabelle.

Luxan retourné, environ mi-mars, récita avoir trouvé grappes mûres de vignes sauvages de très-bonne saveur; mais les insulaires ne font pas compte d'icelles. Cette région est pierreuse, appelée pour ce *Cipangi*, car *cipan* signifie pierre, et toutefois portant arbres et pierres.

Et il disait que quand on coupe l'herbe aux montagnes, en quatre jours elle recroît plus haut que chez nous le blé; et qu'en ces lieux sont souvent pluies, et de là viennent ruisseaux fort abondants en sables, auxquels partout se trouve or mêlé, attiré par ces torrents des montagnes.

La gent de ce pays est oiseuse, car souvent pendant l'hiver ils tremblent de froid dans les montagnes, et cependant ils ne prennent aucune peine pour se faire des vêtements, quoique leurs forêts soient pleines d'arbres faisant le coton; mais aux vallées et lieux champêtres de ce pays ils n'ont point froid.

Au commencement d'avril l'amiral partit de Cipangi, après qu'il eut cherché ces choses diligemment, pour retourner à sa cité commencée, à laquelle donna le nom Isabella. Il y laissa pour gubernateurs son frère et un sieur Marguerit (²), ancien familier du roi, ayant souvenance du commandement du roi.

Adonc il se prépara d'aller découvrir la terre, qu'ils réputaient être terre ferme et continente, distante environ 62 lieues, afin que ces terres ne fussent premièrement subjuguées par quelque autre, le roi de Portugal prétendant qu'il lui appartenait de découvrir en lieux latents et inconnus (³).

Donc l'amiral, en un angle extrême de l'Espagnole, regardait la terre que voulait chercher, laquelle les habitants appellent Cuba (⁴). Et en regardant aperçut un port très-apte à l'extrémité, regardant l'Espagnole, lequel appela le port de Saint-Michel, duquel Cuba est distante environ 20 lieues.

De là transfretta vers la terre, et, atteignant la côte méridionale, va devers l'occident; et tant plus allait devant, plus trouvait les rivages tendus vers la mer en se courbant vers le midi. Et aux côtés de Cuba, au midi, ils trouvèrent une autre île, laquelle les habitants appellent Jamaïque, plus grande que n'est l'île de Sicile, ayant seulement un mont, lequel de toutes parts, commençant de la mer, s'élève petit à petit jusques au milieu de l'île, montant et descendant si lentement que à peine se sent-on monter ou descendre. En la rive au dedans il est très-fertile et bien peuplé, ayant les habitants plus ingénieux et adonnés aux arts mécaniques, et plus vaillants batailleurs que les autres insulaires. Car l'amiral voulant prendre terre en plusieurs lieux, ils vinrent au-devant, toujours en armes, empêchant la descente; mais finalement ils furent vaincus et demandèrent à avoir amitié avec l'amiral, laquelle octroyée, procéda devers l'occident, ayant vents à gré, l'espace de soixante-deux jours, estimant être bien parvenus où les cosmographes placent Chersonesus, la région d'or de notre Orient.

Et en ce chemin, il entra en mers courantes impétueusement comme torrents et en lieux pleins de gués engloutissants et passages très-étroits à cause de la multitude des îles adjacentes. Toutefois, méprisant tous ces périls, il résolut d'aller encore avant jusqu'à ce qu'il connût si Cuba était terre ferme ou île.

Et il navigua toujours le long des rivages vers l'occident, tant qu'il acheva bien 222 lieues de chemin, et il imposa des noms à sept cents îles qu'il laissa sur sa gauche.

Il trouva un port fort bon pour recevoir beaucoup de navires, enclos de promontoires d'un côté et d'autre, pour défendre et retenir les ondes et flots des eaux. Et au-devant il y a des monts spacieux et de grande profondeur.

(¹) Juan de Luxan, jeune cavalier de Madrid.
(²) Pedro Margarite.
(³) Voy. la note 3 de la p. 136.
(⁴) Pierre Martyr semble oublier que Colomb avait déjà côtoyé Cuba pendant son premier voyage.

En visitant les rives du port, il vit de loin deux maisons couvertes de joncs, et des feux allumés en plusieurs lieux. Et lors il envoya de son navire quelques-uns de ses hommes pour aller auxdites mai-

Ile de Cuba. — *Loma del Rubi* (colline du Rubi).

Ile de Cuba. — *Loma de la Givara* (colline de Givara).

sons. Lesquels descendus, ne trouvèrent personne aux maisons, mais ils y virent cent livres environ de poisson mis au feu en broches, et trois et deux serpents de huit pieds de long, avec lesdits poissons. Et ils s'émerveillaient de ne trouver aucun des habitants, quoiqu'ils regardassent de toutes parts.

Ile de Cuba. — *Llanura del Guines* (plaine de Guines), au sud-est de la Havane.

Ile de Cuba. — *Los Portales* (les Portails), à 5 lieues de *los Banos* de San-Diégo.

Ceux à qui étaient les poissons s'en étaient fuis aux montagnes. Donc les nôtres, voyant cela, s'assirent et firent grand'chère desdits poissons pris par le labeur des autres. Et ils laissèrent les serpents, qui ne différaient en rien des crocodiles de l'Égypte, sinon en grandeur.

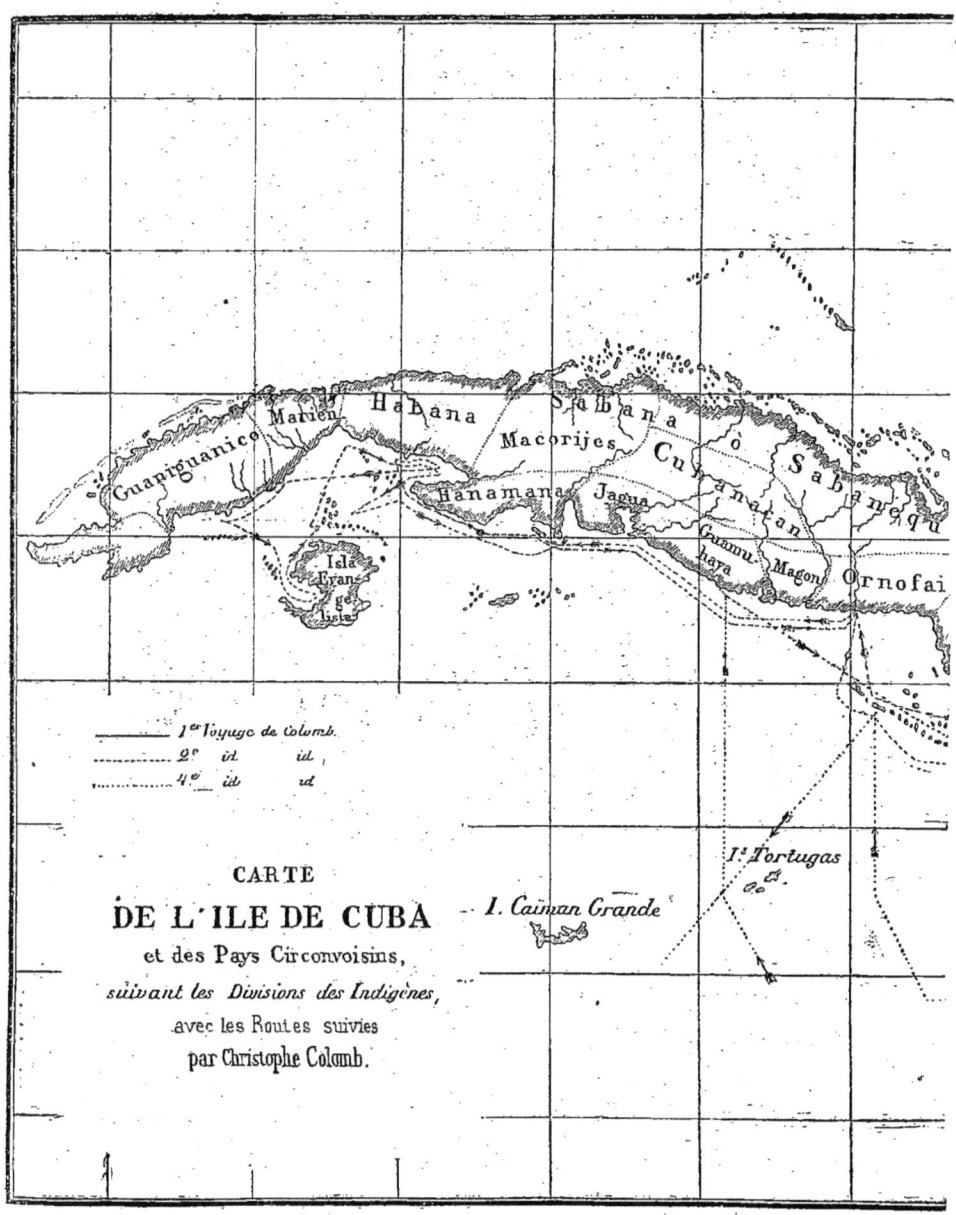

Carte des voyages de Colomb à l'île de Cuba.

Après qu'ils furent rassasiés, ils entrèrent en un bois, où ils trouvèrent plusieurs de ces serpents liés de cordes aux arbres, les uns ayant dents et les autres sans dents. Et lorsque après ils cherchèrent à se rapprocher du port, ils aperçurent environ soixante-dix hommes au sommet d'une haute roche; lesquels, quand les nôtres arrivèrent, s'étaient réfugiés là, pour savoir ce que voulait faire cette nouvelle gent.

Et les nôtres, par signes d'amitié, s'efforçaient de les appeler, tant qu'à la fin l'un d'eux, par l'espé-

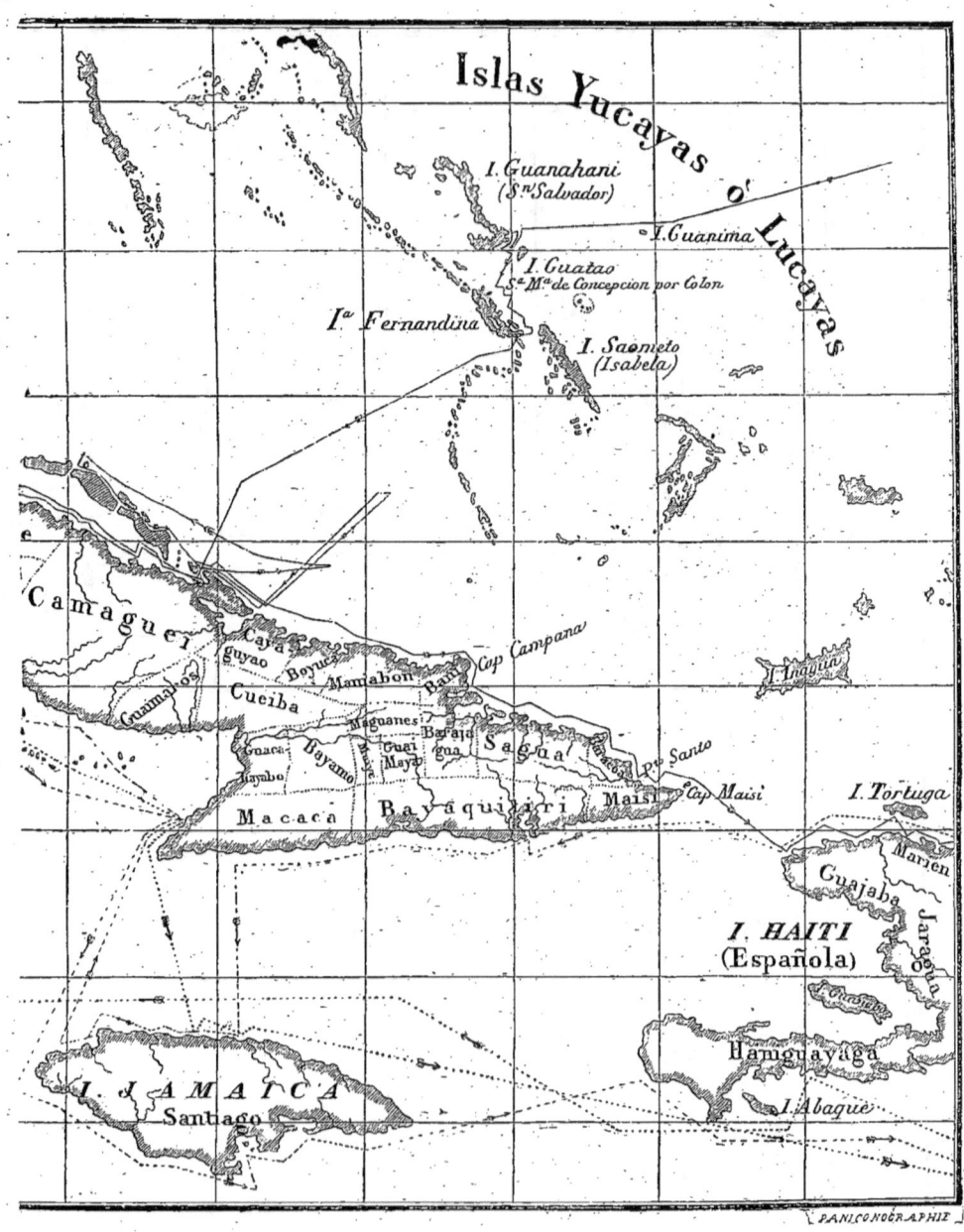

D'après Ramon de la Sagra.

rance des dons qu'ils leur présentaient de loin, descendit en la roche prochaine, mais toujours avec l'apparence de la crainte.

Or un jeune interprète nommé Didacus, que l'amiral avait emmené de sa première navigation de l'île voisine de Cuba, dite Guanahani, parla à l'Indien descendu et le persuada, ainsi que les autres, qu'ils vinssent sans crainte. Ils descendirent donc environ soixante-dix aux navires.

Ils firent alliance d'amitié avec les nôtres, et l'amiral leur donna force dons. Et il apprit d'eux qu'ils avaient été envoyés par leur roi pour pêcher, parce qu'il préparait un grand banquet à un autre roi. Et il leur était indifférent que les gens de l'amiral eussent mangé les poissons, puisqu'ils avaient laissé les serpents : car il n'y a rien entre toutes leurs viandes qu'ils estiment plus que ces serpents ; et il n'est pas plus permis aux pauvres d'en manger qu'aux nôtres en Europe faisans, paons et perdrix.

Et ils dirent qu'en cette nuit ils avaient l'espérance de prendre autant de poisson qu'ils avaient fait auparavant. On leur demanda pourquoi ils cuisaient le poisson qu'ils devaient porter au roi. Ils répondirent : Afin qu'ils les portassent sans corrompre. Et ainsi, touchant les mains en signe d'amitié, chacun s'éloigna.

L'amiral, comme il avait résolu, suivit l'occident, depuis le commencement de Cuba, nommé Alpha, et trouva les ports moyens, âpres et montueux, quoiqu'ils soient plantés d'arbres, les uns fleuris et rendant suaves odeurs en la mer, et les autres chargés de plusieurs fruits.

Mais, outre les ports, la terre est plus fertile et peuplée, et les habitants sont plus benins et convoiteux de choses nouvelles. Car sitôt qu'ils aperçurent nos navires venir au rivage, chacun d'eux s'efforçait d'accourir, apportant les pains desquels ils usent, et courges pleines d'eau ; et ils invitaient nos gens à descendre à terre.

Ces îles ont une manière d'arbres grands comme olives, qui, pour fruit, portent courges, desquels ils usent à faire vaisseaux pour mettre l'eau, et non pas à manger ; car ils disent la moelle d'icelle être plus amère que fiel, et l'écorce être dure comme l'écaille de la tortue.

Au mois de mai suivant, les vigies, étant à la plus haute hune, virent une grande multitude d'îles vers le midi, et bientôt aperçurent qu'elles étaient herbeuses, vertes, portant fruit, fertiles et habitées. Et le navire, approchant de la rive de la terre ferme, entra en un fleuve navigable d'eaux si chaudes que nul n'y pouvait longuement tenir la main.

Le lendemain ils virent venir au loin un canot de pêcheurs. Alors l'amiral, craignant que si ces pêcheurs voyaient les nôtres ils ne s'enfuissent, commanda qu'ils fussent surpris secrètement. Mais sans témoigner de crainte, ils attendirent les nôtres. Ces gens avaient une nouvelle façon de pêcher ; car ils prennent les poissons au moyen d'un autre poisson chasseur, non autrement que nous avec chiens par les champs prenons les lièvres.

Ce poisson était de forme inconnue, ayant corps semblable à une grande anguille et sur le derrière de la tête une peau très-tenante, à la façon d'une bourse pour prendre les poissons ([1]). Et ils tiennent ce poisson lié d'une corde à l'esponde du navire, toujours en l'eau ; car il ne peut soutenir le regard de l'air. Et quand ils voient un grand poisson ou une tortue, qui là sont plus grandes que grands boucliers, alors ils délient le poisson en lâchant la corde. Et quand il se sent délié, soudain, plus vite qu'une flèche, il assaillit ledit poisson ou tortue, jette dessus sa peau faite en manière de bourse, et tient sa proie si fermement, soit poisson ou tortue, par la partie apparente hors de la coque, que nullement on ne lui peut arracher, si on ne l'arrache à la marge de l'eau, la corde petit à petit attirée et assemblée ; car sitôt qu'il voit la splendeur de l'air, il laisse incontinent sa proie. Et les pêcheurs descendent autant qu'il est nécessaire pour prendre la proie, et la mettent dedans leur navire, et ils lient le poisson chasseur avec autant de corde qu'il lui en faut pour le remettre en son siège et place, et, avec une autre corde, lui donnent pour récompense un peu de viande de la proie. Les pêcheurs appellent ce poisson *guaican*.

Ces pêcheurs donnèrent aux nôtres quatre tortues prises de la manière susdite, lesquelles quasi emplissaient leur canot ; et la viande en est fort louable. Les nôtres, à l'encontre, leur donnèrent dons, puis d'eux se séparèrent joyeusement. Et ces pêcheurs, interrogés sur la nature de cette terre, répon-

---

([1]) C'est le sucet ou rémora, que nous avons représenté à la page 98 de notre deuxième volume, relation des Deux Mahométans ; nous y avons figuré séparément la partie supérieure de la tête. (Voy. aussi la note 7 de la page 97 du même volume.)

dirent que ce circuit n'avait point fin vers l'occident; lesquels instamment requéraient que l'amiral ou aucun des nôtres en son nom descendît pour saluer leur cazic, et que leur cazic leur donnerait moult de dons.

Mais l'amiral, voulant poursuivre son entreprise, ne leur voulut acquiescer; toutefois il demanda le nom de leur cazic, et ils donnèrent ce nom. De là, toujours procédant vers l'occident, l'amiral, après peu de jours, arriva à une haute montagne qui, à cause de sa fertilité, est couverte d'habitants, lesquels vinrent en grand nombre vers nos marins, apportant pains, lapins, oiseaux, coton; et par grand désir ils demandaient à l'interprète si les Espagnols étaient gens descendus du ciel.

Leur roi et plusieurs hommes graves qui l'assistaient disaient que cette terre n'était pas une île.

Ensuite les Espagnols entrèrent en une des îles qui étaient à la senestre, et là ils ne purent prendre aucun Indien, car tous, tant hommes que femmes, commencèrent à fuir. Les nôtres, entrant dans les huttes, trouvèrent quatre chiens de très-laid regard, qui n'aboient pas, et que l'on mange, comme nous les chevreaux.

L'Almiqui (¹) (*Solenodon paradoxus*, Brandt).

Cette île nourrit en abondance oisons, canards, hérons; et il y a tant de secs et passages sablonneux, que nos marins à peine purent tirer de là leurs navires. Et ces difficultés de naviguer leur durèrent l'es-

---

(¹) L'animal désigné dans les relations des premiers voyages aux Antilles comme un chien muet paraît être soit l'almiqui, soit le raton.

L'almiqui est un mammifère classé parmi les carnassiers insectivores de Cuvier; il est le seul animal de cette famille qui ait été trouvé dans les Antilles, et uniquement dans les îles d'Haïti et de Cuba. M. Brandt, le premier, l'a décrit dans les *Mémoires de l'Académie de Saint-Pétersbourg* de 1834. Après avoir déterminé le genre et l'espèce, sous le nom de *Solenodon paradoxus*, sur un individu trouvé à Haïti, M. Felipe Poey, directeur du Musée d'histoire naturelle de la Havane, fit connaître le premier que cet animal se trouvait également à Cuba, dans les environs de Bayamo.

pace de quarante lieues, et l'eau de cette mer est blanche comme lait, et épaisse comme si on eût répandu de la farine en toute cette partie.

Puis, après avoir navigué environ 80 milles en la pleine mer, ils virent une montagne très-haute, à laquelle ils montèrent pour avoir du bois et de l'eau; et entre les palmes et pins très-hauts, ils trou-

Le Raton (¹) *(Ursus lotor*, Linné).

vèrent deux fontaines naturelles, dont les uns emplirent leurs tonneaux d'eau en temps que les autres coupaient force bois.

Lors, un d'eux étant entré en la forêt pour chasser, un homme vêtu de blanc s'offrit soudainement à ses regards, et il lui sembla de prime face que ce devait être un frère de l'ordre de Sainte-Marie de Mercède (²), que l'amiral avait avec lui pour prêtre. Mais bientôt deux autres semblables le suivirent, et il en vit successivement venir trente autres.

Cet Espagnol commença à crier aux mariniers de fuir le plus tôt qu'ils pourraient. Mais ces hommes vêtus de blanc se mirent à crier et à frapper des mains, comme le voulant avertir qu'il n'eût peur d'eux

---

(¹) « Gris-brun, le museau blanc, un trait brun en travers des yeux, la queue annelée de brun et de blanc. Animal de la taille d'un blaireau, assez facile à apprivoiser, remarquable par le singulier instinct de ne manger rien sans l'avoir plongé dans l'eau. Il vient de l'Amérique septentrionale, se nourrit d'œufs, chasse aux oiseaux. » (Cuvier, *Règne animal*, t. I, p. 165.)

M. Felipe Poey pense que le chien muet de Colomb est le raton, qui n'est pourtant pas indigène d'Haïti et de Cuba, comme l'almigui. (Voy. Felipe Poey, *Memorial sobre la historia natural de la isla de Cuba*, t. I, p. 23; la Havane, 1851.)

(²) Était-ce une sorte d'hallucination de cet Espagnol? Ou bien fut-il trompé par l'apparence, et prit-il de loin pour des hommes vêtus de blanc quelqu'une de ces troupes de grues que l'on rencontra le lendemain? Humboldt rapporte qu'une ville de l'Amérique, Angostura, fut un jour effrayée par l'apparition d'une bande de *soldalos* (grues ou hérons des tropiques) sur une montagne voisine, et que l'on prit pour une armée d'Indiens sauvages. *(Hist. de la géog. du nouv. contin.*, t. IV, p. 243.)

aucunement. Néanmoins il s'enfuit tant qu'il put; il annonça à l'amiral comment il avait vu cette gent bien accoutrée et vêtue. Et aussitôt l'amiral envoya des gens armés, leur commandant que s'il était besoin, ils entrassent avant jusqu'à 40 milles en l'île pour trouver ces vêtus.

Et quand ils eurent passé le bois, ils trouvèrent une plaine herbeuse, en laquelle ils ne trouvèrent aucune forme de pas ni de voie. Et voulant passer par l'herbe, haute comme sont les blés chez nous, ils se trouvèrent si empêchés des herbes qu'à peine ils purent faire un mille de chemin, et ainsi embarrassés ils s'en retournèrent sans avoir trouvé ni voie ni sentier.

Le lendemain l'amiral envoya vingt-cinq autres compagnons bien armés, leur commandant qu'ils cherchassent diligemment pour savoir quelle gent habite en cette terre. Et eux, n'étant guère loin du rivage, trouvèrent marches et pas frais faits comme de grandes bêtes, lesquels bien considérés leur semblèrent être pas de lions; et pour ce, mus de frayeur, ils retournèrent incontinent. Et en retournant, ils trouvèrent en plusieurs lieux de la forêt plusieurs vignes, naturellement rampantes sur hauts arbres, et autres arbres aussi portant fruits aromatiques.

Et ils portèrent des grappes de ces vignes pleines de jus et de saveur jusques en Espagne; mais non pas des fruits des arbres, car ils ne se purent bien garder dans le navire, et comme ils étaient corrompus ils furent jetés dedans la mer. Ils virent aussi près de ces bois de grandes assemblées de grues, deux fois plus hautes que celles de leur pays.

Puis en naviguant, quand ils vinrent à quelques-unes des autres montagnes, ils trouvèrent dans deux maisons du rivage un seul homme, lequel, mené au navire, enseignait par signes des doigts et de la tête, le mieux qu'il pouvait, qu'il y avait au delà des montagnes une terre très-peuplée.

Quand l'amiral aborda au rivage, beaucoup de canots vinrent au-devant de lui, et ils conversèrent par signes très-plaisamment. Car Didacus, qui avait entendu d'autres habitants de Cuba, n'entendait pas ceux-ci; par quoi il est à présupposer qu'il y a divers langages dans les provinces de Cuba. Ces gens donc dénotèrent par signes que dedans cette région habitait un roi, lequel était vêtu lui et les siens.

Et tout cet espace de pays est submergé et couvert d'eaux, et les rivages en sont fangeux comme les marais et les étangs sont chez nous, et néanmoins ils sont pleins d'arbres. Toutefois les nôtres descendirent là en terre pour avoir eau, et là ils virent des coquilles dont on tire les perles. Néanmoins l'amiral, n'ayant souci de cela, ne s'arrêta plus, voulant toujours achever son entreprise d'explorer les mers le plus qu'il pouvait, selon la volonté du roi et de la reine.

Et, dans ce dessein, procédant outre, il vit que toutes les sommités des rivages fumaient et flambaient jusques à une montagne étant environ 24 lieues par delà, et il ne savait à quelle occasion étaient faits ces feux, sinon pour voir les navires d'Europe, qui leur paraissent choses admirables à voir.

Les mers ensuite s'étendaient tantôt vers l'Auster, tantôt vers Afrique.

Et elles étaient pleines d'îles de toutes parts. Mais l'amiral fut contraint de faire retourner les carènes endommagées, à cause de lieux pleins de gués et de sables où souvent elles touchaient à terre; outre cela les câbles, voiles, rames et gouvernaux étaient rompus et pourris, et les viandes aussi, à cause des ouvertures des navires percés, et principalement le pain biscuit était grièvement corrompu.

Et cette dernière région de la terre que l'on croit être terre ferme et continent, il l'appela l'Évangéliste. De là, s'en retournant, il tomba en bancs de sable de la grande mer plus éloignés de la terre ferme; lesquels étaient si pleins de tortues que la marche des navires en était retardée. Et puis il entra en un gouffre d'eaux blanches, comme il en avait trouvé auparavant.

De là il retourna à la terre d'où il était venu, craignant les grues dont il a été parlé et les sables. Et comme à nul en passant il n'avait fait aucun tort, les habitants vinrent à lui, tant hommes que femmes, sans crainte aucune, et de face joyeuse ils apportaient force dons : les uns papegaux, les autres pain, eau, lapins, et principalement colombes plus grandes que ne sont les nôtres, et meilleures en goût et saveur que les perdrix à nous. Et parce que, en les mangeant, l'amiral sentit quelque odeur aromatique, il commanda d'ouvrir les gorges d'aucuns d'iceux nouvellement tués, lesquelles se trouvèrent être pleines de fleurs et graines aromatiques.

Et tandis qu'il écoutait le service divin au rivage de la mer, survint un homme grave, environ de quatre-vingts ans, de la façon des premiers, nu, ayant plusieurs qui le suivaient. Et pendant que le saint service se faisait, il était fort attentif, faisant signes d'admiration d'œil et de bouche.

Puis il donna à l'amiral un panier qu'il portait en sa main, plein des fruits dudit pays. Et, s'asseyant avec lui, fit un discours par le moyen de l'interprète Didacus :

Zémés ou Idoles d'Haïti (¹).

« Il nous a été rapporté de quelle manière tu as investi et enveloppé de ta puissance ces terres qui vous étaient inconnues, et comment ta présence a causé aux peuples et aux habitants une grande terreur. Mais je crois devoir t'exhorter et t'avertir que deux chemins s'ouvrent devant les âmes lorsqu'elles se séparent de ce corps ; l'un rempli de ténèbres et tristesse, destiné à ceux qui sont molestes et nuisants au genre humain; l'autre plaisant et délectable, réservé à ceux qui en leur vivant ont aimé la paix et repos des gens. Donc, s'il te souvient toi être mortel et les rétributions advenir être mesurées sur les œuvres de la vie présente, tu ne feras de molestation à personne. »

Ces choses et plusieurs autres furent dites à l'amiral par l'interprète, qui, admirant ce remarquable jugement d'un homme nu, lui répondit : « Qu'à lui était assez connu tout ce qu'il avait dit des divers chemins et peines ou récompenses des âmes se séparant du corps. Mais aussi que jusqu'alors il avait supposé ces choses avoir été inconnues aux habitants de ces régions. »

Et il ajouta qu'il était envoyé des roi et reine des Espagnes pour apaiser toutes choses en toutes ces

---

(¹) « Les indigènes d'Hispaniola adoraient leurs divinités dans plusieurs grottes naturelles, éclairées du sommet pour y laisser passer les premiers rayons du soleil. Parmi ces grottes, on remarque encore : celle de *Dubeda*, située sur l'habitation de ce nom, près les Gonaïves; celle de la montagne de la Selle, voisine du Port-au-Prince; enfin celle du quartier du Dondon, non loin du cap Français. L'intérieur de ces voûtes naturelles est tapissé de zémés, gravés et incrustés dans le roc, sous des formes bizarres ou grotesques.

» Fig. 1. Une hache propre aux sacrifices.

» Fig. 2. Crapaud ayant une tête à chaque extrémité des pattes, en pierre ollaire verdâtre.

» Fig. 3. Une figure humaine formée d'une stalactite gypseuse rubannée.

» Fig. 4. Une figure monstrueuse en basalte, représentant une tête, avec les parties qui la composent, au bas de laquelle se trouvent deux mamelles, le corps recourbé, se diminuant en cône, et terminé à son extrémité par un bouton sphérique.

» Fig. 5. Une tortue représentant sur sa carapace un soleil, ayant à ses côtés une étoile et une lune à son premier croissant; la tête de cette tortue surmontée de protubérances globulaires. Le sujet de ce zémés était en jade d'un vert pâle olivâtre. » (Descourtilz, *Voyages d'un naturaliste*.)

Ils appelaient ces idoles *chémis* ou *zémés*. Ils les faisaient de craie, de pierre ou de terre cuite ; ils les plaçaient à tous les coins de leurs maisons, ils en ornaient leurs principaux meubles, et ils s'en imprimaient l'image sur le corps. Les uns, selon eux, présidaient aux saisons, d'autres à la santé, ceux-ci à la chasse, ceux-là à la pêche, et chacun avait son culte et ses offrandes particulières. Quelques auteurs assurent qu'ils regardaient les zémés comme des divinités subalternes et les ministres d'un être souverain, unique, éternel, infini, tout-puissant, invisible.

régions du monde jusques à ce temps inconnu : c'est à savoir pour debeller les Canibales et les autres hommes de vie impure et mauvaise, et les punir de dignes punitions, et pour honorer de leurs vertus les purs et innocents. Qu'il ne fallait donc pas que lui ni autre quelconque n'ayant pas volonté de nuire eussent crainte ; mais qu'il l'invitât au contraire à lui donner à connaître si aucuns injustes des voisins lui avaient fait quelque tort ou à lui ou à ses biens, car il était résolu à les venger.

Les paroles de l'amiral plurent tant au vieil homme, qu'il se disait être prêt à aller avec lui, quoi-

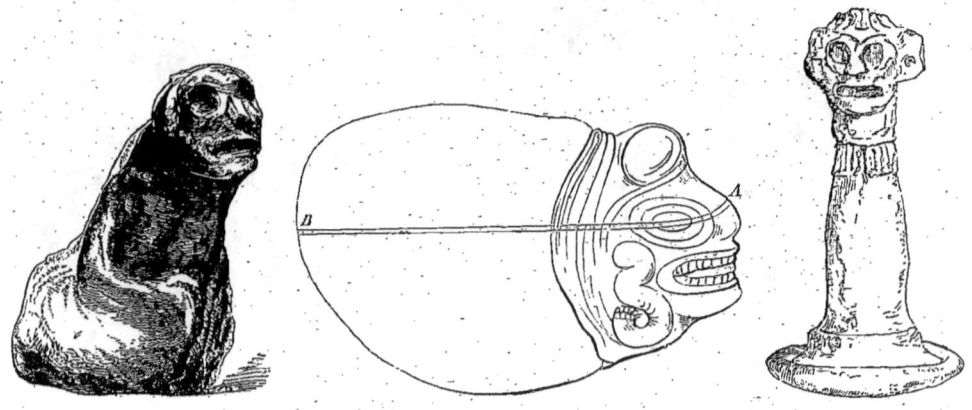

Idoles de Cuba et de Saint-Domingue (¹). — D'après MM. André Poey et Wallon.

qu'il fût de pesant âge ; laquelle chose eût été faite si sa femme et ses enfants n'y eussent résisté. Toutefois il s'émerveillait fort que l'amiral fût sujet d'un autre roi. Et encore plus il s'émerveilla quand il lui fut dit par l'interprète combien grande est la pompe de nos rois, la puissance et appareil en batailles, combien sont immenses nos cités et nombreuses nos villes.

Sa femme et ses enfants se prosternèrent devant lui en larmes, et le vieillard demeura triste, demandant plus d'une fois si la terre qui engendrait et portait telles et si puissantes gens était le ciel.

Ces gens-là ont la terre entre eux commune, comme le soleil, l'air et l'eau. Ceci est mien et cela est tien (qui sont la cause de tout discord) ne se trouvent point entre eux ; et ils vivent contents de si peu de chose, qu'en si grande amplitude de terre, les champs et biens superfluent plus qu'aucune chose ne défaille à aucun.

Ils ont l'âge d'or ; ils ne fossoient ni n'enferment de haies leurs possessions, ils laissent leurs jardins ouverts, sans lois, sans livres, sans juges ; mais, de leur nature, suivant ce qui est juste et réputant

---

(¹) « Fig. 1. Idole en pierre noire, dure et compacte (de 3 pieds de haut et de 1 pied de diamètre à sa base), dans la position d'un dogue reposant sur les pieds de derrière, les jambes croisées sur l'abdomen. Les traits de cette idole sont rudes, mais leur expression est plutôt comique que féroce.

» Fig. 2. Figure en pierre dure et d'un brun rouge, si exactement symétrique qu'elle a été probablement moulée, parfaitement polie en dessous de la couche de vernis dont elle est revêtue, et réduite au quart de la grandeur naturelle. Si on la regarde comme la représentation d'un animal, c'est vraisemblablement celle d'un poisson. La ligne AB est une veine de quartz qui traverse la pierre et coupe la figure par le milieu.

» Ces deux idoles ont été trouvées au lieu appelé le *Junco*, juridiction de Baracoa, dans le département oriental de Cuba, au milieu d'un bois, et à la profondeur de 3 pieds au-dessous du sol. » (André Poey, *Antiquités de Cuba*, dans les *Transactions of the american ethnological Society*, vol. III, p. 1 ; New-York, 1853.)

Fig. 3. Cette figure est une idole de granit trouvée dans l'île Saint-Domingue, et primitivement adorée par les indigènes comme un dieu domestique. Les traits de cette divinité sont énergiques ; l'orbite des yeux est particulièrement remarquable. On croit distinguer sur la tête une sorte de couronne ou de serpent. M. Walton y trouve une grande analogie avec les idoles hindoues. — Les zémés ne représentent que des divinités soumises au Dieu suprême.

mauvais et injuste celui qui se délecte à faire injure à autrui. Toutefois ils cultivent le maizi, la zucque et les ayes, comme en l'île Espagnole.

L'amiral retournant de là arriva en l'île Jamaïque, et du côté du midi et de l'occident la côtoyait toute jusques à l'orient. Puis, retournant, il vit au septentrion, par hautes montagnes, à gauche, la côte méridionale de l'Espagnole, le long de laquelle il n'avait encore point navigué.

Au commencement de septembre il entra au port de cette île, pour réparer ses navires, avec l'intention d'assaillir les îles des Canibales et de brûler tous leurs canots, afin qu'ils ne pussent plus nuire comme loups ravissants à leurs voisins simples comme ouailles. Mais une maladie qui lui survint pour trop avoir veillé, l'empêcha de donner suite à ce projet. Donc, comme demi-mort il fut porté des mariniers à la cité de Isabella, et finalement il recouvra la santé, grâce aux soins de ses deux frères qu'il avait là et de ses familiers, et il ne put pas infester les Canibales, à cause des séditions qui s'élevèrent entre les Espagnols délaissés en l'Espagnole.

Plusieurs de ceux auxquels il avait laissé le gouvernement de l'île étaient retournés en Espagne par suite de séditions et faute de courage. C'est pourquoi il délibéra de retourner à la cour, qui alors était à Burgos, noble cité en Castille. Mais auparavant il fallait achever aucunes choses; car les rois de l'île, qui jusques alors, contents des petites choses, avaient mené vie tranquille et étaient en repos, maintenant supportaient grièvement que les nôtres occupassent leur demeure en la terre de leur nativité et ne désiraient rien de plus que totalement les débouter, ou totalement détruire ou abolir leur mémoire. Car ceux qui avaient suivi l'amiral en cette navigation, pour la plupart étaient gens rebelles et vagabonds, nonchalants de rien, et ne se pouvaient abstenir d'injures, ravissant les femmes des habitants insulaires devant les yeux de leurs parents, frères et maris; et ainsi adonnés à méchancetés, rapines et larcins, perturbaient les cœurs des habitants. Pour laquelle chose, en plusieurs lieux, lesdits habitants, autant qu'ils en trouvaient à dépourvu, les mettaient à mort comme faisant à Dieu sacrifice.

Or, pour apaiser les cœurs de ceux qui étaient perturbés, et punir ceux qui avaient mis à mort les nôtres, il sembla bon à l'amiral d'appeler à un conseil le roi de Cipangi, demeurant au pied des montagnes, lequel s'appelait Guarionexius, auquel il plut donner sa sœur à femme à Didacque, qui était leur interprète, pour mieux plaire à l'amiral et avoir plus ferme amitié avec lui.

Et l'amiral envoya Hoiedan ([1]), lequel avait été assiégé au fort de Saint-Thomas par des gens de Caunaboan, seigneur des montagnes Cipangi, ou des Zibaniens, qui est la région portant or, jusques à ce que les adversaires apprirent que l'amiral retournait à main forte. Et Hoiedan, accompagné de cinquante hommes armés, alla vers Caunaboan, l'admonestant qu'il vînt par devers l'amiral, et qu'il eût bonne alliance et amitié avec lui. Mais Caunaboan était très-perplexe, et ne savait ce qu'il devait faire, craignant de désobéir à l'amiral. Et toutefois s'inquiétant d'y venir, parce que la conscience le remordait de ce qu'il avait mis à mort vingt Espagnols par embûches et trahison, il dit qu'il viendrait; et il assembla grandes troupes de ses gens, armés selon leur manière, et vint ainsi à l'amiral.

Interrogé pourquoi il amenait avec lui si grandes troupes, il répondit qu'il n'appartenait à un si grand roi comme il était d'aller sans ainsi être accompagné. Donc Hoiedan le mena à l'amiral, et il y fut mis ès liens, se repentant trop tard de son erreur.

Puis l'amiral fit élever une tour sur les confins des terres du roi Guarionexius, entre son royaume et Cipangi, sur une descente abondante d'eaux salubres, laquelle il appela la tour de la Conception, afin que les nôtres eussent plusieurs lieux pour s'y retirer, si quelques rois insulaires voulaient s'insurger et s'efforcer contre eux.

Les Espagnols habitant cette forteresse de la Conception se mirent à chercher l'or dedans les montagnes des Cipangiens, et ils eurent une masse d'or, en forme de roc naturel, d'un des petits rois, plus grosse que le poing, concave, pesant 20 onces; et elle fut portée en Espagne, à Médine-du-Champ. Et ils trouvèrent aussi en une maison d'un des petits rois une pièce d'électron ([2]) si grande qu'à deux mains ils ne la pouvaient lever de terre, la masse ayant plus de 300 livres, 8 onces pour livre, de poids, et

---

([1]) Voy. la note 3 de la p. 148.
([2]) Ambre.

ce morceau était délaissé là depuis longtemps; car il n'y avait nul des insulaires ayant souvenance avoir été tiré électre, et en être aucune minière.

Mais ils disaient cela parce qu'ils étaient mal disposés aux nôtres; car finalement ils montrèrent la minière, rompue en terres jetées dessus. Et s'il y avait eu gens et fossoyeurs aptes à cette affaire, on aurait pu réparer, et extraire l'électre plus facilement que le fer. Et non loin de la forteresse de la Conception, il y a ambre en grande abondance.

Et ailleurs il se distille des fossés une couleur jaune non vulgaire, de quoi les peintres usent. Passant par les bois, on trouva grandes forêts n'ayant d'autres arbres que de bois rouge, lequel on appelle brésil (¹).

Et si les gens de l'amiral n'eussent été adonnés à dormir et oisiveté plus que à labourer et travailler, ils eussent apporté or, succin ou ambre, aromates en abondance comme du brésil. Mais la plus grande partie d'entre eux refusaient d'obéir à ses commandements, comme s'ils eussent été injustes. Toutefois, l'an 1501, ils recueillirent plus de 1 200 livres d'or, 8 onces pour livre.

Et au commencement de mars, l'an 1595, l'amiral s'embarqua pour prestement venir au roi et à la reine des Espagnes, laissant son frère Barthélemy pour gouverner l'île (²).

Colomb mit à la voile pour l'Espagne le 10 mars 1496. Il emmenait avec lui 225 passagers et 30 Indiens, parmi lesquels était le cacique Caonabo. Le 9 avril, il s'arrêta sur le rivage de Marie-Galante; le 10, il partit pour la Guadeloupe, où il y eut un engagement avec les insulaires. Le 20 avril, il s'éloigna de la Guadeloupe, s'égara et lutta péniblement, pendant un mois, contre les vents alizés. La famine ne tarda pas à devenir de plus en plus menaçante, et les gens de l'équipage commençaient à devenir féroces : les uns voulaient jeter à la mer les Indiens; les autres voulaient les tuer et les manger. On arriva enfin en vue du cap Saint-Vincent, et, le 11 juin, on entra dans la baie de Cadix. Le cacique Caonabo était mort pendant la traversée.

Ce retour de Colomb fut loin de ressembler au premier. Les Espagnols qui l'accompagnaient étaient tristes, découragés, irrités contre lui. Dès qu'ils eurent le pied sur le sol d'Espagne, ils se répandirent en malédictions contre l'amiral et contre les déceptions qu'ils avaient trouvées à l'île de Saint-Domingue. Où étaient ces trésors qu'on leur avait promis? Ils revenaient pauvres, maladifs, n'ayant à raconter que des épreuves, des privations de toute sorte, des dangers, des guerres soutenues contre les insulaires. En vain Colomb essaya de ranimer l'enthousiasme public; en vain il faisait marcher devant lui, dans les villes qu'il traversait en allant à Burgos, les Indiens captifs, dont l'un, frère de Caonabo, portait une chaîne d'or du poids de 600 castillans (³); en vain il vantait la découverte des mines d'or trouvées dans la partie méridionale d'Hispaniola! Ces efforts pour remuer l'imagination étaient trop au-dessous des espérances qu'il avait lui-même fait naître et partagées. Les populations, avec leur mobilité ordinaire, se jetèrent d'une extrémité à l'autre, et commencèrent à regarder avec dérision l'homme que, quatre ans auparavant, elles avaient honoré comme un demi-dieu. Toutefois, les souverains le reçurent, à Burgos, avec bienveillance, et écoutèrent son récit avec intérêt. Mais lorsqu'il proposa une troisième expédition, il remarqua plus de froideur chez le roi. Ce fut seulement au printemps de 1498 que, grâce surtout à la reine, il parvint à triompher des obstacles que lui avaient suscités le découragement public, l'inimitié des Espagnols trompés dans leurs désirs avides pendant la deuxième expédition, et l'envie inexplicable de quelques hauts fonctionnaires, notamment de Rodriguez de Fonseca, évêque de Badajoz, président du conseil chargé des affaires des Indes.

(¹) Les Espagnols donnèrent le nom de port du Brésil au port Jacquemel (Saint-Domingue).

(²) Sous le titre d'*adelantado*. Colomb décida de plus que si Barthélemy venait à mourir, son frère Diego lui succéderait. Le roi Ferdinand apprit avec déplaisir, dit-on, cette délégation absolue d'autorité que Colomb avait faite à ses frères.

(³) Ce qu'on estime à une valeur d'environ 16 000 francs de notre monnaie actuelle.

TROISIÈME VOYAGE DE CHRISTOPHE COLOMB [1].

(30 mai 1498. — Décembre 1500.)

« Le mercredi 30 mai (de l'année 1498), je partis, au nom de la très-sainte Trinité, de la ville de San-Lucar [2]. Je souffrais encore des fatigues de mes précédents voyages, et j'avais eu l'espoir de me reposer en Espagne à mon retour des Indes; mais, au contraire, je n'y trouvai que tourments et afflictions.

» Je me dirigeai vers l'île de Madère par une route différente, afin de ne pas m'exposer à une rencontre fâcheuse avec une flotte française : on m'avait informé que cette flotte était en embuscade au cap Saint-Vincent [3]. De là je naviguai dans la direction des îles Canaries [4]. Je partis ensuite avec un navire et deux caravelles [5], après avoir envoyé les autres navires directement à l'île Espagnole [6].

» Je fis voile vers le midi, désirant atteindre la ligne équinoxiale et naviguer ensuite à l'occident, en laissant l'île Espagnole au nord [7].

» Je touchai aux îles du cap Vert [8]. Le nom de ces îles est trompeur [9] : loin d'être vertes, elles n'offrent à la vue que sécheresse, et leurs habitants sont tous malingres. »

Colomb dit ensuite qu'après avoir fait 120 lieues au sud-ouest, il fut pris par le calme et par une chaleur subite tellement excessive que, pendant huit jours, aucun homme de l'équipage n'eut le courage de descendre prendre soin des vivres et des tonneaux [10]. Après ces huit jours, il se leva un vent d'est, et Colomb se dirigea vers le couchant, à droite de la Sierra-Léone.

Le mardi 31 juillet, à midi, un matelot, étant monté sur la hune, aperçut la terre [11] : c'étaient trois montagnes réunies à l'horizon. On se jeta à genoux, et on entonna le *Salve regina* et d'autres prières. Colomb donna à cette île le nom de *la Trinité*, et au cap qui était devant lui le nom de *cap de la Galère* [12]. En cet endroit, on vit des maisons, des habitants, des prairies, des arbres verts; mais il fut impossible de prendre fond dans le port : on ne jeta l'ancre qu'à 5 lieues plus loin, vers le couchant [13].

---

[1] On a sur ce troisième voyage, pendant lequel Colomb découvrit enfin le continent américain, deux documents précieux : 1° une lettre de Colomb au roi et à la reine, d'après le manuscrit de l'évêque Barthélemy de Las Casas, conservé dans les archives du duc de l'Infantado; 2° une lettre de Colomb à doña Juana de la Torre, nourrice du prince don Juan, écrite vers la fin de l'année 1500, d'après la copie faite par J.-B. Munoz dans un tome de sa collection de manuscrits des Indes.
Nous suivons dans notre extrait le premier de ces deux textes.

[2] De Barrameda.

[3] Suivant Herrera, c'était une flotte portugaise.

[4] Il arriva à la Gomère le 19 juin et en partit le 21.

[5] Son navire était ponté.

[6] Ces navires, au nombre de trois, étaient commandés par Jean-Antoine Colomb, parent de l'amiral, Pedro de Arana et Alonzo-Sanchez de Carabajal.

[7] L'opinion unanime était que les contrées les plus riches devaient être au sud.
« Qu'avons-nous besoin de productions toutes semblables aux productions vulgaires du midi de l'Europe? Au sud! au sud! Quiconque cherche des richesses, ne doit pas aller vers de froides régions boréales. » (Pierre Martyr, *Oceanica*, déc. VIII, cap. x.)

[8] A l'île du Sel, le 27 juin, puis à l'île de Santiago. Il se remit en route le 4 juillet.

[9] On ne les a ainsi appelées qu'à cause de la proximité du cap Vert, lequel reçut ce nom en 1445, et est en effet très-verdoyant, surtout en comparaison des déserts voisins du Sahara.

[10] De plus, Colomb souffrait cruellement de la goutte.

[11] Le premier qui la vit fut un marin nommé Alonzo Perez, du port d'Huelva.
Plus d'un an auparavant, Sébastien Cabot avait déjà découvert le *continent* septentrional du nouveau monde, à la côte du Labrador, par les 56 ou 58 degrés de latitude, le 24 juin 1497. Mais la véritable découverte du *nouveau monde* date de l'arrivée de Colomb à l'île San-Salvador, le 12 octobre 1492.

[12] A cause d'un rocher qui avait la forme d'une galère. C'est aujourd'hui le cap Galiote, au sud-est de l'île.

[13] Le 1er août, près de la pointe d'Alcatraz.

Le lendemain, on arriva à un cap, où l'on s'arrêta pour descendre à terre et renouveler la provision d'eau et de bois.

« Je donnai à ce cap le nom de *pointe de Sable* (¹). Sur la terre, on remarqua des traces nombreuses de pattes d'animaux ressemblant à celles des chèvres; cependant nous ne découvrîmes qu'une chèvre morte (²). »

Le jeudi 2 août, on vit venir du côté de l'orient un long canot indien portant vingt-quatre jeunes hommes armés de flèches, d'arcs et de boucliers. Ils étaient plus blancs de peau que les habitants des îles jusqu'alors découvertes. Leur stature était belle, leurs mouvements gracieux; une coiffure semblable à celles des Maures, c'est-à-dire une écharpe de couleur en coton, était enroulée sur leur tête, et, alentour, tombaient leurs cheveux longs et plats, coupés comme ceux des Castillans. Plusieurs avaient aussi des ceintures de coton, qui ressemblaient à de petites jupes. Quand ils furent à quelque distance, ils adressèrent la parole à l'équipage du vaisseau amiral; mais on ne put les comprendre. On voulut approcher d'eux et les attirer en faisant luire à leurs yeux des miroirs, des bassins de métal, et d'autres objets : ils avançaient et reculaient tour à tour. Enfin, comme ce manège durait depuis plus de deux heures, on imagina de se donner un air de fête pour les mettre en joie, et l'on se mit à danser au son du tambourin sur le gaillard d'arrière; mais cet expédient eut un effet tout opposé à celui qu'on en attendait. Ils prirent apparemment ce bruit et ces mouvements pour un acte d'hostilité, car aussitôt ils lâchèrent les rames, tendirent leurs arcs, et décochèrent des flèches contre les Espagnols du navire amiral : on leur répondit à coups d'arbalète; et alors, s'éloignant du navire de Colomb, ils s'avancèrent très-près d'une des caravelles. Le pilote eut le courage de descendre vers eux, et fit don d'un bonnet et d'une casaque à celui qui paraissait être le principal personnage. Il convint d'aller sur la plage; mais comme il tardait à s'y rendre, voulant d'abord prendre les ordres de l'amiral, les jeunes gens s'éloignèrent sur leur canot et ne reparurent plus.

Colomb aperçut une autre terre au sud : il l'appela *terre de Gracia* (³). Il remarqua qu'entre la Trinité et la Gracia il y avait un grand canal, et que si l'on voulait y entrer pour aller au nord, on tombait dans des courants nombreux, qui traversent le canal avec un bruit effrayant, comme celui de vagues furieuses se brisant contre des rochers (⁴). Pris entre les bas-fonds et les courants, Colomb était dans une situation alarmante. Un phénomène étrange vint ajouter à l'effroi des équipages.

« A une heure avancée de la nuit, étant sur le pont, j'entendis une sorte de rugissement terrible : je cherchai à pénétrer l'obscurité, et tout à coup je vis la mer, sous la forme d'une colline aussi haute que le navire, s'avancer lentement du sud vers mes navires. Au-dessus de cette élévation, un courant arrivait avec un fracas épouvantable. Je ne doutai point que nous ne fussions au moment d'être engloutis, et aujourd'hui encore j'éprouve à ce souvenir un saisissement douloureux. Par bonheur, le courant et le flot passèrent, se dirigèrent vers l'embouchure du canal, y luttèrent longtemps, puis s'affaissèrent (⁵). »

Le lendemain matin, Colomb envoya sonder cette embouchure, qu'à cause de son aspect effroyable il appela *la Bouche du Serpent*; et comme on trouva qu'il s'y trouvait plusieurs brasses d'eau et des courants en sens contraires, il ordonna d'avancer, et, grâce à un bon vent, on traversa ce détroit sans péril. Arrivé à l'intérieur de ce détroit, dont il ne s'expliquait pas bien la situation et le caractère (⁶), on remarqua avec étonnement que l'eau était douce.

(¹) C'est la pointe des Icacos.

(²) Sans doute des daims, qui en effet se trouvaient en grand nombre dans l'île.

(³) Il suppose que c'était une île; mais c'était la côte basse de la terre ferme (aujourd'hui dans la république de Venezuela), qui est entrecoupée par les branches de l'Orénoque.

— « C'est la côte orientale de la province de Cumana, à l'est du *Cano-Macareo*, près de *Punta-Rotonda*, partie basse appelée *isla Santa*, et non la partie montagneuse de la côte de Paria, formant la côte nord-ouest du *golfo de las Perlas*, ou de la *Ballena*, contrée que Colomb désignait par le nom d'*isla de Gracia*, qui fut découverte la première... » (Humboldt.)

(⁴) Ces courants se dirigent à l'ouest avec une extrême rapidité.

(⁵) « On suppose que cette irruption soudaine était causée par le gonflement de l'un des fleuves qui se déchargent dans le golfe de Paria, et que Colomb ne connaissait pas encore. » (Washington Irving.) — Pierre Martyr avait entendu l'amiral dire qu'il avait gravi le dos de la mer, et que c'était une sorte de montagne s'élevant vers le ciel.

(⁶) Colomb était alors le long de la côte intérieure de la Trinité, et il avait à sa gauche le golfe de Paria, qu'il croyait être la pleine mer.

On navigua au nord vers une montagne très-élevée, qui parut à Colomb à 26 lieues de la pointe de l'Arsenal (1). Là étaient deux caps très-élevés, l'un à l'est sur l'île de la Trinité (2), l'autre à l'ouest sur la terre que Colomb croyait être une île qu'il nommait la Gracia (3). En cet endroit, on rencontre encore un canal étroit (4), des courants, des bruits effrayants et de l'eau douce. Plus on avançait le long de la

Groupe d'Indiens des bords de l'Orénoque. — D'après Steedmann.

côte vers le couchant, plus la mer était douce et bonne à boire. Sur un point où l'on aborda pour quelques instants, on vit des traces indiquant la présence récente d'habitants; la montagne était toute couverte de singes. On se remit en route, et l'on côtoya une chaîne de montagnes jusqu'à son extrémité, vers l'embouchure d'une rivière (5).

---

(1) A 13 ou 14 lieues seulement.
(2) Pointe de *Pena-Blanca*.
(3) Sur le long promontoire de Paria, qui s'avance de la terre ferme et forme la côte septentrionale du golfe.
(4) L'une des bouches du Dragon.
(5) A l'ouest de la pointe Cumana.

« Beaucoup d'habitants vinrent à nous. Ils nous dirent que cette terre s'appelait Paria, et qu'à l'ouest elle était plus peuplée. Je pris quatre de ces Indiens ; puis je me dirigeai vers l'occident, et, après 8 lieues de navigation, au delà d'une pointe que je nommai pointe de l'Aiguille (¹), je découvris des terres admirables et très-peuplées. Il était neuf heures du matin. J'ordonnai de jeter les ancres afin de mieux jouir de ce beau spectacle. Plusieurs habitants vinrent en canot m'inviter à descendre à terre, au nom de leur chef ; je ne leur répondis pas. Beaucoup d'autres revinrent encore du rivage : les uns avaient des plaques d'or au cou, les autres des perles à leurs bras : ils me dirent que cet or et ces perles se trouvaient dans le pays même, et dans une autre contrée plus éloignée vers le nord. »

Colomb aurait bien voulu s'arrêter pour s'assurer si en effet on pouvait se procurer là ces choses précieuses en grande quantité ; mais la prudence lui ordonnait de chercher un endroit sûr et commode pour refaire la santé de ses équipages et renouveler ses provisions de bouche, qui s'étaient avariées : il avait besoin lui-même de repos. « Les veilles avaient altéré ma santé. Mon précédent voyage,

Portrait d'un vieillard du bassin de l'Orénoque. — D'après le *Règne animal* de Cuvier.

celui pendant lequel j'avais découvert la terre ferme (²), m'avait causé de bien grandes fatigues : pendant trente-trois jours, je n'avais point dormi, et j'avais été longtemps privé de la vue ; néanmoins je n'avais pas alors autant souffert des yeux et éprouvé d'aussi grands maux qu'en ce moment. »

Avant de partir, Colomb envoya des embarcations à terre. Ses gens furent parfaitement accueillis. Un vieillard et son fils, suivis de tous les habitants, s'avancèrent à leur rencontre, et les conduisirent dans une grande maison qui ne ressemblait pas à celles de l'île Espagnole et des autres îles. Elle n'avait pas la forme d'une tente, et elle était décorée d'une façade. Alentour, il y avait beaucoup de chaises. Le vieillard fit présenter aux Espagnols du pain, plusieurs sortes de fruits, une liqueur rouge et une liqueur blanche, faites avec des fruits différents. Pendant la collation, les hommes restèrent réunis à une des extrémités de la salle, les femmes à autre extrémité.

Portrait d'un jeune homme du bassin de l'Orénoque. — D'après le *Règne animal* de Cuvier.

Ces habitants étaient, comme les jeunes gens qu'on avait vus le 2 août, d'une taille élevée, d'une physionomie agréable ; ils portaient de même une sorte de turban fait d'une étoffe qui paraissait de soie et habilement ouvrée ; ils avaient tous, hommes et

---

(¹) C'est la pointe d'Alcatraz.
(²) Erreur. Colomb, n'ayant pu faire le tour entier de Cuba, ne croyait pas que ce fût une île. La vérité sur ce point ne fut complètement démontrée et reconnue qu'après sa mort.

femmes, un autre mouchoir dont ils se ceignaient comme de jupe. Leurs cheveux étaient longs et plats. Presque tous portaient des ornements, surtout des plaques d'or suspendues au cou. « Ils sont, dit Colomb, plus blancs, plus rusés, plus intelligents, que ceux que j'avais vus dans les Indes, et ils sont plus courageux. » Au milieu de leurs canots, plus légers, mieux construits que ceux des autres peuplades, était une cabine où s'asseyaient les chefs et leurs femmes.

Colomb appela ce lieu *les Jardins*. Avant de partir, il demanda de nouveau d'où venait l'or qu'il voyait, et on lui indiqua une terre peu éloignée au couchant, mais où il ne fallait pas aller, parce que l'on y mangeait la chair humaine. Pour les perles, on lui indiqua le couchant et le nord, derrière la côte.

Pendant deux jours, on côtoya la terre au couchant. Comme on n'avait plus que trois brasses de fond, Colomb fut persuadé que cette terre était encore une île, et qu'il trouverait une issue vers le nord. Il envoya en avant une caravelle, afin de s'assurer s'il y avait un moyen de sortir ou si l'on était dans une impasse. Mais la caravelle, après avoir longtemps navigué, se trouva dans un grand golfe qui paraissait en contenir quatre petits dans l'un desquels était l'embouchure d'un grand fleuve ([1]).

L'eau était très-douce et très-claire. Colomb, se voyant, à son grand regret, entouré de terres de toutes parts, voulut revenir en arrière vers les Jardins ; mais le choc des eaux douces avec la mer rendit l'exécution de ce projet difficile. A la fin, cependant, il sortit par l'embouchure du nord ([2]).

Après être sorti de ce détroit, qu'il appela Bouche du Dragon, il fut emporté par un courant si rapide, quoique sous un vent très-doux, qu'entre l'heure de la messe et l'heure de complies, il fit 65 lieues ; d'où il conclut qu'en allant de ce point vers le midi on s'élève, tandis qu'en allant vers le nord, comme il avait fait, on descend ([3]).

Colomb, revenant, dit-il, à parler de la terre de Gracia, de la rivière et du lac, si grand que c'est une mer plutôt qu'un lac, exprime la conviction que si cette rivière, ou plutôt ce fleuve, ne sort pas du paradis terrestre, il vient d'une terre immense qui était jusqu'alors inconnue ; mais il ajoute qu'en y songeant bien, il est de plus en plus persuadé que, vers cette terre de Gracia, se trouve le paradis terrestre ([4]).

La lettre de Colomb au roi et à la reine, dont nous venons de donner un extrait, ne contient pas d'autres détails sur le troisième voyage ; mais on ne sait que trop de quelle manière fatale se termina pour lui cette expédition célèbre où le continent américain fut réellement découvert pour la première fois. Après sa sortie de la Bouche du Dragon, il découvrit, au nord-ouest, l'île de l'Assomption, que l'on croit être l'île de Tabago, et celle de la Conception, que l'on appelle aujourd'hui île de Grenade. Il redescendit vers la côte septentrionale de Paria, et, continuant à la suivre, il vit plusieurs îles et plusieurs ports. Le 15 août, il découvrit l'île Margarita qu'il trouva très-peuplée ; puis, entre la côte méridionale et la terre ferme, l'île de Cubagua, aride, mais pourvue d'un beau port : au moment où il approchait de cette dernière île, il vit un grand nombre d'indigènes qui pêchaient des perles et qui prirent la fuite en voyant les navires. Colomb envoya une chaloupe à terre ; on rencontra un Indien qui portait un collier de perles à plusieurs rangs et qui échangea volontiers un grand nombre de ces perles contre les débris d'un vase de valeur. L'amiral, informé de cette découverte, envoya d'autres Espagnols avec d'autres vases de valeur et des grelots, au moyen desquels on obtint trois livres de perles, parmi lesquelles il y en avait de très-grosses. C'était là un grand sujet de tentation pour continuer à explorer la côte, qu'il persévérait à considérer comme faisant partie du véritable continent asiatique ; mais ses yeux

---

([1]) Sans doute le fleuve de Paria, le Guarapich, le Cuparipari. Colomb appela cet endroit le golfe des Perles, quoiqu'il ne s'y en trouve aucune.

([2]) On était au 13 ou 14 août.

([3]) Colomb, pendant ce voyage, changea d'opinion sur la forme de la terre. Il cessa de croire qu'elle était sphérique, et il imagina qu'elle était faite en forme de poire.

([4]) Colomb fait une longue dissertation pour appuyer cette hypothèse. (Voy. une dissertation de Letronne sur les différentes opinions du moyen âge, relativement à l'emplacement du paradis terrestre, dans le troisième volume de l'*Histoire de la géographie du nouveau continent*, p. 118.) — Les idées de Colomb sur le paradis terrestre paraissent avoir eu peu de succès en Espagne et en Italie, où le scepticisme en matières religieuses commençait à germer. Pierre Martyr d'Anghiera, dans ses *Oceanica*, dédiées au pape Léon X, les nomme *des fables auxquelles il ne faut pas s'arrêter*.

étaient si malades qu'il ne pouvait même plus diriger la marche de ses navires : il fallut donc aller directement à l'île Espagnole. Bientôt il arriva à la petite île Beata, située à environ 30 lieues à l'ouest de la rivière Orena, où il espérait trouver le port que son frère, qu'il avait laissé avec le titre d'*adelantado*, avait dû y établir. Il envoya donc un Indien porter une lettre à don Barthélemy, qui vint au-devant de lui. Les nouvelles sur la situation de la colonie étaient déplorables. Excès des Espagnols révoltés entre eux, guerre avec les habitants, défiance, haine, maladie, famine, découragement, tel était le résumé du rapport de Barthélemy. En arrivant à la capitale de la colonie, à Isabelle, qui est devenue depuis la ville de Saint-Domingue, l'amiral fit une proclamation pour approuver la conduite de son frère et pour blâmer énergiquement les Espagnols qui s'étaient révoltés contre son gouvernement. Les rebelles ne tinrent pas grand compte de ce manifeste. Le 12 septembre, il annonça que cinq vaisseaux allaient partir pour l'Espagne et que quiconque voudrait quitter la colonie serait libre de profiter de cette occasion pour retourner en Espagne. Ces navires mirent à la voile le 18 octobre, sans emmener les révoltés.

Ils portèrent au roi et à la reine une lettre où Colomb exposait ses griefs contre les chefs des désordres qui affligeaient l'île Espagnole. En même temps, il leur envoya le récit de son troisième voyage, avec une carte, de l'or et des perles du golfe de Paria. Il avait confiance dans la noblesse et la loyauté de ses souverains; mais il souffrait de corps et d'esprit, et il ne doutait point que ses ennemis ne missent à profit en Espagne la nécessité où il était de rester dans l'île Espagnole, en face de la sédition, pour se livrer contre lui à des manœuvres perfides. Suivant ses propres expressions, il était « absent, envié, étranger. » On parvint, en effet, à élever de graves soupçons dans l'esprit de Ferdinand, en lui représentant que Colomb, au lieu d'enrichir le trésor royal par ses expéditions, tendait à l'épuiser, et en accusant l'amiral de traiter avec orgueil et dureté les nobles qui l'avaient suivi; d'un autre côté, on excitait aussi contre l'amiral la sensibilité et la dignité de la reine, en faisant ressortir, malheureusement avec trop d'apparence, sa persistance à conseiller de réduire en esclavage les Indiens. Plusieurs fois Colomb avait écrit pour demander qu'on envoyât à l'île Espagnole un magistrat afin d'y rendre la justice, et un arbitre dans le but de juger les différends qui s'étaient élevés entre lui et les révoltés. Au lieu d'un arbitre, on fit partir pour Saint-Domingue don Francisco de Bobadilla, officier de la maison du roi et commandeur de l'ordre religieux et militaire de Calatrava, muni de lettres patentes qui le nommaient gouverneur et lui donnaient en fait une autorité absolue qu'il pouvait exercer contre Colomb lui-même. Les caravelles de Bobadilla entrèrent, le 23 août, dans le port de Saint-Domingue. Colomb était alors au fort de la Conception. Barthélemy était à la poursuite des rebelles; don Diego Colomb commandait provisoirement dans la capitale. Bobadilla procéda sur-le-champ en maître, exigea de Diego le serment d'obéissance aux lettres royales, s'empara de force de la forteresse qui renfermait une partie des rebelles, puis s'établit dans la maison même de l'amiral.

« Le commandeur, dit Colomb, en arrivant à Saint-Domingue, se logea dans ma maison, et, telle quelle, il se l'appropria avec tout ce qui était dedans. A la bonne heure! peut-être en avait-il besoin! Un corsaire n'en use jamais de la sorte avec les marchands([1])! »

Bientôt Bobadilla envoya à Colomb un alcade pour lui signifier copie des lettres patentes qui lui avaient conféré l'autorité de gouverneur : Colomb se borna à répondre par une lettre très-modérée, où il lui donnait des conseils et lui annonçait son intention de retourner en Espagne. Mais le gouverneur lui fit communiquer la lettre de créance qui lui ordonnait d'obéir à ses ordres, et en même temps le somma de comparaître devant lui. Colomb, assuré que telle était la volonté de ses souverains, partit immédiatement et se rendit seul, sans serviteurs, à Saint-Domingue. Cependant Bobadilla, s'étant imaginé que l'amiral lui résisterait, avait fait mettre aux fers son frère Diego et se préparait à une défense vigoureuse. Il fut étonné, mais non ramené à des sentiments plus modérés, en apprenant l'arrivée si simple et si noble de Colomb. Sans interroger l'amiral, sans l'accuser, sans le mettre en mesure de se défendre, il ordonna qu'il fût enchaîné et jeté dans la forteresse. Barthélemy ne tarda pas à subir le même sort. Bobadilla confia à un officier, nommé Alonzo de Villejo, le soin de conduire les trois frères en Espagne. Colomb fut mené de sa prison sur une caravelle, chargé de fers, au milieu des huées de la populace. Lorsqu'il fut embarqué, Villejo et le maître de la caravelle, Andréas Marsès, voulurent lui ôter ses fers : Colomb s'y

---

([1]) Lettre écrite, vers la fin de 1500, à la nourrice du prince don Juan.

opposa et les garda pendant toute la traversée; il fit plus, il les suspendit depuis dans son cabinet de travail, et il ordonna qu'ils fussent enfermés dans son cercueil.

Dès qu'on apprit à Cadix, à Séville, dans toute l'Espagne, que Colomb arrivait enchaîné comme un vil criminel, le sentiment public se souleva d'indignation. Entre son triomphe de Barcelone et cette humiliation cruelle, le contraste était trop saisissant. D'ailleurs les reproches faits à Colomb étaient trop vagues pour justifier un traitement si barbare. Le roi et la reine, informés de tout ce qui s'était passé, et entraînés par l'opinion générale, blâmèrent la conduite de Bobadilla, donnèrent immédiatement l'ordre de mettre en liberté les trois frères, en recommandant qu'ils fussent traités avec honneur. Ils adressèrent même à Colomb une lettre affectueuse pour l'inviter à venir à la cour, et lui firent donner une somme suffisante pour y soutenir son rang.

Le 17 décembre, Colomb parut à la cour, en grand costume et avec une suite nombreuse. La reine ne put contenir son émotion et ses regrets en le voyant; lui-même, éclatant en sanglots, se jeta à genoux devant elle; mais elle se hâta de le relever. Il ne fut pas réduit à se défendre. L'excès dont il avait été victime le relevait assez à tous les yeux; il était désormais l'offensé, et c'était à lui à demander une réparation.

Cependant le roi, si l'on s'en rapporte à sa conduite, n'avait pas vu sans déplaisir la chute momentanée de celui qui avait ajouté tant de gloire à son règne. La réparation qu'il devait à Colomb eût été de le replacer sur-le-champ dans la position d'où on l'avait injustement précipité. Il n'en fut rien. On remplaça, il est vrai, Bobadilla [1] par un autre gentilhomme, Nicolas de Ovando, mais on laissa Colomb réclamer en vain, pendant neuf mois, à Grenade, la restitution de ses titres et de ses dignités. En ce temps, des navigateurs espagnols, Ojeda, Pedro-Alonzo Nino, Vincent-Yanez Pinzon, Diego Lepe, Rodrigo Baptiste, de Séville, s'élançaient vers le nouveau continent, à des explorations brillantes, tandis que celui qui leur avait ouvert la route restait dans une inaction forcée. Au milieu de ce douloureux repos, Colomb demanda d'abord, à la suite d'une vive exaltation, à faire une croisade à Jérusalem, ce qu'il avait toujours considéré comme le complément nécessaire de la découverte des terres de l'ouest. Puis, ému de la gloire de Vasco de Gama, qui venait de trouver la route des Indes en doublant le cap de Bonne-Espérance, il conçut et proposa un nouveau voyage vers l'est, dans le but de découvrir un passage qui conduirait à la mer des Indes, aux côtes visitées par Gama, beaucoup plus rapidement que par le trajet de l'est. Il se fondait sur ce que la côte de la terre ferme, qu'il avait entrevue à Paria, se prolongeait beaucoup à l'occident, et qu'il devait exister quelque détroit à peu de distance de Nombre-de-Dios [2], à peu près vers le point que nous appelons l'isthme de Darien. La reine écouta favorablement ce projet; le roi l'approuva, soit qu'il eût la pensée qu'un si grand résultat valait bien la peine d'une tentative, soit qu'il trouvât quelque avantage à occuper Colomb et à l'éloigner de la pensée de retourner à Saint-Domingue. A cette occasion, des lettres royales datées de Valence de Torres (14 mars 1502) confirmèrent à Colomb toutes les conventions précédentes entre les souverains et lui et toutes ses dignités.

QUATRIÈME VOYAGE DE CHRISTOPHE COLOMB.

(9 mai 1502. — 7 novembre 1503.)

Le 9 mai 1502, Colomb, âgé de soixante-six ans, presque infirme, partit du port de Cadix avec quatre caravelles [3] et 150 hommes. La relation de ce dernier voyage a été faite par l'amiral lui-même,

---

[1] Bobadilla périt, avec les ennemis les plus violents de Colomb, dans un naufrage, au mois de juillet 1502, en vue des côtes de Saint-Domingue, qu'ils venaient de quitter, au moment même où Colomb cherchait dans cette île un refuge qu'on lui refusait. (Voy. plus loin.)
[2] Las Casas, lib. II, cap. IV.
[3] La plus grande était de 70 tonneaux, la plus petite de 50.

dans sa lettre au roi et à la reine, datée de la Jamaïque, le 7 juillet 1503, et connue sous le nom de *Lettera rarissima* (¹).

« Le style de cette lettre, dit Humboldt, est empreint d'une profonde mélancolie. Le désordre qui la caractérise trahit l'agitation d'une âme fière, blessée par une longue série d'iniquités et déçue dans ses plus vives espérances. »

A cause de ce désordre qui fait que le lecteur est brusquement transporté, par endroits, en avant et en arrière du voyage, sans transition ou explication, il paraît nécessaire de rappeler ici sommairement l'itinéraire de ce quatrième voyage :

Colomb relâche, le 20 mai 1502, à la Grande-Canarie.

Le 15 juin, il arrive à une des îles Caraïbes (Sainte-Lucie, ou plus probablement la Martinique).

Après avoir touché à la Dominique, à Santa-Cruz et à Porto-Rico, il veut entrer, le 29 juin, dans le port de Saint-Domingue; mais le gouverneur Ovando lui en refuse la permission.

Après quelques stations sur les côtes de l'île, il est entraîné dans le petit archipel des *Jardins*, sur la côte méridionale de Cuba.

Ile de Cuba. — *Caida del Husillo* (chute de la Vis de pressoir).

Le 30 juillet, il découvre l'île des Pins (Guanaga, Bonacia).

Le 14 août, on aborde sur la côte de la terre ferme, au cap Honduras (autrefois État de Guatimala).

Le 14 septembre, continuant de longer les côtes, on double le cap de *Gracias-à-Dios*.

(¹) Cette lettre avait été imprimée en Espagne, puis traduite en italien par Costanzo Baynera de Brescia, et imprimée à Venise en 1505. Elle a été publiée par Morelli, bibliothécaire de cette dernière ville, par Bossi et par Navarrete. La traduction que nous donnons est empruntée à M. Urano, traducteur de l'ouvrage de Bossi; mais nous l'avons amendée en consultant celle de MM. de Verneuil et de la Roquette (3ᵉ volume, p. 107).

Arbres des Antilles. — Bananier, Calebassier franc, Papayer commun, Cocotier des Indes, etc. — D'après la *Flore des Antilles*, par Tussac.

On navigue le long de la côte des Mosquites; on voit les douze petites îles Limonares. Le 16 septembre, on jette l'ancre près de la « rivière du Désastre. »

Fruits et Fleurs des Antilles. — Cacao *theobroma*, Cafier d'Arabie, etc. — D'après la *Flore des Antilles*, par Tussac.

Le 25 septembre, Colomb s'arrête entre la petite île la Huerta (le Jardin, *Quiribiri*) et le continent, en face du village Cariari.

Parti le 5 octobre de Cariari, il longe la côte Riche et relâche dans la baie ou le golfe Caribaro (Almirante, baie de Carnabaco).

Le 17 octobre, on commence à suivre la côte de Veragua; on jette l'ancre à l'embouchure de la rivière la Cateba; on passe devant cinq villes, dont l'une s'appelait Veraguas; le lendemain, on arrive devant le village Cubiga.

Le 2 novembre, on jette l'ancre dans Porto-Bello.

Le 9 novembre, on se dirige vers la pointe de *Nombre-de-Dios*, et l'on s'arrête au « port des Provisions » *(puerto de Bastimentos)*.

Parti le 23, Colomb touche au port Guiga, s'arrête dans le havre de la Retraite *(el Retrete)*, où les excès des Espagnols mettent les armes aux mains des Indiens.

Le 5 décembre, Colomb, contraint par la mauvaise volonté de son équipage, retourne en arrière, à l'ouest; il touche à Porto-Bello, essaye vainement d'atteindre Veraguas, est poussé par la tempête dans plusieurs ports, trouve un refuge, le jour de l'Épiphanie, à l'embouchure de la rivière Yebra, qu'il appelle *Belen* ou *Bethléem*, près de la rivière Veragua. Barthélemy, le frère de Colomb, l'*adelantado*, va visiter les mines d'or à l'intérieur; on essaye de fonder une colonie; la guerre avec les Indiens et la tempête font échouer ce projet.

Vers la fin d'avril, l'affaiblissement de l'escadre oblige à retourner en Europe; on touche à Porto-Bello, où l'on est forcé d'abandonner des caravelles; on passe devant le port d'el Retrete, devant un groupe d'îles que Colomb appela *las Barbas* (les Mulatas), un peu au delà de la pointe Blas; à 10 lieues plus loin, on entre dans le golfe de Darien.

Le 1er mai, Colomb se dirige vers l'île Espagnole.

Le 10 mai, on arrive au nord-ouest de l'Espagnole, en vue des deux îles *Tortugas* (aujourd'hui les Caïmans).

Le 30 mai, on est embossé au milieu des Jardins de la Reine (près Cuba), et l'on s'arrête près de l'une des Cayes.

Après une tempête, Colomb arrive au cap Cruz, le long de la côte méridionale de Cuba.

Le 23 juin, il jette l'ancre dans *Puerto-Bueno* (le Havre-Sec), puis dans le port *San-Gloria* (baie de don Christophe, dans la Jamaïque), où il est forcé d'échouer ses navires.

Il envoie Mender et Fiesco dans une chaloupe pour demander secours au gouverneur de l'Espagnole. Pendant leur absence, deux officiers, nommés Porras, soulèvent les matelots contre lui; dangers de toute nature; intimidation exercée par Colomb sur les Indiens au moyen de la prédiction de l'éclipse.

Après huit mois depuis le départ de Mender et de Fiesco, Ovando envoie à Colomb, par Diego de Escobar, monté sur un petit navire, un tonneau de vin et un quartier de porc, en lui promettant l'envoi prochain d'un plus grand navire; découragements, révoltes nouvelles de l'équipage.

Le 28 juin, Colomb et ceux qui l'avaient accompagné montent sur les navires qu'Ovando a enfin envoyés.

Le 3 août, il aborde sur la côte de l'Espagnole, à la petite île de *Beata*.

Le 18 août, il jette l'ancre dans le port de Saint-Domingue.

Le 12 septembre, il part de Saint-Domingue, et, à travers une suite de tempêtes formidables, il jette l'ancre dans le port de San-Lucar, le 7 novembre. De là il se rend à Séville.

LETTERA RARISSIMA.

Copie de la lettre de Christophe Colomb, vice-roi d'Espagne et gouverneur des îles des Indes, adressée à S. M. Catholique le puissant roi d'Espagne, et à son épouse, ses augustes maîtres, dans laquelle il les informe de toutes les circonstances de son voyage, et où il raconte combien il a rencontré de pays, de provinces, de fleuves, de villes dignes d'admiration, et de contrées où se trouvent en abondance les mines d'or et autres objets de grande valeur.

Très-augustes et très-puissants prince et princesse, nos maîtres,

De Cadix je passai aux îles des Canaries en quatre jours, et de là, après un voyage de seize jours, j'abordai aux îles appelées des Indes, d'où j'écrivis à Vos Altesses que mon intention était de poursuivre vivement mon voyage, puisque j'avais des navires tout neufs, bien munis de vivres et de matelots, et que j'étais dans le dessein de me diriger vers l'île nommée Jamaïque. Je vous ai écrit cela de la Dominique, île jusqu'à laquelle j'avais toujours eu un temps favorable. La même nuit que j'y abordai fut accompagnée d'une bourrasque et d'une tempête qui depuis me poursuivit toujours. Arrivé à l'île Espagnole, j'envoyai à Vos Altesses un paquet de lettres dans lesquelles je vous demandais le secours d'un vaisseau avec des fonds, le bâtiment qui m'avait transporté ici étant endommagé et ne pouvant plus supporter les voiles; les gens de l'île prirent les lettres, et ils savent eux, s'ils y ont fait réponse. Dans la réponse que je reçus de Vos Altesses, vous m'ordonnâtes de ne point demeurer dans les terres, disposition qui découragea l'esprit de tous ceux qui m'accompagnaient; ils craignaient que je ne voulusse les conduire trop avant dans les mers, me représentant que si nous rencontrions quelque péril ou quelque accident ils ne pourraient espérer aucun secours, et que d'ailleurs l'on ferait peu de cas des dangers qu'ils auraient essuyés; ils prétendaient même que, quant aux terres que je pourrais découvrir, Vos Altesses les feraient gouverner par d'autres que par moi. La tempête qui m'assaillit cette nuit fut violente; elle désempara mes navires, et chacun de nous, dispersé par les vagues, n'entrevoyait que la mort pour tout espoir. Quel est l'homme, et sans en excepter Job lui-même, qui fut plus malheureux que moi? Ces mêmes ports, que j'avais découverts au péril de ma vie, me refusèrent dans ces tristes circonstances un asile contre la mort qui nous menaçait, moi, mon jeune fils, mon frère et mes amis.

Mais je reviens à mes navires, dont la tempête m'avait séparé; Dieu me les rendit bientôt. J'avais mis en mer le vaisseau endommagé, dans le dessein de le ramener vers l'île Calliega : il perdit sa chaloupe et toutes ses provisions. Le vaisseau que je montais fut étrangement assailli; cependant la bonté divine voulut bien me le conserver sans qu'il éprouvât aucune perte. Mon frère était sur celui qui courut le plus de dangers, et ce fut lui qui, aidé de l'assistance céleste, le sauva du naufrage. Cette bourrasque me porta subitement vers l'île Jamaïque, et bientôt un grand calme et un rapide courant succédèrent à la tempête, et je parvins jusqu'au Jardin de la Reine sans rien apercevoir; je me dirigeai vers la terre ferme, et, dans ma course, je rencontrai des vents contraires et un courant terrible. Je luttai contre eux pendant soixante jours, durant lesquels je ne pus faire que 70 lieues.

Pendant tout ce temps, je ne pouvais entrer dans le port; la tempête, la pluie, le tonnerre et les éclairs, qui semblaient annoncer la fin du monde, ne cessèrent de m'assaillir; cependant, le 12 septembre, j'atteignis le cap de *Gracias-à-Dios*, et depuis ce moment le Seigneur m'envoya des vents et des courants favorables. Pendant quatre-vingts jours, les flots continuèrent leurs assauts, et mes yeux ne virent ni le soleil, ni les étoiles, ni aucune planète; mes vaisseaux étaient entr'ouverts, mes voiles rompues; les cordages, les chaloupes, les agrès, tout était perdu; mes matelots, malades et consternés, se livraient aux pieux devoirs de la religion; aucun ne manquait de promettre des pèlerinages, et tous s'étaient confessés mutuellement, craignant de moment en moment de voir finir leur existence. J'ai vu beaucoup d'autres tempêtes, mais jamais je n'en ai vu de si longues et de si violentes. Beaucoup des miens, qui passaient pour les matelots les plus intrépides, perdaient courage; mais ce qui navrait profondément mon âme, c'était la douleur de mon fils, dont la jeunesse (il n'avait pas treize ans) augmentait mon désespoir, et que je voyais en proie à plus de peines, plus de tourments, qu'aucun de nous [1]. C'était Dieu sans doute, et non pas un autre, qui lui prêtait une telle force; mon fils seul rallumait le courage, réveillait la patience des marins dans leurs durs travaux; enfin on eût cru voir en lui un navigateur qui aurait vieilli au milieu des tempêtes, chose étonnante, difficile à croire, et qui venait mêler quelque joie aux peines qui m'abreuvaient. J'étais malade, et plusieurs fois je vis l'approche de mon dernier moment; j'avais fait construire sur le pont du vaisseau une petite chambre, et c'était de là que je commandais la manœuvre. Mon frère, comme je l'ai déjà dit, se trouvait dans le navire le plus endommagé, et que menaçait le péril le plus pressant; c'était un grand sujet de douleur pour moi, douleur qui s'augmentait encore lorsque je réfléchissais que c'était contre sa volonté que je l'avais emmené; enfin, pour mettre le comble à mon malheur, vingt années de service, de fatigues et de périls ne m'ont apporté aucun profit, car je me trouve aujourd'hui sans posséder une tuile en Espagne, et l'auberge seule me présente un asile lorsque je veux prendre quelque repos ou les repas les plus simples; encore

[1] Ferdinand Colomb

m'arrive-t-il souvent de me trouver dans l'impuissance de payer mon écot. Ce n'est pas tout (souvenir qui vient remplir mon cœur de désespoir!) (¹), j'ai laissé en Espagne mon fils don Diègue privé de tout moyen d'existence, privé de son père, espérant qu'il trouverait dans Vos Altesses des princes justes et reconnaissants qui lui rendraient avec usure ce dont votre service le privait.

Je parvins à une terre appelée Cariaï, et j'y demeurai afin de réparer mes vaisseaux et de pourvoir à tout ce qui nous était nécessaire; mes gens, qu'une longue fatigue avait rendus incapables de tout service, et moi, nous prîmes en ce lieu un repos que nous attendions depuis longtemps. Là, j'entendis parler des mines d'or de la province de Ciamba, qui était l'objet de nos recherches; je pris avec moi deux habitants de cette contrée, qui me conduisirent à une autre terre appelée Carambaru, où les indigènes vont toujours nus, et portent à leur cou un miroir d'or qu'ils ne veulent vendre ni troquer pour quoi que ce soit; ils me nommèrent en leur langue plusieurs autres lieux situés sur la mer, où ils m'assuraient qu'il existait beaucoup de mines d'or; le dernier de ces lieux était appelé Veragua, éloigné d'où nous étions de vingt-cinq lieues : aussi je partis et je me mis avec ardeur à leur recherche, et, lorsque je fus arrivé à moitié chemin, j'appris que je trouverais une mine d'or à deux journées de là. Je résolus d'aller les voir; mais le soir du jour de Saint-Simon et Juda, qui était le moment fixé pour notre départ, il s'éleva une tempête si violente que nous fûmes contraints de nous laisser aller où le vent nous conduisait : cependant l'Indien m'accompagna toujours afin de me montrer les mines.

Mon arrivée dans ces lieux vint me convaincre de la vérité de tout ce que j'en avais entendu dire, et de la réalité de tous les rapports que l'on m'avait faits sur la province de Ciguare, qui selon eux, est située vers le couchant, à neuf journées de chemin par terre. On m'affirma qu'il s'y trouvait de l'or à l'infini; l'on me raconta que les habitants portaient des couronnes d'or sur la tête, de gros anneaux d'or aux pieds et aux bras, et qu'ils doublaient et ornaient leurs siéges, leurs armoires et leurs tables avec de l'or, s'en servant de la même manière que nous nous servons du fer. Les femmes, selon leur récit, portaient des colliers de même métal qui pendaient sur leurs épaules. Tous les habitants du pays dont je parle s'accordèrent à dire que telle était la vérité, et m'assurèrent qu'il y existait une telle richesse que je me contenterais de la dixième partie de celle dont ils m'ont fait la description. Nous avions apporté avec nous du poivre, et ils le reconnurent aussitôt. Dans la province de Ciguare on fait le même commerce, on voit les mêmes foires que chez nous; tous sont venus me l'assurer, et ils m'ont même indiqué les règles et les usages qu'ils suivent dans leurs marchés et dans leurs échanges; ils m'ont encore dit qu'ils naviguaient comme nous, que leurs vaisseaux portaient des bombardes, et qu'ils étaient armés d'arcs, de flèches, d'épées, de cuirasses; ils vont habillés comme nous; ils montent des chevaux, font la guerre et s'habillent avec de riches vêtements, et demeurent dans des maisons commodes; enfin, selon eux, la mer entoure la province de Ciguare, et, à l'espace de dix journées de chemin, on rencontre le fleuve du Gange (²) : il paraît que ces pays sont dans le même rapport que celui qui existe entre Tortose et Fontarabie, entre Pise et Venise. Étant parti de Carambaru, j'arrivai à ces lieux susdits, et je trouvai une nation qui avait les mêmes mœurs; cependant ils échangeaient les miroirs d'or qu'ils avaient pour trois grelots, quoiqu'ils pesassent chacun dix ou quinze ducats. Quant à leurs autres habitudes, ils ressemblent entièrement aux insulaires de Saint-Domingue; mais ils recueillent l'or d'une manière différente que celle de ces derniers, quoique les procédés des uns et des autres ne puissent être comparés avec ceux que nous employons. C'est là ce que j'ai entendu dire touchant ces nations; quant à ce que j'ai vu et à ce que je sais, je vais vous le raconter.

L'année 1494 je parcourus, en neuf heures, vingt-quatre degrés vers le couchant (³); ce dont il ne faut douter, parce qu'il arriva dans le même moment une éclipse; le soleil était entré dans la Balance, et la lune dans le Bélier. Tout ce que j'appris de la bouche de ces peuples, je l'avais déjà longuement étudié dans les livres. Ptolémée crut avoir corrigé Marin (de Tyr), et maintenant on trouve que le système de ce dernier est conforme à la vérité (⁴). Ptolémée place Catigara à 12 lignes loin de son occi-

---

(¹) Littéralement, « qui m'arrachait le cœur par les épaules. »

(²) Il ne faut pas oublier que Colomb croyait être en Asie.

(³) Chose impossible. MM. de Verneuil et de la Roquette traduisent : « Je naviguai à 24 degrés au couchant, en neuf heures. »

(⁴) Voy. p. 82.

dent, qui est selon moi deux degrés et un tiers au-dessus du cap Saint-Vincent en Portugal. Marin renferme la terre dans 15 lignes, et il décrit l'Indus en l'Éthiopie, à plus de 24 degrés de la ligne équinoxiale; les Portugais, qui maintenant naviguent de ce côté, ont reconnu la vérité de tout ceci. Ptolémée dit que la terre la plus australe est le premier terme, et qu'elle ne va pas au delà de 15 degrés et un tiers. Le monde est peu de chose; tout ce qui est sec, c'est-à-dire la terre, forme six parties; la septième seulement est couverte d'eau, vérité que l'expérience a confirmée, et qui s'appuie sur l'Écriture et sur la position du Paradis terrestre, telle que la sainte Église l'admet. Je dis que le monde n'est point aussi grand que le vulgaire le veut bien dire, et qu'un degré de la ligne équinoxiale est composé de 56 milles et deux tiers. Ceci est palpable; mais mon but n'est point d'entrer dans une pareille matière, et c'est de mon laborieux mais noble et utile voyage que je veux entretenir Vos Altesses.

J'ai dit que le vent m'avait entraîné sans pouvoir lui résister dans un port où j'échappai à dix jours de tempêtes; là je résolus de ne point retourner vers les mines; les regardant comme une conquête assurée, je poursuivis mon voyage au milieu de la pluie; enfin, par la volonté de Dieu, j'arrivai à un port que j'appelai Bastimientos, où j'entrai malgré moi. La tempête et le courant m'emprisonnèrent dans ce port pendant dix jours; cependant j'en partis, mais non pas avec un temps favorable. Après avoir parcouru l'espace de quinze lieues, je fus assailli de nouveau par des vents contraires et des courants furieux. Je retournai au port d'où j'étais parti, et je trouvai en chemin un autre port nommé *Retrete*, où je me retirai au milieu du trouble et du plus grand péril; mes navires et mes gens étant dans le plus fâcheux état, contraint par ce temps déplorable, je restai plusieurs jours dans ce port, et lorsque je me flattais de voir finir mes tourments, ils ne faisaient que commencer; je résolus de retourner aux mines et de faire quelque chose, jusqu'à ce qu'un temps favorable à mon voyage reparût; mais à peine m'étais-je éloigné du port de quatre lieues, que la tempête, plus furieuse que jamais, vint m'accabler par tant d'assauts que je ne savais plus où j'en étais. Tous les maux que j'avais déjà soufferts se renouvelèrent (¹), et je restai pendant neuf jours sans aucune espérance de salut. Jamais homme ne vit une mer plus violente et plus terrible : elle s'était couverte d'écume; le vent ne me permettait ni d'aller en avant, ni de me diriger vers quelque cap; il me retenait dans cette mer, dont les flots semblaient être de sang; son onde paraissait bouillir comme échauffée par le feu. Jamais je ne vis au ciel un aspect aussi épouvantable : ardent pendant un jour et une nuit comme une fournaise, il lançait sans relâche la foudre et les flammes, et je craignais qu'à chaque moment les voiles et les mâts ne fussent emportés. Le tonnerre grondait avec un bruit si horrible qu'il semblait devoir anéantir nos vaisseaux; pendant tout ce temps la pluie tombait avec une telle violence que l'on ne pouvait pas dire que c'était la pluie, mais bien un nouveau déluge. Mes matelots, accablés par tant de peines et de tourments, appelaient la mort comme un terme à tant de maux; mes navires étaient ouverts de tous côtés, et les barques, les ancres, les cordages, les voiles, tout était encore perdu.

Enfin, Dieu me permit d'aborder à un port appelé *Porto-Gordo* (²), où je me munis le mieux qu'il me fut possible de toutes choses nécessaires, et je retournai de nouveau à Veragua, quoique ce ne fût pas là que j'eusse intention d'aller. Lorsque j'étais en état de naviguer, les vents et les courants me furent encore contraires; je parvins comme j'y étais déjà parvenu d'abord. Les vents et les courants s'étant opposés à mon voyage une seconde fois, une seconde fois je retournai au port, car j'avais été tellement maltraité par cette bourrasque que je n'eus pas le courage d'attendre la fin de l'opposition de Saturne avec Mars (³), opposition pendant laquelle règnent la tempête et le mauvais temps; ce fut le jour de Noël que je me trouvai dans cette situation. Je retournai de nouveau, et avec beaucoup de peine, à l'endroit d'où j'étais sorti. Étant entré dans la nouvelle année, je tentai de poursuivre mon voyage; mais quand même le temps m'eût été favorable, mes gens étaient morts ou malades, et nos vaisseaux ne pouvaient être mis en mer. Le jour de l'Épiphanie, j'arrivai à Veragua sans forces; là, Dieu m'offrit dans un fleuve une espèce de port; quoique à son embouchure ce fleuve n'eût pas plus que dix palmes de fond, ce ne fut pas sans peine que j'y entrai. Le jour suivant, la tempête recommença, et si je me fusse trouvé au

---

(¹) « Ma plaie se rouvrit. »
(²) *Porto-Grosso*, suivant la version italienne.
(³) MM. de Verneuil et de la Roquette traduisent : « sur les mers, » au lieu de « avec Mars. »

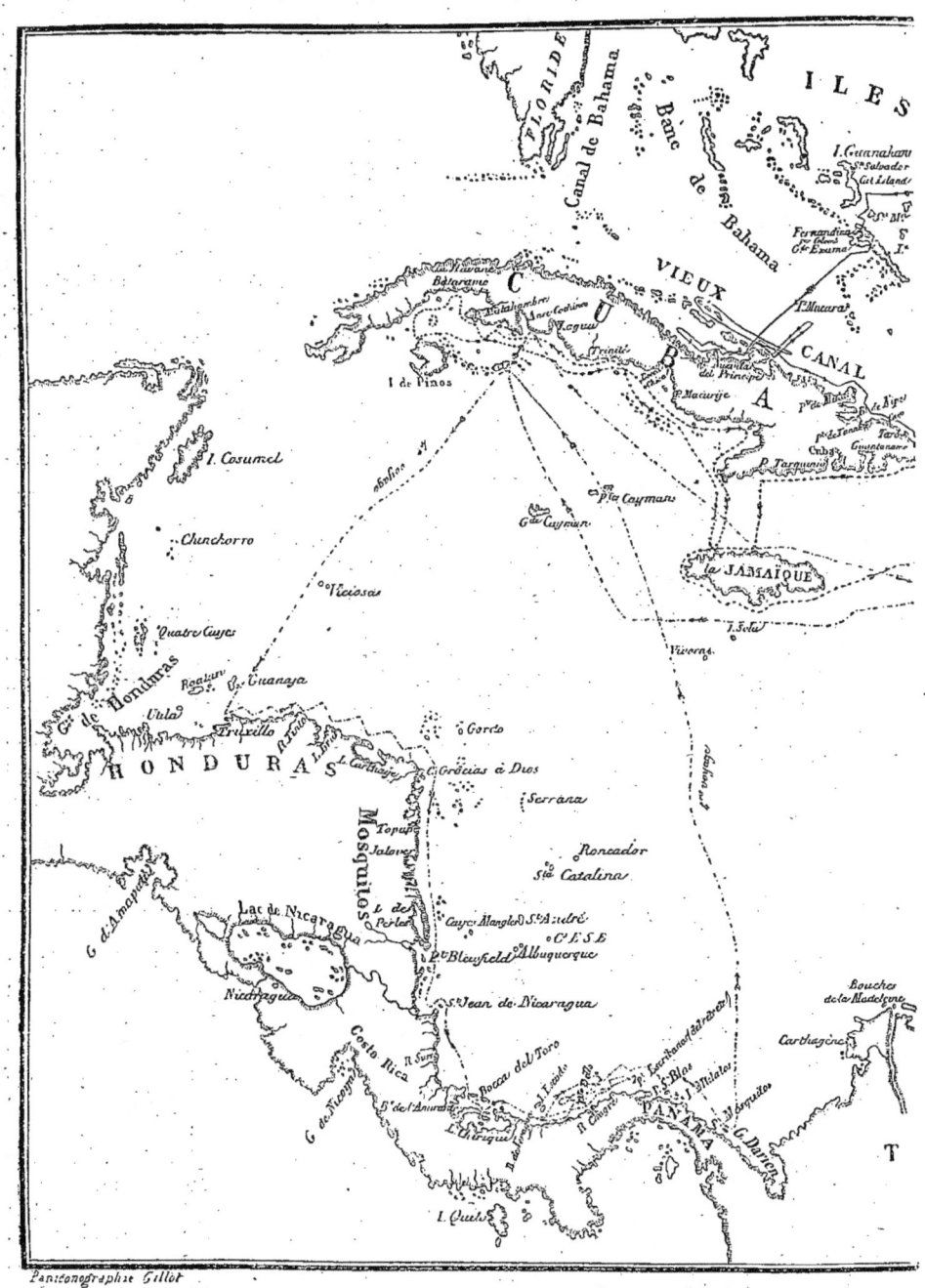

Carte itinéraire générale des quatre voyages

bord du fleuve, je n'aurais pu y entrer à cause du banc; il plut sans relâche jusqu'au 14 de février, et pendant tout ce temps je ne pus aborder ni apporter de remède à aucune chose; et lorsque je me croyais

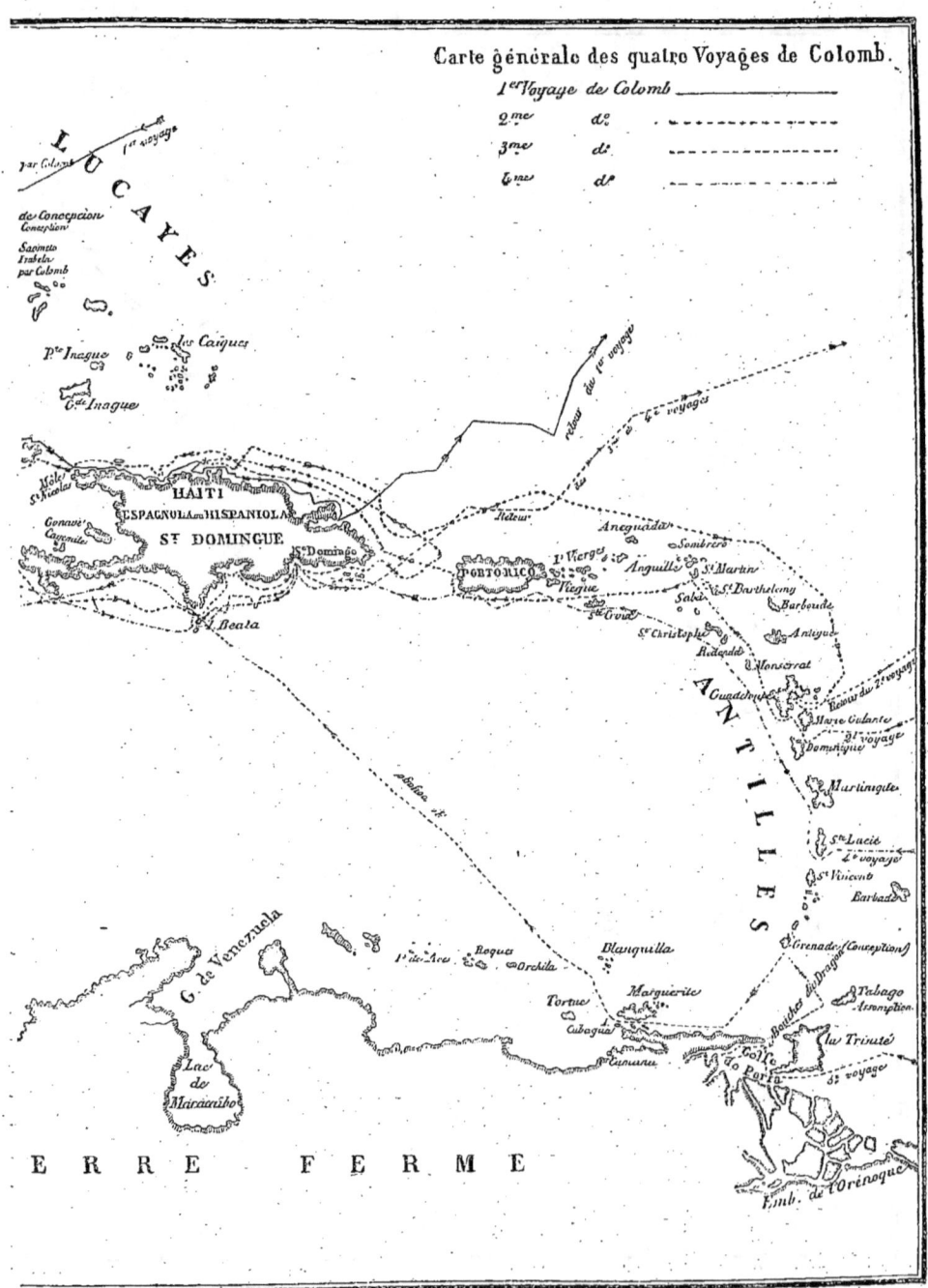

de Christophe Colomb.

en sûreté, le 24 janvier, soudain le fleuve se gonfla et s'irrita; il rompit mes câbles, et peu s'en fallut qu'il n'engloutît mes vaisseaux : je me vis alors dans un péril plus grand que jamais, mais le secours de Dieu ne m'abandonna pas. Je ne crois pas qu'un homme se soit jamais trouvé en butte à tant de dangers et à tant de tourments. Le 6 de février, malgré la pluie, j'envoyai soixante-dix hommes, qui s'avancèrent cinq lieues dans l'intérieur des terres. Ils trouvèrent beaucoup de mines d'or ; les Indiens les menèrent sur une montagne très-élevée, et, en leur désignant toutes les terres que l'œil pouvait apercevoir, ils leur dirent que de tous côtés l'or se trouvait en abondance, que les mines se prolongeaient à vingt journées de là vers l'occident, et ils leur nommèrent les lieux où l'on en pourrait rencontrer. Par la suite, j'ai su que le *quibian* (c'est ainsi qu'ils appellent leur chef) avait recommandé aux Indiens de ne m'indiquer que les mines qui étaient les plus éloignées et celles qui appartenaient à un autre chef son ennemi. Je sus encore que ce peuple recueillait autant d'or qu'il pouvait en désirer, au point qu'un homme seul pouvait en amasser une mesure en dix jours. J'emmenai avec moi les Indiens ses esclaves, qui furent témoins de tout ceci. Les barques arrivent jusqu'au lieu où sont situées les habitations de la peuplade. Mon frère revint avec ses gens, tous chargés de l'or qu'ils avaient recueilli dans l'espace de quatre heures, car ils n'y séjournèrent pas davantage. La quantité est considérable, si l'on fait attention qu'aucun d'eux n'avait jamais vu d'or, ayant toujours parcouru la mer et étant presque tous mousses et novices. J'avais les moyens et les matériaux nécessaires pour bâtir, et des vivres en abondance. J'établis ma demeure et celle de mes gens ; je construisis plusieurs maisons de bois, et je fis présent de plusieurs objets au quibian. Je prévoyais et je jugeais bien que notre concorde ne devait pas être de longue durée ; car ces gens étaient farouches, et nous devions leur être très-incommodes, car nous avions usurpé leur terrain. Dès qu'ils eurent vu nos maisons finies, et notre commerce devenu abondant et général, ils résolurent de brûler nos habitations et de nous mettre tous à mort ; mais le succès ne répondit pas à leur attente : je fis leur chef prisonnier, lui, sa femme, ses enfants et sa famille. Cependant mon malheur ne voulut pas qu'il restât longtemps en mon pouvoir. Le quibian s'échappa des mains d'un certain homme auquel il avait été remis sous bonne garde ; ses fils s'enfuirent d'un navire où ils étaient détenus sous la garde du maître d'équipage.

Dans le mois de janvier, l'embouchure du fleuve fut fermée. Au mois d'avril, les vaisseaux étaient mangés par les vers ; mais à cette époque le fleuve forma un canal, à la faveur duquel je retirai, non sans peine, trois de mes navires après les avoir déchargés. Les barques s'y engagèrent pour aller chercher du sel, de l'eau et autres provisions ; mais la mer étant devenue grosse et furieuse, elle ne permit pas qu'elles en sortissent. Les Indiens, s'étant rassemblés en grand nombre, les combattirent ; mais ils trouvèrent tous la mort dans ce combat. Mon frère et le reste de mes gens étaient sur un vaisseau qui était demeuré dans le fleuve ; moi seul, en butte à de si nombreuses tempêtes, tourmenté par la fièvre et accablé par tant de fatigue, j'étais resté dehors, tout espoir de salut s'étant éteint dans mon âme. Cependant je m'armai de tout mon courage, je montai à l'endroit le plus élevé, appelant en vain d'une voix lamentable les quatre vents à mon secours ; je voyais autour de moi pleurer à chaudes larmes les capitaines de guerre de Votre Majesté. Épuisé, je tombai et m'endormis. Dans mon sommeil, j'entendis une voix compatissante qui m'adressa ces mots : « O insensé ! pourquoi tant de lenteur à croire et à servir ton Dieu, le Dieu de l'univers ? Que fit-il de plus pour Moïse et pour David son serviteur ? Depuis ta naissance, n'a-t-il pas eu pour toi la plus tendre sollicitude ; et lorsqu'il te vit dans un âge où t'attendaient ses desseins, n'a-t-il pas fait glorieusement retentir ton nom sur la terre ? Les Indes, cette partie si riche du monde, ne te les a-t-il pas données ? Ne t'a-t-il pas rendu libre d'en faire l'hommage selon ta volonté ? Quel autre que lui te prêta les moyens d'exécuter tes projets ? Des liens défendaient l'entrée de l'Océan ; ils étaient formés de chaînes qu'on ne pouvait briser. Il t'en donna les clefs. Ton pouvoir fut reconnu dans des terres éloignées, et ta gloire fut proclamée par tous les chrétiens. Dieu se montra-t-il plus favorable au peuple d'Israël, lorsqu'il le retira de l'Égypte ? Protégea-t-il plus efficacement David, lorsque de pasteur il le fit roi de Judée ? Tourne-toi vers lui, et reconnais ton erreur, car sa miséricorde est infinie. Ta vieillesse ne sera pas un obstacle pour les grandes choses qui t'attendent : il tient dans ses mains les plus brillants héritages. Abraham n'avait-il pas cent ans, et Sara n'avait-elle pas déjà passé sa première jeunesse, lorsque Isaac naquit ? Tu appelles un secours incertain : réponds-moi ; qui t'a exposé si souvent à tant de dangers ? est-ce Dieu ou le monde ? Les avantages, les promesses que Dieu accorde, il ne les enfreint jamais envers ses serviteurs. Ce n'est point lui qui, après avoir reçu un service, prétend que l'on n'a point suivi ses intentions, et qui donne à ses ordres une nouvelle interprétation ; ce n'est point lui qui s'épuise pour donner une couleur avantageuse à des actes arbitraires. Ses discours ne sont pas détournés ; tout ce qu'il promet, il l'accorde avec usure ; il fait toujours ainsi. Je t'ai dit tout ce que le Créateur a fait pour toi ; en ce moment montre le prix et la récompense des périls et des peines auxquels tu fus en butte pour le service des autres. » Et moi, quoique accablé de souffrances, j'entendis tout ce discours ; mais je ne pus trouver assez de force pour répondre à des promesses si certaines. Je me contentai de pleurer sur mes erreurs. Cette voix acheva en ces termes : « Espère, prends confiance ; tes travaux seront gravés sur le marbre, et ce sera avec justice (¹). »

Dès que ma santé fut rétablie, je me levai ; après neuf jours, nous eûmes un peu de calme, mais pas assez pour faire sortir les navires du fleuve. Je rassemblai les gens que j'avais à terre, et tout ce que je pus, parce qu'il ne m'en restait pas assez pour en laisser une partie à terre et conserver l'autre aux manœuvres des vaisseaux. Si Vos Altesses en avaient pu être instruites, et me l'eussent permis, je serais resté avec tous les miens pour défendre les habitations que j'avais fondées ; mais je craignais qu'il n'arrivât jamais en ce lieu aucun autre navire, et cette crainte m'engagea à partir ; la raison en est encore que, de même qu'on aurait eu à y apporter des secours, on pouvait en même temps rétablir toutes choses. Je mis à la voile, au nom de la Sainte-Trinité, la nuit de Pâques, avec des vaisseaux pourris et tout percés de trous. J'en laissai un, le plus endommagé, à Beleem (²), chargé de beaucoup de choses ; j'en laissai un autre à Belpuerto. Il ne m'en resta plus que deux, sans chaloupes et sans provisions, pour traverser 7 000 milles de mer, et m'exposer ainsi à mourir en chemin, moi, mon fils, mon frère et mon équipage. Que ceux qui ont l'habitude de faire des reproches répondent maintenant, en disant là-bas fort à leur aise : « Que n'as-tu fait ainsi ? Pourquoi ne t'es-tu pas conduit autrement ? » J'aurais voulu les voir dans cette occasion ; mais je crois qu'une journée d'une autre espèce les attend : à notre avis cela n'est rien.

Le 31 de mai, j'arrivai dans la province de Mago, qui touche à celle du Catay, et de là je m'en fus à l'Espagnole. Pendant deux jours, j'eus un temps favorable ; mais bientôt il changea. Mon but, en suivant cette route, était de sortir des bas-fonds qui entourent les îles innombrables de ces mers ; mais les vents et la grosse mer m'obligèrent de rebrousser chemin, après avoir perdu mes voiles. Je donnai contre une île où je perdis trois ancres, et, au milieu de la nuit, je crus voir la fin du monde. Les câbles de l'autre vaisseau se rompirent, et je regarde même comme étonnant qu'ils n'aient pas été mis en pièces tous les deux, car ils se heurtèrent avec un choc terrible. Dieu vint à notre secours, et, après lui, je ne dus mon salut qu'à la seule ancre qui m'était restée.

Après six jours, la mer étant un peu calmée, nous reprîmes le chemin que nous avions été obligés d'abandonner avec des vaisseaux rongés par les vers et troués de manière à offrir l'aspect d'une ruche d'abeilles, n'ayant avec moi que des matelots accablés par les fatigues et à moitié morts. Je n'arrivai pas beaucoup plus loin que la première fois. Là, j'attendis que la fortune cessât de m'être contraire ; je m'arrêtai dans un port plus sûr de la même île, et au bout de huit jours je repris encore ma route. Ce ne fut qu'à la fin de juin que j'arrivai à la Jamaïque, toujours avec le vent au plus près et les navires en très-mauvais état ; car j'avais eu toute la peine possible, en employant tout l'équipage avec les cuves, les chaudières et trois pompes qui étaient à bord, pour rejeter l'eau qui pénétrait de tous côtés, seul moyen de sortir de cet état. Je me mis cependant en chemin pour venir directement en Espagne, chemin que je ne voudrais pas avoir commencé ; mais, en approchant de l'Espagnole, qui est à 28 lieues de la Jamaïque, l'autre navire fut obligé de chercher port, à moitié submergé. Quant à moi, je voulus résister à la fureur des flots ; mon navire était au moment de couler à fond, et ce fut la bonté divine qui m'arracha à la mort ; je fus conduit par miracle à terre. Qui peut croire ce que je rapporte ? et cependant je puis assurer n'avoir écrit dans cette lettre qu'une petite partie de ce qui m'est arrivé, circonstance dont pourront rendre témoignage ceux qui se sont trouvés avec moi. Si Vos Altesses daignent envoyer à mon secours un navire de 64 tonneaux, avec 200 quintaux de biscuit, et quelques autres provisions, j'en aurai assez pour me rendre en Espagne, moi, ma famille et mes pauvres matelots. J'ai

---

(¹) « Le récit de la vision nocturne, dit M. de Humboldt, est plein d'élévation et de poésie. »
(²) Bethléem, Belen.

déjà dit qu'il n'y a que 28 lieues de l'Espagnole à la Jamaïque; mais je ne me serais pas rendu dans cette île, quand même mes navires auraient été en bon état, car Vos Altesses m'avaient prescrit de ne pas aller à terre; Dieu sait si cet ordre a été favorable à votre service. Je vous envoie cette lettre par l'entremise des Indiens; je souhaite qu'elle vous parvienne.

Mes compagnons étaient au nombre de 150, parmi lesquels il y en avait qui possédaient des connaissances suffisantes pour être pilotes et devenir bons marins; cependant aucun ne pourrait décrire la route que nous prîmes pour arriver, et celle par où nous retournâmes; mais la raison en est toute simple. Je partis d'un point au-dessus du port du Brésil. A l'Espagnole, la tempête ne cessa pas de me pousser là où elle voulait, et le caprice du vent seul dirigea ma course. Dans ces tristes circonstances je tombai malade; aucun des miens n'avait encore voyagé dans ces mers. Cependant le vent et la tempête s'apaisèrent, et à la bourrasque succédèrent le calme et les courants rapides. J'allai frapper contre une île appelée *les Bouches* ([1]), et de là j'arrivai à la terre ferme. Personne ne pourrait rendre un compte exact de tout cela, n'en ayant que des connaissances insuffisantes, puisque nous eûmes à lutter pendant longtemps contre les courants, sans jamais voir terre. Je suivis la côte de la terre ferme, et je la déterminai à l'aide du compas et de l'art, mais personne ne pourrait dire à quelle partie du ciel elle correspond, ni à quelle époque je la quittai pour venir à l'île Espagnole. Lorsque je partis de là pour me rendre à l'Espagnole, les pilotes pensaient qu'ils allaient mettre pied à terre dans l'île de Saint-Jean, et nous nous trouvâmes dans la terre de Mago, qui est plus avancée de 400 lieues vers le couchant qu'ils ne pensaient. Ils seraient bien embarrassés si on leur demandait la position de Veragua; ils ne pourraient rendre d'autre compte, ni rapporter d'autre récit, si ce n'est qu'ils furent dans des terres où se trouve beaucoup d'or, et dont ils certifieraient l'existence; mais pour y retourner, il faudrait la découvrir une seconde fois, car ce chemin est inconnu; il faudrait se guider par les raisonnements de l'astronomie, science certaine et qui ne peut induire en erreur. Pour celui qui la possède, mon récit est assez clair, quoique pour un autre il ressemble assez à une vision prophétique. Ce n'est point par défaut de construction, comme quelques-uns voudraient l'insinuer, ni parce qu'ils sont trop grands, que les navires indiens n'avancent que lorsqu'ils ont le vent en poupe, mais bien lorsque les courants terribles, de concert avec les vents qui soufflent dans ces mers, font qu'aucun vaisseau ne peut voguer d'une autre manière, attendu qu'un seul jour suffirait pour leur faire perdre le chemin qu'ils pourraient avoir fait en sept : aussi ne me servirai-je pas de caravelles, soit portugaises, soit munies de voiles latines; il en résulte qu'ils ne naviguent jamais qu'avec une brise réglée, et, pour l'attendre, ils sont obligés de rester dans le port pendant *huit* ou *dix* mois, ce qui arrive souvent même en Espagne.

On a déjà parlé de la position et des mœurs de la nation sur laquelle le pape Pie II a écrit ([2]); mais si cette nation est trouvée, il n'en est pas de même des chevaux, des harnais, des freins d'or qu'on y voit; car les côtes de la mer, qui sont les seuls lieux que nous avons vus, ne peuvent être habitées que par des pêcheurs; d'ailleurs nous n'avions pas le temps d'aller à la recherche de pareils objets, puisque nous étions obligés de presser notre course. Dans Catay ([3]) et dans les terres de sa dépendance, on trouve beaucoup de magiciens, qui inspirent une grande terreur. Ils auraient donné le monde pour que je ne m'arrêtasse point là une heure. A mon arrivée, on m'envoya aussitôt deux jeunes filles habillées de riches vêtements; la plus âgée n'avait pas plus de onze ans, l'autre n'en avait que sept, mais toutes deux dans leurs gestes paraissaient aussi dévergondées que des courtisanes. Elles portaient sur elles des poudres d'enchantement et autres choses semblables. Aussitôt qu'elles arrivèrent, je les fis parer d'ornements européens, et je les renvoyai à terre. Je remarquai sur la montagne un tombeau aussi grand qu'une maison, et sculpté. On y voyait un corps découvert, qui semblait regarder dans l'intérieur. On me parla d'autres ouvrages d'art fort bien faits. Il y a dans cette île des animaux de toute grandeur, et tous différents de ceux que l'on voit dans nos climats; parmi les premiers, je vis deux porcs d'une forme ef-

---

([1]) *Las Bocas*, ou, suivant l'édition italienne, *las Pozzas*.
([2]) Pie II, appelé auparavant Æneas Sylvius, auteur d'un livre intitulé : *Cosmographia seu historia rerum, ubique gestarum, locorumque descriptio*.
([3]) Dans le *Cariay*, suivant les textes espagnol et italien.

frayante, tels qu'un chien d'Irlande n'oserait pas lutter avec eux (¹). Un arbalétrier (²) avait blessé un animal qui ressemblait beaucoup au singe à queue, à l'exception qu'il était plus grand, et qu'il avait à peu près la face comme le visage d'un homme (³); la flèche l'avait percé d'outre en outre; elle était entrée par la poitrine, et elle sortait à côté de la queue; il semblait très-féroce : on lui coupa un des pieds de devant, qui semblaient être plutôt des mains, et un de derrière. Le porc se mit à grogner à l'aspect du

Le Pécari ou Dicotyle.

sang de cet animal, et prit la fuite avec une grande frayeur. Alors je lui fis jeter le *bégare* (on appelle ainsi cet animal dans le pays). En approchant, quoiqu'il fût près de mourir et qu'il eût toujours la flèche dans le corps, il enveloppa le museau du porc avec sa queue, et le lui serra avec beaucoup de force, et de l'autre main il le saisit par la nuque, comme un ennemi. Cette chasse m'a paru si singulière que j'ai cru devoir la raconter. Les animaux sont nombreux, mais ils meurent tous de la *barra*. J'en ai vu de toutes sortes, des lions, des cerfs et d'autres qui leur ressemblaient, ainsi que des oiseaux et des poules très-grosses, dont les plumes semblaient être de la laine (⁴). Lorsque je rencontrai dans la mer tant d'obstacles et de tourments, plusieurs des miens se mirent en tête que les habitants de ce pays nous avaient ensorcelés : ils en sont encore persuadés. J'ai trouvé une autre nation qui mange les hommes comme nous mangeons les animaux; ceci est certain, et la laideur de leur visage semble annoncer la cruauté de leur âme. On m'a rapporté qu'on y voyait beaucoup de mines de cuivre, et je reçus d'eux des

---

(¹) Cuvier suppose que ce porc est le *pécari*, genre de quadrupède voisin des cochons, connu sous le nom de *dicotyle*, et qu'on ne trouve aujourd'hui qu'en Amérique.

(²) Selon la version italienne, ce serait Colomb lui-même qui aurait blessé l'animal.

(³) Probablement l'alouate *(Simia seniculus*, Linné).

(⁴) Voy. la relation de Marco-Polo, *Voyageurs du moyen âge*, t. II, p. 377.

haches et autres objets travaillés et fondus avec le même métal; ils paraissent user des mêmes procédés que nos orfèvres. Dans ce pays, ils sont vêtus, et j'y ai vu des draps de coton travaillés avec beaucoup d'industrie, dont plusieurs sont très-habilement peints; on m'a même dit que dans l'intérieur des terres, vers le Catay, les draps sont tissus en or; mais les renseignements que l'on peut avoir sur ces contrées et sur tout ce qu'on y trouve sont très-difficiles à obtenir, faute de pouvoir parler avec eux; car tous ces peuples, quoique très-voisins, ont tous une langue différente, et tellement différente qu'ils ne s'entendent pas plus entre eux que nous n'entendons les Arabes; selon moi, cette différence de langage n'existe que parmi les habitants des côtes de la mer qui sont fort sauvages, mais non pas parmi ceux de l'intérieur des terres.

Quand je découvris les Indes, j'assurai Vos Altesses que c'était le plus riche pays qu'il y eût au monde; je parlai des pierres précieuses, de l'or et des épices, des foires, du commerce et d'autres choses semblables; mais toutes les promesses que je vous avais faites ne s'étant pas réalisées d'abord, j'en éprouvai beaucoup de peine; pour me punir, je ne veux donc plus parler ni écrire que d'après les rapports qui me seront faits par les indigènes. Je puis cependant sans crainte avancer une circonstance, puisque plusieurs personnes peuvent rendre témoignage de la vérité de mon récit : c'est que, quant aux mines d'or, j'ai rencontré dans les deux premières journées du séjour que je fis à Veragua plus d'indices de leur existence que je n'en ai aperçu pendant quatre ans de ma résidence à l'Espagnole. On peut encore ajouter que les provinces qui se trouvent sous sa dépendance ne pourraient être plus fertiles et mieux cultivées qu'elles ne le sont, et que cependant nulle part on ne peut trouver de peuples plus lâches et plus paresseux que les habitants de ce pays; que le port est très-commode et sûr, et le fleuve le plus facile à défendre que l'on connaisse. Tout ce que je viens de dire promet aux chrétiens la conquête de ces contrées, et assure à notre religion de nouveaux triomphes. Je puis affirmer à Vos Altesses que le chemin pour arriver à ce pays n'est pas plus long que le trajet pour aborder à l'Espagnole, pourvu toutefois que l'on voyage à la faveur d'un autre vent. J'ajouterai encore que vous pouvez regarder votre pouvoir aussi bien établi dans ces terres qu'il l'est dans l'Espagne et dans la Grenade [1], et lorsque vos vaisseaux se rendront dans les ports du nouveau monde, vous pourrez les croire encore dans vos domaines. On tirera beaucoup d'or de ces provinces; mais pour obtenir ce précieux métal ou même différentes productions dans les autres terres, il faut avoir recours à ces sauvages, contre lesquels la force est souvent nécessaire, ce qui peut nous exposer aux plus grands dangers.

Si je ne parle pas des autres productions, j'en ai déjà dit la cause; ainsi, sans perdre un temps précieux à répéter ce que je vous ai déjà écrit, je me contenterai d'affirmer que je suis ici à la source des richesses. Les Vénitiens, les Génois, et en général toutes les nations qui ont des perles, des pierres précieuses et d'autres productions de quelque valeur, les transportent dans les pays les plus lointains pour les vendre, les échanger, et enfin s'en procurer de l'or. L'or est une excellente chose; c'est de l'or que naissent les richesses, c'est par lui que tout se fait dans le monde, et son pouvoir suffit souvent pour envoyer les âmes en paradis [2]. Les grands du territoire de Veragua ont pour coutume de se faire enterrer avec tout l'or qu'ils possèdent. On porta à Salomon 656 quintaux de ce métal, sans compter celui que prirent avec eux les marchands et les matelots, et celui qu'ils donnèrent aux Arabes. Salomon employa cet or à faire 200 lances, 300 boucliers, et un plancher orné de pierres précieuses; il fit faire en outre de grands vases incrustés de pierreries, et plusieurs autres objets d'une grande valeur. Cette circonstance est rapportée dans l'ouvrage de l'historien Josèphe, *De antiquitatibus Judæorum*, dans les Paralipomènes, et dans les livre des Rois. Josèphe rapporte que cet or provenait d'une île appelée *Aurea*. S'il en est ainsi, je suis certain que les mines de cette île sont les mêmes que celles de Veragua, puis-

---

[1] De Xérès ou de Tolède, suivant le texte espagnol.
[2] On ne peut nier ici que les paroles mêmes de Colomb ne trahissent une trop grande estime pour l'or, et malheureusement, dans le but d'en acquérir, il a donné le funeste exemple de réduire en esclavage et de traiter cruellement les habitants des terres qu'il a découvertes. Il faut considérer, il est vrai, à quels services il destinait les trésors qu'il convoitait, et par quelle sorte de pente fatale il fut conduit à modifier son premier plan de conduite envers les Indiens. Cependant il est impossible de ne pas condamner comme absolument injustes et inhumaines certaines paroles et certaines actions de Colomb, par exemple ses propositions aux souverains dictées à Antonio de Torry le 30 janvier 1494, et ses instructions au capitaine Mosen-Pedro Margarit.

qu'elle est située à 20 journées vers le couchant, et qu'elle se trouve éloignée du pôle et de la ligne équinoxiale. Salomon acheta des marchands tout cet or, cet argent et ces pierres précieuses, tandis que Vos Altesses peuvent les faire recueillir sans courir le moindre danger, dès qu'il leur plaira. David laissa par son testament à Salomon 3 000 quintaux d'or des îles des Indes, pour l'employer à la construction du Temple, et, selon le rapport de Josèphe, David était né dans ces contrées. Il est écrit que le mont Sion et la ville de Jérusalem doivent être reconstruits par la main d'un chrétien : quel est-il ? Dieu le dit ainsi par la bouche du prophète, dans le quatorzième psaume. L'abbé Joaquin assura que cet élu devait être Espagnol, et saint Jérôme montra à la sainte femme le chemin pour y arriver. L'empereur du Catay (¹), depuis quelque temps, a demandé avec beaucoup d'instance des hommes instruits, afin d'apprendre d'eux les dogmes de la religion chrétienne. Mais qui se chargera de faire parvenir jusqu'à lui ces hommes apostoliques ? Si Dieu me permet de revenir en Espagne, je promets à Vos Altesses de les y conduire moi-même, avec l'aide du Seigneur.

Parmi les gens qui m'ont suivi dans mes voyages, ceux qui en sont revenus ont couru de grands dangers et ont beaucoup souffert. Je prie donc Vos Altesses de vouloir bien faire payer leurs bons services, car ils sont pauvres, et de leur accorder quelque indemnité selon leur rang, afin qu'ils leur soient dévoués. Vous le ferez avec plaisir, car, à mon avis, jamais personne n'a porté en Espagne de nouvelles plus heureuses que celles dont ils sont chargés. Je n'ai pas cru devoir m'emparer par la violence de l'or que possède le chef de la province de Veragua, et de celui que possèdent ses sujets et les habitants des pays limitrophes, quoique, selon les rapports, il dût être en abondance ; je crois que ce vol aurait été contraire aux intérêts de Vos Altesses. En usant de bons procédés, nous ferons aimer votre gouvernement, et nous ferons entrer leurs trésors, quelque considérables qu'ils soient, dans vos caisses. Un mois de beau temps m'aurait suffi pour achever mon voyage ; le défaut de bâtiments m'a mis dans l'impossibilité de l'entreprendre, et je n'ai pas cru à propos de m'arrêter pour attendre des renforts. Cependant, dévoué entièrement à votre service, j'espère que Dieu m'accordera santé et bonheur pour trouver des chemins et des pays inconnus qui puissent augmenter votre prospérité ainsi que celle des autres états chrétiens. Vos Altesses doivent sans doute se rappeler que j'avais le projet de faire construire des navires d'une nouvelle forme ; je m'étais aperçu que les vents et les courants de cette partie du monde étant différents de ceux qui dominent dans les autres mers, il fallait également des vaisseaux d'une autre forme ; mais le temps ne m'a pas permis d'exécuter ce projet. S'il plaît à Dieu, nous le mettrons à exécution dès que je serai arrivé en Espagne, toutefois si cela entre dans vos vues.

Je fais plus de cas de cette expédition dans ces terres que de tout ce qui a été fait dans les Indes. Ces contrées ne sont pas semblables à un enfant que l'on doive abandonner à une marâtre. Je ne me souviens jamais de l'Espagnole, de l'île de Paria et des autres terres que j'ai antérieurement découvertes, sans répandre des larmes ; je croyais que l'exemple de ce qui était arrivé devait servir pour les autres ; cela a été tout le contraire : quoiqu'elles ne meurent pas, elles sont agonisantes ; la maladie est incurable ou sera très-longue. Que celui qui a causé ces maux vienne maintenant les guérir, s'il le sait et s'il le peut. Pour détruire, chacun est habile ; mais pour construire, qu'ils sont en petit nombre ceux qui en sont capables. Les grâces et les honneurs doivent toujours être accordés à celui qui s'est exposé aux dangers dans une entreprise, et il est injuste que l'homme qui s'y est opposé, lui ou ses héritiers, profitent du succès. Cependant ceux qui partirent des Indes pour s'épargner des fatigues et des périls, en faisant des rapports contre moi, revinrent avec des emplois ; et cet exemple allait se reproduire pour la province de Veragua ; exemple qui deviendrait funeste à la réussite de cette expédition. La crainte qu'a dû m'inspirer cette conduite à mon égard, m'a engagé à demander qu'avant de venir à la découverte de ces îles et de ces continents, Vos Altesses voulussent ordonner que je les gouvernerais en vos noms. Ma proposition fut agréée, et j'obtins un privilége muni du sceau royal, avec les titres de vice-roi, amiral et gouverneur général des régions que je découvrirais, et dont on fixa les limites à 100 lieues des îles Açores et de celles du cap Vert, par une ligne qui passe d'un pôle à l'autre.

(¹) Rappelons encore ici qu'il est mort « sans avoir connu ce qu'il avait atteint, dans la ferme conviction que la côte de Veragua faisait partie du Catay et de la province du Mango ; que l'île de Cuba était une terre ferme du commencement des Indes. » *(Histoire de la géographie du nouveau continent,* t. III, p. 9.)

L'autre affaire très-importante exige qu'on s'en occupe incessamment ; on n'y a point songé jusqu'à présent. J'ai vécu sept ans à votre cour, pendant lesquels tous ceux à qui on parlait de cette entreprise s'en moquaient et la regardaient comme une chimère ; maintenant il n'y a pas jusqu'aux tailleurs et aux cordonniers qui ne demandent à Vos Altesses des commissions pour découvrir des terres. Si vous leur

Ruines du château dit de Christophe Colomb, près la ville de Santo-Domingo (¹). — D'après Guillermin (*Voyage dans la partie espagnole de Saint-Domingue*).

en accordez, il est à croire qu'ils vont vous piller ; et l'on acquiesce à leur demande au détriment de cette entreprise, et au préjudice de ma gloire : il faut rendre à Dieu ce qui est à Dieu, et à César ce qui appartient à César, axiome juste du plus juste des princes. Les provinces qui reconnaissent votre souveraineté, depuis qu'à l'aide de Dieu je les ai soumises par les armes, sont plus étendues et plus riches que toutes celles des chrétiens réunies. Je dis qu'elles reconnaissent votre gouvernement, puisque vous en retirez des revenus considérables. — Au moment même où j'attendais un navire pour me rendre auprès de Vos Altesses, afin de leur annoncer des victoires et des conquêtes qui leur assuraient des richesses immenses ; dans ce moment même, dis-je, où je me croyais le plus heureux des hommes, je me vis traîné sur un navire avec mes frères, chargé de chaînes, sans avoir été ni condamné ni même appelé en justice. Qui croira jamais qu'un malheureux étranger, sans motif et sans le secours d'aucun prince, aurait songé à se révolter contre le gouvernement qu'il servait ? Pouvais-je méditer un tel projet, moi qui étais entouré des serviteurs de Vos Altesses, tous nés dans vos États ; moi qui avais mes

(¹) « En 1494 ou 1496, Diego Colomb, fils de Christophe Colomb, fit construire sur la rive gauche de l'Osama un château défendu contre les attaques des Indiens par une enceinte continue. Les murailles en étaient épaisses, suivant l'usage d'alors. On en voit encore aujourd'hui les ruines à l'est et à très-peu de distance des murs de Saint-Domingue. » (Ardouin, *Géographie d'Haïti*.)

enfants à la cour? J'entrai à votre service à l'âge de vingt-huit ans([1]); maintenant que mes cheveux ont blanchi et que je suis faible et malade, ce que possédaient mes frères, ce que j'avais, tout nous fut enlevé par nos ennemis; ils me prirent jusqu'à mon manteau, sans vouloir ni me voir ni m'entendre. Il faut croire que tout ceci n'a eu lieu que contre vos ordres. Si cela est ainsi, comme je n'en doute pas, le monde entier sera instruit de mon innocence, lorsqu'il apprendra que vous m'avez réintégré dans mes honneurs et que vous avez châtié mes ennemis. Cet exemple de justice retentira dans tous les pays, et l'Espagne conservera un souvenir reconnaissant envers des princes justes et chéris. Les intentions pleines de zèle dont j'ai toujours été animé pour le service de mes souverains, et les traitements injustes que j'en ai reçus, m'obligent malgré moi de laisser échapper les douloureux sentiments qui remplissent mon cœur. J'en demande pardon à Vos Altesses.

C'est ainsi que j'ai traîné ma malheureuse existence, toujours condamné aux pleurs par la méchanceté de mes ennemis; cependant, que Vos Altesses aient pitié d'eux! Que le ciel maintenant pleure pour moi, que la terre pleure aussi! que l'être sensible, juste et charitable, pleure sur mon sort! Abandonné des miens, malade, entouré de sauvages cruels, ayant toujours la mort devant mes yeux, je languis dans ces îles éloignées de ma patrie, sans recevoir les consolations et les sacrements de la sainte Église, qui abandonnera mon âme si elle vient à quitter sa dépouille. Je n'ai point entrepris ce voyage dans l'intention de m'enrichir, ni pour obtenir des honneurs; cet espoir était déjà éteint pour moi : je suis venu dans ces contrées pour servir Vos Altesses, et pour le triomphe de notre religion. Je vous supplie donc, dans le cas où, à l'aide de Dieu, je sortirais de ce pays, de me permettre de faire le pèlerinage de Rome et d'autres lieux saints.

Que la Sainte-Trinité vous conserve la vie et vous accorde une grande prospérité. — Datée de la Jamaïque, île des Indes, le 7 juillet 1503.

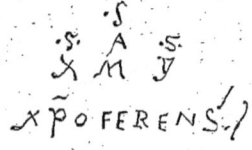

Signature de Colomb ([2]).

Il serait long de raconter les souffrances que Christophe Colomb eut à supporter à la suite de ce dernier voyage, son séjour périlleux et prolongé à la Jamaïque, la mauvaise volonté du gouverneur Ovando, les hostilités des indigènes et les révoltes des Espagnols. Du moins, délivré de tant d'épreuves, était-il en droit d'espérer en Espagne un accueil honorable; mais Isabelle, sa véritable protectrice, était morte pendant son absence. Le roi, après beaucoup de lenteurs, le reçut froidement. Colomb le pria d'accomplir ses promesses : Ferdinand ne parut pas refuser; mais il ajourna, gagna du temps, renvoya les réclamations de l'amiral devant un de ses conseils (la *iunta de descargos*), qui suivit le même système de lenteurs calculées, et lui fit enfin proposer des titres et des domaines en Castille, comme échange ou comme compensation de tous les priviléges qui lui avaient été accordés. C'était une question d'honneur: Colomb refusa avec dignité; tant d'ingratitude remplissait son cœur d'amertume. Les maux physiques le dévoraient : il sentit sa vie s'éteindre, sans que le roi lui eût fait rendre justice ou lui eût témoigné du moins quelque bienveillance. Ce fut le 20 mai 1506, à l'âge d'environ soixante-dix ans, qu'il rendit le dernier soupir, après avoir prononcé ces mots : « Seigneur, je remets mon esprit et mon corps entre

---

([1]) On croit qu'il y a erreur dans ce chiffre. (Voy. la note 2 de la p. 76.)

([2]) « Dans le moyen âge, dit Humboldt, les Espagnols, pour se distinguer des Maures et des juifs, si nombreux dans la Péninsule avant le siége de Grenade, faisaient précéder leur nom, par dévotion, de quelques initiales d'un passage biblique, ou du nom des saints auxquels ils se recommandaient plus particulièrement. » *Chroferens* signifie Christophe (*Christophorus*, porte-Christ); les lettres *X, M, Y,* paraissent signifier *Christus, Maria, Yosephus* (Joseph ou Jésus); le *S* supérieur peut être le commencement de *Sancta (Maria)*; les *S, A, S,* qui sont au-dessous, semblent plus difficiles à expliquer : *Salve* ou *Sanctus, Sancta;* peut-être *Ave*. Il fallait sept lettres, le nombre sept étant surtout sacré, suivant le préjugé général,

vos mains. » Ses restes, déposés successivement dans le couvent de Saint-François, en 1513 au monastère des chartreux de las Cuevas de Séville, en 1536 dans la cathédrale de la ville de Saint-Domingue, furent enfin transférés à la Havane, dans l'île de Cuba.

Tombeau de Christophe Colomb, à la Havane.

Le roi Ferdinand n'est pas le seul que l'on puisse accuser d'ingratitude envers Colomb : plusieurs écrivains, exagérant quelques taches du caractère de ce grand homme, ont voulu rabaisser sa renommée : l'acclamation de la postérité couvre leur voix. De notre temps, un illustre voyageur, dont nous avons souvent invoqué l'autorité, juge Colomb et sa découverte à un point de vue élevé, et sous l'influence d'une noble admiration : « Jamais, dit Humboldt, une découverte purement matérielle, en étendant l'horizon, n'avait produit un changement moral plus extraordinaire et plus durable ; il fut soulevé alors, le voile sous lequel, pendant des milliers d'années, demeurait cachée la moitié du globe terrestre, semblable à cette moitié du globe lunaire, qui restera invisible aux habitants de la terre tant que l'ordre actuel du système planétaire ne sera pas essentiellement troublé..... Colomb a servi le genre humain en offrant un nombre presque infini d'objets nouveaux à la réflexion; il y a eu par lui progrès de la pensée humaine; et il ne faut pas se borner aux étonnants progrès qu'ont faits simultanément, grâce à sa pensée, la géographie, le commerce des peuples, l'art de naviguer et l'astronomie nautique, toutes les sciences physiques en général, la philosophie des langues agrandie par l'étude comparée de tant d'idiomes bizarres et riches de formes grammaticales; il faut encore envisager l'influence qu'a exercée le nouveau monde sur les destinées du genre humain, sous le rapport des institutions sociales. » Quant à l'homme lui-même, Humboldt le considère comme une intelligence de premier ordre. « Colomb, aussi remarquable comme observateur de la nature que comme intrépide navigateur, ne se contente pas de recueillir des faits isolés, il les combine, il cherche leurs rapports mutuels, il s'élance quelquefois avec hardiesse à la découverte des lois générales qui régissent le monde physique. Cette tendance à généraliser est d'autant plus digne d'attention, qu'avant la fin du quinzième siècle on n'en voit pas d'autre essai..... Au commencement d'une ère nouvelle, sur la limite incertaine où se confondent le moyen âge et les temps modernes, cette grande figure domine le siècle dont il a reçu le mouvement, et qu'il vivifie à son tour (¹). »

(¹) Le Tasse a célébré Colomb dans la *Jérusalem délivrée*.
« Soudain ils voient un petit vaisseau, et sur la poupe la femme qui doit les guider.
» Son front calme, ses regards paisibles, annoncent la douceur; sa figure ressemble à celle d'un ange; une éblouissante splendeur l'environne · on ne peut définir les diverses couleurs de sa robe, où se confondent l'azur et le vermillon.
» Ainsi les plumes de l'amoureuse colombe reflètent autour de son cou mille nuances.
» Un mortel de la Ligurie osera le premier s'exposer sûr ces ondes; ni le frémissement des vents, ni les mers inhospitalières, ni les climats incertains, ni la crainte des périls les plus formidables, rien ne pourra retenir son courage, sa généreuse ardeur. O Colomb! tu dirigeras tes voiles heureuses vers un nouveau pôle! A peine la Renommée suivra ton vol avec ses yeux et ses ailes sans nombre! La Renommée célèbre Bacchus, Alcide; sur toi elle arrête seulement ses regards, et cela suffit à la postérité! La moindre de tes actions fournirait le sujet d'un poëme, d'une noble histoire. » (Ch. xv, traduction de M. Mazuy, 1845.)

BIBLIOGRAPHIE.

ÉCRITS DE CRISTOPHE COLOMB. — Lettre aux rois catholiques, écrite après la prise de Grenade, au mois de janvier 1492. — Fragments du Journal du premier voyage, conservés dans la relation de Bartholomé de las Casas (manuscrit de las Casas, conservé dans les archives du duc de l'Infantado). — Lettre à Luiz de Santangel, écrite en mer, le 14 février 1493, et contenant un résumé du premier voyage (document original, conservé aux archives royales de Simancas). — Lettre à don Raphaël Sanchez, traduite en latin par Leandro Cosco, et imprimée à Rome en 1493. — Mémoire adressé par Colomb aux rois catholiques, remis dans l'île d'Hispaniola, le 30 janvier 1494, à Antoine de Torres, pour être porté à Leurs Majestés (copie conservée dans les archives générales des Indes de Séville). — Lettre aux rois catholiques, contenant la relation du troisième voyage (copie de las Casas, conservée dans les archives du duc de l'Infantado). — Lettre à la nourrice du prince D. Juan, écrite vers la fin de l'année 1500, relative aux injures que Colomb eut à souffrir dans son troisième voyage (copie faite par Muñoz, dans un tome de sa collection de manuscrits des Indes, ayant appartenu à l'Académie royale d'histoire). — Lettre aux rois catholiques, contenant la relation du quatrième voyage, écrite à la Jamaïque, le 7 juillet 1503 (copie du seizième siècle, qui était au grand collège de Cuenca, à Salamanque). — Lettres diverses au P. D. Gaspard Gorricio: 4 avril 1502, mai 1502, 7 juillet 1503, 4 janvier 1505; à son fils Diégo: 21 novembre 1504, 28 novembre 1504, 1ᵉʳ décembre 1504, 3 décembre 1504, 13 décembre 1504, 21 décembre 1504, 29 décembre 1504, 13 janvier 1505, 5 février 1505, 25 février 1505 (quinze lettres autographes, conservées dans les archives de l'amiral duc de Veraguas). — *Lettera rarissima di Cristoforo Colombo*, riprodotta e illustrata dal cavaliere Morelli, bibliothecario regio in Venezia; Bassano, 1810, in-8 de 66 pages; en espagnol, au seizième siècle. (Ces écrits de Christophe Colomb ont été publiés en espagnol par don M.-F. de Navarrete, ancien directeur du dépôt hydrographique de Madrid, et traduites en français par MM. de Verneuil et de la Roquette; 1828. (Voy. les *Ouvrages à consulter*.) — Notes autographes de Christophe Colomb écrites en marge d'une cosmographie de Pierre d'Ailly, conservées aux archives de Simancas, et vérifiées par M. Adolfo de Varnhagen. — Major. *Select letter of Columbus*; in-8, London, 1847.

VOYAGEURS MODERNES. — CHRISTOPHE COLOMB.

OUVRAGES A CONSULTER. — Caroli Verardi, *De expugnatione Granatæ a Ferdinando hispaniarium rege et Cristofori Colombi de insulis in mare Indico repertis*; fig., in-4º, Basileæ, 1494.
Histoire de Barthólomë de las Casas, et *Histoire générale des Indes*; 1520 à 1559, 3 vol. manuscrits, conservés à la bibliothèque de l'Académie royale d'histoire de Madrid, et à la bibliothèque du roi d'Espagne. — Pierre Martyr d'Anghiera, *Extrait ou recueil des îles nouvellement trouvées, en la grand'mer Océane, au temps du roi d'Espagne Fernand et Élisabeth sa femme*, faict premièrement en latin, par Pierre Martyr de Millan, et depuis translaté en langaige françois; Paris, rue Saint-Jean-de-Beauvais, 1532. — Barros (Joam de), *Asia*; 1552 et années suivantes (3 premières décades, in-fol.; 2 décades existent, traduites en français, à la Bibliothèque impériale). — Ramusio, *Collection de voyages maritimes*, t. III. — Girolamo Benzoni, *Istoria del mondo nuovo*, libri VII; 1 vol. in-8, Venez., 1565, et avec les additions, 1572; trad. en français par Chauveton, petit in-8. — De Bry, *Americæ pars quarta, sive historia de reperta primum occidentali India, a Christophoro Colombo, anno 1492*, etc.; in-fol., Francfurti, 1594; quatrième partie des *Grands Voyages*. — *Americæ pars quinta*, etc.; in-fol., Francfurti, 1595.— Andr. Gonzales Barcia, *Historiadores primitivos*; in-fol. — Grinæus, *Novus Orbis*.— Muñoz (Juan-Bautista), *Historia del nuevo mundo*; 1 vol. — Bernaldez (Andres), manuscrit conservé en Espagne. — Torquemada, *Monarquia indiana*.
Baldassare Lido, *Novus Orbis*, 1616. — Acosta (le P.), *Historia natural y moral de las Indias*, trad. en français, 1 vol petit in-8; Paris, 1616. — Ant. de Herrera, *Description des Indes occidentales, qu'on appelle aujourd'hui le nouveau monde*, translatée de l'espagnol en français, à laquelle sont ajoutées quelques autres descriptions des mêmes pays, avec la navigation du capitaine Jacques Lemaire et de plusieurs autres; in-fol., Amsterdam, 1622. — J. de Laet, *Novus orbis seu descriptionis Indiæ occidentalis*, lib. XVIII, novis tabulis geographicis et variis animantium, plantarum, fructuumque iconibus illustrati; in-fol., Lugdunum Batavorum apud Elzevirios, 1633. — Traduction française de cet ouvrage; in-fol., Leyde, 1640. — Léon Pinelo, *Epitome de la Biblioteca oriental y occidental nautica y geografica*; 1629, 3 vol. petit in-fol. — Bouton (le P. Jacques), *Relation de l'establissement des François, depuis 1635, en l'isle de la Martinique, des mœurs des sauvages, de la situation et des autres singularités de l'isle*; petit in-8, Paris, 1640. — Rochefort, *Histoire naturelle et morale des îles Antilles*, avec un vocabulaire caraïbe, 1 vol. in-4º; Rotterdam, 1665. — Herrera (Antonio de), *Histoire générale des actions des Castillans dans les Indes occidentales*, trad. de l'espagnol par N. de Coste, 3 vol. in-4º; Paris, 1660-1661. — Du Tertre (le P.), *Histoire générale des Antilles, de Saint-Cristofle* (sic), *de la Guadeloupe, de la Martinique et d'autres isles habitées par les François*, 4 vol. in-4º; Paris, 1667-1671. — Fernand Colomb (don Hernando Colon), *Istorie, nelle quali si ha particolare e vera relazione della vita e de' fatti dell' ammiraglio Crist. Colombo suo padre*, etc.; in Venet., 1571. L'original étant perdu, c'est sur cette traduction italienne qu'a été publiée la traduction française de Cotolendy, 1 vol. in-8; Paris, 1681.
Hickerringil, *Jamaica viewed*, petit in-4º; London, 1705. — *Account of Jamaica and its inhabitants, by a gentleman long resident in the West Indies*; in-8, London, 1708. — Labat, *Nouveau voyage aux îles de l'Amérique*, contenant l'histoire naturelle de ces pays, l'origine, les mœurs; 6 vol. in-12, Paris, 1722.— Thibaut de Chanvallon, *Voyage à la Martinique*, contenant diverses observations sur la physique et l'histoire naturelle, faites en 1751 et années suivantes; in-4°, Paris, 1763. — *The present state of the West Indies*, containing an accurate description of whas parts are possessed by the severals powers in Europe: together with an authentick account of the first discoverers of these islands and the part adjacent, their situation, product, trade... also their principal bays and harbours; with map of the west Indies; in-4º, London, 1778. — Girod Chantrans, *Voyages d'un Suisse dans différentes colonies d'Amérique*; in-8º, Neufchâtel, 1785. — Wimpfen (le baron de), *Voyage à Saint-Domingue pendant les années 1788, 1789 et 1790*. — Moreau de Saint-Méry, *Description topographique, physique, civile, politique et historique de la partie française de Saint-Domingue*; Philadelphie, 1797, 2 vol. in-4º. — Dorvo-Soulastre, *Voyage par terre de Santo-Domingo au cap Français*, traduit de don Juan Nieto; in-8, Paris, 1798-1799. — Robertson, *Histoire d'Amérique*. — Charlevoix, *Histoire de Saint-Domingue*. — *A Description of the spanish Islands and settlements on the coast of the West Indies*, compiled from authentick memoirs; in-4º, London, 1762.
Camus, *Collection des grands et des petits voyages*, 1 vol.; Paris, 1802. — J. Romanet, *Voyage à la Martinique*, etc.; in-8, Paris, 1804. — J. Francisco Napione, *Della patria di Cristoforo Colombo*, 2 part. en 1 vol. in-8; Firenze, 1808; suite à cette dissert., 1809, in-8. — Descourtilz, *Voyages d'un naturaliste et ses observations faites dans plusieurs ports de mer français*, etc.; 3 vol. in-8, Paris, 1809. — Dauxion-Lavaysse, *Voyage aux îles de Trinidad, de Tabago, de la Marguerite, et dans diverses parties de Venezuela, dans l'Amérique méridionale*; 2 vol. in-8, Paris, 1813. — Spotorno, *Codice diplomatico Colombo americano*; 1823. — Bossi, *Histoire de Christophe Colomb*, traduite de l'italien par Urano; 1 vol.; Paris, 1824. — Antiquités d'Haïti des plus curieuses, offrant de l'analogie avec celles de la Polynésie; voy. *Archæologia or miscellaneous tracts relating to antiquity*, pub. by Society antiquaries of London, t. XIII, p. 36.— Navarrete (don M.-F. de), *Collection des voyages et des découvertes que les Espagnols ont faits par mer, depuis la fin du quinzième siècle*, avec divers documents inédits sur l'histoire de la marine espagnole et des établissements des Espagnols en Amérique (en espagnol); 5 vol. petit in-4º, Madrid, 1825, 29 et 37. — Fr. Manuel de la Vega, *Historia del descubrimiento de la America por Cristobal Colon*; Mexico, 1 vol. in-8, 1826. — De Verneuil et de la Roquette, *Relations des quatre voyages entrepris par Ch. Colomb*, etc., suivies de lettres et pièces inédites, publiées par Navarrete; trad. de l'espagnol, 3 vol.; Paris, Treuttel et Wurtz, 1828. — Washington Irving, *Histoire de la vie et des voyages de Christophe Colomb*; traduite de l'anglais par L.-A. de Fauconpret fils; 4 vol.; Paris, 1828. — Ferdinand Denis, *Ismaël Ben-Kaïzar, ou la Découverte du nouveau monde*,

FIN DE LA BIBLIOGRAPHIE.

5 vol.; Paris, 1829. — Mackensie (Charles), *Notes on Haïti made during a residence in that republic;* 2 vol. in-8, London, 1830. — Boitel (Charles), *Quelques mois de l'existence d'un fonctionnaire public aux colonies de la Guadeloupe et de la Martinique;* in-8, Paris, 1832. — Waterton (Charles), *Excursion dans l'Amérique méridionale, le nord-ouest des États-Unis et les Antilles, pendant les années 1812, 1816, 1820 et 1824,* etc., traduit de l'anglais; in-8, Paris, 1833. — A. de Laujon, *Souvenirs de trente années de voyages à Saint-Domingue;* 2 vol. in-8, Paris, 1835. — Alexandre de Humboldt, *Examen critique de l'histoire de la géographie du nouveau continent et des progrès de l'astronomie nautique aux quinzième et seizième siècles;* 5 vol. in-8, Paris, Gide et Baudry, 1839. — Jean Reynaud, *Encyclopédie nouvelle,* article Christophe Colomb. — Forester, *Christ. Columbus;* 1 vol. in-8, Leipzig, 1842. — Reta, *Vita di Cristoforo Colombo;* 1 vol. in-4°, Paris, 1846. — Sanguinetti, *Vita di Cristoforo Colombo;* 1 vol. in-12, Genova, 1846. — Ad. Dessales, *Histoire générale des Antilles :* première série, 3 vol. in-8, Paris, 1847; deuxième série, 4 vol in-8, 1847 à 1849. — Horace Roscoe, *A life, of Cristofer Columbus;* London, 1850. — Prescott, *Histoire d'Isabelle et de Ferdinand;* 2 vol. in-8. — D. Martin Fernandez de Navarrete, D. Miguel Salva y D. Pedro Sainz de Baranda, *Coleccion de documentos para la historia de la España;* 16 vol. in-8, Madrid, 1850 et années suiv.; se continue. — Carderera, *Informe sobre los retratos de Cristobal Colon, su trage y scudo de armas;* petit in-fol., avec un portrait, Madrid, 1851. — Don Ramon Campoamor, *Colon, poema;* 1 vol. in-4°, 1853, avec un beau portrait de l'auteur et une carte. — Oviedo y Valdez (Gonzalo-Fernandez de), *Historia general y natural de las Indias, islas y tierra firme del mar Oceano,* etc.; publicala la real Academia de la historia, cotejada con el codice original, etc.; Madrid, 1853 à 1855, 4 vol. petit in-fol., vaste recueil en partie inédit, publié par don Amador de los Rios. On a vu qu'une portion d'Oviedo avait été traduite au seizième siècle sous le titre suivant : *Histoire naturelle et générale des Indes, des îles, de la terre ferme, de l'Océan,* traduite en français par Jean Poleur, valet de chambre du Dauphin (François Ier); 1556, Paris, 1 vol. — Ramesal, *Histoire de Chiapa et de Guatemala.* — Henri Ternaux-Compans, *Voyages, relations et mémoires originaux pour servir à l'histoire de la découverte de l'Amérique,* publiés pour la première fois en français; 20 vol. in-8. — Le même, *Bibliothèque américaine;* Paris, 1837, in-8. — Lamartine, *Christophe Colomb;* in-16, Paris, 1854. — Ferd. Hæfer, article Christophe Colomb de la *Nouvelle biographie générale;* 1855. — Ferdinand Denis, *Biographie de Barthélemy et de Ferdinand Colomb,* 1855. — Rozelly de Lorgues, *Vie de Christophe Colomb;* 2 vol. in-8.

AMÉRIC VESPUCE,

VOYAGEUR FLORENTIN.

[1497-1503.]

Améric Vespuce n'a pas droit à une place élevée parmi les illustres voyageurs des quinzième et seizième siècles. Sa renommée dépasse de beaucoup ses talents ainsi que ses services, et l'honneur qu'on lui a fait de donner son nom au nouveau monde, que l'on aurait dû appeler Colombie, est certainement immérité ([1]). Mais est-ce bien à lui-même qu'il faut imputer cette injustice?

A-t-il jamais prétendu déposséder Colomb de sa gloire? S'est-il rendu coupable, comme on le dit souvent, de mensonge, d'impudence et de faux?

Il est aujourd'hui permis de concevoir des doutes sérieux à ce sujet.

Améric Vespuce était un honnête homme, estimé de ses contemporains et de Colomb lui-même. Il ne manquait ni d'instruction, ni d'esprit, ni de courage, et après beaucoup de travaux, de fatigues et d'épreuves, il mourut pauvre. C'est très-probablement par suite d'une fatale erreur d'abord, par amour-propre national ensuite, qu'on l'a grandi au delà de toute mesure raisonnable; par réaction, une clameur universelle s'est élevée contre lui; on l'a pris en haine et on l'a, pour ainsi dire, calomnié par amour et par enthousiasme pour Christophe Colomb. Il semble qu'il serait plus équitable de le laisser au rang très-secondaire qui lui convient, et de se consoler d'entendre si souvent répéter son prénom à côté des noms d'Europe, d'Asie et d'Afrique, en songeant que les autres continents et la plupart des États n'ont reçu des dénominations ni plus justes, ni plus satisfaisantes sous aucun rapport.

Améric Vespuce. — D'après le médaillon publié par Th. de Bry, en tête de la gravure qui a pour titre : *Americæ retectio*, à la suite de la quatrième partie de l'*Amérique*, dans les *Grands Voyages* ([2]).

([1]) Qui empêcherait les gouvernements des États civilisés de se concerter pour substituer le nom de Colombie à celui d'Amérique, dans leurs actes officiels, dans les cartes et dans les livres qu'ils font publier ou qu'ils encouragent? Ce serait une réparation éclatante, un grand exemple de justice qu'approuverait le sentiment universel, et qui, peu à peu, arriverait à prévaloir dans l'usage. Une épithète ou un diminutif ajouté à l'État actuel de la Colombie suffirait pour éviter toute confusion.

([2]) Rien n'établit que ce portrait ait été fait d'après nature ou d'après un dessin ayant quelque caractère d'authenticité.

Plusieurs auteurs, entre autres Cinelli, dans son livre sur *les Beautés de Florence*, assurent qu'on voyait un portrait d'Améric Vespuce dans la chapelle des Vespuces, à l'église d'Ognisanti; cette peinture n'existe plus.

Georges Vasari rapporte (3e partie de la *Vie des peintres*) que Léonard de Vinci avait dessiné au charbon une belle tête de vieillard représentant Améric Vespuce. Mais il semble probable que c'était une œuvre d'imagination. Quoique l'illustre peintre eût le même âge, à une année près, que le navigateur, on ne voit pas qu'ils aient eu occasion de se rencontrer, surtout à l'époque de leur vieillesse.

Deux portraits de Vespuce conservés à la galerie royale des peintures et sculptures de Florence n'offrent pas plus de garantie de vérité que les autres.

Domenico Mellini, dans sa Description de l'entrée de la reine Jeanne d'Autriche, dit qu'à cette solennité on exposa en public un portrait d'Améric Vespuce parmi ceux des hommes célèbres de Florence.

Le marquis Vincenzio Capponi possédait dans son cabinet une médaille en plomb représentant Améric Vespuce.

Parmi les gravures qui se rapportent à Améric Vespuce, la plus remarquable est celle où Stradan l'a représenté abordant au nouveau monde et observant le ciel au milieu de la nuit. Une copie de cette estampe sert de frontispice à la *Vie d'Améric Vespuce*, par Angelo-Maria Bandini.

BIOGRAPHIE D'AMÉRIC VESPUCE.

Améric Vespuce, né le 9 mars 1451 ([1]), à Florence, était le troisième fils d'Anastasio Vespucci ([2]), notaire public. Sa famille, originaire de Peretola près de Florence, était riche et considérée. Il fit ses études sous la direction de son oncle Giorgio-Antonio Vespucci, savant religieux de la congrégation de Saint-Marc, ami de Marsile Ficin, le traducteur de Platon ([3]). On n'a point de détails sur sa jeunesse, qui semble s'être écoulée dans l'aisance et la paix, uniquement consacrée aux sciences et aux lettres. Une lettre tendre et respectueuse qu'il écrivit en latin à son père, le 19 octobre 1476, nous apprend qu'à cette époque il avait été chercher un refuge contre la peste qui désolait Florence, dans une des maisons de campagne de sa famille, à Trebbio, dans le Magello. Un des fils d'Anastasio Vespucci, nommé Girolamo, avait embrassé le commerce, profession très-honorée à Florence, qu'elle avait enrichie; on voit par une de ses lettres, écrite de Jérusalem à Améric, le 24 juillet 1489, que ses affaires étaient loin d'être prospères. Peut-être ce peu de succès de Girolamo fut-il cause qu'Améric quitta Florence, à l'âge de trente-neuf ans, en 1490, et se rendit en Espagne, où il devint facteur ou commis d'une grande maison de commerce que Juanoto Berardi, de Florence, avait fondée à Séville en 1486. Ce Juanoto Berardi étant mort au mois de décembre 1495, on confia la direction de l'établissement ou seulement la comptabilité à Améric Vespuce. Des documents authentiques trouvés parmi les *Libros de gastos de armadas* ([4]) établissent qu'à ce titre de chef comptable, Améric fut chargé de l'armement des navires destinés à la troisième expédition de Colomb. Il reçut dix mille maravédis le 12 janvier 1496, pour prix de ses fournitures; l'armement de cette expédition pour Haïti et pour la côte de Paria l'avait occupé à Séville et à San-Lucar depuis la mi-avril 1497 jusqu'au départ de Colomb, le 30 mai 1498. Peut-être cette circonstance fit-elle naître dans l'esprit de Vespuce le désir de voir les pays nouvellement découverts et d'aller chercher fortune dans le golfe des Perles, sur la côte de Paria ([5]). Mais en quelle année eut lieu son premier voyage? En quelle qualité fut-il admis à l'une des expéditions qui se dirigeaient vers le nouveau monde? Ici surgissent des doutes, des incertitudes qui aujourd'hui encore exercent la sagacité et excitent la passion des savants. Ceux qui veulent qu'Améric Vespuce ait le premier découvert le continent qui porte son nom, supposent qu'il partit de Cadix le 10 mai 1497 par ordre du roi de Castille, et qu'après trente-sept jours de navigation, par conséquent le 17 juin 1497, il aborda à la terre ferme du nouveau continent près de la côte de Paria, où Colomb n'arriva que le 1er août 1498 ([6]). Cette supposition, fût-elle admise, n'élèverait point Vespuce au-dessus de Colomb. On ne conteste pas que Jean et Sébastien Cabot n'aient découvert les premiers le continent de l'Amérique continentale, puisque certainement ils touchèrent le Labrador le 24 juin 1497, c'est-à-dire plus d'un an avant que Colomb n'eût abordé à la côte de Paria; mais il y avait six ans que Colomb avait découvert les Antilles. Voltaire a fort bien dit : « Quand même il serait vrai que Vespuce eût fait la découverte de la partie continentale, la gloire n'en serait pas à lui, elle appartient incontestablement à celui qui eut le génie et le courage d'entreprendre le premier voyage, à Colomb. La gloire, comme dit Newton, dans sa dispute avec Leibniz, n'est due qu'à l'inventeur ([7]). » — « La découverte de l'Amérique était assurée, dit M. de Humboldt, le vendredi 12 octobre 1492, lorsque Christophe Colomb eut débarqué à Guanahani. La découverte d'un petit îlot environné d'une plage de sable devait nécessairement conduire à la connaissance de tout le contour et de la forme du nouveau continent. Cette connaissance a été à peu près terminée dans l'espace de quarante-deux ans ([8]). »

Du reste, non-seulement aucune preuve n'établit que le voyage d'Améric Vespuce jusqu'à la côte de Paria ait eu lieu en 1497, mais encore toutes les présomptions tendent à démontrer que la date de son premier voyage doit être fixée à l'année 1499.

([1]) Quinze ans après la naissance de Christophe Colomb, si ce dernier est né en 1436. (Voy. la note 1 de la p. 76.)
([2]) On nomme ordinairement, en italien, le frère d'Améric ser *(signor)* Nostagio, et, en latin, *Anastagio de Vespuccis.*
([3]) Giorgino Vespucci est probablement le même religieux qui, professeur à Pise, fut l'ami et le défenseur de Savonarole.
([4]) « Bordereaux des comptes sur les frais d'armement des flottes de l'Inde, » conservés dans les archives de la *casa de la contratacion* de Séville.
([5]) Voy. p. 167.
([6]) Voy. p. 166.
([7]) *Œuvres complètes*; 1785, t. XIX, p. 428.
([8]) *Hist. de la géogr. du nouv. cont.*, t. IV, p. 37.

Un seul fait, dans l'histoire de ces navigations obscures, est incontestable : c'est qu'Améric Vespuce s'était associé à Juan de la Cosa dans l'expédition dirigée par Hojeda vers la terre ferme du nouveau continent, depuis le 20 mai 1499 jusqu'au 30 août de la même année. On en a pour preuves le témoignage formel de Hojeda dans le procès du fisc contre les héritiers de Colomb [1], et dans les manuscrits de las Casas. Hojeda déclara qu'il avait abordé, le premier après l'amiral, à la côte de Paria.

Or, d'un examen attentif des quatre relations de Vespuce, il ressort que la première seule se rapporte au récit de l'expédition faite avec Hojeda et Juan de la Cosa. Dans l'une et l'autre version, on remarque une complète analogie sur les points suivants : la date du jour et du mois pour le départ; le nombre des navires; l'atterrage au sud-est du golfe de Paria, au nord de l'équateur; les noms de Paria et de Venise; un combat avec les Indiens, où il y eut vingt ou vingt-deux blessés et un seul mort; des incursions dans l'intérieur des terres, pendant lesquelles les naturels reçurent les Espagnols avec des honneurs extraordinaires; un séjour dans le port de Mochima pendant trente-sept jours; le manque de perles; un enlèvement des esclaves.

Le second voyage d'Améric Vespuce paraît être celui dans lequel Vicente-Yanez Pinzon, frère de ce Martin-Alonzo Pinzon qui avait voulu rivaliser avec Colomb [2], découvrit le cap Saint-Augustin, par les 8° 20′ de latitude australe, et la rivière des Amazones. Ce voyage, commencé en décembre 1499, se termina à la fin de septembre 1500.

Le troisième voyage, entrepris en 1501 et terminé en septembre 1502, fut dirigé vers la côte du Brésil, depuis le cap Saint-Augustin jusqu'à une latitude méridionale qui est évaluée à 52 degrés.

Le quatrième et dernier voyage, dirigé vers les Indes orientales, fut interrompu par un naufrage du vaisseau amiral, près de l'île Fernando-Norona. Les autres navires furent emportés à l'ouest et allèrent atterrir à la baie de Tous-les-Saints, au Brésil.

Les deux premiers voyages eurent lieu par ordre du roi d'Espagne; les deux derniers, par ordre du roi de Portugal.

Améric Vespuce ne fut le commandant d'aucune des quatre expéditions; et il est juste de dire que, dans ses écrits, il n'a point prétendu s'en arroger le titre. Il n'occupait certainement dans les escadres qu'une position secondaire, quelle que fût d'ailleurs sa qualité réelle, marchand, pilote ou astronome [3]. Les découvertes qui eurent lieu pendant ces navigations ne peuvent donc, sous aucun prétexte, lui être attribuées : l'honneur n'en saurait revenir qu'à ceux qui eurent la direction et la responsabilité des entreprises. Comment donc est-il arrivé que le nom d'Améric soit devenu célèbre jusqu'à s'imposer de si haut à l'univers et aux siècles?

Voici comment on peut expliquer ce fait étrange, qui a été le sujet de tant de controverses passionnées.

Améric Vespuce était un homme lettré, et il s'était créé des relations honorables avec divers personnages éminents. Il existe sept documents imprimés dont il passe pour être l'auteur, mais qui ont sans doute subi de nombreuses altérations; il n'existe aucun manuscrit original de la main de Vespuce : ces documents sont les relations abrégées de ses quatre voyages; deux autres récits du troisième et du quatrième voyage; une lettre à Lorenzo de Pierfrancesco de Medici, relative au troisième voyage. Ces écrits, dont il est impossible d'apprécier la fidélité, les manuscrits de Vespuce étant perdus, se répandirent très-rapidement, au moyen des traductions, dans toute l'Europe.

Ils portaient les premiers, sous une forme vive et amusante, des nouvelles sur les singularités des pays nouvellement découverts et sur les mœurs étranges de leurs habitants. L'impression produite par leur lecture était celle-ci : « On vient de découvrir un nouveau monde; Améric Vespuce l'a visité, et il

---

[1] Hojeda dit en termes précis que, dans cette expédition entreprise à la côte de Paria, pour faire des découvertes après l'amiral, il emmena avec lui « Juan de la Cosa, pilote, Morigo Vespuce, et d'autres pilotes. » On ne sait si l'on doit en conclure que Vespuce s'était embarqué comme pilote.

On se rappelle qu'Alonzo de Hojeda et Juan de la Cosa avaient accompagné Colomb dans son deuxième voyage (1493-1496).

[2] Voy. p. 137, note 2.

[3] Il était d'usage d'adjoindre des astronomes aux expéditions. Isabelle avait conseillé à Colomb d'emmener avec lui un habile astronome, dans son deuxième voyage. (*Carta mensagera* des monarques à Christophe Colomb, en date du 5 septembre 1493.)

raconte ce qu'il y a vu. » Le nom d'Améric Vespuce se trouva ainsi associé intimement, dans l'opinion publique, à celui du nouveau monde, du vaste continent qui devenait la quatrième partie de la terre, tandis que Colomb, beaucoup moins populaire, était surtout cité par les érudits pour sa première découverte des îles ([1]).

Ce fut en 1507 qu'un savant, professeur et libraire à Saint-Dié (Diey), sur les bords de la Meurthe ([2]), proposa le premier de donner au nouveau continent le nom d'*Amérique*. Il était connu sous le nom d'Hylacomylus; mais on croit qu'il s'appelait Martin Wallizemüller et qu'il était né à Fribourg, dans le Brisgau ([3]). Sa proposition est écrite dans un ouvrage latin de cosmographie, de géométrie et d'astronomie, contenant, réunies pour la première fois, les quatre relations de Vespuce ([4]).

Hylacomylus était un des protégés de René II, qui régna trente-cinq ans en Lorraine, et qui, sans aucun doute, contribua beaucoup à la célébrité de Vespuce, par suite de ses encouragements à tous ceux qui cultivaient les sciences géographiques et qui traitaient dans leurs écrits des nouvelles découvertes. Améric Vespuce fit envoi à ce prince de l'abrégé de ses quatre relations.

On vit bientôt paraître à Strasbourg, en 1509, un petit traité géographique où l'on donnait la dénomination d'Amérique au nouveau monde, suivant le conseil donné par Hylacomylus ([5]).

La première carte sur laquelle on voit le nom d'Amérique donné au nouveau continent paraît être celle d'Appien, rédigée en 1520 et ajoutée au commentaire de Pomponius Mela par Vadianus (Joachim de Watt) ([6]).

En 1520, l'auteur d'un livre sur la *Célébration de Pâques*, Alberto Vighi Campere, fit au navigateur florentin seul l'honneur de la découverte du nouveau monde.

La route de l'erreur, ainsi tracée, ne fit plus que s'élargir et s'étendre.

Améric Vespuce, mort à Séville le 22 février 1512, par conséquent cinq années après la première proposition connue de donner son nom au nouveau continent, fut-il complice de cette idée d'Hylacomylus? La connaissait-il? ([7]) Si l'on suppose que le bruit en dut venir en Espagne, le silence des contemporains témoins des faits ne serait-il pas encore plus extraordinaire que celui de Vespuce? Pouvait-on pressentir, dès ce temps, les graves conséquences de cette méprise ou de cette injustice du savant de Saint-Dié? A cette époque on s'inquiétait peu, dans la Péninsule ibérique, des discussions qui pouvaient intéresser quelques savants épars en Europe; on ne dissertait pas, on agissait, on était entraîné par

---

([1]) C'est ainsi que dans la traduction française des relations de Vespuce, par Mathurin du Redouer, quelques chapitres, mêlés aux autres, sont consacrés à Christophe Colomb, Génois, de telle manière qu'ils ne paraissent pour ainsi dire qu'un épisode de l'histoire des découvertes du navigateur florentin.

([2]) Aujourd'hui dans le département des Vosges.

([3]) Le nom de Martin Waldseemüller ou Wallizemüller est inscrit sur la liste des étudiants de l'Université de cette ville sous le rectorat de Conrad Knoll de Grünigen, le 7 décembre 1490.

([4]) Cet ouvrage, extrêmement rare, a pour titre : *Cosmographiæ introductio cum quibusdam geometriæ ac astronomiæ principiis; ad eam rem necessariis insuper quatuor Americii Vespucii navigationes*; in-4°, sans indication de pages, 52 feuillets, y compris le titre et la dédicace à l'empereur Maximilien.

([5]) *Globus, mundi declaratio, sive descriptio mundi et totius orbis terrarum*.
Pourquoi Hylacomylus a-t-il donné au nouveau continent le nom de baptême d'Améric Vespuce, au lieu de son nom de famille? Il semble qu'il eût été plus naturel d'appeler l'Amérique *Vespuchie (Vespuccia)*. La raison est sans doute que le son de ce dernier nom parut à Hylacomylus peu agréable à l'oreille.

Le nom d'*Amerigo*, inconnu en Espagne, assez peu connu en Italie même, est d'origine germanique. On le trouve dans le haut allemand ancien sous la forme d'*Amalrich* ou *Amelrich*. On cite plusieurs personnages illustres qui ont porté ce nom, entre autres Amalricus, roi des Goths occidentaux; Amalricus, archevêque de Narbonne; Amalricus, fils de Simon de Montfort.

C'est l'ancien nom français *Amaury* qui est devenu quelquefois *Maury*.

C'est à tort, suivant M. de Hagen, que l'on a voulu faire dériver ce nom d'Albéric, qui correspond à l'Alberich de l'épopée des Nibelungen, et que l'on a quelquefois transformé en Emericus, une des formes du nom Ermenric ou Hermanrich.

([6]) Voy. *Mela cum commentatio Vadiani* (Basileæ, 1522, p. 11).
Sur cette carte, on lit à côté des mots *America provincia*, écrits dans la partie méridionale du nouveau continent, une note où l'auteur reconnaît cependant que cette terre et les îles voisines avaient été découvertes par Colomb en 1497.

([7]) « Il est probable que Vespuce n'a jamais su quelle dangereuse gloire on lui préparait à Saint-Dié; dans un petit endroit situé au pied des Vosges, et dont vraisemblablement le nom même lui était inconnu. » (Humboldt, *Géogr. du nouv. cont.*, t. V, p. 206.)

l'ardeur des expéditions, et l'enthousiasme qu'excitaient les découvertes de Gama, de Cabra, de Solès, de Balboa et de tant d'autres, était tel que Colomb lui-même était oublié en Espagne peu d'années après sa mort, à ce point que plusieurs écrivains notables du pays et leurs traducteurs en Europe ignoraient même vers 1520 si le grand homme avait cessé de vivre.

Les fausses dates, les inexactitudes, les tournures emphatiques, les expressions vaniteuses qu'il est aisé de relever dans les relations d'Améric Vespuce ne sauraient suffire pour faire peser sur ce voyageur les graves accusations qui se sont perpétuées jusqu'à nos jours. Il ne manque point de motifs pour croire que la plupart des erreurs qui abondent dans les écrits attribués à Vespuce sont le fait de ses abréviateurs et de ses traducteurs. On a remarqué très-justement que si les fausses dates avaient été mises avec l'intention de tromper l'opinion et de détourner vers l'auteur la gloire de Colomb, il eût été certainement très-facile de les concevoir et de les combiner avec plus d'adresse. Les erreurs de dates sont de même nombreuses dans les écrits de cette époque, et ceux de Colomb sont loin d'en être exempts [1].

Tous les témoignages contemporains recueillis sur Améric Vespuce s'accordent à faire estimer son caractère et à écarter de lui le soupçon des basses et odieuses manœuvres qu'un sentiment louable dans son principe, mais trop exalté, persiste à lui imputer, même aujourd'hui.

Dans une réunion de pilotes convoqués par le roi Ferdinand, en septembre 1512, pour résoudre une question relative à des prétentions du roi de Portugal, Sébastien Cabot, membre de ce conseil, fonde son avis sur l'autorité d'Améric Vespuce, « qui, dit-il, est un homme bien expert dans la détermination des latitudes. »

Ramusio, qui rendait toute justice à Colomb, ne parle jamais de Vespuce qu'avec beaucoup de considération : il se plaît à reconnaître « l'intelligence remarquable, l'esprit supérieur de cet excellent Florentin, le seigneur Améric Vespuce. »

La plus honorable attestation que l'on puisse invoquer en l'honneur de Vespuce est celle que l'on trouve dans la correspondance intime de Colomb. On se rappelle qu'étrangers, Italiens tous deux, ils avaient eu sans doute occasion de se connaître, lorsque Améric était intéressé dans la maison de Berardi. Au commencement de 1505, Améric Vespuce avait quitté le Portugal à la suite de ses deux derniers voyages aux côtes du Brésil ; il n'était pas heureux, et il avait besoin de protection près la cour d'Espagne. Le 5 février de cette année, Colomb écrivit de Séville à son fils :

« Mon cher fils, Diego Mendez [2] est parti d'ici lundi 3 de ce mois. Depuis son départ, j'ai parlé à Amerigo Vespuchy, qui va à la cour, où il est appelé pour être consulté sur des sujets relatifs à la navigation. Il a toujours eu le désir de m'être agréable : c'est tout à fait un homme de bien ; la fortune lui a été contraire, comme à beaucoup d'autres. Ses travaux ne lui ont pas porté profit comme il avait droit de s'y attendre. Il va là (à la cour) pour moi et dans le vif désir de faire, si l'occasion se présente, quelque chose qui m'avienne à bien. Je ne sais d'ici lui spécifier en quoi il peut nous être utile, puisque je ne sais ce qu'on lui veut là-bas ; mais il est bien résolu de faire en ma faveur tout ce qu'il est possible de faire. Tu verras, de ton côté, en quoi tu peux l'employer, car il parlera et mettra tout en œuvre ; je veux que ce soit secrètement, afin que l'on ne soupçonne rien. Quant à moi, je lui ai dit tout ce que je pouvais lui dire sur nos intérêts. »

Un an après la date de cette lettre, en 1506, la cour d'Espagne voulut mettre Vespuce à la tête d'une expédition, avec Vicente-Yanez Pinzon [3].

---

[1] « Telle est la confusion qui règne dans tous les chiffres qu'offrent les manuscrits et les éditions des voyages de Vespuce parvenus jusqu'à nos jours, qu'elle seule semble prouver qu'il n'y a eu rien d'intentionnel dans leur falsification. Si le navigateur même, ou si des éditeurs jaloux de la gloire de Colomb avaient voulu changer les dates pour tromper la postérité, on les aurait mises facilement d'accord entre elles ; on n'aurait pas placé le départ pour le second voyage avant le retour du premier, on aurait indiqué la durée de chaque voyage conformément aux dates falsifiées. Partout les chiffres sont altérés comme au hasard, et sans qu'il soit possible de deviner dans quel but la fraude a agi. Il semble plus naturel de n'y voir que des fautes de transcription et d'impression naissant de la multiplicité des copies répandues en tant de langues diverses. Un manque d'habitude de transformer les chiffres romains en chiffres arabes, ou plutôt hindous, peut y avoir contribué quelquefois. » (Humboldt, *Géogr. du nouv. cont.*, t. IV, p. 273 et suiv.)

[2] Serviteur de Colomb.

[3] Cédule du roi Philippe Ier, du 23 août 1506.

En février 1507, il prépara, avec Juan de la Cosa, une expédition qui n'eut pas lieu, « par des motifs politiques. »

Le 22 mars 1508, on le nomma *piloto mayor de Indias*; il était chargé, en cette qualité, de corriger les cartes hydrographiques et d'examiner les pilotes sur l'emploi de l'astrolabe et du quart de cercle, d'approfondir s'ils réunissaient la théorie à la pratique, enfin de composer une carte officielle pour servir de modèle et de guide ([1]). On augmenta de moitié, en sa faveur, le traitement ordinaire.

Quelle que fût l'importance de cette fonction, elle n'était que subalterne et médiocre, si l'on veut bien la comparer aux titres ou aux richesses qu'obtinrent les premiers navigateurs au nouveau monde. S'il ne méritait pas plus, ce que l'on peut accorder, il est juste aussi de dire qu'il ne paraît point qu'il ait prétendu à une récompense plus élevée.

Il survécut à Colomb de six ans, convaincu jusqu'à son dernier jour, comme ce grand homme, qu'il avait été sur les côtes de l'Asie. La mort le surprit à Séville, le 22 février 1512, remplissant laborieusement ses fonctions de pilote chef, et n'ayant aucune fortune à laisser à sa famille ; sa veuve fut réduite à mendier une petite pension de 10 000 maravédis.

L'honneur qu'on lui a fait en donnant son nom au nouveau monde n'est guère digne d'envie ; il n'a eu pour conséquence que de susciter contre lui une animadversion universelle. Il est probable qu'on le jugera dans l'avenir avec plus d'impartialité. On lui accordera au moins le mérite d'avoir concouru dans une certaine mesure à l'expédition de Hojeda, en 1499, et surtout celui d'avoir contribué plus peut-être qu'aucun écrivain de son temps à éveiller la curiosité de l'Europe sur les nouvelles découvertes.

Ses relations n'ont sans doute que peu de valeur dans l'état où elles nous sont parvenues. La science et l'histoire de la géographie ont peu de profit à en tirer. Vespuce dit lui-même, très-expressément, qu'indépendamment de ces extraits qui ont été conservés, il avait l'intention de composer des récits plus détaillés et plus instructifs ([2]). Toutefois le grand succès de ces écrits, composés à la hâte, mutilés par les traductions, s'explique précisément parce que, traitant principalement de la nature et des coutumes des Indiens, sans discussions scientifiques, ils se trouvèrent à la portée des esprits les plus vulgaires, et leur offrirent une sorte d'intérêt dramatique.

Ce fut surtout la relation de son troisième voyage (de mai 1501 à septembre 1502) qui se répandit avec le plus de rapidité et devint populaire en Europe : c'est celle que l'on cite le plus souvent et que nous nous bornerons à traduire, à titre de curiosité littéraire de l'histoire des voyages plus encore que comme un document nécessaire à l'étude ([3]).

([1]) On a accusé Vespuce d'avoir profité de cette position pour mettre son nom sur les cartes du nouveau monde ; mais il est constant, d'une part, que la première proposition d'appeler *Amérique* le nouveau monde, date d'une année avant la nomination de Vespuce à la fonction de *piloto mayor*, et d'autre part que les mappemondes qui portent le nom d'Amérique n'ont paru que huit ou dix ans après la mort de Vespuce, et dans des pays sur lesquels ni lui ni ses parents n'exerçaient aucune influence.

Les rédacteurs des *Mémoires de Trévoux* ont dit à tort, en septembre 1746, que don Diego Colomb, fils et successeur de Christophe Colomb, avait intenté un procès à Vespuce pour avoir publié qu'il avait découvert le continent, en 1497 ; ils ont fait confusion avec le procès intenté par le fisc à don Diego Colomb pour lui contester une partie de ses droits. (Voy. Navarrete, coll. de *los Viages*, etc., t. III, p. 559, 560, 595.)

([2]) Voy. ce qu'il dit lui-même à la fin de la relation suivante, et les p. 169, 170, etc., du t. IV de la *Géographie du nouveau continent*.

([3]) Cette relation est celle qui a été le plus souvent réimprimée ; elle fut seule publiée dans le *Mondo novo*. « Elle était faite pour piquer la curiosité publique ; elle offrait des figures de constellations australes, la description d'un arc-en-ciel lunaire, un tableau animé des mœurs des sauvages brésiliens, et, de plus, l'histoire d'une tempête qui, suivant le narrateur, avait duré quarante jours sans interruption. » (Humboldt.)

La célébrité que donnait à Vespuce la multiplication si rapide et si étendue de la relation de son troisième voyage se perpétuait d'autant mieux, que la relation du quatrième et dernier voyage de Colomb demeurait pour ainsi dire cachée dans la *Lettera rarissima*, datée de la Jamaïque, 7 juillet 1503. (Voy. p. 174.)

La traduction française de Redouer, où le nom de Vespuce domine, et où Colomb ne joue qu'un rôle secondaire, a eu pour le moins trois éditions au commencement du seizième siècle, et l'on sait combien la langue française était répandue à cette époque.

Rien n'annonce dans aucune des traductions latines, allemandes ou françaises, qu'Améric ait eu connaissance de leur publication. Prévost n'a point inséré les relations de Vespuce dans sa collection, « parce qu'il n'a pas jugé qu'elles méritassent assez de confiance. »

au sud, à environ 300 lieues de l'endroit où nous avions vu la terre pour la première fois (¹). Pendant ce trajet, nous descendîmes souvent à terre, et nous nous mîmes en relation avec les habitants, comme je le raconterai plus loin.

J'ai oublié de dire que le cap Vert est à 700 lieues de cette terre nouvelle, bien que j'eusse pensé que notre navigation eût été de plus de 800. La violence de la tempête, les accidents, l'ignorance du nocher, avaient allongé notre voyage, et nous étions arrivés en un tel lieu que, sans les connaissances que j'avaisen cosmographie, la négligence de notre nocher eût certainement causé notre mort; car nous n'avions aucun pilote qui fût en état de dire, au delà de 50 lieues, en quel lieu nous nous trouvions. Nos navires erraient au hasard, sans direction, et se seraient perdus si, pour mon salut et pour celui de mes compagnons, je n'eusse fait usage des instruments astrologiques, l'astrolabe et le quadrant. Et ce ne fut pas pour moi l'occasion de peu de gloire : depuis ce jour j'ai joui parmi eux de la considération que les honnêtes gens ont ordinairement pour les hommes instruits ; je leur enseignai à aller sur mer, et de telle sorte qu'ils reconnurent que les nochers ordinaires, ignorants en cosmographie, ne savaient rien en comparaison de moi (²).

Cette découverte du cap situé vers le sud augmenta notre désir de connaître la terre nouvelle et de l'étudier avec attention. On fut unanime dans la volonté de visiter le pays, et de s'enquérir des mœurs et de la manière de vivre des peuples qui l'habitaient.

Nous naviguâmes donc le long de la côte pendant près de 600 lieues, descendant souvent à terre et entrant en pourparler avec les habitants, qui nous accueillaient avec respect et avec sympathie. Pour nous, touchés de leur bonté et de l'innocence extraordinaire de leur nature, nous passâmes bien quinze ou vingt jours avec eux ; et ils nous rendaient tous les honneurs possibles, car ils sont très-bons et très-obligeants envers leurs hôtes, comme on le verra bientôt.

Cette terre ferme commence, au delà de la ligne équinoxiale, par 8 degrés vers le pôle antarctique ; et dans notre navigation près de la côte nous traversâmes le tropique d'hiver, vers le pôle antarctique, par 17 degrés et demi, ayant devant nous ce pôle élevé de 50 degrés au-dessus de l'horizon.

Les choses que j'y ai vues sont entièrement ignorées des hommes de notre temps, qu'il s'agisse, soit des habitants, de leurs usages, de leur humanité, de la fertilité du terrain, de la pureté de l'air, du ciel bienfaisant, soit des corps célestes et surtout des étoiles fixes de la huitième sphère, inconnues dans la notre, même des hommes les plus savants de l'antiquité : aussi en parlerai-je plus tard avec détails.

Ce pays est plus habitable qu'aucun de ceux que j'ai vus. Les habitants sont très-doux, très-bienveillants, très-inoffensifs ; ils sont tout nus, comme les a faits la nature ; ils naissent nus et ils meurent nus ; leurs corps sont très-bien formés et parfaitement proportionnés dans toutes leurs parties. La couleur de leur peau approche de la couleur rousse (³), et cela vient de ce que, étant toujours nus, ils sont brûlés par la chaleur du soleil (⁴). Ils ont les cheveux noirs, longs et flottants. Dans leur démarche, dans leurs jeux, dans tous leurs mouvements, ils sont extrêmement adroits. Leur figure est belle, leur physionomie naturellement agréable ; mais ils s'enlaidissent à plaisir par un procédé incroyable : ils percent leur visage de tous côtés, les joues, les mâchoires, le nez, les lèvres et les oreilles ; ils ne se contentent pas de faire un seul trou peu visible, ils s'en font plusieurs et de très-grands. J'en ai vu quelquefois dont le visage était percé de sept trous, chacun capable de contenir une grosse prune. Quand ils ont enlevé la chair, ils remplissent les cavités avec de petites pierres, de couleur bleue, de marbre, avec du cristal, de très-bel albâtre, ou avec de l'ivoire, ou avec des os très-blancs, et tous ces objets sont travaillés

---

(¹) 150 lieues, suivant la lettre au roi René.

Ce cap est nommé, comme il doit l'être, cap *Saint-Augustin* dans les *Quatre navigations* et dans les éditions italiennes de la lettre au roi René.

(²) « C'est l'*astronome de l'expédition* qui parle ainsi, tout bouffi du secret qu'il croit posséder de déterminer la longitude *par les conjonctions de la lune et des planètes*. Cet accès de jactance et d'un certain orgueil astronomique se retrouve presque au même degré chez Colomb. » (Humboldt.)

(³) Vespuce avait déjà décrit les indigènes du nouveau continent, dans sa première lettre, comme des hommes à face large et à physionomie tartare, à couleur rouge comme le poil du lion.

(⁴) Volney a partagé cette erreur relative à la cause de la couleur de la peau (*Essai politique sur le Mexique*, t. Ier, p. 360).

avec assez d'art (¹). Or cette coutume est si extraordinaire, si incommode, si repoussante, qu'au premier abord ces faces toutes trouées et couvertes de pierres semblent plutôt celles de monstres que d'hommes

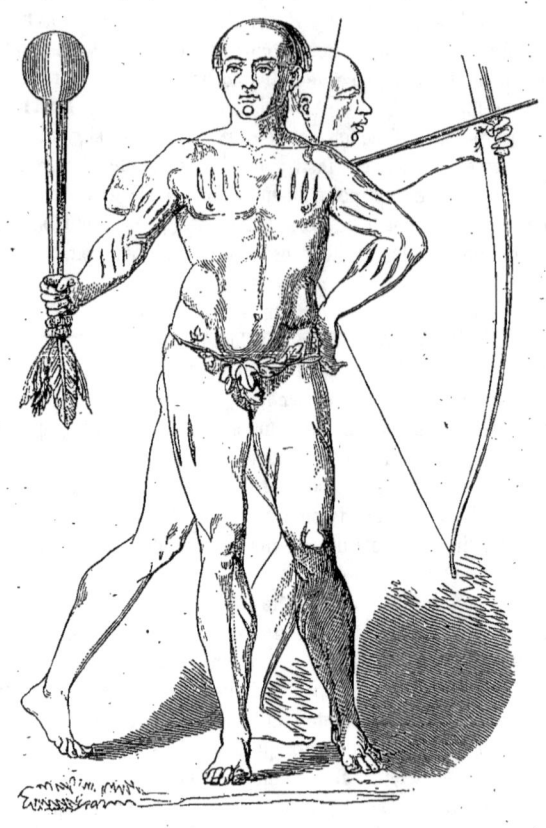

Guerriers brésiliens. — D'après Jean de Léry (²).

véritables. Quelquefois j'ai vu ces sept pierres larges chacune la moitié de la main; et, si incroyable, si monstrueux que cela paraisse, ce n'en est pas moins une vérité : j'ai plusieurs fois pesé ces pierres et trouvé que leur poids était de près de sept onces. Aux oreilles, ils portent des ornements plus précieux, des anneaux ou des perles, suivant la coutume des Égyptiens et des Indiens.

Du reste, cet usage est particulier aux hommes; les femmes ne portent que des ornements d'oreilles (³)...

Ils n'ont ni laine, ni lin, ni tissus, ni vêtements de coton; et ils n'ont besoin d'aucune de ces choses, puisqu'ils sont toujours nus.

Il n'y a chez eux aucun patrimoine; tous les biens sont communs à tous. Ils n'ont ni roi, ni empereur. Chacun est son roi à lui-même. Ils ont autant d'épouses qu'il leur plaît, et il n'y a aucun empêchement de parenté à ces mariages qu'ils peuvent rompre selon leur caprice, car ils sont sans lois et privés de raison. Ils n'ont ni temples, ni religion, et cependant ils adorent des idoles. Que dirai-je de

(¹) Voy., sur les botoques, les Tables du *Magasin pittoresque*.
(²) *Histoire d'un voyage fait en la terre du Brésil*, etc.; 3ᵉ édition, Paris, 1594.
(³) Ici se trouvent dix ou douze lignes sur les déportements des femmes. Ce passage, qu'il nous est impossible de ne pas omettre, n'est peut-être pas un de ceux qui contribuèrent le moins à donner de la popularité au nom d'Améric Vespuce.

plus? Ils vivent avec une détestable licence qui les fait ressembler plutôt à des épicuriens qu'à des stoïciens. Ils ne se livrent à aucune espèce de commerce ; ils ne connaissent aucune monnaie. Néanmoins,

Combat d'indigènes brésiliens. — D'après Jean de Léry.

ils sont souvent en discorde entre eux, et ils se livrent des combats affreux, mais sans nul art militaire. Dans les conseils, les vieillards influencent les jeunes gens, leur font adopter les résolutions qui leur conviennent, et enflamment leur ardeur pour combattre et mettre à mort leurs ennemis. S'ils sont vainqueurs, ils coupent en morceaux les vaincus, les mangent, et assurent que c'est un mets très-agréable. Ils se nourrissent ainsi de chair humaine ; le père mange le fils, et le fils le père, suivant les circonstances et les hasards des combats.

J'ai vu un abominable homme qui se vantait, et qui n'en tirait pas peu de vanité, d'avoir mangé plus de trois cents hommes. J'ai vu aussi une ville, que j'ai habitée environ vingt-sept jours, et où des morceaux de chair humaine salée étaient accrochés aux poutres des maisons, comme nous accrochons aux poutres de nos cuisines, soit de la chair de sanglier séchée au soleil ou fumée, soit des saucissons, soit d'autres provisions de cette espèce ([1]). Ils s'étonnent fort que nous ne mangions pas comme eux la chair de nos ennemis ; ils disent que rien ne met plus en appétit, que cette chair a un goût merveilleux, et qu'on ne peut imaginer rien de plus savoureux et de plus délicat.

Ils n'ont d'autres armes que des arcs et des flèches, et ils s'en servent très-cruellement pour s'entretuer dans leurs combats, s'attaquant et se frappant tout nus comme des bêtes sauvages.

Souvent nous avons essayé de les faire changer de sentiment, et nous les avons pressés de renoncer

---

([1]) Il semble bien que ceci soit une réminiscence des récits de divers voyageurs du moyen âge. Voy., dans le deuxième volume, la relation des DEUX MAHOMÉTANS, sur l'anthropophagie en Chine, p. 118 et 122, note 2 ; MARCO-POLO, sur la même coutume, p. 317, etc.; et Marsden, liv. II, ch. LXXIII, p. 551.

à des coutumes si odieuses et si abominables, et quelquefois ils nous ont promis de se corriger de leurs habitudes de cruauté.

Prisonniers mis à mort. — D'après Jean de Léry.

Comme je l'ai déjà dit, les femmes, quoique nues, errant à leur volonté et sans pudeur, ne sont cependant pas laides. Leurs corps sont bien proportionnés et elles ne sont point hâlées par le soleil comme on pourrait le croire. Leur extrême embonpoint ne les rend point difformes.

Ces gens-là disent qu'ils vivent cent cinquante ans [1]; il est rare qu'ils soient malades, et si, par hasard, il leur survient quelque infirmité, ils se guérissent aussitôt avec le suc de certaines herbes.

Les choses que j'ai trouvées le plus dignes d'envie dans cette contrée sont la douceur de la température, la pureté du ciel, la fertilité du sol, la longévité des habitants; et je suppose qu'ils doivent ces avantages au vent d'est, qui souffle aussi souvent chez eux que chez nous le vent du nord.

Ils aiment beaucoup la pêche, qui leur fournit leur nourriture la plus ordinaire : la nature leur est, à cet égard, très-favorable, la mer qui baigne leur terre abondant en toutes sortes de poissons.

Ils ont peu de goût pour la chasse, peut-être à cause de la multitude des animaux sauvages qu'ils redoutent et qui les empêche de se hasarder dans les forêts : on y rencontre toute espèce de lions, d'ours et de bêtes semblables [2]. En outre, les arbres y atteignent une telle hauteur qu'on pourrait à peine le croire. Ils s'abstiennent donc d'aller dans les forêts, parce qu'étant nus et sans armes, ils ne pourraient lutter avec avantage contre les animaux.

Le pays est très-tempéré, très-fertile et extrêmement agréable; et quoiqu'il s'y trouve beaucoup de collines, il n'en est pas moins arrosé par un grand nombre de ruisseaux et de fleuves [3]. Les bois y sont si épais, les arbres si pressés les uns contre les autres, qu'on ne peut y pénétrer : ils sont remplis d'animaux féroces de toutes sortes.

Les arbres et les fruits croissent d'eux-mêmes, sans culture : les fruits sont excellents, très-abondants,

---

[1] La plupart des voyageurs du moyen âge prétendent de même que l'on vivait moyennement plus de cent ans dans quelques-uns des pays qu'il avait visités. (Voy. notre deuxième volume.) Le compagnon d'Antonio Barbarigo rapportait avoir vu à Aden un vieillard âgé de trois cents ans.

[2] Erreur.

[3] Passage inintelligible.

et ils ne font aucun mal; ils diffèrent beaucoup des nôtres. La terre produit, en outre, un nombre infini d'herbes et de racines avec lesquelles on fait du pain et d'autres aliments. Il y a aussi des grains de beaucoup d'espèces différentes, mais qui ne sont pas tout à fait semblables aux nôtres.

Réception d'un ami. — D'après Jean de Léry.

Funérailles. — D'après Jean de Léry.

Le pays ne produit aucun métal, excepté l'or qu'on y trouve en très-grande abondance, quoique nous n'en ayons pas apporté de ce premier voyage; mais nous sommes assurés que c'est la vérité, parce que ce fait nous a été affirmé par tous les habitants, qui ajoutaient même que l'or était, chez eux, très-peu recherché et n'avait presque aucune valeur. Ils ont beaucoup de perles et de pierres précieuses, comme nous l'avons indiqué plus haut. Mais, si je voulais parler de tout ce que j'ai vu, j'aurais à raconter tant de choses, et si différentes les unes des autres, que cette relation deviendrait un trop long ouvrage. C'est ainsi que Pline, homme très-docte, ayant entrepris l'histoire de tant de choses, n'est point parvenu à en décrire la meilleure partie, et s'il eût traité de chacune de ces choses, il eût fait un ouvrage beaucoup plus considérable quant à l'étendue, mais surtout très-parfait.

Parmi les nouveautés qui étonnent le plus, je dois citer les espèces nombreuses de perroquets si différents et de couleurs si variées. Les arbres exhalent tous un parfum si suave, qu'on ne saurait se l'imaginer; et de toutes parts suintent des gommes, des liqueurs, des sucs qui, si nous connaissions leurs vertus, nous serviraient à toutes choses, non pas seulement à nous procurer des sensations agréables, mais à nous maintenir en santé, ou à nous guérir si nous étions malades. Certes, s'il y a un paradis terrestre au monde, je ne doute pas qu'il ne soit à peu de distance de ce pays, qui, voisin du sud, jouit d'un ciel si tempéré qu'on n'y souffre ni du froid en hiver, ni d'une trop grande chaleur en été. Il est rare que des nuages obscurcissent l'air: les jours sont presque toujours sereins. Quelquefois il tombe une légère rosée, sans aucune vapeur, et après trois ou quatre heures, elle se dissipe comme un brouillard.

Le ciel est orné de quelques belles étoiles que nous ne connaissons pas, et dont j'ai eu grand soin de prendre note. J'en ai compté environ vingt d'un éclat égal à celui de Vénus et de Jupiter. J'ai étudié leur cours et leur divers mouvements; j'ai mesuré leur circonférence et leur diamètre avec assez de facilité, étant quelque peu géomètre : aussi je puis assurer qu'elles sont plus grandes que l'on ne pense. J'ai vu entre autres trois *canopus* ([1]), deux très-clairs, et le troisième obscur et différent des autres. Le pôle antarctique n'a ni Grande-Ourse, ni Petite-Ourse, comme notre pôle arctique. On ne voit point d'étoiles resplendissantes qui en marquent la place, mais il y en a quatre qui l'entourent et qui forment un quadrangle ([2]).

Et lorsqu'elles commencent à paraître, on voit à gauche un canopus éclatant et d'une belle grandeur qui, étant parvenu au milieu du ciel, forme la figure suivante.

Trois autres lumières brillantes les précèdent, et celle du milieu a 12 degrés et demi de circonférence, et au milieu des trois est un autre *canopus* resplendissant. Ensuite viennent six autres étoiles dont la splendeur surpasse celle de toutes les autres étoiles qui sont dans la huitième sphère : celle qui est au milieu de la superficie de ladite sphère a 32 degrés de circonférence. Après ces figures paraît un grand *canopus*, mais obscur ([3]), et dont les étoiles sont toutes dans la voie lactée et unies à la ligne méridienne; elle forme la figure suivante ([4]).

([1]) « On ne sait d'où sortent tous ces *canopus* dit Bandini, le panégyriste de Vespuce; c'est une chose fort confuse que ces représentations d'étoiles, et ces *canopus* l'embrouillent encore plus. »

On ne connaît en effet, dans le catalogue des constellations australes, qu'un seul *canopus*; c'est une étoile primaire, la seconde du ciel, dans la constellation du Navire.

([2]) Vespuce ne connaît point encore le nom de la constellation de la Croix du Sud.

Les quatre étoiles qui forment la Croix du Sud étaient, au siècle de Ptolémée, visibles dans la partie la plus méridionale de la Méditerranée.

([3]) Ces expressions peuvent faire allusion aux taches noires du ciel austral, aux *sacs à charbon*. (Voy. le *Magasin pittoresque*, t. XXI, p. 74.)

([4]) « Ces dessins grossiers de la configuration des groupes d'étoiles du ciel austral n'ont pas peu contribué sans doute, dit Humboldt, à donner de la célébrité à un voyage dont le récit partiel (Ruch., cap. CXXI) portait le titre fastueux : *Comment Albéric* (Améric) *a découvert la quatrième partie du monde.* »

Ramusio dit seulement : *Comment Amerigo a parcouru la quatrième partie du cercle du monde.*

Ces configurations, qui n'ont aucune valeur d'exactitude, diffèrent d'ailleurs dans les différents textes.

J'ai vu encore beaucoup d'autres étoiles, et ayant observé avec grand soin tous leurs différents mouvements, j'ai composé, pour les décrire, un livre dans lequel j'ai d'ailleurs raconté tout ce que j'ai pu apprendre pendant cette navigation. Ce livre est encore entre les mains du sérénissime roi (de Portugal), et j'espère qu'il reviendra bientôt dans les miennes. J'ai donc étudié avec soin dans cet hémisphère des choses qui contredisent les opinions des philosophes, car elles leur sont tout à fait contraires. Entre autres choses j'ai vu l'iris, c'est-à-dire l'arc-en-ciel blanc, presque au milieu de la nuit. Selon l'explication de quelques savants, il prend les couleurs des quatre éléments : du feu, le rouge; de la terre, le vert; de l'air, le blanc; et de l'eau, le bleu; mais Aristote, dans son livre intitulé : *Météores*, est d'une opinion très-différente (¹), car il dit que l'arc-en-ciel est la réflexion d'un rayon dans la vapeur d'un nuage situé dans la direction opposée, de même qu'une lumière qui brille sur l'eau reluit sur une muraille, retournant ainsi contre elle-même. Par son interposition, il tempère la chaleur du soleil; en se résolvant en pluie, il fertilise la terre; par sa beauté, il ajoute un charme au ciel; il prouve que l'air est chargé d'humidité, et, quarante ans avant la fin du monde, il cessera de paraître, ce qui sera le signe de la sécheresse des éléments. Il paraît toujours à l'opposé du soleil : on ne le voit jamais au midi, parce que jamais le soleil n'est au nord; Pline dit qu'après l'équinoxe d'automne, il apparaît à toute heure (²). Et je dois dire que j'ai tiré ce fait du commentaire de Landino sur le quatrième livre de l'Énéide, parce qu'il est juste que personne ne soit privé de l'honneur que lui méritent ses travaux. J'ai vu cet arc deux ou trois fois, et je ne suis pas le seul qui ait réfléchi à ce phénomène; beaucoup de marins partagent mon opinion. Nous vîmes aussi la lune nouvelle opérant sa conjonction le même jour avec le soleil (³); et de plus, chaque nuit, des vapeurs et des flammes ardentes qui traversaient le ciel (⁴).

Fac-similé d'un dessin d'Améric Vespuce.

Un peu plus haut, j'ai donné à ce pays le nom d'Hémisphère, et, à proprement parler, on ne peut pas dire que ce soit un hémisphère, si on le met en comparaison du nôtre; mais comme après tout il paraît en avoir à peu près la forme, on peut, sans une exactitude trop rigoureuse, l'appeler Hémisphère.

Donc, ainsi que nous l'avons dit, de Lisbonne, d'où nous partîmes, et qui est éloigné de l'équinoxe, vers le nord, de près de 40 degrés, nous naviguâmes jusqu'à ce pays qui est à 50 degrés au delà de l'équinoxe, ce qui fait en somme 90 degrés, c'est-à-dire la quatrième partie du grand cercle; selon la

---

(¹) *Météores*, lib. III, cap. IV. Aristote dit dans le même livre (cap. II, IX) qu'il n'avait vu un arc-en-ciel lunaire que deux fois en cinquante ans.

« Je ne puis aucunement reconnaître dans la description dogmatiquement embrouillée de Vespuce, dit Humboldt, le phénomène bien connu du *halo*. » Ce raisonnement bizarre sur les causes du phénomène est tiré en partie d'un petit ouvrage de physique de Pierre d'Ailly. (Voy. p. 84, note 5).

(²) *Histoire naturelle* de Pline, l. II, c. LIX.

(³) En disant que la lune était visible le jour même de la conjonction, Vespuce paraît vouloir rappeler simplement que la nouvelle lune se voit sous les tropiques plus tôt qu'en Europe.

(⁴) Étoiles filantes.

vraie raison du nombre, que nous ont enseignée les anciens. Il doit donc être manifeste pour tout le monde que nous avons mesuré la quatrième partie du monde; et en effet, nous qui habitons Lisbonne, au delà de la ligne équinoxiale, par 40 degrés environ vers le nord, nous sommes éloignés de ceux qui habitent au delà de la ligne équinoxiale dans la longueur méridionale, angulairement, 90 degrés, c'est-à-dire par ligne transversale. Et afin que la chose soit plus clairement comprise, la ligne perpendiculaire qui, tandis que nous sommes droits sur nos pieds, part du point du ciel et arrive à notre zénith, vient frapper par le flanc ceux qui sont au delà de la ligne équinoxiale à 50 degrés, d'où il suit que nous sommes sur la ligne droite, et eux, relativement à nous, sur la ligne transversale, ce qui forme un triangle à angles droits, et nous tenons la droite de ces lignes, comme le montre la figure ci-dessus ([1]).

Et je pense avoir assez parlé cosmographie.

Votre Seigneurie me pardonnera si je ne lui ai pas envoyé les notes écrites jour par jour pendant cette dernière navigation, suivant ma promesse; mon excuse est que le roi sérénissime tient encore près de Sa Majesté mes manuscrits; mais puisque j'ai différé jusqu'à ce jour de faire ce travail, j'y joindrai sans doute mes quatre relations. J'ai l'intention d'aller encore une fois à la découverte dans cette partie du monde qui est vers le sud. Pour m'aider à accomplir ce dessein, il y a déjà deux caravelles toutes prêtes, armées et fournies de vivres. Tandis que j'irai au levant, en voyageant par le midi, je naviguerai par l'ostro, et quand je serai arrivé, je ferai beaucoup de choses à la louange et à la gloire de Dieu, pour l'utilité de la patrie, pour perpétuer la mémoire de mon nom, et principalement pour l'honneur et la consolation de ma vieillesse qui est déjà presque arrivée ([2]). Il ne me manque plus que le congé du roi, et dès que je l'aurai obtenu, nous naviguerons à grandes journées, et, s'il plaît à Dieu, nous réussirons ([3]).

([1]) Dans le texte de Ramusio, des étoiles zénithales correspondent à l'un et à l'autre petit personnage.

« Tout cela est bien élémentaire, » dit Humboldt.

([2]) Vespuce avait alors cinquante et un ans.

« Il m'a paru très-probable que le premier voyage de Vespuce a été fait avec Hojeda, le second avec Vicente-Yanez Pinzon, et le quatrième avec Gonzalo Coelho. Nous ignorons jusqu'ici sous quel chef Vespuce a exécuté son troisième voyage. » (Humboldt.)

([3]) Le retour de ce troisième voyage eut lieu le 7 septembre 1502.

Tout le voyage dura quinze mois, d'après Ramusio; seize mois, d'après Hylacomylus; dix-huit mois, suivant le texte de Valori.

BIBLIOGRAPHIE.

TEXTE. — Il n'existe aucun manuscrit original de la main d'Améric Vespuce, sinon quelques lettres autographes. Les documents qui lui sont attribués et que l'on a imprimés sont au nombre de huit: — les *Quatre voyages (Quatuor navigationes)*; — les doubles du second et du troisième voyage (1re et 2e lettre à Lorenzo de Pier-Francesco de Medici); — la lettre à Lorenzo de Pier-Francesco de Medici, pendant le cours du troisième voyage, relative aux découvertes portugaises dans les Indes orientales; — fragment d'une lettre de Vespuce à Lorenzo, d'après une copie trouvée dans le *Codice riccardiano*, imprimée en 1550 dans le premier volume de Ramusio (rejetée par les critiques).

Dates de la publication des *Voyages*. — 1504 (en italien). — 1505 (en latin). — 1506 (en allemand). — 1507 (en italien). — Même année, les *Quatre voyages*; en Lorraine. — 1508 (en italien), dans le Recueil de Vicence, et en latin, dans l'Itin. port. — 1509, nouvelle édition de l'ouvrage d'Hylacomylus; à Strasbourg. — *Mundus novus; de naturâ, moribus et cœteris istius generis, gentiumque in novo mundo; opera impensisque Portogaliæ regis inventus, autore Americo Vespucio*; in-16. — *Voyages mémorables faits par Christophe Colomb, Améric Vespuce*, etc. (en allemand), avec planches; Leyde, 1705, in-8. — *Albericus Vespucius Laurentio Petri Francisci de Medicis salutem plurimam dicit*; Paris, Jehan Lambert, imprimeur (qui exerça son art de 1493 à 1514).

QUELQUES OUVRAGES A CONSULTER. — Alessandro Zorzi, *Mondo novo e paesi nuovamente retrovati da Alberico Vespuzio, Fiorentino, intitolato* Recueil de Vicence, publié en 1507. — Hylacomylus (Waldseemuller?), *Cosmographiæ introductio, cum quibusdam geometriæ et astronomiæ principiis ad eam rem necessariis insuper quatuor*

Americi Vespucii navigationes; Saint-Diez, en Lorraine, 1507; à Strasbourg, 1509. — Mathurin du Redouer, « Sensuyt le nouveau monde et navigations faictes par Emeric de Vespuce, Florentin, des pays et isles nouvellement trouvez, auparauant à nous incogneuz, translaté de ytalien en langue françoyse, par Mathurin du Redouer, licencié ès loix ; imprimé nouvellement à Paris (sans date; probablement 1513). On les vent à Paris, en la rue Neufue Nostre-Dame, à l'enseigne de *l'Escu de France.* » — On a d'autres éditions de ce dernier ouvrage sorties des presses de Gaillot-du-Pré, probablement de 1516, de Jehan Janot, de Jean Treperel, de Philippe le Noir, etc. C'est la traduction d'une partie du Recueil de Vicence, de 1507 — Madrignano, *Itinerarium Portugalentium;* 1508, in-fol. — *Le Navigationi per l'Oceano all' terre di negre de la bassa Ethiopia,* cioe la Historia del paese nuovamente retrovato e nuovo mondo, da Albérico Vesputio; Milan, 1519, in-fol. — J.-Baut. Muñoz, *Historia del nuevo mundo;* Madrid. — Meuzel, *Bibliotheca historica,* t. III, p. 4 et 26. — *Le Nouveau monde, nouvellement découvert par Améric Vespuce;* J.-D. Lignano (en italien), 1519 ; in-4°. — Napione, *Esame critico del primo viaggio del Vespucci;* Venise, 1528. — Ramusio, *Recueil des navigations et voyages;* 1550. — *L'America* di Raphaël Gualterotti ; Firenze, Giunti; 1 vol. in-8, 1611, poëme en cent quatre octaves. — Barlœus, *Historia rerum in Brasiliâ et alibi gestarum,* etc.; 1 vol. in-fol., Amsterdam, 1647. — Bandini, *Vita e lettere di Amerigo Vespucci, gentilhuomo fiorentino,* raccolte ed illustrate dall' abate Angeli-Maria Bandini; Firenze, 1745. — *Mémoires de Trévoux,* septembre 1746, art. xciii. — Kock, *Tableau des révolutions de l'Europe;* in-8, Lausanne-Strasbourg, 1771, p. 16. — Canovai, *Monumenti relativi al giudizio pronunziate dall' Academia etrusca di Cortona di un elogio di Amerigo Vespuccio;* Arezzo, 1787, in-8. — *Viaggi d'Amerigo Vespucci.* — *Annotazioni sincere dell' autore dell' elogio premiato di Amerigo Vespuci per una seconda edizione.* — *Del primo scopritore del continente del nuovo mondo e dei piu antichi storici che ne scrissero;* Florence, 1787, in-8. Immédiatement après avoir publié les *Monumenti,* Canovai donna de nouveau son livre intitulé : *Elogio d'Amerigo Vespucci che ha riportato il premio della nobile Academia etrusca di Cortone,* etc., con una dissertazione giustificativa di questo celebre navigatore; Florence, 1788; ibid., 1788, 4e édition. Ce fut ce volume qui enfanta la polémique dont nous donnons les éléments. (C'était le comte de Durfort qui avait fondé le prix remporté par Canovai.) — Bartolozzi, *Apologia delle ricerche istorico critiche;* Florence, 1789 (réfutation de Canovai). — *Lettera allo stampatore sign.* Pietro Allegrini, *a nome dell' autore dell' elogio premiato di Amerigo Vespucci;* Florence, 25 février 1789. — *Difesa d'Amerigo Vespucio,* 1796. — Mariaco Lorente, *Saggio apologetico, degli storici e conquistatori spagnuoli dell' America;* Florence et Naples, 1796. — *Voyages d'Étienne Marchand,* t. IV, p. 25 ; Paris, 1799. — Camus, *Mémoire sur les Collections de voyages de de Bry et de Thévenot;* Paris, 1802. — Collection de notices pour servir à l'histoire et à la géographie des peuples d'outre-mer (en portugais), publiée par l'Académie royale des sciences de Lisbonne, en 1812 et années suivantes; 6 vol. petit in-4°. — Rottech, *Allgemeine Geschichte Neuerer zeiten,* etc. (Histoire générale des temps modernes); 1823. — Bossi, *Histoire de Christophe Colomb,* traduite par Urano ; 1824. — Navarrete, troisième volume de la *Coleccion de los viages y descubrimientos que hicieron por mar los Españoles,* etc. (notes des p. 242 et 243, et notices exactes d'Améric Vespuce, p. 315 à 334). — *Bulletin de la Société de géographie,* Tables de 1835, 1836 et 1837. — Ternaux-Compans, *Bibliothèque américaine;* Paris, 1837, in-8. — Humboldt, *Histoire de la géographie du nouveau continent,* t. IV et V; Gide et Baudry, 1837. — Santarem, *Recherches historiques, critiques et biographiques sur Améric Vespuce et ses voyages;* Arthus-Bertrand, in-8, 1842.

VASCO DA GAMA,
VOYAGEUR PORTUGAIS.

[1407-1524.]

Portrait de Vasco da Gama (¹). — D'après une peinture du seizième siècle.

Vasco da Gama naquit dans une petite ville maritime nommée Sines, à 24 lieues environ de Lisbonne. La date de sa naissance est restée des plus incertaines, car il nous est difficile d'adopter celle de 1469. C'est cependant celle qui fait autorité, et elle est admise par le P. Antonio Carvalho da Costa, qui n'accorde pas plus de vingt-huit ans au célèbre navigateur lorsqu'il partit pour les Indes. Un document,

---

(¹) Le portrait que nous avons reproduit ici, et qui a été exécuté d'après une gravure du *Panorama*, journal littéraire et pittoresque fort en vogue à Lisbonne, est tiré d'une peinture du seizième siècle appartenant au comte de Farrobo, dont tout le monde apprécie le goût éclairé pour les arts. Le portrait en pied est une reproduction de la peinture qui existe dans le palais des vice-rois à Goa. Il est extrait de Barreto de Rezende, *Tratado dos vizos-reys da India* (manuscrit de la Bibliothèque impériale). On l'a introduit également dans la collection publiée à Lisbonne par M. Colaço.

exhumé dernièrement des archives espagnoles, recule nécessairement cette date, sans qu'il soit possible de lui en substituer une autre avec quelque exactitude. Nous voyons, en 1478, un sauf-conduit accordé par Isabelle et Ferdinand à deux personnages nommés Vasco da Gama et Lemos, pour passer à Tanger [1]; or il est difficile de supposer qu'une sorte de passe-port de cette nature eût été délivré à un enfant. Sur le renseignement même fourni par Carvalho, M. le vicomte de Santarem est le premier qui ait fixé l'année 1469, mais il l'a fait avec une réserve judicieuse qui laisse une entière liberté à la critique sur ce point.

La famille de Gama remontait, selon Carvalho, jusqu'au règne d'Alphonse III, c'est-à-dire jusqu'au treizième siècle. A cette époque, Alvaro Eanez da Gama aurait contribué par son courage à la conquête du royaume des Algarves. Selon quelques généalogistes, ce serait de ce personnage que serait descendu Estevam da Gama, né à Olivença, et alcaïde de Sines, auquel commence réellement l'illustration de la famille, sous Alphonse V. Le père de l'illustre navigateur s'appelait, comme son aïeul, Estevam da Gama; non-seulement il était grand alcaïde de Sines, mais il se trouvait revêtu de la même dignité dans Sylves, au royaume des Algarves, et il était en outre commandeur de Seixal, attaché au service de l'infant don Fernando, père du roi Emmanuel, et contrôleur de la maison du prince Alphonse, fils de Jean II. Au début de son règne, le roi avait déjà fixé son choix sur lui pour lui confier une flottille d'explorations destinée à tenter la découverte des Indes. Comme marin, Estevam da Gama jouissait donc déjà d'une haute réputation. Il se maria avec dona Isabelle Sodré, et il en eut, entre autres enfants, Vasco et Paul da Gama, qu'il destina sans doute de bonne heure à la marine, dans laquelle il s'était déjà fait un nom.

Tout nous porte à croire que Vasco da Gama commença sa carrière dans les mers d'Afrique. Le premier historien qui ait écrit sur les Indes, Fernand Lopez de Castanheda, aime à rappeler qu'avant ses mémorables découvertes, Gama avait acquis une grande expérience de la navigation. Sous Jean II, ainsi que le fait remarquer M. de Santarem, il avait été chargé d'aller saisir dans les ports du royaume les navires français qui s'y trouvaient mouillés. Cet acte de violence, qui exigeait de la résolution, n'était toutefois qu'un acte de représailles, et le roi de Portugal le justifiait en réclamant contre la prise d'un de ses navires, qui, revenant de Mina, chargé de poudre d'or, avait été capturé en pleine paix par des corsaires français; la restitution du bâtiment ayant été ordonnée par Charles VII, et la punition des délinquants ayant suivi de près leur agression, il est probable que Gama n'eut pas à prolonger cette lutte. Après le retour de Barthélemy Dias, en 1487, ses talents comme marin inspiraient déjà une telle confiance à Jean II que, par ordre de ce monarque entreprenant, il dut se préparer à aller faire le tour de l'Afrique et à tenter le passage aux Indes. Selon Garcia de Rezende, les instructions nécessaires pour accomplir cette expédition étaient déjà rédigées à l'époque où Jean II mourut. Lorsqu'il envoya, dix ans plus tard, vers les régions orientales, l'homme qui les avait déjà explorées par la pensée, Emmanuel ne faisait qu'exécuter une clause tacite du testament de son prédécesseur.

Selon toute probabilité, ce fut dans l'espace de temps qui s'écoula entre ce grand projet et sa réalisation, que Gama épousa dona Catarina de Attayde, fille d'Alvaro de Attayde, seigneur de Pena-Cova. Il eut plusieurs enfants de ce mariage, entre autres dom Estevam da Gama, qui devint gouverneur des Indes, et dom Christophe, qui, en combattant dans l'Abyssinie contre le roi de Zeïla, acquit une renommée telle en peu d'années, qu'on doit le ranger parmi les plus hardis capitaines du seizième siècle.

En examinant les relations du premier voyage aux Indes orientales, qui nous ont été laissées par Castanheda, Barros et Goes, et en les comparant à celles qui nous ont été transmises par Ramusio, Galvâo ou Galvam, S. Roman, Maffei, Laclede et même Barrow, la date la plus importante dans la biographie de Gama, celle de son mémorable voyage, restait environnée de doute; grâce au manuscrit dont nous offrons la traduction, on peut aujourd'hui la fixer invariablement au samedi 8 juillet 1497. On n'a pas autant de certitude sur le jour précis où Gama rentra dans le port de Lisbonne; on sait néanmoins que ce fut à la fin d'août ou bien au commencement de septembre 1499, qu'il fut reçu solennellement par le roi Emmanuel.

Il n'est pas exact de dire, comme on l'a fait dans tant de biographies, qu'on le récompensa en lui donnant uniquement un titre et une particule nobiliaire composée de trois lettres. Nommé amiral des

---

[1] Fernandez de Navarrete, *Coleccion*, etc.

Indes avec la faculté de faire précéder son nom du *dom* qu'on concédait si rarement en Portugal à cette époque, et que l'on a toujours si rarement accordé aux personnages les plus haut titrés, il reçut dès son

Estevam da Gama, fils de Vasco da Gama et onzième gouverneur de l'Inde. — D'après Barreto de Rezende.

arrivée une indemnité considérable en argent et des priviléges dans le commerce des Indes qui durent l'enrichir promptement; ces preuves de munificence néanmoins se firent attendre, et elles ne furent régularisées par un acte public que le 10 janvier 1502 ([1]).

Le 10 février de la même année, l'amiral des Indes partait de nouveau pour Calicut, commandant une flottille de quinze navires; à la tête de ces forces navales, Gama fit sentir la prépondérance du Portugal

---

([1]) On lui assigna, pour lui et ses descendants, 1 000 écus de rente, somme considérable à cette époque; comme surcroît d'honneurs, on lui concéda le droit d'ajouter à ses armes les armes royales *(as quinas)*.

à ces princes de la côte orientale de l'Afrique qui avaient failli l'arrêter dans sa première expédition : il les soumit, et en fondant des établissements à Mozambique et à Sofala il assura le succès des flottes qui devaient le remplacer dans ces mers. Il faut le dire cependant, un acte de sévérité cruelle se mêla à ces actes de haute prévision : un vaisseau chargé de richesses immenses et appartenant au soudan d'Égypte fut impitoyablement livré aux flammes par son ordre, et ceux qui le montaient périrent tous, sans que l'on pût même sauver ni les femmes ni la plupart des enfants. Le *Merii* revenait de la Mecque ; il portait des musulmans appartenant aux régions les plus diverses de l'Asie. La vieille haine des Portugais les confondit sous le nom de Maures, et ces prétendus Maures durent périr dans des supplices épouvantables pour demeurer en exemple aux princes de l'Orient. Cet événement funeste, et qui demeurera toujours comme une tache dans la vie de Gama, eut lieu le 3 octobre 1502. Barros atténue la rigueur cruelle de l'amiral, en affirmant qu'il sauva en cette occasion une vingtaine d'enfants, dont on fit des soldats chrétiens, et qui servirent plus tard avec fidélité sur les bâtiments de l'État.

L'amiral ne se rendit pas dans la cité où résidait le zamorin (¹), comme il en avait eu d'abord le projet. Il modifia ses desseins d'après les événements qui s'étaient succédé depuis le départ de Cabral, et il alla débarquer à Cananor, dans le port d'un royaume voisin. Là régnait un radjah dont Gama sut déjouer les ruses et qu'il traita sur le pied d'une égalité parfaite. En étalant à ses yeux une magnificence toute guerrière, il sut effacer la fâcheuse impression causée sur ces populations asiatiques par le caractère si simple de sa première expédition. Établi sur ce point de la côte, il prépara avec sang-froid l'entreprise qu'il méditait contre Calicut. Ce n'était pas seulement de sa conduite arrogante et de sa mauvaise foi qu'il avait à demander compte au radjah de cette cité orientale ; la mort de Correa, le facteur des Portugais, assassiné avec ses compagnons au mépris des traités, lui donnait le droit d'exiger le prix du sang. Bientôt sa flotte parut devant le port du zamorin, et la représaille fut terrible. En vain le radjah allègue-t-il l'incendie du *Merii*, où tant de victimes innocentes ont succombé, comme étant une compensation suffisante dès qu'il s'agit d'expier le meurtre des Portugais ; la ville est impitoyablement canonnée durant trois jours, et d'horribles détails, ajoutés à l'exécution des ordres de Gama, jettent l'épouvante parmi les populations hindoues. Les Maures peuvent se convaincre que leur ascendant sur le faible monarque leur échappe. Non-seulement l'amiral dédaigne aujourd'hui l'offre d'un établissement commercial permanent dans cette ville opulente, mais le zamorin voit incendier une partie du port, dont la population s'était enfuie, et que les musulmans n'avaient pas su défendre. Il y eut alors, comme on le voit dans le récit de Barros, une sorte de modération chez Gama : les Maures, jadis si arrogants, laissaient dans un complet abandon les points commis à leur garde ; la ville pouvait être enlevée par un coup de main ; l'amiral dédaigna cette riche capture, abandonnant le radjah à un tardif repentir qui avait commencé sur le trône et qui finit sous les habits de pénitent.(²)

Après avoir laissé sur la côte quelques navires pour continuer le blocus de Calicut, Gama se dirigea vers le royaume de Cochin, dont le souverain, Triumpara, avait déjà jeté les bases d'un traité d'alliance avec les Portugais, lorsque Alvarez Cabral était apparu dans ces mers. Le traité fut renouvelé. Dès lors pouvaient commencer les grandes opérations commerciales. Gama songeait à revenir en Europe. Il laissa le commandement de la flotte à Vicente Sodré, et le 20 décembre 1503 il rentra dans le port de Lisbonne avec sa propre flotte presque tout entière. Cette fois, lorsque l'amiral des Indes se présente devant Emmanuel, il peut lui donner l'assurance que, désormais, la prépondérance des Portugais dans la plupart des ports de l'Orient n'est plus un rêve. En effet, à l'exception d'un seul radjah, qu'on doit regarder comme un allié fidèle, les souverains hindous sont frappés de terreur, et les marchands arabes reconnaissent leur insuffisance dès qu'il s'agit de lutter avec les chrétiens. Les petits souverains du littoral comprennent ce qu'ils peuvent ravir de richesses à l'empire du zamorin, en profitant uniquement des transactions commerciales que leur offrent les étrangers. Chaque *bahar* de poivre avait coûté jus-

---

(¹) Voy. plus loin, pour cette dénomination, une note du *Roteiro*. Barros désigne toujours le souverain de Calicut sous le titre de *samori* ; nous avons cru devoir conserver l'ancienne appellation qui prédomine chez nos vieux écrivains.

(²) Lorsque les victoires de Duarte Pacheco eurent affermi les conquêtes des Portugais, le souverain de Calicut fut forcé de se démettre de l'autorité. Il termina sa vie dans les austérités extraordinaires auxquelles se livrent la plupart de ces pénitents hindous que l'on désigne sous le nom de *bramatchari*.

qu'alors le sang de plusieurs hommes : une expédition vigoureuse peut faire cesser tout à coup cet état de choses; la ruine de Venise est assurée. Voici pour les richesses de la terre et pour la puissance temporelle. Nous devons rappeler aussi ce que Gama put promettre de conquêtes spirituelles à l'esprit religieux du temps. Le preste Jehan et sa messe miraculeuse ont fui décidément des Indes. On sait enfin à quoi s'en tenir sur les chrétiens de cette contrée, et pour la première fois, dans Cochin même, ils sont venus payer un tribut de respect à l'amiral portugais. Rome, après des siècles d'oubli, va retrouver ces enfants égarés. Ce n'est pas tout : une troisième armée, qui doit hiverner sur les côtes de l'Arabie, et qui sera toujours prête à secourir les Portugais laissés par Gama dans le Malabar, prouve que l'amiral n'a pas seulement l'habileté des conquêtes, mais qu'il sait les assurer. Tout cela était grand, et tout cela ne fut pas apprécié sans doute à la cour d'Emmanuel, car ce ne fut pas l'amiral qui fut chargé de commander l'expédition suivante, dont tout l'avenir de l'Inde portugaise pour ainsi dire dépendait.

Dans un excellent article biographique sur Gama, et en parlant de son retour en Europe, M. le vicomte de Santarem s'est exprimé ainsi à propos de son arrivée dans le port de Lisbonne : « Ce grand homme paraît y avoir trouvé des mécomptes; on n'appréciait pas ses services comme ils le méritaient, et il fallut les sollicitations du duc de Bragance don Jaimes, pour qu'il obtînt le titre de comte da Vidigueira avec la grandesse. En effet, Vasco da Gama, quoique couvert de gloire, fut laissé dans l'inaction pendant vingt et un ans; il ne prit part à aucune autre expédition sous le règne d'Emmanuel. » Il y avait trois ans que ce souverain était mort, lorsque Jean III songea à réparer une grande injustice. En 1524, Vasco da Gama, l'almirante des mers de l'Inde, fut décoré du titre de vice-roi, et il partit de Lisbonne le 9 avril de la même année, à la tête de dix vaisseaux et de trois caravelles... Tout le monde connaît le mot qui termine pour ainsi dire cette vie mémorable; il y a dans sa poétique exagération quelque chose qui va bien à ces conquérants de royaumes dont l'œuvre ne fait que commencer, et qui désormais doivent braver tout, jusqu'au trouble des éléments : comme on s'approchait des côtes de l'Inde, disent la plupart des chroniqueurs contemporains, une agitation inaccoutumée se manifesta au sein des eaux; les flots se gonflèrent sans que rien indiquât les signes accoutumés qui accompagnent une tempête; des chocs violents heurtèrent le navire, un cri de terreur leur succéda; personne n'avait reconnu d'abord ce tremblement de terre sous-marin. Vasco da Gama conserva sa tranquillité au milieu de ces sinistres présages; il se contenta de dire : « Quelle crainte faut-il donc ressentir ici? *C'est la mer qui tremble devant nous* (¹). »

Le grand navigateur, auquel les historiens du seizième siècle se plaisent à donner le titre de comte amiral, put voir les magnificences naissantes de Goa; mais il quitta bientôt cette ville pour se rendre dans la cité de Cochin (Codchin), où il mourut le 25 décembre 1524. Il ne garda le pouvoir que trois mois et vingt jours, et l'on affirme que les mesures répressives qu'il prenait sur son lit de mort prouvent assez ce que fût devenue sous lui une administration vigoureuse. Il y avait en Gama un rare esprit de prévoyance, un vif sentiment de la gloire nationale, et tout fait présumer qu'il eût conduit plus rapidement encore les états de l'Inde vers ce degré de splendeur qui devait bientôt frapper les Européens.

Tous les historiens s'accordent pour nous représenter Gama comme étant d'une taille médiocre, mais extrêmement gros, surtout dans la dernière période de sa vie; ainsi que Colomb, il se laissait emporter facilement à des accès de colère, et dans cet état d'emportement, l'expression de son regard devenait terrible. Dans les rapports habituels de la vie, ses manières étaient affables et d'une dignité pleine de grâce.

Vasco da Gama fut d'abord inhumé à Cochin, puis on lui éleva une tombe à Travancor. Ce fut seulement en 1538 que son corps fut transporté en Europe, où Jean III lui rendit les plus grands honneurs. Ses restes furent conduits solennellement à un quart de lieue du bourg de Vidigueira, dans la petite église de *Nossa-Senhora das Reliquias,* faisant jadis partie d'un couvent de carmes chaussés aujourd'hui éteint. Le grand homme repose dans cette chapelle en ruines, où deux de ses descendants ont reçu également la sépulture. Sur la pierre tombale qui le recouvre, on a inscrit cette épitaphe, où, comme

---

(¹) Fr.-Luiz de Souza, qui reproduit ce mot mémorable, raconte l'événement qui y donna lieu dans les plus grands détails; il fixe néanmoins l'époque du départ au 29 avril 1523, et affirme que le tremblement de terre sous-marin eut lieu un mercredi de la Notre-Dame de septembre de la même année. « On remarqua, dit-il, que le soubresaut rendit la santé à beaucoup de gens dévorés par la fièvre. » (V. *Annays de D. Joam III.*)

dans le poëme de Camoëns, une tradition mythologique s'unit à l'un des plus grands souvenirs des temps modernes. Je ne la crois pas néanmoins du seizième siècle :

> AQUI JAZ O GRANDE ARGONAUTA D. VASCO DA GAMA,
> PRIMEIRO CONDE DA VIDIGUEIRA, ALMIRANTE DAS
> INDIAS ORIENTAES
> E SEU FAMOSO DESCUBRIDOR ([1]).
>
> (Ici repose le grand argonaute dom Vasco da Gama, premier comte de Vidigueira, amiral des Indes orientales et leur fameux explorateur.)

En 1840, cette tombe respectée jusqu'alors fut indignement violée; deux des pierres qui couvrent la sépulture furent arrachées violemment. Le cercueil ne fut pas plus respecté; on en tira plusieurs objets précieux, et quelques-uns des ossements du grand homme furent brisés. Quatre ou cinq ans après le jour où avait eu lieu cette profanation, un homme passionné pour la gloire de son pays, l'abbé A.-D. de Castro e Souza, fit des représentations énergiques auprès du gouvernement, afin que les cendres de Gama fussent enlevées d'un lieu où l'on savait si mal les préserver de l'outrage, et qu'elles fussent transportées dans le magnifique couvent de Belem. Ces remontrances répétées ne furent pas sans influence : un commissaire spécial fut envoyé en 1845 au gouverneur civil de Beja, afin qu'il prît connaissance des faits et qu'il y apportât remède; l'enquête eût lieu, la tombe fut réparée, grâce au zèle de M. Jozé Sylvestre Ribeiro, mais la proposition si patriotique de l'abbé de Castro n'avait pas encore reçu l'année dernière son exécution.

Près de la cathédrale du vieux Goa, on voit encore l'antique arc de triomphe sur lequel est placée la statue de Vasco da Gama. Au point de vue iconographique, il s'en faut de beaucoup que cette effigie puisse inspirer de la confiance; elle n'est nullement contemporaine, quoique datant du seizième siècle, et Diogo de Couto, le célèbre continuateur de Barros, fut témoin de son inauguration. On a placé à sa base cette inscription en portugais : « Sous le règne de Philippe Ier, la cité a fait placer ici dom Vasco da Gama, premier comte, amiral, explorateur et conquérant des Indes; étant vice-roi le comte dom Francisco da Gama, son arrière-petit-fils, en l'année 1597. » — « Cette statue, dit M. Caldeira, existe encore, dominant les vastes ruines dont elle est environnée, comme la renommée du héros qu'elle représente doit survivre à l'existence de la nation à laquelle il a légué tant de gloire ([2]). »

NOTICE SUR LA RELATION DU PREMIER VOYAGE DE VASCO DA GAMA ([3]) AUX INDES ORIENTALES.

Le texte de ce précieux voyage, resté inédit jusqu'à nos jours, appartenait jadis à la collection du monastère de Santa-Cruz de Coimbre. Il passa de ces antiques archives dans la bibliothèque publique de la ville de Porto, avec un grand nombre d'autres manuscrits provenant de l'Université.

Ce n'est évidemment qu'une copie prise sur le Routier original, mais une copie qui a tous les caractères de l'authenticité et qui ne remonte pas au delà des premières années du seizième siècle; elle est

---

([1]) On a fait dernièrement parmi nous plus d'une tentative pour introduire dans l'histoire des grandes navigations le mot *découvreur*; il rendrait parfaitement ici le mot portugais *descubridor*. L'épithète ajoutée au nom de Gama et employée dans l'épitaphe manque néanmoins de justesse. Parmi les Portugais, c'était certainement Pero de Covilham qui pouvait la réclamer; il était déjà parvenu à Calicut, par la voie de terre, dès le règne de Jean II.

([2]) Voy., pour plus de détails, C. Jozé Caldeira, *Apontamentos d'uma viagem de Lisboa a China e da China a Lisboa*, Lisb., em Casa de J.-P.-M. Lavado, 1853; 2 vol. in-8. L'auteur de ce précieux voyage a visité il y a deux ans tous les points de l'Orient témoins du développement de l'ancienne puissance portugaise; il constate quel est l'état actuel de ces contrées.

([3]) Nous avons cru devoir rectifier ici l'orthographe de ce nom.

Portrait en pied de Vasco da Gama. — D'après Barreto de Rezende.

signée du premier historien des Indes, Fernand Lopez de Castanheda. Écrit sur papier de teinte obscure, ce manuscrit porte le numéro 804 de la bibliothèque de Porto.

C'est, on peut le dire, la seule relation digne de confiance qui nous soit parvenue sur les divers incidents dont a été marquée la navigation de Vasco da Gama. Elle nous transmet les observations naïves d'un témoin oculaire; le document qui a guidé jusqu'à ce jour les historiens et que Ramusio a inséré, en 1554, dans sa collection, venait, disait-il, d'un gentilhomme florentin, qui se trouvait à Lisbonne lors du retour de Gama, et qui avait rédigé sa narration sur un simple récit. — Cette narration italienne d'un fait mémorable accompli par des Portugais présentait, il faut l'avouer, de bizarres inexactitudes et une étrange confusion. A l'exception des récits plus ou moins arrangés par les historiens nationaux, ce fut cependant, durant des siècles, le seul écrit sur lequel on dut se baser, lorsqu'on eut à rappeler la mémorable expédition qui conduisit les Portugais aux Indes; car le récit de Gama lui-même, signalé par plusieurs écrivains, a échappé jusqu'à ce jour à toutes les investigations.

Un biographe portugais dit bien, à propos du grand navigateur : « Il composa la relation du voyage aux Indes, accompli en 1497. » Mais, après avoir cité quelques autorités, Barbosa Machado n'ajoute rien à ces faibles renseignements. Il est bon de le faire observer ici, malgré les assertions du célèbre Nicolas Antonio, celles de Léon Pinelo et de son annotateur Barcia; en dépit des savants renseignements fournis par le comte d'Ericeira, vers 1753, au traducteur espagnol de Moreri, tout reste vague, dès qu'il s'agit de constater l'existence de la relation écrite par l'amiral lui-même. Parmi les nombreux chroniqueurs du commencement du seizième siècle, nul écrivain n'a pris soin de mentionner ce précieux manuscrit; il a même échappé aux perquisitions incessantes de Ramusio, qui n'eût certainement pas accepté le récit du gentilhomme florentin, s'il eût pu se procurer celui du chef de l'expédition. Nous ne partageons pas néanmoins l'assurance des éditeurs du voyage traduit ici pour la première fois, lorsqu'ils nient d'une manière absolue l'existence d'un journal écrit par Gama, et nous demeurerons dans ce doute tant qu'une heureuse circonstance ne nous aura pas mis à même d'examiner un manuscrit qui parut il y a une dizaine d'années dans une vente, et que l'on attribuait positivement au célèbre amiral des Indes [1].

Le manuscrit de la bibliothèque de Porto, dont nous publions ici la traduction et qui porte modestement le titre de *Roteiro* (Routier), n'est malheureusement pas signé. Il y a plus, en examinant avec quelque attention ce texte *naïf*, on acquiert aisément la preuve qu'il n'a pour auteur aucun des capitaines ou même des simples pilotes de l'expédition. C'est, néanmoins, le récit parfaitement net et quelquefois coloré d'un témoin oculaire, la narration sincère d'un simple soldat, peut-être d'un marin faisant partie de l'équipage, embarqué à bord du navire commandé par Paul da Gama, et qui, malgré l'infériorité de sa position, n'en jouissait pas moins d'une certaine considération dans la flotte. Il ne faut pas oublier que l'un des écrivains classiques de la littérature portugaise, Diogo de Couto, le continuateur de Barros, commença aussi par être simple soldat. Il faisait partie de la vaillante armée que don Sébastien entretenait aux Indes, et il se vante d'avoir été le compagnon, ou, comme on dit dans le langage des marins, le *matelot* de Camoëns.

Selon toutes les probabilités, et en acceptant le résultat des recherches les plus sérieuses, l'auteur du précieux Routier s'appellerait Alvaro Velho. Ce personnage, sur le compte duquel on n'a point d'autres détails que ceux qu'il veut bien nous donner, n'est remarquable ni par son instruction, ni par l'élégance de son style. Comparé néanmoins aux autres voyageurs de la même époque, il a le mérite d'être bon observateur, et il conserve toujours, dans sa diction parfois incorrecte, la naïveté des écrivains de son temps, si fréquemment altérée dans les historiens plus habiles de la seconde moitié du seizième siècle. Choisi par Vasco da Gama pour être l'un des douze marins destinés à porter au souverain de Calicut les présents exigés, et qui donnèrent tout d'abord une idée si fausse du vrai degré de puissance des hardis voyageurs, il put observer l'intérieur de la ville, et ne négligea aucune occasion de signaler les mouvements de quelque importance qu'excita dans la cité indienne l'arrivée des étrangers. Une préoccupation

---

[1] On lit ce titre parmi les manuscrits inscrits au catalogue de Wolters, publié en 1844 chez Delion : *Descrição das terras da India oriental e dos seos usos, costumos, ritos e leyes*, 1498; escrito por Vasco da Gama, descubridor da India (grand in-fol. écrit sur papier, formant 89 feuilles, d'une belle écriture portugaise, commencement du seizième siècle). La science bibliographique bien connue de l'écrivain sous lequel s'abrite ici un spirituel pseudonyme ajoute fort à nos doutes, loin de les dissiper. Si cette description des terres orientales était réellement de Gama, il en eût accru les précieuses traductions de voyages anciens qu'on lui doit déjà.

singulière, née des traditions confuses répandues sur le presle jean, domine du reste tout son récit : c'est l'idée que l'expédition, parvenue aux Indes, est arrivée en terre de chrétiens. Les temples, les rites de la religion hindoue, les statues bizarres nées d'une cosmogonie si différente, rien ne peut le détourper, et les chefs eux-mêmes partagent son opinion.

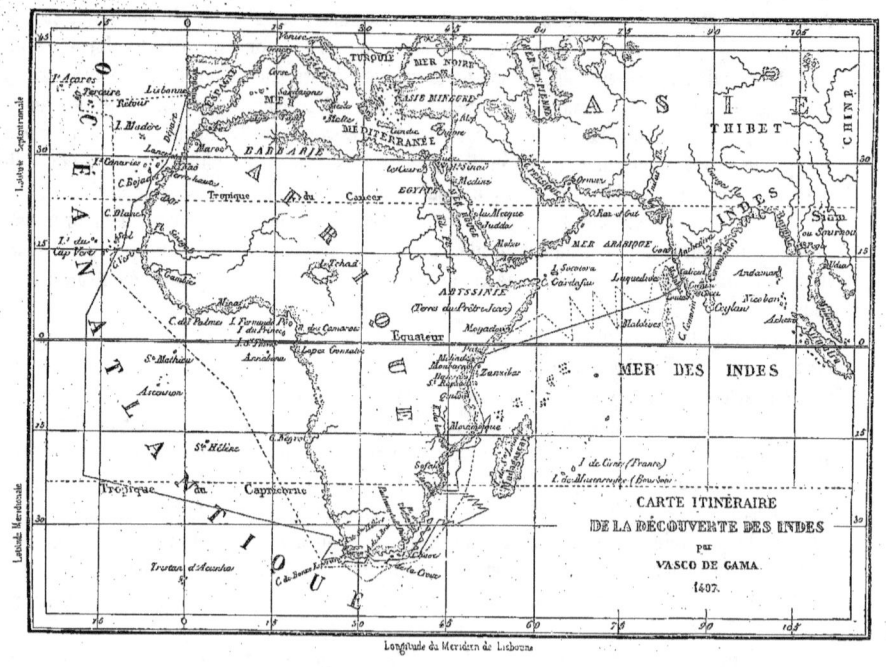

L'espèce de journal que le marin portugais nous a transmis fut tenu avec une rare exactitude; mais Alvaro Velho le discontinua lorsque, après avoir doublé pour la seconde fois le cap de Bonne-Espérance, il navigua de nouveau dans les régions explorées depuis longtemps par les flottes portugaises. On attribue son silence aux préoccupations particulières du chef sous lequel il servait. Il en peut être autrement. Les prétendus mystères cachés par la barrière qu'avait franchie Dias n'existaient plus; la dénomination imposée par Jean II au cap lui-même ne laissait plus un problème à deviner; il n'y avait plus réellement à dire sur l'expédition que ce qu'il nous a raconté.

Le plus ancien des écrivains portugais qui ont raconté l'histoire de la conquête des Indes, Castanheda, a eu certainement connaissance du Routier d'Alvaro Velho, et il lui a fait de larges emprunts au début de son premier livre. La concordance qui existe entre les deux écrits acquiert toute ses preuves lorsque l'on peut consulter l'édition rarissime de 1551, où le sincère historien se montre si explicite dans ses aveux. Il y dit qu'il n'a pu obtenir aucun renseignement sur les événements advenus au retour de l'expédition, à partir des parages où se trouvent marqués les bas-fonds de Rio-Grande. Là, en effet, le récit d'Alvaro lui manque, et il reste sans guide. Nous dirons plus, c'est précisément le manuscrit de Porto qui a servi au vieil historien comme base première de son récit. Non-seulement il porte sa signature, mais F. Lopez de Castanheda, ayant été nommé, après son retour des Indes, bedeau et garde du chartrier de Coimbre, a bien pu le donner à la ville universitaire dont il surveillait les archives.

Les éditeurs si consciencieux auxquels on doit cette importante publication y ont joint une carte, sur laquelle la navigation de Gama est soigneusement étudiée; nous n'avons pas hésité à la joindre au récit d'Alvaro Velho. Diogo Kopke, trop tôt enlevé à la science, et son collaborateur M. Costa Paiva, ont eu un but sérieux en dressant cette carte; ils ont voulu prouver que la mémorable découverte par laquelle le monopole du commerce de l'Orient passa de Venise à Lisbonne ne fut nullement, comme on l'a dit, un heureux résultat de circonstances fortuites. Emmanuel ne dut pas seulement à sa bonne étoile le titre sous lequel il est connu dans l'histoire. Instruit et persévérant, il sut admirablement profiter des travaux de son prédécesseur Jean II, celui qu'Isabelle de Castille caractérisait si bien d'un mot, en annonçant à sa cour que *l'homme* était mort.

Par les hautes qualités de son intelligence, par sa force d'action, Jean II méritait en effet cet éloge suprême. Au point de vue dont nous nous préoccupons ici, il doit être considéré comme le premier promoteur d'une découverte à la suite de laquelle les relations commerciales de toute l'Europe furent changées. En expédiant par terre divers explorateurs vers l'extrême Orient, en chargeant surtout, dès 1490, Paiva et Covilham [1] de se rendre aux Indes par la mer Rouge; en réunissant, en un mot, tous les détails de géographie positive qu'on pouvait lui procurer, ce souverain habile avait élucidé plus qu'on ne le croit généralement les notions confuses que l'on possédait sur les régions voisines de l'Inde. L'expédition réalisée par son successeur était arrêtée longtemps à l'avance dans son esprit, et son choix pour la diriger s'était fixé sur Gama, dont il appréciait l'inébranlable fermeté. Mais si, avec sa sagacité habituelle, il avait fait choix d'un homme pratique et résolu, il se serait bien gardé de le jeter sur l'océan sans guide; il le munit de cartes imparfaites, il est vrai, mais dressées, suivant l'observation du célèbre Pedro Nunes, avec tout le soin dont se montraient capables les hommes les plus savants et les plus expérimentés de ce siècle. Comme le font remarquer les deux éditeurs du *Roteiro*, la destination que devait atteindre Gama lui avait été marquée de longue main, et c'était Calicut. Le roi l'avait muni d'une lettre pour le radjah qui commandait dans cette cité, centre du commerce oriental. Sa flottille une fois réunie aux îles du cap Vert, il s'élança sur l'océan Atlantique austral, en suivant une direction qui ne s'éloignait pas du sud. En adoptant cette marche, il mettait d'ailleurs à profit la connaissance qu'on avait acquise des vents généraux de la côte occidentale d'Afrique, vents contraires à sa route. Il n'eut garde de négliger ce que l'on savait de la côte orientale, découverte à son début par Barthélemy Dias, en se portant du sud

---

[1] Paiva, comme on le sait, mourut en Egypte; son compagnon, Pero de Covilham, s'embarqua pour les Indes dans un port de la mer Rouge; c'était un arabisant habile, et il put visiter avec fruit la ville de Calicut, où séjournaient alors tant de mahométans. Muni de renseignements précis, il revint au Caire, et trouva dans cette ville deux juifs, messagers de Jean II: l'un était un rabbin lettré, l'autre un pauvre cordonnier établi à Lamego, en Portugal. Ce fut l'artisan qui rapporta les documents géographiques dont Gama fit usage. Covilham poursuivit ses explorations; mais, retenu par le *negous* en Abyssinie, il ne revit jamais l'Europe. (Voy. au mot ALVARES, article de M. Ferdinand Denis, dans la *Biographie générale*.)

au nord. Arrivé à une latitude sud rapprochée de celle du cap de Bonne-Espérance, Gama se dirigea par le rumb de l'ouest, ce qui, sans rien diminuer à l'audace de son entreprise, prouve qu'il se fondait sur des données scientifiques. Il fallait, sans nul doute, des connaissances antérieures pour adopter une marche pareille; ces connaissances ressortent également de l'examen du Roteiro, et des dispositions prises ultérieurement pour atteindre les Indes orientales. Si Cabral découvrit, en l'année 1500, le Brésil, ce fut parce que, suivant l'exemple de Gama, il adopta le rumb du sud en s'écartant démesurément vers l'ouest. Dans la mer des Indes, qui lui était inconnue, nous le trouvons prolongeant la côte d'Afrique du sud au nord, jusqu'à ce qu'il ait rencontré le pilote dont la connaissance pratique le conduira à sa destination, et avec le secours duquel il apprend à faire son profit des moussons, soit lorsqu'il se rend à Calicut, soit lorsqu'il en revient, en observant toutefois que dans la première traversée il est infiniment plus heureux que dans la seconde.

Le volume d'après lequel nous avons fait cette traduction porte dans le texte original le titre suivant : *Roteiro da viagem que em descobrimento da India pelo cabo de Boa-Esperança fez dom Vasco da Gama em 1497*, publicado por Diogo Kopke, lente de mathematica na Academia polytechnica do Porto, e o Dr Ant. da Costa Paiva, lente de botanica e agricultura na mesma acad. Porto, 1838, in-8.

JOURNAL DU VOYAGE DE DOM VASCO DA GAMA

DANS L'INDE.

Navire à la voile (quinzième siècle).

Au nom de Dieu, *amen*. En l'ère de 1497, le roi don Manuel, premier de ce nom en Portugal, expédia quatre navires, destinés à des découvertes; ils allaient en quête des épices. Desdits navires, Vasco da

Gama était capitan-mor (¹); Paul da Gama, son frère, avait reçu le commandement d'un des deux autres, et le dernier avait pour capitaine Nicolas Coelho (²).

Nous sommes partis de Restello (³) un samedi, qui était le huitième jour du mois de juin de ladite année 1497 (⁴), commençant notre route que Dieu, notre Seigneur, nous permettra d'achever pour son service, amen.

Premièrement, nous arrivâmes le samedi suivant en vue des Canaries, et nous passâmes cette nuit sous le vent de Lancerote. La nuit suivante nous nous trouvions, à l'aube du jour, en vue de la terre haute, où nous nous mîmes à pêcher deux heures environ, et cette nuit même, à la nuit, nous nous trouvions par le travers du rio de Ouro, et le brouillard s'accrut de telle sorte que Paul da Gama perdit de vue la flotte, lui d'un côté et le capitan-mor de l'autre. Lorsque le jour vint, nous ne le vîmes plus, non plus que les autres navires, et nous nous dirigeâmes vers les îles du cap Vert selon l'ordre qui avait été donné, à savoir, que qui se perdrait suivrait cette route. Le dimanche suivant, au lever du soleil, nous aperçûmes l'île du Sel, et immédiatement une heure après, nous eûmes connaissance des trois navires. Nous les joignîmes et nous rencontrâmes le bâtiment des approvisionnements, ainsi que Nicolas Coelho et Barthélemy Dias qui marchaient de conserve avec nous jusqu'à Mina (⁵); eux aussi ils avaient perdu le commandant. Et après nous être joints, nous suivîmes notre route; mais le vent tomba et le calme nous prit jusqu'au mercredi matin, et vers les dix heures, dans la matinée, nous eûmes en vue la capitane, qui avait pris sur nous une avance d'une cinquantaine de lieues; vers le soir nous l'arraisonnâmes pleins de joie, tirant force bombardes et sonnant les trompettes; faisant tout, en un mot, pour prouver le plaisir que nous avions à la retrouver. Et le jour suivant, un jeudi, on arriva à Santiago, où nous mouillâmes devant la plage de Santa-Maria, avec grande satisfaction et grande allégresse; là nous nous procurâmes de la viande, nous fîmes de l'eau et du bois, et l'on rajusta les vergues des navires, chose devenue nécessaire. Et un jeudi, qui était le 3 août, nous partîmes, faisant route vers l'est, et un jour qu'il ventait sud, la vergue de la capitane se brisa; ce fut le 18 août, à environ 14 lieues de l'île Santiago; alors nous mîmes en panne avec le traquet et la bonnette, seulement deux jours et une nuit; et le 22 dudit mois, dans notre marche au sud par le quart du sud-ouest, nous rencontrâmes grande quantité d'oiseaux ressemblant à des hérons, et quand vint la nuit, ils volaient à tire-d'aile contre le sud-ouest, comme des oiseaux qui gagnaient la terre; et ce même jour, nous vîmes une baleine, et cela comme nous pouvions être à 80 lieues en mer.

(¹) Le titre de capitan-mor *(capitão-mor)* équivaut à peu près à celui de chef d'escadre. Il désigne dans l'armée de terre un général en chef. C'est le chef suprême d'une expédition. Nous avons cru devoir le conserver dans le cours du récit.

(²) Nicolas Coelho avait à cette époque une grande réputation comme marin. Il eut le malheur de faire naufrage, en 1504, à l'est du cap de Bonne-Espérance. Il faisait alors partie d'une expédition sous les ordres de Francisco de Almeida, et revenait en Portugal. Il ne faut pas le confondre avec Gonçalo Coelho, homme de mer expérimenté qui occupait déjà un rang considérable dans la flotte portugaise en 1489, sous Jean II. Ce fut ce dernier qui fut chargé par ce souverain de porter des présents au Sénégal, lorsqu'on entreprit la conversion du prince yolof Bemohi, qui en effet vint recevoir le baptême à Lisbonne. (Voy., sur cet événement, *Cronica de Garcia de Rezende*, petit in-fol.)

Le *Saint-Gabriel* était de 120 tonneaux, le *Saint-Raphaël* de 100, et la caravelle le *Berrio* n'en jaugeait que 50; les deux premiers bâtiments avaient été construits sous la direction du fameux Barthélemy Dias. Le *Berrio* s'appelait ainsi, à ce que l'on suppose, du nom d'un pilote de Lagos auquel on l'avait acheté. M. Adolpho de Varnhagen a acquis dernièrement la certitude qu'il y avait, en 1502, un capitaine de navire appelé Fernand Roiz Berrio; ce personnage serait alors Portugais. En 1515, le duc de Bragance protége un marin qui porte ce nom, et le recommande vivement en raison de ses services. Aux navires de l'expédition on avait joint un bâtiment de 200 tonneaux, destiné à transporter les approvisionnements. Le pilote de Vasco de Gama s'appelait Pero d'Alemquer; il avait accompagné Barthélemy Dias, en 1497, jusqu'au rio Infante. Jean de Coimbra occupait le même rang à bord du *Saint-Raphaël*; enfin, c'était un certain Pero Escolar qui était pilote du *Berrio*.

(³) Ou Rastello, petite chapelle sur l'emplacement de laquelle fut fondé, au mois d'avril 1500, le magnifique couvent de Belem.

(⁴) La date du départ, si nettement exprimée dans notre précieux manuscrit, fait cesser l'incertitude qui règne sur ce point dans les anciens historiens.

(⁵) L'habile marin qui s'était illustré en doublant le premier le cap de Bonne-Espérance avait reçu la mission qu'il remplissait alors comme récompense pécuniaire de ses services. C'est seulement de nos jours que l'on a acquis la certitude que son vrai nom était Dias de Novaes. Il mourut en l'année 1500, à peu de distance du cap, lors de l'effroyable tourmente qui dispersa la flotte de Pedro-Alvarez Cabral.

Le 27 du mois d'octobre, veille de Saint-Simon et Judas, un vendredi, on rencontra nombre de baleines, et de celles que l'on appelle cachalots *(quoquas)*; il y avait aussi des loups marins.

Un mercredi, 1er novembre, jour de la Toussaint, nous vîmes des signes nombreux annonçant la terre; c'étaient des espèces d'algues qui naissent le long de la côte.

Le 4 de ce mois, un samedi, deux heures avant le jour, nous trouvâmes fond par 110 brasses au plus, et vers neuf heures, dans la matinée, nous eûmes en vue la terre, et tous les navires se joignirent, et l'on salua le capitan-mor en se pavoisant et en tirant force bombardes. Tout le monde s'était revêtu de ses habits de fête; et, ce même jour, nous courûmes des bordées tout près de terre; mais nous gagnâmes le large et l'on ne prit pas connaissance de la côte.

Le mardi, nous nous dirigeâmes sur elle, et nous vîmes une terre basse dans laquelle s'ouvrait une baie spacieuse. Le capitan-mor envoya Pero d'Alemquer dans une embarcation pour sonder, afin de s'assurer s'il y avait là un bon mouillage; il trouva que cette baie était bonne et sûre, abritée de tous les vents, à l'exception du nord-ouest : elle gît est et ouest; on lui imposa le nom de Sainte-Hélène *(Santa-Ellena)* ([1]).

Le mercredi, on jeta l'ancre dans cette baie, où nous restâmes huit jours occupés à nettoyer les navires, raccommoder les voiles et faire du bois.

A quatre lieues de cette baie, vers le sud-ouest, coule un fleuve qui vient de l'intérieur; à son embouchure, il n'a pas plus d'un jet de pierre de deux ou trois brasses de profondeur; on l'appela le rio Santiago.

En ce pays, il y a des hommes au teint basané qui ne mangent que des loups marins, des baleines, de la viande de gazelle, des racines de plantes; ils se couvrent de peaux. Leurs armes ne sont autre chose que des cornes durcies au feu; ils les ajustent à des gaules d'olivier sauvage; ils ont nombre de chiens comme en Portugal, et ces animaux aboient comme les nôtres.

Les oiseaux de ce pays sont également pareils à ceux de Portugal : on y trouve des corbeaux de mer, des mouettes, des tourterelles, des alouettes et bien d'autres oiseaux; le climat de ces terres est fort tempéré et fort salubre; il y naît des plantes utiles.

Le jour suivant, après nous être reposés, un jeudi, nous nous rendîmes à terre avec le capitan-mor, et nous nous emparâmes d'un homme qui venait parmi ces gens-là; il était petit de corps et ressemblait à Sancho Mixia([2]), et il allait recueillant du miel dans les halliers, parce que les abeilles dans ce pays le font au pied des buissons. On l'emmena dans le navire du commandant, lequel le fit mettre à table avec lui, et de tout ce que nous mangions il mangeait. Le jour suivant, le capitan-mor l'habilla de fort bonne façon et le fit mettre à terre; et l'autre jour venant après celui-ci, quinze ou seize individus de ces gens-là vinrent où étaient mouillés les navires. Notre chef s'en fut à terre et leur montra quantité de marchandises, pour savoir s'il y avait dans leur pays quelques-uns de ces objets; ces marchandises consistaient en cannelle, en clous de girofle, en perles, en aljofar ([3]) et en or, sans compter bien d'autres choses; et ces gens ne comprirent rien à ces objets de trafic, comme gens qui jamais ne les avaient vus; c'est pourquoi le capitan-mor leur donna des grelots et des bagues d'étain; et cela se passait un vendredi. On fit de même le samedi; et le dimanche, arrivèrent quarante ou cinquante d'entre eux, et après que nous eûmes dîné nous nous en allâmes à terre, et, munis de *ceitis* ([4]), nous leur achetions les coquilles qu'ils portaient aux oreilles et qui semblaient comme argentées; nous leur achetions aussi des queues de renard attachées à des perches et dont ils se servaient pour s'éventer le visage... J'achetai également pour un ceitil une gaîne que l'un d'eux portait, et de tout cela il nous sembla qu'ils prisaient fort le cuivre, parce qu'ils portaient de petites chaînes de ce métal aux oreilles.

([1]) Il serait inutile de faire observer que cette baie ne doit pas être confondue avec l'île de ce nom, si des écrivains sérieux n'avaient point commis cette faute étrange.

([2]) Nous n'avons pu nous procurer aucun renseignement sur ce personnage, qui faisait probablement partie de l'équipage, et qui n'a pas eu, comme l'agile Velloso, le bonheur d'être immortalisé par Camoëns.

([3]) On désignait sous ce nom la semence de perles qu'on employait dans les broderies. Cette dénomination dérivait du nom de la ville de *Julfar*, dans la mer Rouge.

([4]) Pluriel de *ceitil*. Le *ceitil* était considéré comme la plus petite valeur monétaire de cette époque.

Ce jour même, un certain Fernand Velloso (¹), de la suite du capitan-mor, exprima le vif désir de s'en aller avec eux visiter leurs habitations et savoir de quelle manière ils vivaient, ce qu'ils mangeaient,

Un Boschisman (côtes occidentales d'Afrique). — D'après Burchell.

quelle vie, en un mot, ils menaient; il demanda comme faveur au commandant la permission d'aller avec ces gens vers leurs cabanes, et, se voyant ainsi importuné, le capitan-mor le laissa aller; pour nous, nous retournâmes souper à la capitane, et quant à lui, il s'éloigna avec lesdits nègres. Et tout aussitôt qu'ils se furent séparés de nous, ils prirent un loup marin et s'en allèrent au pied d'une chaîne de montagnes, dans une lande, et ils firent rôtir leur proie et ils en donnèrent une portion à Fernand Velloso, qui s'en allait avec eux, y ajoutant des racines d'herbes qu'ils mangeaient; et le repas étant fini, ils lui dirent de retourner vers les bâtiments, ne le voulant pas emmener avec eux, et Fernand Velloso, lorsqu'il se trouva en face des navires, se prit tout à coup à appeler; quant à eux, ils s'étaient enfoncés dans le bois; pendant ce temps nous soupions. Et dès que nous l'eûmes entendu, les capitaines cessèrent à l'instant leur repas, et nous allâmes avec eux, nous jetant dans une barque à voile, et les nègres commencèrent à courir le long de la plage; ils furent aussi prestement auprès de Fernand Velloso que nous-mêmes, et comme nous le voulions recueillir, ils commencèrent à nous tirer avec les zagaies (²) qu'ils

(¹) Fernand Velloso a été célébré par Camoëns dans l'un des plus gracieux épisodes des *Lusiades*. On a donné son nom depuis à un fleuve et à une baie un peu au nord de Mozambique.

(²) Ces zagaies sont des espèces de javelines dont le bout, fort aigu, est durci au feu, et quelquefois garni d'un fer. Le premier vice-roi des Indes, Francisco d'Almeida, apprit à ses dépens qu'elles pouvaient donner la mort aussi bien que les javelines armées d'une pointe d'acier. Le fer, d'ailleurs, n'est pas inconnu à ces peuples.

portaient : là furent blessés le capitan-mor et trois ou quatre hommes ; et tout cela arriva parce que nous nous étions fiés à eux, les prenant pour des gens de peu de cœur et qui ne se hasarderaient pas

Camp de Boschismans — D'après Burchell.

à nous attaquer ; ils ne le firent, du reste, que parce que nous allions dépourvus d'armes. Nous ralliâmes alors les bâtiments.

Et lorsque nous eûmes nos navires nettoyés et appareillés, après avoir fait du bois, nous quittâmes cette terre jeudi dans la matinée, le 16 novembre. Nous ne savions pas à quelle distance nous étions du cap de Bonne-Espérance, si ce n'est que Pero d'Alemquer disait que nous pouvions être à environ 30 lieues derrière ce cap, et s'il ne l'affirmait pas, c'était parce qu'il était parti un matin dudit cap et que dans la nuit il était passé devant la côte avec le vent en poupe, et que durant l'allée ils étaient au large ; voilà en réalité les raisons qui le jetaient dans l'incertitude sur le point où nous étions arrivés. C'est pourquoi nous gagnâmes le large avec le sud-ouest, et le samedi, dans la soirée, nous nous trouvâmes en vue du cap de Bonne-Espérance, et le même jour nous virâmes pour gagner la pleine mer, virant aussi la nuit pour gagner la terre. Le dimanche matin, qui se trouvait être le 19 du mois de novembre, nous nous dirigeâmes de nouveau sur le cap ; mais nous ne pûmes pas le doubler, parce que le vent était sud-sud-ouest et que ledit vent gît nord-est sud-ouest ; et ce même jour nous prîmes le large pour revenir sur la côte, dans la nuit du lundi, et le mercredi à midi nous passâmes devant le cap, le long de la côte, avec vent en poupe ; et près de ce cap de Bonne-Espérance, au sud, il y a une baie fort grande, qui pénètre 6 lieues en terre : son entrée peut bien avoir la même étendue.

Le 25 du mois de novembre, un samedi, le soir de la Sainte-Catherine, nous entrâmes dans la baie de Saint-Braz, où nous demeurâmes treize jours, parce que dans cette baie on dépeça le bâtiment qui portait les approvisionnements dont on chargea les navires.

Le vendredi suivant, comme nous étions encore dans cette baie de Saint-Braz, nous vîmes arriver environ quatre-vingt-dix hommes basanés, appartenant à la race que nous avions vue dans la baie de Sainte-Hélène ; il y en avait parmi eux qui allaient le long de la plage, d'autres demeuraient sur les collines. Et nous étions tous alors, ou du moins la plus grande partie d'entre nous, à bord du navire du capitan-mor, et dès que nous les eûmes aperçus nous gagnâmes la terre dans les chaloupes que nous avions fort bien armées; puis, lorsque nous nous trouvâmes près de la terre, le capitan-mor leur jeta des grelots bien en

Montagne de la Table (cap de Bonne-Espérance).

avant sur le rivage, et ils les prenaient. Non-seulement ils reçurent ce qu'on leur lançait ainsi, mais ils vinrent prendre les objets des propres mains du capitan-mor, ce qui nous émerveilla fort, parce que lors du passage de Barthélemy Dias, ils s'enfuyaient et n'acceptaient rien de ce qu'il leur offrait; bien plus, un jour qu'il était à une aiguade, renouvelant son eau sur le bord de la mer, en un lieu où elle était excellente, ils avaient défendu l'aiguade à coups de pierres du sommet d'une élévation qui la commande. Barthélemy Dias avait lâché un coup d'arbalète et avait tué l'un deux. Et d'après nos conjectures, il nous sembla que s'ils ne nous fuyaient point, c'est qu'ils avaient appris de ceux de la baie de Sainte-Hélène, où nous avions relâché précédemment et qui gît à une soixantaine de lieues environ par la mer, que nous étions gens ne faisant mal à personne, mais, bien au contraire, donnant du nôtre. Et le capitan-mor ne voulut pas pénétrer dans les terres de cet endroit, parce que où se trouvaient les nègres s'étendait un grand bois. Il changea le poste, et nous allâmes attérir un autre point plus découvert. Et là, au moment du départ, nous fîmes signe aux nègres qu'ils allassent où nous nous rendions, et ils y allèrent. Et le capitan-mor avec les autres capitaines débarqua à terre accompagné d'hommes armés, dont quelques-uns portaient l'arbalète. Et alors le capitan-mor dit à ces gens de se séparer et de venir seulement un ou deux à la fois; le tout s'exécutait par signes, et à ceux qui venaient le commandant présentait des grelots, des bonnets écarlates, et eux nous offraient des bracelets d'ivoire qu'ils portaient au bras, parce que, selon qu'il nous parut alors, il y a dans ces parages beaucoup d'éléphants. Nous avions trouvé la fiente de ces animaux bien près de l'aiguade où ils venaient boire (1).

(1) L'*Elephas africanus* constitue une variété. « On croyait autrefois qu'il n'existait qu'une seule espèce d'éléphant; mais Camper, Blumenbach et Cuvier démontrèrent que l'éléphant d'Afrique qu'on rencontre aux environs du Cap diffère essentiellement de celui des Indes par la structure, le nombre des plaques des dents molaires, par les os du crâne, ceux de la face et ceux du squelette entier. Ainsi l'espèce des Indes a la tête ronde et le front plat, ou même concave, tandis que celle d'Afrique a la tête ronde et le front convexe. La première a les plaques de ses dents molaires en forme de rubans ondoyants et festonnés, la seconde a ces mêmes plaques en losanges; celle-ci a ses défenses plus grandes, ses oreilles plus larges que la première. » (Ferdinand Hœfer.)

Le samedi, arrivèrent environ deux cents nègres tant grands que petits; ils amenaient une douzaine de têtes de bétail, vaches et bœufs, accompagnés de quatre ou cinq moutons, et lorsque nous les aperçûmes nous allâmes à l'instant à terre, et tout aussitôt ils commencèrent à faire résonner quatre ou cinq flûtes; les uns jouaient haut, les autres bas, concertant à merveille pour des nègres, dont on

Village de Hottentots appelé *kraal*.

n'attend guère de la musique. Ils dansaient aussi comme dansent les noirs, et le capitan-mor ordonna de sonner des trompettes, et nous dans nos chaloupes nous dansions, le capitan-mor dansant aussi après être revenu parmi nous. Et, la fête achevée, nous fûmes à terre où nous avions déjà débarqué, et là nous achetâmes un bœuf noir pour trois bracelets; nous le mangeâmes au dîner du dimanche : il était fort gras, sa chair était savoureuse, comme celle des bœufs de Portugal.

Le dimanche, il vint tout autant de monde, et ces gens avaient amené des femmes et de petits enfants; mais les femmes restaient sur un monticule près de la mer. Ils amenaient nombre de bœufs et de vaches. Ils formèrent deux groupes le long de la mer; ils jouaient de leurs instruments et ils dansaient comme ils avaient fait durant la journée du samedi. La coutume de ces hommes est que les jeunes gens restent dans le bois avec les armes; et les plus âgés venaient converser avec nous, et portaient de courts bâtons à la main et des queues de renard fixées à une gaule, dont ils s'éventent le visage. Et nous trouvant ainsi en conversation, le tout par signes, nous remarquâmes entre les arbres les jeunes gens accroupis, portant leurs armes à la main. Et le capitan-mor expédia un homme qui s'appelle Martin Affonso, qui déjà est allé au Manicongo, et il lui remit des bracelets pour acheter un bœuf. Et eux, lorsqu'ils eurent reçu ces bracelets, ils le prirent par la main et le conduisirent à l'aiguade en lui demandant pourquoi nous leur avions pris de l'eau; alors ils commencèrent à pousser les bœufs vers le bois; et lorsqu'il eut vu cela, le capitan-mor nous ordonna de nous retirer et que Martin Affonso eût à en faire autant. Il lui semblait en agissant ainsi qu'ils ourdissaient quelque trahison; et alors, lorsque nous fûmes ralliés, nous nous rendîmes où nous étions d'abord, et eux ils allaient derrière nous, et le commandant ordonna d'avancer sur le rivage lances et zagaies à la main, les arbalètes armées, la cuirasse au dos, le tout pour leur montrer que nous étions en état de leur faire du mal, mais que nous voulions nous en abstenir;

et quand ils virent cela ils commencèrent à se réunir et à courir les uns vers les autres ; et le commandant, pour ne point donner occasion d'en tuer quelques-uns, ordonna que l'on s'embarquât dans les cha-

Bachapin (1).

loupes, et lorsque nous fûmes tous réunis, pour leur faire bien comprendre le mal que nous leur pouvions faire et que nous ne leur faisions pas, il fit tirer deux bombardes qui se trouvaient à la poupe de notre

(1) Selon les meilleures autorités, le territoire du Cap et les régions environnantes étaient occupés par la race des *Gonaquas*, nation hottentote dispersée aujourd'hui ou mêlée à d'autres hordes. Les Hottentots, si nombreux au temps de Gama, et si cruellement décimés à partir du dix-septième siècle, ne forment plus, dit-on, dans la colonie du Cap, qu'un total d'environ 30 000 individus. En 1828, une loi émanée du gouvernement anglais est venue émanciper ces restes de tribus nomades et leur assurer les mêmes droits qu'à la population blanche du pays. Un ethnographe trop tôt enlevé à la science, M. Desmoulins, a fait sur cette race, si différente des autres races du monde, des observations vraiment curieuses ; il voit dans les Hottentots et leurs congénères les *Boschjesmans* ou *Boschismans*, un mélange de Malais et de Cafres, constituant une des plus étranges variétés de l'espèce humaine. En 1636, Ten Rhyne distinguait sept nations différentes comprises sous le nom générique de *Hottentots*, et quelques années plus tard, grâce à un séjour de douze années parmi eux, l'astronome Kolbe fit connaître à l'Europe leurs usages, parfois si repoussants et si bizarres. (Voy. *Reise an das Africanische vergebirge der Guten Hoffnung*; Nuremberg, 1719, 3 vol. in-fol., trad. en franç., in-4° et in-12.)

Ces hordes, qui formaient de nombreux villages, désignés sous le nom de *kraal*, étaient et sont encore exclusivement livrées à des occupations pastorales ; on n'a jamais pu leur faire sentir les avantages de la vie agricole. La chasse, dans l'exercice de laquelle ils développaient une adresse singulière, ajoutait aux ressources alimentaires, que rendait souvent insuffisantes une étrange voracité. Les *Gonaquas* ou *Gonaaquas*, les *Kora* ou *Coranas*, les *Namaquas*, les *Dammaras* et tant d'autres nations, forment les hordes les plus connues répandues sur le territoire du Cap. (La terminaison *qua*, qui se retrouve dans tant de dénominations de peuplades, signifie homme.)

Ainsi qu'on l'a dit, les Gonaquas formaient pour ainsi dire le passage des Cafres aux Hottentots, en partageant les carac-

barque. Ils étaient tous assis sur la plage, près du bois, lorsqu'ils entendirent les détonations, et ils commencèrent à fuir si vite vers la forêt, que les peaux dont ils étaient couverts aussi bien que leurs armes jonchaient la rive (¹); et après qu'ils eurent pénétré dans le bois, il y eut encore deux coups, et ils commencèrent à se réunir et à fuir vers le sommet d'une montagne : ils poussaient le bétail devant eux.

Les bœufs de ce pays sont fort grands, comme ceux de l'Alem-Tejo, gras à merveille, fort doux; parmi eux il y en a sans cornes, et ceux qui sont les plus gras, les nègres leur mettent un bât fabriqué avec des planches, comme on en voit en Castille; ils le renforcent de gaules se croisant au-dessus du bât en guise de civière, et ils se font porter ainsi, et ceux qu'ils veulent diriger, ils leur fichent un petit morceau de bois taillé en épine à travers la narine, et les conduisent par ce moyen (²).

Dans cette baie se trouve un îlot à trois tirs d'arbalète en mer, et sur cet îlot il y a nombre de loups marins (³); quelques-uns d'entre eux sont grands comme des ours et néanmoins fort craintifs, ayant d'ailleurs des défenses fort grandes; ils s'avancent vers les hommes, et nulle lance, quelque forte qu'elle soit, ne les peut blesser; d'autres animaux de la même espèce sont plus petits, ils ont encore leur diminutif. Les grands poussent des rugissements comme des lions et les petits comme des cabris. Et là même nous fûmes tout un jour à nous réjouir, et nous comptâmes de ces animaux, entre grands et petits, environ trois mille ; de la mer, nous les tirions avec les bombardes. Et sur cet îlot il y a des oiseaux de la grosseur d'un canard, mais qui ne volent pas parce qu'ils sont dépourvus de plumes aux ailes; ils les appellent *fotylicayos* (pingouins); nous en tuâmes autant que bon nous sembla; ces oiseaux braient comme des ânes.

Nous trouvant dans cette baie de Saint-Braz un mercredi, occupés à faire aiguade, nous plantâmes une croix et un pilier de démarcation dans ladite baie; quant à la croix, nous la fabriquâmes au moyen d'un mât de misaine, et elle était très-haute; mais le jeudi suivant, comme nous allions quitter cette baie, nous vîmes dix ou onze nègres qui, avant même que nous fussions partis, renversèrent croix et pilier.

Après avoir pris tout ce qui nous était nécessaire, nous quittâmes cet endroit, et en ce même jour nous allâmes mouiller à 2 lieues de l'endroit d'où nous étions partis, parce que le vent était calme. Le vendredi, jour de Notre-Dame de la Conception, vers le matin, nous remîmes à la voile et poursuivîmes notre chemin. Le mardi suivant, veille de Sainte-Lucie, nous essuyâmes une grande tourmente et courûmes vent en poupe, avec le traquet bien bas; et durant cette route nous perdîmes Nicolas Coelho. Cela eut lieu ce même jour pendant la matinée; mais comme le soleil était sur le point de se coucher, on

tères des uns et des autres, à peu près comme cela arrive de nos jours à l'égard des *Bachapins* civilisés comparativement, et qui forment dans l'intérieur une nation considérable, connaissant l'usage du fer et du cuivre. Les diverses aiguades que fréquentèrent les Portugais durent leur offrir une des variétés les plus hideuses de la race hottentote, les Boschjesmans (les hommes des buissons). Ces pauvres sauvages se donnaient entre eux le nom de *Saab* selon les uns, de *Saquas* selon d'autres. Il est impossible de peindre le degré d'abjection auquel ils sont descendus. Depuis Levaillant, dont la mémoire est restée si populaire, jusqu'à Will. Burchell, bien des variétés de Hottentots ont été observées, et ce dernier voyageur est avancé suffisamment dans les parties inexplorées de l'Afrique australe pour permettre de réunir des types qu'n'a pas encore altérés le contact de la civilisation (Boschisman, p. 222; Bachapin, p. 226). Le *Kora*, dont Burchell offre l'effigie, tire son nom de l'usage de porter des souliers; il l'emporte par la taille sur les autres tribus, et s'écarte rarement de la rivière d'Orange, à laquelle il a imposé le nom de *Gariejo*. (Voy. Alberti et surtout Burchell, *Travels in the interior of the southern Africa*; London, 1822, in-4º.)

En définitive, il faut le répéter avec M. Hœfer, les Hottentots du Cap ont à peu près perdu leur caractère primitif; pressés entre les Cafres et les Européens, ils ont été détruits par les uns et absorbés par les autres.

(¹) Ces tuniques de peaux, qui ont la forme de la toge des Romains, se nomment *krosse* ou *kaross*. Les armes que les Hottentots abandonnaient ainsi étaient ces espèces de bâtons de bois de fer qu'ils nomment *kirris* et *bakkum*. Le *kirri* a un mètre de longueur et sert d'arme défensive; le *bakkum*, pointu d'un côté, est un véritable dard que ces peuples lancent avec une adresse admirable.

(²) Il y a dans l'original *estéva* (cyste épineux).

(³) Il faut probablement substituer à cette dénomination celle de *veaux marins*. Cette espèce de phoques a pour ainsi dire disparu des lieux qu'elle fréquentait jadis. L'île de *Robben*, entre autres, à laquelle elle avait imposé son nom dans la baie de la Table, ne fournit plus qu'un nombre très-limité de ces animaux. « Cette espèce de phoques est la même que celle que Sparmann a examinée avec Forster à la Nouvelle-Zélande, à la terre de Feu et à la Thulé du Sud. Sa chair, quoique noire et d'un aspect désagréable, a un assez bon goût. » (Ferdinand Hœfer.)

l'aperçut de la hune en face de nous, à quatre ou cinq lieues; il nous sembla qu'il nous avait vus; nous mîmes en panne. Et à la fin du premier quart il se trouva de conserve avec nous, non parce qu'il nous avait aperçus de jour, mais parce que le vent était par la bouline, et qu'il ne pouvait faire autrement que de venir dans nos eaux.

Le vendredi dans la matinée, nous eûmes en vue la terre : c'est celle que l'on a désignée sous le nom d'*ilheos Cháos* (les îlots Plats); on les rencontre 5 lieues au delà de l'îlot *da Cruz*; de la baie de Saint-Braz à cet îlot *da Cruz* il y a 60 lieues. On en compte autant du cap de Bonne-Espérance à la baie de Saint-Braz; dès *ilheos Cháos* au dernier pilier de démarcation qu'a posé Barthélemy Dias, on compte encore 5 lieues, et du pilier au rio Infante, 15 lieues (¹).

Le samedi suivant, nous passâmes devant le dernier pilier, et comme nous allions ainsi longeant la côte, commencèrent à courir sur la plage deux hommes se dirigeant à l'opposé du lieu vers lequel nous marchions. Cette région est fort gracieuse et bien assise; et là nous vîmes errer beaucoup de bétail; et plus nous avancions, plus la terre semblait fertile et portant des futaies plus hautes.

La nuit suivante nous demeurâmes en panne. Toutefois nous étions déjà tellement avancés que nous devions nous trouver à la hauteur du rio Infante (²), la dernière terre découverte par Barthélemy Dias. Et le jour suivant nous fûmes avec le vent en poupe prolongeant la côte, jusqu'à l'heure des vêpres, que le vent sauta à l'est; alors nous gagnâmes le large et nous courûmes des bordées qui nous rapprochaient de terre où nous en éloignaient alternativement, jusqu'au mardi vers le soleil couchant. Puis le vent tourna à l'ouest, ce qui nous fit mettre cette nuit en panne afin de pouvoir aller reconnaître le jour suivant la terre et savoir en quels parages nous nous trouvions.

Et lorsque le jour fut venu, nous allâmes tout droit vers la terre, et à dix heures du jour nous nous trouvions près de l'îlot da Cruz, gisant en arrière du point d'où nous comptions 60 lieues; ceci avait été causé par les courants, qui sont fort considérables. Et durant ce même jour nous renouvelâmes la carrière que nous avions accomplie avec un grand vent en poupe, qui nous dura trois ou quatre jours; nous dépassâmes même les courants, qui nous inspiraient une crainte si vive de ne pouvoir atteindre le but que nous cherchions. Et à partir de ce jour, Dieu voulut par sa miséricorde que nous allassions de l'avant, et non comme précédemment faisant route contraire; et puisse-t-il vouloir qu'il en soit toujours ainsi !

Le jour de Noël, c'est-à-dire le 25 du mois de décembre, nous avions découvert 60 lieues de côtes (³). Ce jour-là même, après avoir dîné, en dressant une bonnette, nous reconnûmes dans le mât une fente se prolongeant au-dessous de la hune et pouvant avoir en longueur une brasse, laquelle s'ouvrait et se fermait alternativement. C'est pourquoi nous y portâmes remède avec des galhaubans, jusqu'à ce que nous pussions gagner un port où il nous fût possible de raccommoder notre mât. Et le jeudi nous mouillâmes le long de la côte, où nous prîmes beaucoup de poisson; et lorsque le soleil se montra, nous mîmes de nouveau à la voile pour continuer notre route : là nous perdîmes une ancre par suite du peu de solidité d'un petit câble. Et de cet endroit nous fîmes telle route sur mer, sans gagner aucun port, que l'eau potable nous manqua; on ne cuisait déjà plus les vivres qu'avec de l'eau de mer; nous étions réduits à la ration d'un quartilho (⁴), de manière qu'il y avait urgence de gagner un port. Un jour donc, le jeudi qui tombait sur le 10 janvier, nous eûmes connaissance d'un petit fleuve, et là nous mouillâmes le long

---

(¹) Barthélemy Dias était parti pour son expédition le 2 août 1486, à la tête de deux embarcations de 50 tonneaux seulement; il était accompagné par son frère Pero Dias, Pero d'Alemquer, João Infante, l'habile pilote, et un certain Leitão. Il côtoya le littoral d'Afrique jusqu'au 33° 40′ de latitude; il posa en cet endroit un pilier monumental *(padrão)* qui imposa son nom à cette portion de la côte *(ponta do padrao)*. Ce petit monument existe encore; M. José Caldeira s'en est assuré en 1851. Barthélemy Dias voulait pénétrer jusqu'aux Indes; mais les équipages se révoltèrent, et il se vit dans l'obligation de revenir sur ses pas. (Voy. *Apontamentos d'uma viagem de Lisboa a China*; Lisboa, 1853, t. II, p. 154.)

(²) Ce fleuve avait été nommé ainsi par Barthélemy Dias pour rappeler la mémoire de son second, l'habile marin Pero Infante. C'est à tort qu'on a supposé qu'il s'agissait ici d'un fils de Jean II. Le rio Infante gît vers les 40° 30′ de latitude; mais on lui substitue sur les cartes anglaises le nom de *Breede*. Le cap Infante a gardé son nom.

(³) La fête de Noël est désignée en portugais par le mot *Natal*; Gama imposa ce nom à *Porto-Natal*, où les Anglais ont formé récemment un établissement dépendant du Cap, et destiné à acquérir un grand degré d'importance. Le climat y est excellent; mais toute la côte de Natal est détestable pour la navigation.

(⁴) Le *quartilho* équivaut à 1 litre,04511.

de la côte, et le jour suivant nous allâmes dans les embarcations à terre. En cet endroit nous trouvâmes nombre d'hommes et de femmes noirs très-grands de taille (¹), et ayant un chef parmi eux; et le capitan-

Port-Natal.

mor expédia à terre Martin Affonso, celui qui était allé au Manicongo et y avait longtemps demeuré; un autre homme allait avec lui; ils les accueillirent. Et le capitan-mor envoya à ce seigneur une jaquette et des chausses rouges, puis un capuce et un bracelet; et il dit que tout ce qui était en son pays et qui nous serait nécessaire, il nous le donnerait de bonne volonté; ledit Martin Affonso l'entendait du moins ainsi. Et à la nuit, lui et son compagnon s'en allèrent chez le même seigneur dormir en sa maison; quant à nous, nous retournâmes à bord. Et ce seigneur, sur le chemin même, revêtit les habits qu'on lui avait donnés, et il allait disant en son contentement à ceux qui le venaient recevoir : « Voyez ce qu'ils m'ont donné. » Et eux battaient des mains par courtoisie, et ils firent cela à trois ou quatre reprises différentes, jusqu'à ce que l'on fût parvenu à l'aldée, qu'il parcourut dans toute son étendue ainsi paré, avant qu'il rentrât chez lui; là, il fit entrer les deux hommes qui l'avaient accompagné dans un clos où il leur envoya une bouillie de mil, grain qui abonde en ce pays (²), et une poule semblable à celles de Portugal. Et durant toute cette nuit il y eut nombre d'hommes et de femmes qui les vinrent voir. Et lorsque le matin fut venu, le seigneur se rendit auprès d'eux pour les visiter, et leur dit qu'ils devaient s'en retourner : deux hommes les accompagnèrent; le chef leur donna des poules pour le capitan-mor, disant que quant à lui, il allait faire voir ce qu'on lui avait donné à un grand seigneur qu'ils reconnaissaient

(¹) L'anthropologie n'était pas soupçonnée au temps de Gama; Alvaro Velho confond naturellement les Cafres avec les nègres proprement dits, mais, en observateur intelligent, il constate la supériorité de leur taille sur celle des peuples qu'il vient de quitter; ils atteignent en effet 5 pieds 6 pouces et 5 pieds 9 pouces. Le nom général de Cafre (*Kafir*, infidèle) leur vient des Arabes; ils se désignent entre eux sous celui de *Kousas*. Cette famille remarquable du genre humain a une prodigieuse extension. En effet, sur les cartes anciennes, la Cafrerie avait pour limites, au nord la Nigritie et l'Abyssinie, à l'ouest la Guinée et le Congo, à l'est l'océan Indien, et le cap de Bonne-Espérance la bornait au sud. Elle est comprise aujourd'hui entre les 32 et 34 degrés de latitude méridionale, et les 25 et 27 degrés de longitude orientale. Les *Kousas* que rencontra l'expédition formaient comparativement un peuple civilisé. Les individus qui composent cette race n'ont guère de commun avec les nègres que l'épaisseur des lèvres et la rudesse de leurs cheveux, qui sont noirs, courts et lanugineux; leur peau est d'un gris noirâtre que l'on a comparé à la couleur du fer quand il vient d'être forgé.

(²) C'est l'*Holcus cafer*, ou *Sorgho sacchariferum*. Ce sont les femmes qui le cultivent au moyen d'un instrument en bois d'une seule pièce, aplati aux deux extrémités.

Cafres de diverses tribus. — D'après Andrew Stedman.

Dansé de noirs. — D'après A.-F. Gardiner.

pour chef, et selon qu'il nous parut c'était le roi de ce pays (¹); et lorsque nos hommes arrivèrent au port, où étaient les embarcations, ils étaient suivis d'une troupe pouvant bien monter à deux cents individus accourus pour les voir.

(¹) Les chefs cafres portent le titre d'*inkosie*; leur dignité est héréditaire. Le rang est également héréditaire parmi les filles. Chaque chef exerce sur sa horde un pouvoir presque absolu.

Bivouac de Cafres.

Vue de Béréa. — Noirs ou Cafres pasteurs.

D'après notre estime, cette terre est très-peuplée et il y a là beaucoup de seigneurs, et il nous sembla que les femmes y étaient plus nombreuses que les hommes; car où venaient vingt hommes, arrivaient quarante femmes. Les maisons sont construites en paille (¹), et les armes de ce peuple sont

(¹) Les huttes des Cafres affectent une forme circulaire; elles ont environ 3 mètres de diamètre, mais leur élévation n'est pas suffisante pour qu'on s'y tienne debout.

l'arc de grande dimension, la flèche, et la zagaie armée de fer (¹). Et, d'après ce que nous avons pu supposer, cette terre est abondante en cuivre; ils en ont aux jambes, aux bras et parmi les tresses de leurs cheveux. Ce pays produit aussi de l'étain, qu'ils portent comme monture de poignard; les gaînes de ces armes sont en ivoire. Les gens qu'on trouve là prisent beaucoup les étoffes de lin; ils nous donnaient force cuivre pour des chemises, lorsque nous voulions bien leur en présenter en échange. Ce peuple porte avec lui de grandes calebasses, dans lesquelles il fait provision d'eau salée, qu'il transporte des bords de la mer vers l'intérieur; on la jette dans des citernes creusées en terre, et l'on fabrique ainsi du sel. Nous demeurâmes là cinq jours, faisant de l'eau que charriaient à nos embarcations ceux qui venaient nous voir; nous ne fîmes pas la provision que nous eussions d'abord souhaitée, parce que le vent nous rendait le voyage facile. Nous avions toutefois jeté l'ancre le long de la côte, en dépit du roulement des vagues. Cette terre a été nommée par nous le pays de la Bonne-Nation *(terra da Boa-Gente)* et le fleuve *rio do Cobre* (fleuve du Cuivre).

Un lundi, en faisant route, nous eûmes connaissance d'une terre fort basse et de quelques bouquets d'arbres très-hauts et très-pressés, et en poursuivant notre chemin, nous vîmes un fleuve large à son embouchure. Et comme il était nécessaire de savoir où nous nous trouvions, nous mouillâmes en cet endroit, et un jeudi, à la nuit, nous entrâmes où était déjà le navire le *Berrio* depuis la veille; il ne fallait plus alors que huit jours pour finir janvier. Cette terre est très-basse, marécageuse et favorable à la culture de grands vergers, lesquels fournissent du fruit en quantité et d'espèces diverses : les gens du pays en font leur nourriture.

Ce peuple est noir et se compose d'hommes au corps dispos; ils vont nus avec un pagne de coton fort étroit, les femmes le portent de plus grande dimension. Les femmes jeunes, qui dans ce pays ont bonne apparence, se percent les lèvres en trois endroits et y introduisent certains morceaux d'étain tordus (²). Ces gens se plaisaient fort avec nous et nous apportaient dans nos navires de ce qu'ils avaient dans leurs barques; et nous, agissant de même, nous allions à leur aldée prendre de l'eau.

Nous étions restés deux ou trois jours en ce lieu, lorsque vinrent nous visiter deux seigneurs du pays, lesquels étaient si émus qu'ils ne prisaient aucune des choses qu'on leur donnait. L'un d'eux avait sur la tête un turban fait avec une étoffe à raies éclatantes, de soie; l'autre portait un capuchon de satin vert; et venait en leur compagnie un jeune homme qui, selon ce qu'on pouvait comprendre par leurs signes, appartenait à un autre pays fort loin de là, et il disait que déjà il avait vu des navires grands comme ceux qui nous amenaient. Nous nous réjouîmes singulièrement de ces indications, parce qu'il nous semblait que nous approchions des lieux que nous voulions atteindre. Et ces gentilshommes firent élever à terre, le long du fleuve, tout près des navires, des cabanes de feuillage où ils demeurèrent durant sept jours environ. De là ils envoyaient chaque jour vendre des étoffes à bord des bâtiments; ces étoffes portaient certaines marques d'ocre rouge. Et lorsqu'ils se sentirent fatigués d'être en ce lieu, ils s'en furent dans leurs almadias, en remontant le fleuve. Et nous demeurâmes sur ses rives trente-deux jours, pendant lesquels nous fîmes de l'eau et nettoyâmes les navires; on raccommoda également le mât du *Raphaël*. Et en ce lieu, beaucoup de nos hommes tombèrent malades : les pieds et les mains leur enflaient; les gencives croissaient de telle sorte par-dessus les dents, que les malades ne pouvaient plus manger (³). On planta là un pilier, auquel fut imposé le nom de Raphaël, parce qu'il était venu sur le navire désigné ainsi; le fleuve s'appela *rio dos Bons-Signaes* (le fleuve des Bons-Indices).

Nous partîmes de là un samedi, le 24 février, et ce même jour nous gagnâmes le large; la nuit

---

(¹) La *sagaie* ou *hassagaie* a près de deux mètres de long, le manche a 2 centimètres de diamètre à l'origine du fer; sa portée ordinaire, projetée en ligne courbe, est d'environ 25 mètres.

(²) Ces peuples appartenaient encore à la race cafre, répandue dans toute l'Afrique australe. Un voyageur récent, le major Pedrozo Gamitto, parle de l'étrange coutume où sont de nos jours plusieurs peuplades, de se percer la lèvre supérieure et d'y introduire une rouelle d'ivoire. C'est absolument l'opposé de ce qui se passe chez les *Botocoudos* du Brésil. (Voy. *o Mutua Cazembe*; Lisbonne, 1854, in-8; et les Tables du *Magasin pittoresque*.

(³) Qui ne reconnaît dans cette description si brève et si exacte les symptômes du scorbut?

Fabrice de Hilden place en l'année 1481 la première apparition de cette maladie dans les contrées germaniques; on l'y désigna simplement sous le nom de *scharbock* ou *scorbuck*, mot qu'on emploie pour exprimer une violente altération dans la circulation, ou même une inflammation, et d'où l'on a fait évidemment le nouveau mot *scorbutus*.

suivante on se dirigea à l'est, pour nous rapprocher de la côte, qui offrait un gracieux coup d'œil; et le dimanche nous fûmes au nord-est, et quand vint l'heure de vêpres, nous vîmes surgir de la mer trois îles: elles sont peu considérables; deux d'entre elles sont garnies de grands arbres; la troisième, plus petite que les précédentes, est aride. De l'une à l'autre, il peut bien y avoir 4 lieues, et comme il était

Gembosk, ou Antilope de la Cafrerie.

nuit, nous virâmes de bord pour nous porter au large. Ce fut dans l'obscurité que nous passâmes devant ces îles. A partir du jour suivant, on fit route et l'on marcha durant six journées en mer; toutefois on mettait en panne toutes les nuits, et un jeudi qui tombait le 1er mars, vers le soir, nous eûmes connaissance des îles et de la terre; mais comme il était tard, on vira pour gagner le large et l'on mit en panne jusqu'au lendemain matin; ce fut alors que nous abordâmes le pays dont il va être question.

Le vendredi, dans la matinée, Nicolas Coelho, voulant entrer dans cette baie, manqua le canal et trouva un bas-fond, et en virant pour marcher de conserve avec les navires qui venaient par derrière, ils virent venir à eux certaines barques à voiles, qui sortaient d'un village bâti en l'île; ils arrivaient pleins de joie pour saluer le capitan-mor ainsi que son frère, et nous nous laissions toujours aller dans cette direction de la mer, parce que nous voulions gagner le mouillage; mais plus nous marchions, plus vite ils nous suivaient, nous faisant signe de nous donner garde; et comme nous pénétrions dans l'anse de cette île, d'où venait la barque, nous vîmes venir à nous six ou sept de ces almadias, ou petites embarcations; ceux qu'elles portaient jouaient de leurs anafilés (¹), en nous engageant à pénétrer dans l'intérieur, nous faisant comprendre que, si nous le voulions, ils nous piloteraient pour entrer dans le port. Ces gens montèrent à bord, mangeant et buvant de ce que nous mangions et buvions, et lorsque cela les ennuya, ils s'en allèrent. Les capitaines prirent la résolution d'entrer dans cette baie pour connaître la nature de ces gens-là, et il fut résolu que Nicolas Coelho serait le premier avec son navire à sonder la barre, et que si l'entrée était facile on pénétrerait. Et comme Nicolas Coelho allait en effet entrer, il donna sur la pointe de cette île et cassa son gouvernail. Or, tout aussitôt qu'il eut touché, il se mit en mesure pour gagner le large. J'étais avec lui, et tout en exécutant cette manœuvre, nous amenâmes nos voiles, et l'on jeta l'ancre à deux tiers d'arbalète du village.

Les hommes de ce pays sont cuivrés, bien faits de corps, appartiennent à la secte de Mahomet et parlent le langage des Maures (²). Leur vêtement se compose d'étoffes de lin et de coton fort déliées, riches, bien travaillées, à raies de couleurs diverses, et ils portent tous sur la tête le turban de soie éclatante, laissant apercevoir des fils d'or. Ils sont marchands et trafiquent avec les Maures à peau blanche, qui avaient alors en ce même lieu quatre navires chargés d'or, d'argent, de drap, de clous de girofle, de poivre, de gingembre et d'anneaux d'argent, et de plus possédaient à bord grande quantité de perles, d'aljofar et de rubis; voilà, en effet, ce qu'apportent les gens de ce pays. Et selon ce que l'on pouvait croire, d'après ce qu'ils disaient, tous ces objets arrivaient là en charroi, et ces Maures les emportaient, sauf l'or; ils ajoutaient que dorénavant, où nous allions nous trouver, tout cela se rencontrait en grande quantité. Les pierres précieuses, la semence de perles, les épices, y étant en telle abondance qu'on ne se donnait pas la peine de les acheter et que l'on se contentait de les recueillir dans des paniers. Tout cela, du moins, était entendu ainsi par un marin que le capitan-mor amenait avec lui, et qui, ayant été captif chez les Maures, comprenait nécessairement ceux parmi lesquels nous nous trouvions; et les Maures dont il vient d'être parlé nous dirent de plus que sur la route qu'il nous restait à faire, nous trouverions beaucoup de bas-fonds; mais aussi que nous rencontrerions nombre de cités le long du littoral. Nous devions également aborder à une île où il y avait moitié Maures, moitié chrétiens; ces chrétiens étaient en guerre avec les Maures. En l'île il y avait grande richesse.

Ils nous dirent de plus que le preste Jean demeurait à peu de distance, et qu'il avait en son pouvoir des villes nombreuses le long de la mer, et que les habitants étaient de gros marchands, possédant des navires de haut bord; mais que ledit preste Jean demeurait fort avant dans les terres, et que l'on ne pouvait se rendre là qu'à dos de chameau. Les Maures amenaient avec eux deux chrétiens des Indes captifs, et ces gens racontaient toutes ces choses avec bien d'autres encore; ce dont nous étions si joyeux que nous en pleurions de plaisir, priant Dieu qu'il lui plût de nous donner la santé, pour que nous vissions enfin ce que nous avions tant désiré.

En cette région et cette île, que l'on appelle *Monçobiquy* (Mozambique) (³), il y avait un seigneur qui se nommait Colyytam; c'était comme le vice-roi. Il s'en vint à bord de nos navires nombre de fois, avec plusieurs des siens qui l'accompagnaient; et le commandant leur donnait fort bien à manger, et il leur fit un cadeau consistant en chapeaux, marlotes (⁴) et cuirasses, avec d'autres choses semblables; mais il était si orgueilleux qu'il dédaignait tout ce qu'on lui offrait, demandant qu'on lui donnât uniquement de l'écarlate; or nous n'en avions pas, mais nous lui offrions ce que nous avions à bord.

Un jour le capitan-mor lui fit servir une collation consistant en quantité de figues et de conserves, et lui demanda deux pilotes pour nous accompagner. Il dit qu'il le ferait, pourvu qu'on les pût satisfaire. Le capitan-mor donna à chacun d'eux trente *meticals* (⁵) d'or et deux marlotes, le tout à condition qu'à partir du jour où ils auraient reçu ces objets, s'ils voulaient s'absenter, l'un d'eux resterait toujours à

(¹) On désigne ainsi des espèces de hautbois d'origine moresque.

(²) Les peuples primitifs de ces régions portaient les noms de *Makouas* et de *Monjous*; les Arabes, en se mêlant à eux, avaient modifié leur couleur et surtout leurs usages.

(³) Rien de plus variable que l'orthographe de ce nom. Dans les plus anciens voyageurs, cette localité est désignée tour à tour ainsi : *Monzabie, Monzambic, Mezimbic*.

(⁴) La *marlota*, sorte d'ajustement fort usité à Grenade, était un manteau moresque assez court.

(⁵) Le *metical* ou *metcal* représente ici la valeur de deux testons ou d'un ducat; comme poids, il contient une drachme deux tiers.

bord du navire, ce dont ils demeurèrent fort satisfaits. Et un samedi, le 10 du mois de mars, nous partîmes et nous allâmes mouiller à une lieue en mer, près d'une île, afin que le dimanche on pût dire la messe, puis, selon le désir de chacun, communier et se confesser.

Vue des environs de Mozambique (¹). — D'après Salt.

L'un de ces pilotes demeurait dans l'île, et lorsque nous eûmes mouillé, nous armâmes deux embarcations afin d'aller le chercher. Dans l'une desdites chaloupes s'était embarqué le capitan-mor, et dans l'autre Nicolas Coelho ; et comme ils allaient ainsi, cinq ou six barques sortirent se dirigeant contre eux avec nombre de gens armés d'arcs, de très-longues flèches et de petits pavois ; ils faisaient signe que l'on eût à retourner au bourg, et lorsqu'il vit cela, le commandant arrêta le pilote qu'il amenait avec lui, et ordonna qu'on fît feu des bombardes sur ceux qui venaient dans les barques. Pendant ce temps, Paul da Gama, qui était resté à bord des navires pour porter secours si cela devenait nécessaire, commença à entendre les bombardes et fit aussitôt avancer le *Berrio* ; et quand ils virent ce navire à la voile, les Maures, qui s'étaient mis déjà à lever le pied, s'enfuirent bien mieux encore, et se réfugièrent sur la côte, avant que le *Berrio* eût eu le temps de les atteindre. Donc nous retournâmes au mouillage ; et le dimanche, nous entendîmes notre messe dans l'île sous une futaie très-haute (²) ; et après que la messe fut dite, nous retournâmes aux navires ; nous mîmes à la voile, commençant à suivre notre route, et

(¹) La ville de Mozambique est située par les 14° 49′ de latitude australe et les 40° 45′ de longitude orientale. Elle fut fondée en 1508 sur la petite île du même nom, à l'entrée d'une baie profonde. Cette île peut avoir 2 milles ¹/₂ de longueur. M. Caldeira en a donné une récente description, qui laisse peu de chose à désirer. La population de la ville se montait en 1849 à 10 870 âmes, sur lesquelles on comptait à peine 1 110 individus libres. D'après les dernières informations, il n'existe plus dans l'établissement que 120 Portugais. M. Caldeira déclare que la religion chrétienne s'éteint chaque jour de plus en plus parmi les populations noires, tandis que le mahométisme, au contraire, fait des progrès, sous l'influence de l'iman de Mascate. Il n'y a point d'évêque à Mozambique. Le voyageur cité plus haut ne voit d'autre moyen, pour rétablir l'agriculture dans ces contrées, qu'un appel énergique à la colonisation chinoise. La race européenne s'y éteint à la troisième génération.

(²) La végétation dans ces parages est si pittoresque, qu'elle rappelle celle de l'île de Ceylan ; on y trouve les *Malumpavas*, arbres vraiment gigantesques de l'espèce des *Adansonia*.

approvisionnés, d'ailleurs, de force poules et de force chèvres, sans compter les pigeons, que nous avions achetés pour des rassades jaunes de verre.

Les navires de ce pays sont grands, mais non pontés; on n'emploie point de clous dans leur construction, et on les maintient au moyen de cordes en sparte; il en est de même à l'égard des embarcations; leurs voiles sont faites en nattes de palmes, et les marins qui les dirigent font usage de boussoles génoises, au moyen desquelles ils se dirigent; ils ont cadrans et cartes marines.

Les palmiers de ce pays (¹) donnent un fruit aussi gros qu'un melon, et la moelle de l'intérieur est ce qu'ils mangent; elle a le goût de l'aveline. Il y a là aussi des concombres et des melons en grande quantité; ils nous en apportaient pour nous les vendre.

Le jour où Nicolas Coelho entra, et où nous eûmes la visite de ce seigneur qui vint au navire avec une suite nombreuse, il l'accueillit fort bien et lui donna un capuchon rouge; le seigneur lui offrit certain chapelet dont ils se servent pour prier; c'était un gage qu'il lui offrait, et il demanda l'embarcation à Nicolas Coelho lui-même pour s'en servir; celui-ci la lui accorda; et lorsqu'il fut de retour à terre, il emmena à son logis ceux qui l'avaient accompagné, et il les convia, leur ordonnant ensuite de se rendre vers nous. Il envoya à Nicolas Coelho un pot de conserve de tamarin pilé, dans lequel on avait mêlé de la conserve de clous de girofle et de cumin; et depuis, de cette façon, il fit tenir au commandant nombre de choses, mais cela eut lieu au temps où il croyait que nous étions Turcs, ou bien Maures de quelque autre région; car ils nous demandaient, au cas où nous serions venus de Turquie, de leur montrer les arcs de notre pays et les livres de notre loi; et lorsqu'ils surent que nous étions chrétiens, ils tentèrent de s'emparer de nos personnes et de nous tuer par trahison; mais le pilote donné par eux, et que nous emmenions avec nous, découvrit tout ce qu'ils avaient en la volonté de faire contre nous, et ce qui eût eu lieu, s'ils l'eussent pu mettre à exécution.

Le mardi, nous vîmes une terre, laquelle se développait comme une chaîne au delà d'une pointe. Cette pointe, le long de la côte, porte un bouquet d'arbres qui semblent être des ormes, mais clair-semés. Ladite côte peut être à environ 20 lieues de l'endroit d'où nous sommes partis; les calmes nous arrêtèrent le mardi et le mercredi, et la nuit suivante nous fîmes route au large avec un petit vent de l'est, et lorsque le jour arriva, nous avions déjà laissé Mozambique à quatre lieues derrière nous; nous fîmes route toute cette journée jusqu'au soir et nous mouillâmes près de l'île où l'on nous avait dit la messe le dimanche passé; et là nous demeurâmes huit jours à attendre le temps favorable. Et dans cet intervalle, le roi de Mozambique nous fit dire qu'il voulait faire la paix avec nous. Un Maure blanc chérif, autrement dit le *creligo* (²), fut le messager de cette paix; c'était un grand ivrogne. Et comme nous étions là, vint un Maure avec un petit enfant, son fils, et il monta à bord de l'un de nos navires, disant qu'il voulait s'en aller avec nous, parce qu'il était d'un pays tout voisin de la Mecque, et n'était venu à Mozambique qu'en qualité de pilote de ce pays. Et comme le temps ne nous favorisait point, nous fûmes même contraints d'entrer dans le port de Mozambique, afin d'y faire l'eau qui nous était nécessaire; il la fallait aller chercher sur un autre point, en terre ferme; c'est l'eau que boivent ceux de l'île, il n'y a là que de l'eau salée.

Un jeudi nous entrâmes dans ce port, et lorsque la nuit vint nous mîmes dehors les embarcations. A minuit, le capitan-mor, Nicolas Coelho et quelques-uns d'entre nous qui nous étions réunis, nous allâmes voir où était l'aiguade et nous emmenâmes avec nous le pilote maure, qui pensait bien autrement à fuir, s'il l'eût pu, qu'à nous indiquer où était l'eau. Il s'embrouilla de telle sorte que jamais il ne sut nous montrer l'aiguade ou ne le voulut faire; nous demeurâmes jusqu'au matin dans ces perquisitions. Alors nous retournâmes aux navires, et vers le soir nous nous rendîmes de nouveau en ce lieu avec le même pilote, et comme nous étions près de l'aiguade, on voyait aller et venir vingt de ces gens-là; ils allaient en escarmouche, la zagaie à la main, pour nous défendre l'approche de l'eau; alors le commandant ordonna de tirer trois bombardes, afin qu'ils nous laissassent le loisir de sauter sur la rive, et lorsque nous fûmes débarqués, ils s'enfoncèrent dans le bois; nous prîmes alors autant d'eau que cela était nécessaire, et lorsqu'on put l'embarquer le soleil allait se coucher; nous nous aperçûmes qu'un noir du pilote Jean de Coimbre s'était échappé.

(¹) Partout, en effet, on voit dans cette partie de l'Afrique des plantations de cocotiers.
(²) Souza se tait, dans son Glossaire, sur la signification de ce mot.

Le samedi 24 du mois de mars, veille de la Notre-Dame, dans la matinée, il nous vint un Maure directement des navires, disant que si nous voulions de l'eau nous pouvions en aller chercher; il donnait en même temps à entendre que nous trouverions là des gens qui nous feraient retourner sur nos pas. Et, voyant cela, le capitan-mor décida que nous irions sur ce point pour lui faire voir le mal que nous leur pouvions faire si nous le voulions. Or donc, à l'instant, nous nous rendîmes à l'aldée, montés dans les chaloupes armées à la poupe. Les Maures avaient établi en cet endroit des palissades très-solides avec de fortes planches fixées de telle manière que ceux qui se trouvaient abrités ainsi ne pouvaient être vus par nous; et ils allaient le long de la plage portant leurs petits pavois, armés de leurs zagaies, de leurs coutelas, de leurs arcs, de leurs frondes, avec lesquelles ils nous lançaient des pierres; mais nous, avec nos bombardes, nous leurs tenions telle compagnie qu'il leur fallut abandonner la plage et se réfugier derrière la palissade dressée par eux : il leur en advint plus de dommage que de profit; nous restâmes ainsi environ trois heures, et nous vîmes là deux hommes morts, un que nous avions tué sur la plage, et l'autre au dedans de l'estacade. Et lorsque nous nous sentîmes ennuyés de tout cela, nous revînmes pour dîner à bord, et à l'instant ils commencèrent à fuir et à charger leur bagage dans les almadias pour le transporter à un village situé de l'autre côté. Pour nous, après dîner nous allâmes dans les embarcations pour voir si nous pouvions prendre quelques-uns d'entre eux, afin d'obtenir par ce moyen les deux chrétiens indiens qu'ils tenaient en captivité, ainsi que le noir fugitif. En conséquence, nous poursuivîmes une almadia du chérif ayant à bord des bagages, et une autre qui portait quatre nègres, dont s'empara Paul da Gama. Pour celle qui portait des marchandises, lorsqu'elle eut atteint la terre tous ceux qui la montaient s'enfuirent, laissant l'embarcation à la côte; il en fut de même d'une autre que nous rencontrâmes le long de la mer; quant aux noirs qui étaient là, on les emmena à bord. Et dans les almadias nous trouvâmes beaucoup d'étoffes fines de coton, des nattes de palmes et un bocal en verre plein de beurre, des fioles de gros verre pleines de liquide, les livres de leur loi, et un coffre rempli de chausses de coton, sans compter nombre de grands cabas pleins de mil. Et toutes les choses prises en cet endroit, le capitan-mor les donna aux matelots qui s'étaient trouvés là avec lui, sauf les livres, qui furent mis de côté par lui pour les montrer au roi. Le dimanche suivant, nous allâmes faire de l'eau, et le lundi nous nous présentâmes devant la bourgade avec les bateaux armés; et les Maures nous parlaient abrités par les maisons, n'osant pas toutefois venir sur la plage depuis que nous avions lâché sur eux les bombardes. On revint ensuite à bord, et le mercredi nous partîmes de devant le bourg et nous allâmes mouiller près des îlots de Saint-Georges. On resta là encore trois jours, attendant que Dieu nous donnât un temps favorable; et le vendredi 29 du mois on put quitter les îlots ; mais comme le vent était faible, quand vint le samedi au matin, c'est-à-dire le 30 du mois, nous n'en étions qu'à 28 lieues.

Durant ledit jour, dans la matinée, nous avançâmes d'autant le long de la terre des Maures, où nous avions été obligés de retourner, en raison de la force des courants.

Le dimanche 1er du mois d'avril, nous gagnâmes certaines îles qui sont bien voisines de la mer, et à la première d'entre elles on imposa le nom d'*ilha do Açoutado* (¹), parce que le samedi soir le pilote noir que nous emmenions avec nous ayant menti au commandant et lui ayant dit que ces îles faisaient partie de la terre ferme, ce mensonge lui valut les étrivières. Les navires de ce pays naviguent entre la terre et ces îles, et marchent par quatre brasses de fond; nous, nous allâmes au large. Ces îles sont nombreuses et fort agglomérées, de telle sorte même que nous ne pouvions discerner leur extrémité et les reconnaître les unes des autres; elles sont peuplées. Le lundi, nous eûmes connaissance d'autres îles à 5 lieues en mer.

Le mercredi 4 avril, nous fîmes de la voile, on marcha au nord-ouest, et avant midi nous eûmes en vue une grande terre et deux îles qui en étaient fort rapprochées; la terre est environnée de bas-fonds nombreux, et lorsque nous en fûmes près et que les pilotes l'eurent reconnue, ils nous dirent que l'île des chrétiens gisait derrière nous, à 3 lieues. Et alors, durant tout le jour, on travailla pour faire en sorte de la rencontrer; mais le vent du ponent était si fort qu'on ne la put atteindre; les capitaines

---

(¹) Littéralement, l'île de Celui qui a reçu les étrivières.

résolurent alors en conseil d'aborder une cité qui se trouvait à quatre journées de nous, et que l'on appelle Mombaça (¹).

Cette île était l'une de celles que nous cherchions; les pilotes que nous emmenions disaient qu'elle était peuplée de chrétiens; et parce qu'il soufflait bon vent, nous arrivâmes à la côte comme il se faisait déjà tard. A la tombée de la nuit, nous aperçûmes une île très-grande, qui nous restait au nord. Les Maures que nous avions à bord nous disaient qu'il y avait là une bourgade peuplée de chrétiens, et une autre peuplée de Maures. La nuit suivante, nous prîmes le large, et lorsque ce fut sur le matin nous ne vîmes plus la terre. Nous fîmes route au nord-ouest, et vers le soir la terre nous apparut de nouveau.

Et la nuit suivante, notre route fut au nord quart nord-ouest; à l'aube on marcha nord-nord-ouest, et en allant deux heures ainsi avec un vent favorable, avant le matin, le navire le Saint-Raphaël s'en fut donner sur des bas-fonds qui se trouvent à 2 lieues de la terre ferme, et, se voyant à sec, quelqu'un du bord cria, demandant aide à ceux qui le suivaient; ceux-ci, entendant la clameur, tirèrent un coup de bombarde et mirent leurs chaloupes à la mer. Comme la mer était basse, le bâtiment demeura complétement à sec; aidé par les chaloupes, il put jeter plusieurs ancres, et quand vint la marée du jour, qui se trouva être une marée haute, le navire demeura à flot, ce qui nous mit tous en joie.

Et en droiture sur la terre ferme, en face de ces bas-fonds, s'étend une chaîne de montagnes élevée, de bel aspect; on lui imposa le nom de Saint-Raphaël; les bas-fonds furent également désignés ainsi.

Et pendant que le navire était à sec, arrivèrent deux almadias, vers lui et vers nous; ils nous apportèrent force oranges excellentes, meilleures que celles qu'on se procure en Portugal. Deux Maures demeurèrent dans le navire; ils nous accompagnèrent le jour suivant à une cité que l'on appelle Mombaça.

Le samedi dans la matinée, le 7 de ce mois, veille des Rameaux, nous longeâmes la côte et nous vîmes certaines îles qui se trouvaient à 15 lieues de la terre ferme en mer; elles pouvaient bien avoir 6 lieues de longueur. Là croissent des arbres fournissant des mâts nombreux, qui servent à emmâter les navires du pays; elles sont peuplées de Maures; et, au soleil couchant, nous allâmes mouiller devant ladite cité de Mombaça; mais nous ne pénétrâmes pas dans le port, et comme nous arrivions, vint à nous une *zavra* (sorte de petite frégate), chargée de Maures, et devant la cité se trouvaient de nombreux navires tous pavoisés de leurs pavillons; et nous, pour leur faire compagnie, nous fîmes comme eux, et peut-être plus, à bord de nos navires; l'équipage seul nous manquait; il était affaibli, et le peu que nous en avions était bien malade. Et nous mouillâmes là avec beaucoup de plaisir; il nous semblait que le jour suivant nous irions entendre la messe à terre avec les chrétiens qu'on nous avait dit se trouver là vivant séparés des Maures et ayant leur alcaïde.

Les pilotes qui venaient avec nous nous répétaient qu'en cette île de Mombaça, chacun, Maures et chrétiens, avait son seigneur, et que tout aussitôt notre arrivée, ils nous feraient grands honneurs et nous conduiraient à leurs habitations; mais ceci était dit bien plus selon le désir qu'ils en avaient que selon la manière dont les choses devaient se passer en réalité.

La nuit suivante, à minuit, vinrent sur une zavra environ cent hommes armés de coutelas et de petits boucliers, et lorsqu'ils furent arrivés où se trouvait le commandant, ils prétendirent entrer avec leurs armes : il ne le permit pas; on n'en reçut que quatre ou cinq des plus honorables, et ils demeurèrent environ deux heures avec nous, puis ils s'en furent; et selon ce qu'il nous sembla pouvoir augurer de cette visite, ils venaient afin de s'assurer s'ils ne pourraient pas se rendre maîtres de quelqu'un de nos navires.

Et le dimanche des Rameaux, le roi de Mombaça envoya au capitan-mor un mouton et nombre d'oranges, de limes douces et de cannes à sucre; en même temps il lui fit remettre un anneau comme caution, faisant dire, en outre, que s'il voulait entrer, il lui donnerait tout ce qui lui serait nécessaire; et deux hommes très-blancs de peau vinrent, qui disaient être chrétiens; et, le présent y aidant, il nous sem-

---

(¹) Mombas, Mombaza, ou mieux Mombaça, était jadis une cité importante, ses ruines l'attestent; cependant, avant les conquêtes du Portugal, elle n'offrait pas le mouvement qu'elle acquit au commencement du seizième siècle. Elle tenait sous sa dépendance l'île de Pemba, qui gît par les 5 degrés de latitude australe. L'iman de Mascate s'en est emparé, et la ville est divisée en deux quartiers, l'un habité par les Arabes, l'autre par les Sauwaulis.

blait qu'il en était ainsi. Et le capitan-mor envoya au roi un rameau de corail et lui fit dire que le jour suivant il effectuerait son entrée; et en ce même jour demeurèrent dans la capitane quatre Maures des plus honorables, et le capitan-mor expédia au roi de cette cité deux hommes pour confirmer ses paroles de paix. Lorsque nos gens furent à terre, il vint grand nombre d'individus avec eux jusqu'à la porte du palais, et avant d'arriver jusqu'au roi, ils passèrent par quatre portes gardées par quatre portiers surveillant chacun son huis et tenant à la main un coutelas; et lorsque les messagers furent jusqu'au roi, celui-ci leur fit grand accueil et leur fit montrer toute la ville. Ils se rendirent à la maison de deux marchands chrétiens; ceux-ci montrèrent à nos deux hommes un papier, objet d'adoration, sur lequel était dessiné l'Esprit saint [1]; et lorsque on eut tout vu, le roi envoya des échantillons de clous de girofle, de poivre, de gingembre et de froment hâtif au capitan-mor, disant que de tout cela nous pourrions charger nos bâtiments.

Le mercredi, en levant les ancres pour aller mouiller dans la rade, le navire du capitan-mor ne voulut pas virer et allait pesant sur sa poupe. Et alors nous nous mîmes de nouveau à jeter les ancres, et à bord de nos navires il y avait nombre de Maures avec nous, lesquels, voyant que nous ne marchions point, passèrent sur une zavra qui se trouvait déjà à la poupe. Les pilotes venus de Mozambique avec nous se jetèrent à l'eau, et ceux de la zavra les recueillirent; et comme il faisait nuit, le capitan-mor soumit au supplice des gouttes d'huile ardente deux Maures parmi ceux que nous avions avec nous [2], leur ordonnant de lui avouer s'il y avait trahison ourdie. Ceux-ci dirent qu'il y avait préméditation, lorsque nous serions dans le port, de nous prendre afin de tirer vengeance de ce que nous avions fait à Mozambique; et comme on se disposait à infliger la même torture à l'autre, en lui attachant les mains, il se jeta à la mer : l'autre s'y lança également durant le quart qui a lieu à l'aube.

Pendant la nuit suivante, à minuit, deux almadias vinrent chargées d'un grand nombre d'individus; ceux-ci se jetèrent à la nage et les embarcations gagnèrent le large; plusieurs de ces hommes se dirigèrent vers le *Berrio*, et d'autres nagèrent vers le *Raphaël*; ceux qui se dirigeaient vers le *Berrio* commencèrent à toucher le câble. Les hommes de garde crurent d'abord que c'étaient des thons; mais lorsqu'ils eurent reconnu la vérité, ils avertirent par leurs cris les équipages de nos navires; les autres étaient déjà pendus aux chaînes des manœuvres de traquets du *Raphaël*; mais comme ils comprirent qu'on les avait reconnus ils se turent, descendirent et se mirent en fuite. Ces chiens ourdirent telles méchancetés et bien d'autres encore; mais notre Seigneur ne voulut pas qu'elles fussent couronnées de succès, parce qu'ils ne croyaient pas en lui.

Cette ville est grande et est bâtie sur un monticule que vient battre la mer. Dans son port entrent chaque jour nombre de navires, et à l'entrée il y a un pilier. Un fortin bas s'élève dans la mer, près de la ville; et ceux qui étaient allés à terre nous dirent qu'ils avaient vu marcher dans les rues nombre de prisonniers portant des fers, et selon ce qu'il nous sembla ce devaient être des chrétiens, parce que les chrétiens en ce pays sont en guerre avec les Maures.

Les chrétiens qui résident dans cette cité y demeurent en qualité de marchands; mais ils sont fort assujettis, parce qu'il ne peuvent faire que ce que le roi maure ordonne.

Dieu voulut, en sa miséricorde, que dès que nous nous trouvâmes mouillés devant la ville, à l'instant tous les malades que nous avions recouvrassent la santé, car en effet cette région offre un air excellent.

Nous demeurâmes encore le mercredi et le jeudi, après avoir eu connaissance de la malice et de la trahison que ces chiens avaient voulu mettre en œuvre contre nous. Nous partîmes de là dans la matinée avec un vent faible, nous vînmes mouiller de Mombaça à environ huit lieues près de la terre, et au point du jour nous vîmes deux barques sous le vent de notre navire, en mer, à environ trois lieues; nous arrivâmes à l'instant sur elles afin de nous en emparer, parce que nous désirions avoir des pilotes pour nous conduire où nous voulions aller. Et quand vint l'heure de vêpres, nous tombâmes sur l'une de ces barques et nous la prîmes; l'autre nous échappa et gagna terre. Et dans celle dont nous nous étions emparée, nous trouvâmes dix-sept hommes, de l'or, de l'argent, du mil en quantité, ainsi que

---

[1] Les chrétiens que les Portugais rencontrèrent dans ces parages étaient, selon toute probabilité, des Abyssins, ou peut-être des habitants de la ville de Travancore.

[2] On désignait, au quinzième et au seizième siècle, ce genre de question par le verbe *pingar*, du mot *pinga*, goutte.

des provisions; il y avait aussi une jeune personne, femme d'un vieux Maure honorable, qui se trouvait là également; et lorsque nous arrivâmes près d'eux, tous se jetèrent à la mer; nous allions les recueillant avec les embarcations.

Ce même jour, au soleil couchant, nous jetâmes l'ancre droit en un lieu que l'on appelle *Mélinde* (¹) et qui est éloigné de Mombaça de 30 lieues. Entre Mélinde et Mombaça on compte les lieux suivants : *Benapa, Toça* et *Nugo-Quionete*.

Le jour de Pâques, ces Maures que nous avions faits prisonniers nous dirent que dans ladite ville de Mélinde, il y avait quatre navires montés par des chrétiens nés aux Indes, et que s'il nous plaisait les conduire en ce lieu, ils nous donneraient des pilotes chrétiens avec tout ce qui nous pourrait être nécessaire, comme eau, viande, bois et bien d'autres objets. Le capitan-mor, qui désirait infiniment avoir des pilotes de ce pays, ayant acquiescé à ces propositions des Maures, nous allâmes mouiller près la bourgade, à demi-lieue de terre; mais les gens de cet endroit n'osèrent jamais venir à nos navires, parce qu'ils se trouvaient déjà avisés et savaient que nous avions pris une barque avec les Maures qui la montaient.

Le lundi dans la matinée, le commandant fit mettre à terre le vieux Maure dans un lieu bas, situé en face de la bourgade, et là vint une almadia à sa rencontre : ce Maure fut dire au roi ce que voulait le commandant, et quelle satisfaction il aurait de faire la paix avec lui. Et dans l'après-dînée, le Maure s'en vint sur une zavra dans laquelle le roi de cette bourgade expédiait son cavalier et un chérif; il envoyait trois moutons et faisait dire au commandant qu'il se réjouirait que la paix fût entre eux deux et que tout allât bien. Que s'il lui achetait quelque chose de son pays, il le lui remettrait de très-bon gré, agissant de même à l'égard des pilotes et de quelque autre objet que ce fût. Et le capitan-mor lui manda à l'instant par les messagers que le jour suivant il irait mouiller dans le port; puis il lui envoya, par ceux qui venaient de sa part, une grande robe, deux branches de corail, avec trois bassines, un chapeau, des grelots et deux pièces de drap rayé.

Le mardi, sans retard, nous arrivâmes plus près de la ville, et le roi envoya au commandant six moutons, beaucoup de clous de girofle, de cumin, de gingembre, de noix muscade et de poivre; il lui fit dire que le jeudi, s'il voulait avoir avec lui une entrevue en mer, il se rendrait au rendez-vous dans sa zavra tandis que lui viendrait dans sa chaloupe.

Le mercredi dans l'après-dînée, le roi vint en effet, monté sur une zavra; il s'approcha très-près des navires, et le commandant arriva de son côté, dans sa chaloupe, qui avait été fort bien disposée. Et lorsqu'il fut parvenu où était le roi, celui-ci se plaça près de lui, et il y eut là beaucoup de paroles entre eux, et de bonnes. Elles eurent trait à ce qu'on va lire. Le roi ayant dit au capitan-mor qu'il le priait de s'en venir avec lui en son habitation, pour s'y reposer, et que lui il se rendrait en son navire, le capitaine lui répondit qu'il n'avait point reçu permission de son seigneur pour aller à terre, et que s'il débarquait, il donnerait mauvaise opinion de lui à qui l'avait envoyé. Et le roi demanda alors si lui, se rendant à ses navires, ne devait pas rendre compte de sa conduite à son peuple et penser à ce que l'on dirait? Puis il s'enquit du nom que portait notre roi et le fit écrire, disant que si nous revenions dans ces parages, il enverrait une ambassade ou bien écrirait (²).

Et, après avoir dit chacun ce qu'il souhaitait, le commandant fit venir tous les Maures que nous avions faits captifs et il les lui donna tous, ce qui le contenta fort, disant qu'il prisait plus cela que si on lui eût donné un bourg. Et le roi allait se réjouissant autour des navires, d'où on lui tirait force bombardes, et il lui plaisait fort de les voir tirer; et trois heures environ se passèrent ainsi; et, lorsqu'il s'en fut, il

---

(¹) Mélinde est bâtie sur un rocher qui s'avance comme un promontoire; son commerce était jadis florissant, et l'on affirme qu'elle a compté jusqu'à 200 000 habitants. L'ancienne ville, qui dominait une vaste plaine parée des plus beaux jardins, est dans une décadence complète. Alvaro Velho se sert du mot *villa* pour la désigner, ce qui ne fait pas supposer l'importance qu'eût présentée une cité *(cidade)*.

(²) Le cheik, ou, si on le préfère, le roi qui commandait à Mélinde, fut en réalité le seul chef de la côte qui accueillit Gama sans arrière-pensée. Les vieux historiens aiment à répéter que ce roi était musulman, mais qu'il avait un cœur de chrétien. En effet, dès que les navires ont mouillé dans son port, toutes les difficultés de cette prodigieuse expédition s'aplanissent comme par enchantement. Il laisse voir dans sa conduite une sagesse de vue, une droiture d'intention, qui en font un homme à part. (Voy. J. de Barros, *Asia*.)

laissa dans le navire l'un de ses fils avec son chérif. Deux hommes des nôtres allèrent avec lui en ses habitations; lui-même avait demandé qu'ils vinssent visiter son palais. Il ajouta, s'adressant au commandant, que, puisqu'il ne voulait pas se rendre à terre, il reviendrait, lui, le jour suivant, qu'il longeât la côte et qu'il allait faire chevaucher ses cavaliers.

Voici en quel train le roi venait : premièrement, il portait une pelisse de damas, fourrée en satin vert, et sur sa tête il avait un turban très-riche. Pour se reposer, il avait deux siéges de bronze, avec leurs coussins et un dais de satin cramoisi, lequel dais était rond et porté au bout d'une perche. Un homme avancé en âge lui servait de page, et il portait un sabre court à gaîne d'argent. Il y avait de nombreux anafiles et deux buccines d'ivoire de la hauteur d'un homme, fort bien travaillées : on en jouait par un trou pratiqué vers le milieu de l'instrument; les buccines s'accordent avec les anafiles dans les fanfares.

Le jeudi, le capitan-mor, accompagné de Nicolas Coelho, alla dans les embarcations, avec bombardes en poupe, faire une promenade le long de la ville. Il y avait à terre beaucoup de monde, et, parmi tous ces gens, deux hommes à cheval escarmouchant, et, selon les signes qu'ils en donnaient, se réjouissant fort, et là ils prirent le roi au bas d'un perron de pierre conduisant au palais. Ce fut en palanquin qu'on le transporta à l'embarcation, où se trouvait le commandant. Là il récidiva sa demande au capitan-mor, pour qu'il vînt à terre, parce que, disait-il, il avait un père qui, étant perclus, se réjouirait de le voir, et que, pendant ce temps, lui et ses fils se rendraient à bord de ses bâtiments; mais le commandant s'excusa de ne le point faire.

Nous trouvâmes là quatre navires de chrétiens des Indes. La première fois qu'ils vinrent au navire de Paul da Gama, où était le capitan-mor, on leur fit voir un retable où était figurée Notre-Dame avec Jésus dans ses bras au pied de la croix et avec les apôtres. Or les Indiens, en voyant ce retable, se prosternèrent sur le plancher, et, pendant tout le temps de notre séjour, ils venaient là faire leurs oraisons; ils apportaient clous de girofle, piments et autres objets dont ils faisaient offrande.

Ces Indiens sont des hommes basanés, couverts de peu d'étoffes, portant une grande barbe avec les cheveux fort longs; ils ne mangent pas de viande de bœuf, selon qu'ils nous dirent, et leur langue est fort différente de celle des Maures : quelques-uns d'entre eux savent un peu d'arabe, en raison de la perpétuelle communication qu'ils ont avec ce peuple.

Le jour où le capitan-mor fut dans les chaloupes visiter la ville, on tira des navires chrétiens force bombardes, et, quand on le voyait passer, ils allaient tous criant pleins d'allégresse : *Christ! Christ!* Et, à cette occasion, ils demandèrent au roi licence de nous festoyer la nuit; et en effet, la nuit arrivée, ils nous firent grande fête et tirèrent force bombardes en lançant des fusées et en poussant de grands cris.

Et de plus, ces Indiens dirent au capitan-mor de ne pas aller à terre, de ne point se fier aux fanfares, parce qu'elles ne venaient ni du cœur ni de la bonne volonté.

Le dimanche suivant, le 28 avril, la zavra du roi nous accosta, amenant à notre bord son favori, parce que deux jours s'étaient écoulés sans que l'on vînt à nos navires; le capitan-mor mit la main sur ce personnage et fit dire au roi qu'il eût à lui envoyer les pilotes qu'il lui avait promis; et aussitôt le message reçu, le roi lui expédia à l'instant un pilote chrétien ([1]). Lors le commandant laissa aller ce gentilhomme qu'il avait retenu à bord, et nous nous réjouîmes fort d'avoir le pilote chrétien envoyé par le roi.

Là nous apprîmes comment cette île, qu'on nous avait dit, à Mozambique, être peuplée entièrement de chrétiens, est une île où demeure ce même souverain de Mozambique, et dont la moitié appartient aux Maures, tandis que l'autre est aux chrétiens. En ce lieu, il y a beaucoup de semence de perles; on l'appelle *Quyluee* (Quiloa) ([2]), et les pilotes maures désiraient nous y conduire, et nous aussi nous le souhaitions, croyant qu'il en était comme ils le disaient.

([1]) Ce pilote se nommait *Malemo Cana* ou *Canaca*, parce que les Portugais joignirent son nom de caste à son propre nom; il rendit les plus grands services à l'expédition. (Voy. J. de Barros, *Asia*.) Malemo était né dans le Guzarate; il avait des connaissances nautiques positives, et ne montra aucune surprise à la vue des cartes et des instruments de mathématiques dont se servaient les chrétiens.

([2]) Quiloa est une petite ville située à l'embouchure du Coavo; son commerce est bien déchu; le roi nègre qui y commande, sous la tutelle d'un visir maure, est, à ce que l'on croit, vassal du souverain de Zanzibar.

La ville de Mélinde est située dans une baie et bâtie le long de la plage; elle a de la ressemblance avec Alcouchete; les maisons sont hautes et bien blanchies; elles sont percées de nombreuses fenêtres. Le long de la ville, du côté qui regarde l'intérieur, il y a une plantation immense de palmiers joignant les habitations. Sur toutes les terres d'alentour sont des cultures de mil et d'autres légumes.

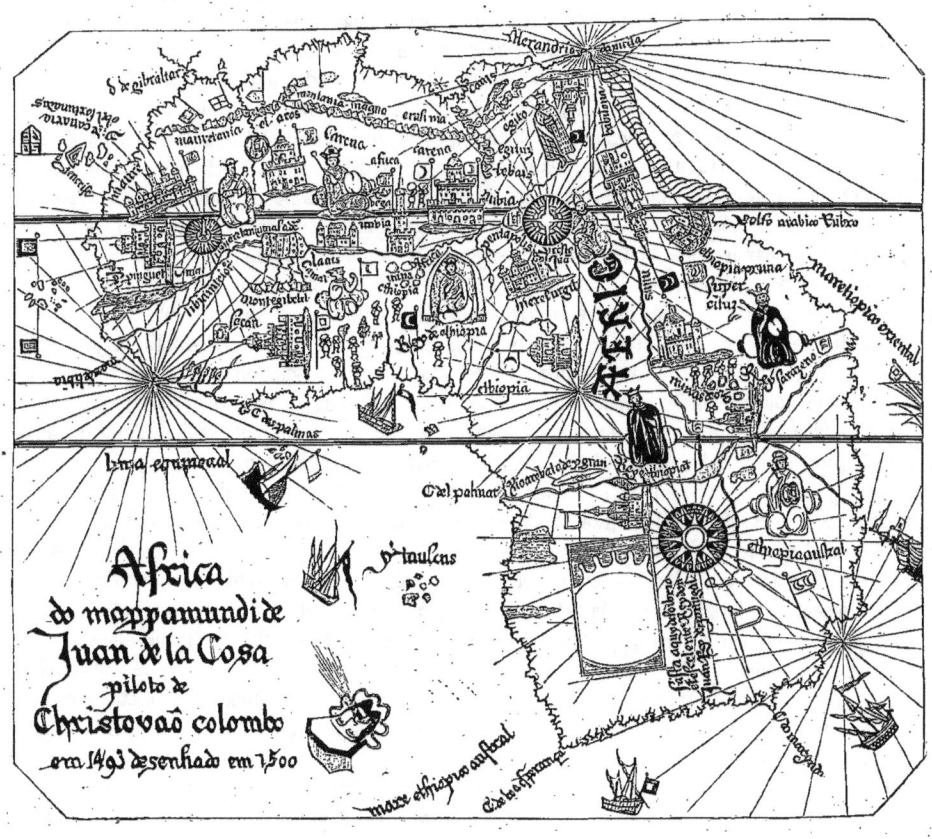

Carte d'Afrique, fragment de la Mappemonde de Juan de la Cosa (¹).

Nous fûmes là neuf jours, et durant ces neuf jours, on faisait sans cesse à terre réjouissances et escarmouches à pied et à cheval; il y avait beaucoup de fanfares.

Le mardi 24 du mois indiqué plus haut, nous partîmes de là avec le pilote que le roi nous avait donné pour une cité que l'on appelle Calicut, et dont ledit roi avait connaissance; nous allâmes la chercher dans la direction de l'est. Et, vers ces parages, la côte va nord-sud. La terre s'ouvrant aux eaux forme une très-grande anse, une sorte de détroit, et dans cette anse, selon les renseignements qu'on nous donnait, il y a nombre de cités de chrétiens et de Maures, et une ville que l'on appelle Cambaya; puis

---

(¹) Comme spécimen des connaissances acquises par les deux expéditions de Gama, on a donné ici la carte dressée en 1500 par l'habile géographe qui avait jadis accompagné Christophe Colomb. Juan de la Cosa habitait le port de Santona lorsqu'il fut choisi pour faire partie de la mémorable expédition de 1492. Après avoir continué ses explorations maritimes avec des succès divers, il accompagna Hojeda dans son expédition téméraire vers la plage où s'est élevée Carthagène. Attaqué par les indigènes, il périt à Tarbasco vers la fin de novembre 1509, en se défendant vaillamment. Ce fut le corps criblé de milliers de flèches empoisonnées qu'on le trouva suspendu à un arbre auquel les Indiens l'avaient attaché. Rappelons au lecteur que la carte dont nous reproduisons ici un fragment était jadis en la possession de M. Walckenaër; elle a été figurée dans le splendide ouvrage de M. le vicomte de Santarem.

six cents îles connues : c'est là qu'est la mer Rouge et le temple de la Mecque. Et le dimanche suivant nous vîmes l'étoile du Nord, que depuis longtemps nous avions cessé d'apercevoir; et un vendredi, qui se trouva être le 17 de mai, nous eûmes connaissance d'une terre haute; il y avait vingt-trois jours que nous n'avions aperçu la côte. Durant ce temps, nous avions toujours marché le vent en poupe, et le moins que nous avions pu faire en cette traversée, c'était 600 lieues, et il y avait de nous à la terre, lorsque nous la vîmes, environ 8 lieues. Là on jeta la sonde et l'on trouva 40 brasses de profondeur. Cette nuit, nous fîmes route au sud-sud-ouest, pour nous éloigner de la terre, et le jour suivant nous nous remîmes en quête de la côte, mais nous ne pûmes en approcher suffisamment pour que le pilote dît en avoir parfaite connaissance, et cela en raison des averses et des orages qui avaient lieu dans ces parages, le long du littoral où nous naviguions. Et le dimanche nous longeâmes certaines montagnes les plus hautes que les hommes aient vues jamais ([1]), et qui dominent la cité de Calicut, et nous nous en approchâmes de telle sorte que le pilote les reconnut et nous dit que c'était le pays où nous désirions arriver. Et ce même jour, vers le soir, nous allâmes mouiller à 2 lieues au-dessous de cette cité de Calicut; cela n'arriva néanmoins que parce qu'une bourgade nommée Capoua (Capocate), située en ces parages, fut prise par le pilote pour Calicut lui-même; et, au-dessous de cette bourgade, il y en a une autre que l'on appelle Pandarany. Nous mouillâmes le long de la côte, à environ demi-lieue du rivage, et lorsque nous fûmes établis là, quatre embarcations parties de la terre vinrent nous trouver : ils voulaient savoir quelles gens nous étions; ils nous annoncèrent et montrèrent Calicut. Et, le jour suivant, les mêmes barques revinrent le long de nos navires; alors le capitan-mor envoya l'un de nos déportés à Calicut, et ceux dont il était accompagné le menèrent où se trouvaient deux Maures de Tunis qui savaient parler le castillan et le génois, et la première bienvenue qu'ils lui donnèrent fut littéralement celle-ci : « Au diable qui te tient, qui t'a amené ici? » Et ils lui demandèrent ce que nous venions chercher de si loin, et il leur répondit que nous venions chercher des chrétiens et des épices. Ils lui dirent : Pourquoi donc n'envoient ici ni le roi de Castille, ni le roi de France, ni la seigneurie de Venise? Et il repartit que le roi de Portugal ne voudrait point permettre que ces souverains envoyassent en ces parages; ils répliquèrent que bien il faisait. Alors ils lui donnèrent l'hospitalité et lui servirent à manger du miel et du pain de froment; et lorsqu'il eut mangé, il revint aux navires. Or il nous arriva avec lui un de ces Maures qui, lorsqu'il fut à bord, commença à dire ces paroles : « Bonne chance! bonne chance!.. Beaucoup de rubis... beaucoup d'émeraudes... Vous devez rendre bien des grâces à Dieu de vous avoir conduits vers une terre où il y a tant de richesses ([2])! » Et ceci était pour nous telle cause d'étonnement, que nous l'entendions parler et ne le croyions pas, ne pouvant nous persuader qu'il y eût si loin du Portugal un homme capable de nous entendre en notre langage.

Cette ville de Calicut est peuplée de chrétiens au teint basané ([3]); il y en a parmi eux qui portent une grande barbe et les cheveux de la tête en leur longueur; d'autres vont les cheveux coupés court, d'autres encore la tête rasée, gardant au sommet du crâne un toupet indiquant leur qualité de chrétiens, et conservant aussi des moustaches. Leurs oreilles sont percées et ils y portent beaucoup d'or. Ils vont nus de la ceinture en haut, et par le bas ils portent certaines étoffes de coton fort déliées; ceux, du reste, qui vont ainsi vêtus sont les plus honorables, les autres s'arrangeant comme ils peuvent. Les femmes de ce

---

([1]) Il y a ici quelque exagération dans l'expression d'Avaro Velho; la plus haute sommité de la chaîne des Gates ne dépasse point 1 500 toises, et le pic *Subramany*, dans le Malabar, n'en a que 879.

([2]) Ce Maure encourageant et qui fut si utile aux Portugais s'appelait *Bontaïbo*, selon Castanheda, et *Monçaïde*, selon Barros. Luiz de Camoëns écrit *Mozaïde*. Monçaïde accompagna Vasco de Gama en Europe et se fixa en Portugal, où il mourut chrétien.

([3]) La vague tradition qui peuplait l'Inde de chrétiens est toujours présente, on le voit, à la pensée d'Alvaro Velho, et elle ne l'abandonne pas un moment. Il y avait en effet des chrétiens à peu de distance de Calicut, dans le royaume de Cochin et dans celui de *Travancore*. On les connaît aux Indes sous les noms de *Nazzarini* et de *Syriens*. Selon une antique tradition, ils ont reçu le christianisme de l'apôtre saint Thomas, qui souffrit le martyre dans la ville de *Méliapour*, appelée également *Saint-Thomé*. (Voy. à ce sujet Coquebert de Monbret, t. IV des *Mémoires de la Société de géographie*.) — Pour les renseignements théologiques relatifs à cette secte, on aura les plus amples renseignements dans l'ouvrage d'Ant. de Gouvea, intitulé : *Jornada do arcebispo de Goa D. Frey Francisco Aleixo de Menezes... quando foi as serras do Malavar*, etc.; Coimbra, 1606, in-fol. Ce livre a été traduit sous le titre d'*Histoire orientale des grands progrès de l'Eglise catholique en la réduction des anciens chrestiens, dits de Saint-Thomas* : Anvers, 1609, in-8.

pays, en général, sont laides et de petite taille; elles portent sur la poitrine force joyaux d'or; aux bras quantité de bracelets, et leurs doigts de pieds sont ornés d'anneaux dans lesquels se trouvent enchâssées de riches pierres. Tout ce peuple est de bonne condition, et, selon ce que l'on peut supposer, ils sont engageants; mais, de prime abord, ils paraissent ignorants et sont fort avides.

Au temps où nous arrivâmes devant cette ville de Calicut, le roi en était à une quinzaine de lieues, et le capitan-mor envoya vers lui deux hommes, par lesquels il lui fit dire que l'ambassadeur du roi de

Calicut au seizième siècle. — D'après une ancienne gravure.

Portugal était là, apportant des lettres de son souverain, et qu'il les lui irait remettre au lieu où il se trouvait alors; et, quand ce roi eut reçu ledit message du commandant, il fit la courtoisie aux deux hommes qui le lui avaient présenté, de leur faire donner de fort belles étoffes. Et il leur fit dire qu'ils étaient les bienvenus, qu'il allait se rendre à Calicut; comme de fait, il partit à l'instant avec une suite nombreuse; et, par nos deux hommes, il nous envoya un pilote, afin de nous diriger sur un lieu que l'on appelle Pandarany, au-dessus du lieu où nous avions mouillé pour la première fois, parce qu'alors nous étions devant la cité de Calicut. On nous dit qu'il y avait là un bon port, et que nous devions nous y amarrer : où nous nous trouvions, le mouillage était mauvais et sur fond de roche (par le fait, il en était ainsi); on ajoutait que l'usage était que les navires abordant la côte s'en vinssent mouiller en ce lieu pour être en sûreté. Et ce message du roi étant parvenu au commandant, comme d'ailleurs nous n'étions pas bien, il nous fut ordonné de mettre à la voile, et l'on alla mouiller en ce port, et nous ne fûmes pas néanmoins si avant dans l'intérieur que le pilote du roi l'eût voulu. Et, après nous être assis sur nos ancres dans ce port, vint un message de la part du roi au capitan-mor, annonçant comment il était déjà parvenu en la cité. Il lui avait mandé un homme qu'on appelle le baile et qui remplit l'office d'alcaïde ([1]); il marche toujours suivi de 200 hommes armés d'épées et de targes; il vint à cette bourgade de Pandarany pour dire au com-

---

([1]) Nous conservons ici ce titre arabe au messager du roi de Calicut; c'est le personnage qui, dans les relations de Castanheda et de Barros, porte le titre de *catoual*. Le *catoual* ou *catwal* était une sorte d'intendant civil de la maison du radjah, et avait dans ses attributions la police de la cité. Selon Bluteau, *bal* signifie gardien. *Balio*, si l'on s'en rapporte à J. de Souza, vient de l'arabe *ualio* (seigneur, prince, noble). On appelle *baïle*, dans le département des Basses-Alpes et la haute Provence, le chef des bergers.

mandant où était le roi, avec nombre de personnages honorables; mais lorsque ce message nous parvint il était tard, et le capitan-mor ne voulut pas aller là où on lui disait (¹). Et un lundi, le 28 du mois de mai, il s'en fut parler au roi et se fit accompagner de treize hommes, parmi lesquels je me trouvais. Et nous allions tous en belle tenue, nos barques armées de bombardes, avec fanfares de trompettes et toutes les bannières déployées. Et lorsque le capitan-mor fut à terre, il y trouva cet alcaïde avec quantité de gens armés et d'autres qui ne l'étaient point. On nous reçut avec joie et empressement, comme gens que l'on était bien aise de voir; et depuis, en bien peu de temps, ils devinrent chagrins, portant leurs armes nues à la main. Là, on amena au capitan-mor certaines litières portées à dos d'hommes, dans lesquelles les gens honorables ont coutume en ce pays d'aller. Si quelques marchands en veulent faire usage, ils payent pour cela au roi quelque chose. Le capitan-mor s'y plaça, et six hommes le portèrent en se relayant; nous partîmes avec tous ces gens derrière nous, prenant le chemin de Calicut (²), et nous allâmes de là à un autre endroit, que l'on appelle *Capua*. Là, ils déposèrent le capitan-mor dans l'habitation d'un homme honorable et firent à manger pour nous; ce repas consistait en riz cuit avec beaucoup de beurre, et en excellent poisson apprêté. Le capitan-mor ne voulut pas manger, et, pendant que nous dînions, il s'embarqua sur un fleuve qui coule tout auprès, et qui se dirige entre la mer et la terre ferme le long de la côte. Les barques dans lesquelles nous montâmes n'allaient pas à plus de deux, mais on les avait liées, afin que nous fussions tous réunis; il y avait en outre nombre d'embarcations dans lesquelles venait quantité de monde. De celui qui allait à terre, je ne dis rien, parce qu'il était infini; tous ces gens-là s'étaient mis en route pour nous voir. Et nous naviguâmes sur ce fleuve environ deux lieues, observant nombre de gros navires de haut bord, qui se trouvaient à sec sur la plage, parce qu'il n'y a point là de port. Et, lorsque nous eûmes débarqué, le capitan-mor retourna à sa litière, et nous suivîmes notre chemin avec le peuple, qui formait telle foule pour nous voir qu'on ne pourrait en dire le nombre; les femmes mêmes, sortant de leurs habitations avec leurs enfants dans les bras, s'en venaient à notre suite. Là, ils nous conduisirent à une grande église où se trouvait ce qu'on va voir.

Premièrement, le corps de cette église est de la grandeur d'un monastère; construite de pierre de taille bien travaillée, couverte en carreaux; et, à la porte principale, on voyait un pilastre de bronze de la hauteur d'un mât de navire, et au sommet se trouve un oiseau, qui semble être un coq; puis on voyait un autre pilier, de la hauteur d'un homme et fort gros; et dans le milieu du vaisseau de l'église, il y a une flèche de la même matière. On remarquait également une porte de dimension suffisante pour laisser passer un homme, et un escalier en pierre par lequel on montait à cet huis, et cette porte était de bronze (³);

(¹) « Si nous nous en rapportons à Fernand Lopez de Castanheda, Gama eut à résister aux touchantes remontrances de son frère. Celui-ci, en effet, dont on devine la tendresse infinie et le généreux caractère à travers les digressions des historiens, renouvela ses efforts pour faire comprendre au hardi capitaine ce qu'il risquait en cette occasion; il essaya de lui persuader que, bien qu'on débarquât au sein d'une population chrétienne (les chefs eux-mêmes ne gardaient pas de doutes à ce sujet), il y avait beaucoup de Maures dans la ville, que ces musulmans étaient des ennemis implacables, et qu'il fallait craindre de voir se renouveler les scènes de trahison qui avaient eu lieu à Mozambique ainsi qu'à Mombaça. » (Voy. le PORTUGAL, par M. Ferdinand Denis, dans la collection *l'Univers.*) — On a reproduit dans sa forme à la fois naïve et énergique le discours que la tradition prête en cette circonstance à Gama.

(²) *Kalicouth* ou *Kalacout*. Selon J. de Souza, ce mot a une origine persane; il signifie *les plantes chaudes*, en raison de la quantité d'épices que l'on venait charger dans le port de cette ville. M. de Humboldt dit que cette capitale s'appelait *Kalikhodou* en sanscrit. Cela pourrait faire supposer qu'elle avait une origine fort ancienne. L'un de nos vieux voyageurs, Souchu de Rennefort, en donne une description fort détaillée et nous la fait voir telle qu'elle était au dix-huitième siècle. Un de nos meilleurs observateurs modernes, qui la visita dernièrement, la décrit en ces termes : « Calicut, dit M. Fontanier, est une ville fort considérable, dont la population n'est cependant pas en rapport avec l'étendue qu'elle occupe, parce que les maisons sont à une assez grande distance les unes des autres. Sur le rivage s'élèvent quelques pavillons habités par des Européens; puis il y a, à peu de distance de l'église catholique, une espèce de quartier franc. Là aussi est construit un assez beau réservoir. Le bazar est animé, mais les boutiques ne sont guère mieux fournies ni mieux entretenues que celles de *Cannanore*. Cette ville fait cependant un commerce spécial, celui des bois de construction, que l'on coupe dans les montagnes, puis que l'on transporte par eau près de Calicut. » *(Voyage dans l'Inde*, deuxième partie, p. 165.)

(³) Il ne faut pas oublier que notre vieux voyageur portugais, en donnant pour la première fois la description d'un de ces temples que nous avons désignés sous le nom de pagodes, est toujours préoccupé de l'idée qu'il entre dans une église consacrée au culte catholique. On trouve tous les détails architectoniques relatifs aux temples hindous dans l'ouvrage de Ram-Raz intitulé : *Essay on the architecture of the Hindus;* with 48 plates, gr. in-4º. Ram-Raz, mort récemment, était un juge hindou de Bangalore.

en dedans était une petite image qu'ils nous disaient être *Notre-Dame* ([1]); et le long de la porte principale de l'église, le long du mur, il y avait sept petites cloches. Là le capitan-mor fit ses oraisons, et quant à nous autres, nous fîmes comme lui, mais nous n'entrâmes point en dedans de cette chapelle, parce que leur usage est de n'y point entrer, à l'exception de certains hommes qui desservent les églises, et que

Maha-Madja et son fils Shakya (le Bouddha). — D'après le Panthéon de Moor.

l'on appelle *cafis* ([2]). Ces cafis portent certains cordons jetés par-dessus l'épaule (c'est l'épaule gauche) et allant se lier au-dessous du bras droit, comme les clercs à l'évangile portent l'étole ([3]). Ces hommes nous jetèrent de l'eau bénite; ils nous donnèrent une terre blanche, dont les chrétiens de ce pays ont coutume de se marquer le front, la poitrine, le derrière du cou et les avant-bras. Ils firent toutes ces cérémonies au capitan-mor, et lui offrirent de cette terre pour s'en mettre; et il la prit, la donnant à garder, et faisant comprendre que plus tard il s'en servirait. Et il y avait beaucoup d'autres saints peints sur les murailles de l'église, lesquels portaient des diadèmes; et leur peinture était de diverses façons, car les dents de quelques-uns de leurs personnages leur sortaient bien un bon pouce de la bouche, et chacun d'eux avait quatre ou cinq bras; et au-dessous de cette église, il y avait un étang dallé en pierre de taille, comme nous en avions vu, du reste, beaucoup sur notre chemin ([4]).

([1]) L'image de Notre-Dame désignée ainsi par Alvaro Velho était probablement celle de la divinité hindoue *Maha-Madja*, ou la Dame. Elle mourut sept jours après avoir donné la naissance à son fils *Shakya*; mais, en considération de ce qu'elle avait porté dans son sein le maître *(magister)* des dieux, elle naquit de nouveau dans le *Trayastrinska*.

([2]) Ce mot, probablement estropié de l'arabe *cacis*, désignait, chez les Syriens, tous les prêtres chrétiens de l'Orient, grecs, arméniens ou maronites.

([3]) La description du cordon affecté à la caste des brahmes fait voir avec quel soin le vieux voyageur spécifie les moindres particularités, parmi tant d'objets nouveaux dont ses yeux sont frappés. Les rites brahmaniques contribuent, on le voit, à entretenir chez les compagnons de Gama l'idée si étrange et si erronée qu'ils sont en pays de chrétiens. (Voy., sur ces diverses particularités, l'abbé Dubois, *Religion des peuples de l'Inde*.) — Voy. les figures de brahmes, dans notre deuxième volume *(Voyageurs du moyen âge)*.

([4]) Castanheda, si naïvement interprété par Grouchy, laisse entrevoir les doutes religieux qui s'emparèrent des pieux

Et nous quittâmes ce lieu; mais, à l'entrée de la ville, ils nous menèrent à un autre édifice, où se voyaient toutes les choses ici racontées. La foule qui se réunissait pour nous voir s'accrut beaucoup, de telle sorte que le chemin ne pouvait plus la contenir; et après que nous eûmes resté dans cette rue un bon bout de temps, ils firent entrer le commandant en une maison, et nous avec lui, à cause du peuple qui était nombreux. Le roi envoya là un frère du baile, homme considérable en ce pays; il venait pour accompagner le capitan-mor, et amenait avec lui nombre de tambours, d'anafiles et de chalémies ([1]); il y avait aussi une arquebuse dont on tirait devant nous; et ils conduisirent ainsi le capitan-mor avec tel empressement, qu'on n'eût pas pu en faire davantage en Espagne à la réception d'un roi. Et la foule était si nombreuse qu'on ne la pouvait compter; outre celle dont nous étions environnés, les toits des maisons en étaient couverts. Parmi ces gens-là, il y avait au moins deux mille hommes d'armes, et plus nous nous approchions du palais où se trouvait le roi, plus la foule s'accroissait. Et lorsque nous fûmes arrivés au palais, plusieurs hommes d'importance et même des grands seigneurs, outre ceux qu'il y avait déjà, vinrent au-devant du capitan-mor. Parvenus devant le palais même, nous franchîmes une porte, et nous nous trouvâmes dans une grande cour; et avant d'arriver à la porte où était le roi, il nous fallut en traverser quatre autres, le tout par force, et la foule recevant (à cause de nous) maint horion. Et lorsque nous fûmes arrivés devant la dernière porte, où se trouvait le roi, nous vîmes sortir de l'intérieur un vieillard à la taille courte, qui est là comme un évêque, et par les conseils duquel se dirige le roi en ce qui concerne les choses d'église. Il embrassa le capitan-mor à l'entrée de cette porte, et lorsqu'il entra, il y eut des gens blessés, et nous ne pénétrâmes qu'à grand peine.

Le roi se trouvait dans une petite cour, accoudé sur un sopha dressé de cette façon : ce meuble était d'abord recouvert d'un drap de velours vert, et au-dessus se voyait un matelas moelleux, puis sur ce matelas il y avait un linceul de coton plus délié que nulle toile de lin; le tout accompagné de coussins de même sorte. Et le roi tenait à la main gauche une coupe d'or très-grande, de la dimension d'un vase, contenant demi-*almude* ([2]) et pouvant avoir deux *parmos* à son ouverture; rien qu'à l'aspect, on la jugeait fort pesante. Il s'en servait pour rejeter le marc de certaines herbes que les hommes de ce pays mâchent à cause de la chaleur, et que l'on appelle *atambor* ([3]). Du côté droit, il y avait une bassine d'or, qu'un homme n'eût pu embrasser en joignant ses bras, et qui contenait ces herbes; puis venaient nombre d'aiguières d'argent; le ciel au-dessus était tout doré. Lorsque le capitan-mor entra, il fit sa révérence selon la coutume de ce pays, qui consiste à joindre les mains et à les élever vers les cieux, comme font les chrétiens d'habitude en s'adressant à Dieu; seulement, aussitôt qu'ils les ont levées, ils les ouvrent, et serrent les poings vivement; et lui fit signe au commandant, de la main droite, qu'il allât au-dessous de l'estrade où il se trouvait. Cependant le capitan-mor ne s'approchait point de lui, parce que la coutume de ce pays ne veut point qu'un seul homme puisse approcher la personne royale, et avait seulement ce privilége un de ses favoris qui lui donnait de ces herbes. Lorsque quelque homme lui parle, il place sa main devant la bouche et se tient un peu écarté. Tout en faisant signe au commandant, il jeta les yeux

voyageurs à la vue des statues et des peintures indiennes. « Au dedans de la chapelle, qui estoit un peu obscure, il y avoit une imaige cachée dedans le mur, que nos gens découvrirent de dehors, car on ne les voulut pas laisser entrer dedans, leur faisant signe que personne ne pouvoit là entrer, sinon les Cafres; lesquels, monstrant l'imaige, nommoient sainte Marie, donnant à entendre que c'estoit son imaige. Alors pensant le capitaine qu'ainsi fut, il se mist à genoux, et les nôtres avec lui, pour faire leur oraison. Jean de Saa, qui doutoit que ce fust une église de chrestiens, pour avoir vu la laydure des imaiges qui estoient peintes aux murailles, en se mettant à genoux, dit : Si cela est un diable, je n'entends toutefois adorer que le vray Dieu. Le capitaine général, qui bien l'entendit, se retourna vers luy en se riant... »

([1]) Alvaro Velho désigne ici les instruments hindous par des dénominations tout européennes. Selon Bottée de Toulmont, la *chalémie*, ou, si on l'aime mieux, la *chalemelle*, était dans l'origine un hautbois grossier en manière de chalumeau. (Voy. *Intruments de musique en usage au moyen âge*; Paris, 1838, in-18.) — Solvyns a donné de précieux détails sur les instruments usités dans les Indes orientales. (Voy. *les Hindous*, in-fol.)

([2]) L'*almude* est une mesure de capacité portant un nom arabe qui, après avoir servi, au quinzième siècle, à mesurer les marchandises sèches, ne sert plus aujourd'hui que pour les liquides; il équivalait à cette époque à l'*alqueire*. Le *meio alqueire* équivalait au double décalitre. (Voy. Jean de Souza et les *Annaes das sciencias y artes*; 16 vol. in-8.)

([3]) Il est certainement question ici des vases contenant le bétel destiné au radjah. Le manuscrit d'Alvaro Velho emploie le mot *atambor* pour désigner le masticatoire odorant si fort usité aux Indes. Il est évident qu'il y a dans le récit de notre marin altération du mot. On appelait le page chargé de présenter le bétel au roi, *tombuldar*. (Voy., sur la fameuse préparation, Garcia da Orta, *Coloquios dos simples*, etc.; Goa, 1571, in-4°.)

sur nous, et ordonna que l'on nous fît asseoir sur un banc de pierre, près de lui, en un lieu où il nous pouvait voir; et il nous fit donner de l'eau pour les mains, puis apporter un fruit qui a l'apparence d'un melon, sauf que l'extérieur est rugueux; le dedans est fort doux (¹); il en fit venir aussi un autre qui ressemble à la figue et est fort agréable; et nous avions des gens qui nous les préparaient; et le roi était là, regardant comme nous mangions, et il riait de nous, parlant à son familier, qui restait à ses côtés pour lui donner à mâcher de ces herbes. Après cela, il examina le capitan-mor, qui était assis en face, et lui dit de parler aux hommes qui se trouvaient là présents, que c'étaient gens fort honorables, auxquels il pouvait communiquer ce qu'il souhaitait, et qu'ensuite ils le lui transmettraient. Le capitan-mor répondit qu'il était ambassadeur du roi de Portugal, chargé par lui d'un message, et qu'il ne le remettrait qu'en mains propres. Le roi dit que c'était bien, et le fit conduire à l'instant en une chambre; et lorsqu'il y fut entré, ledit roi se leva de l'endroit où il était et s'en fut vers le capitan-mor. Quant à nous, nous restâmes où nous étions. Tout ceci se passait à la tombée du jour, et aussitôt que le roi se fut levé, un vieillard qui se trouvait dans la cour vint enlever le sopha, et la vaisselle demeura. Lorsque le roi se trouva où était le capitan-mor, il se jeta sur un autre sopha, couvert de diverses étoffes brodées d'or, et demanda au commandant ce qu'il voulait. Et le commandant lui répéta qu'il était ambassadeur du roi de Portugal, seigneur de nombreux pays, plus riche en toutes choses qu'aucun souverain de ces contrées; et que depuis soixante ans les rois ses ancêtres expédiaient chaque année des navires pour découvrir ce pays, parce qu'ils savaient qu'il y avait là des monarques chrétiens comme eux; que tel était le motif pour lequel ils envoyaient à la découverte de ces régions, ne se préoccupant d'ailleurs ni de l'or ni de l'argent qu'on y pouvait trouver, parce qu'ils en avaient en telle abondance que celui de ces mines ne leur était point nécessaire. Ces capitaines, ajouta-t-il, naviguaient un an, deux ans même, jusqu'à ce que les vivres leur manquassent, et, parce qu'ils n'avaient rien trouvé, retournaient en Portugal. Or, maintenant, un roi qui s'appelait dom Manuel avait fait construire pour lui ces trois navires, et lui en avait donné le commandement, lui disant de ne pas revenir en Portugal jusqu'à ce qu'il eût découvert ce roi des chrétiens (et qu'en effet, s'il revenait sans le faire, il aurait la tête tranchée); mais que s'il trouvait ce souverain, il lui remît deux lettres, lesquelles, comme de fait, il lui remettrait le jour suivant, et que son roi lui faisait dire par sa bouche qu'il demeurait son frère et son ami. A cela le roi répondit qu'il était le bienvenu, et que lui également tenait son souverain pour ami et pour frère, qu'il enverrait des ambassadeurs en Portugal par son occasion. Le capitan-mor répliqua qu'il le lui demandait comme une faveur, parce qu'il n'oserait pas reparaître devant le roi son seigneur sans amener quelques hommes de sa contrée.

Il se dit entre eux telles paroles, et bien d'autres encore, dans cette salle; et comme il était déjà bien nuit, le roi lui demanda chez qui il voulait aller reposer, chez les chrétiens ou chez les Maures? Et le commandant lui répondit ni chez les chrétiens, ni chez les Maures, et qu'il lui fît la grâce de lui assigner une demeure particulière où il n'y eût personne. Le roi lui repartit qu'il donnerait des ordres en conséquence, et sur ces mots le commandant prit congé du monarque et s'en vint nous joindre sous une *varanda* (²) où nous nous étions réfugiés; là il y avait un grand chandelier de bronze qui nous éclairait, et il pouvait être quatre heures de nuit; alors nous nous mîmes tous en route avec le capitan-mor vers notre gîte, et une foule innombrable nous suivait, et la pluie était telle que les rues ruisselaient d'eau; et le capitan-mor s'en allait porté sur les épaules de six hommes, et nous marchâmes si longtemps en la cité, que le commandant s'ennuya d'aller ainsi et se plaignit à un Maure honorable, facteur du roi, qui le suivait pour le conduire en son logis. Et le Maure le mena à sa maison en un enclos; il s'y trouvait une estrade couverte de tuiles, où l'on avait étendu force de tapis, et où il y avait deux flambeaux très-grands, de ceux-là mêmes qu'on avait chez le roi; ils servaient eux-mêmes de support à de grands chandeliers de fer alimentés par du beurre ou de l'huile, et il y avait quatre mèches dans chaque chandelier qui répandaient grande lumière; ces luminaires remplacent chez eux les torches. Et ce Maure fit

---

(¹) Nous ne voyons guère que le jaquier *(Artocarpus hirsuta* ou *Artocarpus integrifolia)*, qui croît sur la côte de Malabar, auquel puisse convenir cette description. C'est un fruit d'une saveur fort prononcée et d'un parfum très-agréable.

(²) On désigne ainsi, dans l'Inde et dans toutes les régions tropicales, un grand balcon recouvert, ou, pour mieux dire, une sorte de terrasse abritée.

amener un cheval pour conduire le capitan-mor à son logis; mais ledit cheval arriva sans selle, et le commandant ne le voulut pas chevaucher, et nous nous mîmes en route pour notre gîte, où étaient déjà, lorsque nous arrivâmes, quelques-uns des nôtres avec le lit du capitan-mor et le reste du colis qu'il portait avec lui et dont il devait faire offrande au roi; et dès le mercredi, ces objets étaient déjà prêts pour être envoyés à ce souverain : ils consistaient en douze pièces de drap rayé, douze manteaux à capuce d'écarlate, six chapeaux et quatre rameaux de corail, accompagnés d'une caisse de bassines contenant six pièces; une caisse de sucre et quatre barils pleins, deux d'huile et deux de miel. Et comme c'est ici l'usage de ne rien porter au roi sans que d'abord le Maure qui remplit l'office de facteur et ensuite le baile ne lui en aient rendu compte, le capitan-mor leur ayant dit de venir, ils commencèrent à se moquer d'un tel présent, disant qu'il n'y avait là rien que l'on pût offrir au roi; que le plus pauvre marchand venant de la Mecque ou des Indes lui apportait mieux que cela, et que s'il lui voulait être agréable il lui fallait envoyer de l'or, parce que ce souverain ne prendrait jamais tels objets. Et le capitan-mor, en entendant cela, prit grande mélancolie, disant qu'il n'apportait point d'or, et que de plus il n'était point marchand, mais bien ambassadeur, et que ce qu'il se trouvait avoir il le donnait, tout cela étant à lui et non à son souverain, et que lorsque le roi de Portugal lui donnerait une nouvelle mission, il lui remettrait bien d'autres choses et des pièces bien autrement riches; que si le roi *Çamolin* ([1]) ne voulait point des objets en question, il les renverrait aux navires. Et pour eux, ils dirent qu'ils ne les voulaient point remettre, ni consentir à ce qu'on les portât à leur souverain. Et après qu'ils s'en furent allés il nous vint de ces Maures traficants, or tous méprisaient les présents que le capitan-mor voulait envoyer au roi.

Le commandant, par suite de la détermination qui les faisait persister à ne pas présenter ces objets, dit que puisqu'on ne voulait point les porter devant le roi, il prétendait lui aller parler; mais qu'auparavant il voulait retourner à ses navires. Ils répondirent que le mieux serait de réfléchir un peu, qu'ils allaient s'occuper de tout cela un moment et qu'ils reviendraient immédiatement vers lui, et qu'alors ils l'accompagneraient au palais. Et le capitan-mor les attendit tout le jour, mais ils ne revinrent plus, et, fort impatienté de se voir ainsi parmi des hommes phlegmatiques à ce degré, et sur lesquels on pouvait compter si peu, le commandant voulait se rendre au palais sans eux; mais il prit comme meilleur conseil la détermination d'attendre au jour suivant. Or, pendant ce temps, nous ne laissions pas de nous désennuyer; nous chantions et nous dansions au son des trompettes, prenant grand plaisir à cela; et lorsque vint le jeudi, vers le matin, les Maures arrivèrent, et ils conduisirent le capitan-mor au palais; quant à nous, nous l'accompagnâmes. Et dans le palais il y avait beaucoup de gens armés, et le commandant demeura avec ceux qui l'avaient amené quatre mortelles heures devant une grande porte qui ne s'ouvrait pas : à la fin le roi leur fit dire qu'ils entrassent et qu'ils n'amenassent pas avec eux plus de deux hommes, et que le capitan-mor vît ceux qu'il désirait amener avec lui. Et il dit qu'il voulait être accompagné de Fernand Martins, celui qui savait parler, et de son secrétaire. Cette séparation toutefois ne semblait bonne ni à nous autres, ni à lui. Et lorsqu'il se trouva en présence du roi, celui-ci lui dit qu'il avait espéré le voir le mardi; et le capitan-mor lui repartit que la fatigue de la route l'avait empêché de le venir voir. Le roi se prit à dire qu'il lui avait annoncé qu'il venait d'un royaume fort riche, et que cependant il ne lui apportait rien; il était, disait-il, porteur d'une lettre et ne la remettait pas. Le capitan-mor répondit à cela qu'il ne lui avait rien apporté parce qu'il venait pour observer et découvrir; que lors de l'arrivée d'autres navires, il verrait ce qu'on lui apporterait. Et qu'en ce qui regardait la lettre qu'il lui avait annoncée, rien n'était plus vrai, et qu'il la lui remettrait immédiatement.

Et le roi lui demanda alors ce qu'il était venu découvrir, des pierres ou des hommes? Pourquoi, si, comme il le disait, c'était des hommes qu'il venait visiter, il ne leur apportait point quelque chose? Qu'on lui avait dit qu'il avait avec lui une Sainte-Marie en or. Le capitan-mor répondit que la Sainte-Marie

---

([1]) C'est pour la première fois que cette dénomination du rajah commandant à Calicut se présente ici. Le mot *zamorin* a prévalu. Jean de Barros écrit toujours *zamori*. Selon quelques autorités, il faudrait voir dans cette dénomination honorifique une contraction des deux mots *samoudri radjâ*. Selon M. de Humboldt, *samudrya-radjâ* signifie le roi du littoral, de *sâmudra* (la mer), *samudrya* (maritime). (*Histoire de la géographie du nouveau continent* t. V, p. 98.)

apportée par lui n'était pas en or, mais que, fût-elle fabriquée de ce métal, il ne la lui donnerait pas [1], parce qu'elle l'avait accompagné sur l'étendue des mers, et qu'il la ramènerait en son pays. Le roi lui dit alors de lui remettre la lettre dont il était porteur. Le capitan-mor répliqua qu'en raison du mal que lui voulaient les Maures, conservant intérieurement la certitude qu'il avait que ses paroles seraient dénaturées par eux, il lui demandait comme faveur de faire appeler un chrétien sachant l'arabe. Le roi répliqua que c'était fort bien, et fit appeler un jeune homme, petit de corps, et que l'on appelait Quaram; et le commandant dit alors qu'il apportait deux lettres : une écrite en sa langue et l'autre en langue maure; que celle écrite en langue vulgaire, il l'entendait à merveille et qu'il savait qu'elle était de bonne teneur; que, quant à l'autre, il ne l'entendait point : elle pouvait donc être convenable, comme elle pouvait contenir des choses erronées. Or, comme le chrétien ne savait pas lire l'arabe, quatre Maures prirent la lettre, la lurent entre eux, puis vinrent la lire devant le roi [2], lequel s'en montra satisfait et demanda au capitan-mor quelle marchandise venait en son pays. Celui-ci répondit qu'il y avait beaucoup de blé, beaucoup d'étoffes, beaucoup de fer, beaucoup de cuivre, sans compter nombre d'autres articles. Le roi lui demanda s'il apportait quelque marchandise; il repartit que d'une foule d'objets, il n'apportait que des échantillons pour la montre, et qu'il lui demandait la permission de retourner à ses navires afin de les faire débarquer, que quatre ou cinq hommes demeureraient au logis. Le roi lui dit non, et ajouta qu'il se retirât en emmenant tous ses hommes avec lui; mais qu'il fît solidement amarrer ses navires, et qu'après avoir débarqué ses marchandises à terre, il les vendît le mieux qu'il pourrait. Et après avoir pris congé du roi, le capitan-mor s'en revint au logis, et nous avec lui; mais, comme il était déjà tard, le commandant ne se mit pas en mesure de partir. Et lorsque fut arrivé le jeudi, dans la matinée, ils amenèrent au capitan-mor un cheval sans selle. Mais celui-ci ne voulut pas le monter et dit qu'on lui amenât un cheval du pays, c'est-à-dire une litière, parce qu'il ne pouvait chevaucher sur une bête en cet état. Alors on le conduisit à la maison d'un marchand très-riche, que l'on appelle *Guzerate* [3], et celui-ci fit préparer une de ces litières. Lorsque tout fut prêt, le commandant y monta et partit sur l'heure, avec nombre de gens, prenant le chemin de Pandarany, où étaient les navires. Nous autres qui n'en pouvions plus, marchant à sa suite, nous demeurâmes fort en arrière. Et, comme nous allions ainsi, arriva le baile; il passa devant nous et joignit le capitan-mor, et nous nous égarâmes en notre chemin, nous portant fort avant en l'intérieur. Ce baile envoya alors un homme après nous, afin de nous remettre en notre chemin, et lorsque nous arrivâmes à Pandarany, nous trouvâmes le capitan-mor sous un appentis, car il y en avait beaucoup sur ce chemin, afin que les passants et les voyageurs s'y pussent mettre à l'abri de la pluie. Le baile était avec le capitan-mor et bien d'autres avec lui, et lorsque nous fûmes arrivés, le commandant dit au baile de lui faire donner une almadia [4] pour se rendre aux navires; mais celui-ci et les autres lui répondirent qu'il était déjà tard, et qu'il partirait le jour suivant.

Et le commandant dit alors que si on ne lui donnait pas ce qu'il demandait, il retournerait vers le roi, parce qu'il le renvoyait à ses bâtiments et qu'eux seuls le retenaient; que cela était mal fait, lui

---

[1] Cette figure de la Sainte-Vierge aurait pu être l'œuvre d'un fameux orfèvre de la ville de Guimaraens, que l'on nommait Pedro Alvarès, et qui jouissait de toute sa célébrité vers l'année 1480.

[2] Duarte Barbosa dit à ce propos : « Le roi de Calicut a continuellement dans son palais grand nombre d'écrivains assis dans un coin, loin de lui, sur une natte. Ils prennent note de toutes choses, aussi bien relatives à la marchandise royale qu'à la justice et au gouvernement, ils écrivent sur des feuilles de palmier longues et tendues, avec un stylet de fer, sans encre... Chacun de ces gens, en quelque lieu qu'il se transporte, porte un paquet de ces feuilles écrites, sous le bras, et tient à la main sa plume de fer. A ce signe ils sont immédiatement reconnus. Il y a là sept ou huit écrivains plus privés du roi, qui sont gens fort honorables, et ils se tiennent toujours devant ce monarque la plume à la main, un faisceau de feuilles sous le bras. Chacun d'eux garde un nombre de ces feuilles en blanc, signées par le roi au commencement. Lorsque ce prince veut donner un ordre, ou faire quelque chose dont on doit tenir note, il fait connaître ses intentions à ses gens, et ceux-ci les écrivent, commençant l'ordonnance à partir de la signature du roi jusqu'en bas. C'est ainsi que ladite ordonnance est remise à qui il appartient. Ce sont des hommes âgés et honorables, jouissant d'un grand crédit. » (Voy. *Noticias para a historia dos naçoes ultramarinas.*)

[3] Il est évident que l'auteur du *Roteiro* prend ici le nom d'une contrée qui fournissait, au quinzième siècle, un grand nombre de commerçants à la cité de Calicut, pour le nom du négociant lui-même.

[4] Ces légères embarcations qui desservaient les ports de Calicut et de Goa, sont figurées fort exactement dans le *Voyage aux Indes*, de Linschott.

étant chrétien comme eux. Or, voyant le mécontentement du capitan-mor, ils lui répliquèrent qu'il pouvait s'en aller, et qu'on lui donnerait trente almadias s'il lui en fallait autant. Alors ils nous menèrent le long de la plage, et cela paraissant louche au commandant, il ordonna à trois hommes de se porter en avant, leur disant que s'ils rencontraient les embarcations des navires et que son frère se trouvât là, il eût à se cacher. Ils allèrent, ne trouvèrent rien et revinrent sur leurs pas; puis ces gens nous conduisirent dans une autre direction, et nous ne pûmes nous rencontrer. Alors ils nous menèrent en la maison d'un Maure, parce qu'il se faisait déjà très-tard; et lorsque nous fûmes arrivés là, ils nous dirent qu'ils voulaient s'en aller à la recherche des trois hommes qui ne nous avaient pas rejoints. Lorsqu'ils se furent retirés, le commandant fit acheter nombre de poules et beaucoup de riz, et nous mangeâmes, bien que nous fussions fatigués par notre marche de tout le jour. Quant à eux, après nous avoir quittés, ils ne parurent plus jusqu'au matin : le capitan-mor disant d'ailleurs que, selon qu'il lui semblait, ces gens étaient de bonne condition, et que leur action de la veille, lorsqu'ils n'avaient pas voulu nous laisser partir à la nuit, procédait d'une bonne intention. Et il parlait ainsi, bien que d'autre part nous eussions tous de fâcheux soupçons, et que tout nous semblât aller mal, en raison de ce qui était advenu les autres jours passés à Calicut. Et lorsque, le lendemain, ils revinrent, le commandant leur demanda des embarcations pour se rendre à ses navires. Lors ils commencèrent tous à murmurer les uns contre les autres, et dirent qu'il fît approcher ses bâtiments plus près de terre, et qu'alors il retournerait à bord. Le capitan-mor leur repartit que s'il donnait ordre de faire mouiller plus près les navires, il semblerait à son frère qu'on le retenait prisonnier, que c'était de force qu'on le faisait agir, et qu'il mettrait à la voile pour se rendre en Portugal. Ils lui répondirent que s'il ne faisait pas approcher de terre ses bâtiments, il n'y retournerait pas d'autre façon. Le capitan-mor dit à cela que le roi Çamolin l'avait renvoyé à ses navires, et qu'eux ne le voulant laisser aller ainsi que l'avait ordonné ce prince, il allait retourner, pour se trouver de nouveau en sa présence; qu'il était chrétien comme lui, et que, s'il s'était opposé à son départ, voulant qu'il demeurât en son pays, il s'en fût très-bien arrangé. Ils dirent oui à tout ce discours, ajoutant qu'il s'en allât; mais par le fait ils nous ôtaient le pouvoir de le faire, parce que les portes du lieu où nous étions furent immédiatement fermées, pendant que beaucoup de gens armés restaient dans l'intérieur pour nous garder : de sorte que nul de nous ne tentait de sortir, sans qu'il fût suivi à l'instant de nombre d'individus. Et après cela ils revinrent à leurs exigences et voulurent qu'on leur remît les voiles et les gouvernails. Le capitan-mor dit alors qu'il ne leur remettrait aucun de ces objets, puisque le roi Çamolin l'avait renvoyé vers ses navires sans condition aucune; qu'ils pouvaient faire ce qu'ils voudraient, mais qu'ils n'auraient rien de lui.

Le commandant et nous, nous demeurions ainsi fort tristes en notre âme, bien qu'au dehors nous ne fissions point paraître que tout cela nous importât. Notre chef leur dit que puisqu'on lui refusait son retour à bord, on laisserait bien aller ses hommes qui mouraient là de faim; mais ils repartirent qu'il leur fallait demeurer, et que s'ils mouraient de faim, ils prissent patience, qu'on ne leur donnerait rien pour cela. Et comme nous étions en ces termes, vint un de ces hommes de ceux qui nous avaient perdus l'autre jour à la brune, et il dit au commandant comme quoi Nicolas Coelho était depuis la veille au soir, avec les embarcations, à terre, attendant après lui. En apprenant cela, le capitan-mor expédia à l'instant, le plus secrètement qu'il put, un homme, et cela avec beaucoup d'adresse, parce que nous avions sur le dos nombre de gardes; il faisait dire à Nicolas Coelho qu'il partît à l'instant pour retourner aux navires et qu'il s'en allât à bon escient. Et lorsque ce message fut parvenu à Nicolas Coelho, il s'éloigna en toute hâte; mais dès qu'il fut parti, ceux qui nous gardaient en eurent avis, et ils équipèrent en un instant nombre d'almadias, afin de le poursuivre un bout de chemin; et, voyant qu'ils ne le pouvaient atteindre, ils revinrent où était le capitan-mor et lui dirent d'écrire une lettre à son frère pour qu'il rapprochât les navires de terre et s'en vînt plus avant dans le port. Le commandant dit qu'il prenait bien les choses, mais qu'il n'en ferait rien, et que s'il consentait à cela et se décidait à le faire, ceux qui l'avaient accompagné ne consentiraient pas à lui obéir, ne voulant pas mourir. Et ils lui demandèrent ce que cela signifiait; que, pour eux, ils savaient à merveille que ce qu'il commanderait serait exécuté.

Le capitan-mor ne voulait pas faire venir les navires dans l'intérieur du port, parce qu'il lui semblait, et à nous autres également, que lorsqu'ils y seraient mouillés, on les pourrait saisir et qu'on le tuerait premièrement avec nous tous, qui déjà nous trouvions retenus où nous étions et en leur pouvoir.

Tout ce jour, nous le passâmes en cette agonie, comme je vous l'ai raconté. Lorsque la nuit fut venue, il y eut bien plus de monde avec nous. Ils ne voulaient plus nous laisser nous promener dans l'enclos où nous étions, et nous firent passer dans une petite cour carrelée : un nombre infini de gens nous environnaient, et pour nous, nous trouvant au milieu d'eux, nous nous attendions d'un moment à l'autre à être séparés, ou bien à les voir commettre quelque autre acte contre nos personnes, tant ils se montraient indignés. Toutefois nous ne laissâmes pas de souper à merveille de ce qu'on trouva dans le bourg. Durant cette nuit, il y eut bien cent hommes à nous garder, tous armés d'épées, de guisarmes [1], d'écus, d'arcs et de flèches, et ils s'arrangeaient de telle façon que tandis que les uns veillaient, les autres dormaient ; toute la nuit ils se relayèrent de cette façon.

Et quand vint le jour suivant, c'est-à-dire le samedi 2 du mois de juin, certains seigneurs arrivèrent dès le matin, et ils venaient déjà faisant meilleur visage, disant que puisque le commandant avait prévenu le roi qu'il allait faire débarquer sa marchandise à terre, qu'il la fît venir, l'usage de ce pays étant que quels que fussent les navires qui arrivaient, ils missent sur-le-champ à terre leur cargaison en même temps que leur équipage, et que jusqu'à ce que la marchandise fût vendue le marchand ne retournait plus à bord du navire. Le capitan-mor dit qu'il y consentait et qu'il écrirait à son frère de tout envoyer. Ils repartirent que c'était bien, et qu'aussitôt l'arrivée de sa marchandise ils le laisseraient libre sur l'heure de retourner à bord. Le capitan-mor écrivit à l'instant à son frère qu'il lui expédiât certains objets, et il les envoya immédiatement. Et dès qu'ils les eurent vus, ils le laissèrent sur-le-champ partir pour gagner les navires, deux hommes de garde restant seulement à terre, ce dont tous nous nous réjouîmes infiniment, rendant grâces à notre Seigneur de nous avoir tirés d'entre tels hommes, qui sont sourds à toute raison, comme s'ils tenaient de la brute. Nous savions bien que le capitan-mor une fois à bord, quand bien même quelqu'un d'entre nous demeurerait à terre, il ne lui serait rien fait. Dès qu'il fut sur son bâtiment, le commandant ne voulut plus envoyer pour le moment aucune marchandise. Et de là à cinq jours il fit dire au roi comment l'ayant renvoyé à ses navires, quelques-uns de ses gens l'avaient retenu et l'avaient arrêté un jour et une nuit en route ; qu'en ce qui concernait la marchandise, elle était à terre, comme il l'avait ordonné, mais que les Maures venaient au lieu où elle était, et que c'était pour la rabaisser ; qu'il avisât aux ordres qu'il aurait à donner sur ce point ; qu'il ne lui envoyait rien de ces marchandises, mais que lui et ses navires étaient à son service. Le roi fit dire immédiatement que ceux qui avaient agi ainsi étaient de mauvais chrétiens, et qu'il les châtierait ; puis il envoya sept ou huit négociants pour voir la marchandise et en faire l'acquisition selon leur volonté. De plus, il manda là un homme honorable avec le *feitor* [2], pour demeurer sur les lieux. Si un Maure se présentait, ils le pouvaient faire tuer, sans encourir aucune peine.

Ces marchands mandés par le roi demeurèrent en ce lieu environ huit jours ; mais au lieu de trafiquer, ils dépréciaient la marchandise. Les Maures ne se présentèrent plus à la maison où elle se trouvait emmagasinée ; mais ils nous voulurent de tout cela tel mal, et de telle manière, que si quelqu'un de nous venait à terre, ils crachaient à leurs pieds en répétant : *Portugal ! Portugal !* Ils avaient remarqué combien cela nous blessait. D'ailleurs, et dès le principe, ils avaient cherché comment ils pourraient s'emparer de nous et nous faire périr. Or quand le commandant vit que la marchandise n'était pas en lieu où elle pût se vendre, il le fit dire sur-le-champ au roi, lui faisant savoir que son désir était de l'envoyer à Calicut ; et lui demandant ses ordres sur ce point. Aussitôt que le roi eut pris connaissance de ce message, il envoya immédiatement le baile, à la tête de nombreux porteurs, pour prendre la cargaison à dos et la transporter à Calicut, en le chargeant de tout payer, ajoutant que rien de ce qui venait du roi de Portugal ne devait, dans ses États, être soumis à des frais quelconque. Mais tout cela se passait avec l'intention de nous faire du mal, en raison des fâcheuses informations que ce souverain avait eues sur nous, puisqu'on lui avait dit que nous étions des larrons venus pour voler. Il fit, sous cette impression, tout ce qui vient d'être raconté.

---

[1] La guisarme est une sorte de hallebarde. On trouvera une panoplie pour ainsi dire complète de l'Inde dans un recueil de la Bibliothèque impériale intitulé : *Abrégé historique des rajas de l'Indostan*, manuscrit donné par le colonel Gentil (sect. des estampes, n° 2929).

[2] On donne, en Portugal, le titre de *feitor* aux chefs de factorerie.

Un dimanche donc, le jour de la Saint-Jean-Baptiste, c'est-à-dire le 24 du mois de juin, la marchandise fut transportée à Calicut, et les choses étant ainsi, le capitan-mor ordonna que tout l'équipage visiterait cette ville, à savoir : chaque navire devait expédier un homme, puis, ces marins étant débarqués, il avait été convenu que d'autres leur succéderaient; de cette façon, tout le monde devait visiter la cité et acheter ce que bon lui semblerait. Or nos gens, lorsqu'ils allaient par les chemins, recevaient de toute la population chrétienne bon accueil, tous ces gens se réjouissant fort quand quelqu'un de nous allait en sa maison pour manger ou dormir, et leur offrant de tout ce qu'ils avaient de la meilleure volonté du monde. Nombre d'habitants venaient même aux navires échanger du poisson pour du pain ; ils recevaient de nous fort bon accueil. Il y en avait même beaucoup qui se faisaient accompagner de leurs fils, ou venaient avec de petits enfants, auxquels le commandant faisait donner à manger. Tout cela se passait pour entretenir paix et amitié avec eux, et les engager à dire du bien de nous, et non du mal. Ils étaient même si nombreux que nous en étions fatigués, et que bien des fois il était nuit tout à fait sans que l'on eût pu les mettre hors des navires. La grande population de ce pays et l'extrême rareté des vivres en étaient la cause (¹).

Et il arrivait parfois que si quelques-uns de nos hommes destinés à raccommoder les voiles emportaient du biscuit pour leur repas, les petits comme les grands se portaient en nombre tel sur eux qu'ils leur enlevaient les morceaux pour les manger et que nos hommes restaient à jeun. Ainsi que je vous l'ai dit, tous tant que nous étions dans les navires nous allâmes à terre deux à deux et trois à trois; chacun y portait de ce qu'il possédait : des bracelets, des hardes pour se vêtir, des chemises, voire de l'étain ; bref, selon les facultés de chacun. On vendait, mais non pas à un prix aussi avantageux qu'on avait espéré pouvoir le faire en arrivant à Mozambique. Ainsi une chemise de toile très-fine, qui en Portugal vaut 300 *reis* (²), on la donnait là pour 2 *fanôs* (³), qui valent en ce pays 30 reis ; toutefois le prix relatif de 30 reis est considérable en ce pays ; et de même qu'ils prisaient bon marché les chemises, de même ils agissaient à l'égard de plusieurs autres objets. Dès que nous voulions emporter des échantillons de la marchandise du pays, on achetait de ce qui se vendait dans la bourgade, savoir : des clous de girofle, de la cannelle, des pierres fines. Et chacun s'en allait après avoir fait ainsi ses acquisitions, sans qu'on lui dît la moindre chose. Et le capitan-mor, voyant que ce peuple était si paisible, se détermina à laisser un facteur (⁴) avec la marchandise, aussi bien qu'un écrivain, en compagnie de quelques autres individus. Et le temps de notre départ approchant, le capitan-mor envoya un cadeau d'ambre au roi, le tout accompagné de corail et de bien d'autres objets. Il lui fit dire qu'il voulait retourner en Portugal, et lui demanda s'il désirait envoyer quelques hommes vers son roi; qu'il laisserait là facteur, écrivain et autres employés, avec la cargaison, et qu'il lui envoyait ce présent. Il lui demanda, par réciprocité, d'expédier au roi son seigneur un *bagar* (bahar) de cannelle et un autre de clous de girofle, avec d'autres échantillons d'épices, tels que bon lui semblerait ; que le facteur lui en ferait les fonds et les lui payerait s'il le souhaitait. A partir du moment où ce message du commandant fut arrivé à la résidence du roi, quatre jours se passèrent avant qu'on lui pût parler; et lorsque celui qu'on avait chargé de la mission entra où était ce souverain, il lui fit mauvais visage et lui demanda ce qu'il voulait ; et celui-ci lui remit le message du capitan-mor conçu en la teneur récapitulée plus haut, avec l'annonce du présent. Le roi dit que ce qui était apporté serait remis au facteur, et ne le voulut pas voir; et il fit dire au commandant que, puisqu'il

---

(¹) On voit par ce récit que la population pauvre de Calicut subissait d'étranges privations. A partir des premières années du seizième siècle, cette cité malheureuse fut soumise aux plus cruelles révolutions. Dès 1632 elle était en pleine décadence; enfin, Typou-Sultan effaça, au dix-huitième siècle, les derniers vestiges de sa magnificence ; la population même fut transportée alors à Nelora, dont le souverain changea la dénomination contre celle de *Ferakh-Abâd* (Colonie de la Joie). Calicut s'est depuis relevé ; il fait un grand commerce de bois de construction.

Cette ville est située par les 10° 5′ nord.

(²) *Reis*, pluriel de *real* : c'est une très-petite monnaie idéale du Portugal ; 1000 reis valent 6 fr. 12 cent., ou, selon Freycinet, 6 fr. 25 cent.

(³) Au temps de Duarte Barbosa, qui écrivait dans les premières années du seizième siècle, le *fanô* valait un *real* d'argent. Le *fanô* actuel vaut, selon Balbi, environ 34 cent.

(⁴) Le *feitor* ou facteur laissé à Calicut par Gama se nommait Diogo Dias ; c'était le frère de l'illustre Barthélemy Dias. Alvaro de Braga devait l'assister.

était décidé à s'en aller, il lui donnât 600 *séraphins* (¹), puis s'en allât à la grâce de Dieu ; qu'ainsi était la coutume du pays et celle des gens qui y venaient.

Diogo Dias, porteur du message, dit alors qu'il allait transmettre cette réponse au commandant. Et tout aussitôt qu'il fut parti, certains individus partirent avec lui, et arrivés au lieu où était la cargaison, à Calicut, ils posèrent à l'intérieur des sentinelles qui devaient demeurer avec les nôtres et les empêcher de sortir, et, de plus, ils firent crier par toute la cité que nulle embarcation n'allât à bord des navires. Lorsqu'ils virent qu'ils étaient prisonniers, les nôtres expédièrent un jeune nègre qui se trouvait avec eux pour qu'il allât voir le long de la côte s'il ne trouverait pas quelqu'un qui le conduirait aux navires, afin d'avertir comment on se trouvait retenu par ordre du roi. Or il s'en fut au bout de la ville, où demeuraient certains pêcheurs, et l'un d'eux le conduisit pour 3 fanôs ; il le fit ainsi parce que la nuit commençait à tomber, et que de la cité on ne pouvait les voir. Dès que notre homme eut été mis à bord, il s'éloigna sans plus de retard. Cela eût lieu un lundi, le 13 du mois d'août 1498.

Cette nouvelle nous rendit tous tristes, non-seulement parce que nous voyions plusieurs de nos hommes entre les mains de leurs ennemis, mais aussi à cause du grand dérangement que cela apportait à notre départ ; la chose nous étant d'autant plus sensible que pareille canaillerie nous venait d'un roi chrétien auquel notre chef donnait du sien, sans toutefois lui en vouloir plus que de raison, parce que les Maures qui se trouvaient là étaient des marchands de la Mecque et de lieux bien divers. Ils nous connaissaient, et notre présence leur pesait fort. Ils allaient disant au roi que nous étions des larrons, et que dès que nous aurions commencé à naviguer vers ces régions, aucun navire de la Mecque, de Cambaya, des Imgros (²), ou d'autres contrées, ne viendrait plus en son pays ; ce à quoi il ne trouverait aucun profit, parce que, sans lui rien donner, nous saurions lui prendre, devenant ainsi une cause de ruine pour son pays. Loin de s'en tenir à ce qu'ils disaient ainsi, ils le pressaient de tous leurs efforts afin qu'il nous fît arrêter et périr. Ils voulaient avant tout que nous ne pussions pas retourner en Portugal. Les capitaines avaient appris tout cela par un Maure du pays, qui leur avait découvert ce que l'on tramait, leur disant de ne point descendre à terre, et que le capitan-mor, principalement, s'en gardât. Outre l'avis de ce Maure, deux chrétiens nous avaient dit que si les capitaines venaient à terre, ils s'exposaient à perdre la tête, le roi agissant ainsi d'ordinaire à l'égard de ceux qui débarquaient en son pays et ne lui apportaient point d'or.

Nous trouvant donc en cette situation, le jour suivant aucune embarcation ne vint le long des navires ; mais le surlendemain une almadia arriva avec quatre jeunes gens, portant avec eux des pierres fines pour les vendre ; mais il nous sembla qu'ils venaient bien plus par ordre des Maures que pour nous vendre des pierreries, agissant de cette sorte pour voir s'il leur serait fait quelque chose. Néanmoins le capitan-mor leur fit bon accueil, et écrivit par leur entremise une lettre à ceux qui se trouvaient à terre. Lorsqu'ils eurent vu qu'il ne leur était rien fait, nombre de marchands vinrent chaque jour, qui n'étaient point trafiquants, pour nous voir seulement. Tous recevaient bon accueil de nous, et nous leur donnions à manger. Et le dimanche suivant, il nous arriva environ vingt-cinq hommes, parmi lesquels se trouvaient six personnages honorables ; et le capitan-mor voyant que, grâce à eux, on pourrait nous rendre nos hommes retenus prisonniers à terre, mit la main sur eux, prenant de surcroît douze des autres. Ceux qu'il prit étaient en tout dix-neuf. Quant à ceux qui restaient, il les renvoya à terre dans une de ses embarcations, et il expédia par eux une lettre au Maure facteur du roi, par laquelle il mandait qu'il eût à lui envoyer les hommes retenus en captivité ; que, de son côté, il lui ferait remettre ceux qui se trouvaient entre ses mains.

Or, lorsqu'ils virent que nous leur avions laissé des prisonniers, une foule de gens s'en furent à l'instant à la maison où se trouvait la cargaison, et les amenèrent à l'habitation du facteur, mais tout cela sans leur faire aucun mal.

Le samedi 23 du mois nous mîmes à la voile, annonçant que nous retournions en Portugal, que nous espérions revenir bientôt, et qu'ils sauraient alors si nous étions des voleurs. Nous allâmes mouiller

---

(¹) Le *pardo seraphin* ou *xeraphin*, à quatre *bons tengas*, vaut encore, dans l'Inde portugaise, 3 fr. 86 cent. Les éditeurs du *Roteiro* lui donnent approximativement, et pour l'époque, une valeur de 300 *reis*.

(²) Peut-être est-il question ici d'*Imrouz*, ville grecque, siége d'un certain commerce et faisant partie de l'empire ottoman.

sous le vent de Calicut, à environ quatre lieues, et cela parce que le vent était debout; et le jour suivant, nous courûmes une bordée vers terre, et nous ne pûmes gagner certains bas-fonds qui se trouvent devant la cité. Nous prîmes le large; on mouilla en vue de la ville. Le samedi, nous gagnâmes si bien la mer que du lieu où nous étions arrêtés nous ne discernions plus, pour ainsi dire, la côte. Et le dimanche, nous trouvant encore à l'ancre, mais guettant la brise, il nous vint une embarcation de la haute mer qui était en quête de nous, et qui nous apprit comme quoi Diogo Dias était à la résidence du roi, et que, tous tant qu'ils étaient là, on les prît à bord. Mais comme il semblait au capitan-mor qu'on avait fait périr ses gens, et que ce qu'ils disaient n'était que pour nous retenir jusqu'à ce que l'on eût armé contre nous, ou que des bâtiments de la Mecque eussent eu le temps d'arriver pour s'emparer de nos personnes, il les renvoya, leur disant de ne plus revenir le long du bord sans ses hommes ou sans des lettres écrites par eux; que, sinon, il ferait tirer contre leurs embarcations ses bombardes. Il ajouta qu'il espérait bien faire couper la tête à ceux qu'il avait pris. Or après tout ceci vint la brise, et nous allâmes prolongeant la côte, et au coucher du soleil nous mouillâmes de nouveau.

COMMENT LE ROI FIT APPELER DIOGO DIAS ET LUI DIT CE QUI SUIT.

Lorsque la nouvelle fut venue au roi que nous étions partis pour le Portugal, et qu'il n'y avait plus moyen de faire ce qu'il souhaitait, il songea à réparer le mal advenu précédemment. Or, ayant fait appeler Diogo Dias, lorsque celui-ci fut en sa présence, il lui fit beaucoup meilleur accueil que celui qu'il lui avait fait lorsque le présent lui avait été offert, puis il lui demanda pourquoi le capitan-mor s'était emparé de ses hommes. Le susdit Diogo Dias lui répondit que tout cela venait de ce qu'il ne voulait pas les laisser retourner aux navires, et de ce qu'on les retenait prisonniers dans la ville. Le roi repartit qu'il avait bien fait; puis il se reprit, et demanda si le facteur avait exigé quelque chose, donnant à entendre qu'il ne savait rien de ce que celui-là avait fait, mais que l'employé n'avait agi ainsi que pour lui donner quelque chose, ajoutant les paroles suivantes, dirigées contre ce personnage: « Ne sait-il pas qu'il y a peu de temps j'ai fait périr un autre facteur, parce qu'il avait exigé un tribut de certains marchands venus en ce pays? » Puis il finit en disant: « Toi, va-t'en, retourne vers les navires avec tous ceux qui t'accompagnent, et dis au capitan-mor de me renvoyer les hommes qu'il retient; et quant au pilier de démarcation qu'il m'a fait dire vouloir mettre à terre, que ceux qui t'auront conduit le rapportent et le posent; de plus, tu devras rester en ce pays avec les marchandises. » Et, sur ce propos, il envoya une lettre au capitan-mor, pour la remettre au roi de Portugal, laquelle missive avait été écrite de la main même de Diogo Dias, sur une feuille de palmier, toutes les choses que l'on écrit en ce pays étant tracées sur lesdites feuilles, et la plume dont on fait usage pour cela étant de fer. Le contenu de la lettre est tel qu'il suit:

« Vasco da Gama, gentilhomme de votre maison, est venu en mes États, ce que j'ai eu pour agréable. En mon pays, il y a beaucoup de cannelle, beaucoup de clous de girofle, de gingembre et de poivre, avec nombre de pierres précieuses; et ce que je souhaite de ton pays, c'est de l'or, de l'argent, du corail et de l'écarlate [1]. »

Le lundi, dans la matinée, le 27 dudit mois, comme nous étions en panne, arrivèrent sept embarcations montées de beaucoup de gens, qui nous ramenaient Diogo Dias et l'autre individu qui était avec lui; et n'osant pas les déposer à bord, ils les mirent dans le canot du capitan-mor, qui était encore attaché à la poupe; ils ne rapportaient pas néanmoins la marchandise, pensant que Diogo Dias dût retourner à terre. Et dès que le capitan-mor les eut vus à bord du navire, il ne voulut pas qu'ils retournassent d'où ils venaient, et il remit le pilier à ceux de l'embarcation, comme le roi l'avait fait dire, pour qu'on le dressât à terre; et de plus il donna, pour s'en aller avec eux, six hommes des plus honorables parmi ceux qu'il

---

[1] Cette lettre, on le voit, est étrangement laconique. Si l'on a présentes au souvenir les formules pompeuses employées par les souverains orientaux vis-à-vis des autres souverains, on comprendra en quelle médiocre estime était le nouvel ambassadeur aux yeux du prince hindou, et peut-être le roi européen qu'il représentait.

gardait, six autres demeurant à bord. Il ajouta que le lendemain, les marchandises lui étant rapportées, on remettrait immédiatement ceux qui restaient sur nos navires.

Le mardi, dans la matinée, comme nous étions en panne, un Maure de Tunis, qui nous avait fréquentés, monta à bord, nous disant qu'on lui avait pris tout ce qu'il possédait, et qu'il ne savait point si on ne lui ferait pas plus de mal encore; qu'il était dans cette perplexité, et que ceux du pays disaient, pour leurs raisons, qu'il était chrétien, et que s'il était venu à Calicut, c'était par ordre du roi de Portugal : c'est pourquoi il préférait s'en venir avec nous à l'alternative de demeurer en un pays où, chaque jour, il pouvait s'attendre à la mort. Et lors, sur les dix heures de la matinée, vinrent sept embarcations portant beaucoup de monde; trois d'entre elles portaient sur leurs bancs des tapis étendus : c'étaient ceux-là mêmes que nous avions à terre. Ces gens nous donnaient à entendre que toutes nos marchandises venaient avec eux; les trois premières embarcations s'approchaient des navires, mais les quatre autres demeuraient au large, et se maintenaient à telle distance qu'elles gardaient dans leur marche un grand espace entre elles et nos bâtiments. Or ils nous disaient que nous eussions à déposer les hommes dans notre embarcation, et que de leur côté, en apportant les marchandises, ils les prendraient. Et lorsque nous eûmes reconnu cette finesse de renard, le capitan-mor leur dit de s'en aller, qu'il ne voulait pas des marchandises, mais que les hommes seraient conduits en Portugal; qu'ils y songeassent bien; qu'il espérait revenir bientôt à Calicut, et que l'on saurait alors si nous étions des larrons, comme les Maures l'avaient dit.

Un mercredi, 29 dudit mois d'août, considérant que nous avions trouvé et découvert ce que nous étions venus chercher, tant en épices qu'en pierres précieuses, voyant d'ailleurs que nous ne pouvions achever de quitter ce pays de bonne amitié et en paix avec les habitants, le capitan-mor, de concert avec les autres capitaines, prit la détermination de partir et d'emmener les hommes que nous avions gardés, espérant que ces gens, revenant à Calicut, feraient renaître les bons procédés. Sur l'heure donc, nous mîmes à la voile, et nous prîmes le chemin du Portugal, nous en allant tout pleins de joie d'avoir eu telle fortune, qu'une si grande découverte se fût accomplie grâce à nous. Le jeudi, vers l'heure de midi, comme nous avions été pris par le calme environ à une lieue au-dessous de Calicut, vinrent vers nous soixante-dix embarcations portant un monde infini. Ces gens portaient sur la poitrine un plastron de drap vert, doublé d'une très-forte maille; ce sont leurs armes défensives de corps, de mains et de tête. (Ici l'auteur du manuscrit a dessiné à la plume la disposition de cette armure.) Et lorsqu'ils se furent approchés du bâtiment à portée des bombardes, le vaisseau du capitan-mor et les autres navires firent sur eux une décharge; ils nous poursuivirent de cette façon environ une heure et demie. Comme ils allaient ainsi derrière nous, survint un grain qui nous emporta en pleine mer, et lorsqu'ils virent qu'ils ne pouvaient nous rien faire, ils retournèrent à la côte.

C'est de cette terre de Calicut, qui s'appelle l'Inde supérieure, que viennent les épices qui se consomment au couchant, au levant et en Portugal, et même en toutes les autres provinces du monde [1]; de cette même cité de Calicut, proviennent nombre de pierres précieuses de toute espèce [2]. De ses propres récoltes, cette ville obtient les espèces dont les noms viennent ici : beaucoup de gingembre, de poivre et de cannelle (cette dernière n'étant pas toutefois si fine que celle d'une île appelée Ceylan, à huit journées de là). Toute cette cannelle est transportée à Calicut et à une île que l'on appelle *Melequa* (Malacca) [3], d'où vient le clou de girofle en cette cité. Les navires de *Meca* (la Mecque) viennent se charger là d'épices, et les transportent à une ville de l'État de la Mecque, appelée *Judea (Djedda)*, et de cette île à leur destination il leur faut cinquante jours vent en poupe, les navires de ces régions n'allant pas à la bouline; là ils opèrent leur déchargement, et payent au grand soudan ses droits. De ce port, ils chargent de nouveau la marchandise sur des embarcations plus petites, et la transportent dans

---

[1] Voy. ce qui est dit sur l'Inde Majeure dans ce Pierre d'Ailly que Christophe Colomb regardait comme une des autorités géographiques de son temps; il y a un curieux chapitre, dans l'*Imago mundi*, où il est dissertè tout au long *de partibus Asiæ et primo de Indiâ*.

[2] A la fin du *Roteiro*, Alvaro Velho ou peut-être le possesseur de son manuscrit a donné une note supplémentaire relative au commerce de l'Inde dans laquelle figurent les pierres précieuses; il cite principalement les saphirs de Ceylan et les beaux rubis que l'on trouvait, quoique en petite quantité, dans cette île.

[3] Selon Alvaro Velho, Malacca est peuplée de chrétiens et possède un roi chrétien; avec un bon vent on peut s'y rendre, du port de Calicut, en quarante jours.

la mer Rouge, à un lieu situé près de Sainte-Catherine du mont Sinaï, que l'on appelle *Tuuz* ([1]); là ils payent également un autre droit. De ce lieu, les marchands transportent l'épice à dos de chameaux, qu'on loue quatre cruzades ([2]) par tête, et ils la conduisent au Caire en dix jours; arrivé en ce lieu, il faut payer un autre droit. Mais sur cette route du Caire, les voleurs qu'il y a en ce pays, et qui se recrutent chez les Arabes et parmi d'autres individus, les pillent. Là s'opère un nouveau chargement sur des navires, que porte un fleuve désigné sous le nom de Nil, venant des terres du preste Jean, dans les Indes inférieures ([3]); elles cheminent ainsi sur ce fleuve jusqu'à ce qu'elles parviennent à un endroit appelé Rosette; là encore payement d'un autre droit; on charge de nouveau l'épice sur les chameaux, et il ne faut pas plus d'un jour pour la conduire à Alexandrie, qui est un port de mer. C'est à cette cité d'Alexandrie que se rendent les galères de Venise et de Gênes pour chercher les épices, dont le droit vaut au soudan 600 000 cruzades, sur lesquelles il en donne annuellement 100 000 à un roi nommé Cid-Adim, pour qu'il fasse la guerre au preste Jean; et ce titre de grand soudan s'achète à deniers comptants, car il ne se transmet pas de père en fils.

JE REVIENS A PARLER DE NOTRE RETOUR.

En allant ainsi le long de la côte, à cause du vent qui était faible, la brise de terre et la brise de mer alternant, nous jetions l'ancre le jour, lorsque venait le calme; et un lundi, qui était le 10 du mois de septembre, nous voyant ainsi au long de la côte, le capitan-mor manda un homme parmi ceux que nous avions gardés (lequel était louche d'un œil), et expédia par lui au roi Çamolin des lettres écrites en arabe, par un Maure que nous avions avec nous. Le pays où nous déposâmes ce Maure porteur du message s'appelle *Compia* ([4]), et le roi qui y règne *Biaquolle* : il est en guerre avec celui de Calicut. Et le jour suivant, par un temps de calme, nous vîmes arriver des barques qui portaient du poisson, et les hommes qui les manœuvraient montèrent à bord de nos navires sans nulle crainte; et le samedi suivant, le 15 dudit mois, nous nous dirigeâmes sur des îlots qui étaient situés à environ deux lieues de terre; là, nous mîmes un bateau à la mer, et nous élevâmes un pilier de démarcation sur ledit îlot; on l'appela le pilier Sainte-Marie, et cela parce que le roi avait recommandé au capitan-mor de déposer trois de ces piliers, l'un portant le nom de Saint-Raphaël, l'autre celui de Saint-Gabriel, et enfin le dernier Sainte-Marie. Ainsi tous trois se trouvaient posés, le premier au rio des Bons-Indices *(Bôos-Sinaes)*, c'était le Saint-Raphaël; le second à Calicut, c'était le Saint-Gabriel; et le dernier comme nous venons de le rapporter. Là nous accostèrent encore de nombreuses embarcations chargées de

---

([1]) Les éditeurs supposent qu'il s'agit ici de Suez; nous croyons qu'il faut lire *Tor*. Duarte Barbosa nous a donné sur le mode de navigation des Arabes et sur l'itinéraire qu'ils suivaient des renseignements positifs qu'il paraît utile de reproduire ici. « Au temps de la prospérité des Maures, dit-il, ceux-ci faisaient construire dans le port de Calicut des bâtiments du port de 1 000 à 1 200 bahars de charge; ces navires étaient construits sans aucun ferrement, toutes les planches de la coque assemblées au moyen de cordes de sparte, et les œuvres mortes, bien différentes de ce qu'elles sont chez nous, ne présentaient d'ailleurs aucun abri. Sur ces embarcations, ils chargeaient toute espèce de marchandises, utilisant toutes les parties. A chaque mousson, quinze de ces navires quittaient la cité pour gagner la mer Rouge, Aden et la Mecque, où ils vendaient avantageusement leurs marchandises, plusieurs, du moins, aux négociants de Djedda (Juda), qui, de là, les transportaient sur de petites embarcations à Tor. De Tor elles allaient au Caire, du Caire à Alexandrie, et de là à Venise, d'où elles parvenaient dans nos régions. Ces marchandises consistaient en grande quantité de poivre et gingembre, puis en cannelle, cardamome, mirobolans, tamarin, casse, toute espèce de pierreries, perles, musc, ambre, rhubarbe, aloès, étoffes de coton (en quantité) et porcelaines. Quelques-unes de ces embarcations chargeaient à Djedda du cuivre, du mercure, du vermillon, du corail, du safran, des velours peints, de l'eau de roses, des couteaux, des camelottes de couleur, de l'or, de l'argent et une infinité d'autres choses qu'ils vendaient au retour à Calicut, d'où ils étaient partis en février, et où ils arrivaient de la mi-août à la mi-octobre. Ils s'enrichissaient prodigieusement à ce trafic. » (Voy. *Noticias para a historia das naçoens ultramarinas*; 6 vol. petit in-4° publiés par l'Académie des sciences de Lisbonne.)

([2]) La *cruzade* vieille représente un peu plus de 2 fr. 40 cent.

([3]) *India Minor*. On désignait ainsi, au quinzième siècle, la vaste région composant l'empire d'Abyssinie, sur laquelle Francisco Alvarez devait bientôt, par sa relation naïve, jeter tant de lumière.

([4]) Nous avons inutilement cherché à appliquer ce nom à quelque localité de la côte de Malabar.

poisson, et le capitan-mor donna à ces gens des chemises et leur fit bon accueil, leur demandant s'ils demeureraient satisfaits de voir planter en cet endroit le pilier qu'il prétendait déposer sur l'îlot; ils répondirent que cela les arrangerait à merveille, et que si nous le posions, cela prouverait que nous étions chrétiens comme ils l'étaient; et ce pilier resta en ce lieu, en signe de grande amitié.

Et durant la nuit suivante, avec le vent de terre, nous fîmes de la voile, et nous continuâmes notre chemin; et, le jeudi suivant, 19 dudit mois, nous nous dirigeâmes sur une terre élevée, d'aspect fort gracieux, jouissant d'un air fort bon et accompagnée de six petites îles se groupant près de la terre. Là nous mouillâmes bien près de la côte, et nous mîmes dehors une embarcation, pour aller faire de l'eau et du bois en quantité suffisante pour la traversée que nous espérions entreprendre si les vents nous conduisaient comme nous le désirions. Et, lorsque nous fûmes à terre, nous trouvâmes un homme jeune, qui s'en fut nous montrer, vers un fleuve, une aiguade d'eau excellente, qu'on voyait sourdre d'entre deux rochers. Le capitan-mor donna à cet homme un bonnet et lui demanda s'il était Maure ou chrétien; il répondit qu'il était chrétien; et lorsque nous eûmes dit que nous étions de la même religion, il se réjouit fort. Et le jour suivant, dans la matinée, nous vîmes arriver vers nous une almadia montée de quatre hommes. Ces gens apportaient beaucoup de citrouilles et de fruits; le capitan-mor leur demanda alors s'il y avait dans ce pays de la cannelle, du gingembre ou quelque autre épice. Ils répondirent que, pour de la cannelle, il y en avait beaucoup, mais que tout le reste faisait défaut. Le capitan-mor expédia à terre avec eux deux hommes, pour lui en rapporter des échantillons : on les conduisit alors dans un bois où croît en quantité l'arbre qui produit ce genre d'épice; ils en coupèrent deux grands rameaux chargés de leurs feuilles. Or, comme nous nous rendions à terre avec les bateaux pour faire de l'eau, nous trouvâmes nos deux hommes avec leurs branches de cannellier; ils étaient déjà suivis d'une vingtaine d'individus, qui apportaient au commandant nombre de poules, de citrouilles, avec grande quantité de lait, et ils dirent au capitan-mor d'envoyer avec eux ces deux hommes, parce qu'à quelques pas de là ils avaient beaucoup de cannelle sèche et que lorsqu'on l'aurait vue, ils pourraient en montrer des échantillons. Après avoir fait notre eau, nous nous rendîmes à bord, et les deux hommes demeurèrent jusqu'au jour suivant qu'ils retournèrent à notre navire, apportant au commandant un présent de vaches, de porcs et de poules. Le jour d'après, au lever du soleil, nous vîmes près de terre deux gabares, qui pouvaient être à environ deux lieues, et dont nous ne tînmes nul compte. Nous allâmes faire du bois à terre, n'attendant que la marée pour entrer dans le fleuve : il sembla au capitan-mor que ces embarcations étaient plus grandes qu'il ne lui avait paru d'abord; il donna ordre à l'instant que l'on se rembarquât dans les canots, qu'on allât manger, et qu'aussitôt le repas fini, on se disposât à se jeter dans les embarcations afin de s'assurer si ces gens-là étaient Maures ou chrétiens. Or, dès que ledit capitan-mor fut rentré à son bord, il fit monter un matelot dans la hune, afin qu'il s'assurât si l'on apercevait quelque navire. Ce matelot aperçut en mer, à environ six lieues de nous, huit bâtiments, lesquels étaient pris par un calme plat. En conséquence, le capitan-mor fit à l'instant ses dispositions pour les couler bas : quant à eux, comme la brise les favorisait, ils allèrent au lof autant qu'il leur fut possible, puis, lorsqu'ils se trouvèrent à peu près sur la même ligne que nous, et qu'un espace de deux lieues seulement nous séparait, songeant qu'ils nous distinguaient parfaitement, nous nous dirigeâmes sur eux. Voyant que nous exécutions ce mouvement, ils commencèrent à pointer vers la terre; et avant qu'il pût aborder la côte, un de ces bâtiments eut son gouvernail brisé : l'équipage se mit dans l'embarcation qu'il portait en poupe, puis gagna la terre. Et nous, qui nous trouvions le plus près de ce navire, nous l'abordâmes à l'instant; mais nous n'y trouvâmes rien que des vivres et des armes; les vivres consistaient en cocos([1]) et en quatre fragments d'un pain de sucre de palmier : tout le reste du chargement n'était que du sable, qui formait le lest. Les sept autres bâtiments allèrent s'échouer sur l'arène, et, grâce à nos embarcations, nous nous mîmes à les bombarder.

Le jour suivant, dans la matinée, comme nous étions en panne, sept hommes vinrent à nous, dans une barque, et ils nous apprirent comme quoi ces navires étaient de Calicut et s'étaient mis à notre poursuite afin de nous massacrer tous, dans le cas où ils nous eussent pris. Le lendemain, après que nous

---

([1]) Il est très-remarquable de voir désigné, dès 1497, le fruit du *Cocos nucifera* sous ce nom vulgaire; cela fait évanouir plusieurs étymologies ridicules. Alvaro Velho écrit *coquo* (dont le terme analogue est coque).

eûmes quitté cet endroit, nous allâmes mouiller à deux tirs de bombarde au delà du point où nous étions d'abord, devant une île où l'on nous dit qu'il y avait de l'eau (¹). Tout aussitôt le capitan-mor envoya Nicolas Coelho dans une embarcation armée, pour voir où était l'aiguade. Celui-ci trouva dans l'île un édifice en manière d'église bâtie de grosses pierres de taille, laquelle, selon ce que nous dirent les gens du pays, avait été renversée par les Maures, à l'exception de la chapelle, couverte en paille; ils y faisaient leurs oraisons devant trois pierres noires; elles se trouvaient au milieu du corps de chapelle. Outre ce bâtiment, nous découvrîmes une église de pierre, de même architecture, où nous prîmes de l'eau autant que bon nous sembla; et tout au haut de l'île, il y avait un grand étang pouvant avoir quatre brasses de profondeur (²). Et de plus, devant la façade de cette église, se développait une plage, sur laquelle nous pûmes espalmer *le Berrio* et le navire du capitan-mor : *le Raphaël* ne fut pas tiré à terre à cause des inconvénients indiqués plus bas.

Étant un jour sur *le Berrio*, comme il se trouvait en carénage, voici ce que je vis : deux grandes embarcations en manière de flûtes vinrent à nous; elles portaient un monde infini, et nous arrivaient à force de rames, au son des tambours et des chalémies; elles portaient leurs étendards au sommet des mâts; cinq autres embarcations, longeant la côte, demeuraient là pour les protéger; et avant qu'elles pussent nous aborder, on demanda à ceux que nous avions à bord quels hommes ce pouvait être et à quelle nation ils appartenaient. On nous répondit de ne point les laisser venir à bord, que c'était larrons accourant pour prendre ce qu'ils pourraient attraper; que les hommes de ce pays, qui s'en allaient armés, entraient sous un prétexte plausible dans les navires, et qu'une fois dedans, s'ils se sentaient forts, ils mettaient la main dessus. Donc, lorsque ceux-ci furent à portée de nos bombardes, on tira sur eux du *Raphaël* et du navire du capitan-mor. Alors ils commencèrent à répéter : *Tambaram;* disant qu'ils étaient chrétiens, parce que les chrétiens de ce pays des Indes nommaient ainsi Dieu, *Tambaram*. Et lorsqu'ils virent qu'on ne se payait pas de cette façon d'agir, ils commencèrent à fuir vers la terre, et Nicolas Coelho fut à leur poursuite dans une embarcation durant quelque temps, jusqu'à ce qu'un pavillon de signal, hissé à bord de la capitane, lui eût commandé de revenir.

Le jour suivant, comme les capitaines étaient à terre avec beaucoup de monde, occupés à nettoyer, ainsi qu'on l'a dit, *le Berrio*, vinrent deux petites barques montées par douze hommes environ, vêtus fort proprement; ils apportaient en présent au capitan-mor un faisceau de cannes à sucre. Et, lorsqu'ils furent à terre, ils débutèrent par demander au commandant qu'il les laissât visiter les navires. Comme il sembla au capitan-mor qu'ils avaient leurs desseins cachés, il commença à s'emporter contre eux. Sur ces entrefaites, arrivèrent deux autres embarcations avec autant de monde. Lors, reconnaissant que notre chef n'avait pour eux nulle bonne volonté, les premiers dirent à ceux dont ils étaient suivis de s'abstenir de descendre à terre, et qu'ils s'en allassent. Eux-mêmes ils s'embarquèrent immédiatement, et s'éloignèrent après eux.

Comme on était en train de nettoyer le bâtiment du capitan-mor, vint un homme qui pouvait avoir quarante ans (³); il parlait fort bien vénitien et était entièrement vêtu de toile de lin, portant sur la tête

---

(¹) Ce fut à l'île d'Anjediva que Vasco da Gama trouva cet heureux refuge par les 15° 44′ 30″ de latitude nord et les 73° 45′ de longitude du méridien de Greenwich. Anjediva est un mot altéré de la langue hindoustani; il faudrait dire, pour être exact, *Adjjadvipa* (l'île principale). Ce point, voisin de Goa, dont il est éloigné de quatorze lieues environ, se trouve situé presque en face du territoire de Canara. Le premier vice-roi des Indes, Francisco d'Almeida, comprenant son importance sous le rapport stratégique, le fortifia dès l'année 1506. Les innocents insulaires qui l'avaient habité jusqu'à cette époque l'abandonnèrent alors. C'est une île verdoyante qui peut avoir 3 milles de long sur 1 de large; elle est coupée par une multitude de rochers et de collines. M. Cecilia Kol lui accordait une population de 430 habitants, il y a cinq ans environ; M. Caldeira la réduit à 371; son fort renferme une garnison de 70 hommes.

(²) La grande préoccupation d'Alvaro Velho est de trouver partout des chrétiens. Les pagodes indiennes, à ce point de vue, deviennent toujours pour lui des églises. Disons ici, en passant, que le mot pagode est d'origine persane; *bout-kadéh* signifie, selon Gilchrist, temple de faux dieux. Les Hindous donnent aux lieux qu'ils consacrent à leur culte le nom de *dewal* et de *dèw-t'hân*.

(³) Ce personnage était un juif qui, plus tard, embrassa le christianisme, et reçut au baptême le nom de Gaspar da Gama, en réminiscence, dit M. Humboldt, de celui qui l'avait fait appliquer à la torture. Peut-être descendant d'une famille de juifs polonais de Posen, comme il le prétendait, et comme le rapporte Goes, il était né en réalité à Alexandrie; c'est sans doute qu'il avait appris l'italien. Il avait voyagé dans l'extrême Orient, et lorsque Gama le rencontra, en décembre 1498, il était attaché au service du *sabayo*, roi musulman de la ville de Goa. Il suivit les aventureux navigateurs qui l'avaient si étran-

une fort belle toque et un cimeterre à sa ceinture. Dès qu'il eut débarqué, il s'en fut à l'instant embrasser le capitan-mor et les autres capitaines, et commença à leur dire comme quoi il était chrétien et venait des régions du Levant; qu'il était arrivé tout petit en ce pays; et qu'il y vivait sous un seigneur commandant à quarante mille cavaliers, lequel était Maure; que lui-même il était Maure également, mais tout à fait chrétien au fond du cœur; qu'étant retiré en son habitation, on était venu lui dire comment il était arrivé à Calicut certains hommes dont personne n'entendait le langage, et qui allaient complétement vêtus; que lorsqu'il avait entendu raconter cela, il avait soupçonné que de tels individus ne pouvaient être que des *Francs* (¹) (ils nous appellent ainsi dans ces contrées); qu'alors il avait demandé licence de s'en venir par devers nous, et que si on ne lui accordait cette permission, il en mourrait de pur ennui; qu'alors son seigneur lui avait permis d'aller où il voulait, lui enjoignant de nous dire que, si quelque chose nous convenait en son pays, il nous le donnerait : il nous offrait d'ailleurs navires et approvisionnements; que s'il nous plaisait vivre sur ses terres, il en aurait grande satisfaction. Comme il paraissait sincère, et que le capitan-mor lui adressait, en raison de tout cela, de grands remercîments, il ajouta qu'il demandait comme faveur au commandant de lui faire donner un fromage, afin de l'envoyer à l'un de ses compagnons demeuré à terre, étant chose convenue entre eux que, si l'accueil était favorable, il lui enverrait un signe qui écartât de son esprit toute inquiétude. Le capitan-mor lui fit donner alors un fromage et deux pains mollets. Pour lui, il demeura à terre; et il parlait tant et sur tant de sujets, que d'un moment à l'autre il fallait bien qu'il s'embrouillât. Paulo da Gama s'en fut alors trouver les chrétiens du pays qui l'avaient amené, et il leur demanda ce qu'était cet homme. Ils lui dirent que c'était l'armateur qui nous était venu naguère attaquer, et qu'il avait ses navires pleins de monde le long de la côte. Cela su, avec d'autres détails que l'on put comprendre, on s'empara de sa personne, on le prit et on le transporta dans le navire, en ce moment à sec, et on commença à lui donner les étrivières, afin qu'il confessât s'il était réellement l'armateur qui serait venu après son monde, et en tout cas lui ordonnant de dire pourquoi il était venu. Il nous fit l'aveu qu'il n'ignorait point que tout le pays nous voulait du mal, et qu'un grand nombre d'individus armés étaient autour de nous, cachés dans les anses; cependant, que personne n'osait nous venir attaquer, et que les forces de tous ces gens-là pouvaient se monter à une quarantaine de voiles qui s'armaient dans l'intention de marcher contre nous; mais qu'il ne savait pas quand elles se mettraient en mouvement. Plus tard, il ne dit rien de plus que ce qu'il avait dit la première fois, et cependant on répéta les demandes à trois ou quatre reprises. Bien qu'il ne se déclarât point par les paroles, par les gestes nous le comprenions, et il disait qu'il était venu voir les navires, afin de s'assurer du nombre de gens et d'armes que nous amenions.

Nous fûmes douze jours dans cette île, et nous nous y nourrissions de quantité de poisson que les gens du pays nous apportaient pour le vendre; ils y joignaient grande provision de citrouilles et de concombres; ils nous amenaient aussi des barques chargées de cannelle verte, dont les rameaux gardaient leur feuillage. Et dès que nos navires se trouvèrent nettoyés, et que nous eûmes embarqué l'eau qui nous était nécessaire, après avoir également démoli le navire dont nous nous étions emparés, nous partîmes un vendredi, le 6 du mois d'octobre.

Avant que le bâtiment fût démoli, les habitants en offraient au capitan-mor 1 000 fanons; mais il répondit qu'il venait de ses ennemis, et qu'il ne le vendrait jamais; il n'en voulait faire autre chose que le brûler.

Nous avions fait environ deux cents lieues à partir du lieu où nous avions séjourné, lorsque le Maure que nous avions pris dit qu'il lui semblait ne devoir plus rien celer de ce qui était la pure vérité. Or, étant en la maison de son seigneur, on lui était venu dire comme quoi nous cheminions égarés le long de la côte, ne sachant quelle route prendre pour retourner en notre pays, et qu'en conséquence nombre de flottilles étaient sorties dans le dessein de s'emparer de nous. Son patron lui aurait dit alors d'aller

gement reçu et leur rendit des services éminents. Gama le conduisit à Lisbonne. Il devint interprète des expéditions qui succédèrent à celle de 1497, car il accompagna Cabral dans celle qui eut lieu en 1500. On avait fini par le surnommer *Gaspar da India*, et le roi Emmanuel appréciait si bien ses services, qu'il le nomma chevalier du palais *(cavalleiro de sua casa)*. Vespuce avait obtenu de lui de précieux renseignements.

(¹) La dénomination de *Frangui*, désignant les Européens, avait passé, comme on voit, de Syrie dans l'extrême Orient bien avant l'arrivée de ceux-ci.

s'assurer de la manière dont nous nous dirigions, et qu'il vît s'il ne pourrait pas nous conduire dans ses États, n'agissant d'ailleurs ainsi (lui souverain) que parce qu'on lui avait déclaré que, si nous étions capturés, on ne lui donnerait pas sa part de prise, mais qu'une fois à terre il pourrait s'emparer de nous tous, et que, comme nous étions des braves, il ferait la guerre aux autres rois du voisinage. Il avait, on le voit, compté sans son hôte.

Nous mîmes si long espace de temps à faire cette traversée, que nous demeurâmes trois mois moins trois jours à l'accomplir; cela eut lieu ainsi à cause des calmes plats, des vents contraires que nous rencontrâmes. En cette occurrence, le mal des gencives se déclara parmi tout l'équipage; la chair croissait sur les dents de telle façon que l'on ne pouvait plus manger; en même temps les jambes enflaient, et l'enflure s'emparait si bien du reste du corps, qu'elle se développait chez l'homme au point de le faire mourir sans autre maladie. Trente individus succombèrent durant cet espace de temps, sans compter trente autres, qui déjà avaient péri. Et ceux qui pouvaient prendre part à la manœuvre, sur chaque navire, n'étaient pas plus de sept ou huit hommes, encore ne se trouvaient-ils pas sains comme ils auraient pu l'être; d'où je puis vous affirmer que si le temps où nous voguions à travers ces mers s'était prolongé de quinze jours, personne d'ici n'y eût navigué après nous. Nous étions arrivés à ce point que nous croyions tout fini; et, nous trouvant ainsi au milieu de ces misères, nous ne savions plus que faire des promesses aux saints, et nous adresser aux intercesseurs célestes pour qu'ils sauvassent nos navires.

Et les capitaines ayant tenu à ce propos conseil, il avait été résolu, dans le cas où vents pareils nous reprendraient, de retourner vers les terres de l'Inde et de nous y réfugier. Dieu, en sa miséricorde, voulut bien nous donner tel vent qu'au bout de six jours il nous conduisit à terre, ce dont nous nous réjouîmes comme si nous eussions gagné le Portugal; car nous espérions, avec l'aide de Dieu, guérir là, puisque nous l'avions fait une première fois. Et ce fut un mercredi, le 2 de février de l'ère de iiij' L. R. IX ([1]). Comme nous étions près de terre et qu'il faisait déjà nuit, nous nous portâmes au large et nous mîmes en panne; puis, lorsque le jour fut arrivé, nous allâmes demander la terre, pour savoir où le Seigneur nous avait jetés. Par le fait, il n'y avait plus là de pilote ni d'homme qui sût s'aider de la carte pour s'assurer des parages où nous étions; quelques-uns disaient néanmoins que nous ne pouvions pas être autre part qu'entre certaines îles situées par le travers de Mozambique, à environ trois cents lieues de terre. Et cela était ainsi, parce qu'un Maure que nous avions pris à Maçombiquy affirmait que les îles étaient fort insalubres, et que même ceux qui y vivaient tombaient malades des maladies que nous ressentions.

Et nous nous trouvâmes devant une cité très-grande, dont les maisons étaient à étages, renfermant en son centre de grands palais. Dans l'enceinte de cette ville, il y avait quatre tours, et elle était bâtie vis-à-vis la mer. Les Maures l'appellent Magadoxo ([2]). Nous étant fort approchés et nous trouvant presque sur elle, nous nous mîmes à tirer force bombardes, tout en poursuivant notre chemin avec un vent excellent en poupe qui nous poussait le long de la côte. Nous marchions le jour et la nuit, nous mettions en panne, parce que nous ne savions pas combien il y avait de l'endroit où nous nous trouvions à Mélinde (Milingue), où nous désirions nous rendre.

Et le samedi, qui tomba le 5 du mois, comme nous étions en calme, un grain avec tonnerre, qui se déclara subitement, cassa les itagues du *Raphaël*. Au moment où nous étions en train de raccommoder ce navire, arriva sur nous une flottille qui était sortie d'une bourgade appelée *Pate;* elle se composait de huit embarcations portant beaucoup de monde; et lorsqu'elles se furent approchées à portée de nos

---

([1]) 1499. On a cru devoir conserver ici cette date telle qu'elle est exprimée dans le manuscrit. Ainsi que le font observer MM. Kopke et Paiva, l'algarisme complexe dont fait usage ici Alvaro Velho dénote bien l'irrégularité qui s'introduisit au quinzième et au seizième siècle dans les signes de numération : iiij valant 4, le signe subséquent centuplait sa valeur; L représente 50 et R 40.

([2]) On écrit aussi *Mugdasho*. Cette ville est située par les 2° 1′ 18″ de latitude australe et 45° 19′ 5″ de longitude. Elle offre encore une certaine importance, ses maisons sont construites en pierre. On peut la diviser en deux parties bien distinctes : l'une, désignée sous le nom de *Chaingany*, pourrait être appelée la ville des tombeaux; l'autre, *Umamine*, est le siége actif de son commerce avec les Arabes. (Voy., sur ces régions peu connues, le docteur W. Peters, *Naturwissenchaftliche Reise nach Mossambique;* Berlin, G. Reimer, in-4°.)

bombardes, nous tirâmes, et elles s'enfuirent vers la terre; on ne les poursuivit pas, parce que nous n'avions pas de vent.

Le lundi 9 de ce mois, nous allâmes mouiller devant Mélinde, où, sur-le-champ, le roi nous expédia une longue embarcation portant beaucoup de monde. Il nous envoyait des moutons, et fit dire au capitan-mor qu'il était le bienvenu, et que depuis des jours il attendait après lui. Il lui transmettait ainsi beaucoup d'autres paroles de paix et d'amitié. Le capitan-mor expédia un homme à terre avec ceux qui étaient venus, afin d'avoir le lendemain des oranges, que nos malades désiraient vivement. Il en rapporta en effet sur-le-champ, avec beaucoup d'autres fruits; mais ils ne firent pas grand profit aux malades, et la terre les éprouva tellement que beaucoup d'entre eux succombèrent. Sur ces entrefaites, nombre de Maures se rendirent à bord de nos bâtiments par ordre du roi; ils nous apportaient, pour les vendre, quantité de poules et d'œufs. Et voyant qu'il nous faisait tant d'honneur, dans des circonstances où cela était devenu si opportun, le capitan-mor lui envoya un présent et lui fit dire, par un de nos hommes (celui qui parlait arabe), qu'il lui demandait de lui envoyer une trompe d'ivoire pour la porter au roi son maître, et qu'il lui ferait remettre un pilier de démarcation pour qu'on le dressât à terre, en signe d'amitié. Et le roi répondit qu'il demeurait fort satisfait d'exécuter tout ce qu'on lui recommandait pour l'amour du roi de Portugal, qu'il désirait obliger, et au service duquel il demeurerait toujours. Et, de fait, il envoya immédiatement la trompe au capitan-mor, et fit dresser le pilier en terre. Il manda également un jeune Maure qui désirait visiter le Portugal, et le fit recommander d'une manière particulière au capitan-mor, en annonçant qu'il expédiait ce jeune homme pour que le roi de Portugal sût combien il désirait son amitié.

Nous demeurâmes cinq jours en ce lieu, prenant bon temps et nous reposant de tout le travail que nous avions enduré durant une traversée pendant laquelle nous aurions dû tous mourir. Et un vendredi, dans la matinée, nous partîmes; et quand vint le samedi, le 12 dudit mois, nous passâmes tout près de Monbaça; et le dimanche, nous allâmes mouiller sur les bas-fonds de Saint-Raphaël, mettant le feu au navire qui portait ce nom, parce qu'il devenait impossible de manœuvrer trois navires avec le peu de monde que nous avions. Là même, nous répartîmes tout le chargement de ce bâtiment entre les deux qui nous restaient. Nous demeurâmes cinq jours en cet endroit, et d'une bourgade que l'on nomme Tamugata on nous apportait quantité de poules à échanger contre des chemises et des bracelets.

Et un dimanche, le 17 de ce mois, nous partîmes de là, ayant bon vent en poupe. La nuit suivante, nous mîmes en panne, et quand vint le matin nous nous trouvâmes près d'une île très-grande que l'on nomme Jangiber (Zanzibar), laquelle est peuplée de beaucoup de Maures, et qui peut bien être éloignée de 10 lieues du continent. Le 1er février, vers le soir, nous allâmes mouiller devant les îles de Saint-Georges, à Mozambique; et le jour suivant, dans la matinée, ce fut devant l'île où, durant notre première traversée, nous avions dit la messe et posé un pilier. En cet endroit, la pluie tomba si fort que jamais on ne put allumer du feu et faire fondre le plomb nécessaire pour sceller la croix ([1]). On ne la posa donc point. Nous revînmes aux navires, et l'on partit immédiatement.

Le 3 du mois de mars, nous arrivâmes à la baie de Saint-Braz, où nous prîmes beaucoup d'*achoa* ([2]), de loups marins et de solticaires, dont nous fîmes des salaisons pour la mer. Le 12 de ce mois, on partit. Comme nous nous trouvions à 10 ou 12 lieues de l'aiguade, le vent du ponent souffla de telle sorte qu'il nous contraignit à chercher de nouveau le mouillage de ladite baie; et lorsque la bonace fut arrivée, nous sortîmes de nouveau, et notre Seigneur nous donna si bon vent que le 20 de ce mois nous passâmes par le cap de Bonne-Espérance. Et tous tant que nous nous trouvions, qui étions parvenus jusque-là, nous demeurions fermes et en bonne santé, quoique souvent à moitié morts de froid à cause des bises violentes que nous rencontrions dans ces parages; et nous attribuions cela bien plus encore à la chaleur des régions que nous venions de quitter qu'à la force du froid en lui-même. Et nous poursuivîmes notre chemin, avec grand désir d'arriver; nous faisions route avec un vent arrière qui nous dura bien vingt-sept jours, de façon qu'il nous conduisit dans les bons parages de l'île Santiago. Sur les

---

([1]) Le *padrão* (pilier de démarcation) était ordinairement surmonté d'une croix. Cette circonstance aurait été omise lors de l'érection de celui qu'on avait précédemment planté à Zanzibar, et le petit monument resta incomplet.

([2]) Nous n'avons pas pu découvrir la signification de ce mot.

cartes marines, le plus loin que nous pouvions en être était 100 lieues; quelques-uns y avaient été. Et le vent en cet endroit tomba, et le peu qui nous en venait était debout; mais comme nous connaissions les lieux où nous étions, grâce à quelques grains venant de terre, nous allions au lof tant que nous le pouvions. Et un jeudi, 25 du mois d'avril, nous trouvâmes fond par 35 brasses; et tout le jour nous suivîmes cette route, et le moindre fond était de 20 brasses, et nous ne pûmes avoir connaissance de la terre; les pilotes disaient que nous étions sur les bas-fonds du Rio-Grande.

Ici le journal tenu si exactement par Alvaro Velho se trouve interrompu brusquement. Mais voici ce qui a eu lieu dans les mers d'Afrique : la fine caravelle que commandait Coelho, se séparant de la capitane, abandonne le chef de l'expédition. Dès lors on a supposé que le marin auquel on doit ce précieux document, et qui faisait partie de l'équipage du *Berrio*, avait dû garder un silence forcé; il devenait par trop compromettant de raconter un voyage auquel Gama demeurait étranger. Cette supposition peut être aussi toute gratuite, et Alvaro Velho a pu interrompre son récit uniquement parce qu'il n'avait plus rien d'important à signaler, et que tous les grands faits qu'il avait voulu raconter étaient en réalité préservés de l'oubli.

Grâce aux nombreux historiens qui lui ont succédé, nous pouvons combler en quelques mots cette lacune, et ramener les débris de l'équipage dans le port de Lisbonne. Cinquante-cinq marins avaient

Lisbonne au seizième siècle. — D'après une gravure du temps

seuls résisté aux fatigues du voyage. Chose étrange! plus d'un demi-siècle devait s'écouler avant que l'Europe connût les détails de cette expédition mémorable, sur laquelle tous les regards avaient les yeux fixés. Pour consacrer cette gloire, il fallait attendre que Castanheda, Barros et Camoëns unissent leurs voix. Elle ne devint réellement populaire que lorsque le poëte eut chanté ([1]).

([1]) Les deux premières éditions des *Lusiades* furent publiées seulement en 1572. C'est à tort qu'on a signalé quelquefois l'existence d'une traduction de ce poëme, qui aurait été imprimée au seizième siècle. La France n'en fut pas moins l'une des premières nations de l'Europe au courant des choses de l'Inde et des conquêtes du Portugal. En 1551, Castanheda venait à peine de publier sa relation historique, lorsqu'il se trouva dans l'Université de Bordeaux un homme habile, capable d'en donner une version française. Nicolas Grouchy, auquel le monde savant fut redevable de cette communication précieuse,

Reprenons le récit du marin; quelques mots suffiront pour l'achever.

Après le 25 avril 1599, Nicolas Coelho, monté sur *le Berrio*, dont la marche était supérieure, fit route vers l'Europe, et ne relâcha pas même aux îles du cap Vert, lieu de rendez-vous indiqué. Poursuivant au contraire sa route, il entra dans le port de Lisbonne le 10 juillet 1499. Divers historiens ont supposé que ce marin habile se sépara du chef de l'expédition dans le but unique d'obtenir une récompense pécuniaire promise par Emmanuel à celui qui viendrait lui annoncer la découverte des Indes; la somme considérable qu'il reçut plus tard du gouvernement, à titre de rémunération pour l'ensemble de ses travaux, ne fait point supposer que sa conduite ait été incriminée, ni même jugée déloyale.

Pendant que la rapide caravelle commandée par Nicolas Coelho quittait les parages de l'Afrique, une douloureuse préoccupation s'emparait du cœur de Gama et faisait taire en lui toutes les joies du retour. Le frère bien-aimé dont la tendresse courageuse ne lui avait jamais fait défaut au milieu des périls, voyait s'éteindre lentement sa vie, et comprenait qu'il ne lui restait plus assez de force pour lutter contre toutes les difficultés que présentait la dernière partie du voyage à bord de la capitane. Arrivé à l'île de San-Iago, Gama remit le commandement de son navire à Jean de Sa', et, frétant une caravelle fine voilière, tenta, par une marche rapide, de faire revoir au pauvre malade les rivages tant souhaités. Ce désir fut trompé; la caravelle aborda Tercère, mais ce fut pour y laisser le corps de cet infortuné Paul da Gama, auquel nul de ses contemporains n'a refusé un souvenir de glorieuse sympathie. Ce ne fut que dans les derniers jours d'août, ou même dans les premiers jours de septembre 1499, que Vasco da Gama put rentrer dans Lisbonne. Il y fut salué du titre d'*almirante*, et des fêtes pompeuses signalèrent son retour. La nouvelle de la découverte des Indes fut notifiée officiellement aux villes et aux bourgades du royaume; le saint-siége en fut solennellement prévenu, et ce fut à partir de cette époque que le successeur de Jean II s'appela le roi Fortuné.

la publia deux ans après l'apparition du texte original. Ce volume, si recherché aujourd'hui de quelques amateurs, porte le titre suivant : *Le Premier livre de l'histoire de l'Inde, contenant comment l'Inde a esté découverte par le commandement du roi Emmanuel, et la guerre que les capitaines portugais ont menée pour la conqueste d'icelle, escripte par Fernand Lopès de Castaneda* (sic), trad. par Nicolas de Grouchy ; Paris, 1553, in-4°; Anvers, 1554, in-8.

Nicolas de Grouchy, originaire de Rouen, était un habile helléniste que Jean III avait appelé en Portugal pour occuper une chaire de philosophie à Coimbra. Il s'acquitta de ses fonctions avec une distinction rare, publia divers ouvrages d'érudition, et même quelques fragments d'Aristote, et revint mourir à la Rochelle en l'année même où mourut Camoëns, c'est-à-dire en 1579. On imprima bien longtemps après sa mort un livre fort bizarre, composé de dix poëmes dramatiques différents, mais se liant entre eux par le sujet; il est intitulé : *la Béatitude, ou les inimitables amours de Theoys* (fils de Dieu) *et Carite* (la Grâce); 1632, in-8. De Grouchy n'est plus connu aujourd'hui que par son travail sur la découverte des Indes

BIBLIOGRAPHIE.

Roteiro da viagem que en descobrimento da India pelo cabo da Boa-Esperança fez D. Vasco da Gama, etc. Manuscrit de la bibliothèque de Porto, sous le n° 804. — *Gesta proxime per Portugalenses in India, Ethiopia et aliis Orinetalibus* (sic) *terris*; in-4°, Coloniæ, 1505. — Francisc. de Almada, *Gesta proxime per Portugalenses in India, Ethiopia et aliis orientalibus terris, ab Emanuele Portugalie rege ad episcopum Portuens. cardinalem missa*; in-4°, 1507, Norinbergæ. — *Itinerarium Portugallensium e Lusitania in Indiam*, etc.; interp. Archangelo Madrignano; in-fol., 1508. — Ludovici Vartomani, *Novum itinerarium Æthiopiæ, Ægypti*, etc., *Indiæ intra et extra Gangem*; in-fol., 1508, Mediolani. — Barthema ou Varthema a été traduit dans toutes les langues, et réimprimé durant tout le seizième siècle. — Pacheco, *Esmeraldo, De situ orbis*, feito e composto por Duarte Pacheco, cavaleiro da caza del rey dom Joam o 2°. de Portugal, que deos tem; in-fol., célèbre manuscrit de la bibliothèque d'Évora qui n'a jamais été imprimé; in-fol. sous le numéro cxv, 1-3. — Resende, *Epitome rerum gestarum in India a Lusitanis anno superiori, juxta exemplum epistolæ quam Nonius Acuña, dux Indiæ, ad regem misit*, etc.; in-4°, Lovanii, 1531. — Damien de Goes, *Commentarius rerum gestarum in India citra Gangem a Lusitanis*; in-4°, Lovanii, 1539. — Vasco di Gama, *Navigatione fatta oltra il capo di Buona-Speranza in Calicut*. Voy. Ramusio, *Raccolte delle navigationi*; 3 vol. in-fol., 1550 et ann. suiv., t. Ier. — Fernão Lopez de Castanheda, *Historia do descobrimento e conquista da India, pelos Portuguezes*, feyta por Fern. Lopez de Castanheda, e approvada pelos senhores deputados da sancta Inquisição, etc.; in-4°, Coimbra, 1551. Traduit en français sous le titre suivant : *le Premier livre de l'histoire de l'Inde*, contenant comment l'Inde a été découverte par le commandement du roi Emmanuel, et la guerre que les Portugais ont exercée contre le Çamorin, roi de Calicut; traduit par Nicolas de Grouchy; in-4°, Paris, 1553; réimprimé à Anvers, in-8. — Andrade, *Vie inédite de Gama*, restée en manuscrit. — Joam de Barros, *Asia, decada prima, de que os Portuguezes fizeram no descubrimento e conquista dos mares e terras de Oriente*; in-fol., Lixboa, 1552. Cette première décade, traduite en italien par Alphonse Ulloa, en 1561, a été donnée en français sur cette version italienne, et demeure, avec la seconde décade, en manuscrit, à la Bibliothèque impériale de Paris. — Affonso de Alboquerque, *Comentarios*, etc.; in-fol., Lixboa, 1556. — *Les Navigations de Pierre Vasco de Game et Pierre Alvarez, de Thomas Lopez et de Jean d'Empoli*; in-fol., 1556. Voy. le t. II de la collection de Jean Temporal, publiée à Lyon. — Ant. Galvão, *Tratado que compôs o nobre e notauel capitão Ant. Galvão, dos diversos e desuayrados caminhos, por onde nos tempos passados a pimenta è especearia veyo da India*, etc.; in-8, 1561, et in-fol., 1731. — Luiz de Camoens, *os Lusiadas*; petit in-4°, Lisboa, 1572. — Miguel de Castanhoso, *Historia das cousas que o muy esforçado capitam D. Christovam da Gama fez nos reynos do preste Joam*; in-4°, Lisboa, 1564. — J. Centellas, *Voyages et conquêtes des rois de Portugal aux Indes d'Orient*, etc.; in-8, Paris, 1578. — Osorio, *Histoire des Portugais dans les Indes orientales*, par Jérôme Osorius, traduite par Simon Goulard; in-8, Paris, 1581. — J.-P. Maffei, *Historiarum indicarum*, libri XVI; in-fol., Coloniæ Agrippinæ, 1593, et Caen, in-8, 1614; traduite en français par Laborie. — Le P. Dujarric, *Histoire des choses plus mémorables advenues tant ez Indes orientales que autres pays*, etc.; 3 vol. in-4°, Bourdeaux, 1608 et 1614. — Antonio de Souza, drame écrit en latin, et dont le sujet était la découverte des Indes par Gama, et qui fut représenté à Lisbonne lors de l'entrée de Philippe III (resté en manuscrit). — Faria e Souza, *Asia portugueza*; 3 vol. in-fol., Lisboa, 1666. — Cardoso, *Agiologio lusitano*; 3 vol. petit in-fol., t. III, p. 406. — Barreto de Rezende, *Tratado dos vizos-reys da India*; grand in-fol.; manuscrit de la Bibliothèque impériale de Paris. Le *British Museum* possède une copie de ce précieux volume, dont on a un troisième exemplaire, fonds Geoffroy Saint-Hilaire, Bibliothèque impériale de Paris. — Lafiteau, *Histoire des découvertes et conquêtes des Portugais*, etc.; 2 vol. in-4°, Paris, 1733. — L'abbé Guyon, *Histoire des Indes orientales ancienne et moderne*; 3 vol. in-12, Paris, 1744. — Louis Dussieux, *Histoire abrégée de la découverte et de la conquête des Indes*; in-12, Paris, 1770. — Laclede, *Histoire générale de Portugal*; 2 vol. in-4°, Paris, 1735. Il y a une édition avec des additions nombreuses, sous le titre suivant : *Histoire générale de Portugal, depuis l'origine des Lusitaniens jusqu'à la régence de D. Miguel*, par M. le marquis Fortia d'Urban et M. Mielle; 9 vol. in-8 (fig.), Paris (sans date). Le premier texte de Laclede a été traduit sous ce titre, en portugais : *Historia de Portugal, traduzida em vulgar e illustrada com muitas notas historicas, geographicas e criticas*; 8 t., in-8, 1785. — Cladera, *Investigaciones historicas, sobre los principales descubrimientos de los Españoles en el mar Oceano, en el siglo XV y principios del XVI*; petit in-4°, Madrid, 1794, avec un portrait apocryphe de Gama, reproduit dans l'ouvrage suivant. — *Retratos e elogios dos varões et donas que illustraram a nação portugueza, em virtudes, letras, armas e artes*, etc.; in-4°, Lisboa, na impressão regia, 1817. — *Os Lusiadas*, poema epico de Camões, nova edição correcta, e dada à luz por dom Jozé-Maria de Souza Botelho, Morgado de Matteus, etc.; 1 vol in-fol., Paris, Firmin Didot, 1819. (Cette édition, vrai chef-d'œuvre de la typographie, est ornée de figures gravées d'après les dessins de Gérard, Girodet, etc.; mais la vérité nous oblige à dire que l'on chercherait vainement, dans ces planches où Gama figure sans cesse, l'exactitude iconographique. — John Adamson, *Memoirs of the life and writings of Luis de Camoens*, portr. and plates; 2 vol. in-8, London, 1820. — Will. Burchel, *Travels in the interior of the southern Africa*; London, 1822, 2 vol. gr. in-4°. — Andrew Stedman, *Wanderings and adventures in the interior of southern Africa*; London, 1835, 2 vol. in-8. — Captain Allen F. Gardiner, *Narrative of a journey to the Zoolu country in south Africa*; London, 1836, in-8. — Kottineau de Kloguen, *An historical sketch of Goa*; in-8, Madras, 1831. L'auteur est mort en 1831; son livre est rarissime en France. — Sebastião Xavier Botelho, *Memoria estatistica sobre os dominios portuguezes na Africa oriental*; Lisboa, 1835, in-8; — segunda parte (1834 et 1835), contenant la réponse à la critique faite au Mémoire précédent dans la *Revue d'Édimbourg*. — Henri Schœffer, *Geschichte von Portugal*; 5 vol. in-8, Hambourg, 1836 à 1855. Cet ouvrage capital a été traduit en partie sous le titre suivant : *Histoire de Portugal, depuis sa séparation de la Castille jusqu'à nos jours*, par M. H. Schœffer, professeur d'histoire à l'université de Giezen; traduit de l'allemand par M. H. Soulange-Bodin; 2 vol. grand in-8, Paris, 1840. — Mme H. Dujarday, *Résumé des voyages, découvertes et conquêtes des Portugais en Afrique et en Asie au quinzième et au seizième siècles*; 2 vol. in-8, Paris, 1839. — Fr. Luiz de Souza, *Annays de D. Joam III*; 1 vol. petit in-fol., Lisbonne, 1843. Cet ouvrage précieux, dans lequel est raconté le dernier voyage de Vasco da Gama, a été publié par M. Herculano. — *Annaes maritimos e coloniaes*, pub. mensal redigida sob a direcção da associação maritima e colonial, e pub. em 8; Lisboa, 1840 et années suivantes. — Vicomte de Santarem, *Biographie de Vasco da Gama*. Voy. l'*Encyclopédie des gens du monde*, t. XII, 1re partie, p. 87 et suivantes. — Ferdinand Denis, *Portugal*, 1 vol. in-8 à 2 colonnes, Paris, Firmin Didot, 1846. On a du même une biographie de Gama, dans la traduction *des Lusiades* par MM. Ortaire Fournier et Desaules; 1 vol. petit in-8, Paris, 1841. — Cardinal Saraiva (dom F. Francisco de San-Luiz), *Indice chronologico das navegações, viagens, descobrimentos e conquistas dos Portuguezes nos paizes ultramarinos, desde o principio de seculo XV*, etc.; 1844, 1 vol. petit in-8. Reproduit, en 1849, dans l'ouvrage intitulé : *os Portuguezes em Africa, Asia*, etc.; in-8. — *O Panorama*, jornal literario; grand in-8. (Voy., pour la biographie de Vasco da Gama, sa signature et son portrait, mars 1847.) — D. W. Peters, *Naturwissenchaftliche Reise nach Mozambique*, etc.; in-4°, Berlin. — Richard, F. Burton, *Goa and the blues montains, or six months of sick leaves*; in-8, London, 1851. — Carlos-Jozé Caldeira, *Apontamentos d'uma viagem de Lisboa à China, e de China à Lisboa*; 2 vol. in-8, Lisboa, 1853.

FERNAND DE MAGELLAN,

VOYAGEUR PORTUGAIS.

[Premier voyageur autour du monde, — 1518-1521.]

Fernand de Magellan. — D'après le portrait publié par Navarrete.

C'est en ces derniers temps seulement que l'on est parvenu à réunir quelques renseignements purement biographiques sur Magellan. En 1820, un savant écrivain, marin habile, auquel ces sortes de recherches étaient familières, affirmait que l'on ignorait même quel était le lieu de naissance du grand navigateur([1]). Tous les doutes à ce sujet, écartés déjà par Argensola, ont cessé. Fernand de Magalhaens, dont nous avons fait Magellan, naquit à Porto, vers la fin du quinzième siècle. Son père s'appelait Rui Magalhaens, et son aïeul, Pedro Affonso; ils étaient gentilshommes, comme on disait alors dans la Péninsule, *de cota e armas*([2]), et leur propriété de famille avait une origine parfaitement connue. L'éducation du jeune Magellan se fit dans la maison de la reine dona Leonor, femme de Jean II; il passa ensuite au service d'Emmanuel.

Il est évident que Magellan avait reçu dans le palais une forte instruction, et que tout ce que l'on

---

([1]) Voy. de Rossel, article MAGELLAN de la *Biographie universelle* des frères Michaud.

([2]) Littéralement, gentilhomme de *cotte* et *armes*. Ces sortes de fidalgos, qui conservaient dans leur famille le *solar*, le bien foncier transmis par héritage, étaient nobles de lignage; on les distinguait des nobles de *carta*, de *mercé*, qui n'étaient qu'anoblis, en raison de quelque service rendu.

savait alors des sciences mathématiques lui avait été enseigné. Il ne faut pas oublier que le Portugal possédait alors des géographes éminents, destinés à servir les vastes projets de Jean II; deux Israélites surtout, mestre Jozef et mestre Rodrigo, dont le savant Navarrete [1] parle à peine dans son Histoire de la marine, paraissent avoir exercé à cette époque une grande influence sur la jeunesse portugaise, et il est probable que Magellan suivit leurs leçons.

Magellan entra dans l'armée de mer, et il fit partie de la fameuse expédition commandée par le vice-roi des Indes don Francisco de Almeida, qui sortit du Tage, le 25 mars 1505, pour assurer les nouvelles conquêtes des Portugais dans l'extrême Orient. Cette flotte, sur laquelle le jeune *fidalgo* faisait ses premières armes, se composait de vingt-deux navires. Dès son entrée en campagne, elle mit à sac Quiloa, et détruisit pour ainsi dire cette cité de Monbaça, qu'une politique pleine d'astuce rendait hostile au Portugal, depuis le moment où les Européens avaient paru dans ces mers. En 1506, Magellan fut expédié par le vice-roi pour continuer dans une autre partie de l'Orient la lutte commencée; et il passa avec son nouveau chef, Vaz Pereira, dans l'île de Sofala, à laquelle sa position géographique allait faire prendre de toute nécessité une immense importance.

De retour sur les côtes de Malabar, Magellan débuta en s'honorant par une de ces preuves de courage et de dévouement que les marins n'oublient jamais, et qui donnent à ceux qui les ont accomplies un degré de popularité que les simples matelots aiment à se transmettre jusque dans les régions les plus lointaines. Un navire, à bord duquel le jeune officier servait, passait du port de Cochin en Portugal, de conserve avec un autre bâtiment; les deux embarcations allèrent échouer sur les bas-fonds de Padua. Les équipages purent heureusement se sauver dans les chaloupes et gagner un îlot situé dans le voisinage. On agita bientôt la question d'un sauvetage plus complet, et il s'agit, parmi ces hommes désolés, de savoir comment on gagnerait le port le plus voisin. Les chefs et les personnages importants qui passaient à bord des bâtiments naufragés prétendaient s'éloigner sur-le-champ du lieu du sinistre; les simples marins s'opposaient énergiquement à leur départ. Magellan n'hésita point; il promit de rester avec les équipages en détresse, et il fit promettre aux chefs qu'aussitôt arrivés dans un port ils expédieraient du secours; toutefois ces pourparlers exigeaient qu'il se tînt dans une frêle embarcation, à côté des chaloupes prêtes à mettre à la voile. Les matelots se crurent un moment abandonnés par celui-là même dans lequel ils avaient mis leur confiance. « Une voix sortit de la foule, dit Barros, qui raconte ce fait : — Ah! seigneur Magellan, ne nous aviez-vous pas promis de rester avec nous? » Et le jeune officier, sautant d'un seul bond sur la plage, se contenta de dire : « Me voilà! » Quelques jours plus tard, les matelots, maintenus par la discipline, gagnaient un port voisin et pouvaient rapatrier Lisbonne.

Magellan assista à la conquête de Malacca, où Alphonse d'Albuquerque donna des preuves si éclatantes de son génie guerrier. Le jeune officier rendit alors un service immense à son pays; en allant prévenir Sequeira des trames qui s'ourdissaient parmi les populations malaises, pour anéantir les Européens, non-seulement à terre, mais à bord de leur flotte. On peut dire même qu'en cette circonstance, sa prudence sauva tout à la fois le général et les troupes de débarquement; il fut aidé toutefois, dans cet acte patriotique, par un personnage auquel on voit jouer un rôle très-généreux et très-actif durant la campagne, par ce Francisco Serrão [2], qui se lia dès lors avec lui d'une amitié sincère, et qui tenait du reste à sa personne par les liens de la parenté.

C'est de cette époque, c'est-à-dire de l'année 1510, qu'il faut faire dater les premières recherches du hardi marin sur ces îles Moluques, dont se préoccupait encore si peu l'Europe, mais dont les richesses étaient si bien présentes à l'esprit d'Albuquerque, comme une des sources les plus abondantes qui pût donner une vie nouvelle au vaste commerce de son pays. Ce général expédia Antonio de Abreu, Francisco Serrano et Magellan à la découverte de ces îles. Chacun des trois marins devait suivre une route différente : Abreu, qui marchait de conserve avec Serrano, fut séparé de son compagnon par une violente tempête, et alla surgir à Banda, d'où il rapporta des richesses considérables; Serrano fit

---

[1] Ce dernier était médecin, et, de plus, homme infiniment lettré. Un livre rarissime, les Épîtres de Cataldus Siculus, imprimées à Lisbonne en 1500, nous révèle toute l'influence qu'exerçait à la cour de Jean II ce savant Israélite; son influence sur le roi était si peu douteuse, que le pauvre Sicilien la réclame toutes les fois qu'il a quelque grâce à solliciter; il était cependant précepteur d'un prince auquel Jean II réservait la couronne.

[2] Ce nom portugais nous a été transmis altéré par les Espagnols, qui en ont fait Francisco Serrano.

naufrage sur l'île de Lucopino, et de là gagna Amboine, où ses rares talents lui firent acquérir plus tard une haute prépondérance sur les chefs indigènes et des connaissances géographiques qui furent mises ultérieurement à profit. Les rois de Ternate et de Tidor, qui se faisaient une guerre acharnée à propos des limites de leur royaume, sollicitèrent, pour terminer la lutte, le secours des Portugais; le chef de Ternate l'emporta auprès de Serrano, qui se fixa dans son île, et qui y fit un séjour prolongé au delà de neuf ans.

Pendant que ces événements s'accomplissaient, Magellan avait abordé certaines îles de la Malaisie, situées à 600 lieues au delà de Malacca, dont le nom est resté ignoré. De là il correspondait avec Serrano, et se procurait, touchant les Moluques, des renseignements positifs sur l'authenticité desquels nul doute ne pouvait s'élever. Navarrete pense que, dès cette époque, le marin portugais avait pris la résolution de se rendre dans ce riche archipel, si ses services ne trouvaient pas à Lisbonne la récompense qu'il en attendait. La supposition de l'éminent écrivain va plus loin : elle tendrait à faire croire que, dès ce temps, Magellan étudiait la disposition géographique des îles aux Épices, comme on disait alors, pour prouver un jour que, par leur situation et en vertu de la bulle de démarcation d'Alexandre VI, elles échappaient à la couronne de Portugal. Nous aimons pour notre part à penser que cette supposition est tout à fait gratuite, et que le projet de Magellan de livrer les Moluques à l'Espagne naquit plus tard des mécontentements motivés par un déni de justice.

Magellan revint dans son pays, et il alla faire la guerre en Afrique : il servait à Azamor, sous le commandement de Jean Soarez, lorsque, dans une escarmouche, il fut blessé d'un coup de lance qui, atteignant un nerf du genou, le laissa boiteux pour le reste de la vie, quoique ce fût assez légèrement. Après cette action, Soarez le nomma *quadrilleiro* (¹) ou chef de quadrille armée. Il paraît qu'à la suite de cette même expédition, plusieurs habitants d'Azamor se plaignirent au sujet des parts de butin qu'ils avaient droit de réclamer en raison de leur participation au combat. Ces plaintes, que signale Barros, furent écartées, et, au bout de quelques mois, elles devinrent, pour les officiers qui avaient commandé alors, l'occasion d'innombrables tracasseries.

Nous retrouvons Magellan à Lisbonne dès l'année 1512, et, au mois de juin, il est *moço fidalgo* du palais, c'est-à-dire page, gentilhomme, recevant mille reis par mois et ayant par jour un *alqueire* d'orge en nature (²). Nous insistons sur ce détail, puéril en apparence, parce qu'il jouera en définitive le rôle principal dans la vie de cet homme éminent. Bientôt le moço fidalgo est nommé gentilhomme-écuyer, toujours avec un alqueire d'orge par jour. Ce droit, qu'on désigne sous le nom de *moradia*, est ce qui excite ses réclamations, non à cause de la valeur vénale de l'objet en lui-même, mais en raison de l'importance que ce gage honorifique donne à celui qui le perçoit. Loin de faire droit à cette demande si modérée d'un officier qui l'a servi avec éclat, Emmanuel l'écarte avec hauteur, et se base, pour motiver son refus, sur l'arrivée intempestive de Magellan, qui a quitté Azamor sans permission de l'autorité, et qui, pour échapper à de justes accusations qu'il ne peut combattre, feint de souffrir d'une blessure sans conséquence dont il est complétement guéri. En vain l'officier outragé dans son honneur tente-t-il de se disculper, on lui enjoint de se rendre en Afrique, pour répondre à une action qui lui est intentée en justice. Magellan n'hésite plus; il s'embarque, descend à Azamor, se justifie pleinement, mais c'est pour revenir en Portugal poursuivre ses réclamations. Elles sont encore inutiles : il y a chez le souverain portugais plus que la résolution bien arrêtée de refuser ce qui est devenu un droit, il y a antipathie évidente pour celui qu'on a outragé. Magellan prit alors une résolution extrême; mais il n'agit pas en traître. Il fit constater par acte authentique qu'il changeait de nationalité et, en prenant des lettres de naturalisation qui lui donnaient les droits des sujets castillans soumis à Charles-Quint, il proclama aussi solennellement que la chose était possible alors les obligations qu'il contractait à l'égard de son nouveau souverain. Barros, si passionné pour tout ce qui regarde les intérêts de son pays, n'ose le blâmer d'un acte pareil; et Faria y Souza l'excuse, en rappelant les nombreux motifs qui lui firent suivre cette ligne de conduite.

(¹) Nous n'avons pas, dans notre organisation militaire, de grade qui corresponde à celui-là.

(²) Ce droit, perçu au palais même, s'est conservé, pour quelques officiers de la couronne, jusque dans ces derniers temps. (Voy. à ce sujet un passage curieux des Mémoires de la duchesse d'Abrantès.)

Magellan ne fut pas le seul qui alla demander à l'Espagne l'exécution d'un vaste projet. Un homme dont on vantait alors les rares connaissances en tout ce qui touchait à la cosmographie ou même aux sciences mathématiques, le licencié Ruy Faleiro ([1]), l'accompagna, muni, dit-on, de calculs savamment élaborés, pour atteindre les Moluques par une voie nouvelle. Avant de quitter Lisbonne, le marin et le géographe avaient rendu leurs intérêts communs, et chacun d'eux avait la prétention de prendre part également au commandement de l'expédition projetée. Ils devaient être accompagnés par un riche marchand, Christovam de Haro, qui avait à se plaindre de la cour de Lisbonne, et qui, en s'attachant à leur fortune, voulait accroître l'immense commerce qu'il faisait avec les Indes. S'éloignant secrètement de la cour, où sans nul doute il eût été retenu, Magellan précéda ses compagnons en Espagne, et il arriva à Séville le 20 octobre 1517. Depuis le milieu de septembre, Charles-Quint était de retour des Flandres et venait visiter sa mère à Tordesillas. On lui soumit immédiatement le projet des deux Portugais, et il en accepta sans hésiter les prémisses.

Pendant qu'un grand changement se préparait dans la carrière si active de Magellan, une situation nouvelle avait lieu dans sa vie privée. Chaleureusement accueilli à Séville par un Portugais nommé Diogo Barbosa ([2]), auquel l'attachaient des liens de famille, il épousait, dès les premiers jours de janvier 1518, la fille de son hôte, dona Beatrix. A Séville encore, il trouvait un appui solide dans un des administrateurs les plus éclairés de cette cité commerçante : Juan de Aranda, facteur de la chambre de commerce, apprenait de lui ses projets, et les servait de tous ses efforts.

Bien que cette confidence faite à un tiers eût quelque peu altéré la bonne intelligence qui régnait entre les deux associés, Magellan et Faleiro partirent en janvier même pour la résidence de l'empereur. Ils étaient à la suite de la duchesse de Arcos, et se dirigèrent sur Valladolid, où l'empereur les attendait. Arrivés à Puente-Duero, Aranda, qui leur donnait toujours des preuves de zèle et de désintéressement, les laissa partir pour Simancas, et se rendit à la cour, où, se mettant en rapport avec le grand chancelier, le cardinal et l'évêque de Burgos, il jeta les bases de la grande expédition maritime et commerciale dont l'empereur devait faire les frais ([3]).

Ce fut alors, dit-on, que Magellan tenta de persuader à Charles-Quint que les îles Moluques, dont les Portugais tiraient déjà par le commerce tant d'épices, que l'on dirigeait sur Malacca, tombaient dans la partie espagnole marquée par la ligne de démarcation de la bulle d'Alexandre VI ; il avait apporté avec lui, à ce que l'on affirme, un globe peint soigneusement, sur lequel il signalait au monarque espagnol et à son conseil la route qu'il prétendait suivre, en cachant toutefois à son illustre auditoire ses vues sur le fameux détroit qu'il prétendait traverser, et dont il avait reconnu l'existence sur une carte tracée par Martin Behaim ([4]), le colonisateur des Açores. Ces faits n'ont pu résister à l'examen critique de notre

---

([1]) Nous restituons ici à ce nom portugais sa véritable orthographe ; les Espagnols écrivent Ruy ou Rui Falero. Ce personnage est traité par ses contemporains d'insigne astrologue ; la suite prouva qu'il était très-savant, mais qu'il n'avait pas la tête bien saine. Il pouvait se faire parfaitement qu'il alliât les rêveries de l'astrologie judiciaire aux connaissances positives du vrai cosmographe. Il avait été aussi, dit-on, la victime d'un déni de justice et était tombé dans la disgrâce d'Emmanuel.

([2]) Diogo Barbosa était commandeur de l'ordre de Sant-Iago et lieutenant de l'alcaïde du château de Séville. Il avait navigué aux Indes en 1501, sous les ordres de Juan de Nova, le marin auquel on devait la découverte de Sainte-Hélène.

([3]) Cette convention fut signée le 23 février 1518. Juan de Arandá, qui, durant le voyage, avait demandé à ses deux compagnons une part dans l'entreprise, avait reçu un refus positif de Faleiro ; il n'en continua pas moins généreusement à multiplier ses bons offices. A Valladolid, son désintéressement fut mieux apprécié, et il reçut par acte authentique un droit qui s'élevait au huitième des bénéfices.

([4]) Rappelons que Martin Behaim, selon l'opinion commune, naquit à Nuremberg vers 1430 ou 1436. Ce fut durant un voyage qu'il fit à Anvers qu'un hasard favorable le mit en relation avec quelques-uns de ces Flamands dont l'une des Açores était peuplée depuis le temps de l'infante Isabelle. Entraîné par leurs récits, il passa en Portugal vers l'année 1480, et il accompagna dans une de ses courses aventureuses l'un de ces hardis navigateurs dont Gomez Eanez de Azurara nous a si bien raconté l'histoire. Celui qu'il suivit, Diogo Cam, était capitan-mor de l'expédition. Le gentilhomme allemand lui fut certainement d'une grande utilité dans sa reconnaissance des côtes de la Gambie ; son voyage dura dix-neuf mois. Cette suite d'explorations accrut nécessairement les connaissances géographiques d'un homme qui avait déjà sans doute épuisé tout ce que pouvait révéler la théorie. En 1486, Behaim se rendit à Fayal, où il épousa la fille d'un digne chevalier flamand, Johst von Hurter. L'année 1492, qui voit se préparer tant de grands événements, le trouve à Nuremberg, et il construit dans cette ville le globe célèbre qui a éveillé tant de conjectures hasardées. Behaim retourna en Portugal et vécut dans la faveur de Jean II,

époque; ce qu'il y a de certain, c'est que l'adoption du projet, bien que présenté par un homme habile, subit mainte objection, et rencontra dans son exécution les plus fâcheuses difficultés. Christovam de Haro n'en persistant pas moins à faire les frais de l'expédition, Charles-Quint se décida enfin, et l'armement d'une flotte royale fut résolu, à cette condition que, toutes les dépenses retombant à la charge de l'État, l'État pouvait prétendre à la plus grande partie des bénéfices. Le contrat entre la couronne et les deux associés fut signé solennellement le 22 mars 1518.

Magellan et Faleiro suivirent dès lors la cour, afin de presser les préparatifs du départ; mais d'innombrables obstacles allaient bientôt se dresser devant eux. Non-seulement l'ambassadeur du Portugal, Alvaro da Costa, devait multiplier ses tentatives auprès de Magellan pour l'empêcher de donner suite à ses projets (il prétendait mettre en avant toutes les ressources de la diplomatie pour s'y opposer), mais, selon Herrera, on alla plus loin, et l'on songea à se débarrasser de l'audacieux marin par l'assassinat; ce qui peut donner quelque réalité à ces bruits populaires, c'est que Magellan et son compagnon furent envoyés immédiatement à Séville. Ils obtinrent auparavant une audience royale, et ils furent créés par Charles-Quint chevaliers de l'ordre de Saint-Jacques [1].

Ces faveurs, peut-être inattendues, soulevèrent une multitude de réclamations de la part des employés de la *casa de contratacion* de Séville. A ces observations remplies d'aigreur, Charles-Quint répondit par une nouvelle décision, qui paraissait irrévocable. Le projet d'armement fut maintenu. Pour les détails, le souverain s'en remettait aux décisions de l'évêque de Burgos. Magellan avait à lutter, néanmoins, contre de puissants adversaires; et, en dépit des lettres de naturalisation qui lui avaient été octroyées avant le départ de Lisbonne, sa qualité d'étranger n'était certes point le moindre motif de la réprobation presque universelle qu'excitait la décision royale. Le 22 octobre 1518, la haine populaire prit toutes les proportions d'une émeute. Magellan ayant fait tirer l'un de ses navires sur la plage, afin de lui faire subir certaines réparations et de le peindre, le bruit se répandit tout à coup dans Séville qu'il venait de le décorer des armes du Portugal. En vain fait-il observer aux officiers du port que les écussons placés, comme ils devaient l'être, au-dessous de l'étendard de Castille, offrent simplement les armes de sa famille, comme cela se pratiquait alors, la colère du peuple allait grandissant; les épées furent tirées, et peu s'en fallut alors que Magellan ne vît échouer son entreprise et ne perdît même la liberté. Enfin tout s'apaisa, et, malgré les sourdes menées d'Alvaro da Costa, deux ordonnances nouvelles pourvurent à la nomination des états-majors [2]; mais, au moment du départ, le pouvoir occulte

---

qui l'avait nommé chevalier du Christ dès l'année 1485 (dit-on généralement, mais plus tard, selon toute probabilité). L'illustre auteur de l'*Histoire de la géographie du nouveau continent* suppose que Behaim et Colomb ont dû se connaître de 1482 à 1484, à l'époque où tous les deux ils habitaient Lisbonne. Le navigateur allemand mourut le 29 juillet 1507.

Le globe terrestre de Martin Behaim a 1 pied 8 pouces de Paris de diamètre et se trouve placé sur un haut pied de fer à trois branches. Le méridien est de fer, mais l'horizon est de laiton et n'a été fait que longtemps après (en 1510). M. de Murr a dit depuis longtemps, en parlant de ce globe célèbre dont il a donné la représentation : « Autant il paraît vrai que Martin Behaim a eu part à l'invention et à l'usage de l'astrolabe appliqué à la navigation, autant est faux le conte fondé sur un passage mal interprété de la *Chronique* de Schedel, que c'est Behaim qui a fait la découverte des îles Açores..... qu'il a même été jusqu'au détroit connu aujourd'hui sous le nom de détroit de Magellan, et qu'il a donné lieu à cette découverte par une carte marine que Magellan doit avoir eue dans le cabinet du roi de Portugal. » (Notice sur Mart. Behaim, p. 346.) — On trouvera sur le géographe allemand le dernier mot de la science dans le grand ouvrage du vicomte de Santarem, et dans un livre spécial de M. F.-W. Ghillany, publié à Nuremberg (grand in-4°, 1853).

On a prétendu également que Magellan avait vu le fameux détroit marqué sur l'une de ces deux cartes dont il a été si fréquemment parlé, et que l'on conservait en Portugal, au couvent d'Alcobaça. L'une remontait, dit-on, à l'année 1408, l'autre aurait été rapportée trente ans plus tard par D. Pedro d'Alfarrobeira, qui fut régent du royaume, et qui en aurait fait présent au monastère à la suite de son voyage. C'est particulièrement sur cette dernière mappemonde, où figurait le cap de Bonne-Espérance, que l'on avait tracé le détroit avec la dénomination *caula de Dragão*. Nous donnons ici cette tradition scientifique avec toutes ses incertitudes pour ce qu'elle vaut.

[1] Dans les documents judiciaires publiés par Fernandez de Navarrete, Magellan reçoit le titre de commandeur. Cette distinction honorifique est accordée également à Ruy Faleiro.

[2] Celle du 30 mars 1519 nommait trésorier de l'expédition Luiz de Mendoza, puis inspecteur général et capitaine du troisième navire Juan de Carthagena ou Cartagena, les deux premières places demeurant toujours au choix de Magellan et de Faleiro. L'ordonnance du 6 avril appelait au commandement du quatrième ou cinquième bâtiment Gaspard de Quesada. Enfin, le 30 du même mois, Antonio de Coca était nommé officier comptable. Tous ces personnages jouant un rôle important et souvent dramatique durant l'expédition, on a cru devoir rappeler ici l'époque de leur nomination.

qui menaçait depuis tant de mois l'expédition jetant de nouveaux ferments de discorde entre les deux chefs, Magellan et Rui Faleiro se séparaient avec aigreur, et ces dissentiments amenaient l'ordonnance du 26 juillet 1519 ([1]), qui, rendue à Barcelone, confiait le commandement unique au premier de ces deux capitaines, Faleiro devant plus tard commander une autre expédition, si sa santé, déjà atteinte, lui permettait de la diriger. Revêtu seul du commandement, Magellan put croire un moment que rien ne s'opposerait plus au départ. Jusqu'à la dernière heure, ses ennemis l'abreuvèrent de dégoûts, et les paroles ambiguës qui établissaient Juan de Carthagena à la place de Faleiro ne lui laissèrent pas même l'espoir de conserver sans lutte une autorité achetée si chèrement ([2]). Enfin l'assistant de Séville, Sancho-Martinez de Leiva, qui remplaçait en cette occasion la personne royale, remit solennellement au capitaine général de la flotte l'étendard du roi. Cette cérémonie eut lieu dans Sainte-Marie de la Victoire. Magellan, après avoir prêté foi et hommage au souverain de la Castille, reçut à son tour le serment de fidélité des officiers qui allaient commander sous ses ordres; puis, se rendant à bord de la *Trinidad*, il put ordonner qu'on levât l'ancre.

Ainsi partit celui qui, selon une heureuse expression, allait faire entrer dans le monde extérieur et visible cette même vérité que Colomb avait été chercher dans un autre ordre de choses et d'idées ([3]).

Le reste de la biographie est contenu dans son voyage; nous rappelons seulement ici qu'avant de voir se renouveler une expédition semblable par le but à celle qu'il commandait, cinquante-six ans devaient s'écouler, puisque ce fut seulement le 15 novembre 1577 que sir Francis Drake partit de Plymouth pour accomplir le second voyage autour du monde. On a dit avec justesse ([4]) : Deux cents ans devaient passer encore avant que l'on en vînt à faire de la géographie pour connaître la terre et les hommes ([5]).

NOTICE SUR ANTONIO PIGAFETTA.

Antonio Pigafetta, ou Pigaphète, comme on l'écrivait jadis en France, naquit à Vicence, vers la fin du seizième siècle. Son père, que l'on croit s'être appelé Mattheo Pigafetta, occupait un certain rang; pour

---

([1]) Au moment où tous les obstacles semblaient vaincus, Alvaro da Costa ne craignit pas de tenter un dernier effort en se rendant à l'auberge où demeurait Magellan. Il trouva ce dernier inébranlable et dirigea alors ses efforts vers le licencié Faleiro, dont le jugement paraissait avoir reçu quelque atteinte. Cet habile mathématicien, brouillé dès lors avec son ami, eut, moins la gloire, un sort presque aussi déplorable que celui dont il devait partager les travaux. Quoique fort bien rémunéré par Charles-Quint, il voulut retourner en Portugal pour y voir ses parents; mais on s'empara de sa personne, il fut jeté en prison, et il fallut que l'empereur intercédât pour qu'on lui rendît la liberté. Il retourna à Séville et il y mourut peu de temps après. Oviedo affirme, du reste, que cet habile homme était devenu complètement fou. Le frère de Rui Faleiro, Francisco, avait également accompagné Magellan de Lisbonne à Séville. C'était un mathématicien expérimenté, et il avait composé un traité de navigation que l'on suppose avoir été imprimé par Cromberger, en 1535, mais que le savant Navarrete n'a jamais pu se procurer. (Voy. *Disertacion sobre la historia de la nautica*, p. 147.)

([2]) La cédule royale, en nommant Juan de Carthagena pour remplacer l'associé de Magellan, l'appelle à ce rang comme *su conjunta persona* (son associé direct, sa personne conjointe); de là sans doute les prétentions exorbitantes de ce dernier.

([3]) Barchou de Penhoen, *Un Navire à la voile*.

([4]) *La Science de Claudius*.

([5]) Magellan mourut sans postérité, car l'enfant qu'il avait eu de dona Béatrix Barbosa, et qui s'appelait Rodrigo, n'avait pas vécu. Sa femme elle-même succomba avant le temps, un an après lui, c'est-à-dire en 1522. En 1525, son beau-père devint son héritier; mais, probablement, ses prétentions ne se portèrent que sur les biens ou les priviléges existant en Castille. Il n'est point présumable qu'à cette époque Magellan eût encore perdu son frère Diogo de Souza et sa sœur Isabel de Magalhaens. Comme, pour hériter des priviléges qui lui avaient été accordés par la couronne, il fallait forcément résider en Espagne, après la mort de Barbosa, ses beaux-frères, en tête desquels se place Jaime Barbosa, se portèrent comme ses héritiers indirects. Le fisc plaida et confia en cette occasion ses intérêts au licencié Prado. Le conseil royal, déclarant qu'il y avait à revenir sur la sentence du 17 avril 1525, décida en faveur des héritiers qui, toutefois, ne furent pas mis en possession. Se fondant sur cette décision, bien des années après, un certain Lorenzo de Magellan, habitant de Xérès de la Frontera, petit-fils d'un cousin germain de l'illustre navigateur, se portait comme héritier. Ses prétentions furent mal accueillies. En l'année 1567 il suivait encore ce procès; mais, privé complètement de fortune, il ne pouvait guère espérer en obtenir une issue favorable. C'est la dernière trace de l'illustre marin que Navarrete ait trouvée dans les archives de Séville. On affirme que la famille de Magellan n'est pas encore éteinte en Portugal.

lui, il était à la fois docteur et chevalier. Le jeune Antonio avait dû en effet acquérir l'éducation libérale que l'on était à même de recevoir dans les cités universitaires d'Italie; il n'est nullement certain, comme on l'a donné à entendre, qu'il fût l'ami de Magellan avant qu'un concours de circonstances le rapprochât de ce grand homme; il dut le voir même fort peu durant le court espace de temps qui s'écoula entre son arrivée en Catalogne et son départ pour l'Andalousie. Le bruit que faisait dans le monde maritime la grande expédition préparée par les soins de Magellan et de Rui Faleiro étant parvenu jusqu'à lui, Antonio Pigafetta se rendit de Vicence à Barcelone, où était Charles-Quint, afin d'obtenir la faveur de prendre part au voyage. La permission qu'il sollicitait lui ayant été accordée, il se rendit à Séville, et pendant trois mois il dut attendre dans cette ville, séjour de la cour et des savants espagnols, le moment du départ. Pigafetta était, à l'égard de la science, un de ces volontaires zélés qui précédèrent les Banks et les Webb, hommes de bonne volonté, qui accomplissent d'autant mieux leur tâche que personne ne la leur impose. S'il ne fut pas précisément l'ami du capitaine général, le Lombard, comme on l'appelait à bord, devint pour lui un compagnon de voyage brave, loyal, intelligent, possédant, avec quelques éléments de dessin, toutes les connaissances qu'un homme du monde, réputé instruit, pouvait avoir alors. Il y a plus, en faisant la part de ses tendances à l'exagération, un savant voyageur qui a pu contrôler sur les lieux mêmes une partie de son récit, M. Alcide d'Orbigny, rend pleinement justice à sa sagacité et à son esprit observateur. Pour son courage, on ne saurait non plus en douter; toujours prêt à payer de sa personne, il se battit vaillamment, le 27 avril 1521, durant la déplorable échauffourée de l'île de Zébu, et il fut même blessé à côté de Magellan. Sa blessure, assez légère du reste, fut précisément ce qui lui sauva la vie : elle l'empêcha de se rendre au funeste banquet du 1er mai, à l'issue duquel périrent un si grand nombre de ses compagnons ([1]). Il put s'embarquer à bord de *la Victoria*, et il faisait partie des dix-huit hommes qui débarquèrent à San-Lucar de Barrameda, le 6 septembre 1522.

Antonio Lombardo, ainsi l'appelaient ses compagnons, était aussi dévot qu'il était brave : une fois à terre, son premier devoir fut de se rendre pieds nus à *Nuestra-Señora de la Victoria*, pour accomplir un vœu qu'il avait fait en mer; puis il alla à Valladolid, afin de présenter à Charles-Quint la relation complète de son voyage. Il connaissait trop bien le goût de son siècle, et il avait trop l'habitude des cours, pour garder dans ses récits une simplicité qui n'eût été appréciée que par le petit nombre; il voulut avant tout captiver l'attention, intéresser ceux que l'on n'avait pu enrichir, et une certaine exagération de détails lui parut, comme à tous les voyageurs contemporains, chose excusable; il y aurait naïveté trop grande à rejeter toujours le merveilleux de ses narrations sur une crédulité ignorante. Tel qu'il est, et lorsqu'on le compare aux trois historiens exhumés par Navarrete et M. Nuñez de Carvalho, il demeure le seul qui sache captiver vivement l'esprit du lecteur.

Grâce à leur tour parfois pittoresque et aux agréments d'une narration facile, les récits de Pigafetta se répandirent bientôt parmi les savants ou même les curieux; ils pénétrèrent dans les cours les plus polies. En quittant l'empereur, le spirituel voyageur se dirigea vers la France; ce fut là qu'il obtint, dit-on, son plus grand succès. La régente mère de François Ier ne se contenta pas d'accueillir le voyageur lombard : en faisant traduire sa relation ou bien en répandant un texte peut-être écrit en français, elle le rendit populaire. En Italie; Clément VII reçut Pigafetta avec une distinction particulière; il en fut de même de plusieurs autres princes. Ce ne fut pas toutefois à ces têtes couronnées que le voyageur dédia sa relation. Philippe de Villiers de l'Ile-Adam, le hardi grand maître devant lequel tremblaient les musulmans, fut choisi par lui pour protéger, de l'autorité de son nom, une œuvre qui attestait la lutte incessante se renouvelant entre les mahométans et les chrétiens jusqu'aux extrémités du monde, et qui d'ailleurs se recommandait par la variété des incidents aussi bien que par la grandeur du sujet. Nous ignorons si ce fut en sa qualité d'explorateur aventureux ou en raison des preuves de vaillance qu'il avait données à côté de Magellan, que Pigafetta reçut le titre dont il se tint pour le plus honoré; mais, le 3 octobre 1524, il fut créé chevalier de Rhodes et par la suite même devint commandeur de Norsia. Selon l'opinion commune, il passa ses dernières années en Italie, et ses jours s'écoulèrent dans la tranquillité.

([1]) Les Malais assassinèrent alors trente-cinq Européens dont Herrera nous a conservé les noms. L'interprète Henrique de Malacca était au nombre des morts.

Sur le seuil gothique de la maison qu'il a longtemps habitée à Vicence (¹), on lit ces mots : *Il . n'est . rose . sans . espine*, et l'on prétend que cette devise fut adoptée par lui pour rappeler les incidents terribles dont sa vie de doux loisirs avait été précédée. L'époque de sa mort est restée ignorée.

La relation de ce premier voyage autour du monde, telle que nous la possédons, n'est, on le suppose, que l'extrait d'un livre plus considérable présenté par son auteur à Charles-Quint, au mois de septembre 1522, et qui semble avoir disparu pour jamais, comme la narration officielle de Pierre Martyr d'Anghiera, écrite par ordre de l'empereur et anéantie au sac de Rome, en 1527. L'éditeur du voyage de Pigafetta, dont le livre est fort connu, Amoretti, a donné son travail sur un manuscrit très-complet comparativement, mais écrit dans un détestable italien. Il a pris soin de le traduire lui-même en français, et cela avec une rare exactitude, mais en outrageant notre langue qu'il ne possédait que d'une façon très-imparfaite ; il a donc fallu faire subir à cette version une révision absolue et modifier les notes pour les mettre en rapport avec les connaissances historiques et ethnographiques qui nous viennent de la belle publication due à Fernandez de Navarrete. Les erreurs de chiffres dans les positions géographiques, erreurs qui s'étaient glissées à la suite des diverses transcriptions du seizième siècle, ont été heureusement signalées par Amoretti, et toute cette partie du travail, si précieuse, a été conservée.

La relation que nous donnons ici a soulevé dans ces derniers temps une question de critique littéraire qui n'est pas décidément résolue, et qui rappelle ce qui a été écrit à propos du texte primitif de Marco-Polo. Un membre érudit et zélé de la société de géographie, M. Raymond Thomassy, a tenté de prouver que l'œuvre de Pigafetta avait été composée primitivement en français. Ce savant se fonde sur l'existence de trois manuscrits écrits dans notre langue au seizième siècle, et qui présentent des variantes assez considérables : deux d'entre eux sont déposés à la Bibliothèque impériale de Paris ; le troisième appartenait encore, il y a une dizaine d'années, à M. Beaupré, de Nancy. Nous avons suivi le travail d'Amoretti adopté par les savants jusqu'à ce jour; mais nous pensons que M. Thomassy a rendu un service réel à la science, en discutant l'importante question qui fait l'objet de son mémoire. La découverte du manuscrit offert à Charles-Quint pourrait seule décider la question.

VOYAGE DE MAGELLAN AUTOUR DU MONDE.

Le capitaine général Ferdinand Magellan (²) avait résolu d'entreprendre un long voyage sur l'Océan, où les vents soufflent avec fureur, et où les tempêtes sont très-fréquentes. Il avait résolu aussi de s'ouvrir un chemin qu'aucun navigateur n'avait connu jusqu'alors ; mais il se garda bien de faire connaître

---

(¹) Elle avait été bâtie par son père dans la rue *della Luna*, en 1481.

(²) Le nom portugais est Fernão de Magalhães ou Magalhaens. Pigafetta écrit Magagliànes ; les Espagnols prononcent Magallanes, et les Français Magellan.

La flotte de Magellan se composait de la façon suivante : la *Trinidad*, sur laquelle le capitaine général avait arboré son pavillon, et qui jaugeait 120 *toneles*; le *Sant-Antonio*, commandant Juan de Carthagena, qui en jaugeait 120; la *Concepcion*, capitaine Gaspard de Quesada, de 90; la *Victoria*, capitaine Luis de Mendoza, de 85 ; et enfin le *Santiago*, qui n'en jaugeait que 75, et dont le commandement avait été confié à Juan Serrano, à la fois capitaine et pilote. Nous nous servons ici du mot *toneles*, en faisant observer avec Navarrete que cette mesure de capacité ne doit pas être confondue avec la *tonelada*, en usage particulièrement à Séville, et représentant un poids de 2 000 livres ; 10 *toneles* faisaient 12 *toneladas*. On trouvera dans le tome IV de la vaste collection à laquelle nous nous en référons le détail complet de l'armement avec les rôles d'équipages, et même l'énumération minutieuse des articles composant le chargement. Rien n'est mieux ordonné, on peut le dire à la louange des chefs, dans nos modernes expéditions. Les rôles d'équipages nous prouvent qu'un assez grand nombre de Français ou de Flamands prirent part à ce mémorable voyage. Nous citerons, parmi nos compatriotes : Jean-Baptiste, de Montpellier ; Petit-Jean, d'Angers ; Maître-Jacques, de Lorraine ; Roger Dupiet, Simon, de la Rochelle ; Étienne Villon, de Troyes ; Bernard Mahuri, de Narbonne ; Barthélemy Prior, de Saint-Malo ; Ripart, Bruzeu, de Normandie ; Pierre le Gascon, de Bordeaux ; Laurent Caurat, Jean Breton, du Croisic, en Bretagne. Mais on ne voit reparaître qu'un de ces noms dans la courte liste que fournit la *Victoria*, au retour.

ce hardi projet, dans la crainte qu'on ne cherchât à l'en dissuader par l'aspect des dangers qu'il aurait à courir, et qu'on ne tentât de décourager son équipage. Aux périls attachés naturellement à cette entreprise, se joignait un désavantage de plus pour lui : c'est que les capitaines des quatre autres vaisseaux, qu'il devait avoir sous son commandement, étaient ses ennemis, par la seule raison qu'ils étaient Espagnols, et que lui, Magellan, était Portugais.

Avant de partir, il fit quelques règlements, tant pour les signalements que pour la discipline. Afin que l'escadre allât toujours de conserve, il établit, pour les pilotes et les maîtres, les règles suivantes. Son vaisseau devait toujours précéder les autres; et pour qu'on ne le perdît point de vue pendant la nuit, il avait un flambeau de bois, appelé *farol*, attaché à la poupe. Si, outre le farol, il allumait une lanterne ou bien un morceau de corde de jonc (¹), les autres navires devaient en faire autant, afin qu'il pût être assuré par là qu'on le suivait. — Lorsqu'il faisait deux autres feux sans le farol, les navires devaient changer de direction, soit pour ralentir leur course, soit à cause du vent contraire. — Quand il allumait trois feux, c'était pour ôter la bonnette (²), qui est une partie de voilure qu'on place sous la grand'voile lorsque le temps est beau, afin de serrer mieux le vent et d'accélérer la marche. On ôte la bonnette quand on prévoit la tempête; car il faut alors l'amener, pour qu'elle n'embarrasse pas ceux qui doivent carguer la voile. — S'il allumait quatre feux, c'était signe qu'il fallait amener toutes les voiles; mais lorsqu'elles étaient carguées, ces quatre feux avertissaient de les déployer.

Figure d'un navire du seizième siècle. — D'après Amoretti.

— Plusieurs feux, ou quelques coups de bombarde (³), servaient d'avertissement pour annoncer que nous étions près de terre ou de bas-fonds, et qu'il fallait par conséquent naviguer avec beaucoup de précaution. Il y avait un autre signal pour indiquer quand il fallait jeter l'ancre.

On faisait trois quarts chaque nuit : le premier, au commencement de la nuit; le second, qu'on appelle *medora* (moyenne heure), à minuit, et le troisième, vers la fin de la nuit. Par conséquent tout l'équipage était partagé en trois quarts : le premier quart était sous les ordres du capitaine, le pilote commandait durant le second, et le troisième appartenait au maître. Le capitaine général exigea la plus sévère discipline de l'équipage, afin de s'assurer par là de l'heureux succès du voyage.

Lundi matin, 10 août de l'an 1519, l'escadre ayant à bord tout ce qui lui était nécessaire, ainsi que son équipage, composé de 237 hommes, on annonça le départ par une décharge d'artillerie, et on déploya la voile de trinquet. Nous descendîmes le fleuve Bétis (⁴) jusqu'au pont de Guadalquivir, en passant près de Jean d'Alfarax (Alfarache), autrefois ville des Maures très-peuplée, où il y avait un pont dont il ne

---

(¹) Cette corde s'appelle en espagnol *estrenque*, et se forme d'une espèce de sparte bien roui dans l'eau et séché ensuite au soleil ou à la fumée; elle est très-propre au but que l'on se propose.

(²) Pour bien comprendre quelques termes de marine peu connus, on peut consulter la figure du vaisseau B de la planche ci-dessus. Ce vaisseau est copié d'après un dessin qui se trouve dans une des cartes de Monti, avec cette inscription : *Nave Vittoria su cui il cav. Pigafetta fece il giro del globo.* A est le mât de misaine, B le grand mât, C la guérite où se tient la sentinelle, D le mât de trinquet, E le gaillard d'arrière, F le gaillard d'avant, G l'ancre, H la bonnette qu'on attachait sous la grande voile, et qu'on place aujourd'hui sur le côté.

(³) Comme Alvaro Velho, Pigafetta dit toujours bombardes; mais on sait que dans ce temps-là on donnait ce nom aux pièces de tout calibre, et qu'on les chargeait souvent de pierres au lieu de boulets.

(⁴) Nous conservons cette dénomination au Guadalquivir, qui prend naissance dans la Sierra de Cazorla.

reste plus de vestiges, à l'exception de deux piliers qui sont debout sous l'eau et auxquels il faut bien prendre garde; pour ne rien risquer, on ne doit naviguer dans cet endroit qu'avec l'aide de pilotes et à la haute marée.

En continuant de descendre le Bétis, on passe près de Coria et de quelques autres villages, jusqu'à San-Lucar, château appartenant au duc de Medina Sidonia. C'est là qu'est le port qui donne sur l'Océan, à 10 lieues du cap Saint-Vincent, par les 37 degrés de latitude septentrionale. De Séville à ce port, il y a 17 à 20 lieues [1].

Quelques jours après, le capitaine général et les capitaines des autres vaisseaux vinrent de Séville à San-Lucar, sur les chaloupes, et on acheva d'approvisionner l'escadre. Tous les matins, on descendait à terre pour entendre la messe dans l'église de Notre-Dame de Barrameda; et avant de partir, le capitaine voulut que tout l'équipage allât à confesse; il défendit aussi rigoureusement d'embarquer aucune femme sur l'escadre.

Le 20 septembre, nous partîmes de San-Lucar, courant vers le sud-ouest; et le 26, nous arrivâmes à une des îles Canaries, appelée Ténériffe, située par les 28 degrés de latitude septentrionale. Nous nous arrêtâmes trois jours dans un endroit propre à faire de l'eau et du bois; ensuite nous entrâmes dans un port de la même île, qu'on appelle Monte-Rosso, où nous passâmes deux jours.

On nous raconta un phénomène singulier de cette île: c'est qu'il n'y pleut jamais, et qu'il n'y a ni source d'eau, ni rivière, mais qu'il y croît un grand arbre dont les feuilles distillent continuellement des gouttes d'une eau excellente, qui est recueillie dans une fosse au pied de l'arbre; c'est là que les insulaires vont puiser l'eau et que les animaux, tant domestiques que sauvages, viennent s'abreuver. Cet arbre est toujours environné d'un brouillard épais, qui sans doute fournit l'eau à ses feuilles [2].

Le lundi 3 octobre, nous fîmes voile directement vers le sud. Nous passâmes entre le cap Vert et ses îles, par les 14° 30′ de latitude septentrionale. Après avoir couru plusieurs jours le long de la côte de Guinée, nous arrivâmes par les 8 degrés de latitude septentrionale, où il y a une montagne qu'on appelle Sierra Leona [3]. Nous éprouvâmes ici des vents contraires ou des calmes plats avec de la pluie jusqu'à la ligne équinoxiale; et ce temps pluvieux dura soixante jours, contre l'opinion des anciens [4].

Par les 14 degrés de latitude septentrionale, nous essuyâmes plusieurs rafales impétueuses, qui, jointes aux courants, ne nous permirent pas d'avancer. A l'approche de ces rafales, nous avions la précaution d'amener toutes les voiles, et nous mettions le vaisseau en travers jusqu'à ce que le vent fût tombé.

---

[1] La lieue dont se sert notre auteur est de 4 milles maritimes, comme on le verra clairement par la suite.

[2] Pigafetta reproduit une vieille tradition; l'arbre en question porte le nom de *garoë*. Les savants du seizième siècle prétendent que l'île est la *Pluviala* ou l'*Ombrion* dont parle Pline (liv. VI, ch. XXXVII), qui les met au nombre des Canaries, et dit que dans la première on ne boit que de l'eau de pluie, et que dans la seconde il ne pleut jamais, mais que les habitants recueillent l'eau qui distille des branches d'un arbre. (Voy. dans la relation de BÉTHENCOURT, p. 43.) Ce fut en quittant les Canaries que les premiers symptômes de mésintelligence commencèrent à éclater entre Magellan et Carthagena. Ce dernier ayant insisté pour avoir connaissance de la route qui allait être suivie par la flottille, le capitaine général lui notifia qu'il n'avait nul compte à lui rendre.

[3] Serra Leoa en portugais. Cette portion de la côte d'Afrique fut découverte par Cintra. Magellan fut surpris vers ces parages par un calme d'une vingtaine de jours. Ce fut dans cette situation, et comme l'on était encore sur les côtes de Guinée, que les relations entre lui et Juan de Carthagena prirent plus d'aigreur. L'inspecteur de la flotte se trouvant à bord de son navire, et fort rapproché de la *Trinidad*, éleva la voix en présence d'un simple matelot, et s'écria, probablement avec un accent particulier: « Dieu vous sauve, seigneur capitaine et maître, et bonne compagnie! » Alors Magellan lui envoya dire qu'il ne le saluât plus à l'avenir de cette façon, et qu'il eût à le traiter de capitaine général. Mais Carthagena lui fit répondre qu'il l'avait salué avec le meilleur marin de la flotte, et qu'un autre jour il le saluerait peut-être avec un mousse.

Durant une de ces journées de calme, un délit ayant été commis à bord d'un des bâtiments de la flotte, Magellan fit assembler le conseil, qui se composait des capitaines et des pilotes; une vive discussion s'éleva sur la manière dont on devait saluer les chefs, et ce fut alors que Magellan, saisissant au collet Carthagena, lui dit: « Vous êtes prisonnier! » En vain celui-ci protesta-t-il énergiquement, et réclama-t-il même l'assistance des officiers présents pour que l'on s'emparât du capitaine général, l'inspecteur de la flotte resta prisonnier, et, qui plus est, demeura attaché par les pieds au cèpe. Les autres capitaines se contentèrent de demander à Magellan qu'il le confiât à l'un d'entre eux, et il demeura alors sous la garde du comptable Antonio de Coca. (Voy. Navarrete, *Coleccion de viages*.)

[4] Les anciens croyaient qu'il ne tombait jamais de pluie entre les tropiques, et par cette raison ils s'imaginaient que cette région était inhabitable.

Pendant les jours sereins et calmes, de gros poissons, qu'on appelle *tiburons* (requins ou chiens de mer), nageaient près de notre navire. Ces poissons ont plusieurs rangées de dents terribles; et si malheureusement ils rencontrent un homme dans la mer, ils le dévorent sur-le-champ. Nous en prîmes plusieurs avec des émerillons (sorte de grand hameçon en fer); mais les gros ne sont point du tout bons à manger, et les petits ne valent pas grand'chose (¹).

Dans les temps orageux, nous vîmes souvent ce qu'on appelle le Corps-Saint, c'est-à-dire Saint-Elme. Pendant une nuit fort obscure, il nous apparut comme un beau flambeau sur la pointe du grand arbre, où il s'arrêta pendant deux heures, ce qui nous était d'une grande consolation au milieu de la tempête. Au moment de sa disparition, il jeta une si grande lumière que nous en fûmes, pour ainsi dire, aveuglés. Nous nous crûmes perdus; mais le vent cessa à l'instant même (²).

Nous avons vu des oiseaux de plusieurs espèces. Quelques-uns paraissaient n'avoir point de croupion; d'autres ne font point de nid, parce qu'ils n'ont point de pattes; mais la femelle pond et couve ses œufs sur le dos du mâle au milieu de la mer (³). Il y en a d'autres, qu'on appelle *cagassela* ou *caca uccello* (le stercoraire), qui vivent des excréments des autres oiseaux; et j'ai vu souvent moi-même un de ces oiseaux en poursuivre un autre, sans jamais l'abandonner, jusqu'à ce que celui-ci lâchât à la fin sa fiente, dont il s'emparait avidement (⁴). J'ai vu aussi des poissons volants et d'autres poissons assemblés en si grand nombre qu'ils paraissaient former un banc dans la mer.

Lorsque nous eûmes dépassé la ligne équinoxiale, en approchant du pôle antarctique, nous perdîmes de vue l'étoile polaire. Nous mîmes le cap entre le sud et le sud-ouest, et fîmes route jusqu'à la terre qu'on appelle *la Terre du Verzin* (⁵) (le Brésil), par les 23° 30′ de latitude méridionale. Cette terre est une continuation de celle où est le cap Saint-Augustin, par les 8° 30′ de la même latitude.

Ici nous fîmes une abondante provision de poules, de patates, d'une espèce de fruit qui ressemble au cône du pin, mais qui est extrêmement doux et d'un goût exquis (⁶), de roseaux fort doux (⁷), de la chair d'*anta*, laquelle ressemble à celle de la vache (⁸), etc. Nous fîmes d'excellents marchés : pour un hameçon ou pour un couteau, on nous donnait cinq ou six poules; deux oies pour un peigne; pour un petit miroir ou une paire de ciseaux, nous obtenions assez de poissons pour nourrir dix personnes; pour un grelot ou pour un ruban, les indigènes nous apportaient une corbeille de patates; c'est le nom

---

(¹) Il y a plusieurs variétés de requins. Il est reconnu que la chair de toutes les espèces est détestable.

(²) Dans tous les temps on a vu de ces feux au bout des mâts pendant la tempête, et on les a toujours considérés comme un signe de la protection du ciel. Les anciens y reconnaissaient une manifestation de Castor et Pollux, et les chrétiens y apercevaient leurs saints, et surtout saint Elme. Lorsqu'il y avait autant de feux que de mâts, on joignait saint Elme à saint Nicolas et à sainte Claire. Les matelots anglais, qui refusent d'y voir des saints, en font un follet qu'ils appellent *Davy-Jones* (Dixon, *Voyage autour du monde*, 1785-88). Ce n'est qu'à partir de notre siècle que les physiciens ont reconnu dans cette lumière l'effet de l'électricité.

(³) On croyait anciennement que l'oiseau de paradis, n'ayant point de pattes, ne faisait point de nid, et que la femelle couvait ses œufs sur le dos du mâle; mais l'auteur parle ici d'un autre oiseau aquatique qui a les pattes très-courtes et couvertes de plumes, de façon qu'il paraît n'en point avoir; et quoiqu'il fasse son nid sur la terre, la mère même sur son dos à la mer ses petits lorsqu'ils sont à peine éclos.

M. de Bougainville a vu de ces oiseaux aux îles Malouines (t. I, p. 117).

(⁴) Les *cagasseles*, ou stercoraires (*Larus parasitus*, Linné), sont des oiseaux de proie qui, n'étant pas amphibies, attendent, pour se nourrir de poisson, que les amphibies sortent de l'eau avec leur proie; ils les poursuivent alors jusqu'à ce que ceux-ci leur abandonnent leur pêche, dont ils s'emparent. C'est cette proie qu'ils laissent tomber qu'on a prise pour leur fiente.

(⁵) Le *verzino* (*ibirapitanga*), ou bois de brésil, est le nom qu'on donnait au bois rouge que l'on tirait autrefois de l'Asie et de l'Afrique, et qu'à présent on tire presque uniquement du pays auquel on a donné ce nom à cause de l'abondance de ces arbres. Améric Vespuce dit qu'il y trouva *infinito verzino, e molto buono*. (Bartolozzi, *Ricerche storiche sulle scoperte d'Amerigo Vespucci*.) — Voy. aussi une précieuse dissertation de M. de Humboldt sur l'antiquité du commerce des bois de Brésil.

(⁶) Ces fruits sont les ananas (*Bromelia ananas*, Linné). Ils ressemblent effectivement à une pomme de pin. Les Espagnols les appellent *piñas*, et les Anglais *applepines*.

(⁷) Ce roseau doux est la canne à sucre (*Arundo saccharifera*, Linné). Il paraît être indigène dans l'intérieur du Brésil. Les cannes venant du littoral pouvaient avoir été apportées de l'île de Madère.

(⁸) L'*anta* est le *Tapir americanus* de Linné. (Voy. une excellente dissertation du docteur Roulin sur le tapir.) — Ce qui est dit ici touchant le goût de la chair est très-exact.

qu'on donne à des racines qui ont à peu près la forme de nos navets et dont le goût approche de celui des châtaignes. Nous changions aussi chèrement les figures des cartes à jouer : pour un roi de denier, on me donna six poules, et encore s'imagina-t-on avoir fait une très-bonne affaire.

Nous entrâmes dans ce port(¹) le jour de Sainte-Lucie, treizième du mois de décembre.

Nous avions alors, à midi, le soleil à notre zénith, et nous souffrions bien plus de la chaleur que nous ne l'avions fait en passant la ligne.

La terre du Brésil, qui abonde en toutes sortes de denrées, est aussi étendue que l'Espagne, la France et l'Italie prises ensemble : elle appartient au roi de Portugal (²).

Les Brésiliens ne sont pas chrétiens, mais ils ne sont pas non plus idolâtres, car ils n'adorent rien; l'instinct naturel est leur unique loi. Ils vivent très-longtemps, car les vieillards parviennent ordinairement jusqu'à cent vingt-cinq ans et quelquefois jusqu'à cent quarante(³). Ils vont tout nus, les femmes aussi bien que les hommes. Leurs habitations sont de longues cabanes, qu'ils nomment boi(⁴), et ils se couchent sur des filets de coton appelés *hamaks*(⁵); attachés par les deux bouts à de grosses poutres. Leur cheminée est par terre. Un de ces bois contient quelquefois jusqu'à cent hommes, avec leurs femmes et leurs enfants; il y a par conséquent toujours beaucoup de bruit. Leurs barques, qu'ils appellent *canots*, sont formées d'un tronc d'arbre creusé au moyen d'une pierre tranchante; car les pierres leur tiennent lieu de fer, dont ils manquent. Ces arbres sont si grands, qu'un seul canot peut contenir jusqu'à trente et même quarante hommes, qui voguent avec des rames semblables aux pelles de nos boulangers. A les voir si noirs, tout nus, sales et chauves, on les aurait pris pour les matelots du Styx (⁶).

Les hommes et les femmes sont bien bâtis et conformés comme nous. Ils mangent quelquefois de la chair humaine, mais seulement celle de leurs ennemis. Ce n'est ni par besoin, ni par goût qu'ils s'en nourrissent, mais par un usage qui, à ce qu'ils nous dirent, s'est introduit chez eux de la manière suivante. Une vieille femme n'avait qu'un seul fils, qui fut tué par les ennemis. Quelque temps après, le meurtrier de son fils fut fait prisonnier et conduit devant elle : pour se venger, cette mère se jeta comme un animal féroce sur lui, et lui déchira une épaule avec les dents. Cet homme eut le bonheur, non-seulement de se tirer des mains de cette vieille femme et de s'évader, mais aussi de s'en retourner chez les siens, auxquels il montra l'empreinte des dents sur son épaule, et leur fit croire (peut-être le croyait-il lui-même) que les ennemis avaient voulu le dévorer tout vif. Pour ne pas céder en férocité aux autres, ils se déterminèrent à manger réellement les ennemis qu'ils prendraient dans les combats, et ceux-ci en firent autant. Cependant ils ne les mangent pas sur-le-champ, ni vivants; mais ils les dépècent, et les partagent entre les vainqueurs. Chacun porte chez soi la portion qui lui est échue, la fait

---

(¹) Nommé d'abord *porto de Santa-Lucia*, on l'appela ensuite *Rio de Janeiro*.

On a cru longtemps que Magellan avait été le premier explorateur de la baie magnifique où s'élève aujourd'hui Rio de Janeiro. D'anciens documents historiques, exhumés depuis peu d'années, nous prouvent que dès 1511 elle portait le nom de *Bahia de Cabo-Frio*, et avait pour habitant un certain João de Braga, qui s'était fixé dans une des îles les plus fertiles où, sous le titre de *feitor*, il faisait un commerce actif de bois de brésil. Quatre ans environ avant l'arrivée de Magellan, vers 1515, Pero Lopez l'avait explorée. Enfin, les navigateurs dieppois paraissent y avoir fait des excursions dès le commencement du seizième siècle. (Voy., sur les peuples qui habitaient la baie, les derniers travaux publiés par MM. Adolfo de Varnhagen; Gonçalves Dias, Machado de Oliveira, etc., etc.; et surtout la *Revista trimensal* de l'Institut historique et géographique du Brésil, qui forme aujourd'hui un ensemble de 17 vol. in-8.)

(²) Ce calcul approximatif pourrait s'appliquer aujourd'hui à une seule province du vaste empire. Celle de *Mato-Grosso*, par exemple, est considérée par Ayres de Cazal, le père de la géographie brésilienne, comme représentant l'espace de terrain que l'on accordait à la Germanie, dans l'ancienne acception de ce terme géographique. Il est vrai que, dans les recensements de population, l'on n'y compte guère qu'un homme et demi par lieue carrée.

(³) Vespuce rapporte la même chose; il dit aussi comment, au moyen de cailloux, les indigènes lui firent le calcul de leurs années; et comment ils lui donnèrent des preuves de leur longévité en lui présentant le fils, le père, le grand-père, le bisaïeul et le trisaïeul, tous vivants. (*Lettres d'Améric Vespuce*, dans Bartolozzi.)

(⁴) Il y a ici une erreur; on donnait aux cabanes indiennes le nom de *oca*.

(⁵) Ce mot appartient à la langue des *Igneris* d'Haïti; en tupique, le hamac s'appelle *inis*.

(⁶) Voy., sur les immenses pirogues des Tupinambas, des Tupiniquins et des Cahetès, Gabriel Soares, *Roteiro do Brasil*, édit. de M. Ad. de Varnhagen.

sécher à la fumée, et chaque huitième jour il en fait rôtir un petit morceau pour le manger. J'ai appris ce fait de Jean Carvalho (¹), notre pilote, qui avait passé quatre ans au Brésil.

Les Brésiliens se peignent le corps et surtout le visage d'une étrange manière et de différentes façons, les femmes aussi bien que les hommes. Ils ont les cheveux courts et laineux (²), et n'ont de poil sur aucune partie de leur corps, parce qu'ils s'épilent (³). Ils ont une espèce de veste faite de plumes de perroquet tissues ensemble, et arrangées de façon que les grandes pennes des ailes et de la queue leur forment un cercle sur les reins, ce qui leur donne une figure bizarre et ridicule (⁴). Presque tous les hommes ont la lèvre inférieure percée de trois trous, par lesquels ils passent de petits cylindres de pierre longs de deux pouces. Les femmes et les enfants n'ont pas cet ornement incommode. Ajoutez à cela qu'ils sont entièrement nus par devant. Leur couleur est plutôt olivâtre que noire. Leur roi porte le nom de cacique (⁵).

On trouve dans ce pays un nombre infini de perroquets; de manière qu'on nous en donnait huit ou dix pour un petit miroir. Ils ont aussi de très-beaux chats maimons, jaunes, semblables à de petits lions (⁶).

Ils mangent une espèce de pain rond et blanc, mais que nous ne trouvions pas de notre goût, fait avec la moelle, ou plutôt avec l'aubier, qu'on trouve entre l'écorce et le bois d'un certain arbre (⁷), et qui a quelque ressemblance avec du lait caillé. Ils ont aussi des cochons qui nous parurent avoir le nombril sur le dos (⁸), et de grands oiseaux dont le bec ressemble à une cuiller; mais ils n'ont point de langue (⁹).

Quelquefois, pour avoir une hache ou un coutelas, ils nous offraient pour esclaves une et même deux de leurs jeunes filles; mais ils ne nous présentèrent jamais leurs femmes. Ces dernières sont chargées des travaux les plus pénibles, et on les voit souvent descendre de la montagne avec des corbeilles fort pesantes sur la tête; mais elles ne vont jamais seules, leurs maris, qui en sont très-jaloux, les accompagnant toujours, avec des flèches dans une main et un arc dans l'autre. Cet arc est de bois de brésil ou de palmier noir. Si les femmes ont des enfants, elles les placent dans un filet de coton suspendu à leur cou. Je pourrais dire bien d'autres choses sur leurs mœurs; mais je les passerai sous silence, pour ne pas être trop prolixe.

Ces peuples sont extrêmement crédules et bons; et il serait facile de leur faire embrasser le christianisme. Le hasard fit qu'on conçut pour nous de la vénération et du respect. Il régnait depuis deux mois une grande sécheresse dans le pays, et comme ce fut au moment de notre arrivée que le ciel leur donna de la pluie, ils ne manquèrent pas de l'attribuer à notre présence. Lorsque nous débarquâmes pour dire la messe à terre, ils y assistèrent en silence et avec un air de recueillement (¹⁰); et, voyant que nous mettions à la mer nos chaloupes, qui demeuraient attachées aux côtés du vaisseau ou qui le suivaient, ils s'imaginèrent que c'étaient les enfants du vaisseau et que celui-ci les nourrissait.

Nous passâmes treize jours dans ce port; ensuite nous reprîmes notre route, et allâmes côtoyant ce

---

(¹) Dans le manuscrit qui a servi à faire cette traduction, il est appelé tantôt *Carrnaio*, tantôt *Caruaio*; mais on ne peut pas douter que ce ne soit Jean Carvalho, dont parlent Castanheda et d'autres écrivains de ce temps.

(²) Il y a ici de la part du vieux voyageur manque absolu d'observation : les cheveux des Indiens sont noirs, rudes au toucher, brillants et lisses en ce qui regarde les hommes. Néanmoins, on peut supposer que Pigafetta a vu dans la baie de Rio de Janeiro des *Tamoyos* qui s'étaient rasé la tête, et dont les cheveux coupés extrêmement courts lui rappelaient ceux des Africains.

(³) Plusieurs peuples sauvages font encore aujourd'hui la même chose, en se servant de coquilles bivalves au lieu de pincettes, qu'ils n'ont pas.

(⁴) Voy. les planches contenues dans les vieilles relations de Thevet et Léry reproduites à l'article AMÉRIC VESPUCE; voy. aussi BRÉSIL, par Ferdinand Denis, collection de *l'Univers*.

(⁵) Erreur partagée par tous les marins contemporains. Le mot arabe *cazis* fut imposé dès le début de la découverte aux chefs indiens du nouveau monde. Les Brésiliens désignaient leurs chefs sous le nom de *morbicha*.

(⁶) Espèce de singe. (Voy. la relation d'Alex. de Humboldt.)

(⁷) Pigafetta désigne ici fort imparfaitement la cassave, que l'on obtient de la racine du manioc *(Jatropha manihot)*.

(⁸) Il est ici question du pécari ou tajassou *(Sus dorso cistifero,* Linné). — Voy. p. 183.

(⁹) Ce sont les *spatules (Anas rostro plano ad verticem dilatato,* Linné). — Voy. sur cet oiseau, dont le bec présente une forme si bizarre, le *Dictionnaire d'histoire naturelle* de d'Orbigny.

(¹⁰) Pedro Vas Caminha remarqua la même vénération apparente pour les cérémonies de l'Église. (Voy. sa lettre à Emmanuel, écrite au mois de mai 1500.)

pays jusque par les 34° 40′ de latitude méridionale, où nous trouvâmes une grande rivière d'eau douce. C'est ici qu'habitent les cannibales ou mangeurs d'hommes. Un d'eux, d'une figure gigantesque (¹), et dont la voix ressemblait à celle d'un taureau, s'approcha de notre navire pour rassurer ses camarades, qui, dans la crainte que nous voulussions leur faire du mal, s'éloignaient du rivage et se retiraient avec leurs effets dans l'intérieur du pays. Pour ne pas laisser échapper l'occasion de leur parler et de les voir de près, nous sautâmes à terre au nombre de cent hommes et les poursuivîmes pour en arrêter quelques-uns; mais ils faisaient de si grandes enjambées que, même en courant et sautant, nous ne pûmes jamais parvenir à les joindre.

Cette rivière contient sept petites îles : dans la plus grande, qu'on appelle cap de Sainte-Marie, on trouve des pierres précieuses. On avait cru autrefois que cette eau n'était pas une rivière, mais un canal par lequel on passait dans la mer du Sud; mais on s'assura bientôt que ce n'était qu'un fleuve, qui a dix-sept lieues de large à son embouchure. C'est ici que Jean de Solis, qui allait à la découverte de nouvelles terres comme nous, fut mangé par les cannibales, auxquels il s'était trop fié, avec soixante hommes de son équipage (²).

En côtoyant toujours cette terre vers le pôle antarctique, nous nous arrêtâmes à deux îles (³), que nous ne trouvâmes peuplées que d'oies et de loups marins. Les premières y sont en si grand nombre et si peu farouches que, dans une heure de temps, nous en fîmes une abondante provision pour les équipages des cinq vaisseaux. Elles sont noires, et paraissent couvertes également par tout le corps de petites plumes, sans avoir aux ailes les pennes nécessaires pour voler, et, en effet, elles ne volent pas, et se nourrissent de poisson; elles sont si grasses que nous étions obligés de les écorcher pour les plumer. Leur bec ressemble à une corne.

Les loups marins sont de différentes couleurs, et de la grosseur à peu près d'un veau, dont ils ont aussi la tête. Leurs oreilles sont courtes et rondes, et leurs dents très-longues. Ils n'ont point de jambes, et leurs pattes, qui sont attachées au corps, ressemblent assez à nos mains, avec de petits ongles; mais elles sont palmées, c'est-à-dire que les doigts en sont attachés ensemble par une membrane comme les pattes d'un canard. Si ces animaux pouvaient courir, ils seraient fort à craindre, car ils montrèrent beaucoup de férocité. Ils nagent fort vite, et ne vivent que de poisson.

Nous essuyâmes un terrible orage au milieu de ces îles, pendant lequel les feux de Saint-Elme, de Saint-Nicolas et de Sainte-Claire se firent voir plusieurs fois à la pointe des mâts; et au moment de leur disparition, on voyait diminuer à l'instant la fureur de la tempête.

En nous éloignant de ces îles pour continuer notre route, nous parvînmes par les 49° 30′ de latitude méridionale, où nous trouvâmes un bon port; et comme nous approchions de l'hiver, nous jugeâmes à propos d'y passer la mauvaise saison.

Deux mois s'écoulèrent sans que nous aperçussions aucun des habitants de ce pays. Un jour que nous nous y attendions le moins, un homme de figure gigantesque se présenta à nous. Il était sur le sable presque nu, et chantait et dansait en même temps, en se jetant de la poussière sur la tête. Le capitaine envoya à terre un de nos matelots, avec ordre de faire les mêmes gestes, comme une marque d'amitié et de paix, ce qui fut très-bien compris, et le géant se laissa paisiblement conduire dans une petite île où le capitaine était descendu. Je m'y trouvai aussi avec plusieurs autres. Il témoigna beaucoup

---

(¹) Pigafetta débute aux exagérations manifestes dont il va donner bientôt la preuve, en faisant des espèces de géants des Charruas. C'est à tort que ces peuples redoutables, qui avaient arrêté dans sa conquête Dias de Solis, étaient accusés d'anthropophagie; ils conservèrent parmi eux les prisonniers sans leur faire aucun mal. Les derniers Charruas sont venus mourir en France. (Voy., sur ceux qui ont visité Paris vers 1830, une brochure intitulée : *Arrivée en France de quatre sauvages charruas par le brick français* Phaéton, *de Saint-Malo*; Paris, gr. in-8. Ces Indiens s'appelaient Vaïmaca, Senaqué, Tacuabé, et la femme qui les accompagnait, Guyunusa.)

(²) Solis fut massacré par les *Quérandis*, qui l'arrêtèrent au moyen d'une arme terrible, désignée depuis par les Espagnols sous le nom de *bolas*. Ces espèces de frondes étaient particulières aux nations du Paraguay et du Parana. (Voy. Funès, *Ensayo*, etc.) — Ces Indiens faisaient partie de la nation charrua.

(³) Ils s'arrêtèrent au port Désiré, où il y a deux îles, dont l'une s'appelle l'île des *Pingouins*, et l'autre l'île des *Lions*. Pigafetta a appelé les premiers *oies*, et les seconds *loups*. Les premiers sont l'*Aptenodita demersa* de Linné, et les seconds sont la *Phoca ursina* de Linné, qu'on appelle communément *veau marin* ou *phoque*.

d'étonnement en nous voyant ; et, levant le doigt, il voulait nous dire sans doute qu'il croyait que nous étions descendus du ciel.

Cet homme était si grand que notre tête touchait à peine à sa ceinture. Il était d'une belle taille : son visage était large et teint de rouge, si ce n'est qu'il avait les yeux entourés de jaune et deux taches

Patagons.

en forme de cœur sur les joues. Ses cheveux, qui étaient en petite quantité, paraissaient blanchis avec quelque poudre. Son habit, ou plutôt son manteau, était fait de fourrures bien cousues ensemble, d'un animal qui abonde dans ce pays, comme nous avons eu occasion de le voir par la suite. Cet animal a la tête et les oreilles d'une mule, le corps d'un chameau, les jambes d'un cerf et la queue d'un cheval, et il hennit comme ce dernier. Cet homme portait aussi une espèce de chaussure faite de la même peau (¹). Il tenait dans la main gauche un arc court et massif, dont la corde, un peu plus grosse que

(¹) C'est à cause de cette chaussure, qui donnait aux pieds de cet homme la figure de la patte d'un ours, que Magellan les a appelés *Patagons*. (Voy. de Bry, *Americæ*, lib. IV, p. 66.) — Patagon signifie littéralement, en espagnol, *qui a de grands pieds*. On l'applique souvent aux gens mal chaussés.

Depuis l'époque où a été faite la grande publication de Navarrete, le monde savant possède un moyen de contrôler les assertions de Pigafetta ; il en a fait jusqu'à ce jour, il est vrai, un bien faible usage, et cependant c'est la seule manière de mettre dans leur jour véritable les exagérations du voyageur. Comment se fait-il en effet que ni Mestre Bautista le Génois, ni Francisco Albo le pilote espagnol, dont nous possédons les journaux, n'aient vû les Patagons avec les mêmes yeux que le chevalier italien ? Le pilote génois ne donne que 8 à 10 palmes de hauteur à ces Indiens, c'est-à-dire de 6 à 7 pieds, et Albo, sans la moindre réticence, les compare aux hommes les plus grands de l'Espagne, et parle surtout de cette prodigieuse voracité qui leur permit de manger, entre sept ou huit hommes, ce qui eût suffi pour rassasier vingt matelots de l'équipage. Dès cette époque donc la *taille chimérique* des Patagons, pour nous servir de l'expression de M. d'Orbigny, pouvait rentrer dans ses bornes naturelles. Grâce à la lumineuse discussion à laquelle s'est livré le savant naturaliste, on a enfin une réponse satisfaisante à la question qui agite les curieux depuis plus de trois siècles. La taille des Patagons ne dépasse point *un mètre quatre-vingt-douze centimètres* (5 pieds 11 pouces métriques), la taille moyenne ne s'élevant pas au-dessus de 1 mètre 72 centimètres (5 pieds 4 pouces) ; sans oublier que les femmes sont à proportion aussi grandes,

celle d'un luth, était faite d'un boyau du même animal; de l'autre main, il portait des flèches de roseau courtes, ayant d'un côté des plumes comme les nôtres, et de l'autre, au lieu du fer, la pointe d'une pierre à fusil blanche et noire. Ils forment, de la même espèce de pierre, des outils tranchants pour travailler le bois.

Groupe de Patagons.

Le capitaine général lui fit donner à manger et à boire, et, parmi d'autres bagatelles, il lui fit présenter un grand miroir d'acier. Le géant, qui n'avait pas la moindre idée de ce meuble, et qui pour la première fois sans doute voyait sa figure, recula si effrayé qu'il jeta par terre quatre de nos gens qui étaient derrière lui. On lui donna des grelots, un petit miroir, un peigne et quelques grains de verroterie; ensuite on le remit à terre, en le faisant accompagner par quatre hommes bien armés.

Son camarade, qui avait refusé de monter sur le vaisseau, le voyant de retour à terre, courut avertir et appeler les autres, qui, s'apercevant que nos gens armés s'approchaient d'eux, se rangèrent en file, étant sans armes et presque nus : ils commencèrent aussitôt leur danse et leur chant, pendant lesquels ils levaient l'index vers le ciel, pour nous faire entendre qu'ils nous regardaient comme des êtres descendus d'en haut; ils nous montrèrent en même temps une poudre blanche dans des marmites d'argile,

et surtout aussi fortes que les hommes, leur taille moyenne s'élevant à 1^m,120. M. d'Orbigny fait précéder néanmoins ces chiffres de quelques réflexions qui peuvent expliquer la préoccupation des anciens voyageurs : « Nous avons été, nous ne nous le dissimulerons pas, trompé nous-même plusieurs fois à l'aspect des Patagons. La largeur de leurs épaules, leur tête nue, la manière dont ils se drapent, de la tête aux pieds, avec des manteaux de peaux d'animaux sauvages cousues ensemble, nous faisaient tellement illusion, qu'avant de les mesurer nous les aurions pris pour des hommes d'une taille extraordinaire, tandis que l'observation directe les amenait à l'ordre commun. D'autres voyageurs n'ont-ils pu se laisser influencer par les apparences, sans chercher comme nous la vérité au moyen de mesures exactes ? » Le témoignage de ce savant naturaliste est d'autant plus concluant ici, que M. d'Orbigny a demeuré huit mois au milieu des Tchuelches. (Voy. *l'Homme américain*, t. II, p. 67.)

et nous la présentèrent, n'ayant autre chose à nous donner à manger. Les nôtres les invitèrent par signes à venir sur nos vaisseaux, et offrirent de les aider à y porter ce qu'ils voudraient prendre avec eux. Ils y vinrent en effet; mais les hommes, qui ne tenaient que leur arc et leurs flèches, avaient tout chargé sur leurs femmes, comme si elles eussent été des bêtes de somme (¹).

Les femmes ne sont pas si grandes que les hommes; mais en revanche elles sont plus grosses. Leurs

Halte de Patagons. — Une Tombe.

mamelles, tombantes, ont plus d'un pied de long. Elles sont peintes et habillées de la même manière que leurs maris. Elles n'étaient rien moins que belles à nos yeux; cependant leurs maris en étaient fort jaloux.

Elles conduisaient quatre des animaux dont j'ai déjà parlé; mais c'étaient des petits qu'elles menaient avec une espèce de licou. On se sert de ces petits pour attraper les grands: on les lie à un arbrisseau; les grands viennent jouer avec eux, et des hommes cachés dans les broussailles les tuent à coups de flèches. Les habitants du pays, hommes et femmes, au nombre de dix-huit, ayant été invités par nos gens à se rendre près de nos vaisseaux, se partagèrent des deux côtés du port, et nous amusèrent en faisant la chasse dont il est question.

Six jours après, nos gens, occupés à faire du bois pour la provision de l'escadre, virent un autre géant vêtu comme ceux que nous venions de quitter et armé également d'un arc et de flèches. En s'approchant d'eux, il se touchait la tête et le corps, ensuite il levait les mains au ciel, gestes que nos gens imitèrent. Le capitaine général, qui en fut averti, envoya l'esquif à terre afin de le conduire sur l'îlot qui était dans le port et où l'on avait bâti une maison pour y établir une forge et un magasin destiné à quelques marchandises.

(¹) C'est une observation générale de tous les pays et de tous les temps, que les femmes sont d'autant plus maltraitées que les hommes sont moins civilisés. (Voy. *les Femmes américaines*, article inséré dans le volume intitulé : *les Navigateurs*; Paris, Janet, 1 vol. in-18; fig.)

Cet homme était plus grand et mieux fait que les autres; il avait aussi les manières plus douces : il dansait et sautait si haut et avec tant de force, que ses pieds s'enfonçaient de plusieurs pouces dans le sable. Il passa quelques jours avec nous. Nous lui apprîmes à prononcer le nom de Jésus, l'oraison do-

Le Guanaco ou Huanaco.

minicale, etc., ce qu'il parvint à faire aussi bien que nous, mais d'une voix très-forte. Enfin, nous le baptisâmes, en lui donnant le nom de Jean. Le capitaine général lui fit présent d'une chemise, d'une veste, de caleçons de drap, d'un bonnet, d'un miroir, d'un peigne, de grelots et autres bagatelles. Il retourna vers les siens en paraissant fort content de nous. Le lendemain, il apporta au capitaine un de ces grands animaux dont nous avons parlé, et reçut d'autres présents, pour qu'il nous en donnât encore quelques autres; mais depuis ce jour nous ne l'avons pas revu, et nous soupçonnâmes même que ses camarades l'avaient tué parce qu'il s'était attaché à nous. Au bout de quinze jours, nous vîmes venir à nous quatre de ces hommes : ils étaient sans armes; mais nous sûmes ensuite qu'ils les avaient cachées derrière les buissons, où elles nous furent indiquées par deux d'entre eux que nous arrêtâmes. Ils étaient tous peints, mais de différentes manières.

Le capitaine voulut retenir les deux plus jeunes et les mieux faits, pour les conduire avec nous pendant notre voyage et les amener même en Espagne; mais, voyant qu'il était difficile de les arrêter par la force, il usa de l'artifice suivant.

Il leur donna une grande quantité de couteaux, miroirs, grains de verroterie, de façon qu'ils en avaient les deux mains pleines; ensuite il leur offrit deux de ces anneaux de fer qui servent à enchaîner; et quand il vit qu'ils les désiraient beaucoup (car ils aiment passionnément le fer), et que d'ailleurs ils ne pouvaient plus prendre avec les mains, il leur proposa de les leur attacher aux jambes, pour les porter plus facilement chez eux : ils consentirent à tout; et alors nos gens leur appliquèrent les cercles de fer et en fermèrent les anneaux, de sorte qu'ils se trouvèrent enchaînés. Aussitôt qu'ils s'aperçurent de cette supercherie (¹), ils devinrent furieux, soufflant, hurlant, et invoquant *Setebos* (²), qui est leur démon principal, pour qu'il vînt à leur secours.

Non content d'avoir ces hommes, le capitaine désirait avoir leurs compagnes pour porter en Europe cette race de géants; dans ce but, il ordonna d'arrêter les deux autres, pour les obliger à conduire nos gens à l'endroit où demeuraient leurs femmes : neuf de nos hommes les plus forts suffirent à peine pour les jeter à terre et les lier; et même l'un d'eux parvint encore à se délivrer, tandis que l'autre fit de si grands efforts que nos gens le blessèrent légèrement à la tête, mais l'obligèrent enfin à les conduire chez les femmes de nos deux prisonniers. Ces femmes, ayant appris tout ce qui était arrivé à leurs maris, jetèrent des cris si violents que nous les entendîmes de fort loin. Jean Carvalho, pilote, qui était à la tête de nos gens, voyant qu'il était tard, ne se soucia point de prendre alors la femme chez laquelle il avait été conduit; mais il resta la nuit, en faisant bonne garde. Pendant ce temps, vinrent deux autres hommes qui, sans témoigner ni mécontentement, ni surprise, passèrent le reste de la nuit avec eux; mais à la pointe du jour, ayant dit quelques mots aux femmes, en un instant tous prirent la fuite, hommes, femmes, enfants, et ces derniers couraient même plus lestement que les autres. Ils nous abandonnèrent leur hutte et tout ce qu'elle contenait. Cependant un des hommes conduisit loin de nous les petits animaux qui leur servaient pour la chasse, et un autre, caché dans un buisson blessa à la cuisse, avec une flèche empoisonnée, un de nos hommes, qui mourut à l'instant (³). Quoique nos gens eussent fait feu sur les fuyards, ils ne purent point les attraper, parce qu'ils ne couraient jamais sur la même ligne, mais sautaient de côté et d'autre et allaient aussi vite qu'un cheval au grand galop. Nos gens brûlèrent la hutte de ces sauvages, et enterrèrent leur mort.

Tout sauvages qu'ils sont, ces Indiens ne manquent pas d'avoir une espèce de médecine. Quand ils ont mal à l'estomac, par exemple, au lieu de se purger comme nous ferions, ils se fourrent une flèche assez avant dans la bouche pour exciter le vomissement, et rendent une matière verte mêlée de sang (⁴). Le vert provient d'une espèce de chardon dont ils se nourrissent. S'ils ont mal à la tête, ils se font une entaille au front, et pratiquent la même chose sur toutes les parties du corps où ils ressentent de la douleur, afin de faire sortir une grande quantité de sang de l'endroit où ils souffrent. Leur théorie, qui nous a été expliquée par un de ceux que nous avions pris, vaut bien leur pratique : la douleur, disent-ils, est causée par le sang qui ne veut plus rester dans telle ou telle partie du corps; c'est, par conséquent, en l'en faisant sortir que la douleur doit cesser.

Ils ont les cheveux coupés en forme d'auréole, comme les moines, mais plus longs, et soutenus autour de la tête par un cordon de coton, dans lequel ils placent leurs flèches lorsqu'ils vont à la chasse. Il paraît que leur religion se borne à adorer le diable. Ils prétendent que lorsqu'un d'eux est au moment de mourir, dix à douze démons apparaissent, dansant et chantant autour de lui. Un d'entre eux qui fait plus de tapage que les autres est le chef, ou grand diable, qu'ils nomment Setebos; les petits s'ap-

---

(¹) Il est inutile de faire ressortir ici ce qu'il y eut d'odieux dans l'emploi d'un pareil stratagème; on peut dire seulement pour l'excuse du navigateur qu'il agissait ici sous l'empire d'un préjugé général, assimilant pour ainsi dire les noirs et les Américains à la classe des animaux.

(²) Shakspeare fut frappé de ce mot retentissant : *Setebos* figure parmi les démons qui jouent un rôle dans un de ses drames les plus fantastiques.

His art is of such power
It would control my dam's god Setebos.
(*The Tempest*, act. I, sc. 2.)

Quoique M. d'Orbigny ait constaté la persistance de certaines dénominations dans la langue des Patagons, il n'a pas retrouvé parmi elles le fameux *Setebos* de Pigafetta. Il est difficile, en effet, de reconnaître ce nom dans leur *Achekenat-Kanet* tour à tour génie du mal et génie du bien.

(³) Il est connu que les indigènes de l'Amérique empoisonnent fréquemment leurs flèches; mais les relations récentes de la Patagonie ne nous donnent point de détails sur le genre de poison employé par les Tehuelches, tandis que nous en avons de nombreux sur le *curare* ou *wourali* de l'Orénoque.

(⁴) De Bry a dessiné dans cette attitude la figure qu'il a donnée d'un Patagon. Il se peut qu'il enfonce la flèche dans sa bouche pour se délivrer, en vomissant, d'une indigestion. Certains Indiens se mettent dans la bouche une baguette en présence de leurs idoles pour leur prouver qu'ils n'ont rien d'impur dans le corps. (Voy. Benzoni, publié par de Bry.)

pellent *Cheleule*. Ils sont peints comme les habitants du pays. Notre géant prétendait avoir vu une fois un démon avec des cornes et des poils si longs qu'ils lui couvraient les pieds; il jetait, ajouta-t-il, des flammes par la bouche et par le derrière.

Ces peuples se vêtissent, comme je l'ai déjà dit, de la peau d'un animal, et c'est de la même peau qu'ils couvrent leurs huttes, qu'ils transportent là où il leur convient le mieux, n'ayant point de demeure fixe, mais allant, comme les bohémiens, s'établir tantôt dans un endroit, tantôt dans un autre. Ils vivent ordinairement de viande crue et d'une racine douce qu'ils appellent *capac*. Ils sont grands mangeurs : les deux que nous avions pris mangeaient chacun une corbeille pleine de biscuit par jour, et buvaient un demi-seau d'eau d'une haleine. Ils mangeaient les souris toutes crues, même sans les écorcher. Notre capitaine donna à ce peuple le nom de *Patagons* (¹). Nous passâmes dans ce port, auquel nous donnâmes le nom de Saint-Julien, cinq mois, pendant lesquels il ne nous arriva aucun autre accident que ceux dont je viens de parler.

A peine eûmes-nous mouillé dans ce port, que les capitaines des quatre autres vaisseaux firent un complot pour tuer le capitaine général. Ces traîtres étaient Jean de Carthagène, *vehador* (²) de l'escadre ; Louis de Mendoza, trésorier ; Antoine Coca, *contador*, et Gaspard de Casada (Quesada). Le complot fut découvert; on écartela le premier, et le second fut poignardé. On pardonna à Gaspard de Casada, qui,

---

(¹) Les Tehuelches, que les Espagnols nommèrent Patagons, ou Grands-Pieds, s'étendent depuis le détroit de Magellan jusqu'au rio Negro, aux 40 degrés de latitude sud. Ils passent même, dit M. d'Orbigny, plus au nord, jusqu'aux montagnes de la Ventana, aux 19 degrés sud, et de l'est à l'ouest des bords de l'océan Atlantique austral jusqu'au pied oriental des Andes, c'est-à-dire du 65e au 74e degré de longitude occidentale de Paris, mais seulement dans les plaines, car ils ne sont pas montagnards.

Selon le savant voyageur auquel nous empruntons ces détails, et qui a fait parmi eux un si long séjour, leur nombre ne s'élevait guère, il y a une quinzaine d'années, à plus de 10 000 âmes, réparties sur plus de 28 000 lieues. Ce sont des peuples essentiellement chasseurs, et qui se portent avec une étrange célérité d'un point à un autre. Le pilote génois donne du reste une excellente indication de l'étrange chaussure qui frappa les Européens, et qui fit donner aux Patagons le nom sous lequel ils sont connus. « Ils portent, dit-il, des souliers qui montent quatre doigts au-dessus de l'orteil, et ils les emplissent de paille pour se tenir chaud aux pieds. » (Voy. *Colección de viages*, t. IV.)

(²) *Vehador* ou *veador*, en ancien portugais, signifiait l'économe d'une société d'hommes ; en espagnol on l'appelle *veedor*, du mot *veer*, qui signifie voir ou inspecter. Quelques écrivains ont prétendu que Jean de Carthagena était évêque; mais Pigafetta n'aurait pas oublié de rapporter cette circonstance, et Magellan ne l'aurait pas si cruellement puni s'il eût été revêtu de cette dignité.

Voici comment ce grave événement est rapporté dans l'extrait du voyage de Sébastien del Cano publié par Navarrete. Juan de Carthagena était passé des mains d'Antonio de Coca sous la garde de Luis de Mendoza, lorsque le capitaine général le fit monter à bord de la *Concepcion*, où commandait Gaspard de Quesada. Lorsqu'il s'agit d'hiverner dans la baie de Saint-Julien, le mécontentement étant parvenu à son comble; il paraît certain que l'esprit de révolte parmi les divers équipages eut surtout un appui dans l'état-major de la *Concepcion*. Le capitaine général déclara à son monde que les vivres ne faisant pas défaut, il saurait mourir plutôt que de rétrograder ; puis, le dimanche des Rameaux, 1er avril 1520, il convoqua tous les capitaines, les officiers et les pilotes, pour venir entendre la messe et pour dîner ensuite avec lui. Alvaro de la Mesquita et Antonio de Coca, accompagnés de leurs gens, se rendirent à son invitation ; elle ne fut acceptée ni par Luis de Mendoza, ni par Gaspard de Quesada. Jean de Carthagena, prisonnier de ce dernier, en était naturellement exclu. Alvaro de Mesquita alla seul dîner avec le capitaine général, dont il était le propre cousin, puis il retourna à son navire. Durant la nuit, Gaspard de Quesada et Jean de Carthagena passèrent avec environ trente hommes de la *Concepcion* au *Sant-Antonio*, disant qu'on eût à leur livrer ce même Alvaro de la Mesquita, qui n'était pas de leur parti. Le maître, Juan de Eliorraga, défendit énergiquement son capitaine, et Quesada, emporté par la colère, le frappa de quatre coups de poignard au bras, en disant : « Vous allez voir que ce fou nous empêchera de faire notre affaire ! » Mesquita tomba au pouvoir des conjurés; on secourut néanmoins le brave Elorriaga; Carthagena passa à bord de la *Concepcion*, Quesada demeura à bord du *Sant-Antonio*, Mendoza commanda la *Victoria*. Les trois officiers révoltés n'osèrent se porter ouvertement, néanmoins, contre le capitaine général; ils lui envoyèrent demander seulement l'accomplissement des ordonnances de Sa Majesté rendues, disaient-ils, en leur faveur, et s'opposant à ce qu'il les maltraitât ; ce faisant, ils lui promettaient de le traiter de seigneurie et de lui baiser la main, ce qui, en style de l'époque, équivalait à une entière soumission. Magellan leur fit répondre immédiatement qu'ils vinssent à bord de la *Trinidad*, et qu'il s'entendrait avec eux. Ils s'y refusèrent. Le commandant de l'escadre n'hésita plus : il retint le long de son bord la chaloupe qui venait de lui apporter cette réponse, et, faisant armer six hommes choisis de son équipage, il les mit dans l'esquif de la *Trinidad*, sous le commandement de l'alguazil Gonzalo-Gomez de Espinosa. Arrivé à bord, l'officier de justice présenta une lettre de Magellan au trésorier Luis de Mendoza, par laquelle on l'engageait à passer à bord de la capitane. Au moment où celui-ci souriait, dit le chroniqueur, en ayant l'air de dire : Tu ne m'attraperas pas où tu me voudrais voir, Espinosa lui donna un coup de poignard dans la gorge, et un matelot le frappa au même instant de son coutelas à la tête; il tomba. Assuré à l'avance de l'exécution de ses ordres, Magellan avait envoyé immédiatement une

quelques jours après, médita une nouvelle trahison. Alors le capitaine général, qui n'osait pas lui ôter la vie, parce qu'il avait été créé capitaine par l'empereur lui-même, le chassa de l'escadre et l'abandonna sur la terre des Patagons, avec un prêtre son complice.

Il nous arriva dans cet endroit un autre malheur. Le vaisseau *le Saint-Jacques*, qu'on avait détaché

Vue dans le détroit de Magellan. — D'après Parker-King

pour aller reconnaître la côte, fit naufrage parmi les rochers; cependant tout l'équipage se sauva comme par miracle. Deux matelots vinrent par terre au port où nous étions nous apprendre ce désastre, et le capitaine général y envoya sur-le-champ des hommes avec quelques sacs de biscuit. L'équipage s'arrêta pendant deux mois dans l'endroit du naufrage pour recueillir les débris du vaisseau et les marchandises que la mer jetait successivement sur le rivage; et pendant ce temps on leur apportait de quoi subsister, quoique la distance fût de cent milles et le chemin très-incommode et fatigant, au milieu des épines et

embarcation avec quinze hommes armés, sous les ordres de Duarte Barbosa, et ceux-ci s'emparèrent de la *Victoria*, sans que les équipages, dévoués au capitaine général, fissent la moindre résistance. Ceci avait lieu le 2 avril.

Le jour suivant, Magellan sut manœuvrer avec une telle résolution et une telle habileté qu'il s'empara des deux autres navires, et tint à sa disposition les révoltés. On voudrait pouvoir néanmoins effacer de l'histoire du hardi navigateur les souvenirs sanglants que l'on va lire.

Le 4 avril, Magellan fit porter à terre le corps de Mendoza et le fit couper par quartiers, en faisant proclamer à haute voix la sentence qui flétrissait la mémoire du trésorier du nom de traître; le 7 avril il fit décoller Gaspard de Quesada, et ce fut son propre domestique, Luis de Molino, qui, pour échapper à la hart, se chargea de la terrible exécution, semblable en tout à celle de Mendoza. Juan de Carthagena et le prêtre Pedro Sanchez de la Reina, qui avait contribué à soulever les équipages, furent abandonnés sur ces plages désolées avec de faibles provisions; mais, après avoir vécu quelque temps dans cette solitude désolée, ils furent recueillis par cet Estevan Gomez dont Pigafetta nous raconte plus loin le lâche procédé, et sur la conduite duquel Navarrete donne de nombreux renseignements. Magellan pardonna à plus de quarante hommes qui avaient encouru la peine capitale, mais dont le secours lui était évidemment indispensable.

On voit, du reste, combien la géographie du détroit occupe peu le voyageur italien; il s'occupe principalement de son aspect général et des ressources qu'il peut offrir au voyageur. Il n'en est pas de même du pilote génois; mais les détails arides qu'il nous donne n'offrent plus qu'un bien faible intérêt. (Voy. *Coleccion de viages*, t. IV, et Maximilien Transylvain, *De Moluccis*, etc.)

des broussailles, à travers lesquelles on était obligé de passer la nuit, n'ayant d'autre boisson que la glace qu'on était forcé de casser, ce qui ne se faisait même pas sans peine.

Quant à nous, nous n'étions pas si mal dans ce port, quoique certains coquillages fort longs qu'on y trouvait en grande abondance ne fussent pas mangeables; quelques-uns contenaient des perles, mais fort petites. Nous trouvâmes aussi dans les environs des autruches (¹), des renards, des lapins beaucoup plus petits que les nôtres, et des moineaux. Les arbres y donnent de l'encens.

Nous plantâmes une croix sur la cime d'une montagne voisine, que nous appelâmes *monte Cristo*, et nous prîmes possession de cette terre au nom du roi d'Espagne.

Nous partîmes enfin de ce port, et, côtoyant la terre par les 50° 40' de latitude méridionale, nous vîmes une rivière d'eau douce (²), où nous entrâmes. Toute l'escadre faillit y faire naufrage, à cause des vents furieux qui soufflaient et qui rendaient la mer fort grosse; mais Dieu et les corps saints (c'est-à-dire les feux qui resplendissaient sur la pointe des mâts) nous secoururent et nous sauvèrent. Nous y passâmes deux mois, pour approvisionner les vaisseaux d'eau et de bois (³). Nous nous y fournîmes aussi d'une espèce de poisson, long à peu près de deux pieds et fort couvert d'écailles, qui était assez bon à manger; mais nous ne pûmes pas en prendre la quantité qu'il nous eût fallu. Avant d'abandonner cet endroit, le capitaine ordonna que chacun de nous allât à confesse et communiât en bon chrétien.

En continuant notre route vers le sud, le 21 du mois d'octobre, étant par les 52 degrés de latitude méridionale, nous trouvâmes un détroit que nous appelâmes le détroit des *Onze mille Vierges*, parce que ce jour-là leur était consacré. Ce détroit, comme nous le vîmes par la suite, est long de 440 milles ou 110 lieues maritimes, qui sont de quatre milles chacune; il a une demi-lieue de large, tantôt plus et tantôt moins, et va aboutir à une autre mer, que nous appelâmes *mer Pacifique*. Ce détroit est environné de montagnes très-élevées et chargées de neige, et il est aussi très-profond; de sorte que nous ne pouvions y jeter l'ancre que fort près de terre, par 25 à 30 brasses d'eau.

Tout l'équipage était si persuadé que ce détroit n'avait point d'issue à l'ouest, qu'on ne se serait pas avisé même de la chercher, sans les grandes connaissances du capitaine général. Cet homme, aussi habile que courageux, savait qu'il fallait passer par un détroit fort caché, mais qu'il avait vu représenté sur une carte faite par Martin de Bohême, très-excellent cosmographe (⁴), que le roi de Portugal gardait dans sa trésorerie.

Aussitôt que nous entrâmes dans cette eau, que l'on croyait n'être qu'une baie, le capitaine envoya deux vaisseaux, *le Saint-Antoine* et *la Conception*, pour examiner où elle finissait ou bien aboutissait, tandis que nous, avec *la Trinité* et *la Victoire*, les attendîmes à l'entrée.

A la nuit, il survint une terrible bourrasque qui dura trente-six heures, et nous contraignit d'abandonner les ancres et de nous laisser entraîner dans la baie au gré des flots et du vent (⁵). Les deux autres vaisseaux, qui furent aussi agités que nous, ne purent parvenir à doubler un cap (⁶) pour nous rejoindre; de façon qu'en s'abandonnant aux vents qui les portaient toujours vers le fond de ce qu'ils supposaient être une baie, ils s'attendaient à y échouer d'un moment à l'autre. Mais à l'instant qu'ils se croyaient perdus, ils virent une petite ouverture (⁷), qu'ils prirent pour une anse de la baie, où ils

---

(¹) L'autruche d'Amérique est beaucoup plus petite que celle d'Afrique. Les Brésiliens l'appellent *nhandu-guaccu* (nandou-guassou), et Linné lui donne le nom de *Struthio Rhea*.

(²) C'est la rivière de Sainte-Croix, que Cook a placée par les 51 degrés de latitude méridionale. Ce nom lui a été donné parce qu'ils y entrèrent le 14 de septembre, jour de l'exaltation de la Croix. (Voy. l'*Anonyme portugais*, chez Desbrosses.)

(³) Il est certain que, pendant que l'escadre était dans cette rivière, le 11 octobre, il y eut une éclipse du soleil, dont parlent tous ceux qui ont écrit l'histoire de cette navigation, et qui se trouve marquée sur les tables astronomiques. Ils prétendent même que Magellan s'est servi de cette éclipse pour déterminer la longitude. Mais Pigafetta n'en dit rien, et n'en devait rien dire, car cette éclipse, visible pour nous, ne put pas l'être à l'extrémité méridionale de l'Amérique.

(⁴) Martin Behaim. (Voy. la note 4 de la p. 269, et l'ouvrage de M. Ghillany, ainsi que celui de de Murr.)

(⁵) Sur la carte jointe à la relation d'Amoretti on a donné la partie méridionale de l'Amérique telle qu'elle se trouve dessinée et peinte dans le manuscrit de Pigafetta. Il s'en faut bien que ce dessin soit exact; mais les géographes du seizième siècle ne nous ont guère mieux laissé, comme on peut s'en convaincre par la Géographie d'Ortelius. La baie dont parle ici Pigafetta est la baie de la Possession.

(⁶) Cap de la Possession.

(⁷) Premier goulet.

s'enfoncèrent; et, voyant que ce canal n'était pas fermé, ils continuèrent à le parcourir, et se trouvèrent dans une autre baie (¹), dans laquelle ils poursuivirent leur route, jusqu'à ce qu'ils se trouvassent dans un autre détroit (²), d'où ils passèrent dans une autre baie encore plus grande que les précédentes. Alors, au lieu d'aller jusqu'au bout, ils jugèrent à propos de revenir rendre compte au capitaine général de ce qu'ils avaient vu.

Deux jours s'étaient passés sans que nous vissions reparaître les deux vaisseaux envoyés à la recherche du fond de la baie, de manière que nous les crûmes submergés par la tempête que nous venions

Vue dans le détroit de Magellan. — D'après Parker-King.

d'essuyer; et, voyant de la fumée à terre, nous conjecturâmes que ceux qui avaient eu le bonheur de se sauver avaient allumé des feux pour nous annoncer leur existence et leur détresse. Mais pendant que nous étions dans cette incertitude sur leur sort, nous les vîmes, cinglant à pleines voiles et pavillons flottants, revenir vers nous; et lorsqu'ils furent plus près, ils tirèrent plusieurs coups de bombarde, en poussant des cris de joie. Nous en fîmes autant; et quand nous eûmes appris d'eux qu'ils avaient vu la continuation de la baie, ou, pour mieux dire, du détroit, nous nous joignîmes à eux pour continuer notre route, s'il était possible.

Quand nous fûmes entrés dans la troisième baie dont je viens de parler, nous vîmes deux débouchés ou canaux, l'un au sud-est et l'autre au sud-ouest (³). Le capitaine général envoya les deux vaisseaux *le Saint-Antoine* et *la Conception* au sud-est, pour reconnaître si ce canal aboutissait à une mer ouverte (⁴). Le premier partit aussitôt et fit force de voiles sans vouloir attendre le second, qu'il voulait laisser en arrière, parce que le pilote avait l'intention de profiter de l'obscurité de la nuit pour rebrousser chemin et s'en retourner en Espagne par la même route que nous venions de suivre.

(¹) Baie Boucault.
(²) Second goulet.
(³) Le canal au sud-est est celui qui se trouve près du cap Monmouth, appelé détroit Supposé dans la carte de M. de Bougainville.
(⁴) Les travaux modernes sur l'hydrographie du détroit rendent ici bien imparfaits les renseignements d'Amoretti; on a

Ce pilote était Étienne Gomez, qui haïssait Magellan par la seule raison que, lorsque celui-ci vint en Espagne faire à l'empereur la proposition d'aller aux îles Moluques par l'ouest, Gomez avait demandé et était sur le point d'obtenir des caravelles pour une expédition dont il aurait été le commandant. Cette expédition avait pour but de faire de nouvelles découvertes; mais l'arrivée de Magellan fit qu'on lui refusa sa demande, et qu'il ne put obtenir qu'une place subalterne de pilote; ce qui l'irritait néanmoins le plus, c'était de se trouver sous les ordres d'un Portugais. Pendant la nuit, il se concerta avec les autres Espagnols de l'équipage. Ils mirent aux fers et blessèrent même le capitaine du vaisseau, Alvaro de Mesquita, cousin germain du capitaine général, et le conduisirent ainsi en Espagne. Ils comptaient y amener aussi l'un des deux géants que nous avions pris, et qui était sur leur vaisseau; mais nous apprîmes à notre retour qu'il mourut en approchant de la ligne équinoxiale, dont il ne put supporter la grande chaleur.

Le vaisseau la *Conception*, qui ne pouvait suivre de près le *Saint-Antoine*, ne fit que croiser dans le canal pour attendre son retour; mais ce fut en vain.

Nous étions entrés avec les deux autres vaisseaux dans l'autre canal qui nous restait au sud-ouest; et, poursuivant notre navigation, nous parvînmes à une rivière que nous appelâmes la *rivière des Sardines* (¹), à cause de l'immense quantité de ce poisson que nous y vîmes. Nous y mouillâmes pour attendre les deux autres vaisseaux, et y passâmes quatre jours; mais pendant ce temps on expédia une chaloupe bien équipée pour aller reconnaître le cap de ce canal, qui devait aboutir à une autre mer. Les matelots de cette embarcation revinrent le troisième jour, et nous annoncèrent avoir vu le cap où finissait le détroit et une grande mer, c'est-à-dire l'Océan. Nous en pleurâmes tous de joie. Ce cap

---

dû les conserver parce qu'ils établissent une concordance avec ceux de notre célèbre Bougainville. (Voy. surtout le capitaine King, et Dumont d'Urville, *Voyage au pôle sud*, in-fol.)

Disons ici quelques mots d'une expédition beaucoup plus ancienne et qui, bien plus que celle de M. de Gennes, est restée complètement ignorée. Précisément en l'année qui allait clore le dix-septième siècle, près de cent quatre-vingts ans après l'expédition de Charles-Quint, Louis XIV, qui se préoccupait fort à ce moment de diminuer la puissance coloniale de ses voisins, arma deux bâtiments pour visiter le détroit, et pour voir imposer son nom peut-être à quelque île de ces régions désolées. Il en confia le commandement à un marin habile, M. de Beauchesne-Gouin, dont le père le Gobien vante fort la capacité, et qui devint plus tard sénéchal de Saint-Malo. Cette entreprise avait à la fois un but politique et un but scientifique : l'hydrographie du détroit fut faite complètement; deux ingénieurs intelligents accompagnèrent l'expédition, et leurs travaux sont restés malheureusement oubliés, comme celle ilé du grand roi, qui ne figure plus sur d'autres cartes que celle de du Plessis et Delabat, nos deux voyageurs inconnus. (Voy. notre Bibliographie.)

Plus heureux que Magellan, Beauchesne et ses officiers furent visités plus d'une fois par ces pauvres Fuégiens, que ne virent jamais les voyageurs espagnols de l'année 1520 et qui, sous la dénomination de *Pécherais*, inspirent un si profond dégoût à Bougainville.

Bien différents des Tehuelches, les habitants du détroit, nommés généralement Fuégiens, sont d'une petite taille, ou tout au moins d'une taille ordinaire. Au seizième siècle on en connaissait trois hordes, sous les noms de *Kemenettes*, de *Kennekas* et de *Karaïkes* (*Voyage d'Olivier de Noort*), et on les considérait comme des peuples fort innocents. Beauchesne-Gouin vit deux tribus : les *Laguediches*, qui s'étendaient depuis l'entrée occidentale jusqu'à Saint-Sébastien, et les *Aveguediches*, parcourant l'étendue qui existe du cap Saint-Jérôme au cap Gate.

Les *Pécherais* vus par Bougainville étaient, au dire de ce voyageur, petits, vilains et maigres. Selon une autorité compétente, leur nom aurait été altéré du mot *pachpachéré*, qui signifie homme dans la langue de ces peuples. Les Fuégiens de toutes tribus ont peu de rapports avec les Patagons, qu'ils paraissent désigner sous la dénomination de *Tiremenen*. Ils ont des barques de construction assez ingénieuse, tandis que les Patagons n'ont pas poussé l'industrie jusqu'à construire un simple radeau.

Il s'en faut bien, du reste, que les deux in-folios ignorés des deux jeunes ingénieurs de Beauchesne soient sans intérêt, surtout dès qu'il s'agit d'étudier au point de vue ethnographique les régions solitaires explorées par Magellan. Ces lieux si rarement décrits n'avaient pour ainsi dire point subi de changements depuis le passage de la *Trinidad* ; la culture, qui n'a jamais pénétré dans ces régions, trop souvent stériles, n'avait pas effacé le caractère du paysage. Enfin, ces malheureux habitants de la terre de Feu, dont on vit alors seulement briller à l'horizon les bûchers, alimentés par tant de forêts primitives, se présentaient encore dans cet état de misère qui les a fait considérer, à juste raison, comme une des races les plus malheureuses du globe.

(¹) Dans les navigateurs postérieurs il n'est fait aucune mention de la rivière des Sardines, laquelle probablement descend des montagnes de la terre de Feu. Ils ne parlent pas non plus de cette grande quantité de sardines qui surprit notre auteur, ce qui n'est pas étonnant; car ces poissons, faisant leurs émigrations, ne restent que fort peu de temps dans le même endroit.

fut appelé *el cabo Dezeado* (cap Désiré), parce qu'en effet nous désirions depuis longtemps de le voir ([1]). Nous retournâmes en arrière pour rejoindre les deux autres vaisseaux de l'escadre, et ne trouvâmes que *la Conception*. On demanda au pilote Jean Serrano ([2]) ce que l'autre navire était devenu. Il nous répondit qu'il le croyait perdu, parce qu'il ne l'avait plus revu du moment qu'il avait embouqué le canal. Le capitaine général donna ordre alors de le chercher partout, mais particulièrement dans le canal où il avait pénétré : il renvoya *la Victoire* jusqu'à l'embouchure du détroit, en ordonnant, s'il ne le trouvait pas, de planter dans un endroit bien éminent un étendard ([3]) au pied duquel on devait placer, dans une marmite, une lettre qui indiquait la route qu'on allait tenir, afin qu'il pût suivre l'escadre. Cette manière de s'avertir en cas de séparation avait été arrêtée au moment de notre départ. On planta de la même manière deux autres signaux sur des lieux éminents dans la première baie et sur une petite île de la troisième ([4]), dans laquelle nous vîmes quantité de loups marins et d'oiseaux. Le capitaine général, avec *la Conception*, attendit le retour de *la Victoire* près de la rivière des Sardines, et fit planter une croix sur une petite île, au pied de deux montagnes couvertes de neige, d'où la rivière tire son origine.

En cas que nous n'eussions pas découvert ce détroit pour passer d'une mer à une autre, le capitaine général avait déterminé de continuer sa route au sud jusque par les 75 degrés de latitude méridionale, où, pendant l'été, il n'y a point de nuit ou du moins très-peu, comme il n'y a point de jour en hiver. Pendant que nous étions dans le détroit, nous n'avions que trois heures de nuit, et c'était au mois d'octobre.

La terre de ce détroit, qui à gauche tourne au sud-est, est basse. Nous lui donnâmes le nom de *détroit des Patagons* ([5]). A chaque demi-lieue, on y trouve un port sûr, de l'eau excellente, du bois de cèdre, des sardines, et une grande abondance de coquillages. Il y avait aussi des herbes, dont quelques-unes étaient amères, mais d'autres étaient bonnes à manger, surtout une espèce de céleri doux qui croît autour des fontaines, dont nous nous nourrîmes faute de meilleurs aliments ([6]). Enfin, je crois qu'il n'y a pas au monde de meilleur détroit que celui-ci.

Au moment que nous débouchions dans l'Océan, nous fûmes témoins d'une chasse curieuse que quelques poissons faisaient à d'autres poissons. Il y en a de trois espèces, c'est-à-dire, des dorades, des albicores et des bonites, qui poursuivent les poissons appelés *colondrins*, espèces de poissons volants ([7]). Ceux-ci, quand ils sont poursuivis, sortent de l'eau, déploient leurs nageoires, qui sont assez longues pour leur servir d'ailes, et volent à la distance d'un coup d'arbalète; ensuite ils retombent dans l'eau. Pendant ce temps, leurs ennemis, guidés par leur ombre, les suivent, et, au moment où ils rentrent dans l'eau, ils les prennent et les mangent. Ces poissons volants ont au delà d'un pied de long, et sont une excellente nourriture.

Pendant le voyage, j'entretenais le mieux que je pouvais le géant patagon qui était sur notre vaisseau; et, au moyen d'une espèce de pantomime, je lui demandais le nom patagon de plusieurs objets, de manière que je parvins à en former un petit vocabulaire ([8]). Il s'y était si bien accoutumé, qu'à peine me voyait-il prendre la plume et le papier, qu'il venait aussitôt me dire les noms des objets qu'il avait sous les yeux et des opérations qu'il voyait faire. Il nous fit voir, entre autres, la manière dont on allume le feu dans son pays, c'est-à-dire en frottant un morceau de bois pointu contre un autre jusqu'à ce que le feu prenne à une espèce de moelle d'arbre qu'on place entre les deux morceaux de

---

([1]) Le cap Désiré forme l'extrémité occidentale de la côte méridionale que la chaloupe côtoya ; mais les navires rangèrent de près la côte septentrionale, et abandonnèrent l'Amérique au cap Victoire, ainsi appelé du nom du vaisseau qui le doubla e premier, et qui revint seul en Europe.

([2]) Juan Serrano était probablement Espagnol et ne paraît pas avoir été parent de ce Francisco Serrano dont le nom a été altéré comme celui du chef de l'expédition.

([3]) La montagne que M. de Bougainville a appelée *le Père-Aymon*.

([4]) L'île des Lions.

([5]) Le nom de Magellan a prévalu, comme l'équité l'exigeait.

([6]) *Apium dulce*. Cook l'y a trouvé également, ainsi que beaucoup de cochléarias, et, à cause de cette abondance d'herbes antiscorbutiques, il crut le passage du détroit préférable à celui du cap Horn. (Premier voyage, t. Ier, p. 70, 74.)

([7]) *Trigla volitans*, Linné. Probablement, le poisson dont parle l'auteur est l'*Exocetus volitans*.

([8]) Amoretti donne ce vocabulaire à la suite du voyage.

bois. Un jour que je lui montrais la croix, et que je la baisais, il me fit entendre par ses gestes que *Setebos* m'entrerait dans le corps et me ferait crever. Lorsqu'il se sentit à l'extrémité, dans sa dernière maladie, il demanda la croix, qu'il baisa, et nous pria de le faire baptiser, ce que nous fîmes en lui donnant le nom de Paul.

Le mercredi 28 novembre, nous débouquâmes du détroit pour entrer dans la grande mer, à laquelle nous donnâmes ensuite le nom de mer Pacifique, dans laquelle nous naviguâmes pendant le cours de trois mois et vingt jours, sans goûter d'aucune nourriture fraîche. Le biscuit que nous mangions n'était plus du pain, mais une poussière mêlée de vers qui en avaient dévoré toute la substance, et qui, de plus

Environs de Port-Famine.

était d'une puanteur insupportable, étant imprégnée d'urine de souris. L'eau que nous étions obligés de boire était également putride et puante. Nous fûmes même contraints, pour ne pas mourir de faim, de manger des morceaux de cuir de bœuf dont on avait recouvert la grande vergue pour empêcher que le bois ne rongeât les cordes. Ces cuirs, toujours exposés à l'eau, au soleil et aux vents, étaient si durs qu'il fallait les faire tremper pendant quatre à cinq jours dans la mer pour les rendre un peu tendres; ensuite nous les mettions sur de la braise pour les manger. Souvent même nous avons été réduits à nous nourrir de sciure de bois; et les souris mêmes, si dégoûtantes pour l'homme, étaient devenues un mets si recherché qu'on les payait jusqu'à un demi-ducat la pièce [1].

Ce n'était pas là tout encore. Notre plus grand malheur était de nous voir attaqués d'une espèce de maladie par laquelle les gencives se gonflaient au point de surmonter les dents, tant de la mâchoire supé-

---

[1] Il n'était pas rare à cette époque, et même au dix-huitième siècle, que la faim forçât les matelots à manger des souris et les cuirs des câbles. Lery, à son retour en France, ne dut la vie qu'aux boucliers de cuir de tapir qu'il avait embarqués comme curiosité. En 1540, une souris se payait quatre écus sur l'escadre de Pizarre. Les équipages de M. de Bougainville (t. II, p. 173) et de Cook (*Troisième voyage*, t. Ier, p. xxx) ont mangé de ces cuirs.

rieure que de l'inférieure, et ceux qui en étaient attaqués ne pouvaient prendre aucune nourriture (¹). Dix-neuf d'entre nous en moururent, et parmi eux étaient le géant patagon et un Brésilien, que nous avions conduits avec nous. Outre les morts, nous avions vingt-cinq à trente matelots malades, qui souffraient de douleurs dans les bras, dans les jambes et dans quelques autres parties du corps; mais ils en guérirent. Quand à moi, je ne puis trop remercier Dieu de ce que pendant tout ce temps, et au milieu de tant de malades, je n'ai pas éprouvé la moindre infirmité.

Pendant cet espace de trois mois et vingt jours, nous parcourûmes à peu près 4 000 lieues dans cette mer que nous appelâmes Pacifique, parce que, durant tout le temps de notre traversée, nous n'essuyâmes pas la moindre tempête (²). Nous ne découvrîmes non plus pendant ce temps aucune terre, excepté deux îles désertes, où nous ne trouvâmes que des oiseaux et des arbres, et par cette raison nous les désignâmes par le nom d'*îles Infortunées*. Nous ne trouvâmes point de fond le long de leurs côtes et ne vîmes que plusieurs requins. Elles sont à 200 lieues l'une de l'autre. La première est par les 15 degrés de latitude méridionale, la seconde par les 9 degrés (³). D'après le sillage de notre vaisseau, que nous prîmes par le moyen de la chaîne de la poupe (le loch), nous parcourions chaque jour 60 à 70 lieues; et si Dieu et sa sainte Mère ne nous eussent pas accordé une heureuse navigation, nous aurions tous péri de faim dans une si vaste mer. Je ne pense pas que personne à l'avenir veuille entreprendre un pareil voyage (⁴).

Si en sortant du détroit nous avions continué à courir vers l'ouest, sur le même parallèle, nous aurions fait le tour du monde; et, sans rencontrer aucune terre, nous serions revenus par le cap Désiré au cap des Onze mille Vierges, qui tous les deux sont par les 52 degrés de latitude méridionale.

Le pôle antarctique n'a pas les mêmes étoiles que le pôle arctique; mais on y voit deux amas de petites étoiles nébuleuses, qui paraissent des nubécules, à peu de distance l'une de l'autre (⁵). Au milieu de ces amas de petites étoiles, on en découvre deux fort grandes et fort brillantes, mais dont le mouvement est peu apparent : elles indiquent le pôle antarctique. Quoique l'aiguille aimantée déclinât un peu du

---

(¹) Effets du scorbut. L'hygiène nautique a fait de tels progrès, qu'il n'est point rare de voir aujourd'hui un voyage de circumnavigation sans hommes atteints de cette fatale maladie. L'expédition du commandant Duperrey a offert cette particularité, bien digne de remarque, qu'aucun homme de l'équipage n'a succombé pendant une navigation de trois ans. (Voy. J.-P. Lesson, *Voyage médical autour du monde*.)

(²) Queiros, M. de Bougainville et Cook, n'ont certainement pas été si heureux.

(³) Pigafetta ne nous donne pas des renseignements assez précis pour déterminer la position des îles *Infortunées*. Notre manuscrit en fournit une figure par laquelle on voit seulement que la seconde est au nord-ouest de la première. Mais en lisant sa relation, et en la supposant exacte, nous trouverons qu'elles appartiennent aux îles de la Société, au nord et au nord-est d'Otaïti; car Pigafetta dit qu'en sortant du détroit ils naviguèrent par le nord-ouest quart ouest, ensuite dans la direction de nord-ouest jusqu'à la ligne équinoxiale, qu'ils passèrent par le 120ᵉ degré de la ligne de démarcation, c'est-à-dire à 152 degrés du premier méridien. Or, si de ce point nous traçons une ligne du nord-ouest au sud-est, elle passera entre les îles de la Société, au nord, et ensuite à l'est d'Otaïti. Les îles Infortunées devaient donc se trouver sur cette ligne. Par conséquent, Jaillot et Nolin les ont placées hors de leur véritable position géographique. Ce n'est pas mal à propos néanmoins qu'ils ont donné le nom de Saint-Pierre à l'une, et celui de Tiburon à l'autre; car l'*Anonyme portugais* leur donne les mêmes noms. Le Transylvain dit que nos navigateurs s'y arrêtèrent deux jours pour pêcher.

M. de Rossel ne partage pas l'opinion d'Amoretti, et nous avouons que son autorité est tout autrement importante que celle du digne éditeur de Pigafetta :

« Ce qu'il y a de surprenant, c'est que dans son trajet jusqu'aux Philippines, trajet si long, et dans une mer où depuis l'on a découvert une si grande multitude d'îles très-peuplées, il n'ait rencontré que deux petites îles désertes, auxquelles on nomma par cette raison *Desventuradas*, ou Infortunées. Aucun renseignement ne nous fait connaître la route de Magellan. La relation de Pigafetta place ces deux îles à 15 et 9 degrés de latitude sud, mais quelques lignes plus bas il leur donne une position différente, et dit qu'elles sont par les 15 et 20 degrés de latitude sud. Selon les premières positions, l'une de ces îles devrait être celle des Chiens, que Lemaire a vue après Magellan, et l'autre une des Marquises de Mendoza..... On doit dire que, selon toute probabilité, les deux îles vues par Magellan sont, d'une part, l'île Pitcairn, et, de l'autre, l'île des Chiens, de Lemaire; elles sont effectivement habitées (elles l'étaient en 1820). Quoi qu'il en soit, il paraît certain que Magellan a passé entre l'archipel dangereux de Bougainville et les Marquises de Mendoza; qu'il a fait route ensuite, à peu près au nord-ouest, jusqu'à l'hémisphère septentrional, et qu'après avoir relâché aux îles Mulgrave, ou dans quelques-unes de celles qui sont au nord, il est arrivé aux îles Mariannes. »

(⁴) Cinquante-six ans s'écoulèrent avant qu'aucun autre navigateur fît le tour du globe. Drake, en 1578, fut le premier après Magellan qui traversa cette mer. Personne, de nos jours, ne songe à enregistrer les nombreux voyages de circumnavigation exécutés par les baleiniers anglais et américains, et même par les navires du commerce français.

(⁵) Deux *nubécules*, c'est-à-dire deux amas d'étoiles, sont indiquées par les astronomes au pôle austral; l'une est au-

véritable nord, elle cherchait cependant toujours le pôle arctique; mais elle n'agissait pas avec autant de force que lorsqu'elle est vers son propre pôle. Lorsque nous fûmes en pleine mer, le capitaine général indiqua à tous les pilotes le point où ils devaient aller, et leur demanda quelle route ils pointaient (¹) sur leurs cartes. Tous lui répondirent qu'ils pointaient selon les ordres qu'il leur avait donnés ; il répliqua qu'ils pointaient à faux, et qu'il fallait aider l'aiguille, parce que, se trouvant dans le sud, elle n'avait pas, pour chercher le véritable nord, autant de force qu'elle en avait du côté du nord même. Étant au milieu de la mer, nous découvrîmes à l'ouest cinq étoiles fort brillantes placées exactement en forme de croix (²).

Nous naviguâmes entre l'ouest et le nord-ouest quart nord-ouest, jusqu'à ce que nous arrivâmes sous la ligne équinoxiale, à 122 degrés de longitude de la *ligne de démarcation* (³). Cette ligne de division est à 30 degrés à l'ouest du méridien (⁴), et le premier méridien est à 3 degrés à l'ouest du cap Vert.

Dans notre route, nous rangeâmes les côtes de deux îles très-élevées, dont l'une est par les 20 degrés de latitude méridionale, et l'autre par les 15 degrés. La première s'appelle Cipangu, et la seconde Sumbdit-Pradit (⁵).

Après que nous eûmes dépassé la ligne, nous naviguâmes entre l'ouest et le nord-ouest quart ouest;

dessus, l'autre au-dessous de l'Hydre. On voit près du pôle plusieurs étoiles qui forment la constellation de l'Octant; mais comme ces étoiles sont de la cinquième ou sixième grandeur, il paraît que les deux étoiles grandes et brillantes dont parle Pigafetta sont la γ et la 6 de la même Hydre.

(¹) *Pointer*, c'est se servir de la pointe d'un compas pour trouver l'aire de vent qu'il faut faire pour arriver au lieu où l'on veut aller, le nord étant connu par le moyen de la boussole. *Aider l'aiguille*, c'est ajouter ou diminuer des degrés à sa direction pour avoir la vraie ligne méridienne, au moyen de procédés dont il est parlé dans le *Traité de navigation* joint par Amoretti à la fin de ce voyage.

(²) Dante (*Purgat.*, lib. 1) a parlé de cette croix dans ces vers :

> I' mi volsi a man destra, e posi mente
> All' altro polo, e vidi quattro stelle
> Non viste mai fuor chè alla prima gente,
> Goder pareva il ciel di lor fiammelle.
> Oh ! settentrional vedovo sito,
> Poichè privato sei di mirar quelle !

(³) Ligne idéale qui, partageant le globe en deux hémisphères, séparait les conquêtes des Portugais de celles des Espagnols, d'après la bulle du pape Alexandre VI. (Voy. les notes sur les relations de Colomb.)

Un marin célèbre, M. de Rossel, a donné sur ce point géographique des détails que nous reproduisons ici :

« Le pape Alexandre VI avait partagé le monde en deux parties égales par un grand cercle qui passait de notre côté à l'ouest des Canaries et des Açores, et allait marquer au-dessous du globe tous les lieux qui en étaient éloignés de 180 degrés en longitude. Les Espagnols devaient avoir la possession de tous les pays qu'ils pourraient découvrir à l'ouest de cette ligne de démarcation, et les Portugais, de ceux qu'ils découvriraient à l'est. La partie inférieure de ce cercle imaginaire marquait le terme où devaient s'arrêter de part et d'autre toutes les prétentions. Or, comme on ignorait les lieux où elle devait passer, et que l'on manquait des moyens de les connaître, il s'ensuivit des contestations, dont celle-ci est remarquable. Tous les cosmographes croyaient alors, d'après Ptolémée, que les côtes de Siam et de la Cochinchine étaient à 180 degrés de longitude, comptés du méridien des îles Canaries; il pouvait en conséquence y avoir, selon que l'on opinion, des difficultés entre le Portugal et l'Espagne, sur la possession de quelques-unes de ces côtes ; mais les Moluques, situées à une grande distance à l'est, semblaient se trouver dans la moitié du monde concédée à l'Espagne. Cette dernière puissance crut qu'elle donnerait plus de poids à ses prétentions si elle envoyait chercher ces îles du côté de l'ouest ; mais il fallait pour cela que l'on pût contourner la barrière que le continent d'Amérique semblait opposer à ce côté. Magellan s'y engagea, et, pour en prouver la possibilité, il montra une carte ou un globe que l'on s'accorde généralement à attribuer à Martin Behaim, où l'on voyait un détroit immédiatement à la suite des terres les plus au sud de l'Amérique. L'indication de ce détroit fut le résultat de l'esprit de système; rien ne paraît plus certain. » (De Rossel, article Magellan de la *Biographie universelle*.)

(⁴) C'est-à-dire, du premier méridien.

(⁵) *Cipangu* est le Japon; il porte ce nom sur le globe de Behaim, où il est dit : *C'est la plus riche île de l'Orient*. *Sumbdit-Pradit* est peut-être l'*Antilia* du même globe, appelée aussi *Septe-Cidade*. Mais sur ce globe ces deux îles sont dans l'hémisphère boréal, l'une par les 20 degrés, et l'autre par les 24. Ramusio (t. Iᵉʳ, tav. 3) place Cipangu par les 25 degrés; mais dans la carte XIX d'Urbain Monti on trouve Sumbdit par les 9 degrés de latitude méridionale. Delisle, on ignore sur quel fondement, les place par les 17 et 20 degrés de latitude méridionale. On doit cependant observer que Pigafetta ne dit pas y avoir été, mais qu'il a passé *à peu de distance*, c'est-à-dire qu'il a cru en avoir approché, parce que Marc-Paul avait fait croire que Cipangu était l'île la plus orientale de la mer des Indes ; par conséquent, notre navigateur, y allant par l'occident, devait rencontrer la première; mais, ne l'ayant pas trouvée, il s'est imaginé avoir passé à peu de distance de là. A son retour en Espagne (liv. IV), il parle de Sumbdit-Pradit comme d'une île située près des côtes de la Chine.

ensuite nous courûmes 200 lieues à l'ouest; après quoi nous changeâmes de nouveau de direction en courant à quart de sud-ouest, jusqu'à ce que nous fûmes par les 13 degrés de latitude septentrionale (¹). Nous espérions arriver par cette route au cap de Gatticara, que les cosmographes ont placé sous cette latitude; mais ils se sont trompés, ce cap étant à 12 degrés plus au nord. Il faut cependant leur pardonner cette erreur, puisqu'ils n'ont pas, comme nous, visité ces parages (¹).

Lorsque nous eûmes couru 70 lieues dans cette direction, étant par les 12 degrés de latitude septentrionale et par les 146 degrés de longitude, le 6 de mars, qui était un mercredi, nous découvrîmes au nord-ouest une petite île, et ensuite deux autres au sud-ouest. La première était plus élevée et plus grande que les deux autres. Le capitaine général voulait s'arrêter à la plus grande pour y prendre des rafraîchissements et des provisions (²); mais cela ne nous fut pas possible, parce que les insulaires venaient sur nos vaisseaux, et volaient tantôt une chose, et tantôt une autre, sans qu'il nous fût possible de les en empêcher. Ils voulaient nous obliger à amener nos voiles et à nous rendre à terre; ils eurent même l'adresse d'enlever l'esquif qui était attaché à notre arrière. Alors le capitaine irrité fit une descente à terre, avec quarante hommes armés, brûla quarante à cinquante maisons, ainsi que plusieurs de leurs canots, et leur tua sept hommes. Il recouvra de cette manière l'esquif; mais il ne jugea pas à propos de s'arrêter dans cette île après tous ces actes d'hostilité. Nous continuâmes donc notre route dans la même direction.

L'île des Larrons. — D'après Amoretti.

Au moment où nous descendions à terre pour y punir les insulaires, nos malades nous prièrent d'une chose, à savoir que si quelqu'un des habitants venait à être tué on leur apportât ses intestins, étant persuadés qu'ils serviraient à les guérir en peu de temps.

Lorsque nos gens blessaient les insulaires avec leurs flèches (qu'ils ne connaissaient pas) de manière à les traverser d'outre en outre, ces malheureux tâchaient de retirer ces flèches de leur corps, tantôt par un bout et tantôt par l'autre; après quoi ils les regardaient avec surprise, et souvent ils mouraient de la blessure, ce qui ne laissait pas de nous faire pitié. Cependant, lorsqu'ils nous virent partir, ils nous suivirent avec plus de cent canots, et nous montraient du poisson, comme s'ils voulaient nous le vendre; mais quand ils étaient près de nous, ils nous lançaient des pierres et prenaient la fuite. Nous passâmes à pleines voiles au milieu d'eux; mais ils surent éviter avec beaucoup d'adresse nos vaisseaux. Nous vîmes aussi dans leurs canots des femmes qui pleuraient et s'arrachaient les cheveux, probablement parce que nous avions tué leurs maris.

Ces peuples ne connaissent aucune loi et ne suivent que leur propre volonté. Il n'y a parmi eux ni roi, ni chef. Ils n'adorent rien, et vont tout nus. Quelques-uns d'entre eux ont une longue barbe, des cheveux noirs noués sur le front et qui leur descendent jusqu'à la ceinture. Ils portent aussi de petits chapeaux de palmier. Ils sont grands et fort bien faits. Leur teint est d'une couleur olivâtre; mais on

---

(¹) Le cap Cattigara, que notre auteur appelle Gatticara, était placé, selon Ptolémée, à 180 degrés de longitude des îles Canaries, et au sud de l'équateur; mais Magellan savait bien qu'il était au nord, et il est effectivement par les 8° 27' de latitude septentrionale; par conséquent, pour parvenir à ce cap, il s'était imaginé devoir rencontrer les îles Moluques. Ce cap s'appelle aujourd'hui cap Comorin. Vespuce s'est trompé plus encore dans la latitude, car il l'a cru un cap occidental du continent auquel il a donné son nom. (Bartolozzi.)

(²) Amoretti s'exprime ainsi à propos de ce lieu de relâche : « L'île où mouilla Magellan est probablement l'île de Guahan, que Maximilien Transylvain appelle *Ivagana*. On pourrait croire que c'est l'île Rota, où Georges Menriques, commandant d'un vaisseau de la flotte de Loaisa (qui, en 1526, alla du Pérou aux Mariannes), trouva Gonsalve de Vigo, un des matelots de Magellan, qui s'y était établi volontairement; mais ce Vigo pouvait y avoir passé de Guahan. » (Desbrosses, t. 1er, p. 156.)

nous dit qu'ils naissaient blancs et qu'ils devenaient bruns avec l'âge. Ils ont l'art de se colorer les dents de rouge et de noir, ce qui passe chez eux pour une beauté (¹). Les femmes sont jolies, d'une belle taille, et moins brunes que les hommes. Elles ont les cheveux fort noirs, plats et tombant à terre. Elles vont nues comme les hommes, si ce n'est qu'elles couvrent certaines parties du corps d'un tablier étroit de toile, ou plutôt d'une écorce mince comme du papier, qu'on tire de l'aubier du palmier. Elles ne travaillent que dans leurs maisons, à faire des nattes et des corbeilles avec les feuilles de palmier, et s'occupent d'autres ouvrages semblables pour l'usage domestique. Les uns et les autres se oignent les cheveux et tout le corps d'huile de coco et de séséli (²).

Ce peuple se nourrit d'oiseaux, de poissons volants, de patates, d'une espèce de figues longues d'un demi-pied, de cannes à sucre, et d'autres fruits semblables. Leurs maisons sont de bois, couvertes de planches, sur lesquelles on étend les feuilles de leurs figuiers, longues de quatre pieds (³). Ils ont des chambres assez propres, avec des solives et des fenêtres; et leurs lits, assez doux, sont faits de nattes de palmier très-fines, étendues sur de la paille assez molle. Ils n'ont pour toute arme que des lances, garnies par le bout d'un os pointu de poisson. Les habitants de ces îles sont pauvres, mais très-adroits et surtout voleurs habiles; c'est pourquoi nous les appelâmes *îles des Larrons* (⁴).

Leur amusement est de se promener avec leurs femmes dans des canots semblables aux gondoles de Fusine, près de Venise (⁵); mais ils sont plus étroits; tous sont peints en noir, en blanc ou en rouge. La voile est faite de feuilles de palmier cousues ensemble, et a la forme d'une voile latine. Elle est toujours placée d'un côté, et, du côté opposé, pour donner un équilibre à la voile et en même temps pour soutenir le canot, ils attachent une grosse poutre pointue d'un côté, avec des perches en travers pour la soutenir (⁶). C'est ainsi qu'ils naviguent sans danger. Leur gouvernail ressemble à une pelle de boulanger, c'est-à-dire que c'est une perche au bout de laquelle est attachée une planche. Ils ne font point de différence entre la proue et la poupe, et c'est pourquoi ils ont un gouvernail à chaque bout. Ils sont bons nageurs, et ne craignent pas de se hasarder en pleine mer comme des dauphins (⁷).

Ils furent si émerveillés et si surpris de nous voir, que nous eûmes lieu de croire qu'ils n'avaient vu jusqu'alors d'autres hommes que les habitants de leurs îles.

Le seizième jour du mois de mars, au lever du soleil, nous nous trouvâmes près d'une terre élevée, à 300 lieues des îles des Larrons (⁸). Nous nous aperçûmes bientôt que c'était une île. Elle se nomme Zamal (⁹). Derrière cette île, il y en a une autre qui n'est point habitée; et nous sûmes ensuite qu'on l'appelait Humunu (¹⁰). C'est ici que le capitaine général voulut prendre terre, le lendemain, pour faire

---

(¹) L'usage de se noircir les dents se pratique encore dans les îles Pelew, voisines des Mariannes. Leurs habitants font avec certains végétaux une espèce de pâte qu'ils s'appliquent pendant quelques jours sur les dents, malgré l'incommodité qu'ils en ressentent. (Keatè, *An account of the Pelew islands*, p. 314.)

(²) Espèce de petite graine huileuse fort commune à la Chine. C'est le *Raphanus oleifer Sinensis* de Linné.

(³) Il y a des bananes d'une certaine espèce qui atteignent ces dimensions; les feuilles de ce beau végétal *(Musa paradisiaca)* servent en effet, dans l'Océanie comme en Afrique, à la couverture des habitations.

(⁴) Durant tout le seizième siècle, elles furent appelées îles des Voiles, à cause du grand nombre d'embarcations qui y passaient; et du temps de Philippe IV, roi d'Espagne, on les nomma Mariannes, en l'honneur de Marie d'Autriche, son épouse. Noort observe que, même de son temps (1599), elles méritaient bien le nom d'îles des Larrons.

M. de Rossel dit positivement que c'est à tort qu'on applique le nom d'îles des Larrons aux îles Mariannes. Ce nom doit appartenir à des îles situées plus à l'est, que nous croyons être les îles Mulgrave.

(⁵) Petites gondoles longues et étroites avec lesquelles les habitants de Fusine vont à Venise.

(⁶) C'est le balancier, fort bien imaginé par ces peuples pour empêcher de chavirer leurs bateaux très-étroits avec des voiles de nattes assez pesantes. L'auteur en a donné la figure, qu'on trouve sur la carte ci-jointe; elle a été copiée fidèlement d'après son manuscrit. Anson et Cook font le plus grand éloge de la construction de ces embarcations à balanciers. (Voy., pour plus de renseignements à ce sujet, *Essai sur la construction navale des peuples extra-européens*; Paris, 1 vol. in fol.)

(⁷) C'est par cette raison peut-être qu'une île située près des Mariannes s'appelle l'île des Nageurs.

(⁸) C'est de ce point, jusqu'à ce que le vaisseau *la Victoire* abandonnât l'île de Timor, que la route est tracée sur la carte qui se trouve dans l'édition d'Amoretti.

(⁹) Dans les cartes plus modernes, elle est appelée Samar, et elle est située effectivement à environ 15 degrés, qui font un peu moins de 300 lieues marines, à l'ouest de Guahan. Prévôt, se fiant à l'extrait de Fabre, dit que Samar n'est qu'à 30 lieues des Mariannes. (T. X, p. 198.)

(¹⁰) Humunu, qu'on appela ensuite l'île Enchantée *(Histoire générale des voyages*, t. XV, p. 198), est située près du cap Guigan de l'île de Samar.

aiguade avec plus de sûreté et jouir de quelque repos après un si long voyage. Il y fit aussitôt dresser deux tentes pour les malades, et ordonna de tuer une truie ([1]).

Le lundi 18 du mois, dans l'après-dînée, nous vîmes venir vers nous une barque avec neuf hommes. Le capitaine général ordonna que personne ne fît le moindre mouvement, ou ne dît le moindre mot sans sa permission. Quand ils furent à terre, leur chef s'adressa au capitaine général, en lui témoignant par des gestes le plaisir qu'il avait de nous voir; quatre des plus ornés d'entre eux restèrent auprès de nous; les autres allèrent appeler leurs compagnons, qui étaient occupés à la pêche, et revinrent avec eux.

Le capitaine, les voyant si paisibles, leur fit donner à manger, et leur offrit en même temps quelques bonnets rouges, de petits miroirs, des peignes, des grelots, des boccasins ([2]), quelques bijoux d'ivoire, et autres bagatelles semblables. Les insulaires, charmés de la politesse du capitaine, lui donnèrent du poisson, un vase plein de vin de palmier, qu'ils appellent *uraca*, des bananes longues de plus d'un palme, d'autres plus petites et de meilleur goût, et deux fruits du cocotier. Ils nous indiquèrent en même temps par des gestes qu'ils n'avaient alors rien autre chose à nous offrir, mais que, dans quatre jours, ils reviendraient à nous, et nous apporteraient du riz, qu'ils appellent *umai*, des noix de coco, et d'autres vivres.

Les noix de coco sont les fruits d'une espèce de palmier, dont ils tirent leur pain, leur vin, leur huile et leur vinaigre. Pour avoir le vin, ils font à la cime du palmier une incision qui pénètre jusqu'à la moelle, et d'où sort goutte à goutte une liqueur qui ressemble au moût blanc, mais qui est un peu aigrelette. On reçoit cette liqueur dans les tuyaux d'un roseau de la grosseur de la jambe, qu'on attache à l'arbre, et qu'on a soin de vider deux fois par jour, le matin et le soir. Le fruit de ce palmier est de la grosseur de la tête d'un homme, quelquefois même il est plus gros. Sa première écorce, qui est verte, a deux doigts d'épaisseur : elle est composée de filaments, dont ils se servent pour faire des cordes pour amarrer leurs barques. Ensuite on trouve une seconde écorce plus dure et plus épaisse que celle de la noix. Ils brûlent cette écorce, et en tirent une poudre pour leur usage. Il y a dans l'intérieur une moelle blanche de l'épaisseur d'un doigt, qu'on mange en guise de pain avec la viande et le poisson. Dans le centre de la noix et au milieu de cette moelle, on trouve une liqueur limpide, douce et corroborative. Si, après avoir versé cette liqueur dans un vase, on la laisse reposer, elle prend la consistance d'une pomme. Pour avoir de l'huile, on prend la noix dont on laisse putréfier la moelle avec la liqueur ; ensuite on la fait bouillir, et il en résulte une huile épaisse comme du beurre. Pour obtenir du vinaigre, on laisse reposer la liqueur seule, laquelle étant exposée au soleil devient acide et semblable au vinaigre qu'on fait avec du vin blanc. Nous en faisions aussi un liquide qui ressemblait au lait de chèvre ([3]), en grattant la moelle, la détrempant dans sa liqueur même, et la passant ensuite par un linge. Les cocotiers ressemblent aux palmiers qui portent les dattes ([4]), mais leurs troncs n'ont pas un si grand nombre de nœuds, sans être cependant bien lisses. Une famille de dix personnes peut subsister avec deux cocotiers en faisant alternativement chaque semaine des trous à l'un et laissant reposer l'autre, afin qu'un écoulement continuel de la sève ne le fasse pas périr. On nous a dit qu'un cocotier vit un siècle entier.

Les insulaires se familiarisèrent beaucoup avec nous, et par ce moyen nous pûmes apprendre d'eux plusieurs choses, et surtout concernant les objets qui nous environnaient. Ce fut d'eux aussi que nous apprîmes que leur île s'appelait Zuluan. Elle n'est pas fort grande. Ils étaient polis et honnêtes. Par amitié pour notre capitaine ils le conduisirent dans leurs canots aux magasins renfermant leurs marchandises,

---

([1]) Il avait pris sans doute cette truie aux îles des Larrons, où tous les navigateurs postérieurs ont trouvé beaucoup de cochons. (Desbrosses, t. Ier, p. 55.)

On ne trouva guère dans ces îles d'autres êtres vivants que le rat, la chauve-souris vampire, l'iguane, la tortue de mer, le tripan ou balate, et une espèce de gallinacé connue des naturalistes sous le nom de *Mégapode Lapérouse*, à laquelle il faut peut-être joindre la poule commune. (Voy., sur les productions naturelles de ces îles, le voyageur qui les a le mieux observées, Freycinet, *Voyage autour du monde*.)

([2]) Le boccasin est une espèce de toile qui était fort en usage anciennement. (Voy. du Cange.)

([3]) En 1684, un missionnaire apprit à Cowley à faire de cette manière une émulsion de noix de coco, qu'il trouva excellente. (Desbrosses, t. II, p. 55.)

Cet utile palmier, présenté ici comme point de comparaison, est originaire de l'Afrique et n'appartient pas à l'Océanie. (Voy. la belle Monographie des palmiers du docteur Martius; 1 vol. in-fol.)

([4]) *Phœnix dactylifera*, Linné.

telles que clous de girofle, cannelle, poivre, noix muscade, *macis* (¹), or, etc., et nous firent connaître par leurs gestes que les pays vers lesquels nous dirigions notre course fournissaient abondamment de toutes ces denrées. Le capitaine général les invita à son tour à se rendre sur son vaisseau, où il étala tout ce qui pouvait les flatter par la nouveauté. Au moment où ils allaient partir il fit tirer un coup de bombarde qui les épouvanta étrangement, de sorte que plusieurs étaient sur le point de se jeter à la mer pour s'enfuir; mais on n'eut pas beaucoup de peine à leur persuader qu'ils n'avaient rien à craindre : de sorte qu'ils nous quittèrent assez tranquillement et même de bonne grâce, en nous assurant qu'ils reviendraient incessamment, comme ils nous l'avaient promis auparavant. L'île déserte sur laquelle nous nous étions établis est appelée Humunu par les insulaires; mais nous l'appelâmes l'Aiguade aux bons indices (*Aiguada degli buoni segnali*), parce que nous y avions trouvé deux fontaines d'une eau excellente, et que nous aperçûmes les premiers indices d'or dans ce pays. On y trouve aussi du corail blanc; et il y a des arbres dont les fruits, plus petits que nos amandes, ressemblent aux pignons de pin (²). Il y a aussi plusieurs espèces de palmiers, dont quelques-unes donnent des fruits bons à manger, tandis que d'autres n'en produisent point.

Ayant aperçu autour de nous une quantité d'îles le cinquième dimanche de carême, qu'on appelle de Lazare, nous leur donnâmes le nom d'archipel de Saint-Lazare (³). Il est par les 10 degrés de latitude septentrionale et à 161 degrés de longitude de la ligne de démarcation.

Le vendredi 22 du mois, les insulaires tinrent parole et vinrent avec deux canots remplis de noix de coco, d'oranges, le tout accompagné d'une cruche pleine de vin de palmier et d'un coq, pour nous faire voir qu'ils avaient des poules. Nous achetâmes tout ce qu'ils apportèrent. Leur chef était un vieillard; son visage était peint, et il avait des pendants d'oreilles en or. Ceux de sa suite avaient des bracelets de même métal aux bras et des mouchoirs autour de la tête.

Nous passâmes huit jours près de cette île, et le capitaine allait journellement à terre visiter les malades, auxquels il portait du vin de cocotier, qui leur faisait beaucoup de bien.

Les habitants des îles près de celle où nous étions avaient de si grands trous aux oreilles, et le bout en était si allongé, qu'on pouvait y passer le bras (⁴).

Ces peuples sont cafres, c'est-à-dire gentils (⁵). Ils vont nus, n'ayant qu'un morceau d'écorce d'arbre pour cacher leur nudité; quelques-uns des chefs se couvrent d'une bande de toile de coton brodée en soie aux deux bouts. Ils sont de couleur olivâtre et généralement assez replets. Ils se tatouent et se graissent avec de l'huile de cocotier et de gengeli, pour se garantir, disent-ils, du soleil et du vent. Ils ont les cheveux noirs et si longs qu'ils leur tombent sur la ceinture. Leurs armes sont des coutelas, des boucliers, des massues et des lances garnies d'or. Pour instruments de pêche, ils ont des dards, des harpons et des filets faits à peu près comme les nôtres. Leurs embarcations ressemblent aussi à celles dont nous nous servons.

Le lundi saint, 25 mars, je courus le plus grand danger. Nous étions sur le point de faire voile, et

---

(¹) *Macis*. Notre auteur l'appelle *matia*. c'est la seconde écorce de la noix muscade, qui en a quatre : elle est recherchée pour son goût aromatique. (*Macis officinalis*, Linné.)

(²) Peut-être le pistachier (*Pistacia terebinthus*, Linné); mais, plus probablement, le fruit du *douc-douc* des Philippines qui a le goût de la châtaigne.

(³) On les a appelées ensuite îles Philippines, du nom de Philippe d'Autriche, fils de Charles-Quint.

Les Philippines sont situées entre les 125 et 135 degrés de longitude occidentale de l'île de Fer, par conséquent entre les 195 et 205 degrés de la ligne de démarcation, comme on le voit sur la carte générale. Cet archipel n'est donc pas par les 161 degrés de longitude de cette ligne. J'ignore si, en déterminant la longitude, Magellan et son astrologue San-Martino ont été de bonne foi, ou s'ils ne l'ont dit que pour trouver les Moluques en deçà des 180 degrés. Il est cependant certain qu'avant Dampier on se trompait de 25 degrés dans la longitude. (Desbrosses, t. II, p. 72.)

Nous avons conservé ici la note d'Amoretti : Ce vaste archipel s'étend en réalité depuis les 5° 35′ jusqu'aux 21 degrés de latitude septentrionale, et dès 114° 35′ jusqu'aux 123° 43′ de longitude orientale. L'archipel entier contient plus de cent îles; on évalue leur superficie à 12 000 lieues carrées, avec une population de 2 532 640 individus chrétiens ou païens. Les îles principales sont : Luçon, Mindanao, Mindoro, Leyte (le Ceylon de Pigafetta), Samar, Panay, Bouglas ou Negros, Zebu, Masbate, Bohol, Palavouan et Catandouanes.

(⁴) Tous les navigateurs parlent de ces grandes oreilles. L'auteur en raconte ailleurs des choses fabuleuses.

(⁵) Le mot arabe *kafir* (infidèle) est altéré ici par Pigafetta.

je voulais pêcher : ayant, pour me placer commodément, mis le pied sur une vergue mouillée par la pluie, mon pied glissa et je tombai dans la mer sans être aperçu de personne. Heureusement la corde d'une voile qui pendait dans l'eau se présenta à moi; je m'y attachai, et criai avec tant de force qu'on m'entendit et qu'on vint me sauver avec l'esquif, ce qu'il ne faut pas attribuer à mon propre mérite, mais à la protection miséricordieuse de la très-sainte Vierge.

Nous partîmes le même jour, et, gouvernant entre l'ouest et le sud-ouest, nous passâmes au milieu de quatre îles appelées Cenalo, Huinaugan, Ibusson et Abarien.

Le jeudi 28 mars, ayant vu pendant la nuit du feu dans une île, le matin nous mîmes le cap sur elle; et lorsque nous en fûmes à peu de distance, nous vîmes une petite barque qu'on appelle *boloto*, avec huit hommes, s'approcher de notre vaisseau. Le capitaine avait un esclave natif de Sumatra, qu'on appelait anciennement *Tapobrana*([1]); il essaya de leur parler dans la langue de son pays, ils le comprirent([2]) et vinrent se placer à quelque distance de notre vaisseau; mais ils ne voulurent pas monter sur notre bord, et semblaient même craindre de nous trop approcher. Le capitaine, voyant leur méfiance, jeta à la mer un bonnet rouge et quelques autres bagatelles attachées sur une planche. Ils les prirent et en témoignèrent beaucoup de joie; mais ils partirent aussitôt, et nous sûmes ensuite qu'ils s'étaient empressés d'aller avertir leur roi de notre arrivée.

Deux heures après, nous vîmes venir à nous deux *balangais* (nom qu'ils donnent à leurs grandes barques) tout remplis d'hommes. Le roi était dans le plus grand, sous une espèce de dais formé de nattes. Quand ce roi fut près de notre vaisseau, l'esclave du capitaine lui parla, ce qu'il comprit très-bien, car les souverains de ces îles parlent plusieurs langues. Il ordonna à quelques-uns de ceux qui l'accompagnaient de monter sur le vaisseau; mais il resta lui-même dans son balangai; et aussitôt que les siens furent de retour, il partit.

Le capitaine fit un accueil fort affable à ceux qui étaient montés sur le vaisseau, et leur donna aussi quelques présents. Le roi l'ayant su, avant de partir, voulut donner au capitaine un lingot d'or et une corbeille pleine de gingembre([3]); mais le capitaine, en le remerciant, refusa d'accepter ce présent. Vers le soir, nous allâmes avec l'escadre mouiller près de la maison du roi.

Le jour suivant, le capitaine envoya à terre l'esclave qui lui servait d'interprète, pour dire au roi que, s'il avait quelques vivres à nous envoyer, nous les payerions bien, en l'assurant en même temps que, loin d'être venus vers lui avec des intentions hostiles, nous voulions être ses amis. Sur cela, le roi vint lui-même au vaisseau dans notre chaloupe, avec six ou huit de ses principaux sujets. Il monta à bord, embrassa le capitaine et lui fit présent de trois vases de porcelaine pleins de riz cru et couverts de feuilles, de deux dorades assez grosses, et de quelques autres objets. Le capitaine lui offrit à son tour une veste de drap rouge et jaune faite à la turque, et un bonnet de fin écarlate. Il fit aussi quelques présents aux hommes de sa suite : aux uns il donna des miroirs, aux autres il donna des couteaux. Ensuite il fit servir le déjeuner et ordonna à l'esclave interprète de dire au roi qu'il voulait vivre en frère avec lui, ce qui parut lui faire grand plaisir.

Il étala ensuite devant le roi des draps de différentes couleurs, des toiles, du corail([4]) et autres marchandises. Il lui fit voir aussi toutes les armes à feu, jusqu'à la grosse artillerie, et ordonna même de tirer quelques coups de canon, dont les insulaires furent fort épouvantés. Il fit armer de toutes pièces un d'entre nous et chargea trois hommes de lui donner des coups d'épée et de stylet, pour montrer au roi que rien ne pouvait blesser un homme armé de cette manière, ce qui le surprit beaucoup; et, se tournant vers l'interprète, il dit par son moyen au capitaine qu'un tel homme pouvait combattre

---

([1]) Il régnait, au seizième siècle, une grande confusion sur ce nom de *Tapobrana*; il est resté depuis à l'île de Ceylan.

([2]) Depuis les Philippines jusqu'à Malacca on parle partout la langue malaise; il n'est donc pas étonnant qu'un homme de Malacca soit entendu aux Philippines. Cependant c'est la langue tagale qui est particulièrement en usage parmi les naturels de cet archipel. (Voy. à ce sujet Mallat, *les Iles Philippines*, t. II.)
Les peuples que rencontra Magellan parlaient le bissaya, également fort répandu, et dominant dans l'île qu'il aborda.

([3]) *Amomum zinziber*, Linné; *Zinziber officinale*, Jussieu. Ce genre d'épices figure dès 1392 dans le *Ménagier de Paris*. On connaît le gingembre coulombin et le gingembre mesche (à écorce plus brune).

([4]) Ramusio dit couteaux (*coltelli*), ce qui paraît plus vraisemblable; mais notre manuscrit porte *corali*, et nous savons que les navigateurs ont souvent fait un trafic avantageux avec le corail.

contre cent. « Oui, répondit l'interprète au nom du commandant, et chacun des trois vaisseaux a deux cents hommes armés de cette façon. » On lui fit examiner ensuite séparément chaque pièce de l'armure et toutes nos armes, en lui montrant la manière dont on s'en servait.

Après cela, il le conduisit au château d'arrière, et, s'étant fait apporter la carte et la boussole, il lui expliqua, à l'aide de l'interprète, comment il avait trouvé le détroit pour venir dans la mer où nous étions, et combien de lunes il avait passé en mer sans apercevoir la terre.

Le roi, étonné de tout ce qu'il venait de voir et d'entendre, prit congé du capitaine, en le priant d'envoyer avec lui deux des siens pour leur faire voir, à son tour, quelques particularités de son pays. Le capitaine me nomma avec un autre pour accompagner le roi.

Lorsque nous mîmes pied à terre, il leva les mains au ciel et se tourna ensuite vers nous : nous en fîmes autant, ainsi que tous ceux qui nous suivaient. Le roi me prit alors par la main, et l'un des principaux fit de même à l'égard de mon camarade, et puis nous nous rendîmes ainsi sous une espèce de hangar fait de roseaux, où était un balangai qui avait environ cinquante pieds de long et qui ressemblait à une galère. Nous nous assîmes sur la poupe et tâchâmes de nous faire entendre par des gestes, parce que nous n'avions point d'interprète avec nous. Ceux de la suite du roi l'entouraient, se tenant debout, armés de lances et de boucliers.

On nous servit alors un plat de chair de porc, avec une grande cruche pleine de vin. A chaque bouchée de viande, nous buvions une écuellée de vin, et lorsque l'on ne vidait pas entièrement l'écuelle (ce qui n'arrivait guère), on versait le reste dans une autre cruche. L'écuelle du roi était toujours couverte, et personne n'osait y toucher que lui et moi. Toutes les fois que le roi voulait boire, il levait, avant de prendre l'écuelle, les mains au ciel, les tournait ensuite vers nous, et, au moment où il la prenait avec la main droite, il étendait vers moi la gauche fermée; de manière que la première fois qu'il fit cette cérémonie, je crus qu'il allait me donner un coup de poing; et il restait dans cette attitude pendant tout le temps qu'il buvait; m'étant aperçu que tous les autres l'imitaient en cela, j'en fis autant avec lui. Ce fut ainsi que nous fîmes notre repas, et je ne pus me dispenser de manger de la viande, quoique ce fût un vendredi saint.

Avant que l'heure de souper n'arrivât, je présentai au roi plusieurs choses que j'avais sur moi à cet effet, et lui demandai en même temps les noms de plusieurs objets dans leur langue : ils furent surpris de me les voir écrire.

Le souper vint : on porta deux grands plats de porcelaine, dont l'un contenait du riz et l'autre du porc cuit dans son bouillon. On suivit en soupant les mêmes cérémonies qu'au goûter. Nous passâmes de là au palais du roi, qui avait la forme d'une meule de foin (¹). Il était couvert de feuilles de bananier et se trouvait soutenu assez loin de terre par quatre grosses poutres, pour que nous eussions besoin d'une échelle lorsque nous voulions y monter.

Quand nous y fûmes, le roi nous fit asseoir sur des roseaux avec les jambes croisées, comme les tailleurs sur leur table. Une demi-heure après on apporta un plat de poisson rôti, coupé par morceaux, du gingembre qu'on venait de cueillir, et du vin. Le fils aîné du roi étant survenu, il le fit asseoir à notre côté. On servit alors deux autres plats, un de poisson cuit dans son bouillon, et l'autre de riz, pour en manger avec le prince héréditaire. Mon compagnon de voyage but sans mesure et s'enivra.

Leurs chandelles sont faites d'une espèce de gomme d'arbre (²) qu'ils appellent *anime*, qu'on enveloppe dans des feuilles de palmier ou de figuier.

Le roi, après avoir fait signe qu'il voulait se coucher, s'en alla, et nous laissa avec son fils, avec qui nous dormîmes sur une natte de roseaux, ayant la tête appuyée sur des oreillers faits de feuilles d'arbre.

Le lendemain, le roi vint me voir dans la matinée, et, m'ayant pris par la main, me conduisit dans l'endroit où nous avions soupé la veille, pour y déjeuner ensemble; mais comme notre chaloupe était venue nous chercher, je fis mes excuses au roi et partis avec mon compagnon. Le roi était de très-bonne humeur; il nous baisa les mains, et nous lui baisâmes les siennes.

(¹) Par la carte III qui représente l'île de Zubu, copiée sur le manuscrit d'Amoretti, on peut se faire une idée de ces habitations soutenues sur des poutres, qui ont beaucoup de ressemblance avec les maisons et les chalets de nos Alpes.

(²) Ou plutôt d'une résine. Il est probablement question ici de la *Damara alba*.

Son frère, qui était roi d'une autre île (¹), vint avec nous accompagné de trois hommes. Le capitaine général le retint à dîner et lui fit présent de plusieurs bagatelles.

Le roi, qui nous accompagna, nous dit qu'on trouvait dans son île des morceaux d'or gros comme des noix, et même comme des œufs, mêlés avec de la terre qu'on passait au crible pour les trouver, et que

Vue de Samboagan, dans l'île de Mindanao. — D'après Dumont d'Urville.

tous ses vases, et même quelques ornements de sa maison, étaient de ce métal (²). Il était vêtu fort proprement, selon l'usage du pays, et c'était le plus bel homme que j'aie vu parmi ces peuples. Ses cheveux noirs lui tombaient sur les épaules : un voile de soie lui couvrait la tête, et il portait aux oreilles deux anneaux d'or. De la ceinture jusqu'aux genoux il était couvert d'un drap de coton brodé en soie : il portait au côté une espèce de dague ou d'épée qui avait un manche d'or fort long : le fourreau était de bois très-bien travaillé. Sur chacune de ses dents on voyait trois taches d'or (³), de manière qu'on aurait dit qu'il avait toutes ses dents liées avec ce métal. Il était parfumé de storax et de benjoin. Sa peau était peinte, mais le fond en était olivâtre.

Il fait son séjour ordinaire dans une île où sont les pays de Butuan et de Calagan (⁴); mais quand les

---

(¹) Nous verrons dans la suite que les rois dont il est question ici possédaient deux pays sur la côte orientale de l'île de Mindanao, dont l'un s'appelait Butuan, et l'autre Calagan. Le premier a conservé le même nom, et le second s'appelle Caragua. Le roi de Butuan était aussi roi de Massana ou Mazzana.

(²) Sonnerat (t. II, p. 117) parle aussi de Mindanao comme d'une île qui abonde en or. Par suite de cette assertion, on a cru que les Philippines étaient les îles de Salomon.

Les mines d'or des Philippines les plus connues aujourd'hui sont celles de *Maboulao* et de *Paracala* dans l'île de Luçon, et de *Cacayan* dans Mindanao. Rienzi dit qu'on ne les exploite pas.

(³) Fabre et Ramusio disent qu'à chaque doigt il avait trois bagues d'or, mais notre manuscrit porte clairement : *In ogni dente haveva tre machie d'oro, che parevano fosseno legati con oro.* La chose paraîtra moins étrange quand on saura qu'à Macassar, île peu éloignée des Philippines, quelques individus se font arracher certaines dents pour y substituer des dents d'or.

(⁴) C'est-à-dire Mindanao. On trouve en effet un port de *Caraga* sur la côte nord-est de cette grande île, qui a environ 300 lieues de tour, et qui se divise en partie espagnole et partie indépendante. La population de cette dernière portion de l'île s'élève à 10 ou 12 000 âmes.

deux rois veulent conférer ensemble, ils se rendent dans l'île de Massana, où nous étions actuellement. Le premier s'appelle rajah (¹) Colambu, et l'autre rajah Siagu.

Le jour de Pâques, qui était le dernier du mois de mars, le capitaine général envoya le matin de bonne heure à terre l'aumônier avec quelques matelots dans le but d'y faire les préparatifs nécessaires pour dire la messe; et en même temps il dépêcha l'interprète vers le roi pour lui mander que nous nous rendrions dans l'île, non pour dîner avec lui, mais afin de remplir une cérémonie de notre culte; le roi approuva tout, et nous envoya deux porcs qu'on avait tués.

Nous descendîmes à terre au nombre de cinquante, ne portant pas l'armure complète, mais étant cependant armés et habillés le plus proprement possible. Dès que nos chaloupes touchèrent le rivage, on tira six coups de bombarde en signe de paix. Nous sautâmes à terre, où les deux rois, qui étaient venus à notre rencontre, embrassèrent le capitaine et le mirent au milieu d'eux. Nous allâmes ainsi, en marchant en ordre, jusqu'à l'endroit où l'on devait dire la messe; ce lieu n'était pas fort éloigné du rivage.

Avant que l'on commençât la messe, le capitaine jeta de l'eau musquée sur les deux rois. Au temps de l'oblation, ils allèrent, comme nous, baiser la croix, mais ils ne firent point l'offrande. A l'élévation, ils adorèrent l'eucharistie avec les mains jointes, imitant toujours ce que nous faisions. Dans ce moment, les vaisseaux, ayant reçu le signal, firent une décharge générale de l'artillerie. Après la messe, quelques-uns d'entre nous communièrent, et ensuite le capitaine fit exécuter une danse avec des épées, ce qui fit beaucoup de plaisir aux deux rois.

Après cela, il fit apporter une grande croix garnie de clous et de la couronne d'épines, devant laquelle nous nous prosternâmes, et les insulaires nous imitèrent encore en cela. Alors le capitaine fit dire aux rois, par l'interprète, que cette croix était l'étendard qui lui avait été confié par son empereur pour le planter partout où il aborderait; et par conséquent il voulait l'élever dans cette île, à laquelle ce signe serait d'ailleurs favorable, parce que tous les vaisseaux européens qui dorénavant viendraient la visiter connaîtraient en le voyant que nous y avions été reçus comme amis, et ne feraient aucune violence ni à leurs personnes ni à leurs propriétés, et que, dans le cas même où quelqu'un d'entre eux serait pris, il n'aurait qu'à montrer la croix pour qu'on lui rendît sur-le-champ la liberté. Il ajouta qu'il fallait placer cette croix sur la sommité la plus élevée des environs, afin que chacun pût la voir, et que chaque matin il fallait l'adorer. Il ajouta qu'en suivant ce conseil, ni la foudre ni l'orage ne leur feraient désormais aucun mal. Les rois, qui ne doutaient nullement de tout ce que le capitaine venait de leur dire, le remercièrent, et le firent assurer, par l'interprète, qu'ils étaient parfaitement satisfaits, et que ce serait avec plaisir qu'ils exécuteraient ce qu'il venait de leur proposer.

Il leur fit demander quelle était leur religion, s'ils étaient maures ou gentils. Ils répondirent qu'ils n'adoraient aucun objet terrestre; mais, levant les mains jointes et les yeux au ciel, ils firent entendre qu'ils adoraient un être suprême qu'ils appelaient *Abba*; ce qui fit un grand plaisir à notre capitaine. Alors le rajah Colambu, levant les mains vers le ciel, lui dit qu'il aurait bien désiré de lui donner quelques preuves de son amitié. L'interprète lui ayant demandé pourquoi il y avait si peu de vivres, il répondit que cela venait de ce qu'il ne faisait pas sa résidence dans cette île, où il ne venait que pour la chasse ou pour y avoir des entretiens avec son frère, et que sa résidence ordinaire était dans une autre île, où demeurait aussi sa famille.

Le capitaine dit au roi que, s'il avait des ennemis, il se joindrait volontiers à lui avec ses vaisseaux et ses guerriers pour les combattre. Le roi lui fit répondre qu'il était véritablement en guerre avec les habitants de deux îles, mais que ce n'était pas le temps propre de les attaquer, et il le remercia. On résolut d'aller l'après-midi planter la croix sur le sommet d'une montagne, et la fête finit par le feu de nos arquebusiers, qui s'étaient formés en bataillons; après quoi le roi et le capitaine général s'embrassèrent, et nous retournâmes sur nos vaisseaux.

Dans l'après-dînée, nous descendîmes tous à terre en simple gilet, et, accompagnés des deux rois, nous montâmes sur le sommet de la montagne la plus élevée des environs, et y plantâmes la croix. Pendant ce temps, le capitaine fit connaître les avantages qui devaient en résulter pour les insulaires. Nous ado-

---

(¹) En hindoustani, *radj* signifie gouvernement, souveraineté, royauté, règne, royaume; *rádjá*, rajah ou *radjah*, roi, souverain. Plusieurs Malais ont adopté ce titre.

râmes tous la croix, et les rois en firent autant. En descendant, nous traversâmes des champs cultivés, et nous nous rendîmes à l'endroit où était le balangaï, dans lequel les rois firent apporter des rafraîchissements.

Le capitaine général avait déjà demandé quel était, dans les environs, le port le plus propre pour ravitailler ses vaisseaux et pour y trafiquer avec ses marchandises. On lui dit qu'il y en avait trois, savoir, Ceylon, Zubu et Calagan (¹), mais que Zubu était le meilleur; et comme il était décidé à s'y rendre, on lui offrit des pilotes pour le conduire. La cérémonie de l'adoration de la croix étant finie, le capitaine fixa au lendemain notre départ, et offrit aux rois de leur laisser un otage pour répondre des pilotes jusqu'à ce qu'il les eût envoyés. Les rois y consentirent.

Le matin, lorsque nous étions sur le point de lever l'ancre, le roi Colambu nous fit dire qu'il viendrait volontiers nous servir lui-même de pilote, mais qu'il était obligé de différer encore de quelques jours pour faire la récolte du riz et d'autres produits de la terre; il priait en même temps le capitaine de vouloir bien lui envoyer des gens de son équipage pour l'aider à achever plus vite ce travail. Le capitaine lui envoya effectivement quelques hommes; mais les rois avaient tant mangé et tant bu le jour précédent que, soit que leur santé en eût été altérée, soit par suite d'ivresse, ils ne purent donner aucun ordre, et nos gens se trouvèrent par conséquent dans l'impossibilité de rien faire. Pendant les deux jours suivants, ils travaillèrent beaucoup, et on acheva la besogne.

Nous passâmes sept jours dans cette île, pendant lesquels nous eûmes occasion d'observer leurs usages et leurs coutumes. Ils ont le corps peint, et vont tout nus, en couvrant seulement leur nudité d'un morceau de toile. Les femmes portent un jupon d'écorce d'arbre qui leur descend de la ceinture en bas. Leurs cheveux sont noirs et leur tombent quelquefois jusque sur les pieds. Leurs oreilles sont trouées et ornées de bagues et de pendants d'or. Ils sont grands buveurs, et mâchent toujours un fruit appelé *areca* (²), qui ressemble à une poire: ils le coupent par quartiers et l'enveloppent dans des feuilles du même arbre, appelé *betre* (³), qui ressemblent à celles du mûrier, et ils y mêlent un peu de chaux. Après qu'ils l'ont bien mâché, ils le crachent, et leur bouche devient toute rouge. Il n'y a aucun de ces insulaires qui ne mâche le fruit du betre, lequel, à ce qu'on prétend, leur rafraîchit le cœur; on assure même qu'ils mourraient s'ils voulaient s'en abstenir. Il y a dans cette île des chiens, des chats, des cochons, des chèvres et des poules; et l'on y trouve pour végétaux comestibles le riz, le millet, le panis, le maïs (⁴), les noix de coco, l'orange, le citron, la banane et le gingembre. Il y a aussi de la cire.

L'or y est en abondance, ainsi que le prouveront deux faits dont j'ai été témoin. Un homme nous apporta une jatte de riz et des figues, et demanda en échange un couteau. Le capitaine, au lieu du couteau, lui offrit quelques pièces de monnaie, et entre autres une double pistole d'or; mais il les refusa, et préféra le couteau. Un autre offrit un gros lingot d'or massif pour avoir six fils de grains de verroterie; mais le capitaine défendit expressément de faire cet échange, de peur que cela ne donnât à comprendre à ces insulaires que nous apprécions plus l'or que le verre et nos autres marchandises.

L'île de Massana (⁵) est par les 9° 40′ de latitude nord, et à 162 degrés de longitude occidentale de la ligne de démarcation. Elle est à 25 lieues de l'île de Humunu.

De là, nous dirigeant au sud-est, nous partîmes et passâmes au milieu de cinq îles qu'on appelle Ceylon, Bohol, Canigan, Baybay et Gatigan (⁶). Dans cette dernière, nous vîmes des chauves-souris aussi grosses

---

(¹) Ceylon est l'île de Leyte, que Pigafetta a coupée en deux, donnant à la partie septentrionale le nom de Baybay, qui est le nom d'un port. Le petit détroit de Juanico sépare cette île de Samar, dont il vient d'être question précédemment, et dont la circonférence s'élève à 134 lieues. Calagan est Caragua, dans l'île de Mindanao, et Zubu est l'île de Sebu ou Zebu, dont il sera beaucoup parlé.

(²) L'usage de mâcher l'arec *(Areca cathecu,* Linné) enveloppé dans les feuilles de bétel subsiste toujours. On trouvera d'excellents renseignements sur cette feuille et sa préparation dans sir And. Ljundstedt, *An Historical sketches,* etc.; Boston, 1836, in-8.

(³) C'est le bétel.

(⁴) Le terme *maïs* appartient à l'île d'Haïti. Ce grain s'était fort répandu dès l'époque de Magellan, ou peut-être les îles qu'il visitait possédaient-elles un végétal analogue. (Voy. la dissertation du docteur Duchesne sur le maïs.)

(⁵) Limassava est véritablement dans la latitude indiquée par l'auteur, mais il y a une grande erreur dans la longitude.

(⁶) Bohol a toujours le même nom; c'est une île peu fertile. Candigan et Gatigan se trouvent dans les anciennes cartes, et particulièrement dans la carte XVIII d'Urbain Monti. Bellin a placé ici des îles sans nom.

que des aigles. Nous en tuâmes une que nous mangeâmes, et à laquelle nous trouvâmes un goût de poulet[1]. Il y a aussi des pigeons, des tourterelles, des perroquets, et d'autres oiseaux noirs et gros comme une poule, qui font des œufs aussi gros que ceux de canard et qui sont fort bons à manger. On nous dit que la femelle pond ses œufs dans le sable, et que la chaleur du soleil suffit pour les faire éclore. De Massana à Gatigan il y a 20 lieues.

Nous partîmes de Gatigan en mettant le cap à l'ouest; et comme le roi de Massana, qui voulut être notre pilote, ne pouvait pas nous suivre avec sa pirogue, nous l'attendîmes près de trois îles appelées Polo, Ticobon et Pozon[2]. Lorsqu'il nous eut rejoints, nous le fîmes monter avec quelques-uns de sa suite sur notre vaisseau, ce qui lui fit grand plaisir, et nous nous rendîmes à l'île de Zubu[3]. De Gatigan à Zubu il y a 15 lieues.

Le dimanche 7 avril, nous entrâmes dans le port de Zubu. Nous passâmes près de plusieurs villages, où nous vîmes des maisons construites sur les arbres. Quand nous fûmes près de la ville[4], le capitaine fit arborer tous les pavillons et amener toutes les voiles, et l'on fit une décharge générale de l'artillerie, ce qui causa une grande alarme parmi les insulaires.

Le capitaine envoya alors un de ses élèves, avec l'interprète, comme ambassadeur au roi de Zubu. En arrivant à la ville, ils trouvèrent le roi environné d'un peuple immense alarmé du bruit des bombardes. L'interprète commença par rassurer le roi, en lui disant que c'était notre usage, et que ce bruit n'était qu'un salut en signe de paix et d'amitié pour honorer en même temps le roi et l'île. Ce propos tranquillisa tout le monde.

Le roi fit demander par son ministre à l'interprète ce qui pouvait nous attirer dans son île, et ce que nous voulions. L'interprète répondit que son maître, qui commandait l'escadre, était capitaine au service du plus grand roi de la terre, et que le but de son voyage était de se rendre à Malucco; mais que le roi de Massana, où il avait touché, lui ayant fait de grands éloges de sa personne, il était venu pour avoir le plaisir de lui rendre visite, et en même temps pour prendre des rafraîchissements en donnant en échange de nos marchandises.

Le roi lui fit dire qu'il était le bienvenu, mais qu'il l'avertissait en même temps que tous les vaisseaux qui entraient dans son port pour y trafiquer devaient commencer par lui payer un droit : en preuve de quoi il ajouta qu'il n'y avait pas quatre jours que ce droit avait été payé par une jonque de Siam, qui y était venue prendre des esclaves et de l'or; il appela ensuite un marchand maure qui venait aussi de Siam pour le même objet, afin qu'il témoignât de la vérité de ce qu'il venait d'avancer.

L'interprète répondit que son maître, étant le capitaine d'un si grand roi, ne payerait de droit à aucun roi de la terre; que si le roi de Zubu voulait la paix, il avait apporté la paix; mais que s'il voulait la guerre, il lui ferait la guerre. Le marchand de Siam, s'approchant alors du roi, lui dit en son langage : *Cata rajah chita*, c'est-à-dire : « Seigneur, prenez bien garde à cela. Ces gens-là (ils nous croyaient Portugais) sont ceux qui ont conquis Calicut, Malacca, et toutes les grandes Indes. » L'interprète, qui avait compris ce que le marchand venait de dire, ajouta que son roi était encore beaucoup plus puissant, tant par ses armées que par ses escadres, que le roi de Portugal, dont le Siamois avait voulu parler; que c'était le roi d'Espagne et l'empereur de tout le monde chrétien; et que s'il eût préféré l'avoir plutôt pour ennemi que pour ami, il aurait envoyé un nombre assez considérable d'hommes et de vaisseaux pour détruire son île entière. Le Maure confirma au roi ce que venait de dire l'interprète. Le roi, se trouvant alors embarrassé, dit qu'il se concerterait avec les siens, et donnerait le lendemain sa réponse. En attendant, il fit apporter au député du capitaine général et à l'interprète un déjeuner consistant en plusieurs mets, tous composés de viandes servies dans des vases de porcelaine.

Après le déjeuner, nos députés revinrent à bord et nous firent le rapport de tout ce qui leur était arrivé. Le roi de Massana, qui, après celui de Zubu, était le plus puissant roi de ces îles, se rendit à terre pour annoncer au roi les bonnes dispositions de notre capitaine général à son égard.

---

[1] *Vespertilio vampyrus*, Linné.
[2] Polo et Pozon, îles qu'on voit aussi dans les cartes de Monti et de Ramusio, mais trop éloignées l'une de l'autre.
[3] Dans la planche III de l'édition d'Amoretti on voit les îles de Zubu et de Mattam copiées exactement sur le manuscrit.
[4] La ville dessinée sur la carte III porte le même nom que l'île.

Le jour suivant, l'écrivain de notre vaisseau et l'interprète allèrent à Zubu. Le roi vint au-devant d'eux accompagné de ses chefs, et après avoir fait asseoir nos députés devant lui, il leur dit que, convaincu par ce qu'il venait d'entendre, non-seulement il ne prétendait aucun droit, mais que, si on l'exigeait, il était prêt à se rendre lui-même tributaire de l'empereur. On lui répondit alors qu'on ne demandait d'autre droit que le privilége d'avoir le commerce exclusif de son île. Le roi y consentit, et les chargea d'assurer notre capitaine que s'il voulait être véritablement son ami, il n'avait qu'à se tirer un peu de sang du bras droit et le lui envoyer, et qu'il en ferait autant de son côté, ce qui serait de part et d'autre le signe d'une amitié loyale et solide. L'interprète l'assura que tout cela se ferait comme il le désirait. Le roi ajouta alors que tous les capitaines ses amis qui venaient dans son port lui faisaient des présents, et qu'ils en recevaient d'autres en retour; qu'il laissait au capitaine le choix de donner le premier ces présents ou de les recevoir. L'interprète répondit que, puisqu'il paraissait mettre tant d'importance à cet usage, il n'avait qu'à commencer, ce que le roi consentit à faire.

Le mardi au matin, le roi de Massana vint à bord de notre vaisseau avec le marchand maure, et après avoir salué le capitaine de la part du roi de Zubu, il lui dit qu'il était chargé de le prévenir que le roi était occupé à rassembler tous les vivres qu'il pouvait trouver pour lui en faire présent, et que, dans l'après-midi, il lui enverrait son neveu avec quelques-uns de ses ministres pour établir la paix. Le capitaine les remercia, et il leur fit en même temps voir un homme armé de pied en cap, en leur disant que, dans le cas où il faudrait combattre, nous nous armerions tous de la même manière. Le Maure fut saisi de peur en voyant un homme armé de cette manière; mais le capitaine le tranquillisa en l'assurant que nos armes étaient aussi avantageuses à nos amis que fatales à nos adversaires; que nous étions en état de dissiper tous les ennemis de notre roi et de notre foi avec autant de facilité que nous en avions à nous essuyer la sueur du front avec un mouchoir. Le capitaine prit ce ton fier et menaçant pour que le Maure allât en rendre compte au roi.

Effectivement, après dîner nous vîmes venir à notre bord le neveu([1]) du roi et qui était son héritier, avec le roi de Massana, le Maure, le gouverneur ou ministre et le prévôt major, avec huit chefs de l'île, pour contracter une alliance de paix avec nous. Le capitaine les reçut avec beaucoup de dignité : il s'assit dans un fauteuil de velours rouge, donnant des chaises de la même étoffe au roi de Massana et au prince; les chefs furent s'asseoir sur des chaises de cuir; et les autres sur des nattes.

Le capitaine fit demander par l'interprète si c'était leur coutume de faire les traités en public, et si le prince et le roi de Massana avaient les pouvoirs nécessaires pour conclure un traité d'alliance avec lui. On répondit qu'ils y étaient autorisés, et qu'on pouvait en parler devant le peuple. Le capitaine leur fit sentir alors tous les avantages de cette alliance, pria Dieu de la confirmer dans le ciel, et ajouta plusieurs autres choses qui leur inspirèrent de l'amour et du respect pour notre religion.

Il demanda si le roi avait des enfants mâles. On lui répondit qu'il n'avait que des filles, dont l'aînée était la femme de son neveu qui était alors son ambassadeur, et qui, à cause de ce mariage, était regardé comme prince héréditaire. En parlant de la succession parmi eux, on nous apprit que, quand les pères ont un certain âge, on n'a plus de considération pour eux, et que le commandement passe alors aux fils. Ce discours scandalisa le capitaine, qui condamna cet usage, attendu que Dieu, qui a créé le ciel et la terre, disait-il, a expressément ordonné aux enfants d'honorer leurs père et mère, et menacé de châtier du feu éternel ceux qui transgressent ce commandement. Pour leur faire mieux sentir la force de ce précepte divin, il ajouta que nous étions tous également sujets aux mêmes lois divines, parce que nous sommes tous également descendus d'Adam et d'Ève. Il joignit à ce discours d'autres passages de l'histoire sacrée, qui firent grand plaisir à ces insulaires et excitèrent en eux le désir d'être instruits des principes de notre religion; de manière qu'ils prièrent le capitaine de leur laisser, à son départ, un ou deux hommes capables de les enseigner, et qui ne manqueraient pas d'être bien honorés parmi eux. Mais le capitaine leur fit entendre que la chose la plus essentielle pour eux était de se faire baptiser, ce qui pouvait se faire avant son départ; qu'il ne pouvait maintenant laisser parmi eux aucune personne de son équipage, mais qu'il reviendrait un jour et leur amènerait plusieurs prêtres et moines pour les instruire sur tout ce qui regarde notre sainte religion. Ils témoignèrent leur satisfaction à ces discours, et ajoutèrent

---

([1]) L'héritier présomptif du royaume

qu'ils seraient bien contents de recevoir le baptême, et toutefois qu'ils voulaient auparavant consulter leur roi à ce sujet. Le capitaine leur dit alors qu'ils eussent soin de ne pas se faire baptiser par la seule crainte que nous pouvions leur inspirer ou par l'espoir d'en tirer des avantages temporels, parce que son intention n'était pas d'inquiéter personne parmi eux pour avoir préféré de conserver la foi de ses pères; il ne dissimula pas cependant que ceux qui se feraient chrétiens seraient les plus aimés et les mieux traités. Tous s'écrièrent alors que ce n'était ni par crainte ni par complaisance pour nous qu'ils allaient embrasser notre religion, mais par un mouvement de leur propre volonté.

Le capitaine leur promit alors de leur laisser des armes et une armure complète, d'après l'ordre qu'il en avait reçu de son souverain; mais il les avertit en même temps qu'il fallait baptiser aussi leurs femmes; sans quoi ils devaient se séparer d'elles, s'ils ne voulaient pas tomber en péché. Ayant su qu'ils prétendaient avoir de fréquentes apparitions du diable, qui leur faisait grand'peur, il les assura que, s'ils se faisaient chrétiens, le diable n'oserait plus se montrer à eux qu'au moment de la mort. Ces insulaires, émus et persuadés de tout ce qu'ils venaient d'entendre, répondirent qu'ils avaient pleine confiance en lui; sur quoi le capitaine, pleurant d'attendrissement, les embrassa tous.

Il prit alors entre ses mains la main du prince et celle du roi de Massana, et dit que, par la foi qu'il avait en Dieu, par la fidélité qu'il devait à l'empereur son seigneur, et par l'habit même (¹) qu'il portait, il établissait et promettait une paix perpétuelle entre le roi d'Espagne et le roi de Zubu. Les deux ambassadeurs firent la même promesse.

Après cette cérémonie, on servit à déjeuner; ensuite les Indiens présentèrent au capitaine, de la part du roi de Zubu, de grands paniers pleins de riz, des cochons, des chèvres et des poules, en faisant leurs excuses de ce que le présent qu'ils offraient n'était pas plus digne d'un si grand personnage.

De son côté, le capitaine général donna au prince un drap blanc de toile très-fine, un bonnet rouge, quelques fils de verroterie, et une tasse de verre dorée, le verre étant très-recherché par ces peuples. Il ne fit aucun présent au roi de Massana, parce qu'il venait de lui donner une veste de cambaie (²) et quelques autres choses. Il fit aussi des présents à toutes les personnes qui accompagnaient les ambassadeurs.

Après que les insulaires furent partis, le capitaine m'envoya à terre avec un autre porter les présents destinés au roi, lesquels consistaient en une veste de soie jaune et violette faite à la turque, un bonnet rouge, et quelques fils de grains de cristal, le tout dans un plat d'argent, avec deux tasses de verre dorées que nous portions à la main.

En arrivant à la ville, nous trouvâmes le roi dans son palais, accompagné d'un grand cortège. Il était assis par terre sur une natte de palmier. Son corps était tout nu, n'ayant qu'un pagne de coton; il portait en outre un voile brodé à l'aiguille autour de la tête, un collier de grand prix au cou, et aux oreilles deux grands cercles d'or entourés de pierres précieuses. Il était petit, replet et peint de différentes manières par le moyen du feu (³). Il mangeait à terre, sur une autre natte, des œufs de tortue contenus dans deux vases de porcelaine, ayant devant lui quatre cruches pleines de vin de palmier couvertes d'herbes odoriférantes. Dans chacune de ces cruches, il y avait un tuyau de roseau, par le moyen duquel il buvait (⁴).

Après que nous eûmes rendu notre salut au roi, l'interprète lui dit que le capitaine son maître le faisait remercier du présent qu'il venait de lui faire, et lui envoyait en retour quelques objets, non comme une récompense, mais comme une marque de l'amitié sincère qu'il venait de contracter avec lui. Après ce préambule, nous lui endossâmes la veste, lui mîmes sur la tête le bonnet, et lui présentâmes les autres dons que nous avions pour lui. Avant de lui offrir les tasses de verre, je les baisai et les élevai au-dessus de ma tête. Le roi en fit de même en les recevant. Ensuite il nous fit manger de

---

(¹) Probablement c'était la soubreveste de l'ordre de Saint-Jacques, dont il était commandeur.
(²) Cambaie est une des villes les plus commerçantes de l'Inde. Il y a chez les Tagales un ajustement qui porte ce nom.
(³) Il s'agit ici d'une sorte de tatouage que l'on pratique au moyen d'un caustique. Au temps de la découverte, plusieurs de ces îles étaient désignées sous le nom d'*islas de los Pintados*, en raison des peintures dont quelques naturels aimaient à s'orner. Miguel de Loarca dit que ces peintures étaient fort élégantes et se pratiquaient au moyen de fers qui pénétraient dans les chairs.
(⁴) L'usage de boire en se servant d'un roseau a été observé aussi par Noort chez ces peuples.

ses œufs et boire de son vin avec les tuyaux dont il se servait. Pendant que nous mangions, ceux qui étaient venus sur le vaisseau lui rapportèrent tout ce que le capitaine avait dit touchant la paix, et de quelle manière il les avait exhortés à embrasser le christianisme.

Le roi voulut aussi nous donner à souper; mais nous nous excusâmes et prîmes congé de lui. Le prince son gendre nous conduisit dans sa propre maison, où nous trouvâmes quatre filles qui faisaient de la musique à leur manière : l'une battait un tambour pareil aux nôtres, mais posé par terre ; l'autre avait auprès d'elle deux timbales, et tenait dans chaque main une espèce de baguette ou de petit tampon dont l'extrémité était garnie de toile de palmier, dont elle frappait tantôt sur l'une et tantôt sur l'autre ; la troisième battait, de la même manière, une grande timbale ; la quatrième tenait à la main deux petites timbales qu'elle frappait alternativement l'une contre l'autre, et qui rendaient un son fort doux. Elles se tenaient toutes si bien en mesure qu'on devait leur supposer une grande intelligence de la musique. Ces timbales, qui sont de métal ou de bronze, se fabriquent dans le pays du *Sign' Magno* (¹), et leur tiennent lieu de cloches ; on les appelle *agon* (²). Ces insulaires jouent aussi d'une espèce de violon, dont les cordes sont de cuivre.

Ces filles étaient fort jolies, et presque aussi blanches que nos Européennes ; et quoiqu'elles fussent déjà adultes, elles n'en étaient pas moins nues ; quelques-unes avaient cependant un morceau de toile d'écorce d'arbre qui leur descendait depuis la ceinture jusqu'aux genoux, mais les autres étaient dans une parfaite nudité ; le trou de leurs oreilles était fort grand, et se trouvait garni d'un cercle de bois pour l'élargir davantage et lui donner de la rondeur (³). Elles avaient les cheveux longs et noirs, et se ceignaient la tête d'un petit voile. Elles ne portaient jamais de souliers ni aucune autre chaussure. Nous goûtâmes chez le prince, et retournâmes ensuite à nos vaisseaux.

Un de nos gens étant mort pendant la nuit, je retournai le mercredi matin chez le roi avec l'interprète pour lui demander la permission de l'enterrer et de nous indiquer un lieu convenable. Le roi, que nous trouvâmes environné d'un nombreux cortége, nous répondit que puisque le capitaine pouvait disposer de lui et de tous ses sujets, à plus forte raison pouvait-il disposer de sa terre. J'ajoutai que, pour enterrer le mort, nous devions consacrer l'endroit de la sépulture et y planter une croix. Le roi non-seulement y donna son consentement, mais ajouta qu'il adorerait, comme nous, la croix.

On consacra le mieux qu'il fut possible la place même de la ville destinée à servir de cimetière aux chrétiens, selon les rites de l'Église, afin d'inspirer aux Indiens une bonne opinion de nous, et nous y enterrâmes ensuite le mort. Le même soir, nous en enterrâmes un autre.

Ayant débarqué ce jour-là beaucoup de nos marchandises, nous les mîmes dans une maison que le roi prit sous sa protection, ainsi que quatre hommes que le capitaine y laissa pour trafiquer en gros. Ce peuple, qui est ami de la justice, a des poids et des mesures. Ses balances sont faites d'un bâton de bois soutenu au milieu par une corde. D'un côté est le bassin de la balance attaché à un bout du bâton par trois petites cordes ; de l'autre il y a un poids en plomb équivalant au poids du bassin. Du même côté, on attache des poids qui représentent des livres, des demi-livres, des tiers, etc., et on met sur le bassin les marchandises qu'on veut peser. Ils ont aussi leurs mesures de longueur et de capacité.

Ces insulaires sont adonnés au plaisir et à l'oisiveté. Nous avons déjà dit la manière dont les filles battent des timbales : elles jouent aussi d'une espèce de musette qui ressemble beaucoup à la nôtre, et qu'ils appellent *subin*.

Leurs maisons sont faites de poutres, de planches et de roseaux, et il y a des chambres comme chez nous. Elles sont bâties sur pilotis, de manière qu'au-dessous il y a un vide qui sert d'étable et de poulailler, pour les cochons, les chèvres et les poules.

On nous dit qu'il y a dans ces mers des oiseaux noirs semblables à des corbeaux, qui, lorsque la baleine paraît à la surface de l'eau, attendent qu'elle ouvre la gueule pour se jeter dedans, et vont di-

---

(¹) Le *Sinus Magnus* de Ptolémée, qui est le golfe de la Chine.

(²) Altération évidente du mot *gong*. C'est probablement ce qu'un voyageur moderne désigne sous le nom d'*avitam*. Les chanteurs tagales se nomment *mapagavit* : ils possèdent par tradition des poésies nombreuses et du caractère le plus varié. On appelle *hinli* le chant favori des rameurs.

(³) Cook (Deuxième voyage, t. II, p. 194) a expliqué la manière dont, au moyen de cercles élastiques de feuilles de roseau, on dilate les trous faits au bout des oreilles. (Voy. à ce sujet Choris, *Voyage pittoresque autour du monde*.)

rectement lui arracher le cœur, qu'ils emportent ailleurs pour s'en nourrir. La seule preuve qu'ils nous donnaient de ce fait était qu'on voit l'oiseau noir mangeant le cœur de la baleine, et qu'on trouve la baleine morte sans cœur. Ils ajoutaient que cet oiseau s'appelle *lagan*, qu'il a le bec dentelé, la peau noire, mais que sa chair est blanche et bonne à manger (¹).

Le vendredi, nous ouvrîmes notre magasin et exposâmes toutes nos marchandises, que les insulaires admiraient avec étonnement. Pour le bronze, le fer et autres grosses marchandises, ils nous donnaient de l'or. Nos bijoux et les autres petits objets se troquaient contre du riz, des cochons, des chèvres et d'autres comestibles. On nous offrait dix pièces d'or, chacune de la valeur d'un ducat et demi, pour quatorze livres de fer. Le capitaine général défendit de montrer trop d'empressement pour obtenir de l'or; sans cet ordre, chaque matelot aurait vendu tout ce qu'il possédait afin de se procurer ce métal, ce qui aurait ruiné pour toujours notre commerce.

Le roi ayant promis à notre capitaine d'embrasser la religion chrétienne, on avait fixé pour cette cérémonie le dimanche 14 avril. On dressa à cet effet, sur la place que nous avions déjà consacrée, un échafaud garni de tapisseries et de branches de palmier. Nous descendîmes sur la plage au nombre de quarante, outre deux hommes armés de pied en cap, qui précédaient la bannière royale. Au moment où nous mîmes pied à terre, les vaisseaux firent une décharge de toute l'artillerie, ce qui ne laissa pas que d'épouvanter les insulaires. Le capitaine et le roi s'embrassèrent. Nous montâmes sur l'échafaud, où il y avait pour eux deux chaises de velours vert et bleu. Les chefs des insulaires s'assirent sur des coussins, et les autres sur des nattes.

Alors le capitaine fit dire au roi que, parmi les autres avantages dont il allait jouir en se faisant chrétien, il aurait celui de vaincre plus facilement ses ennemis. Ce prince répondit qu'il était bien content de se faire chrétien, même sans cette raison, mais qu'il aurait été fort charmé de pouvoir se faire respecter de certains chefs de l'île qui refusaient de lui être soumis, en disant qu'ils étaient hommes comme le roi et qu'ils ne voulaient pas lui obéir. Le capitaine, les ayant fait appeler, leur fit dire par l'interprète que, s'ils n'obéissaient pas au roi comme à leur souverain, il les ferait tous tuer et donnerait leurs biens au monarque. A cette menace, tous les chefs promirent de reconnaître l'autorité royale.

Le capitaine promit de son côté au roi qu'à son retour en Espagne il reviendrait dans ces pays avec des forces beaucoup plus considérables, et qu'il le rendrait le plus puissant monarque de toutes ces îles; récompense qu'il croyait lui être due, comme ayant le premier embrassé la religion chrétienne. Le roi, levant les mains au ciel, le remercia, et le pria instamment de laisser chez lui quelques gens pour l'instruire dans les mystères et les devoirs de la religion chrétienne; ce que le capitaine promit de faire, mais à condition qu'on lui confierait deux fils des principaux de l'île, pour les conduire en Espagne, où ils apprendraient la langue espagnole, afin de pouvoir, à leur retour, donner une idée de ce qu'ils y auraient vu.

Après avoir planté une grande croix au milieu de la place, on publia un avis portant que quiconque voulait embrasser le christianisme devait détruire ses idoles et mettre la croix à leur place. Tous y consentirent. Le capitaine, prenant alors le roi par la main, le conduisit vers l'échafaud. Sur cette estrade, on l'habilla entièrement en blanc, et on le baptisa avec le roi de Massana, le prince son neveu, le marchand maure, et d'autres encore, au nombre de cinq cents. Le roi, qui se nommait radjah Humabon, fut appelé Charles, du nom de l'empereur. Les autres reçurent des noms divers. On célébra ensuite la messe, après laquelle le capitaine invita le roi à dîner; mais celui-ci s'en excusa, et nous accompagna jusqu'aux chaloupes, qui nous ramenèrent à l'escadre; nos bâtiments firent encore une salve de toute l'artillerie.

Après dîner, nous allâmes en grand nombre à terre, avec notre aumônier, pour baptiser la reine et d'autres femmes. Nous montâmes avec elles sur le même échafaud. Je fis voir à la reine une petite statue qui représentait la Vierge avec l'enfant Jésus, ce qui lui plut beaucoup et l'attendrit. Elle me la demanda pour la mettre à la place de ses idoles, ce à quoi je consentis volontiers (²). On donna à la reine

---

(¹) C'est un des mille récits fantastiques que Pigafetta a entendu faire, et qu'il rapporte de bonne foi. Cependant on a observé que plusieurs oiseaux vivent de baleines mortes et jetées sur le rivage. Un vautour qui se sera introduit entre les fanons d'une baleine morte peut avoir donné lieu à ce conte.

(²) Le hasard, ou peut-être les soins de quelques habitants qui la regardaient comme une idole, firent que cette statue se

le nom de Jeanne, en souvenir de la mère de l'empereur; le nom de Catherine à la femme du prince, et celui d'Élisabeth à la reine de Massana. Nous baptisâmes, ce jour-là, près de huit cents personnes, hommes, femmes et enfants.

La reine, jeune et belle personne, était vêtue entièrement d'un drap blanc et noir, ayant la tête garnie d'un grand chapeau fait de feuilles de palmier, en forme de parasol, surmonté d'une triple couronne formée des mêmes feuilles, qui ressemblait à la tiare du pape, et sans laquelle elle ne sort jamais. Elle avait la bouche et les ongles peints d'un rouge très-vif.

Vers le soir, le roi et la reine vinrent sur le rivage où nous étions, et entendirent avec plaisir le bruit innocent des bombardes qui les avait tant effrayés précédemment.

Pendant ce temps, tous les habitants de Zubu et des îles voisines furent baptisés. Il y eut cependant un village dans une des îles dont les habitants refusèrent d'obéir au roi et à nous : après l'avoir brûlé, on y planta une croix parce que c'était un village d'idolâtres; si les habitants eussent été des Maures, c'est-à-dire mahométans, on y aurait dressé une colonne de pierre, pour rappeler l'endurcissement de leur cœur.

Le capitaine général descendait tous les jours à terre pour y entendre la messe, à laquelle accouraient aussi plusieurs nouveaux chrétiens, auxquels il faisait une espèce de catéchisme, en leur expliquant plusieurs points de notre religion.

Un jour la reine vint aussi dans toute sa pompe à la messe. Elle était précédée de trois jeunes filles, lesquelles tenaient à la main trois de ses chapeaux : elle était vêtue d'un habit blanc et noir et d'un grand voile de soie à raies d'or, qui lui couvrait la tête et les épaules. Elle venait en compagnie de plusieurs femmes, dont la tête était ornée d'un petit voile surmonté d'un chapeau : tout le reste de leur corps, et leurs pieds même, étaient nus, n'ayant qu'un petit pagne de toile de palmier. Leurs cheveux étaient épars. La reine, après avoir fait la révérence à l'autel, s'assit sur un coussin de soie brodée; et le capitaine versa sur elle, ainsi que sur les femmes de sa suite, de l'eau de rose musquée, odeur qui plaît infiniment aux femmes de ces pays.

Afin que le roi fût plus respecté et mieux obéi qu'il n'était, le capitaine général le fit un jour venir à la messe vêtu de son habit de soie, et ordonna d'y conduire les deux frères, dont l'un s'appelait Bondara (¹), qui était le père du prince, et l'autre Cadaro, avec plusieurs chefs, nommés Simiut, Sibuaia, Sisacai (²), Magalibe, etc. Il exigea qu'ils fissent serment d'obéir au roi; après quoi tous lui baisèrent la main.

Ensuite le capitaine fit jurer au roi de Zubu qu'il resterait soumis et fidèle au roi d'Espagne. Ce serment ayant été fait, le capitaine général tira son épée devant l'image de Notre-Dame, et dit au roi que lorsqu'on avait prêté un pareil serment on devait mourir plutôt que d'y manquer, et que lui-même était disposé à périr mille fois avant que de fausser les serments qu'il avait faits, ayant juré par l'image de Notre-Dame, par la vie de l'empereur son maître, et par son propre habit. Il lui fit ensuite présent d'une chaise de velours, en lui disant de la faire porter devant lui par un de ses chefs dans tous les lieux où il irait, et lui indiqua la manière dont il fallait s'y prendre pour cela.

Le roi promit au capitaine de faire exactement tout ce qu'il venait de lui dire, et pour lui donner une marque d'attachement à sa personne, il fit préparer les joyaux dont il voulait lui faire présent; ils consistaient en deux pendants d'oreilles d'or assez grands, deux bracelets d'or pour les bras, et deux autres pour les chevilles des pieds; le tout orné de pierreries. Ces anneaux sont le plus bel ornement des souverains de ces contrées, qui vont toujours nus et sans chaussure, n'ayant, comme je l'ai déjà dit, pour tout vêtement qu'un morceau de toile qui leur descend de la ceinture aux genoux.

Le capitaine, qui avait commandé au roi et aux autres nouveaux chrétiens de brûler leurs idoles, ce qu'ils avaient tous promis de faire, voyant que non-seulement ils les gardaient encore, mais qu'ils leur

---

conserva dans ces contrées jusqu'en 1598. Les Espagnols, étant retournés avec des missionnaires, la trouvèrent et la mirent en vénération; et c'est à son occasion qu'ils imposèrent le nom de Ville-de-Jésus à la cité qu'ils bâtirent. *(Histoire générale des voyages,* t. XV, p. 35.)

(¹) Dans tous les États occupés par des Malais, le *bondara* ou plutôt *bandara* est le lieutenant du souverain; dans les villes, il occupe le rang de gouverneur.

(²) Il paraît que *si* ou *ci*, placé devant un nom propre, était un titre d'honneur.

faisaient des sacrifices de viandes, selon leur ancien usage, s'en plaignit hautement et les réprimanda. Ils ne cherchèrent point à nier le fait, mais crurent s'excuser en disant que ce n'était pas pour eux-mêmes qu'ils faisaient ces sacrifices, mais pour un malade auquel ils espéraient que lesdites idoles rendraient la santé. Ce malade était le frère du prince, qu'on regardait comme l'homme le plus sage et le plus vaillant de l'île; et sa maladie s'était aggravée au point qu'il avait déjà perdu la parole depuis quatre jours.

Le capitaine ayant entendu ce rapport, et animé d'un saint zèle, dit que, s'ils avaient une véritable foi en Jésus-Christ, ils eussent à brûler sur-le-champ tous leurs dieux et à faire baptiser le malade, qui se trouverait guéri. Il ajouta qu'il était si convaincu de ce qu'il disait, qu'il consentait à perdre la tête si ce qu'il promettait n'arrivait pas sur-le-champ. Le roi promit de souscrire à tout. Nous fîmes alors, avec toute la pompe possible, une procession de la place où nous étions à la maison du malade, que nous trouvâmes effectivement dans un fort triste état, de manière même qu'il ne pouvait ni parler ni se mouvoir. Nous le baptisâmes avec deux de ses femmes et dix filles. Le capitaine lui demanda, aussitôt après le baptême, comment il se trouvait, et il répondit soudainement que, grâce à Notre-Seigneur, il se portait bien. Nous fûmes tous témoins oculaires de ce miracle. Le capitaine surtout en rendit grâces à Dieu. Il donna au prince une boisson rafraîchissante, et continua de lui en envoyer tous les jours jusqu'à ce qu'il se fût entièrement rétabli. Il lui fit remettre en même temps un matelas, des draps, une couverture de laine jaune, et un oreiller.

Au cinquième jour, le malade se trouva parfaitement guéri et se leva. Son premier soin fut de faire brûler en présence du roi et de tout le peuple une idole pour laquelle on avait grande vénération, et que quelques vieilles femmes gardaient soigneusement dans sa maison. Il fit aussi abattre plusieurs temples placés sur le bord de la mer, où le peuple s'assemblait pour manger la viande consacrée aux anciennes divinités. Tous les habitants applaudirent à ces exécutions, et se proposèrent d'aller détruire toutes les idoles, celles même qui servaient dans la maison du roi, criant en même temps : *Vive la Castille!* en l'honneur du roi d'Espagne.

Les idoles de ces pays sont de bois, concaves ou évidées par derrière; elles tiennent les bras et les jambes écartés, et les pieds tournés en haut; elles portent une large face, avec quatre très-grosses dents semblables à celles du sanglier (¹). Généralement elles sont toutes peintes.

Puisque je viens de parler de ces statues, je vais raconter à Votre Seigneurie quelques-unes de leurs coutumes superstitieuses, dont l'une est celle de la bénédiction du cochon. On commence cette cérémonie par battre de grandes timbales. On porte ensuite trois grands plats, dont deux sont chargés de poisson rôti, de gâteaux de riz et de millet cuit, enveloppés dans des feuilles; sur l'autre il y a des draps de toile de Cambaie et deux bandes de toile de palmier. On étend par terre un de ces linceuls de toile. Alors viennent deux vieilles femmes, dont chacune tient à la main une grande trompette de roseau. Elles se placent sur le drap, font une salutation au soleil, et s'enveloppent des autres draps de toile qui étaient sur le plat. La première de ces deux vieilles se couvre la tête d'un mouchoir qu'elle lie sur son front, de manière qu'il y forme deux cornes; et, prenant un autre mouchoir dans ses mains, elle danse et sonne en même temps de la trompette, en invoquant de temps en temps le soleil. L'autre vieille prend une des bandes de toile de palmier, danse et sonne également de sa trompette, et, se tournant vers le soleil, lui adresse quelques mots. La première saisit alors l'autre bande de toile de palmier;

(¹) Comme l'atteste l'ancienne relation de Loarca, ces idoles étaient en nombre prodigieux; on les désignait sous le nom d'*anitos*. « Dans quelques endroits, dit ce vieux voyageur, particulièrement dans les montagnes, quand un Indien a perdu son père, sa mère, ou quelque proche parent, il fait une idole en bois qu'il conserve avec soin, de sorte qu'il y a telle maison où l'on trouve cent cinquante ou deux cents de ces idoles, qu'ils nomment aussi *anitos*, parce qu'ils croient que les morts vont servir le *Batala*; ils leur font des sacrifices, leur offrent des aliments, du vin ou de l'or, et les prient d'intercéder auprès de ce *Batala*, qu'ils regardent comme le dieu suprême. »

Nous aimons à citer en passant cette rapide esquisse des croyances répandues parmi les peuples que visita Magellan dans ces régions. La théogonie si variée des îles Philippines est exposée du reste avec détail par Loarca, lorsqu'il nous fait connaître les *Pintados. Macaptan*, le dieu terrible, habite au delà des cieux; *Lalahon* est la personnification d'un volcan redoutable; mais *Varangao*, ou l'arc-en-ciel, peut rendre la santé aux malades, tandis que *Anguinio* et *Amancanduc* le secondent par leurs dispositions favorables. (Voy. les *Archives des voyages*, publ. par M. H. Ternaux-Compans.)

jette le mouchoir qu'elle tenait à la main, et toutes les deux sonnent ensemble de leurs trompettes et dansent longtemps autour du cochon, qui est lié et couché par terre. Pendant ce temps, la première parle toujours d'une voix basse au soleil, tandis que l'autre lui répond. Après cela, on présente une tasse de vin à la première, qui la prend, sans cesser de danser et de s'adresser au soleil, l'approche quatre ou cinq fois de sa bouche, en feignant de vouloir boire, puis finit par verser la liqueur sur le cœur du cochon. Elle rend ensuite la tasse, et on lui donne une lance qu'elle agite : toujours en dansant et parlant, elle la dirige plusieurs fois contre le cœur du cochon, qu'elle perce à la fin d'outre en outre d'un coup prompt et bien mesuré. Aussitôt qu'elle a retiré la lance de la blessure, on la ferme et on la panse avec des herbes salutaires. Durant toute cette cérémonie, il y a un flambeau allumé, que la vieille qui a percé le cochon prend et met dans sa bouche pour l'éteindre. L'autre vieille trempe dans le sang du cochon le bout de sa trompette dont elle va toucher et ensanglanter le front des assistants, en commençant par celui de son mari; mais elle ne vint pas à nous. Cela fini, les deux vieilles se déshabillent, mangent ce qu'on avait apporté dans les deux premiers plats, et invitent les femmes, et non les hommes, à manger avec elles. On flambe ensuite le cochon. Jamais on ne mange de cet animal qu'il n'ait été auparavant purifié de cette manière, et il n'y a que de vieilles femmes qui puissent faire cette cérémonie (¹).

A la mort d'un de leurs chefs, on pratique également des cérémonies singulières, ainsi que j'en ai été le témoin. Les femmes les plus considérées du pays se rendirent à la maison du mort, au milieu de laquelle le cadavre était placé dans une caisse; autour de cette caisse on tendit des cordes pour former une espèce d'enceinte. On attacha à ces cordes des branches d'arbres, et au milieu de ces branches on suspendit des draps de coton en forme de pavillon. C'est sous ces pavillons que s'assirent les femmes dont je viens de parler; elles étaient toutes couvertes d'un drap blanc. Chaque femme avait une suivante qui la rafraîchissait avec un éventail de palmier. Les autres femmes étaient assises d'un air triste autour de la chambre. Il y en avait une parmi elles qui, avec un couteau, coupa peu à peu les cheveux du mort. Une autre, la première femme du défunt (car, quoiqu'un homme puisse avoir autant de femmes qu'il lui plaît, une seule est la principale) s'étendit sur lui de façon qu'elle avait sa bouche, ses mains et ses pieds sur sa bouche, sur ses mains et sur ses pieds. Tandis que la première coupait les cheveux du mort, celle-ci pleurait, et elle chantait quand la première s'arrêtait. Tout autour de la chambre il y avait plusieurs vases de porcelaine remplis de feu, où l'on jetait de temps en temps de la myrrhe, du storax et du benjoin, qui répandaient une odeur fort agréable. Ces cérémonies continuent cinq à six jours, pendant lesquels le cadavre ne sort pas de la maison : je crois qu'on a soin de l'embaumer avec du camphre pour le préserver de la putréfaction. On l'enterre enfin dans la même caisse, fermée au moyen de chevilles de bois, dans le cimetière qui est un endroit enclos et couvert d'ais.

On nous assura que toutes les nuits un oiseau noir, de la grandeur du corbeau, venait à minuit se percher sur les maisons, et par ses cris faisait peur aux chiens, qui se mettaient tous à hurler et qui ne cessaient leurs aboiements qu'à l'aube du jour. On ne voulut jamais nous dire la cause de ce phénomène, dont nous fûmes tous témoins.

On ne manque pas de vivres dans cette île. Outre les animaux que j'ai déjà nommés, il y a des chiens et des chats, qu'on mange également. Il y croît aussi du riz, du millet, du panicum et du maïs, des oranges, des citrons, des cannes à sucre, des noix de coco, des citrouilles, de l'ail, du gingembre, du miel et d'autres productions. On y fait du vin de palmier, et il y a une grande quantité d'or.

Lorsque quelqu'un d'entre nous descendait à terre, soit de jour, soit de nuit, il trouvait toujours des Indiens qui l'invitaient à manger et à boire. Ils ne donnent à tous leurs mets qu'une demi-cuisson et les salent extrêmement, ce qui les porte à boire beaucoup, et ils boivent fort souvent, en suçant avec des tuyaux de roseau le vin contenu dans les vases. Ils passent ordinairement cinq à six heures à table (²).

(¹) Ce récit curieux est tout à fait d'accord avec ce que nous raconte Miguel de Loarca, dont la relation a été écrite vers 1582. Les espèces de prêtresses qui figurent dans ce sacrifice portaient le nom de *baylanas*, qui leur avait été imposé probablement par les Espagnols. Le sacrifice si minutieusement et si exactement décrit par Pigafetta a lieu pour apaiser *Varangao* ou l'arc-en-ciel.

(²) Miguel de Loarca a soin de faire remarquer la prodigieuse quantité de vin obtenue sans peine du cocotier : « Un Indien peut en faire deux *arrobes* dans la matinée. Il est très-doux, très-bon; on en tire beaucoup d'eau-de-vie et de vinaigre. »

Dans cette île, il y a plusieurs villages dont chacun a quelques personnages respectables qui en sont les chefs. Voici les noms des villages et de leurs chefs respectifs : — Cingapola; ses chefs sont Cilaton, Ciguibucan, Cimaninga, Cimaticat, Cicanbul; — Mandani, qui a pour chef Aponoaan; — Lalan, dont Teten est le chef; — Lalutan, qui a pour chef Japau; — Lubucin, dont Cilumai est le chef. Tous ces villages étaient sous notre obéissance et nous payaient une espèce de tribut.

Près de l'île de Zubu, il y en a une autre appelée Matan (¹), qui a un port du même nom, où mouillaient nos vaisseaux. Le principal village de cette île s'appelle aussi Matan, dont Zula et Cilapulapu étaient les chefs. C'est dans cette île qu'était situé le village de Bulaia que nous brûlâmes.

Vendredi 26 avril, Zula, un des chefs de l'île de Matan, envoya au capitaine général l'un de ses fils avec deux chèvres, en lui faisant dire que, s'il ne lui envoyait pas tout ce qu'il avait promis, ce n'était pas sa faute, mais celle de l'autre chef appelé Cilapulapu, qui ne voulait point reconnaître l'autorité du roi d'Espagne; que si cependant le capitaine voulait seulement envoyer à son secours, la nuit suivante, une chaloupe avec des hommes armés, il s'engageait à battre et à subjuguer entièrement son rival.

Après avoir reçu ce message, le capitaine général se détermina à se transporter sur les lieux avec trois chaloupes. Nous le priâmes de ne pas y aller en personne; mais il nous répondit qu'en bon pasteur il ne devait pas abandonner son troupeau.

Nous partîmes à minuit, au nombre de 60 hommes, armés de cuirasses et de casques. Le roi chrétien, le prince son gendre et plusieurs chefs de Zubu, avec une quantité d'hommes armés, nous suivirent dans vingt ou trente balangais. Nous arrivâmes à Matan trois heures avant le jour. Le capitaine ne voulut pas attaquer alors; mais il envoya à terre le Maure dire à Cilapulapu et aux siens que, s'ils voulaient reconnaître la souveraineté du roi d'Espagne, obéir au roi chrétien de Zubu et payer le tribut qu'on venait de leur demander, ils seraient regardés comme leurs amis; sans quoi ils apprendraient à connaître la force de nos lances. Les insulaires ne furent point épouvantés de nos menaces. Ils répondirent qu'ils avaient des lances aussi bien que nous, quoiqu'elles ne fussent que de roseaux pointus et de pieux durcis au feu. Ils demandèrent seulement à n'être pas attaqués pendant la nuit, parce qu'ils attendaient des renforts et seraient alors en plus grand nombre; ce qu'ils dirent malicieusement pour nous encourager à les attaquer tout de suite, dans l'espoir que nous tomberions dans des fossés qu'ils avaient creusés entre le bord de la mer et leurs maisons.

Nous attendîmes effectivement le jour. Nous sautâmes alors dans l'eau, et nous en eûmes jusqu'aux cuisses, les chaloupes ne pouvant approcher de terre, à cause des rochers et des bas-fonds. Nous étions quarante-neuf en tout, ayant laissé onze personnes pour garder nos chaloupes. Il nous fallut marcher pendant quelque temps dans l'eau avant de pouvoir gagner la terre.

Nous trouvâmes les insulaires au nombre de 1 500, formés en trois bataillons, qui aussitôt se jetèrent sur nous avec un bruit horrible; deux de ces bataillons nous attaquèrent en flanc, et le troisième de front. Notre capitaine partagea alors sa troupe en deux pelotons. Les mousquetaires et les arbalétriers tirèrent de loin pendant une demi-heure sans faire le moindre mal aux ennemis ou du moins fort peu; car, quoique les balles et les flèches pénétrassent dans leurs boucliers formés d'ais assez minces, et les blessassent même quelquefois aux bras, cela ne les arrêtait point, parce que ces blessures ne leur donnaient pas une mort subite, comme on se l'était imaginé; ils devenaient même plus hardis et plus furieux. D'ailleurs, se fiant à la supériorité de leur nombre, ils nous jetaient des nuées de lances de roseau, de pieux durcis au feu, des pierres et même de la terre; de manière qu'il nous était fort difficile de nous défendre. Il y en eut même qui lancèrent des pieux ferrés par le bout contre notre capitaine général, qui, pour les écarter et les intimider, ordonna à quelques-uns d'entre nous d'aller mettre le feu à leurs cases; ce qu'on exécuta sur-le-champ. La vue des flammes ne fit que les rendre plus féroces et plus acharnés; quelques-uns même accoururent vers le lieu de l'incendie, qui consuma

---

(¹) Si l'île de *Zebu* ou *Zubu* peut avoir cent lieues de tour sur une cinquantaine de lieues de longueur, et environ 3 600 Indiens de population, l'île de *Matan* ou *Mactan*, qui n'en est qu'à deux portées d'arquebuse, et dont le chef se montra si hostile aux Européens, est beaucoup moins considérable. On lui donne quatre lieues de tour et une demi-lieue de large, et elle ne renfermait, au seizième siècle, que trois cents habitants répartis dans quatre ou cinq villages. Peu de temps avant la découverte, dit-on, la population de ces îles avait été décimée par des expéditions sorties des Moluques. Zebu est aujourd'hui le siège d'un évêché et considéré comme la seconde ville de l'archipel; son territoire n'est pas très-fertile

vingt à trente maisons, et tuèrent deux de nos gens sur la place. Leur nombre paraissait augmenter, ainsi que l'impétuosité avec laquelle ils se jetaient sur nous. Une flèche empoisonnée vint percer la jambe du capitaine, qui ordonna aussitôt de nous retirer lentement et en bon ordre ; mais la plus grande partie de nos gens prirent précipitamment la fuite, de manière que nous restâmes à peine sept ou huit avec le capitaine.

Les Indiens s'étaient aperçus que leurs coups ne nous faisaient aucun mal quand ils étaient portés à la tête ou au corps, en raison de notre armure ; et ils voyaient fort bien que les parties inférieures étaient sans défense : aussi ne dirigèrent-ils plus que vers nos jambes leurs flèches, leurs lances et leurs pierres, et cela en si grande quantité que nous ne pûmes y résister. Les bombardes que nous avions sur les chaloupes ne nous étaient d'aucune utilité, parce que les bas-fonds ne permettaient pas de les approcher assez de nous. Nous nous retirâmes peu à peu en combattant toujours, et nous étions déjà à la distance d'une portée d'arbalète, ayant de l'eau jusqu'aux genoux, lorsque les insulaires, qui nous suivaient toujours de près, reprirent et nous jetèrent jusqu'à cinq ou six fois la même lance. Comme ils connaissaient notre capitaine, c'était principalement vers lui qu'ils dirigeaient leurs coups, de façon qu'ils firent sauter deux fois le casque de sa tête ; cependant il ne céda pas, et nous combattions en très-petit nombre à ses côtés. Ce combat si inégal dura près d'une heure. Un insulaire réussit enfin à pousser le bout de sa lance dans le front du capitaine, qui, irrité, le perça avec la sienne, qu'il lui laissa dans le corps. Il voulut alors tirer son épée ; mais cela lui fut impossible, son bras droit étant fortement blessé. Les Indiens, qui s'en aperçurent, se portèrent tous vers lui, et l'un d'entre eux lui asséna un si grand coup de sabre sur la jambe gauche, qu'il alla tomber sur le visage ; au même instant, les ennemis se jetèrent sur lui. C'est ainsi que périt notre guide, notre lumière et notre soutien. Lorsqu'il tomba, et qu'il se vit accablé par les ennemis, il se tourna plusieurs fois vers nous, pour voir si nous avions pu nous sauver. Comme il n'y avait aucun d'entre nous qui ne fût blessé, et que nous nous trouvions tous hors d'état de le secourir ou de le venger, nous nous rendîmes sur-le-champ à nos chaloupes, qui étaient sur le point de partir. C'est donc à notre capitaine que nous dûmes notre salut, parce qu'au moment où il périt tous les insulaires se portèrent vers l'endroit où il était tombé [1].

Le roi chrétien aurait pu nous secourir, et il l'aurait fait sans doute ; mais le capitaine général, loin de prévoir ce qui venait d'arriver lorsqu'il mit pied à terre avec ses gens, lui ordonna de ne point sortir de son balangai, et de rester simple spectateur de notre manière de combattre. Il pleura amèrement lorsqu'il le vit succomber.

Mais la gloire de Magellan survivra à sa mort. Il était orné de toutes les vertus ; il montra toujours une constance inébranlable au milieu de ses plus grandes adversités. En mer, il se condamnait lui-même à de plus grandes privations que le reste de l'équipage. Versé plus qu'aucun autre dans la connaissance des cartes nautiques, il possédait parfaitement l'art de la navigation, ainsi qu'il l'a prouvé en faisant le tour du monde, ce qu'aucun autre n'avait osé tenter avant lui [2].

Cette malheureuse bataille se donna le 27 avril 1521, qui était un samedi, jour que le capitaine avait choisi lui-même, parce qu'il l'avait en dévotion particulière. Huit de nos gens et quatre Indiens baptisés périrent avec lui, et peu d'entre nous retournèrent à nos vaisseaux sans être blessés. Ceux qui étaient restés dans les chaloupes s'imaginèrent, à la fin, de nous protéger avec les bombardes ; mais la grande

---

[1] Ce funeste événement est raconté en ces termes dans le manuscrit de M. Beaupré (de Nancy) : « Lors vinrent tant furieusement contre nous, qu'ils passèrent une flèche envenimée à travers la jambe du capitaine, par quoi il commanda nous retirer peu à peu..... Mais lui, comme bon capitaine et chevalier, tousjours se tenoit fort avec aulcuns autres, plus d'une heure ainsi combattant ; et ne se voulant plus retirer, ung Indien lui gecta une lance de canne au visaige, et lui soudain de sa lance le tua et la lui laissa dedans le corps. Puis, voulant mettre la main à l'espée, ne la peut tirer que à moitié, à cause d'une plaie de lance de canne qu'il avoit au bras ; ce que ces gens voyant se gectèrent tous vers luy, dont l'ung avec un grand javelot qui est comme une pertuisane, mais plus gros lui donna ung coup en la jambe gauche par laquelle il cheut le visaige devant ; dont tous soudain se gectèrent sur luy, avec lances de fer et de cannes, et avecq ces javelots ; tellement qu'ils occirent le miroer, la lumière, le confort de tous et nostre vraye guide, etc. » (Voy. le mémoire de M. Raymond Thomassy, *Bulletin de la Société de géographie*, année 1843.)

[2] Magellan n'avait fait que la moitié du tour du globe ; mais Pigafetta dit qu'il l'avait fait presque en entier, parce que les Portugais connaissaient très-bien le reste de la route des îles Moluques en Europe par le cap de Bonne-Espérance.

distance où ils étaient fut cause qu'elles nous firent plus de mal qu'à nos ennemis, qui cependant perdirent quinze hommes.

Dans l'après-midi, le roi chrétien envoya dire, de notre consentement, aux habitants de Matan, que s'ils voulaient nous rendre les corps de nos soldats tués, et particulièrement celui du capitaine général, nous leur donnerions la quantité de marchandises qu'ils pourraient demander; mais ils répondirent que rien ne pourrait les engager à se défaire du corps d'un homme tel que notre chef, et qu'ils voulaient le garder comme un monument de leur victoire.

En apprenant la perte de notre capitaine, ceux qui étaient dans la ville pour trafiquer firent sur-le-champ transporter toutes les marchandises sur les vaisseaux. Nous élûmes alors à sa place deux gouverneurs, qui furent Odoard Barbosa [1], Portugais, et Jean Serrano, Espagnol.

Notre interprète, appelé Henri, qui était l'esclave de Magellan, ayant été légèrement blessé dans le combat, prit ce prétexte pour ne plus descendre à terre, où il était nécessaire pour notre service, et passait toute la journée dans l'oisiveté, étendu sur sa natte. Odoard Barbosa, gouverneur du vaisseau que montait auparavant Magellan, le réprimanda fortement et lui dit que, malgré la mort de son maître, il n'en était pas moins esclave, et qu'à notre retour en Espagne il le rendrait à dona Béatrix, femme de Magellan; il le menaça ensuite de le faire fustiger avec des verges s'il ne se rendait pas sur-le-champ à terre pour le service de l'escadre.

L'esclave se leva, et fit semblant de n'avoir pas fait attention aux injures et aux menaces du gouverneur. Étant descendu à terre, il se rendit chez le roi chrétien, à qui il dit que nous comptions partir sous peu, et que s'il voulait suivre le conseil qu'il avait à lui donner, il pourrait se rendre maître de tous nos vaisseaux et de toutes nos marchandises. Le roi l'écouta favorablement, et ils ourdirent ensemble une trahison. L'esclave revint ensuite à bord, et montra plus d'activité et d'intelligence qu'il n'avait fait auparavant.

Le matin du mercredi 1er mai, le roi chrétien envoya dire aux gouverneurs qu'il avait préparé un présent de pierreries pour le roi d'Espagne, et que, pour les leur remettre, il les priait de venir, ce jour-là, dîner chez lui avec quelques-uns de leur suite. Ils y allèrent, en effet, au nombre de vingt-quatre, parmi lesquels était notre astrologue, qui s'appelait San-Martino, de Séville. Je ne fus pas du nombre, car j'avais le visage gonflé par la blessure d'une flèche empoisonnée, qui m'avait atteint au front. Jean Carvalho et le prévôt revinrent sur-le-champ aux vaisseaux, parce qu'ils soupçonnaient les Indiens de mauvaise foi, ayant vu, disaient-ils, celui qui avait été guéri miraculeusement conduire notre aumônier chez lui.

A peine eurent-ils achevé ces mots, que nous entendîmes des cris et des plaintes. Ayant aussitôt levé les ancres, nous nous approchâmes avec les vaisseaux près du rivage, et tirâmes plusieurs coups de bombarde sur les maisons. Nous vîmes alors Jean Serrano que l'on conduisait vers le bord de la mer, blessé et garrotté. Il nous pria de ne plus tirer de bombardes, sans quoi on allait, disait-il, le massacrer. Nous lui demandâmes ce qu'étaient devenus ses compagnons et l'interprète : il nous répondit que tous avaient été égorgés, excepté l'interprète, qui s'était joint aux insulaires. Il nous conjura de le racheter par des marchandises; mais Jean Carvalho, quoique son compère, joint à quelques autres, refusèrent de traiter de sa rançon, et ils ne permirent plus à nos chaloupes d'approcher de l'île, parce que le commandement de l'escadre leur appartenait par la mort des deux gouverneurs. Jean Serrano continuait à implorer la pitié de son compère, en disant qu'il serait massacré au moment où nous mettrions à la voile. Et, voyant enfin que ses plaintes étaient inutiles, il se livra aux imprécations, et pria Dieu qu'au jour du jugement universel il fît rendre compte de son âme à Jean Carvalho, son compère. Mais on ne l'écouta point, et nous partîmes, sans que nous ayons eu depuis aucune nouvelle de sa vie ou de sa mort [2].

---

[1] Pigafetta altère ce nom; Duarte Barbosa avait déjà été aux Moluques par le Cap. Il a donné une relation des Indes très-intéressante. (Ramusio, t. Ier, p. 288. — Voy. aussi *Noticias para a historia das nações ultramarinas*, 6 vol. pet. in-4°.)

[2] En les comparant aux documents fournis par Navarrete, tous ces faits sont racontés ici d'une manière parfaitement exacte. Nous ajouterons quelques détails à ceux de Pigafetta. L'esclave malai qui joue le rôle principal dans cette funeste affaire s'appelait non pas Henri, mais Henrique, et, selon Gomara, *Henrique de Malaco*. Magellan l'avait acheté à Malacca, durant son voyage aux Indes, et, le ramenant en Espagne, l'avait mis à même d'apprendre admirablement le castillan sans oublier la langue de sa terre natale. Il ne savait néanmoins ni le tagale, ni, ce qui était plus nécessaire, le bisaya; mais un

L'île de Zubu est grande : elle a un bon port, qui a deux entrées, l'une à l'ouest et l'autre à l'est-nord-est. Elle est par les 10 degrés de latitude nord, et à 154 degrés de longitude de la ligne de démarcation. C'est dans cette île que nous eûmes, avant la mort de Magellan, des renseignements sur les îles Malucco (¹).

Nous quittâmes Zubu, et allâmes mouiller à la pointe d'une autre île qu'on appelle Bohol, distante de 18 lieues; et voyant que nos équipages, diminués par tant de pertes, n'étaient pas assez nombreux pour les trois vaisseaux, nous nous déterminâmes à en brûler un *(la Conception)*, après avoir transporté sur les deux autres tout ce qui pouvait nous être utile. Nous mîmes alors le cap au sud-sud-ouest, et côtoyâmes une île appelée Panilongon, où les hommes sont noirs comme les Éthiopiens. En poursuivant notre route, nous parvînmes à une île qu'on appelle Butuan (²), où nous mouillâmes. Le roi de l'île vint sur notre vaisseau, et pour nous donner une preuve d'amitié et d'alliance, il se tira du sang de la main gauche, et en souilla sa poitrine et le bout de sa langue (³) : nous fîmes la même cérémonie. Lorsqu'il quitta notre bord, j'allai seul avec lui pour voir l'île. Nous entrâmes dans une rivière (⁴) où nous rencontrâmes plusieurs pêcheurs; ils offrirent du poisson au roi, qui était nu comme tous les habitants de cette île et des îles voisines, n'ayant qu'un pagne d'étoffe, que cependant il ôta. Les principaux de l'île, qui étaient avec lui, en firent autant; ensuite ils prirent les rames et voguèrent en chantant. Nous passâmes le long de plusieurs habitations situées sur le bord de la rivière, et à deux heures de la nuit nous arrivâmes à la maison du roi; elle se trouvait à deux lieues de distance de notre mouillage.

En entrant dans la maison, on vint à notre rencontre avec des flambeaux faits de cannes et de feuilles de palmier roulées et pleines de la gomme appelée *anime*. Pendant qu'on préparait notre souper, le roi avec deux de ses chefs et deux de ses femmes assez jolies vidèrent un grand vase plein de vin de palmier sans rien manger. On m'invita à boire comme eux; mais je m'excusai en disant que j'avais déjà soupé, et je ne bus qu'une seule fois. En buvant ils faisaient la même cérémonie que le roi de Massana. On servit le souper; ce repas n'était composé que de riz et de poisson fort salé dans des jattes de porcelaine. Ils mangeaient le riz en guise de pain. Voici comment on le fait cuire : on met dans un pot de terre, semblable à nos marmites, une grande feuille qui couvre entièrement le dedans du vase; ensuite on y jette l'eau et le riz, et on couvre le pot. On laisse bouillir le tout jusqu'à ce que le riz ait acquis la fermeté de notre pain, et on l'en tire par morceaux. C'est de cette même manière que l'on cuit ce grain dans toutes les îles de ces parages.

Le souper étant fini, le roi fit apporter une natte de roseaux, avec une autre de palmier et un oreil-

---

de ses compatriotes résidait depuis longues années à Zebu, dont il possédait l'idiome; et, grâce à ces deux intermédiaires, le capitaine général et le chef indien pouvaient s'entendre. Henrique avait été légèrement blessé lorsque Duarte Barbosa le menaça des étrivières, en ajoutant que, loin d'avoir recouvré la liberté par la mort de Magellan, il était plus que jamais esclave. On suppose avec raison qu'il fit au roi de Zebu, que quelques historiens appellent *Hamadar*, un tableau épouvantable de la rapacité des Européens, et qu'il amena ainsi la catastrophe; cependant les documents officiels le mettent au nombre des malheureux qui succombèrent à l'issue du banquet.

Un voyageur du seizième siècle, los Rios de Mançanède, raconte que, plus de quatre-vingts ans après cet événement, il allait se reposer à l'ombre des arbres majestueux sous lesquels avait eu lieu le massacre des Espagnols. (Voy. *Archives des voyages*, t. Ier, p. 310.)

(¹) L'île de Zebu ne garda pas longtemps son indépendance; un hardi capitaine né à Guipuscoa, et qui était venu s'établir à Mexico, fut expédié par l'*audience* de cette ville pour faire la conquête des Philippines. Miguel Lopez de Legazpi fut nommé, avant de partir, *adelantado* des nouvelles conquêtes, et alla bientôt asservir une partie de l'archipel. Il mourut à Manille, qu'il avait fondé en 1574. Guido de las Vezaris lui succéda, et augmenta singulièrement les conquêtes de son prédécesseur. Ce fut sous son administration que l'on vit arriver les premières jonques chinoises pour commercer avec les Philippines.

(²) La baie de Butuan, qui fait partie de cette belle région, et dans laquelle se jette un fleuve magnifique dont il sera parlé tout à l'heure, offre, pour parvenir jusqu'à son port, une navigation dont les difficultés prodigieuses n'arrêtèrent point Magellan. « Ce grand navigateur, dit une autorité des plus compétentes, fut assez hardi pour franchir le détroit de Surigao, qu'il n'avait pas eu occasion de reconnaître auparavant, et qui est encore un passage fort difficile, même pour les marins les plus expérimentés. » (J. Mallat, *les Philippines*, etc., t. Ier.)

(³) Los Rios de Mançanède décrit, quatre-vingts ans plus tard, cette cérémonie, qui n'a probablement pas cessé d'être en usage sur plusieurs points de l'archipel; elle existe encore chez des peuples bien différents, à Madagascar.

(⁴) Rivière qui forme la baie de Chipit.

ler de feuilles. C'était mon lit; je m'y couchai avec un des chefs. Le roi alla coucher ailleurs avec ses deux femmes.

Le jour suivant, pendant qu'on préparait le dîner, j'allai faire une tournée dans l'île; j'entrai dans plusieurs cases, qui sont bâties comme celles des autres îles que nous avions visitées, et où je vis une quantité d'ustensiles d'or, mais fort peu de vivres. Je me rendis chez le roi; nous dînâmes avec du riz et du poisson.

Je réussis à faire comprendre par mes gestes au roi que je désirais voir la reine. Il me fit signe que cela lui était agréable; et nous nous acheminâmes vers la cime d'une montagne où est sa demeure. En entrant, je lui fis ma révérence, qu'elle me rendit. Je m'assis auprès d'elle, tandis qu'elle était occupée à faire des nattes de palmier pour un lit. Toute sa maison était garnie de vases de porcelaine, lesquels étaient appendus aux parois, ainsi que quatre timbales, dont l'une était fort grande, une autre moyenne et deux autres petites : la reine s'amusait à en jouer. Il y avait une quantité d'esclaves des deux sexes pour la servir. Nous prîmes congé, et retournâmes à la case du roi qui fit apporter un déjeuner consistant en cannes à sucre.

Nous trouvâmes dans cette île des cochons, des chèvres, du riz, du gingembre, et tout ce que nous avions vu dans les autres. Ce qui y abonde néanmoins le plus, c'est l'or. On m'indiqua des vallons, et on me fit entendre par des gestes qu'il y avait là plus d'or que nous n'avions de cheveux sur la tête, mais que, n'ayant point de fer, il faudrait un grand travail pour l'exploiter, ce qu'ils refusent de faire (¹).

Après midi, ayant demandé à me rendre aux vaisseaux, le roi, avec quelques-uns des principaux de l'île, voulut m'y accompagner dans le même balangai. Pendant que nous descendions la rivière, je vis à la droite, sur un monticule, trois hommes pendus à un arbre. Ayant demandé ce que cela signifiait, on me répondit que c'étaient des malfaiteurs.

Cette partie de l'île, qui s'appelle Chipit, est une continuation de la même terre que Butuan et Calagan; elle passe au-dessus de Bohol, et confine à Massana (²). Le port en est assez bon. Elle est par les 8 degrés de latitude nord, à 167 degrés de longitude de la ligne de démarcation, et à 50 lieues de Zubu. Au nord-ouest gît l'île de Lozon (³), qui en est distante de deux journées. Celle-ci est grande, et il y vient tous les ans six à huit jonques montées par des peuples appelés Lequies (⁴), pour y commercer. Je parlerai ailleurs de Chipit. En partant de cette île, et courant à l'ouest-sud-ouest, nous allâmes mouiller à une île presque déserte. Les habitants, qui y sont en très-petit nombre, sont des Maures exilés d'une île qu'on appelle Burné (Bornéo). Ils vont nus comme ceux des autres îles, et sont armés de sarbacanes et de carquois pleins de flèches, et d'une herbe qui sert à les empoisonner. Ils ont aussi des poignards avec des manches garnis d'or et de pierres précieuses, des lances, des massues et de petites cuirasses faites

---

(¹) Voy., sur les gisements d'or exploités encore de nos jours avec tant de négligence, ce que dit M. J. Mallat.

(²) C'est l'île de Mindanao, que notre auteur écrit Maingdanao.

« L'île de *Mindanao* s'appelle aussi *Magindanao* (*Maïndanao* selon Rienzi), mot qui signifie *habitant des lacs*, parce qu'elle en contient plusieurs : les naturels du pays lui avaient donné le nom de *Moluca-Bezar*, ou grande Moluque, parce que ses productions sont les mêmes que celles de cet archipel. » Elle était habitée par la race des Bisayas. Après Luçon, c'est l'île la plus considérable de l'archipel; on lui donne 135 lieues de l'est à l'ouest, 75 du nord au sud; elle a environ 300 lieues de circonférence. Une partie de cette riche contrée est restée indépendante. C'est dans cette île magnifique, aux ports nombreux, aux rivières poissonneuses, que l'on peut étudier certaines tribus indépendantes, qui, sur d'autres points, ont été domptées; tels sont les *Arafuras*, les *Subanos*, les *Caragas*, les *Lutanos* et les *Ilanos*. (Voy. M. J. Mallat, les *Philippines*, t. Iᵉʳ, p. 320.)

(³) Domeni de Rienzi donne l'étymologie de ce nom : « Elle fut ainsi nommée par les vainqueurs, du mot tagale *lousong*, à cause de la quantité de pilons placés à la porte de chaque case, et qui servent encore à nettoyer le riz. »

Les peuples qui occupaient cette belle île, et qui en avaient chassé eux-mêmes les habitants primitifs, sont refoulés dans les parties inexplorées de l'intérieur. « Ils errent encore au milieu des forêts, des rochers et des précipices des régions les plus montagneuses et les plus inaccessibles de Luçon, » dit un observateur sincère et habile.

« On les désigne sous les noms de *Tingucanes*, d'*Ygorotes*, *Negritos* ou *Aetas*. Les premiers occupent les montagnes orientales de l'île, dont ils cultivent les vallées abritées. Leurs cheveux sont lisses; ils sont grands et assez bien faits, à peine vêtus, toujours armés. On assure qu'ils ont, dans la province d'Ilocos, des villages considérables où ils vivent en paix, mais dont leur défiance rend l'approche dangereuse... Quant aux Aetas, Negritos ou Ygorotes, ce sont de véritables nègres, à cheveux laineux, répandus par toute l'île, dont ils sont sans doute les plus anciens habitants. Ils vivent nus, par tribus de quelques familles, sans apparence de gouvernement ni de religion. » (Le commandant D..., *Revue indépendante*.)

(⁴) Dans la table III de Ramusio, on lit à l'ouest de Luçon, qu'il écrit Pozon : *Canali donde vengono gli Lequii*.

de peau de buffle. Ils nous crurent des dieux ou des saints. Il y a dans cette île de grands arbres, mais peu de vivres. Elle est par les 7° 30′ de latitude septentrionale, à 43 lieues de Chipit; elle s'appelle Cagayan(¹).

De cette île, en suivant la même direction vers l'ouest-sud-ouest, nous arrivâmes à une grande île que nous trouvâmes bien pourvue de toutes sortes de vivres, ce qui fut un grand bonheur pour nous; car nous étions si affamés et si mal approvisionnés, que nous nous vîmes plusieurs fois sur le point d'abandonner nos vaisseaux et de nous établir sur quelque terre pour y terminer nos jours. Cette île, qui s'appelle Palaoan(²), nous fournit des cochons, des chèvres, des poules, des bananes de plusieurs espèces, dont quelques-unes d'une coudée de long et grosses comme le bras; d'autres n'avaient qu'une palme de longueur, et d'autres étaient plus petites encore : ces dernières étaient les meilleures. Ils ont aussi des noix de coco, des cannes à sucre et des racines semblables à des navets. Ils font cuire le riz sous le feu, dans des cannes ou des vases de bois; de cette manière, il se conserve plus longtemps que celui qu'on fait cuire dans des marmites. Du même riz on tire, au moyen d'un espèce d'alambic, un vin plus fort et meilleur que le vin de palmier. En un mot, cette île fut pour nous une terre promise. Elle est par les 9° 20′ de latitude septentrionale et à 171° 20′ de longitude de la ligne de démarcation.

Nous nous présentâmes au roi, qui contracta alliance et amitié avec nous; et pour nous en donner l'assurance, il demanda un de nos couteaux, qui lui servit à tirer du sang de sa poitrine, avec lequel il se toucha le front et la langue. Nous répétâmes la même cérémonie.

Les habitants de Palaoan vont nus comme tous ces peuples; mais ils aiment à s'orner de bagues, de chaînettes de laiton et de grelots. Ce qui leur plaît néanmoins le plus est le fil d'archal, auquel ils attachent leurs hameçons.

Presque tous cultivent leurs propres champs. Ils ont des sarbacanes et de grosses flèches de bois, longues de plus d'une palme et garnies d'un harpon; quelques-unes ont la pointe d'une arête de poisson, et d'autres de roseau, empoisonnée avec une certaine herbe. Ces flèches ne sont pas garnies de plumes par le haut bout, mais d'un bois fort mou et fort léger. Au bout des sarbacanes, ils attachent un fer, et, quand ils n'ont plus de flèches, ils se servent de la sarbacane en forme de lance.

Ils ont aussi d'assez grands coqs domestiques, qu'ils ne mangent pas, par une espèce de superstition; mais ils les entretiennent pour les faire combattre entre eux. A cette occasion, on fait des gageures et on propose des prix pour les propriétaires des coqs vainqueurs.

De Palaoan, nous portant au sud-ouest, après avoir parcouru dix lieues, nous reconnûmes une autre île. En longeant la côte, elle nous parut monter. Nous la côtoyâmes pendant l'espace de 50 lieues au moins (³) avant de trouver un mouillage. A peine y eûmes-nous jeté l'ancre qu'il s'éleva une tempête; le ciel s'obscurcit, et nous vîmes le feu de Saint-Elme attaché à nos mâts.

(¹) Dans la table XVIII d'Urbain Monti, l'île de Cagayan, entourée de petites îles, est marquée sur la même direction. Elle est également environnée d'îles dans l'Atlas de Robert.

(²) Nous reproduisons ici dans son étendue une note du premier éditeur, pour montrer toute l'incertitude qui régnait jadis au sujet de cet archipel :

« Sur les anciennes cartes, Palaoan est au nord-ouest de Manille; par conséquent, cette île ne se trouvait pas sur la route de notre voyageur; car Manille est au nord nord-est de Cagayan. Sur cette route se trouve l'île de Paragua ou Paragoia; et je lis Palaoan sur un globe de 4 pieds de diamètre, appartenant à la famille Cusani (chez laquelle Amoretti avait vécu près de trente ans). Ce globe, de même qu'un autre globe céleste, ont été faits vers le milieu du dix-septième siècle par le père Sylvestre Amangio Moroncelli di Fabriano, moine célestin. Dans la carte jointe au voyage de Macartney, on lit près de cette île : *Palawan or Paragua;* ce qui prouve que Palaoan et Paragua ou Paragoia ne sont que le même nom, ou deux noms différents de la même île. »

Les doutes à ce sujet disparaissent en consultant le savant ouvrage de M. J. Mallat. Nous renvoyons aussi, pour la concordance géographique, aux belles cartes qui accompagnent le grand ouvrage de la commission scientifique des Indes néerlandaises.

Palaouan est une des plus grandes îles de l'archipel que visitaient alors *la Victoria* et *la Trinidad*, mais aussi une des moins connues. Elle fait partie du groupe des *Calamianes*, et une portion de ses côtes est soumise au sultan de Soulou. Les Espagnols n'y possèdent qu'un district fort restreint, sur la côte nord-est. Ils y ont élevé le poste de Tay-Tay. M. le contre-amiral Laplace ne donne pas une idée favorable du caractère des habitants de Palaouan. On sent à la description de Pigafetta que les navigateurs européens sont ici en pleine civilisation malaie, et que les richesses de l'antique *Kalamantan,* qu'ils feront connaître sous le nom de Burné, vont leur apparaître avec tout le prestige de la magnificence orientale.

(³) Fabre marque 10 lieues, et Ramusio dit 5; notre manuscrit porte clairement 50, et c'est là aussi la véritable distance.

Le jour suivant, le roi envoya aux vaisseaux une assez belle pirogue, dont la proue et la poupe étaient ornées d'or. La proue portait un pavillon blanc et bleu, avec une touffe de plumes de paon au bout du bâton. Il y avait dans cette pirogue des joueurs de cornemuse et de tambour, et plusieurs autres personnes. La pirogue, qui est une espèce de fuste ou de galère, était suivie de deux *almadias*, qui sont des bateaux de pêcheurs. Huit des principaux vieillards de l'île, qui étaient dans la pirogue, montèrent sur notre bord, et s'assirent sur un tapis qu'on leur avait préparé vers le gaillard d'arrière, où ils nous présentèrent un vase de bois rempli de bétel et d'arec, substances qu'ils mâchent continuellement, avec des fleurs d'orange et de jasmin ; le tout était couvert d'un drap de soie jaune. Ils nous donnèrent aussi deux cages pleines de poules, deux chèvres, trois vases de vin de riz distillé et des cannes à sucre. Ils firent le même présent à l'autre vaisseau, et, après nous avoir embrassés, ils prirent congé de nous.

Le vin de riz est aussi clair que l'eau, mais si fort que plusieurs de notre équipage s'enivrèrent. Ils l'appellent *arach* (¹).

Six jours après, le roi nous envoya trois autres pirogues fort ornées, qui vinrent au son des cornemuses, des timbales et des tambours, et firent le tour de nos vaisseaux. Les hommes nous saluèrent en ôtant leurs bonnets de toile, qui sont si petits qu'ils leur couvrent à peine le sommet de la tête. Nous leur rendîmes le salut avec nos bombardes, mais sans qu'elles fussent chargées de pierres. Ils nous apportaient plusieurs mets, tous faits avec du riz, soit en morceaux oblongs et enveloppés dans des feuilles, soit de la forme conique d'un pain de sucre, soit en manière de gâteau, avec des œufs et du miel.

Après nous avoir fait ces dons au nom du roi, ils nous dirent qu'il était bien satisfait que nous fissions dans l'île notre provision d'eau et de bois, et que nous pouvions trafiquer autant qu'il nous plairait avec les insulaires. D'après ces dispositions, nous nous déterminâmes à aller, au nombre de sept, porter des présents au roi, à la reine et aux ministres. Le présent destiné au roi consistait en un habit à la turque de velours vert, une chaise de velours violet, cinq brasses de drap rouge, un bonnet, une tasse de verre dorée, une autre tasse de verre avec son couvercle, une écritoire dorée, et trois cahiers de papier ; pour la reine, nous portâmes trois brasses de drap jaune, une paire de souliers argentés, et un étui d'argent plein d'épingles ; pour le gouverneur ou ministre du roi, trois brasses de drap rouge, un bonnet, et une tasse de verre dorée ; pour le roi d'armes ou héraut, qui était venu avec la pirogue, un habit à la turque de drap rouge et vert, un bonnet, et un cahier de papier ; aux autres sept principaux personnages qui étaient venus avec lui, nous préparâmes aussi des présents, consistant en quelques aunes de toile, un bonnet ou un cahier de papier. Quand tout fut préparé, nous entrâmes dans l'une des trois pirogues.

Étant arrivés à la ville, il nous fallut rester deux heures dans la pirogue, pour attendre l'arrivée de deux éléphants couverts de soie, et celle de douze hommes, dont chacun portait un vase de porcelaine couvert de soie, pour y placer les dons que nous allions présenter. Nous montâmes sur les éléphants, précédés par les douze hommes qui portaient nos cadeaux dans leurs vases, et nous allâmes ainsi jusqu'à la maison du gouverneur, qui nous donna un souper composé de plusieurs mets. Nous passâmes la nuit sur des matelas de coton doublés de soie, dans des draps de toile de Cambaie.

Le jour suivant, nous passâmes la matinée sans rien faire, dans la maison du gouverneur. A midi, nous allâmes au palais du roi. Nous étions montés sur les mêmes éléphants, et précédés par les hommes qui portaient les présents. Depuis la maison du gouverneur jusqu'au palais du roi, toutes les rues étaient gardées par des hommes armés de lances, d'épées et de massues, exécutant en cela un ordre particulier du roi.

Nous entrâmes sur nos éléphants dans la cour du palais, où, ayant mis pied à terre, nous montâmes par un escalier, accompagnés du gouverneur et de quelques officiers ; ensuite nous entrâmes dans un grand salon plein de courtisans, que nous appellerions barons du royaume. Là, nous nous assîmes sur un tapis, et les présents furent placés près de nous.

Au bout de ce salon, il y avait une autre salle un peu moins grande, tapissée de draps de soie, où l'on

---

(¹) Ou, plus exactement, *arrak*. On obtient en effet un alcool assez violent du riz ; mais l'arrak s'obtient à Batavia par la distillation de la sève du palmier *gomouti*. Les Hollandais en obtiennent, par certains procédés, un liquide qu'ils appellent *helwater* (eau d'enfer).

haussa deux rideaux de brocart, qui nous permirent de voir deux fenêtres par lesquelles l'appartement se trouva éclairé. Nous y vîmes trois cents hommes de la garde du roi, armés de poignards dont ils appuyaient la pointe sur leur cuisse. Au bout de cette salle, il y avait une grande porte fermée aussi par un rideau de brocart, qu'on haussa également, et nous vîmes alors le roi assis devant une table avec un petit enfant, et mâchant du bétel. Derrière lui, il n'y avait que des femmes.

Alors un des courtisans nous avertit qu'il ne nous était pas permis de parler au roi, mais que si nous avions quelque chose à lui faire savoir, nous pouvions nous adresser à lui, qui le dirait à un courtisan d'un rang supérieur, qui le dirait au frère du gouverneur qui était dans la petite salle, lequel, au moyen d'une sarbacane placée dans un trou de la muraille, exposerait nos demandes à un des principaux officiers qui étaient auprès du roi, et qui les lui transmettrait.

Il nous avertit qu'il fallait que nous fissions trois révérences au roi, en élevant nos mains jointes au-dessus de nos têtes, et en levant tantôt un pied et tantôt l'autre. Ayant fait les trois révérences d'après le cérémonial indiqué, nous fîmes savoir au roi que nous appartenions au roi d'Espagne, qui désirait de vivre en paix avec lui, et ne demandait autre chose que de pouvoir trafiquer dans son île.

Le roi nous fit répondre qu'il était charmé que le roi d'Espagne fût son ami, et que nous pouvions nous pourvoir, dans ses États, d'eau et de bois, et y trafiquer à notre volonté.

Nous lui offrîmes alors les présents que nous avions apportés pour lui, et, à chaque chose qu'il recevait, il faisait un petit mouvement de la tête. On donna à chacun de nous de la brocatelle et des draps d'or et de soie, qu'on nous mettait sur l'épaule gauche; ensuite on l'ôtait, pour le garder pour nous. On nous servit un déjeuner de clous de girofle et de cannelle; après quoi on laissa tomber tous les rideaux et on ferma les fenêtres.

Tous ceux qui étaient dans le palais du roi avaient, autour de la ceinture, des draps d'or pour couvrir leur nudité, des poignards avec des manches d'or, et plusieurs bagues aux doigts.

Nous remontâmes sur les éléphants et retournâmes à la maison du gouverneur. Sept hommes, portant les présents que le roi venait de nous donner, marchaient devant nous ; et, lorsque nous y fûmes arrivés, on remit à chacun de nous le don du roi, en le plaçant sur notre épaule gauche, comme on avait fait auparavant. Nous donnâmes pour récompense deux couteaux à chacun des sept hommes qui nous avaient accompagnés.

Nous vîmes ensuite arriver à la maison du gouverneur neuf hommes dont chacun portait un plat de bois, sur chacun desquels il y avait dix ou onze jattes de porcelaine contenant des viandes de diverses sortes, c'est-à-dire du veau, des chapons, des poules, des paons et autres, avec plusieurs espèces de poissons ; il y avait plus de trente mets différents de viande seulement.

Nous soupâmes, assis à terre, sur une natte de palmier. A chaque morceau qu'on mangeait, il fallait boire, dans une tasse de porcelaine grande comme un œuf, de la liqueur extraite de riz distillé. Nous mangeâmes aussi du riz et d'autres mets faits de sucre, avec des cuillers d'or semblables aux nôtres.

Nous couchâmes dans le même endroit où nous avions passé la nuit précédente, et il y eut toujours deux flambeaux de cire blanche allumés sur deux candélabres d'argent, et deux grandes lampes garnies d'huile et à quatre mèches chacune. Deux hommes veillèrent pendant toute la nuit pour en avoir soin.

Le lendemain, nous nous rendîmes au bord de la mer, où nous trouvâmes deux pirogues destinées à nous conduire à nos vaisseaux.

La ville est bâtie dans la mer même, excepté la maison du roi et celles de quelques chefs principaux. Elle contient vingt-cinq mille feux ([1]) ou familles. Les maisons sont construites de bois et portées sur de grosses poutres, afin d'éviter l'humidité de l'eau. Lorsque la marée monte, les femmes qui vendent les denrées nécessaires traversent la ville dans des barques. Au-devant de la maison du roi, il y a une grande muraille bâtie de grosses briques, avec des barbacanes, en manière de forteresse, sur laquelle on voit cinquante-six bombardes de bronze et six de fer; on en tira plusieurs coups pendant les deux jours que nous passâmes dans la ville.

Le roi, qui est Maure, s'appelle rajah Siripada. Il est fort replet, et peut avoir environ quarante ans.

([1]) Ce nombre paraît exagéré. Au dix-huitième siècle elle n'avait que deux à trois mille maisons. *(Histoire générale des voyages, t. XV, p. 138.)*

il n'est servi que par des femmes, qui sont les filles des principaux habitants de l'île. Personne ne peut lui parler que par le moyen d'une sarbacane, comme nous avons été obligés de le faire. Il a dix scribes, uniquement occupés à écrire ce qui le concerne sur des écorces d'arbre très-minces, qu'on appelle *chiritoles*. Il ne sort jamais de son palais que pour aller à la chasse.

Le matin, 29 juillet, qui était un lundi, nous vîmes venir vers nos vaisseaux plus de cent pirogues, partagées en trois escadres, avec autant de *tungulis* (on nomme ainsi leurs petites barques). Comme nous craignions d'être attaqués par trahison, nous mîmes sur-le-champ à la voile, et cela avec tant d'empressement que nous fûmes obligés d'abandonner une ancre. Nos soupçons s'augmentèrent lorsque nous fîmes attention à plusieurs grandes embarcations, appelées jonques, qui étaient venues, le jour précédent, mouiller à l'arrière de nos vaisseaux, ce qui nous fit craindre d'être assaillis de tous côtés. Notre premier soin fut de nous délivrer de ces embarcations, contre lesquelles nous fîmes feu, de sorte que nous y tuâmes beaucoup de monde. Quatre jonques devinrent notre proie; les quatre autres se sauvèrent, en allant échouer à terre. Dans l'une de celles que nous prîmes était le fils du roi de l'île de Lozon, qui était capitaine général du roi de Burné, et venait de conquérir, avec ces jonques, une grande ville appelée Laoë (¹), bâtie sur une pointe de l'île, vers la grande Java. Durant l'expédition, il avait saccagé cette ville, parce que ses habitants préféraient obéir au roi gentil de Java plutôt qu'au roi maure de Burné.

Jean Carvalho, notre pilote, sans nous en avertir, rendit la liberté à ce capitaine, y ayant été engagé, comme nous le sûmes par la suite, par une forte somme d'or qu'on lui avait offerte. Si nous eussions gardé ledit capitaine, le roi Siripada nous aurait donné sans doute, pour sa rançon, tout ce que nous aurions voulu; car il s'était rendu formidable aux gentils, qui sont ennemis du roi maure.

Dans le port où nous étions, on ne voit pas seulement la ville dont Siripada est le maître; il y en a une autre, habitée par des gentils, bâtie également dans la mer, et plus grande encore que celle des Maures. L'inimitié entre les deux peuples est si grande qu'il ne se passe pas de jour sans qu'ils se querellent et se livrent des combats. Le roi des gentils est aussi puissant que le roi des Maures; il n'est cependant pas si vain, et il paraît même qu'il serait facile d'introduire chez lui le christianisme (²).

Le roi maure, ayant été instruit de tout le mal que nous venions de faire à ses jonques, se hâta de nous faire savoir, par un de nos gens qui s'étaient établis à terre pour trafiquer, que ce n'était pas contre nous que ses embarcations venaient; qu'elles ne faisaient que passer pour aller porter la guerre aux gentils; et, pour nous le prouver, ils nous montrèrent quelques têtes de ces derniers, tués durant la bataille. Alors nous fîmes dire au roi que si cela était ainsi, il n'avait qu'à nous renvoyer les deux hommes qui étaient encore à terre avec nos marchandises, et le fils de Jean Carvalho; mais le roi ne voulut pas y consentir. Ainsi Carvalho fut puni par la perte de son fils (qui lui était né pendant son séjour au Brésil), et qu'il aurait sans doute recouvré en échange du capitaine général qu'il délivra pour de l'or (³). Nous retînmes à bord seize hommes des principaux de l'île, et trois femmes que nous comptions conduire en Espagne, pour présenter ces dernières à la reine; mais Carvalho les garda pour lui-même.

Les Maures vont nus comme tous les habitants de ces climats. Ils estiment surtout le vif-argent, qu'ils boivent, prétendant qu'il conserve la santé autant qu'il guérit les maladies. Ils adorent Mahomet et suivent sa loi. Par cette raison, ils ne mangent point de porc. Ils font leurs ablutions avec la main gauche, dont ils ne se servent jamais pour manger. Ils se lavent le visage de la main droite, mais ne se frottent jamais les dents avec les doigts. Ils sont circoncis comme les Juifs. Ils ne tuent ni chèvres ni poulets sans s'adresser auparavant au soleil. Ils coupent le bout des ailes aux poulets et la peau que les chèvres ont sous les pieds, et ensuite ils les fendent en deux. Ils ne mangent d'aucun animal qu'il n'ait été tué par eux-mêmes.

Cette île produit le camphre, espèce de baume qui suinte goutte à goutte d'entre l'écorce et le bois

---

(¹) Laoë n'est pas une ville, mais une petite île, près de la pointe méridionale de Burné. Pigafetta, n'y ayant point été, a sans doute mal compris ce qu'on lui avait dit à cet égard.

(²) Les Portugais y apportèrent le christianisme, qui s'y maintint jusqu'en 1590. Sonnerat dit aussi que les Maures ont forcé les Gentils à abandonner le bord de la mer et à se retirer dans les montagnes.

(³) Si, grâce à un de ces nombreux incidents qui se renouvelaient fréquemment au seizième siècle, le jeune Carvalho put passer à Lisbonne, et de là se rendre au Brésil, on pourrait le considérer comme étant le premier Américain qui ait fait le tour du monde. C'était le fils d'une Indienne et d'un Européen.

de l'arbre; ces gouttes sont petites comme les brins du son. Si on laisse le camphre exposé à l'air, il s'évapore insensiblement. L'arbre qui le produit est appelé *capor* (¹). On y trouve aussi de la cannelle, du gingembre, des mirobolans, des oranges, des citrons, des cannes à sucre, des melons, des citrouilles, des radis, des oignons, etc. Parmi les animaux, il y a des éléphants, des chevaux, des buffles, des cochons, des chèvres, des poules, des oies, des corbeaux et plusieurs autres espèces d'oiseaux.

On dit que le roi de Burné (Bornéo) a deux perles grosses comme des œufs de poule, et si parfaitement

Le Sultan de Bornéo. — D'après Belcher.

rondes, qu'étant posées sur une table bien unie, elles ne peuvent jamais rester en repos. Quand nous lui apportâmes nos présents, je lui fis connaître par mes gestes que je désirais vivement voir ces joyaux; il promit de nous les montrer, mais nous ne les avons jamais vus. Quelques-uns des chefs me dirent qu'ils les connaissaient.

Les Maures de ce pays ont une monnaie de bronze que l'on perfore pour l'enfiler. D'un côté, elle porte quatre lettres, qui sont les quatre caractères du grand roi de la Chine. On l'appelle *pici* (²). Dans notre trafic, on nous donnait pour un *cathil* de vif-argent six jattes de porcelaine; le cathil est un poids de deux livres. Pour un cahier de papier, nous recevions davantage encore. Le cathil de bronze nous valait un petit vase de porcelaine, et pour trois couteaux nous en recevions un plus grand; un *bahar* de cire, pour 160 cathils de bronze; le bahar est un poids de 203 cathils. Pour 80 cathils, un bahar de sel; et pour 40 cathils, un bahar d'*anime*, espèce de gomme dont on se sert pour goudronner les vaisseaux; car, dans ce pays, il n'y a point de goudron. Vingt *tabils* font un cathil. Les marchandises qu'on

---

(¹) Le camphrier (*Dryobalanops camphora*, Colèbrooke) prospère admirablement en effet dans ces régions. Le camphre de Bornéo est infiniment supérieur à celui de Sumatra; on le vend 1 200 francs le *pikle* ou les 125 livres, tandis que celui dont il a été parlé précédemment ne se vendait naguère que 800 francs. Le meilleur camphre nous vient encore actuellement de Bornéo.

(²) Altération du mot *sapèque*.

recherche ici de préférence sont le cuivre, le vif-argent, le cinabre, le verre, les draps de laine, les toiles, mais surtout le fer et les lunettes.

Les jonques dont nous avons parlé sont leurs plus grandes embarcations. Voici comment elles sont disposées : les œuvres vives, jusqu'à 2 palmes des œuvres mortes, sont construites d'ais joints en-

Cortége du roi de Gunung-Taboor. — D'après Belcher.

semble par des chevilles de bois, et la construction en est assez bien faite. Dans la partie supérieure, elles sont de très-gros roseaux, qui saillissent en dehors de la jonque pour former contre-poids (¹). Ces jonques portent une cargaison aussi forte que nos navires. Les mâts sont faits des mêmes roseaux, et les voiles d'écorce d'arbre.

Ayant vu à Burné beaucoup de porcelaine, je voulus prendre aussi quelques renseignements sur cet objet. On me dit qu'on la fait avec une espèce de terre très-blanche, qu'on laisse sous terre pendant un demi-siècle pour la raffiner; de sorte qu'ils ont un proverbe qui dit que le père s'enterre pour le fils. On prétend que si l'on met du poison dans un de ces vases de porcelaine, il se casse sur-le-champ.

L'île de Burné (Bornéo) est si grande que, pour en faire le tour avec une embarcation, il faudrait y employer trois mois. Elle est située par les 5° 15′ de latitude septentrionale, et à 176° 40′ de longitude de la ligne de démarcation (²).

(¹) C'est le balancier. Le texte ne dit pas que les roseaux, ou cannes de bambou, dépassent les bords de la jonque; mais il faut le croire, puisque notre auteur fait remarquer qu'ils y servent de contre-poids. (Voy. Paris, *Essai sur la construction navale des peuples extra-européens*, etc.; Paris, in-fol. contenant 130 planches.)

(²) A cette latitude est la pointe septentrionale de Bornéo. La longitude n'est pas exacte. Pigafetta a bien eu soin de marquer, dans le dessin de l'île de Bornéo, son voyage à 50 lieues de la pointe au port, et Laoé à la pointe méridionale de l'île. N'ayant pas entendu parler des autres pays, il a donné à l'île la forme d'un triangle, puis il y a placé les deux villes situées sur la baie.

L'île de Bornéo, ou de Kalamentan, entre les 4° 20′ de latitude sud et les 7 degrés de latitude nord, et entre les 106° 40′ et les 116° 45′ de longitude est. C'est, comme on voit, une île immense. Toutefois on reconnaît encore ici une de ces fréquentes exagérations dans lesquelles tombe à tout moment le voyageur italien, en dépit de sa sagacité bien réelle. A l'époque à laquelle Amoretti publia son précieux manuscrit, l'île de Bornéo, si imparfaitement connue de nos jours, était une véritable *terra incognita*. Les publications du capitaine Belcher, celle de Keppel, et, mieux que cela encore, l'admirable ouvrage publié à Leyde sur l'histoire naturelle et sur l'ethnographie de ces régions, permettent à la géographie de combler une lacune regrettable. La terre des beaux diamants, le royaume de Matam, le plus curieux peut-être de cette région inexplorée, formait jadis

En partant de cette île, nous retournâmes en arrière pour chercher un endroit propre à radouber nos vaisseaux, dont l'un avait une forte voie d'eau, et l'autre, faute du pilote, avait donné contre un bas-fond, près d'une île appelée Bibalon (¹); mais, grâce à Dieu, nous le remîmes à flot. Nous courûmes aussi un autre grand danger : un matelot, en mouchant une chandelle, jeta par inadvertance la mèche allumée dans une caisse de poudre à canon ; mais il fut si prompt à l'en retirer que la poudre ne prit point feu.

Chemin faisant, nous vîmes quatre pirogues. Nous en prîmes une, chargée de noix de coco destinées pour Burné ; mais l'équipage se sauva dans une petite île. Les trois autres pirogues nous évitèrent, en se retirant derrière d'autres îlots.

Entre le cap nord de Burné et l'île de Cimbonbon, par les 8° 7' de latitude septentrionale, nous trouvâmes un port fort commode pour radouber nos vaisseaux ; mais, comme nous manquions de plusieurs choses nécessaires à ce travail, nous fûmes obligés d'y employer quarante-deux jours. Chacun de nous s'employait de son mieux, l'un d'une manière et l'autre d'une autre. Ce qui nous coûtait le plus de peine, c'était d'aller chercher le bois dans les forêts, parce que tout le terrain était couvert de ronces et d'arbustes épineux, et que nous étions tous pieds nus.

Il y a dans cette île de très-grands sangliers. Nous en tuâmes un, pendant qu'il passait à la nage d'une île à l'autre. Sa tête avait deux palmes et demie de longueur, avec de très-grosses défenses (²). On y trouve aussi des crocodiles qui habitent également et la terre et la mer ; des huîtres, des coquillages de toutes les espèces, et de fort grandes tortues. Nous en prîmes deux ; la chair seule de l'une pesait 26 livres, et celle de l'autre 44 livres. Nous prîmes aussi un poisson dont la tête, semblable à celle du cochon, avait deux cornes ; son corps était revêtu d'une substance osseuse ; il avait sur le dos une espèce de selle ; mais il n'était pas bien grand.

Ce que j'ai trouvé de plus étrange, ce sont des arbres dont les feuilles qui tombent sont animées. Ces feuilles ressemblent à celles du mûrier, si ce n'est qu'elles sont moins longues ; leur pétiole est court et pointu ; et près du pétiole, d'un côté et de l'autre, elles ont deux pieds. Si on les touche, elles s'échappent ; mais elles ne rendent point de sang quand on les écrase. J'en ai gardé une dans une boîte pendant neuf jours : quand j'ouvrais la boîte, la feuille s'y promenait tout alentour. Je suis d'opinion qu'elles vivent d'air (³).

En quittant cette île, c'est-à-dire le port, nous rencontrâmes une jonque qui venait de Burné. Nous lui fîmes le signal d'amener ; mais n'ayant pas voulu obéir, nous la poursuivîmes, la prîmes et la pillâmes. Elle portait le gouverneur de Pulaoan, avec un de ses fils et son frère, que nous contraignîmes à payer pour rançon, dans l'espace de sept jours, quatre cents mesures de riz, vingt cochons, un pareil nombre

---

un territoire qu'on pourrait évaluer en totalité à mille milles. Au sud et à l'est, il était borné par la mer ; au nord, par les rivières de *Poengoh*, *Olah-Olah*, les *Kapoeas*, la célèbre *Mendaw* et la fabuleuse *Lebai* ; au nord-est, par les montagnes de *Menjorah* et de *Sekadow* ; à l'est et au sud-est, par les territoires des *Dajaks* libres, ainsi que par les *Dajaks* de *Banjermasing* et de *Kotaringin*. On conserve dans ce royaume deux fameux diamants, que les souverains se transmettent de père en fils, le *Segima* et le *Danoe-Radjah*, qui sont d'une valeur inestimable. La plus grande de ces pierres est regardée comme une sorte de palladium. Les Dajaks soumis forment encore une population de 30 à 35 000 âmes. Les Dajaks indépendants ne s'élèvent pas à plus de 10 à 12 000. (Voy. Themminck, t. III, p. 283.) — *Gunung-Taboor*, riche contrée à laquelle commandait naguère un jeune sultan d'une remarquable intelligence, est située dans la partie orientale de l'île, Le capitaine du *Samarang* fit, lors de son passage, un traité de commerce avec ce souverain ; il paraissait vivement souhaiter entrer en rapports suivis avec les Européens. (Voy. Belcher.)

(¹) Aujourd'hui on l'appelle Balaba.

(²) C'est le babiroussa *(Sus babirussa*, Linné), qui a la propriété de nager, et dont le grouin allongé est armé de longues défenses. (Voy. la description de cet animal dans le *Voyage par le cap de Bonne-Espérance et Batavia à Samarang, à Macassar, à Amboine et à Surate*, par Stavorinus, t. I, p. 254 ; voy. également Duperrey, *Voyage autour du monde.*) On n'avait jamais eu occasion d'examiner ce curieux animal en Europe avant l'arrivée de l'individu qu'apporta cette dernière expédition, et qui débarqua sain et sauf, grâce aux soins du naturaliste Lesson.

(³) Tout ceci, comme on le sent, appartient à l'histoire naturelle du seizième siècle. D'autres voyageurs ont vu ces prétendues feuilles et les ont mieux examinées. Quelques-uns ont cru que ces feuilles étaient mues par un insecte qui s'y était logé *(Histoire générale des voyages*, t. XV, p. 58) ; d'autres ont remarqué que ce ne sont pas des feuilles, mais une espèce de sauterelles couvertes de quatre ailes de forme ovale, et d'environ trois pouces de longueur, dont les ailes supérieures sont tellement repliées l'une sur l'autre qu'elles semblent former exactement une feuille brune avec ses fibres. (Stedman, *Voyage à Surinam*, t. II, p. 261.)

de chèvres, et cent cinquante poules. Non-seulement il nous donna tout ce que nous demandions, mais il ajouta de son propre mouvement des noix de coco, des bananes, des cannes à sucre et des vases pleins de vin de palmier. Pour répondre à sa générosité, nous lui rendîmes une partie de ses poignards et de ses fusils, et lui donnâmes un étendard, un habit de damas jaune et quinze brasses de toile. A son fils, nous fîmes présent d'un manteau de drap bleu, etc. Son frère reçut un habit de drap vert. Nous fîmes aussi divers cadeaux aux gens qui étaient avec eux, de manière que nous nous séparâmes bons amis.

Le Babiroussa (1).

Nous rebroussâmes chemin, pour repasser entre l'île de Cagayan et le port de Chipit, en courant à l'est quart sud-est, pour aller chercher les îles Malucco. Nous passâmes près de certains îlots où nous vîmes la mer couverte d'herbes, quoiqu'il y eût une grande profondeur : il nous semblait être dans d'autres parages (2).

En laissant Chipit à l'est, nous reconnûmes à l'ouest les deux îles de Zolo (3) et Taghima (4), où, à

---

(1) Voy. la note 2 de la page précédente.

(2) Stedman, à peu près à la même latitude, trouva la mer couverte d'herbes dans l'océan Atlantique.

(3) Bellin l'appelle *Jolo*, et Cook *Sooloo*. Il faut prononcer Soulou. (Voy., sur cette curieuse région, l'ouvrage du commandant Belcher.) Le véritable nom de cet archipel, selon Domeni de Rienzi, est Holo. Ce voyageur, qui a navigué au milieu de ces îles, affirme que l'on n'en compte pas moins de cent soixante-deux, et qu'on peut évaluer leur superficie à 360 lieues carrées, avec une population de deux cent mille habitants. Nombre de géographes ne lui en donnent que cinquante à soixante mille.

M. Themminck nous dit qu'on ne peut indiquer ici l'origine ni l'étymologie du nom de Moluques donné à ces îles par les premiers navigateurs qui parurent dans ces mers. Ce nom a été adopté depuis par les géographes pour désigner toutes les îles situées à l'orient des Célèbes. Cette dénomination vient du mot *moloc* ou *moluco*, chose délicieuse. Les Portugais donnèrent à cette vaste étendue d'îles le nom d'*archipel de Saint-Lazare*. Non-seulement Amboine, Banda, Halmahéra, etc., mais aussi Bornéo, Timor, Flores et Bali, étaient comprises sous cette dénomination. (Voy. M. Mallat.)

(4) A présent on l'appelle *Bassilan;* elle a 12 lieues de circuit.

ce qu'on nous dit, l'on pêche les plus belles perles. C'est là qu'on a trouvé celles du roi de Burné dont j'ai parlé : voici comment il réussit à s'en rendre maître. Ce roi avait épousé une fille du roi de Zolo, qui lui dit un jour que son père possédait ces deux grosses perles. L'envie prit au roi de Burné de les avoir, et dans une nuit il partit avec cinq cents embarcations pleines d'hommes armés, se saisit du roi de Zolo, de son beau-père et de deux de ses fils; il ne leur rendit la liberté qu'à condition qu'on lui donnerait les deux perles en question.

Continuant de cingler à l'est quart nord-est, nous longeâmes deux habitations appelées Cavit et Subanin, et passâmes près d'une île également habitée qu'on nomme Monoripa, à dix lieues des îlots dont je viens de parler. Les habitants de cette île n'ont point de maisons; ils vivent toujours sur leurs barques.

Les villages de Cavit et Subanin sont dans les îles de Butuan et de Calagan, où croît la meilleure cannelle. Si nous avions pu nous y arrêter quelque temps, nous en aurions chargé le vaisseau; mais nous ne voulûmes pas perdre de temps pour profiter du vent; car nous devions doubler une pointe et dépasser quelques petites îles qui l'environnent. Chemin faisant, nous vîmes des insulaires qui s'approchèrent de nous, et nous donnèrent dix-sept livres de cannelle pour deux grands couteaux que nous avions pris au gouverneur de Pulaoan.

Ayant vu le cannellier, je puis en donner la description. Il est haut de cinq à six pieds, et n'a que l'épaisseur d'un doigt. Il n'a jamais au delà de trois ou quatre branches; sa feuille ressemble à celle du laurier : la cannelle dont nous faisons usage n'est que son écorce, qu'on récolte deux fois par an. Le bois même et les feuilles vertes ont le même goût que l'écorce. On l'appelle *cainmana* (d'où est venu le nom de *cinnamomum*), parce que *cain* signifie bois, et *mana* doux [1].

Ayant mis le cap au nord-est, nous nous rendîmes à une ville appelée Maingdanao [2], située dans la même île où sont Butuan et Calagan, pour y prendre une connaissance exacte de la position des îles Malucco. Ayant rencontré dans notre route un *bignadai*, barque qui ressemble à une pirogue, nous nous déterminâmes à le prendre; mais comme ce ne fut pas sans trouver quelque résistance, nous tuâmes sept hommes des dix-huit qui formaient l'équipage du bignadai. Ils étaient mieux faits et plus robustes que tous ceux que nous avions vus jusqu'alors. C'étaient des chefs de Maingdanao, parmi lesquels il y avait le frère du roi; il nous assura qu'il savait très-bien la position des îles de Malucco.

Sur son rapport, nous changeâmes de route et mîmes le cap au sud-est. Nous étions alors par les 6° 7′ de latitude nord, et à 30 lieues de distance de Cavit.

On nous dit qu'à un cap de cette île, près d'une rivière, il y a des hommes velus, grands guerriers, et surtout grands archers. Ils ont des dagues d'une palme de largeur; et lorsqu'ils prennent quelque ennemi, ils lui mangent le cœur tout cru, avec du jus d'orange ou de citron. On les appelle Bénaians [3].

Nous rencontrâmes sur notre route, au sud-est, quatre îles appelées Ciboco, Biraham-Batolach, Sarangani et Candigar [4]. Le samedi 26 octobre, à l'entrée de la nuit, en côtoyant l'île de Biraham-Batolach, nous essuyâmes une bourrasque, pendant laquelle nous amenâmes toutes nos voiles et priâmes Dieu de nous sauver. Alors nous vîmes au bout des mâts nos trois saints, qui dissipèrent l'obscurité. Ils

---

[1] Voy. la gravure représentant le cannellier dans le premier volume (*Voyageurs anciens*), relation d'HÉRODOTE, p. 79.

[2] Maingdanao est la même île que Mindanao. (Voy. ce qui a été dit plus haut.)

[3] Benaian, cap septentrional de l'île qui porte le même nom. Il s'agit ici des Battas. De récentes publications nous prouvent que le récit de Pigafetta n'a ici rien d'exagéré dans ses affreux détails. Les Battas présentent le curieux phénomène d'un peuple anthropophage auquel les lettres ne sont pas inconnues, et qui a même une sorte de littérature. (Voy. le premier volume (*Voyageurs anciens*), relation de MARCO-POLO, p. 387.)

[4] Toutes ces dénominations, plus ou moins altérées par le narrateur italien, ne peuvent être retrouvées qu'à grand'peine sur les cartes modernes. De grands empires ont disparu, des cités florissantes au temps de Pigafetta ont cessé d'exister. Pour n'en donner qu'un exemple, la célèbre *Madjahapit*, qui était le centre intellectuel de ces régions, et qui s'élevait dans Java, n'offrait plus que des ruines, depuis cent vingt ans, lorsque l'expédition de Magellan visita ces belles régions. « C'était, dit M. Ed. Dulaurier, le centre d'un empire puissant, duquel dépendaient vingt-cinq royaumes ou provinces, s'étendant à l'ouest sur toutes les Moluques, au nord sur une partie considérable de Bornéo. L'empire de Madjahapit occupait à l'est toute la côte nord de Sumatra, jusqu'à Passay inclusivement, et se prolongeait jusqu'à Oudjong-Tanah (pointe de terre) au delà du détroit de Malacca, à l'extrémité de la péninsule malaie. (Voy. *Mémoire, lettres et rapports relatifs au cours de langue malaie et javanaise*, etc.; Paris, 1843, in-8.)

s'y tinrent pendant plus de deux heures, saint Elme sur le mât du milieu, saint Nicolas sur le mât de misaine, et sainte Claire sur celui de trinquet. En reconnaissance de la grâce qu'ils venaient de nous accorder, nous promîmes à chacun d'eux un esclave, et leur fîmes aussi une offrande.

En poursuivant notre route, nous entrâmes dans un port qui est au milieu de l'île de Sarangani, vers Candigar; nous y mouillâmes près d'une habitation de Sarangani, où il y a beaucoup de perles et d'or. Ce port est par les 5° 9′, à 50 lieues de Cavit. Les habitants sont des gentils, et vont nus comme les autres peuples de ces parages.

Nous nous y arrêtâmes un jour, et y prîmes par force deux pilotes pour nous conduire aux îles Malucco. Selon leur avis, nous courûmes au sud sud-ouest, et passâmes au milieu de huit îles en partie habitées et en partie désertes, qui forment une espèce de rue. Voici leurs noms : Cheava, Caviao, Cabiao, Camanuca, Cabaluzao, Cheai, Lipan et Nuza, au bout desquelles nous nous trouvâmes vis-à-vis d'une île assez belle; mais, ayant le vent contraire, nous ne pûmes jamais en doubler la pointe, de manière que, pendant toute la nuit, nous fûmes obligés de courir des bordées. C'est à cette occasion que les prisonniers que nous avions faits à Sarangani sautèrent du bâtiment et se sauvèrent à la nage avec le frère du roi de Maingdanao; mais nous apprîmes par la suite que son fils, n'ayant pu se tenir sur le dos de son père, s'était noyé.

Voyant l'impossibilité de doubler la pointe de la grande île, nous la passâmes sous le vent près de plusieurs îlots. Cette grande île, qui s'appelle Sanghir, a quatre rois, dont voici les noms : rajah Matandatu, rajah Lâga, rajah Bapti et rajah Parabu. Elle est par les 3° 30′ de latitude septentrionale, et à 27 lieues de Sarangani.

Continuant de courir toujours dans la même direction, nous passâmes auprès de cinq îles, appelées Chéoma, Carachita, Para, Zangalura, Ciau ([1]), dont la dernière est distante de 10 lieues de Sanghir. On y voit une montagne assez étendue, mais de peu d'élévation. Son roi s'appelle rajah Ponto.

Nous vînmes à l'île de Paghinzara, où l'on voit trois hautes montagnes : son roi s'appelle rajah Babintan. A douze lieues à l'est de Paghinzara, nous trouvâmes, outre Talaut, deux petites îles habitées, Zoar et Mean.

Mercredi, le 6 de novembre, ayant dépassé ces îles, nous en reconnûmes quatre autres assez hautes, à 14 lieues vers l'est. Le pilote que nous avions pris à Sarangani nous dit que c'étaient les îles Malucco. Nous rendîmes alors grâces à Dieu, et en signe de réjouissance nous fîmes une décharge de toute notre artillerie; et on ne sera pas étonné de la grande joie que nous éprouvâmes à la vue de ces îles, quand on considérera qu'il y avait vingt-sept mois moins deux jours que nous courions les mers, et que nous avions visité une infinité d'îles, toujours en cherchant les Malucco.

Les Portugais ont débité que les îles Malucco sont placées au milieu d'une mer impraticable à cause des bas-fonds qu'on rencontre partout, et de l'atmosphère nébuleuse et couverte de brouillards; cependant nous avons trouvé le contraire, et jamais nous n'eûmes moins de cent brasses d'eau jusqu'aux Malucco mêmes.

Le vendredi 8 du mois de novembre, trois heures avant le coucher du soleil, nous entrâmes dans le port d'une île appelée Tadore ([2]). Nous allâmes mouiller près de la terre par vingt brasses d'eau, et déchargeâmes toute notre artillerie.

Le lendemain, le roi vint dans une pirogue, et fit le tour de nos navires. Nous allâmes à sa rencontre dans les chaloupes pour lui témoigner notre reconnaissance : il nous fit entrer dans sa pirogue, où nous nous plaçâmes auprès de lui. Il était assis sous un parasol de soie qui le couvrait entièrement. Devant lui se tenaient un de ses fils qui portait le sceptre royal, deux hommes ayant chacun un vase d'or plein d'eau pour laver ses mains, et deux autres avec deux petits coffrets dorés remplis de *betre* (bétel).

([1]) Les îles dont il est mention ici appartiennent à ce groupe où les géographes modernes placent Kararotan, Linop et Cabrocana, après lesquelles on trouve Sanghir, qui est l'île assez belle dont parle l'auteur. Au sud sud-ouest de cette île il y a plusieurs îlots dont Pigafetta parle plus bas. Cabiou, Cabalousu, Limpang et Noussa sont nommées dans la note des îles qui appartenaient en 1682 au roi de Ternate. Il a été impossible à Amoretti d'établir ici une concordance satisfaisante. Ce travail aride, et qui nous entraînerait dans des détails par trop fastidieux, est singulièrement facilité aujourd'hui par les belles cartes qu'a publiées la Hollande.

([2]) Maintenant Tidor.

Il nous complimenta sur notre arrivée, en nous disant que depuis longtemps il avait rêvé que quelques navires devaient venir des pays lointains à Malucco, et que, pour s'assurer si ce rêve était véritable, il avait examiné la lune, où il avait remarqué que ces vaisseaux arrivaient effectivement, et que c'était nous qu'il attendait.

Il monta ensuite sur nos vaisseaux, et nous lui baisâmes tous la main. On le conduisit vers le gaillard d'arrière, où, pour ne pas être obligé de se baisser, il ne voulut entrer que par l'ouverture d'en haut. Là nous le fîmes asseoir sur une chaise de velours rouge, et lui endossâmes une veste à la turque, de velours jaune; pour lui témoigner mieux notre respect, nous nous assîmes à terre vis-à-vis de lui.

Lorsqu'il eut appris qui nous étions, et quel était le but de notre voyage, il nous dit que lui et tous ses peuples seraient fort satisfaits d'être les amis et les vassaux du roi d'Espagne; qu'il nous recevrait dans son île comme ses propres enfants; que nous pouvions descendre à terre, y demeurer comme dans nos propres maisons; et que, pour l'amour du roi notre souverain, il voulait que dorénavant son île ne portât plus le nom de Tadore, mais celui de Castille.

Nous lui fîmes alors présent de la chaise sur laquelle il était assis, et de l'habit que nous lui avions endossé. Nous lui donnâmes aussi une pièce de drap fin, quatre brasses d'écarlate, une veste de brocart, un drap de damas jaune, d'autres draps indiens tissus en or et en soie, une pièce de toile de Cambaie très-blanche, deux bonnets, six fils de verroterie, douze couteaux, trois grands miroirs, une demi-douzaine de paires de ciseaux, six peignes, quelques tasses de verre dorées, et d'autres objets. Nous offrîmes à son fils un drap indien d'or et de soie, un grand miroir, un bonnet, et deux couteaux. Chacun des neuf principaux personnages qui l'accompagnaient reçut un drap de soie, un bonnet, et deux couteaux. Nous fîmes aussi divers cadeaux à tous les gens de sa suite, et leur offrîmes un bonnet, un couteau, etc., jusqu'à ce que le roi nous eût avertis de ne plus rien donner. Il dit qu'il était fâché de n'avoir rien à présenter au roi d'Espagne qui fût digne de lui; mais qu'il ne pouvait offrir que sa personne. Il nous conseilla d'approcher avec nos vaisseaux des habitations, et que si quelqu'un des siens osait, pendant la nuit, tenter de venir nous voler, nous n'avions qu'à le tuer à coups de fusil. Après cela, il partit fort satisfait de nous; mais il ne voulut jamais incliner la tête, malgré les révérences que nous fîmes. A son départ, nous déchargeâmes toute notre artillerie.

Ce roi est Maure, c'est-à-dire Arabe, âgé à peu près de quarante-cinq ans, assez bien fait, et d'une belle physionomie. Ses vêtements consistaient en une chemise très-fine, dont les manches étaient brodées en or: une draperie lui descendait de la ceinture jusqu'aux pieds; un voile de soie couvrait sa tête, et sur ce voile il y avait une guirlande de fleurs. Son nom est rajah-sultan Manzor. Il est grand astrologue.

Le 10 novembre, jour de dimanche, nous eûmes un nouvel entretien avec le roi, qui nous demanda quels étaient nos appointements, et quelle ration le roi d'Espagne donnait à chacun de nous. Nous satisfîmes sa curiosité. Il nous pria aussi de lui donner un sceau du roi et un pavillon royal, voulant, disait-il, que son île, ainsi que celle de Tarenate (1), où il se proposait de placer comme roi son neveu appelé Calanogapi, fussent dorénavant soumises au roi d'Espagne, pour l'honneur duquel il combattrait à l'avenir; et que si, par malheur, il était obligé de succomber sous ses ennemis, il passerait en Espagne sur un de ses propres bâtiments, et emporterait avec soi le sceau et le pavillon. Il nous pria ensuite de lui laisser quelques-uns d'entre nous, nos compagnons lui devenant plus chers que toutes nos marchandises, lesquelles, ajouta-t-il, ne lui rappelleraient pas aussi longtemps que nos personnes le souvenir du roi d'Espagne et le nôtre.

Voyant notre empressement à charger nos vaisseaux de clous de girofle, il nous dit que, n'en ayant pas assez de secs dans son île pour notre besoin, il irait en chercher à l'île de Bachian, où il espérait en trouver la quantité qu'il nous faudrait.

Ce jour-là étant un dimanche, nous ne fîmes aucun achat. Le jour de fête, pour ces insulaires, est le vendredi.

---

(1) Avant l'arrivée des mahométans, Ternate s'appelait *Leineau-Gopie*. Les premiers mahométans qui se rendirent de Malacca dans cette île, ayant été accueillis par un épouvantable ouragan, s'écrièrent, en s'adressant au prophète: « Si tu es le chef des vrais croyants, donnes-en la preuve en nous faisant aborder heureusement. » Le lendemain on découvrit la terre; sur quoi le chef aurait dit: « *Siedak Ternjata* (Il est constaté, ou prouvé). » De *Ternjata* on aurait fait Ternate. (Voy. sur cette ville Mallat, Themminck, etc.)

Il vous sera agréable sans doute, Monseigneur, d'avoir quelques détails sur les îles où croissent les girofliers. Il y en a cinq, Tarenate, Tadore, Mutir, Machian et Bachian (¹). Tarenate (Ternate) est la

Rade de Ternate (îles Moluques). — D'après Dumont d'Urville.

principale. Le dernier roi dominait presque entièrement sur les quatre autres. Tadore (Tidor), où nous étions alors, a son roi particulier. Mutir et Machian n'ont point de roi : leur gouvernement est populaire; et lorsque les rois de Tarenate et de Tadore sont en guerre entre eux, ces deux républiques démocratiques fournissent des combattants aux deux partis. La dernière est Bachian, laquelle a de même son roi. Toute cette province où croît le girofle s'appelle Malucco (Moluques).

Lors de notre arrivée à Tadore, on nous dit que huit mois auparavant il y était mort un certain François Serano (Serrão), Portugais (²). Il était capitaine général du roi de Tarenate, alors en guerre contre celui de Tadore, qu'il contraignit à donner sa fille en mariage au roi de Tarenate; il avait en outre livré presque tous les enfants mâles des seigneurs de Tadore en otage. Par cet arrangement, on parvint à établir la paix. De ce mariage naquit le petit-fils du roi de Tadore, appelé Calanopagi, dont j'ai parlé. Cependant le roi de Tadore ne pardonna jamais sincèrement à François Serano, et fit serment de se venger de lui. En effet, quelques années après, ce dernier s'étant avisé un jour d'aller à Tadore pour acheter des clous de girofle, le roi lui fit prendre du poison préparé dans des feuilles de bétel; de sorte qu'il n'y survécut que quatre jours. Le roi voulut le faire enterrer selon les usages du pays; mais trois domestiques chrétiens, que Serano avait conduits avec lui, s'y opposèrent. Ce dernier laissa en mourant un fils et une fille encore enfants que lui avait donnés une femme dont il était devenu l'époux à Java. Tout son bien ne consistait, pour ainsi dire, qu'en deux cents bahars de clous de girofle.

Serano avait été grand ami, et même parent, de notre malheureux capitaine général; et ce fut lui qui

---

(¹) On peut se procurer quelques documents presque contemporains dans Antonio Galvam et dans Duarte Barbosa. Le plan de la forteresse de Ternate, telle qu'elle était au seizième siècle, nous est fourni par Barreto de Rezende, *Tratado dos vizos reys da India*, manuscrit de la Bibliothèque impériale de Paris.

(²) Francisco Serrão ou Serram était le beau-frère de Magellan; c'était un homme d'un vrai courage et d'une vive intelligence. Son nom est nécessairement altéré dans Argensola et dans les autres écrivains espagnols. On peut le considérer comme le promoteur de la première circumnavigation. Tout ce que dit Pigafetta est parfaitement exact.

le détermina à entreprendre ce voyage; car du temps que Magellan se trouvait à Malacca, il avait appris par des lettres de son cousin qu'il était à Tadore, où il y avait un commerce avantageux à faire. Magellan n'avait pas perdu de vue ce que Serano lui avait écrit, lorsque le feu roi de Portugal, dom Emmanuel, refusa d'augmenter ses appointements d'un seul teston ([1]) par mois; récompense qu'il croyait bien mériter pour les services qu'il avait rendus à la couronne. Pour s'en venger, il vint en Espagne, et proposa à S. M. l'empereur d'aller à Malucco par l'ouest, ce qu'il obtint.

Dix jours après la mort de Serano, le roi de Tarenate, appelé rajah Abuleis ([2]), qui avait épousé une fille du roi de Bachian, déclara la guerre à son gendre et le chassa de son île. Sa fille se rendit alors chez lui pour être médiatrice entre son père et son mari, et empoisonna son père, qui ne survécut que deux jours au poison. Il mourut en laissant neuf fils, dont voici les noms : Chechili-Momuli, Jadore-Vunghi, Chechilideroix, Cilimanzur, Cilipagi, Chialiuchechilin, Cataravajecu, Serich et Calanogapi ([3]).

Lundi 11 novembre, Chechilideroix, un des fils du roi de Tarenate nommé plus haut, vint près de nos vaisseaux avec deux pirogues où il y avait des joueurs de timbale. Il était vêtu d'un habit de velours rouge. Nous sûmes ensuite qu'il avait avec lui la veuve et les fils de Serano. Cependant il n'osa pas se présenter à notre bord, et nous n'osâmes pas non plus l'inviter à s'y rendre sans le consentement du roi de Tadore, son ennemi, dans le port duquel nous étions, et à qui nous fîmes demander si nous pouvions le recevoir. Il nous fit répondre que nous étions les maîtres de faire ce qui nous plairait. Pendant cet intervalle, Chechilideroix, voyant notre incertitude, eut quelques soupçons, et s'éloigna de nous, ce qui nous détermina à aller vers lui avec la chaloupe, et à lui faire présent d'une pièce de drap indien de soie et d'or, de quelques miroirs, ciseaux et couteaux, qu'il accepta d'assez mauvaise grâce; il partit ensuite.

Il avait avec lui un Indien qui s'était fait chrétien et que l'on appelait Manuel : c'était le domestique de Pierre-Alphonse de Lorosa, qui, après la mort de Serano, était venu de Bandan à Tarenate. Ce Manuel, qui parlait la langue portugaise, vint à notre navire, et nous dit que les fils du roi de Tarenate, quoique ennemis du roi de Tadore, étaient fort disposés à abandonner le Portugal pour s'attacher à l'Espagne. Nous écrivîmes par son moyen une lettre à de Lorosa, pour l'inviter à se rendre à bord sans garder la moindre crainte. Nous verrons par la suite comment il se rendit à notre invitation.

En m'informant des usages du pays, j'appris que le roi peut avoir autant de femmes qu'il le trouve bon; mais une est réputée son épouse, et toutes les autres ne sont que ses esclaves. Il avait hors de la ville une grande maison où logeaient deux cents de ses femmes les plus jolies, avec un pareil nombre d'autres destinées à les servir. Le roi mange toujours seul, ou avec son épouse, sur une espèce d'estrade élevée, d'où il voit toutes ses autres femmes assises autour de lui. Lorsque le roi a fini son repas, ses femmes mangent toutes ensemble, s'il y consent; sinon chacune va dîner en particulier dans sa chambre. Personne ne peut voir les femmes du roi sans une permission expresse de sa part; et si quelque imprudent osait approcher de leur habitation, soit de jour, soit de nuit, il serait tué sur-le-champ. Pour garnir de femmes le sérail du roi, chaque famille est obligée de lui fournir une ou deux filles. Rajah-sultan Manzour avait vingt-six enfants, dont huit garçons et dix-huit filles. Il y a dans l'île de Tadore une espèce d'évêque ([4]) qui avait quarante femmes et un grand nombre d'enfants.

Le mardi 12 novembre, le roi fit construire un hangar pour nos marchandises, lequel fut achevé en un jour. Nous y portâmes tout ce que nous avions destiné à faire des échanges, et employâmes trois de nos gens pour le garder. Voici comment on fixa la valeur des marchandises que nous comptions donner en échange des clous de girofle. Pour dix brasses de drap rouge de bonne qualité, on devait nous donner un bahar de clous de girofle ([5]). Le bahar est de quatre quintaux et six livres, et chaque

---

([1]) Le teston valait un demi-ducat, et le ducat valait un sequin.

([2]) Lorsque Brito fut envoyé comme gouverneur aux îles Moluques, le roi Abuleis régnait à Ternate, et il est appelé radjah Beglif.

([3]) Il est inutile de faire remarquer le peu de confiance que l'on doit avoir dans l'orthographe de ces noms propres.

([4]) Pigafetta croit pouvoir probablement désigner ainsi le mufti.

([5]) Nous reproduisons ici, dans l'ordre que leur a assigné un auteur du moyen âge, la liste des épices en usage dans le centre de l'Europe. On y a joint les prix que ces denrées conservaient chez nous de 1392 à 1394. Il est bon de se rappeler

quintal pèse cent livres. Pour quinze brasses de drap de qualité moyenne, un bahar de clous de girofle; pour quinze haches, un bahar; pour trente-cinq tasses de verre, un bahar. Nous échangeâmes ensuite de cette manière toutes nos tasses de verre avec le roi. Pour dix-sept cathils de cinabre, un bahar; et la même quantité pour autant de vif-argent : pour vingt-six brasses de toile, un bahar; et d'une toile

Mosquée de Ternate. — D'après Dumont d'Urville.

plus fine, on n'en donnait que vingt-cinq brasses. Pour cent cinquante couteaux, un bahar; pour cinquante couteaux, un bahar; pour cinquante paires de ciseaux, ou pour quarante bonnets, un bahar; pour dix brasses de drap de Guzzerate (¹), un bahar; pour trois de leurs timbales, un bahar; pour un quintal de cuivre, un bahar. Nous aurions tiré un fort bon parti des miroirs; mais la plus grande partie s'étaient cassés en route, et le roi s'appropria presque tous ceux qui étaient restés entiers. Une partie de nos marchandises venait des jonques dont j'ai déjà parlé. Par ce moyen, nous avons certainement fait un trafic bien avantageux; cependant nous n'en avons pas tiré tout le bénéfice que nous aurions pu, parce que nous voulions nous hâter, autant qu'il était possible, de retourner en Espagne. Outre les clous de girofle, nous faisions tous les jours une bonne provision de vivres, les Indiens venant sans

qu'avant la mémorable expédition de Gama il n'y avait eu encore que de bien faibles modifications dans le prix des épices. «Une livre *poudre de gingembre coulombin*, 11 sols; un quarteron *gingembre mesche* (écorce plus brune), 5 sols; demi-livre *cannelle battue*, 5 sols; un quarteron *clou et graine*, entre 6 sols; demi-quarteron *poivre long*, 4 sols; demi-quarteron *garingal*, 5 sols (il s'agit ici de la racine de *galanga*, plante des Indes orientales, dont on se servait dans les sauces non bouillies); demi-quarteron *macis*, 3 sols 4 deniers. Voici pour les épices tirées des régions orientales. Les espèces dites *de chambre*, tirées des régions méridionales de l'Europe, sont taxées ainsi : *orengeat*, 1 livre 10 sols; *chitron* (citron confit?), 1 livre 12 sols; *anis vermeil*, 1 livre 8 sols; *sucre rosat*, 1 livre 10 sols; *dragée blanche*, 3 livres 10 sols la livre; *hypocras*, 10 sols la quarte.» (Voy., pour de plus nombreux détails, *le Ménagier de Paris, traité de morale et d'économie domestiques*, publié pour la Société des bibliophiles français, par le baron Pichon; Paris, 1846, t. II.)

(¹) Guzzerate ou Gudjarate, royaume des Indes soumis au roi de Cambaie, dont parle Barbosa, compagnon de Pigafetta. (Voy. Ramusio, t. I, p. 295, et *Noticias das naçoens ultramarinas*, etc.)

cesse avec leurs barques nous apporter des chèvres, des poules, des noix de coco, des bananes et d'autres comestibles, qu'ils nous donnaient pour des choses de peu de valeur. Nous fîmes en même temps bonne provision d'une eau excessivement chaude, mais qui, exposée à l'air, devenait très-froide dans l'espace d'une heure. On prétend que cela provient de ce que l'eau sourd de la montagne des Girofliers (¹). Nous reconnûmes par là l'imposture des Portugais qui veulent faire croire qu'on manque entièrement d'eau douce aux îles Malucco, et qu'on est obligé d'aller la chercher dans des pays lointains.

Le lendemain, le roi envoya son fils Mossahap à l'île de Mutir, pour y chercher des clous de girofle, afin que nous pussions promptement compléter notre cargaison. Les Indiens que nous avions pris chemin faisant trouvèrent l'occasion de parler au roi, qui s'intéressa pour eux, et nous pria de les lui donner, afin qu'il pût les renvoyer accompagnés de cinq insulaires de Tadore, qui, en les accompagnant, auraient occasion de faire l'éloge du roi d'Espagne, et rendraient par là le nom espagnol cher et respectable à tous ces peuples. Nous lui remîmes les trois femmes que nous comptions présenter à la reine d'Espagne, ainsi que tous les hommes, à l'exception de ceux de Burné.

Le roi nous demanda une autre faveur : c'était de tuer tous les cochons que nous avions à bord ; il nous offrit une ample compensation en chèvres et en volailles. Nous eûmes encore cette complaisance pour lui, et tuâmes nos porcs dans l'entre-pont, afin que les Maures ne s'en apperçussent pas ; car ils avaient une telle répugnance pour ces animaux, que quand par hasard ils venaient à en rencontrer quelqu'un, ils se fermaient les yeux et se bouchaient le nez, pour ne pas le voir ou en sentir l'odeur.

Le même soir, le Portugais Pierre-Alphonse de Lorosa vint à bord du vaisseau dans une pirogue. Nous sûmes que le roi l'avait envoyé chercher pour l'avertir que, quoiqu'il fût de Tarenate, il devait bien prendre garde d'en imposer dans les réponses qu'il ferait à nos demandes. Effectivement, s'étant rendu à notre bâtiment, il nous donna tous les renseignements qui pouvaient nous intéresser. Il nous dit qu'il était dans les Indes depuis seize ans, en ayant passé dix aux îles Malucco, où il était venu avec les premiers Portugais, qui véritablement s'y étaient établis depuis dix ans ; mais qui gardaient le plus profond silence sur la découverte de ces îles. Il ajouta qu'il y avait onze mois et demi qu'un gros navire était arrivé de Malacca aux îles Malucco pour y charger des clous de girofle, et y avait fait effectivement sa cargaison, mais que le mauvais temps l'avait retenu quelques mois à Bandan. Ce navire venait d'Europe, et le capitaine portugais, qui s'appelait Tristan de Menezes, dit à Alphonse de Lorosa que la nouvelle la plus importante alors était qu'une escadre de cinq vaisseaux sous le commandement de Ferdinand Magellan était partie de Séville afin d'aller découvrir Malucco au nom du roi d'Espagne, et que le roi de Portugal, d'autant plus fâché de cette expédition que c'était un de ses sujets qui cherchait à lui nuire, avait envoyé des vaisseaux au cap de Bonne-Espérance et au cap Sainte-Marie (²), dans le pays des cannibales, pour lui intercepter le passage dans la mer des Indes, mais qu'ils ne l'avaient pas rencontré. Ayant appris ensuite que Magellan était passé par une autre mer, et qu'il allait aux îles Malucco par l'ouest, il avait ordonné à don Diogo Lopez de Siqueira, son capitaine en chef dans les Indes (³), d'envoyer six vaisseaux de guerre à Malucco contre lui ; mais Siqueira, ayant été instruit dans ce temps que les Turcs préparaient une flotte contre Malacca, avait été contraint d'envoyer 60 bâtiments contre eux au détroit de la Mecque, dans la terre de Juda (⁴). Ceux-ci, ayant trouvé dans ces parages des galères turques échouées sur le bord de la mer, près de la belle et forte ville d'Adem, les avaient brûlées toutes. Cette expédition avait empêché le capitaine général portugais d'entreprendre celle dont il était chargé contre nous ; mais peu de temps après il avait envoyé à notre rencontre un galion à deux mains de bombardes (⁵), commandé par le capitaine François Faria, Portugais. Ce galion

---

(¹) On a observé que plusieurs îles de la mer du Sud sont volcaniques ; par conséquent cette eau chaude sera une simple eau thermale, et non une eau échauffée par les girofliers.

(²) Cap septentrional de Rio de la Plata.

(³) Lopez de la Siqueira alla aux Indes en 1518. (Voy. Barreto de Resende.)

(⁴) Plutôt Jedda, sur la mer Rouge, port qui sert au commerce de la Mecque. Cela a rapport à la malheureuse expédition que Soliman le Magnifique entreprit à la sollicitation des Vénitiens contre les établissements des Portugais dans les Indes, pour rappeler dans la mer Rouge le commerce que la navigation des Portugais par le cap de Bonne-Espérance avait anéanti. Les Vénitiens avaient fourni pour cet objet le bois de construction et des armes.

(⁵) A deux rangs de canons.

ne vint pas non plus nous présenter le combat aux îles Malucco; car, soit en raison des bas-fonds qu'on trouve auprès de Malacca, soit en raison des courants et des vents contraires qu'il rencontra, il fut obligé de retourner au port d'où il était sorti. A. de Lorosa ajouta que, peu de jours auparavant, une caravelle et deux jonques étaient venues aux îles Malucco pour avoir de nos nouvelles. Les jonques allèrent, en attendant, à Bachian pour y charger des clous de girofle, ayant à bord sept Portugais qui, malgré les remontrances du roi, n'ayant voulu respecter ni les femmes des habitants, ni celles du roi même, furent tous massacrés. A cette nouvelle, le capitaine de la caravelle jugea à propos de partir au plus vite et de s'en retourner à Malacca, après avoir abandonné à Bachian les deux jonques avec 400 bahars de clous de girofle, et une assez grande quantité de marchandises pour en obtenir cent autres.

Il nous dit aussi que chaque année plusieurs jonques vont de Malacca à Bandan acheter du macis et de la noix muscade, et de là viennent aux îles Malucco charger des clous de girofle. On fait en trois jours le voyage de Bandan aux îles Malucco, et en quinze jours on va de Bandan à Malacca. Ce commerce, disait-il, est celui de ces îles qui donne le plus grand bénéfice au roi de Portugal : aussi a-t-il grand soin de le cacher aux Espagnols.

Ce que de Lorosa venait de dire était extrêmement intéressant pour nous : aussi cherchâmes-nous à le persuader de s'embarquer avec nous pour l'Europe, en lui faisant espérer de grands appointements de la part du roi d'Espagne.

Vendredi, le 15 novembre, le roi nous dit qu'il voulait aller à Bachian prendre des clous de girofle que les Portugais y avaient laissés, et nous demanda des présents pour les gouverneurs de Mutir, qu'il leur donnerait au nom du roi d'Espagne. Il s'amusa en même temps, étant monté sur notre vaisseau, à voir l'usage que nous faisions de nos armes, c'est-à-dire de l'arbalète, du fusil et des bersils [1], qui est une arme plus grande qu'un fusil. Il tira lui-même trois coups d'arbalète; mais il ne voulut jamais toucher aux fusils.

Vis-à-vis de Tadore, il y a une fort grande île appelée Giailolo [2], habitée par les Maures et les gentils. Les Maures y ont deux rois, dont l'un, à ce que nous dit le roi de Tadore, a eu 600 enfants, et l'autre 525. Les gentils n'ont pas autant de femmes que les Maures, et sont aussi moins superstitieux. La première chose qu'ils rencontrent le matin est l'objet de leur adoration pendant toute la journée. Le roi de ces gentils s'appelle rajah Papua : il est très-riche en or, et habite l'intérieur de l'île. On voit ici croître parmi les rochers des roseaux aussi gros que la jambe d'un homme, qui sont remplis d'une eau fort bonne à boire : nous en achetâmes plusieurs. L'île de Giailolo est si grande qu'un canot a de la peine à en faire le tour en quatre mois.

Samedi 16 novembre, un des rois maures de Giailolo vint avec plusieurs embarcations à bord de nos vaisseaux. Nous lui fîmes présent d'une veste de damas vert, de deux brasses de drap rouge, de quelques miroirs, ciseaux, couteaux, peignes, et de deux tasses de verre dorées, qui lui plurent beaucoup. Il nous dit fort gracieusement que, puisque nous étions les amis du roi de Tadore, nous devions être aussi les siens, parce qu'il aimait ce roi comme son propre fils. Il nous invita à nous rendre dans

---

[1] Le bersil est une espèce de grosse arbalète.

[2] « Avant l'apparition du pavillon espagnol dans ces mers, les îles... formaient quatre États indépendants, ceux de *Ternate*, *Tidor*, *Gilolo* et *Batjam*. Leur pouvoir réuni s'étendait de l'occident à l'orient, depuis la baie de Goening-Tello, sur la côte de Célèbes, jusqu'à la baie de Geelvink, sur la côte nord-est de la Nouvelle-Guinée; et du nord au midi, à partir du détroit de Magindanao, y compris les îles Talaut, jusqu'à la grande Céram et le groupe de Salager. A l'occident, Ternate formait l'État le plus puissant. Le sultan de cette île se voyait en état de mettre sur pied une armée considérable, composée seulement de ses sujets célébiens. Vers le commencement du seizième siècle, le souverain Baba-Hulah sut profiter habilement de cette force guerrière pour assujettir à son pouvoir les trois autres sultans rivaux. Se voyant le maître absolu et redouté dans ce vaste rayon, il prit le titre de *Maha-Radjah*, ou chef suprême. Vers ce temps, les Espagnols s'étant fixés solidement aux Philippines, ils convoitèrent aussi la possession de ces îles, riches en épiceries et renommées pour la salubrité de leur climat. » (Themminck.)

Gilolo, plus connu sous le nom d'*Halmahera*, occupe une étendue de trois degrés en longitude sur deux de latitude. C'est une île de troisième rang. Le nom d'*Halmahera* signifie grande terre. Elle présente une superficie de 172 myriamètres. On la divise en deux parties. La plus grande est placée sous l'autorité du roi de Ternate : on lui accorde une population de 19 000 âmes. La deuxième partie appartient au roi de Tidore. La végétation de cette île est puissante et féconde. (Voy. Themminck.)

son pays, en nous assurant qu'il nous y ferait rendre de grands honneurs. Ce roi est très-puissant et fort respecté dans toutes les îles des environs. Il est d'un grand âge, et s'appelle rajah Jussu.

Attaque des pirates de Gilolo (¹). — D'après Belcher.

Le lendemain au matin, jour de dimanche, le même roi revint à bord, où il voulut voir comment nous combattions et manœuvrions nos bombardes, ce que nous exécutâmes à sa grande satisfaction, car il avait été fort guerrier dans sa jeunesse.

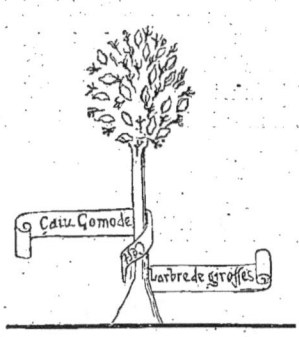

L'Arbre de girofle. — D'après Pigafetta.

Le même jour, j'allai à terre pour examiner le giroflier et voir la manière dont il porte son fruit. Voici ce que j'observai : le giroflier atteint une assez grande hauteur, et son tronc est de la grosseur du corps d'un homme, plus ou moins, selon l'âge de l'arbre. Ses branches s'étendent beaucoup vers le milieu du tronc; mais à la cime elles forment une pyramide. Sa feuille ressemble à celle du laurier, et l'écorce en est olivâtre. Les clous de girofle naissent au bout de petites branches en bouquets de dix à vingt. Cet arbre donne plus de fruit d'un côté que de l'autre, selon les saisons. Les clous de girofle sont d'abord blancs; en mûrissant, ils deviennent rougeâtres, et ils noircissent en séchant. On en fait la récolte deux fois par an, la première fois vers Noël, et la seconde à la Saint-Jean-Baptiste, c'est-à-dire à peu près vers les deux solstices, saison où l'air est le plus tempéré dans ces pays; mais c'est au solstice d'hiver que le clou est le plus chaud, parce que le soleil y est alors au zénith. Quand l'année est chaude et qu'il y a peu de pluie, la récolte est, dans chaque île, de trois à quatre cents bahars. Le giroflier ne vient que dans les montagnes, et il périt quand on le transplante dans la plaine. La feuille, l'écorce, et la partie ligneuse même de l'arbre, ont une odeur aussi forte

(¹) Voy. la note 2 de la page précédente.

et conservent autant de saveur que le fruit même (¹). Si ce dernier n'est pas cueilli dans sa juste maturité, il devient si gros et si dur qu'il n'y reste de bon que l'écorce. Il n'y a de girofliers que dans les montagnes des cinq îles Malucco. On en voit quelques arbres dans l'île de Giailolo et sur l'îlot de Mare,

Le Giroflier.

entre Tadore et Mutir; mais leurs fruits ne sont pas si bons. On prétend que le brouillard leur donne un certain degré de perfection; ce qu'il y a de certain, c'est que nous vîmes chaque jour un brouillard en forme de petits nuages environner tantôt l'une et tantôt l'autre des montagnes de ces îles. Chaque habitant possède quelques girofliers, auxquels il veille lui-même, et dont il va cueillir les fruits, mais

(¹) Les Hollandais s'assurèrent par la suite que le giroflier croit aussi fort bien dans la plaine. On évaluait naguère la récolte du girofle dans les Moluques à environ 400 000 livres. (Voy. Themminck, t. III, p. 257.)
Amoretti ajoute la note suivante à ce passage :
« On croyait que les girofliers ne croissaient que dans ces cinq îles qu'on appelle proprement les Moluques; mais par la suite on les trouva dans plusieurs autres îles auxquelles, par cette raison, on étendit le nom de Moluques; de façon que, sous ce nom, on comprend aujourd'hui toutes les îles qui sont entre les Philippines et Java. Les Hollandais, pour avoir le commerce exclusif des clous de girofle, tâchèrent de détruire par force ou par artifice tous les girofliers qui étaient hors de leur dépendance ; mais ils n'y réussirent pas. Grâce à l'activité persévérante de ce peuple, la culture du giroflier s'est répandue dans plus d'une localité des Indes néerlandaises. »
Nous avons cru devoir reproduire, p. 332, la figure de cet arbre telle qu'elle nous est présentée par le manuscrit de Pigafetta. Elle établit un contraste curieux avec l'exactitude de la figure ci-dessus.

sans en soigner la culture. Dans chaque île, on donne un nom différent aux clous de girofle : on les appelle *ghomodes* à Tadore, *bongalavan* à Sarangani, et *chianche* aux îles Malucco.

Cette île produit aussi la noix muscade (¹), qui ressemble à nos noix, tant par le fruit même que par les feuilles. La noix muscade, quand on la cueille, ressemble au coing, tant par sa forme que par sa couleur et le duvet qui la couvre; mais elle est plus petite. La première écorce est aussi épaisse que le brou de notre noix; au-dessous, il y a une espèce de tissu mince, ou plutôt de cartilage, sous lequel est le macis, d'un rouge très-vif, qui enveloppe l'écorce ligneuse, laquelle contient la noix muscade proprement dite.

Cette île produit aussi le gingembre, que nous mangions vert en guise de pain. Le gingembre ne vient pas sur un arbre proprement dit, mais sur une espèce d'arbuste qui pousse de terre des jets longs d'un palme, semblables aux scions des cannes, auxquels il ressemble également par les feuilles, si ce n'est que celles du gingembre sont plus étroites. Ces jets ne sont bons à rien, et ce n'est que la racine, qui forme le gingembre, qui est en usage dans le commerce. Le gingembre vert n'est pas aussi fort que lorsqu'il est sec, et pour le sécher on y applique de la chaux, car autrement on ne pourrait pas le conserver.

Les maisons de ces insulaires sont construites comme celles des îles voisines; mais elles ne sont pas élevées si haut de la terre, et sont environnées de cannes en forme de haie. Les femmes de ce pays sont laides : elles vont nues comme celles des autres îles, et ne se couvrent que d'un pagne fait d'écorce d'arbre. Les hommes vont également nus; et, malgré la laideur de leurs femmes, ils en sont très-jaloux.

Voici comment ils font leurs étoffes d'écorce d'arbre. Ils prennent un morceau d'écorce, et le laissent dans l'eau jusqu'à ce qu'il s'amollisse. Ils le battent ensuite avec des gourdins pour l'étendre en long et en large autant qu'ils le jugent convenable; de façon qu'il devient semblable à une étoffe de soie écrue, avec des fils entrelacés intérieurement, comme s'il était tissu.

Leur pain est fait de la manière suivante, avec la pulpe intérieure d'un arbre qui ressemble au palmier. Ils prennent un morceau de ce bois, et en ôtent certaines épines noires et longues; ensuite ils le pilent et en font du pain qu'ils appellent *sagou* (²). Ils font provision de ce pain pour leurs voyages de mer.

Les insulaires de Tarenate venaient journellement avec leurs canots nous offrir des clous de girofle; mais comme nous en attendions, nous ne voulûmes pas en acheter des autres insulaires, et nous nous contentions de leur prendre des vivres; c'est de quoi les habitants de Tarenate se plaignaient beaucoup.

La nuit du dimanche 24 novembre, le roi revint au son des timbales, et passa entre nos deux vaisseaux. Nous le saluâmes, pour lui témoigner notre respect, par plusieurs décharges de nos bombardes. Il nous dit qu'en conséquence des ordres qu'il avait donnés on nous apporterait, pendant quatre jours, une considérable quantité de clous de girofle. En effet, le lundi on nous en apporta 171 cathils, qui furent pesés sans lever la *tara*. Lever la *tara*, c'est prendre les épices pour un poids moindre que celui qu'elles pèsent, et l'on accorde ce rabais parce qu'étant fraîches quand on les prend, elles diminuent immanquablement de pesanteur, comme de bonté, en séchant. Ces clous de girofle envoyés par le roi étant les premiers que nous embarquions, et formant le principal objet de notre voyage, nous tirâmes plusieurs coups de bombarde en signe de réjouissance.

Le mardi 26 novembre, le roi vint nous faire une visite, et nous dit qu'il faisait pour nous ce que les rois ses prédécesseurs n'avaient jamais fait, en sortant de son île; mais qu'il était bien aise de s'être déterminé à nous donner cette marque de son amitié pour le roi d'Espagne et pour nous, afin que nous pussions partir au plus tôt pour notre pays, et revenir sous peu de temps avec plus de forces, pour venger la mort de son père, qui avait été tué dans une île appelée Buru (³), et dont le cadavre avait été

(¹) *Myristica officinalis*, Linné; *aromatica*, Lamk.; *moscata*, Thunb. On récolte aujourd'hui à Banda 400.000 livres de noix muscade et 130 000 livres de macis. La noix se nomme, en malai, *boca-pala*. (Voy. Themminck.) On l'appelait fréquemment, au seizième siècle, noix de Banda. L'arille s'appelle fleur de muscade ou macis. (Voy., pour les diverses espèces, E.-A. Duchesne, *Répertoire des plantes utiles*; Paris, 1 vol. in-8; et surtout Toxley, *Notice sur le muscadier et sa culture*, dans le tome II du journal *Of the Indian archipelago*; Singapore, 1848.)

(²) Voy., sur cet utile palmier, Mallat (*les Philippines*), Themminck, etc., et Planche (*Recherches pour servir à l'histoire du sagou*, etc.), dans les *Mémoires de l'Académie de médecine*; 1837, t. VI, p. 605.

(³) Bouro, dont nous parlerons encore.

jeté à la mer. Il ajouta que c'était l'usage à Tadore, lorsqu'on chargeait, sur un navire ou sur une jonque, les premiers clous de girofle, que le roi donnât un festin aux matelots ou aux marchands du bâtiment; et fît en même temps des prières pour qu'ils arrivassent heureusement chez eux. Il comptait, à la même occasion, donner un festin au roi de Bachian, qui venait avec son frère lui rendre une visite; et, pour cet effet, il avait ordonné de nettoyer les rues et les grands chemins.

Cette invitation nous inspira quelques soupçons, d'autant plus que nous venions d'apprendre qu'à l'endroit où nous faisions aiguade, trois Portugais avaient été assassinés, peu de temps auparavant, par des insulaires cachés dans un bois voisin. D'ailleurs on voyait souvent ceux de Tadore en conférence avec les Indiens que nous avions faits prisonniers; de sorte que, malgré l'opinion de quelques-uns d'entre nous, qui auraient volontiers accepté l'invitation du roi, le ressouvenir du funeste festin de Zubu nous la fit refuser. On envoya cependant faire des excuses et des remerciments au roi, et le prier de se rendre le plus tôt possible aux vaisseaux, pour que nous lui remissions les quatre esclaves que nous avions promis, vu que notre intention était de partir au premier beau temps.

Le roi vint le même jour, et monta sur nos vaisseaux sans marquer la moindre défiance. Il dit qu'il venait chez nous comme s'il entrait dans sa propre maison, et nous assura qu'il était très-sensible à un départ si subit et si peu ordinaire, puisque tous les vaisseaux emploient ordinairement une trentaine de jours à compléter leur cargaison, ce que nous avions fait en bien moins de temps. Il ajouta que s'il nous avait aidé, même en sortant de son île, à charger avec plus de promptitude les clous de girofle, il n'avait point pensé à hâter par là notre départ. Il fit ensuite la réflexion que la saison n'était pas bien propre pour naviguer dans ces mers, attendu les bas-fonds qu'on rencontre près de Bandan, et que, d'ailleurs, nous pourrions, dans ce moment, rencontrer quelques bâtiments de nos ennemis les Portugais.

Quand il vit que tout ce qu'il venait de nous dire ne suffisait pas pour nous retenir : « Eh bien, reprit-il, je vous rendrai donc tout ce que vous m'avez donné au nom du roi d'Espagne; car si vous partez sans me laisser le temps de préparer pour votre roi des présents dignes de lui, tous les rois mes voisins diront que le roi de Tadore est un ingrat d'avoir reçu des bienfaits de la part d'un si grand monarque que celui de Castille sans lui rien envoyer en retour. Ils diront aussi, ajouta-t-il, que vous ne partez ainsi à la hâte que par la crainte d'une trahison de ma part, et toute ma vie j'aurai le nom d'un traître. » Alors, pour nous rassurer contre tout soupçon que nous aurions pu avoir de sa bonne foi, il se fit apporter son Coran, le baisa dévotement, et le posa quatre ou cinq fois sur sa tête, en marmottant entre ses dents certaines paroles qui étaient une invocation appelée *zambehan*. Après cela, il dit à haute voix, en présence de nous tous, qu'il jurait par Allah et par le Coran, qu'il tenait à la main, qu'il serait toujours un fidèle ami du roi d'Espagne. Il proféra tout cela presque en pleurant, et de si bonne grâce, que nous lui promîmes de passer encore quinze jours à Tadore.

Alors nous lui donnâmes le sceau du roi et le pavillon royal. Nous fûmes ensuite instruits que quelques-uns des principaux de l'île lui avaient effectivement conseillé de nous massacrer tous, ce qui lui aurait mérité la bienveillance et la reconnaissance des Portugais, qui l'auraient aidé, mieux que les Espagnols, à se venger du roi de Bachian; mais que lui, roi de Tadore, loyal et fidèle au roi d'Espagne, avec lequel il avait juré la paix, avait répondu que jamais rien ne pourrait le porter à un tel acte de perfidie.

Le mercredi 27, le roi fit publier un avis qui portait que tout le monde pouvait nous vendre librement des clous de girofle, ce qui nous fournit l'occasion d'en acheter une grande quantité.

Vendredi, le roi de Machian vint à Tadore avec plusieurs pirogues; mais il ne voulut pas mettre pied à terre, parce que son père et son frère, bannis de Machian, s'étaient réfugiés dans cette île.

Samedi, le roi vint aux vaisseaux avec le gouverneur de Machian, son neveu, appelé Humaï, âgé de vingt-cinq ans; et, ayant su que nous n'avions plus de drap, il envoya chez lui chercher trois aunes de drap rouge, et nous les donna, pour que, en y joignant quelques autres objets que nous pouvions avoir encore, nous pussions faire au gouverneur un présent digne de son rang; ce que nous fîmes, et, à leur départ, nous tirâmes plusieurs coups de bombarde.

Le dimanche 1ᵉʳ décembre, le gouverneur de Machian partit, et on nous dit que le roi lui avait fait également des présents, afin qu'il nous envoyât au plus tôt des clous de girofle.

Lundi, le roi fit un autre voyage hors de son île, pour le même objet.

Mercredi étant le jour de Sainte-Barbe, et pour faire honneur au roi qui se trouvait de retour, nous fîmes une décharge de toute l'artillerie ; et, le soir, nous tirâmes des feux d'artifice, que le roi prit grand plaisir à voir.

Jeudi et vendredi, nous achetâmes une grande quantité de clous de girofle, qu'on nous donnait à bon marché, en raison de notre prochain départ. On nous en fournit un bahar pour deux aunes de ruban, et 100 livres pour deux chaînettes de laiton, qui ne coûtaient qu'un *marcel* ([1]). Et comme chaque matelot voulait en apporter en Espagne autant qu'il le pouvait, chacun changeait ses hardes pour des clous de girofle.

Samedi, trois fils du roi de Tarenate, avec leurs femmes, qui étaient filles du roi de Tadore, vinrent aux vaisseaux. Le Portugais Pierre-Alphonse était avec eux. Nous fîmes présent d'une tasse de verre dorée à chacun des trois frères, et donnâmes aux trois femmes des ciseaux et d'autres bagatelles. Nous envoyâmes aussi quelques bijoux à une autre fille du roi de Tadore, veuve du roi de Tarenate, qui refusa de venir à notre bord.

Dimanche étant le jour de la Conception de Notre-Dame, nous tirâmes, en réjouissance, plusieurs coups de bombarde, des bombes de feux et des fusées.

Lundi, sur le soir, le roi vint à bord de notre vaisseau, avec trois femmes qui portaient son bétel. Il faut observer que les rois et ceux de la famille royale ont seuls le droit de conduire des femmes avec eux. Le même jour, le roi de Giailolo vint une seconde fois pour voir notre exercice à feu.

Comme le jour fixé pour notre départ approchait, le roi venait souvent nous visiter, et l'on voyait bien qu'il en était véritablement pénétré. Il nous disait, entre autres choses flatteuses, qu'il se regardait comme un enfant à la mamelle que sa mère va quitter. Il nous pria de lui laisser quelques bersils pour sa défense.

Il nous avertit de ne point naviguer pendant la nuit, à cause des bas-fonds et des écueils qui se trouvent dans cette mer ; et quand nous lui dîmes que notre intention était de faire route jour et nuit, pour arriver le plus tôt possible en Espagne, il nous répondit que, dans ce cas, il ne pouvait rien faire de mieux que de prier et faire prier Dieu pour la prospérité de notre navigation.

Pendant ce temps, Pierre-Alphonse de Lorosa se rendit à bord avec sa femme et tous ses effets, pour retourner en Europe avec nous. Deux jours après, Chechiliderois, fils du roi de Tarenate, nous arriva sur un canot bien garni d'hommes, et l'invita à venir à lui ; mais Pierre-Alphonse, qui le soupçonnait de quelque mauvaise intention, se garda bien d'y aller, et nous avertit même de ne pas le laisser monter à bord. Nous suivîmes son conseil. On sut par la suite que Chechili, étant grand ami du capitaine portugais de Malacca, avait formé le projet de se saisir de Pierre-Alphonse et de le lui remettre. Quand il se vit trompé dans son attente, il gronda et menaça ceux chez qui Pierre-Alphonse avait logé, de ce qu'ils l'avaient laissé partir sans sa permission.

Le roi nous avait prévenus que le roi de Bachian ([2]) allait venir avec son frère, qui devait épouser une de ses filles, et il nous avait priés de faire en son honneur une décharge de notre artillerie. Il vint effectivement, le 15 décembre, sur le soir, et nous fîmes ce que le roi avait demandé, sans employer néanmoins notre plus grosse artillerie, parce que nos vaisseaux avaient une trop forte cargaison.

Le roi de Bachian et son frère, destiné à devenir l'époux de la fille du roi de Tadore, arrivèrent dans une grande embarcation à trois rangs de rameurs de chaque côté, au nombre de cent vingt. Le bâtiment était orné de plusieurs pavillons formés de plumes de perroquet blanches, jaunes et rouges. Pendant qu'on voguait ainsi, des timbales et la musique réglaient le mouvement des rames. Dans deux autres canots étaient les jeunes filles qu'on devait présenter à l'épouse. Ils nous rendirent le salut en faisant le tour de nos vaisseaux et du port.

Comme l'étiquette ne permet pas qu'un roi mette le pied sur la terre d'un autre, le roi de Tadore vint rendre visite à celui de Bachian dans son propre canot. Celui-ci, le voyant arriver, se leva du tapis sur lequel il était assis, et se rangea de côté pour céder la place à l'autre roi, lequel, par honnêteté, refusa

---

([1]) Petite monnaie de Venise que le doge Nicolo Marcello fit battre en 1473, et qui valait à peu près 10 sous de France.
([2]) Batchian est une petite île de l'archipel des Moluques. La ville capitale qui porte le même nom est la résidence du sultan vassal des Hollandais ; elle peut avoir 4 000 âmes de population.

également de s'asseoir sur le tapis, et alla se placer de l'autre côté, laissant le tapis entre eux. Alors le roi de Bachian offrit à celui de Tadore cinq cents *patolles*, comme une sorte de rachat de l'épouse qu'il donnait à son frère. Les patolles sont des draps d'or et de soie fabriqués à la Chine, et fort recherchés dans ces îles. Chacun de ces draps est payé trois bahars de clous de girofle, plus ou moins, selon qu'il y a plus ou moins d'or et de travail. A la mort de quelqu'un des principaux du pays, les parents, pour lui faire honneur, se vêtissent de ces draps.

Lundi, le roi de Tadore envoya un dîner au roi de Bachian; il était porté par cinquante femmes couvertes de draps de soie de la ceinture jusqu'aux genoux. Elles marchaient deux à deux, ayant un homme au milieu d'elles. Chacune portait un grand plat, sur lequel étaient de petites assiettes contenant différents ragoûts. Les hommes portaient du vin dans de grands vases. Dix femmes, des plus âgées, faisaient l'office de maîtresses de cérémonie. Elles vinrent dans cet ordre jusqu'à l'embarcation, et présentèrent le tout au roi, qui était assis sur un tapis, abrité d'un dais rouge et jaune. A leur retour, les femmes s'attachèrent à quelques-uns de nos gens que la curiosité avait engagés à aller voir ce convoi, et qui ne purent se délivrer d'elles qu'en leur faisant quelques petits présents. Le roi de Tadore envoya ensuite des vivres pour nous; ils se composaient de chèvres, de cocos et d'autres comestibles. Il y avait du vin.

Ce même jour, nous mîmes aux vaisseaux des voiles neuves, sur lesquelles on avait peint la croix de Saint-Jacques de Galice, avec cette inscription : QUESTA È LA FIGURA DELLA NOSTRA BUONA VENTURA ([1]).

Mardi, nous donnâmes au roi quelques-uns des fusils que nous avions pris aux Indiens lorsque nous nous emparâmes de leurs jonques, et quelques bersils, avec quatre barriques de poudre.

Nous embarquâmes, sur chacun des deux navires, quatre-vingts tonneaux d'eau; nous devions prendre le bois à l'île de Mare, près de laquelle nous allions passer, et où le roi avait envoyé 100 hommes pour le préparer.

Ce même jour, le roi de Bachian obtint du roi de Tadore la permission de venir à terre, pour faire alliance avec nous. Il était précédé de quatre hommes, qui portaient des poignards élevés à la main. Il dit, en présence du roi de Tadore et de toute sa suite, qu'il serait toujours prêt à se vouer au service du roi d'Espagne; qu'il garderait pour lui seul tous les clous de girofle que les Portugais avaient laissés dans son île, jusqu'à l'arrivée d'une autre escadre espagnole, et ne les céderait à personne sans son consentement; qu'il allait lui envoyer, par notre moyen, un esclave et deux bahars de clous de girofle; il en aurait donné volontiers dix, mais nos bâtiments étaient si chargés qu'on ne pouvait en recevoir davantage.

Il nous donna aussi pour le roi d'Espagne deux oiseaux morts très-beaux. Cet oiseau a la grosseur d'une grive, la tête petite et le bec long, les jambes de la grosseur d'une plume à écrire, d'un palme de long; sa queue ressemble à celle de la grive, et il n'a point d'ailes, mais à leur place il a de longues plumes de différentes couleurs, semblables à des aigrettes. Toutes ses autres pennes, excepté celles qui lui tiennent lieu d'ailes, sont d'une couleur sombre. Cet oiseau ne vole que lorsqu'il y a du vent. On dit qu'il vient du paradis terrestre, et on l'appelle *bolondinata*, c'est-à-dire, oiseau de Dieu ([2]).

Un jour, le roi de Tadore envoya dire à nos gens chargés de la garde des magasins où étaient nos marchandises de ne point sortir pendant la nuit, parce qu'il y avait, disait-il, des insulaires qui, par le moyen de certains onguents, prenaient la figure d'un homme sans tête; dans cet état, ils se promènent la nuit, et s'ils rencontrent quelqu'un qu'ils n'aiment pas, ils lui touchent la main, et lui oignent la paume; de manière que cet homme tombe malade et meurt au bout de trois à quatre jours. Lorsqu'ils rencontrent trois ou quatre personnes à la fois, ils ne les touchent point, mais ils ont l'art de les étourdir. Le roi ajouta qu'il faisait veiller pour connaître ces sorciers, et qu'il en avait déjà fait pendre plusieurs.

Avant d'aller habiter une maison nouvelle qu'ils viennent de faire construire, ils allument tout autour

---

([1]) « Ceci est la figure de notre heureuse destinée. »

([2]) Pigafetta est peut-être le premier qui ait appris aux Européens que l'oiseau de paradis (*Avis paradisiaca*, Linné) a des jambes et des pieds comme les autres oiseaux; car on était si persuadé qu'il n'en avait pas, parce qu'on les coupait à tous ceux qu'on empaillait pour vendre, que le grand naturaliste Aldrovandi (*De Avib.*, t. Ier, p. 807) condamne notre auteur. (Voy. aussi, sur ce point d'histoire naturelle, la curieuse cosmographie de Belleforest.) Lesson a donné une splendide monographie de ce charmant oiseau.

un grand feu et font plusieurs festins; ensuite ils attachent au toit un échantillon de tout ce que l'île fournit de bon, et sont persuadés que par ce moyen rien ne manquera désormais à ceux qui doivent l'habiter.

Mercredi au matin, toutes les dispositions avaient été faites pour notre départ. Les rois de Tadore, de Giailolo et de Bachian, ainsi que le fils du roi de Tarenate, étaient venus pour nous accompagner jusqu'à l'île de Mare. *La Victoire* fit voile la première et gagna le large, puis elle attendit *la Trinité*, mais celle-ci eut beaucoup de difficulté à lever l'ancre, et pendant ce temps, les matelots s'aperçurent qu'elle avait une forte voie d'eau à fond de cale. *La Victoire* revint alors jeter l'ancre à son premier mouillage. On déchargea une partie de la cargaison de *la Trinité* pour chercher la voie d'eau et l'étancher; mais, quoiqu'on eût couché le bâtiment sur le côté, l'eau y entrait toujours avec une grande force, comme par un tuyau; et sans qu'on pût jamais en trouver la voie. Toute cette journée et le jour suivant on ne cessa de faire aller les pompes, mais sans le moindre succès.

Le roi de Tadore, à cette nouvelle, vint à bord pour nous aider à chercher la voie d'eau, mais en vain. Il envoya sous l'eau cinq de ses plongeurs accoutumés à y demeurer longtemps : ils y restèrent en effet plus d'une demi-heure sans pouvoir trouver l'endroit d'où venait le dommage; et comme, malgré les pompes, l'eau gagnait toujours, il envoya à l'autre bout de l'île chercher trois hommes plus habiles encore que les premiers.

Il revint avec eux le lendemain de grand matin. Ces hommes plongèrent dans la mer avec leur chevelure flottante, parce qu'ils s'imaginaient que l'eau, en entrant par la voie, attirerait leurs cheveux et leur indiquerait par ce moyen l'endroit de l'ouverture ([1]); mais, après une heure de recherche, ils remontèrent à la surface de la mer sans avoir rien trouvé. Le roi parut vivement affecté de ce malheur, au point qu'il offrit d'aller lui-même en Espagne faire au roi le rapport de ce qui venait de nous arriver; mais nous répondîmes qu'ayant deux vaisseaux, nous pourrions bien faire ce voyage avec *la Victoire* seule, et qu'elle ne tarderait pas à partir pour profiter des vents d'est qui commençaient à souffler; nous ajoutâmes que, pendant ce temps, on radouberait *la Trinité*, qui pourrait ensuite profiter des vents d'ouest pour aller au Darien, région située de l'autre côté de la mer, dans la terre de Diucatan ([2]). Le roi dit alors qu'il avait à son service deux cent cinquante charpentiers qui seraient tous employés à ce travail, sous la direction de nos gens, et que ceux de nous qui resteraient dans l'île seraient traités comme ses propres enfants. Il prononça ces mots avec tant d'émotion qu'il nous fit tous verser des larmes.

Nous qui montions *la Victoire*, craignant que sa charge ne fût trop forte, ce qui aurait pu la faire ouvrir en pleine mer, nous nous déterminâmes de renvoyer à terre 60 quintaux de clous de girofle, et les fîmes porter à la maison où l'équipage de *la Trinité* était logé. Il y eut cependant quelques-uns d'entre nous qui préférèrent rester aux îles Malucco plutôt que de retourner en Espagne, soit par la crainte que le vaisseau ne pût résister à un si long voyage, soit que le souvenir de tout ce qu'ils avaient souffert avant d'arriver aux îles Malucco leur fît craindre de mourir de faim au milieu de l'Océan.

Samedi 21 du mois, jour de Saint-Thomas, le roi de Tadore nous amena deux pilotes que nous avions payés d'avance pour nous conduire hors des îles. Ils nous dirent que le temps était excellent pour ce voyage et qu'il fallait partir au plus tôt; mais étant obligés d'attendre les lettres de nos camarades qui restaient aux îles Malucco, et qui voulaient écrire en Espagne, nous ne pûmes partir qu'à midi. Alors les vaisseaux prirent congé par une décharge réciproque de l'artillerie. Nos compagnons nous suivirent aussi loin qu'ils purent avec leur chaloupe, et nous nous séparâmes en pleurant. Jean Carvalho resta à Tadore avec cinquante-trois Européens. Notre équipage était composé de quarante-sept Européens et treize Indiens ([3]).

([1]) Cela pouvait bien avoir lieu, les cheveux flottants étant attirés par l'eau qui entre dans le bâtiment, s'ils en sont voisins. Maintenant on met des étoupes dans une voile qu'on passe sous le bâtiment; l'eau porte ces étoupes en dedans, et, par ce moyen, on reconnaît l'étendue de la voie d'eau. (*Dictionnaire de marine.*)

([2]) L'Yucatan, comme tout le monde le sait, est situé dans l'Amérique du Nord, auprès du golfe de Mexique. Feu Stephens, aidé de Catherwood, a décrit ses merveilleux monuments. Il est bon de remarquer ici que les récentes découvertes de Cordova et de Grijalva avaient pu seules donner à Pigafetta quelques notions sur ce pays; peut-être aussi, au retour, le bruit des conquêtes de Cortez était-il venu jusqu'à lui.

([3]) Par une de ces vicissitudes qu'amenaient les grandes expéditions du seizième siècle, le propre navire de Magellan, *la*

Le gouverneur ou ministre du roi de Tadore vint avec nous jusqu'à l'île de Mare, et à peine y fûmes-nous que quatre canots vinrent à notre bord chargés de bois qui, en moins d'une heure, fut emménagé à bord du navire.

Toutes les îles Malucco produisent des clous de girofle, du gingembre, du sagou (dont on fait le pain), du riz, des noix de coco, des figues, des bananes, des amandes plus grosses que les nôtres, des pommes de grenade douces et acides, des cannes à sucre, des melons, des concombres, des citrouilles, un fruit qu'on appelle *comilicai*, très-rafraîchissant, gros comme un melon d'eau, un autre fruit qui ressemble à la pêche et qu'on appelle *goyave*, et autres végétaux bons à manger; il y a aussi de l'huile de coco et de gengeli. A l'égard des animaux utiles, ils ont des chèvres, des poules, et une espèce d'abeille pas plus grosse qu'une fourmi, qui fait sa ruche dans les troncs d'arbre, où elle dépose son miel, qui est fort bon. Il y a plusieurs variétés de perroquets, entre autres des blancs qu'on appelle *catara*, et des rouges appelés *nori* (lori), qui sont les plus recherchés, non-seulement pour la beauté de leur plumage, mais aussi parce qu'ils prononcent plus distinctement que les autres les mots qu'on leur apprend. Un perroquet de ces espèces se vend un bahar de clous de girofle.

Il y a à peine cinquante ans que les Maures ont conquis et habitent les îles Malucco, où ils ont aussi apporté leur religion. Avant la conquête des Maures, il n'y avait que des gentils, qui ne se souciaient guère des girofliers. On y trouve encore quelques familles qui se sont retirées dans les montagnes, lieux qui conviennent le mieux aux girofliers.

L'île de Tadore est par les 27 minutes de latitude septentrionale, et à 161 degrés de longitude de la ligne de démarcation. Elle est distante de 9° 30′ de la première île de cet archipel, appelée Zamal, au sud-est quart sud.

L'île de Tarenate, est par les 40 minutes de latitude septentrionale.

Mutir est exactement sous la ligne équinoxiale.

Machian est par les 15 minutes de latitude sud.

Bachian, par le 1er degré de la même latitude.

Tarenate, Tadore, Mutir et Bachian ont des montagnes hautes et pyramidales où croissent les girofliers. Bachian ne s'aperçoit pas des quatre autres îles, quoiqu'elle soit la plus grande des cinq. Sa montagne de girofliers n'est pas si haute ni si pointue que celles des autres îles, mais sa base est plus grande [1].

En continuant notre route, nous passâmes au milieu de plusieurs îles dont voici les noms : Caioan, Laigoma, Sico, Giogi, Cafi, Laboan [2], Toliman, Titameti, Bachian, dont nous avons déjà parlé, Latalata, Jabobi, Mata et Batutiga. On nous dit que, dans l'île de Cafi, les hommes sont petits comme des pygmées : ils ont été soumis par le roi de Tadore.

Nous passâmes à l'ouest de Batutiga, et prîmes la direction d'ouest sud-ouest. Au sud, nous vîmes

---

Trinidad, se trouva sous le commandement de ce terrible alguazil qui exécutait avec une si farouche énergie les ordres du capitaine général. Il est permis de supposer que Gonçalo-Gomez de Espinosa ne brillait pas par ses connaissances nautiques. Il avait heureusement sous lui le pilote Juan de Carvalho, que l'on avait dépouillé du commandement pour le lui remettre. Parti de Tidore avec l'intention de gagner l'Europe par la voie de Panama, Espinosa suivit, durant plusieurs mois, la route qui devait le ramener dans le port de San-Lucar de Barrameda; mais son navire était dans un déplorable état, la route était incertaine, les tempêtes, ainsi que la mortalité, rendaient de plus en plus l'issue du voyage chose problématique : Espinosa se trouva heureux d'aller demander asile aux Portugais, qui venaient de s'établir à Ternate, où Antonio de Brito venait de faire bâtir une forteresse dont la première pierre avait été posée le 24 juin 1522. *La Trinidad* fut retenue dans le port de Talangomi, entre les îles de Tidore et de Ternate. L'équipage, qui ne s'élevait plus qu'à dix-sept hommes, fut enfermé dans la forteresse naissante. En vain Espinosa réclama-t-il contre une pareille violence. On alla jusqu'à le menacer de lui porter réponse sur une vergue, ce qui, en bon castillan, signifiait qu'on n'hésiterait pas à le faire pendre. Après bien des pourparlers, il passa à Cochin, et Vasco da-Gama, qui était alors vice-roi des Indes, ne le voulut pas rendre à la liberté. Il fut néanmoins conduit à Lisbonne, où on l'enferma avec deux autres individus, restes de l'équipage, dans la prison du Limoeiro. Il y resta durant environ sept mois, et devint libre, sans que les historiens contemporains nous aient laissé sur sa personne aucun autre renseignement. (Voy. Navarrete, t. IV.)

[1] Presque toutes ces îles sont indiquées dans la carte XVIII de Monti, qui ne dit pas sur quelles données il a dessiné l'île de Bachian.

[2] Laboan ou Labocca, qu'on considère à présent comme faisant partie de Bachian. (*Histoire générale des voyages*, t. XI, p. 14.)

de petites îles. Ici, les pilotes moluquois nous dirent qu'il était nécessaire de mouiller dans quelque port pour ne pas tomber pendant la nuit au milieu d'îlots et de bas-fonds. Nous mîmes donc le cap au sud-est, et fîmes terre à une île située par les 3 degrés de latitude sud, et à 53 lieues de distance de Tadore.

Cette île s'appelle Sulach (1). Ses habitants sont gentils, et n'ont point de roi : ils sont anthropophages et vont nus, les femmes comme les hommes, ne portant qu'un petit morceau d'écorce d'arbre large de deux doigts. Il y a près de là d'autres îles dont les peuples mangent de la chair humaine. Voici les noms de quelques-unes : Silan, Noselao, Biga, Atulabaon, Leitimor, Tenetum, Gonda, Kaialruru, Manadan et Benaïa (2).

Nous côtoyâmes ensuite les îles de Lamatola et Tenetum.

Ayant parcouru 10 lieues de Sulach dans la même direction, nous allâmes mouiller à une grande île appelée Buru, où nous trouvâmes des vivres en abondance, c'est-à-dire des cochons, des chèvres, des poulets, des cannes à sucre, des noix de coco, du sagou, un mets composé de bananes qu'ils appellent *canali*, et des *chicares*, connus ici sous le nom de *nanga*. Les chicares (3) sont des fruits qui ressemblent aux melons d'eau, mais dont l'écorce est pleine de nœuds. Le dedans est rempli de petites semences rouges semblables à la graine de melon ; elles n'ont point d'écorce ligneuse, mais sont d'une substance médullaire, comme nos haricots blancs, néanmoins plus grandes, fort tendres et du goût de la châtaigne.

Volcan de Banda (Îles Moluques).

Nous y trouvâmes un autre fruit, qui a la forme extérieure d'un cône de pin, mais d'une couleur jaune : le dedans est blanc, et quand on le coupe, il a quelque ressemblance avec la poire ; mais il est beaucoup plus tendre et d'un goût exquis : on l'appelle *comilicai*.

Les habitants de cette île n'ont pas de roi ; ils sont gentils, et vont nus comme ceux de Sulach. L'île de Buru est par les 3° 30′ de latitude méridionale, et à 75 lieues de distance des îles Malucco (4).

---

(1) Xulla de Robert, et Xoula des cartes hollandaises.

(2) L'auteur, ayant écrit les noms des îles sur les rapports des pilotes, est souvent fort inexact. Il nomme dix îles et n'en a dessiné que six, et de ces dix il y en a quatre qu'il nomme de nouveau plus bas. Leytimor n'est qu'une péninsule attachée à Amboine.

(3) Peut-être la *Cucurbita verrucosa*, Linné.

(4) Bougainville appelle Boëro cette île. Il la place sur la même latitude ; et dans sa carte XVII il a donné Sulla, Boëro, Kilang et Bonoa, qui sont les Sulach, Buru, Kailaruru et Benaïa de notre auteur.

POSITIONS GÉOGRAPHIQUES. — L'ILE DE SOLOR. — LE SANDAL BLANC.

A 10 lieues vers l'est de Buru, il y a une plus grande île qui confine à Giailolo, et qui s'appelle Ambon; elle est habitée par les Maures et par les gentils : les premiers habitent près de la mer, et les seconds dans l'intérieur des terres. Ces derniers sont anthropophages. Les productions de cette île sont les mêmes que celles de Buru.

Guerrier de Solor. — D'après le grand ouvrage de la commission néerlandaise.

Entre Buru et Ambon, on trouve trois îles environnées de bas-fonds, Vudia, Kailaruru et Benaia (¹). A 4 lieues au sud de Buru, gît la petite île d'Ambalao (²).

A 35 lieues de Buru, en prenant par le sud-ouest quart sud, on rencontre l'île de Banda avec treize autres îles. Dans six de ces îles, on trouve le macis et la noix muscade. La plus grande s'appelle Zoroboa; les petites sont Chelicel, Saniananpi, Pulai, Puluru et Rasoghin (³). Les sept autres sont Univeru, Pulan, Baracán, Lailaca, Mamican, Man et Meut (⁴). Dans ces îles on ne cultive que le sagou,

---

(¹) Dans l'atlas de Robert on voit ici les îles de Menga, Kelam et Bone; et dans la carte des Hollandais (*Histoire générale des voyages*, t. XI) celles de Manipa, Kelam et Bonoa.
(²) A présent on l'appelle Amblau.
(³) Dans la carte hollandaise on trouve Guananapi, Puloay, Pulorhun et Rosingen.
(⁴) Le *Recueil de voyages pour l'établissement de la Compagnie des Indes*, t. II, p. 213, parle des îles de Vayer, Tonjonburong et Mamuak.

du riz, des cocotiers, des bananiers et autres arbres à fruits. Elles sont fort rapprochées les unes des autres, et toutes habitées par des Maures, qui n'ont point de roi. Banda est par 6 degrés de latitude méridionale, et à 163° 30′ de longitude de la ligne de démarcation. Comme elle était hors de notre route, nous n'y allâmes pas.

En allant de Buru au sud-ouest quart ouest, après avoir parcouru 8 degrés de latitude, nous arrivâmes à trois îles assez voisines les unes des autres, qu'on appelle Zolot ([1]), Nocemamor et Galian. Pendant que nous naviguions au milieu de ces îles, nous essuyâmes une tempête qui nous fit craindre pour notre vie; de sorte que nous fîmes le vœu de faire un pèlerinage à Notre-Dame de la Guida si nous avions le bonheur de nous sauver. Nous fîmes vent arrière, et courûmes sur une île assez élevée qu'on appelle Mallua, où nous mouillâmes; mais avant d'y toucher, nous eûmes beaucoup à combattre contre les courants et les raffales qui descendaient de la montagne.

Les habitants de cette île sont sauvages, et ressemblent plutôt à des bêtes brutes qu'à des hommes;

Danse des habitants de Solor. — D'après le grand ouvrage de la commission néerlandaise.

ils sont anthropophages, et vont tout nus, ne portant qu'un petit morceau d'écorce d'arbre. Mais quand ils vont combattre, ils se couvrent la poitrine, le dos et les flancs de morceaux de peau de buffle ornés de cornioles ([2]) et de dents de cochon : ils s'attachent par devant et par derrière des queues faites de

---

([1]) Solor des cartes modernes. Le premier voyageur européen qui s'occupa de Solor fut Duarte Barbosa. Il nous apprend que c'était surtout le sandal blanc qui alimentait le commerce de ces îles, et que les Maures allaient y chercher ce bois odorant pour le porter ensuite dans l'Inde et dans la Perse. Le *Santalum album* dont Gaudichaud signale, sous le nom de *Freycinetianum*, une variété qui a l'aspect citrin, et que l'on trouve maintenant encore en prodigieuse quantité aux Sandwich, est aujourd'hui particulièrement recherché pour le commerce de la Chine. Avec la sciure de ce bois et de la colle de riz on fait des allumettes odorantes propres à parfumer les temples. Selon Barbosa, la population de Solor était presque blanche, et les deux sexes s'y faisaient distinguer par leur aspect tout à fait remarquable. L'ethnographie de cette belle île a été puisée dans le grand ouvrage de la commission néerlandaise.

([2]) Les cornioles dont il est question ici paraissent être des coquilles univalves, comme térébratules, etc.

peau de chèvre. Leurs cheveux sont retroussés sur leur tête au moyen d'une espèce de peigne de canne à longues dents qui passent de part en part. Ils enveloppent leur barbe dans des feuilles, et l'enferment

Chef malaï. — D'après le grand ouvrage de la commission néerlandaise.

dans des étuis de roseau : cette mode nous fit beaucoup rire. En un mot, ce sont les hommes les plus laids que nous ayons rencontrés pendant tout notre voyage.

Ils ont des sacs faits de feuilles d'arbres dans lesquels ils enferment leur manger et leur boisson. Leurs arcs, ainsi que leurs flèches, sont faits de roseaux. Aussitôt que leurs femmes nous aperçurent, elles s'avancèrent vers nous l'arc à la main, dans une attitude menaçante ; mais nous ne leur eûmes pas plutôt fait quelques petits présents que nous devînmes bons amis.

Nous passâmes quinze jours dans cette île pour radouber les flancs de notre vaisseau qui avaient beaucoup souffert : nous y trouvâmes des chèvres, des poules, du poisson, des noix de coco, de la cire et du poivre. Pour une livre de vieux fer, on nous donnait quinze livres de cire.

Il y a deux espèces de poivre, le long et le rond. Les fruits du poivre long ressemblent aux fleurs amentacées du noisetier. La plante a, jusqu'à un certain point, l'aspect du lierre et s'attache de la même manière contre les troncs des arbres ; mais ses feuilles sont pareilles à celles du mûrier. Ce poivre s'appelle *lili*. Le poivre rond croit de la même manière ; mais ses fruits sont en épis, comme ceux du maïs, et on les égrène de même : ce poivre se nomme *lada*. Les champs sont couverts de poivriers dont on forme des berceaux.

Nous prîmes à Mallua un homme qui se chargea de nous conduire à une île où il y avait une plus grande abondance de vivres. L'île de Mallua est par les 8° 30′ de latitude méridionale, et à 169° 40′ de longitude de la ligne de démarcation.

Habitants de Timor. — D'après le grand ouvrage de la commission néerlandaise.

Notre vieux pilote moluquois nous raconta chemin faisant que, dans ces parages, il y a une île appelée Arucheto, dont les habitants, hommes et femmes, n'ont pas au delà d'une coudée de haut, et dont les oreilles sont aussi longues que tout leur corps; de manière que, quand ils se couchent, l'une leur sert de matelas et l'autre de couverture (¹). Ils sont tondus, et vont tout nus : leur voix est aigre, et ils courent avec beaucoup d'agilité. Ils habitent sous terre, vivant de poisson et d'une espèce de fruit qu'ils trouvent entre l'écorce et la partie ligneuse d'un arbre. Ce fruit est blanc et rond comme les confitures de coriandre : ils l'appellent *ambulon*. Nous nous serions volontiers transportés à cette île, si les bas-fonds et les courants ne nous en avaient pas empêchés.

Samedi 25 janvier, à vingt-deux heures (deux heures trente minutes), nous partîmes de l'île de Mallua, et, ayant fait 5 lieues au sud sud-ouest, nous parvînmes à une île assez grande, appelée Timor (²). J'allai

---

(¹) Il est remarquable qu'on lise dans Strabon (*Geogr.*, lib. XV) cette fable. Strabon l'a copiée de Mégasthène, un des capitaines d'Alexandre. A la fin du dix-huitième siècle, ces insulaires s'amusaient à conter aux étrangers des choses merveilleuses. On voulut faire croire à Cook que, dans une île, les hommes étaient si forts et si grands qu'ils auraient emporté son vaisseau. M. de Humboldt fait remarquer que les indigènes de l'Amérique ressentent un malin plaisir à voir les Européens dupes des contes qu'ils leur débitent. Il y a aussi chez ces peuples des traditions merveilleuses généralement acceptées.

(²) L'île de Timor a 60 lieues de long sur 18 de large, et elle appartient encore aux Portugais, qui y entretiennent une garnison. A la fois grand voyageur et habile écrivain, Péron nous a donné sur les paysages de cette île quelques pages charmantes. Plusieurs savants portugais s'en sont occupés récemment. On recueille, pour l'exportation, le sandal blanc et rouge et une grande quantité de cire, que l'on obtient des abeilles sauvages, qui sont en prodigieuse abondance dans les

à terre tout seul pour traiter avec le chef du village qui s'appelait Amaban, afin d'en obtenir quelques vivres. Il m'offrit des buffles, des cochons et des chèvres; mais quand il fallut désigner définitivement les marchandises qu'il voulait avoir en échange, nous ne pûmes pas nous accorder, parce que ses pré-

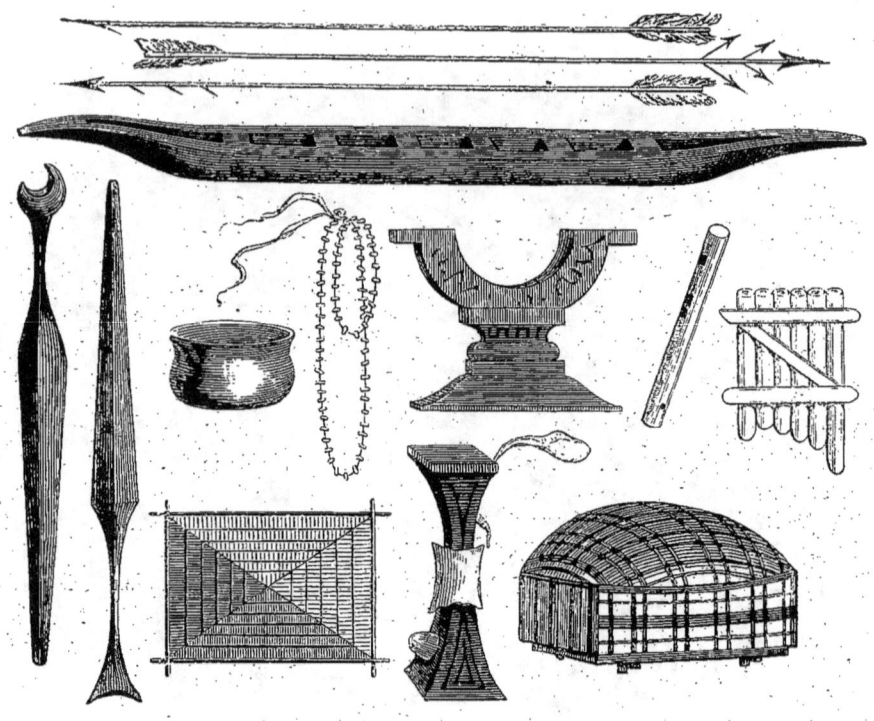

Ustensiles, armes, etc., des habitants de Timor. — D'après le grand ouvrage de la commission néerlandaise.

tentions étaient grandes, et que nous avions fort peu de choses à donner. Nous prîmes alors le parti de retenir sur le vaisseau le chef d'un autre village appelé Balibo, qui était venu à bord de bonne foi avec son fils. Nous lui dîmes que, s'il voulait être remis en liberté, il devait nous procurer six buffles, dix cochons et autant de chèvres. Cet homme, qui craignait d'être tué, donna ordre sur-le-champ de nous apporter tout ce que nous venions de demander; et comme il n'avait que cinq chèvres et deux cochons, il nous donna sept buffles au lieu de six. Cela fait, nous le renvoyâmes à terre bien satisfait de nous, parce qu'en lui rendant la liberté nous lui fîmes un présent de toile, d'un drap indien tissu de soie et de coton, de haches de coutelas indiens, de nos couteaux, et de miroirs.

Le chef d'Amaban, chez lequel j'avais été d'abord, n'avait à son service que des femmes, qui étaient nues comme celles des autres îles. Elles portent aux oreilles de petits anneaux d'or auxquels elles attachent de petits flocons de soie. Elles ont aux bras plusieurs cercles d'or et de laiton, qui souvent les couvrent jusqu'au coude. Les hommes sont également nus, mais ils ont le cou garni de plaques

forêts. Les métaux que l'on peut s'y procurer sont le cuivre, le tambaque et même l'or. On y récolte également une cannelle excellente et une espèce de *toute-épice* d'un parfum exquis. Comme on l'a pu voir, c'est à 20 lieues de là que se trouve Solor ou Oende, qui n'a pas moins de 45 lieues de long et environ 12 de large. Les Portugais y ont fait construire un fort. (Voy. la collection intitulée Annaes da marinha, t. 1er, p. 39.) Cette région, à peine connue, et siége de la civilisation des Malais, a été décrite de la manière la plus pittoresque dans le grand ouvrage de la commission scientifique des Indes néerlandaises. C'est pour la première fois, en quelque sorte, qu'on a sur cet archipel des documents iconographiques d'une fidélité incontestable.

rondes d'or, et leurs cheveux sont retenus par des peignes de roseau, ornés d'anneaux d'or. Quelques-uns, au lieu d'anneaux d'or, portent aux oreilles le col d'une gourde desséchée.

Le sandal blanc ne se trouve que dans cette île. Il y a, comme nous venons de le voir, des buffles, des cochons et des chèvres, ainsi que des poules et des perroquets de différentes couleurs. Il y croît aussi du riz, des bananes, du gingembre, des cannes à sucre, des oranges, des citrons, des amandes, des haricots et de la cire.

Nous mouillâmes près de cette partie de l'île où il y avait quelques villages habités par leurs chefs. Dans une autre partie de l'île étaient les habitations de quatre frères qui en sont les rois. Ces villages s'appellent Oibich, Lichsana, Suai-Cabanaza. Le premier est le plus considérable. On nous dit qu'une montagne près de Cabanaza produit beaucoup d'or, et que c'est avec les grains de ce métal que les habitants achètent tout ce dont ils ont besoin. C'est ici que ceux de Malacca et de Java font tout le trafic du bois de sandal et de la cire (¹). Nous y trouvâmes aussi une jonque venue de Lozon pour faire le commerce du sandal.

Ces peuples sont gentils. Ils nous dirent que, quand ils vont couper le sandal, le démon se présente à eux sous différentes formes et leur demande très-poliment s'ils ont besoin de quelque chose. Mais, malgré cette politesse, son apparition leur fait tant de peur qu'ils en sont toujours malades pendant quelques jours (²). Ils coupent le sandal à certaines phases de la lune; dans tout autre temps, il ne serait pas bon. Les marchandises les plus propres à donner en échange du sandal sont le drap rouge, la toile, des haches, des clous et du fer.

L'île est entièrement habitée; elle s'étend beaucoup de l'est à l'ouest, mais est fort étroite du sud au nord. Sa latitude méridionale est par les 10 degrés, et sa longitude de la ligne de démarcation, de 174° 30'.

Dans toutes les îles de cet archipel que nous avons visitées règne la maladie de Saint-Job, et bien plus ici que partout ailleurs, où on l'appelle *for franchi*.

On nous dit qu'à la distance d'une journée de voyage à l'ouest nord-ouest de Timor, il y a une île appelée Ende, où l'on trouve beaucoup de cannelle. Ses habitants sont gentils et n'ont pas de roi. Près de là, il y a une chaîne d'îles jusqu'à Java Majeure et au cap de Malacca. En voici les noms : Ende (³), Tanabuton, Crenonchile, Birmacore, Azanaran, Main, Zubava, Lumboch, Chorum, et Java Majeure, que les habitants n'appellent pas Java, mais Jaoa.

Les plus grands villages du pays sont dans l'île de Java, et le principal s'appelle Magepaher, dont le roi, lorsqu'il vivait, était réputé le plus grand monarque des îles qui sont dans ces parages; il s'appelait rajah Patiunus-Sunda. On récolte ici beaucoup de poivre. Les autres îles sont : Dahadama, Gagiamada, Minutarangam, Ciparafidain, Tubancressi et Cirubaia. A une demi-lieue de Java Majeure sont les îles de Bali, dite la Petite-Java, et de Madura : ces deux dernières sont de la même grandeur.

On nous dit que c'est l'usage à Java de brûler les corps des principaux qui meurent, et que la femme que chacun d'eux aimait le plus est destinée à être brûlée toute vivante dans le même feu. Ornée de guirlandes de fleurs, elle se fait porter par quatre hommes sur un siége par toute la ville, et d'un air riant et tranquille elle console ses parents qui pleurent sa mort prochaine, en leur disant : « Je vais ce soir souper avec mon mari, et cette nuit je reposerai près de lui. » Arrivée au bûcher, elle les console de nouveau par les mêmes discours, et se jette dans les flammes, qui la dévorent. Si elle s'y refusait, elle ne serait plus regardée comme une femme honnête, ni comme une bonne épouse.

Il nous dit aussi que, dans une île appelée Ocoloro, au-dessous de Java, il n'y a que des femmes. Si

---

(¹) On a sur la navigation des peuples orientaux dans ces parages les documents les plus précis et les plus nets, et leurs instruments nautiques nous ont été savamment décrits par M. Reinaud, dans ces derniers temps. (Voy. l'*Introduction à la géographie d'Aboulféda.*) On a reproduit dans cet ouvrage une rose, composée de trente aires, jadis employée dans les mers orientales. Tout ce qui est dit à ce sujet peut être appliqué également aux passages du *Roteiro* de Gama où il est question des instruments nautiques des Orientaux, p. 167, 199 et 439. (Voy. aussi, sur les mathématiciens du moyen âge, les beaux travaux du prince Buoncompagni.)

(²) Bomare dit que ceux qui vont couper le sandal (*Santalum album,* Linné) tombent malades sous l'influence des miasmes qui s'exhalent de ce bois.

(³) Ne serait-ce pas Solor ou Oende, dont il vient d'être question précédemment?

c'est d'un garçon qu'elles accouchent, on le tue sur-le-champ; si c'est d'une fille, on l'élève; et si quelque homme ose visiter leur île, elles le tuent (¹).

On nous fit encore d'autres contes. Au nord de Java Majeure, dans le golfe de la Chine, que les anciens appelaient *Sinus Magnus*, il y a, disait-on, un très-grand arbre appelé *campanganghi*, où se perchent certains oiseaux, dits *garuda*, si grands et si forts qu'ils enlèvent un buffle et même un éléphant, et le portent en volant à l'endroit de l'arbre appelé *puzathaer*. Le fruit de l'arbre, qui s'appelle *buapanganghi*, est plus gros qu'un melon d'eau. Les Maures de Burné nous dirent qu'ils avaient vu deux de ces oiseaux, que leur roi avait reçus du royaume de Ciam. On ne peut pas approcher de cet arbre, à cause des tourbillons que la mer y forme, jusqu'à la distance de 3 à 4 lieues. On ajoute qu'on savait tout ce qu'on venait de nous conter, relativement à cet arbre, de la manière suivante. Une jonque fut transportée par ces tourbillons près de l'arbre, où elle fit naufrage. Tous les hommes périrent, excepté un petit enfant qui se sauva miraculeusement sur une planche. Étant près de l'arbre, il y monta et se cacha sous l'aile d'un de ces grands oiseaux sans qu'il en fût aperçu. Le lendemain, l'oiseau vint à terre pour prendre un buffle; l'enfant alors sortit de dessous son aile et se sauva. C'est par ce moyen qu'on sut l'histoire des oiseaux, et d'où venaient les grands fruits qu'on trouvait si fréquemment dans la mer (²).

Le cap de Malacca est par 1° 30′ de latitude sud (³). A l'est de ce cap, il y a plusieurs bourgs et villes dont voici les noms : Cingapola, qui est sur le cap même; Pahan, Calantan, Patani, Bradlini, Benan, Lagon, Cheregigharan, Trombon, Joran, Ciu, Brabri, Banga, Judia (résidence du roi de Ciam, appelé Siri-Zacabedera), Jandibum, Laun et Langonpifa. Toutes ces villes sont bâties comme les nôtres, et sujettes du roi de Ciam.

On nous dit qu'au bord d'une rivière de ce royaume il y a de grands oiseaux qui ne se nourrissent que de charognes; mais ils ne veulent pas y toucher si quelque autre oiseau n'a été auparavant leur manger le cœur.

Au delà de Ciam, on trouve Camogia (Cambodje). Son roi s'appelle Saret-Zarabedera; ensuite Chiempa, dont le roi est rajah Brahami-Martu. C'est dans ce pays que croît la rhubarbe (⁴), qu'on trouve de cette manière : une compagnie de vingt à vingt-cinq hommes vont ensemble dans le bois, où ils passent la nuit sur les arbres pour se mettre en sûreté contre les lions et les autres bêtes féroces, et en même temps pour mieux sentir l'odeur de la rhubarbe que le vent porte vers eux. Le matin, ils vont vers l'endroit d'où leur venait l'odeur, et y cherchent la rhubarbe jusqu'à ce qu'ils la trouvent. La rhubarbe est le bois putréfié d'un gros arbre, qui acquiert son odeur de sa putréfaction même : la meilleure partie de l'arbre est sa racine; cependant le tronc, qu'on appelle *calama*, a la même vertu médicinale.

Vient après le royaume de Cocchi, dont le roi s'appelle rajah Siri-Bummipala. Ensuite on trouve la

---

(¹) Pigafetta nous a prévenus précédemment qu'il recueillait chemin faisant les contes des Orientaux.

(²) Arrivé dans ces parages encore si peu explorés, Pigafetta cesse pour un moment de raconter ce qu'il a vu, et il se rend l'écho, peut-être un peu trop complaisant, mais non absolument crédule, des légendes fantastiques qui circulaient alors dans l'extrême Orient. Ces traditions, si peu connues, ont été rassemblées par M. Buddingh (*Tijdscrift voor Neerlands Indië Vijde Jaargang.* — Voy., dans ce journal, les nos 4, 5 et 6). La fable de cet oiseau à la taille démesurée, que les Hindous nommaient *garuda*, et qui, sous le nom de *rock*, joue un rôle si merveilleux dans les contes arabes, devait nécessairement circuler parmi les marins orientaux que Sébastien del Cano avait embarqués; peut-être même s'attendaient-ils d'heure en heure à voir l'oiseau géant fondre tout à coup sur quelque monstre des mers. Dès l'époque où écrivait Tabari, c'est-à-dire au neuvième siècle de notre ère, cette légende avait cours chez les Persans, et elle était certainement plus ancienne. (Voy. l'excellente traduction de M. L. Dubeux.) Depuis plus de trois cents ans, l'Europe sourit aux récits du compagnon de Magellan, et voici cependant que, grâce au zèle si éclairé de M. Isidore-Geoffroy Saint-Hilaire, l'*épyornis* nous apparaît avec son œuf gigantesque, et que dès lors la tradition orientale rentre dans cette série de phénomènes bien avérés qui exigent l'attention des savants. (Voy. un œuf d'épyornis, dans le *Magasin pittoresque*, t. XIX, p. 157.)

(³) A l'époque où Pigafetta parcourait ces mers, Malacca était soumis depuis dix ans environ à la couronne de Portugal, et Magellan avait contribué, comme on l'a pu voir, à cette conquête; Duarte Barbosa nous apprend que, dès cette époque, Malacca faisait un grand commerce avec les Moluques, et il nous donne la liste des importations et des exportations. (Voy. Ramusio, et surtout *Noticias para a historia e geografia das nações ultramarinas*.)

(⁴) La description de la rhubarbe (*Rheum barbatum*, Linné) que nous donne Pigafetta est des plus fantastiques; mais il faut faire attention que notre auteur apprenait tous ces contes d'un Maure qui était sur le vaisseau. Fabre ajoute qu'on n'y croyait pas.

grande Chine, dont le roi est le plus puissant prince de la terre : son nom est Santoa-Rajah. Soixante-dix rois couronnés sont sous sa dépendance, et chacun de ces rois en a dix ou quinze qui dépendent de lui. Le port de ce royaume s'appelle Guantan (¹), et parmi ses nombreuses villes, deux sont les principales, Nankin et Comlaha. La résidence du roi est dans cette dernière. Il a près de son palais quatre ministres, qui sont les principaux de l'empire, devant les quatre façades qui regardent les quatre points cardinaux; chacun donne audience à tous ceux qui viennent de son côté. Tous les rois et seigneurs de l'Inde majeure et supérieure sont obligés de conserver comme une marque de dépendance, au milieu d'une place, la figure en marbre d'un animal plus fort que le lion, appelé *chinga*, qui est aussi gravé sur le sceau royal; et tous ceux qui veulent entrer dans son port sont obligés d'avoir sur leur navire la même figure en ivoire ou en cire. Si quelqu'un parmi les seigneurs de son royaume refuse de lui obéir, on le fait écorcher, et sa peau, séchée au soleil, salée et empaillée, est mise dans un endroit éminent de la place, la tête baissée et les mains liées sur la tête, dans l'acte de faire *zongu*, c'est-à-dire, la révérence au roi (²). Celui-ci n'est visible pour qui que ce soit; et quand il veut voir les siens, il se fait porter sur un paon fait avec beaucoup d'art, et richement orné, accompagné de six femmes habillées entièrement comme lui; de manière qu'on ne peut le distinguer d'elles. Il se place ensuite dans la figure d'un serpent appelé *naga*, superbement décoré, qui a un cristal au centre de la poitrine par lequel lui, roi, peut tout voir sans être vu. Il épouse ses sœurs, pour que le sang royal ne se mêle pas avec celui de ses sujets. Son palais a sept murailles qui l'environnent, et à chaque enceinte il y a tous les jours 10 000 hommes de garde, qu'on relève toutes les douze heures. Chaque enceinte a une porte, et chaque porte a également sa garde. A la première, il y a un homme avec un grand fouet à la main; à la seconde, un chien; à la troisième, un homme avec une massue de fer; à la quatrième, un homme armé d'un arc et de flèches; à la cinquième, un homme armé d'une lance; à la sixième, un lion; à la septième, deux éléphants blancs. Son palais a 79 salles, dans lesquelles il n'y a que des femmes pour le service du roi, et dans lesquelles on garde toujours des flambeaux allumés. Pour faire le tour du palais, il faut au moins un jour. Au bout du palais, il y a quatre salles où les ministres vont parler au roi. Les parois, la voûte et le pavé même d'une de ces salles sont tous ornés de bronze; dans la seconde, ces ornements sont d'argent; dans la troisième, d'or; dans la quatrième, de perles et de pierres précieuses. On place dans ces salles tout l'or et toutes les autres richesses qu'on porte en tribut au roi.

Je n'ai rien vu de tout ce que je viens de raconter; mais j'écris ces détails simplement d'après le rapport d'un Maure qui m'a assuré avoir tout vu.

Les Chinois sont blancs, et vont habillés; ils ont, comme nous, des tables pour manger. On voit aussi chez eux des croix, mais j'ignore l'usage qu'ils en font.

C'est de la Chine que vient le musc : l'animal qui le produit est une espèce de chat semblable à la civette, qui ne se nourrit que d'un bois doux, gros comme le doigt, appelé *chamaru*. Pour extraire le musc de cet animal, on lui attache une sangsue; et quand on la voit bien remplie de son sang, on l'écrase, et on recueille le sang sur une assiette, pour le faire sécher au soleil pendant quatre à cinq jours : c'est ainsi qu'il se perfectionne. Quiconque nourrit un de ces animaux doit payer un tribut. Les grains de musc qu'on porte en Europe ne sont que de petits morceaux de chair de chevreau qu'on a trempés dans le vrai musc. Le sang est quelquefois en grumeaux; mais il se purifie aisément. Le chat qui produit le musc s'appelle *castor*, et la sangsue porte le nom de *linta*.

En suivant la côte de la Chine, on rencontre plusieurs peuples, savoir : les Chiencis, qui habitent les îles où l'on pêche les perles, et où il y a aussi de la cannelle. Les Lecchiis habitent la terre ferme voisine de ces îles. L'entrée de leur port est traversée par une grande montagne, ce qui est cause qu'il faut démâter toutes les jonques et les navires qui veulent y entrer. Le roi de ce pays s'appelle Moni.

(¹) Duarte Barbosa, qui ne connaissait aussi la Chine que par ouï dire, et qui recueillait ses traditions dix ans auparavant, est beaucoup mieux renseigné que le voyageur véronais. Il raconte même des choses fort exactes et signale le commerce de l'*anfian* ou de l'opium comme existant de son temps; il constate qu'alors le vaste commerce de la Chine, qui s'opérait par Malacca, n'aurait eu d'abord en Europe que les Vénitiens pour agents; les Portugais venaient, par leurs récentes conquêtes, de se substituer aux commerçants de Venise.

(²) Bruce (*Voyage aux sources du Nil*) a vu plus d'une fois en Abyssinie les grands qui s'étaient révoltés punis de cette façon.

Il obéit au roi de la Chine; mais il a vingt rois sous son obéissance. Sa capitale est Baranaci, et c'est ici qu'est le Catai oriental.

Han est une île haute et froide, où il y a du cuivre, de l'argent et de la soie : rajah Zotru en est le roi. Mili, Jaula et Gnio sont trois pays assez froids, sur le continent. Friagonla et Frianga sont deux îles dont on tire du cuivre, de l'argent, des perles et de la soie. Bassi est une terre basse sur le continent. Sumbdit-Pradit est une île très-riche en or, où les hommes portent un gros anneau de ce métal à la cheville du pied. Les montagnes voisines sont habitées par des peuples qui tuent leurs parents quand ils sont d'un certain âge, pour leur épargner les maux de la vieillesse. Tous les peuples dont nous venons de parler sont des gentils.

Mardi 11 février, à la nuit, nous quittâmes l'île de Timor et entrâmes dans la grande mer appelée *Laut-Chidol*. En faisant route par l'ouest sud-ouest, nous laissâmes à droite, au nord, de crainte des Portugais, l'île de Sumatra, appelée anciennement Taprobane; le Pégu, le Bengala, Urizza; Chelim, où sont les Malais, sujets du roi de Narsinga; Calicut, qui est sous le même roi; Cambaia, où habitent les Guzzerates; Cananor, Goa, Armus ([1]), et toute la côte de l'Inde majeure.

Dans ce royaume, il y a six classes de personnes, savoir : les *nairi, panicali, franai, pangelini, macuai* et *poleai*. Les nairi sont les principaux ou chefs; les panicali sont les citoyens; ces deux classes conversent ensemble; les franai recueillent le vin du palmier et les bananes: les macuai sont pêcheurs; les pangelini sont matelots; et les poleai sèment et recueillent le riz ([2]). Ces derniers habitent toujours dans les champs et n'entrent jamais dans les villes. Quand on veut leur donner quelque chose, on le met par terre, et ils le prennent. Lorsqu'ils sont sur les chemins, ils crient toujours : *Po, po, po*, c'est-à-dire : Gardez-vous de moi. On nous raconta qu'un nairi, qui avait été touché accidentellement par un poleai, se fit tuer pour ne point survivre à une si grande infamie.

Pour doubler le cap de Bonne-Espérance, nous nous élevâmes jusque par les 42 degrés de latitude sud; et il nous fallut rester neuf semaines vis-à-vis de ce cap avec les voiles amenées, à cause des vents d'ouest et de nord-ouest que nous eûmes constamment et qui finirent par une terrible tempête. Le cap de Bonne-Espérance est par les 34° 30' de latitude méridionale, à 1 600 lieues de distance du cap de Malacca. C'est le plus grand et le plus périlleux cap connu de la terre.

Quelques-uns d'entre nous, et surtout les malades, auraient voulu prendre terre à Mozambique, où il y a un établissement portugais, à cause des voies d'eau qui s'étaient déclarées dans la coque du navire, du froid piquant que nous ressentions, mais surtout parce que nous n'avions plus que du riz et de l'eau pour toute nourriture et pour toute boisson, la viande n'ayant pu être salée et s'étant, faute de sel, putréfiée. Cependant la plus grande partie de l'équipage se montrant plus attachée à l'honneur qu'à la vie même, nous nous déterminâmes à faire tous nos efforts pour retourner en Espagne, quelques dangers que nous eussions encore à courir.

Enfin, avec l'aide de Dieu, nous doublâmes, le 6 mai, ce terrible cap; mais il nous fallut en approcher à la distance de 5 lieues, sans quoi nous ne l'aurions jamais dépassé ([3]).

Nous courûmes ensuite vers le nord-ouest, pendant deux mois entiers, sans jamais prendre de repos; et pendant cet intervalle, nous perdîmes 21 hommes, tant chrétiens qu'Indiens. Nous fîmes, en les jetant à la mer, une observation curieuse : c'est que les cadavres des chrétiens restaient toujours la face tournée vers le ciel, tandis que les Indiens avaient le visage plongé dans la mer.

Nous manquions totalement de vivres, et si le ciel ne nous eût pas accordé un temps favorable, nous serions tous morts de faim. Le 9 de juillet, jour de mercredi, nous découvrîmes les îles du cap Vert, et nous allâmes mouiller à celle qu'on appelle Saint-Jacques (Sant-Iago).

Comme nous savions être ici en terre ennemie, et qu'on ne manquerait pas de former des soupçons sur nous, nous eûmes la précaution de faire dire, par les gens de la chaloupe que nous envoyâmes à

([1]) Ormuz. Il y a un proverbe oriental qui dit : « Si le monde est un œuf, Ormuz en est le moyeu. »

([2]) Ces classes, qu'on appelle *castes*, du mot portugais, existaient déjà dans l'Inde du temps d'Alexandre, et elles s'y sont toujours maintenues. (Strabon, *Géogr.*, lib. XV; Diodor., lib. II; Sonnerat, *Voyage aux Indes*; et surtout un écrit de Morenas, intitulé : *les Castes de l'Inde*, in-8.) — On consultera avec fruit, sur cette matière, l'abbé Dubois, *Religion et cérémonies des peuples de l'Inde*, 2 vol. in-8. Cet excellent livre a été traduit en anglais.

([3]) La même chose arriva aux capitaines Dixon et Lansdown. (Dixon, *Voyage*, t. II, p. 260.)

terre pour faire provision de vivres, que nous avions relâché dans ce port parce que, notre mât de trinquet ayant cassé en passant la ligne équinoxiale, nous avions, pour le raccommoder, perdu beaucoup de temps, et que le capitaine général, avec deux autres vaisseaux, avait continué sa route pour l'Espagne. Nous leur parlâmes de manière à leur faire croire que nous venions des côtes de l'Amérique, et non du cap de Bonne-Espérance. On ajouta foi à ce discours (1), et nous reçûmes deux fois la chaloupe pleine de riz en échange de nos marchandises.

Pour voir si nos journaux avaient été tenus exactement, nous fîmes demander à terre quel jour de la semaine c'était. On répondit que c'était jeudi, ce qui nous surprit, parce que, suivant nos journaux, nous n'étions qu'au mercredi. Nous ne pouvions nous persuader de nous être tous trompés d'un jour; j'en fus moi-même plus étonné que les autres, parce qu'ayant toujours été assez bien portant pour tenir mon journal, j'avais, sans interruption, marqué les jours de la semaine et les quantièmes du mois (2). Nous apprîmes ensuite qu'il n'y avait point d'erreur dans notre calcul, parce qu'ayant toujours voyagé vers l'ouest, en suivant le cours du soleil, et étant revenus au même point, nous devions avoir gagné vingt-quatre heures sur ceux qui étaient restés en place; et il ne faut qu'y réfléchir pour en être convaincu.

La chaloupe étant retournée à terre avec treize hommes, pour la charger une troisième fois, nous nous aperçûmes qu'on la retenait, et eûmes lieu de soupçonner, par les mouvements qui se faisaient sur quelques caravelles, qu'on voulait aussi se saisir de notre bâtiment; ceci nous détermina à faire voile sur-le-champ. Nous sûmes ensuite que notre chaloupe avait été arrêtée parce qu'un des matelots avait dévoilé notre secret, en disant que le capitaine général était mort, et que notre vaisseau était le seul de l'escadre de Magellan qui fût revenu en Europe.

Grâce à la Providence, nous entrâmes, samedi 6 de septembre, dans la baie de San-Lucar; et de soixante hommes qui formaient notre équipage quand nous partîmes des îles Malucco, nous n'étions plus que dix-huit qui, pour la plupart encore, étaient malades. Les autres s'étaient enfuis dans l'île de Timor; d'autres y avaient été condamnés à mort pour crimes, et d'autres enfin avaient péri de faim.

Du temps de notre départ de la baie de San-Lucar jusqu'à celui de notre retour, nous comptâmes d'avoir parcouru au delà de 14 460 lieues, et fait le tour du monde entier, en courant toujours de l'est à l'ouest.

Lundi 8 septembre, nous jetâmes l'ancre près du môle de Séville, et déchargeâmes toute notre artillerie.

Le mardi, nous nous rendîmes tous à terre, en chemise et pieds nus, avec un cierge à la main, pour aller visiter l'église de Notre-Dame de la Victoire et celle de Sainte-Marie d'Antigua, comme nous avions promis de le faire dans les moments de détresse (3).

En partant de Séville, j'allai à Valladolid, où je présentai à Sa sacrée Majesté don Carlos (4), non de l'or ni de l'argent, mais des choses qui étaient bien plus précieuses à ses yeux. Je lui offris, entre autres objets, un livre écrit de ma main, où, jour par jour, j'avais marqué tout ce qui nous était arrivé pendant le voyage.

Je quittai Valladolid le plus tôt qu'il me fût possible, et me rendis en Portugal, pour faire au roi Jean le récit des choses que je venais de voir. Je passai ensuite par l'Espagne et vins en France, où je fis présent de quelques objets de l'autre hémisphère à Mme la régente, mère du roi très-chrétien François Ier.

Je retournai enfin en Italie, où je me consacrai pour toujours au très-excellent et très-illustre seigneur Philippe de Villiers l'Isle-Adam, grand maître de Rhodes, à qui je donnai aussi le récit de mon voyage.

(Ici se termine la Relation de Pigafetta.)

---

(1) *La Trinidad*, pendant ce temps, était retenue dans les mers de l'Inde.

(2) « Comme leur route avait été de l'est à l'ouest, dans le sens du mouvement diurne du soleil, cet astre régulateur du temps avait fait, par rapport à eux, un tour de moins que par rapport à ceux qui étaient restés dans le même lieu. Ils s'aperçurent donc, en arrivant, qu'ils avaient perdu un jour, et ne comptaient alors que le 5 septembre, au lieu du 6, que tout le monde comptait en Europe. Cette particularité, si facile à expliquer, exerça tous les savants du temps et donna lieu à bien des faux raisonnements. » (De Rossel, art. MAGELLAN de la *Biographie universelle*.)

(3) Voy., dans Fernandez de Navarrete, *Coleccion de viages*, la liste des marins échappés à tant de périls; comparez avec celle présentée par Duperrey.

(4) Charles V.

SÉBASTIEN DEL CANO.

Pigafetta nous a bien donné le récit des événements qui se lient à la navigation si aventureuse de *la Victoria*; mais il évite de prononcer le nom de Sébastien del Cano([1]), l'habile marin qui sut ramener ce navire dans un des ports de l'Espagne. Grâce à de récents documents, nous allons essayer de combler ici cette lacune. Cet intrépide compagnon de Magellan s'était vu, dès le début, à une rude école. Issu d'une famille de Guipuscoa, voué de bonne heure à la vie du marin, les mers du Nord l'avaient peut-être, comme tant d'autres Basques, accoutumé aux souffrances de la vie du pêcheur. Ceci toutefois n'est qu'une supposition. Nous le trouvons, au commencement de sa carrière, commandant un navire de 200 tonneaux, sur lequel il va explorer le Levant et les mers d'Afrique ; il est d'abord simple pilote à bord de la flotte de Magellan, puis il devient capitaine de *la Conception*, le 27 avril 1521. Lorsque par suite, dit-on, de son incapacité, on eut déposé Juan Lopez de Carabello, il passa au commandement de *la Victoria*. Ce fut sur ce bâtiment richement chargé qu'il quitta, comme nous l'avons vu, l'île de Tidore, emmenant avec lui soixante hommes, parmi lesquels on comptait encore treize naturels des îles Moluques.

Nous ne reviendrons pas ici sur les incidents de ce voyage malheureux, auquel n'échappèrent qu'un bien petit nombre de marins. Nous ferons seulement observer que parmi ces hardis navigateurs, qui venaient d'accomplir le voyage le plus extraordinaire du siècle, se trouvait un Français, que les Portugais retinrent à l'île Sant-Iago du cap Vert. Richard de Normandie, ainsi que le signalent les rôles d'équipage de *la Victoria*, put regagner sans doute l'Europe et se glorifier, parmi les audacieux marins du port de Granville ou de Dieppe, d'avoir fait le premier voyage autour du globe.

Dès son arrivée en Espagne, Sébastien del Cano se rendit à Valladolid, où était la cour, et il fut accueilli avec une haute distinction par Charles-Quint. Il reçut de la couronne de Castille une pension de 500 ducats, et se vit à même, par d'autres largesses, de récompenser libéralement son équipage([2]). L'em-

Statue de del Cano. — D'après Navarrete.

pereur lui concéda en même temps des armoiries dont la simplicité même faisait mieux ressortir sa glorieuse persévérance. Sur ce nouvel écusson on ne voyait qu'un globe terrestre, avec ces trois mots : *Primus circumdedisti me*. Et les hommes de ce siècle, accoutumés à une succession si étrange d'événements, n'en devaient pas trouver dans leurs souvenirs que l'on pût égaler à celui qu'annonçait au monde cette courte devise.

Pour le malheur de l'intrépide marin, les objets précieux qu'il rapportait des régions orientales, ses récits, la vue des Indiens, et, mieux que cela peut-être, l'abondante cargaison d'épices de *la Victoria*,

---

([1]) Comme cela arrive si souvent, pendant le quinzième et le seizième siècle, l'orthographe du ce nom varia d'une manière étrange : on écrivit Juan-Sebastian *del Cano*, ou *de Elcano*, ou même *Delcano*. Ce navigateur était né à Guetaria, dans la deuxième moitié du seizième siècle.

([2]) Sébastien del Cano fut d'abord appelé à la junte, où se discutait la validité des deux couronnes à la possession des Moluques.

décidèrent la couronne à diriger sur les Moluques une nouvelle expédition en quête de ces nouvelles richesses commerciales, qu'elle devait bientôt cependant céder au Portugal pour la somme minime de 350,000 ducats. Ce ne fut pas le glorieux compagnon de Magellan qui devint chef ostensible de l'expédition, il n'occupa que le second rang à bord de l'escadre; le commandeur Garcia de Loaisa en fut nommé capitaine général.

Après avoir visité une fois encore la petite ville de Guetaria, Cano se rendit à la Corogne, accompagné de ses deux frères, qui voulaient le suivre aux Moluques; puis, suivi d'un grand nombre de marins basques qui prétendaient avoir la gloire d'accomplir cette seconde circumnavigation, il revint en Andalousie. L'expédition, qui avait nécessité de si grands préparatifs, mit à la voile le 25 juillet 1525. Comme celle qui venait d'immortaliser Magellan, elle se composait, selon quelques autorités, de cinq

Le Cap des Vierges.

navires; selon d'autres (peut-être mieux renseignées), elle en avait sept. Dès le début elle fut accueillie par les mauvais temps, et, arrivée sur les côtes du Brésil, des tempêtes épouvantables la contraignirent à se diviser. Plusieurs de ces bâtiments marchaient encore de conserve lorsque l'escadre se trouva à la hauteur du cap des Vierges. Ce fut là que le navire monté par l'intrépide marin se perdit. Sébastien del Cano passa immédiatement sur un autre navire, et, après avoir subi d'innombrables vicissitudes, le détroit qui portait déjà le nom de Magellan fut franchi le 26 mai 1526. On eut alors pour la première fois une triste preuve que la mer Pacifique avait reçu de son intrépide explorateur une dénomination trompeuse : les tempêtes s'y succédèrent, les équipages y furent décimés par les maladies, et l'expédition y perdit son chef.

Après la mort du commandeur Garcia de Loaisa, Cano prit sa place en vertu d'une provision secrète de Charles-Quint. L'illustre marin ne garda pas longtemps le titre de capitaine général; il succomba cinq jours après qu'il en eut été revêtu solennellement en présence des équipages. L'ancien compagnon de Magellan était bien en réalité, même au début du voyage, le chef de l'expédition, celui en l'expérience duquel les matelots avaient mis leur confiance. Après sa mort, l'escadre poursuivit son voyage, qui ne pouvait plus avoir une heureuse issue, et dont les vicissitudes nous ont été récemment racontées (1).

La renommée de Sébastien del Cano fut longtemps éclipsée par celle de l'homme éminent dont il avait terminé l'entreprise; cependant, vers la fin du dix-septième siècle, un de ses compatriotes, don Pedro de Echave y Asu, lui fit élever un splendide cénotaphe (2) dans le lieu où il était né. En l'année 1800, un de ses compatriotes fit mieux encore : don Manuel de Agote voulut que sa statue se dressât sur la place de la petite ville basque de Guetaria, qui tire de lui sa principale illustration, et il fit généreusement les frais de ce monument, dont l'exécution fut confiée à don Alfonso Bergaz (3). Plusieurs inscriptions en l'honneur de Cano se lisent à la base; elles sont en castillan, en basque et en latin. Nous doutons qu'une seule d'entre elles puisse valoir celle qu'avait choisie Charles-Quint.

(1) Voy. *Coleccion de documentos ineditos*, t. I.

(2) Lorsqu'il se sentit atteint en mer de la maladie à laquelle il devait succomber, Sébastien del Cano fit un testament qu'il dicta au tabellion royal. Ce précieux document, qui dénote une vie des plus agitées, nous a été conservé récemment dans la grande collection, si peu connue en France, que publie l'Espagne. Le hardi marin, largement récompensé par Charles-Quint, possédait une fortune assez considérable, qu'il laissa à son fils naturel, Domingos del Cano, et qui était réversible sur la tête de sa propre mère, sainte femme dont il ne prononce le nom qu'avec le plus profond respect. (Voy. *Coleccion de documentos ineditos para la historia de España*, t. I.)

(3) Cet artiste, nommé statuaire du roi d'Espagne, jouissait d'une certaine renommée, et nous reproduisons son œuvre page 351. Nous doutons cependant qu'il se soit servi de documents iconographiques d'une valeur réelle. Il y a plus : un homme qui doit faire autorité en ces sortes de matières, M. Valentin Carderera, auteur d'une vaste collection iconographique savamment recueillie dans toutes les parties de l'Espagne, pense que Bergaz n'a été guidé dans son œuvre par aucun renseignement authentique. Le costume adopté par l'artiste n'est que fort approximativement celui de l'époque. A ce point de vue, la publication de l'œuvre si remarquable de M. Carderera serait d'un immense avantage pour l'histoire du costume dans la Péninsule et pour celle de l'iconographie, chaque monument et chaque effigie ayant été soumis par l'habile artiste à la critique la plus rigoureuse.

BIBLIOGRAPHIE.

MANUSCRITS A CONSULTER. — *Uno libro scripto de tutte le cose passate de giorno in giorno nel viaggio.* (Mention faite en ces termes par Pigafetta du manuscrit écrit de sa propre main, et qu'il présenta à Charles-Quint.) — Manuscrit italien publié par l'abbé C. Amoretti, écrit en caractère dit *cancelleresco*, sur papier in-fol., et dont la calligraphie remonte au temps de Pigafetta; il a été possédé par le cardinal Frédéric Borromée, et fait partie de la Bibliothèque ambroisienne. — Manuscrit français possédé naguère par M. Beaupré, de Nancy : c'est le plus complet et le plus correct des manuscrits de cet ordre. — *Navigation et descouvrement de la Indie supérieure faicte par moi Antoine Pigaféte, Vincentin*; Bibliothèque impériale, sous le n° 10270 B, écrit sur papier : c'est le plus ancien des manuscrits français. — Le même, fonds Lavallière, n° 68 : il est écrit sur vélin.

MANUSCRITS PROCÉDANT D'AUTRES SOURCES. — *Descripcion de los reinos, costas, puertos e islas que hay en el mar de la India oriental, desde el cabo de Buena-Esperanza hasta la China; de los usos y costumbres de sus naturales, su gobierno, religion, comercio y navegacion, y de los frutos y efectos que poceden aquellas vastas regiones, con otras noticias curiosas*, compuesto por Fernando Magalianes, piloto portuguez que lo vio e anduvo todo; manuscrit sur papier, de la bibliothèque de S.-Isidro la Real de Madrid, sous le n° 29, comprenant 61 feuillets in-4°. Navarrete n'admet pas l'authenticité de ce document, et si Magellan en est l'auteur, il a été altéré postérieurement par de nombreuses interpolations. — *Extracto de la habilitacion que tuvo y viage que hizo la armada del emperador Carlos quinto, de que era capitan general Fernando Magalianes, compuesta de las cinco navios nombradas Trinidad, Sant-Antonio, Concepcion, Victoria, y Santiago, emprendido desde San-Lucar de Barrameda, el ano 1519 al descubrimiento por el O. de las islas Maluccas : regresso que verifico de estas islas a España por el cabo de Buena-Esperanza, la nao Victoria al mando de Juan Sebastian de Elcano (sic), en el ano de 1522, y acaecimientos de la nao Trinidad en aquellas islas.* Ce précieux document manuscrit existe dans les archives générales des Indes à Séville; il occupe 109 pages dans la *Coleccion de viages* publiée par Fernández de Navarrete, t. IV. — Francisco Albo, *Diario o derrotero del viage de Magallanes, desde el cabo de Sant-Agustin en el Brasil, hasta el regresso a España de la nao Victoria*; manuscrit des archives des Indes de Séville, inséré dans la *Coleccion de viages* de Navarrete, t. IV. Tout le volume est, du reste, consacré aux documents originaux que l'on a pu réunir sur cette mémorable expédition. — Maximilien Transylvain, *Relacion escrita por Maximiliano Transylvano, de como y por quien y en que tiempo fueron descubiertas y halladas las islas Molucas, donde es el proprio nascimiento de la especieria, las cuales caen en la conquista y marcacion de la corona real de España*; e dividese esta relacion en veinte parrafos principales ; manuscrit exécuté par ordre de Navarrete, et inséré dans la même collection. — Même volume. Cette relation fut écrite en latin et adressée au cardinal de Salsbourg, évêque de Carthagène, par le secrétaire de Charles-Quint. — *Roteiro da navegação de Fernam de Magalhães;* manuscrit prétendu de Magellan, conservé par Antonio Moreno, cosmographe de *la casa de Contratacion* de Séville. Nous ignorons si cette relation est différente de celle dont Navarrete n'admet pas l'authenticité : Barbosa Machado et Léon Pinelo le mentionnent. (Voy. *Bibliotheca Lusitana*, 4 vol. in-fol.; et *Bibliotheca oriental y occidental*, 3 vol. petit in-fol.) Selon Barros, ce document aurait été écrit par ordre exprès de Magellan, lorsque l'escadre se trouvait dans le détroit de Tous-les-Saints, le 21 novembre 1521. — *Roteiro da navegaçam de Fernam de Magalhães;* manuscrit de la Bibliothèque impériale de Paris, sous le n° 7158-33. Ce manuscrit porte en note et écrit en portugais : « Cette copie est tirée d'une autre, faite elle-même sur le cahier d'un pilote génois qui se trouvait sur la flotte, et qui relata tout le voyage comme il a été consigné ici; il revint ensuite au royaume. » Un autre manuscrit de la même relation, ayant appartenu aux bénédictins du Portugal, fut porté ensuite au vaste dépôt du couvent de Sam-Francisco de Lisbonne. On lit en tête cette suscription : « Cette copie a été faite sur le cahier d'un pilote génois, qui venait sur ledit navire, et qui écrivit ledit voyage comme il se trouve porté ici; puis s'en fut en Portugal, en l'année 1542, avec D. Henrique de Menezes. » Cette précieuse relation a été copiée, en 1830, par un savant professeur de Coimbre, le docteur Antonio Nunes de Carvalho, et insérée dans le tome IV de l'ouvrage suivant : *Collecção de noticias para a historia e geografia das nações ultramarinas que vivem nos dominios portuguezes*. — *Roteiro composto por Duarte de Resende*. Ce manuscrit, d'un *feitor* établi à Ternate, avait été envoyé à Barros par celui qui en était l'auteur. (Voy. Severim de Faria, *Vida de João de Barros*.) — Récit de Léon Pancaldo de Saona, pilote du navire *la Victoria*, manuscrit perdu. (Voy. Oldoino, *Atheneo Ligustico*.) — Gabriel Rebello, *Informação das cousas de Maluco*, feita no anno 1569, dirigida a D. Constantino vizo rey, que foy da India, dividido em tres partes. Ce manuscrit important existait dans la bibliothèque de Severim de Faria.

TEXTES IMPRIMÉS. — *Le voyage et navigation aux îles de Moluque*, descrit et faict de noble homme Anthoine Pigaphette, Vincentin, chevalier de Rhodes; commencé ledict voyage l'an mil cinq cent dix-neuf, et de retour le huictième jour de 1522; Goth., traduction d'Antoine Fabre, Parisien, divisée en 114 chapitres. — Maximiliani Transylvani, *De Moluccis insulis itemque aliis pluribus admirandis epistola perquam jucunda*, in ædibus Minutii Calvi; Romæ, 1523. — Idem, Eucharius Cervicornus; Coloniæ, 1523, in-4°. — *Le Voyage et navigation faict par les Espaignols ès isles de Molucques, des isles qu'ils ont trouvées audict voyage, des rois d'icelles, de leur gouvernement et manière de vivre, avec plusieurs aultres choses*. On les vend à Paris, en la maison de Simon de Colines, libraire juré de l'Université de Paris; in-8 de 76 feuillets et de 4 feuillets de table. C'est la traduction, devenue rarissime, de l'ouvrage précédent. — *Il viaggio fatto dagli Spanvoli atorno il mondo*; Vinegia, 1536, petit in-4°. Cette version est aussi imprimée dans Simon Grynæus. M. Ternaux-Compans n'a pas introduit ce volume rarissime dans sa Bibliothèque américaine; mais l'abbé Amoretti affirme que cet extrait de Fabre a été reproduit par Ramusio. On trouve en effet, dans cette collection, *Massimiliano Transylvano, Navigatione fatta per li Spagnuoli nell anno 1519 attorno il mondo*; tradotto di lingua francese per (Ant.) Pigafetta. — Oviedo, *Historia general*, secunda parte, en casa de Francisco Fernandez de Cordova; 1 vol. in-fol. goth. rarissime. Cette deuxième partie, dont l'impression fut interrompue par la mort de l'auteur, contient les relations de Magellan et de Garcia de Loaysa. — *Kurtze warhaffige Relation und Beschreibung der Wunderbastenvier Schifffahrten so Jemals verricht Worden als Nehmlich*, c'est-à-dire Brève et véritable description des quatre voyages les plus extraordinaires qui aient été faits; in-4°; Nürnberg, 1693. On y trouve l'article suivant : *Ferdinandi Magellani, Portugeses mit Sebastiano Cano*. Diverses collections, comme on le verra plus haut, donnent des textes plus ou moins nécessaires à consulter. — Ant. Pigafetta, *Primo viaggio intorno al globo terraqueo, ossia ragguaglio della navigazione alle Indie orientali per la via d'occidente, fatta sulla squadra del capitano Magaglianes, negli anni 1519-1522;* grand in-4°, 1800; ou 1 vol. petit in-4°, Milano, 1805. — Texte d'Amoretti, publié sous ce titre, en français, par l'éditeur lui-même : *Premier voyage autour du monde*, par le chevalier Pigafetta, sur l'escadre de Magellan, en 1519, 1520, 1521 et 1522; suivi du *Traité de navigation* du même auteur, et accompagné d'une Notice sur le chevalier Behaim, célèbre navigateur portugais, avec la description de son globe terrestre, par M. de Murr, trad. de l'allemand par H.-J. Jansen; 1 vol. in-8, fig., Paris, Jansen, an 9.

OUVRAGES À CONSULTER. — Duarte Barbosa, *Livro de Duarte Barbosa*. Cet ouvrage si curieux fut composé en 1516. Son auteur périt durant l'expédition de Magellan. (Voy. *Noticias para a historia e geografia das nações ultramarinas*.) — Antonio Galvão, *Tratado*, etc.; in-fol., 1563. (Galvão est surnommé l'Apôtre.) — Fernam Vas Dourado, bel *Atlas portugais*, composé vers 1571, et renfermé aujourd'hui à la Torre do Tombo. (Voy. ce que dit à ce sujet le savant M. de Santarem; puis don Jozé Urcullu, *Geografia*; 3 vol. pet. in-8. — Gabriel Rebello, alcaide mor da fortaleza de Tidor, *Informação das cousas de Maluco feita no anno 1569*, dirigida à dom Constantino vizo rey que foi da India, dividido em tres partes. Nous ne croyons pas que ce livre ait jamais été imprimé; il faisait partie de la bibliothèque de Severim de Faria. — Francis Drake's *Voyage into the Southsea about the globe of the whole earth, begun 1577 and finished 1580.* Voy. la collection de Rich. Hackluyt, t. III; le second Voyage autour du monde a été publié sous ce titre : *le Voyage curieux faict autour du monde* par François Drack, admiral d'Angleterre, traduit en françois par le sieur de Louvencourt ; 1641, in-12. — Drack et Candish, *Itinera*, etc.; collection de de Bry; 1590 et années suivantes. (Voy. aussi Purchas et Hackluyt.) — Padre Luis Fernandez, *Carta escrita das ilhas de Maluco*, 1603 et 1605. — Barth. Leon de Argensola, *Conquista de las islas Moluccas*; 1 vol. in-fol., Madrid, 1603; trad. en français sous ce titre : *Histoire de la conqueste des isles Moluques par les Espagnols, par les Portugais et par les Hollandais*, traduite de l'espagnol d'Argensola et enrichie de figures et cartes géographiques pour l'intelligence de cet ouvrage; 3 vol. in-12, Amsterdam, 1707. — Barth. Garc. y Gonçalo de Nodal, *Relacion del viage*, etc.; 1 vol. pet. in-8, Madrid, 1621. — Morga, *Historia de Filippinas*; in-4°, Mexico, 1609. — François Pyrard de Laval, *Voyages des Français aux Indes orientales, Maldives, Moluques, et au Brésil*, depuis 1601 jusqu'en 1611 ; 2 vol. in-8, Paris, 1611, et 1 vol. in-8 en trois parties, 1679. — Herman de los rios Coronel, *Memorial y Relacion de las islas Filippinas*, etc., *Malucas s. d. Madrid*. — Le président Desbrosses, *Histoire des navigations aux terres australes*; 2 vol. in-4°, Paris, 1656. — Gaspar S.-Agostin, *Conquista de Filippinas*; in-fol., Madrid, 1698. — Franç. Froger, *Relation d'un voyage fait en 1695, 1696 et 1697, aux côtes d'Afrique, détroit de Magellan*, etc., etc., etc., par une escadre des vaisseaux du roi, sous le commandement de M. de Gennes; 1 vol. grand in-12, Paris, 1698. — Duplessis, *Relation journalière d'un voyage fait en 1698, 1699, 1700, 1701, par de Beauchesne (Gouin), capitaine de vaisseau, aux isles du cap Verd, coste du Brésil, coste déserte de l'Amérique méridionale, détroit de Magellan, costes du Chily et du Pérou, aux isles Galapes, détroit de Maire, isles de Sebads, de Wards, isles des Açores*; 1 vol. in-fol., manuscrit de la Bibliothèque du dépôt de la marine, sous le n° 5617, avec un grand nombre de plans et de dessins coloriés. — Delabat, ingénieur, *Description des terres vues pendant le voyage du capitaine Beauchesne, les années 1699, 1700*, etc., manuscrit in-fol., même bibliothèque, sous le n° 5618. — Guill. Dampier, *Voyage aux terres australes, à la Nouvelle-Hollande*, etc.; 6 vol. in-12, Amsterdam, Marel, 1712. — Frézier, *Relation du voyage à la mer du Sud*, etc.; in-4°, Paris, 1716. — Gaspar de S.-Antonio, *Cronica de Filippinas*; 3 vol. in-fol., Manilla, 1738 (fort rare en France). — Murillo Velarde, *Hist. de la Comp. de Jesus em Filippinas*; 1 vol. in-fol., Manilla, 1749. — Alex. Guyot, lieutenant de frégate, *Relation d'un voyage chez les Patagons*. (Voy. *Journal des savants*, mai 1767.) — Alexandre Dalrymple, *An historical Collection of the several voyages and discoverie in the south pacific Ocean*; 2 t. en un vol. in-4°, London, 1770-1771 ; trad. en français sous ce titre : *Voyages dans la mer du Sud par les Espagnols et les Hollandais*, traduit de l'anglais par de Fréville; 1 vol. in-8, Paris, 1774. (Cet ouvrage renferme les voyages de Magellan. Il existe une seconde collection anglaise, rassemblée par Alexandre Dalrymple et publiée in-4°, 1775.) — Fréville, *Histoire des nouvelles découvertes faites dans la mer du Sud*; 2 vol. in-8, Paris, 1774. — Thomas Forrest's *New Voyage to new Guinea and the Moluccas, from Balambangan*, etc.; 1 vol. gr. in-4°, London, 1779. — *Collection de tous les voyages faits autour du monde par les différentes nations de l'Europe*; 9 vol. in-8, Paris, 1795. — Stavorinus, *Voyages*, etc.; 3 vol. in-8, Paris, 1798. — De la Borde, *Histoire abrégée de la mer du Sud*, avec plusieurs cartes composées pour l'éducation du Dauphin; 4 vol. gr. in-8 et atl. in-fol., Paris, 1791. — Zuniga, *Historia de las islas Filippinas*; 1 vol. in-4°, en sampaloc, por F. Pedro Arguelles, 1803 (rare même aux Philippines.) — Th. de Comyn, *Estado de las islas Filippinas en 1810*; 1 vol. in-4°, 1820. — Renouard de Sainte-Croix, *Voyage aux Philippines*; 3 vol in-8, Paris, 1810. — James Burney, *Chronological history of the discoveries in the south sea or pacific Ocean*; cinq parties en 5 vol. gr. in-4°, terminé en 1816 et 1817. — Amasa Delano, *a Narrative of voyages and travels in the northern and southern hemispheres*; 1 vol. in-4°, Boston, 1817. — Crawfurd, *History of the Indian archipelago*, 3 vol. in-8; Edinburg, 1820. — J. Arago, *Promenades autour du monde*; 2 vol. in-8 et atl., Paris, 1822; traduit en anglais, en 1823. — Péron, continué par Freycinet, *Voyage de découvertes aux terres australes*, en 1801, 1802, 1803 et 1804; 4 vol. in-8, Paris, 1824. — J. Weddel, *a Voyage towards the south pole, performed in the years 1822-1824, containing an examination of the antarctic sea to the 47 lat. and a visit to Tierra del Fuego*, etc.; 1 vol. in-8, London, 1827. — Duperrey, *Voyage autour du monde sur la corvette la Coquille*, pendant les années 1822, 1823, 1824 et 1825; 6 vol. in-4° et 4 atlas in-fol., composés de cinquante-huit livraisons. — Golovnine, *Voyage autour du monde*; 2 vol. in-4°, Saint-Pétersbourg, 1822. — Le vicomte Latouanne, *Album pittoresque de la frégate la Thétis*; 1 vol. gr. in-4°, renfermant vingt-trois lithographies, Paris, 1828. — Louis Freycinet, *Voyage autour du monde*; in-4° et in-fol., Paris, 1826. — Alcide d'Orbigny, *Voyage dans l'Amérique méridionale, le Brésil, la république orientale de l'Uruguay, la république Argentine, la Patagonie*, etc., exécuté dans le cours des années 1826-1833; 7 vol. in-4° et 2 vol. atl., Paris. On doit au même *l'Homme américain* (de l'Amérique méridionale), considéré sous ses rapports physiologiques et moraux; 2 vol. in-8, Paris, 1839. — Otto von Kotzbue, *Reïse um die welt*; 2 vol. in-8, Weymar, 1830, fig. — Dumont d'Urville, *Voyage de la corvette l'Astrolabe*; 20 vol. gr. in-8, gr. in-4° et gr. in-fol., Paris, Tastu, 1830-1833. — John Macdouall, *Narrative of a voyage to Patagonia and Terra del Fuego through the straits of Magellan*, 1 vol. in-12; London, 1833. — Le capitaine Lutké, *Voyage autour du monde*; 5 vol. in-8 et atl. in-fol. max., Paris, Firmin Didot, 1835-36. — James Holman, *a Voyage round the world*; 4 vol. in-4°, 1834, 1835. — T.-B. Wilson, *Narrative of a voyage round the world*; gr. in-8, London, 1835. — Le capitaine W. Wendt et F. J. F., *Reise um die Erde*, etc.; 2 vol. in-4°, 1835. — Angelis, *Coleccion de obras y documentos relativos a la historia antigua y moderna de las provincias del Rio de la Plata*, 6 vol. in-fol.; Buenos-Ayres, 1836 et années suivantes. — Laplace, *Voyage autour du monde sur la corvette la Favorite*, 1833-35; 4 vol. gr. in-8, avec atl. hydrogr. et atl. hist., formant 12 cartes et 72 planches. On doit au même, *Campagne de circumnavigation de la frégate l'Artémise*, pendant les années 1837, 1838, 1839 et 1840; 4 vol. gr. in-8. — J. Downes et J.-N. Reynolds, *Voyage of the United States frigate Potomac, during the circumnavigation of the globe*; 1 vol. grand in-8,

New-York, 1835. — Bougainville (fils), *Journal de la navigation autour du globe, de la frégate la Thétis et de la corvette l'Espérance*; 2 vol. in-4° et atl., Paris, 1837. — Fernandez de Navarrete, *Coleccion de los viages y descubrimientos que hicieron por mar los Españoles*, etc.; 5 vol. pet. in-4°, Madrid, 1837, t. IV. — Parker King et Robert Fitz-Roy, *Narrative of the surveying voyages of his Magesty's ships Adventure and Beagle*, etc.; 4 vol. grand in-8, London, 1839 (le troisième volume est de Ch. Darwin.) — *Verhandelingen overde Natuurlijke geschiedeins der Nederlandsche, overzeesche Bezittingen door de leden der Natuurkundige comissie in oost Indië en andere Schrijvers*; cartes et figures, 5 vol. in-fol., Leiden, 1841 et années suivantes. (Magnifique ouvrage, trop peu répandu en France, et publié par une commission scientifique organisée à Leyde. Jamais l'ethnographie de Bornéo, des Moluques et des îles adjacentes, n'a présenté rien de si complet.) — Vaillant, *Voyage autour du monde exécuté pendant les années 1836 et 1837, sur la corvette la Bonite*; 15 vol. gr. in-8 et 3 atl. in-fol. — Otto, *Mémoire pour prouver que Christophe Colomb et Magellan ne sont pas les découvreurs*, etc. (Voy. les *Philosophical transactions* of the Society of Philadelphia.) —

Ph. H. Külb, *Geschichte der Entdecksreisen*, etc., Histoire des voyages de découvertes depuis la fin du quinzième siècle jusqu'à ce jour, etc.; in-8, Mayence, 1841. — Dupetit-Thouars, *Voyage autour du monde, sur la frégate la Vénus*; 9 vol. gr. in-8 et atl. in-fol., Paris, Gide, 1841. — G. F. von Derfelden de Hinderstin, Carte générale des possessions néerlandaises dans le grand archipel Indien, publiée par ordre de S. M. le roi des Pays-Bas; 1 vol. in-4°, avec 8 f. gr.-aigle. — Aug. Burck, *Magellan ober die Erste reise um die Erde*, etc.; 1 vol. in-8, Leipsick, 1844. — *Voyages round the world from the death of captain Cook*; 1 vol. in-12, Édimbourg, 1843. — Ed. Belcher, *Narrative of a voyage round the world*; 2 vol. in-8, London, 1843. — Mallat, *les Philippines considérées au point de vue de l'hydrographie*; in-8, Paris, 1843. — Le commandant D..., *les Philippines sous la domination espagnole*, deux articles étendus (Voy. *la Revue indépendante*, 1845.) — Ch. Wilkes, *Narrative of the United States exploring expedition during the years 1838, 39, 40, 42 et 43*; 10 vol. gr. in-8, avec 1 vol. d'atl. gr. in-8n, London, 1845 et années suivantes. Splendide ouvrage trop peu répandu en France. — Aug. Haussemann, *Voyage en Chine, Cochinchine, Inde et Malaisie*; 3 vol. in-8, Paris, 1848. — Mallat, *les Philippines, histoire, geographie, mœurs, agriculture, commerce*, etc., 2 vol. in-8, Paris, 1846. — Rodney Mundy's *Narrative of events in Borneo and Celebes*; London, 1848. — B. Jukes, *Narrative of the surveying voyage of H.-M.-S. Fly, commanded by the capt Blakwood R. N. in Torres straits*, etc.; 2 vol. in-8, 1847. — Edw. Belcher, *Narrative of a voyage of H. M. S. Samarang*; 1 vol. in-8, London, 1848. — G.-J. Themminck, *Coup d'œil général sur les possessions néerlandaises dans l'Inde archipélagique*; 3 vol. in-8, Léide, terminé en 1849. — Keppel, *Expedition to Borneo*; 2 vol. in-8. — J.-H. Bondish Bastianse, *Voyages faits dans les Moluques, à la Nouvelle-Guinée et à Célèbes*, avec le comte Ch. Vidua de Conzano, à bord de la goëlette royale l'Iris; 1 vol. in-8, Paris. — Dumont d'Urville, *Voyage au pôle sud et dans l'Océanie sur les corvettes l'Astrolabe et la Zélée*, exécuté en 1337, 38, 39 et 1840; 34 vol. in-8 et 2 atl. in-fol. (La relation historique forme 10 vol. in-8.) — F.-W. Ghillany, *Geschichte des Seefahrers Martin Behaim nach den altesten vorhandenen Urkunden*; 1 vol. gr. in-4°, avec portraits et cinq cartes, Nuremberg, 1853. — *Coleccion de documentos ineditos para la historia de la España*. Les derniers volumes de cette vaste collection paraissaient en 1854. C'est dans le t. Ier que se trouvent les renseignements sur Seb. del Cano. — P. de la Gironière, *Aventures d'un gentilhomme breton aux îles Philippines*, avec un aperçu sur la géologie et la nature du sol de ces îles, sur les habitants, sur le règne minéral, le règne végétal et le règne animal, illustré d'après les documents et croquis originaux, par Henri Valentin, grand in-8; Paris, 1855.

FERNAND CORTEZ,

VOYAGEUR ESPAGNOL.

[1519-1547.]

Ce n'est pas le conquérant, le guerrier personnifié par la tradition d'un dieu voyageur, l'être pour ainsi dire invincible dans lequel les Mexicains crurent voir un législateur divin et sévère, que nous prétendons faire connaître ici. Cette tâche difficile, commencée jadis par Robertson et Solis, a été accomplie de nos jours par un éminent historien américain, et le livre de William Prescott est à la disposition de la plupart des lecteurs. Ce que nous prétendons mettre en relief dans ces quelques lignes, c'est le voyageur, l'homme plein d'une fine sagacité, pour nous servir des expressions d'un contemporain, l'observateur supérieur au siècle où il vivait; nous serions presque tenté de dire, l'habile écrivain. Dans la courte biographie que nous allons tracer, il sera donc fort peu question de batailles et de conquêtes, mais, autant que les documents recueillis jusqu'à ce jour nous l'auront permis, il sera parlé de l'éducation de Cortez, des premiers temps de sa vie privée, et enfin du prodigieux voyage qui a fait connaître, au seizième siècle, des régions longtemps délaissées, et qui réservaient, après trois cents années de labeur, à l'émigration européenne une terre plus riche que le Mexique, et à coup sûr aussi fertile. Comme conquérant, Cortez a subjugué l'empire des Aztèques; comme voyageur, il a fait connaître au monde la Californie; mais heureusement, au début de sa carrière, le soldat va céder la place à l'écrivain, et si le marquis del Valle, riche de tant de souvenirs, ne nous a pas légué le récit de son expédition à la mer Vermeille, il a su décrire à un conquérant comme lui, les splendeurs de Tenotchtlan. Ce sera ce récit plein de simplicité et toutefois animé par l'originalité des observations que nous voulons lui emprunter, en regrettant toutefois que sa première lettre à Charles-Quint, qui contenait le détail circonstancié de son premier voyage, ait échappé jusqu'à ce jour à toutes les recherches, et que cette perte nous ait privés des renseignements géographiques rassemblés peut-être par Alaminos, l'ancien pilote de Colomb, celui qui eut l'étrange fortune de guider ensuite les navires de Grijalva et de Cortez.

Hernando Cortez naquit, en 1485, à Medelin, ville de l'Estramadure; ses parents étaient tous deux nobles; il était donc *hijo d'algo*, comme on disait dans ce cas. Don Martin Cortez de Monroy son père, et sa mère doña Catarina Pizarro Altamirano, ne paraissent pas néanmoins avoir joui d'une fortune égale à la haute origine que leur ont prêtée quelques écrivains. Argensola ([1]), qui vient peut-être un peu tard pour constater les faits qu'il avance, ne croit pas aller trop loin en faisant descendre la famille de l'illustre conquérant du roi Narnesio, souverain des Lombards. Au seizième siècle, toute cette pompe généalogique s'évanouissait devant quelques mots du digne las Casas, qui se montre, il faut le dire, bien peu favorable au vainqueur de la race indienne, mais dont on ne peut pas non plus suspecter la véracité. « J'ai connu son père, dit-il, qui était un écuyer bien pauvre et bien humble. Il était cependant d'ancienne race chrétienne; on a même dit qu'il était gentilhomme ([2]). »

Cortez, durant sa première enfance, ne présentait qu'un aspect chétif, et était même sujet, nous dit-on, à des maladies dont la nature pouvait donner quelque inquiétude à sa famille. Ce renseignement est d'accord avec un fait biographique que nous a transmis un vieil auteur mexicain, l'intervention de quelque saint protecteur devenue nécessaire aux yeux de la mère pour sauver l'enfant. Il paraît qu'il

---

([1]) *Annales d'Aragon*, liv. Ier, chap. XVIII.
([2]) Las Casas, *Historia de las Indias*, manuscrit.

fut mis solennellement par ses parents sous la protection du prince des apôtres (¹). Cette circonstance, qui n'avait rien que de fort simple dans les habitudes religieuses de l'Espagne, paraît avoir exercé plus tard une grande influence sur l'esprit du conquistador. A la bataille qui eut lieu entre les Indiens de Cintla, et durant laquelle une poignée d'Espagnols mit en fuite quarante mille Indiens, Cortez nia que ce fût le saint guerrier par excellence, saint Jacques, que l'on eût vu combattre dans les rangs de sa petite armée, et il attribua toujours hautement à saint Pierre le succès de cette journée brillante par laquelle commença la conquête.

Il s'en fallait bien que, dans sa première jeunesse, l'esprit de Fernand Cortez rêvât de pareils succès. Fort incertain sur la carrière qu'il embrasserait, il s'en alla tout simplement étudier à Salamanque, et se voua d'abord aux luttes paisibles d'une ville universitaire à laquelle on ne pouvait comparer alors que certaines écoles de France ou d'Italie. Mais, comme cela est arrivé à tant de grands hommes, il ne fit qu'ébaucher ses études, et trouva plus difficile de conquérir le grade de bachelier que de gagner quelques années plus tard le vaste empire de Montézuma.

Chargé d'autant de latin (²) qu'on peut en apprendre en deux années d'études assez distraites, capable de faire des vers dans la langue qui allait produire Garci-Lasso et Boscan, homme de goût en définitive lorsqu'il écrivait en prose, Cortez s'en revint à Medelin, bien décidé à suivre toute autre carrière que celles pour lesquelles un plus long séjour à l'université devenait indispensable. Il embrassa, au sortir de Salamanque, la carrière des armes; mais s'il se montra brave, nous ne savons rien sur ses premiers exploits. Il fallait prendre un état cependant, et, comme tant de fils de famille, il passa aux Indes. Il paraît certain qu'Ovando, celui dont jadis Colomb avait eu tant à se plaindre, était son parent. Ce fut pour ce grand commandeur de Laris, qui alors gouvernait un peu à sa guise Hispaniola, que le jeune soldat de Medelin emporta des lettres de recommandation. Il arriva dans l'île désolée d'Haïti le jour de Pâques de l'année 1504. M. de Humboldt, dont l'esprit se plaît à ces ingénieux rapprochements, aime à rappeler que Fernand Cortez et Christophe Colomb purent se connaître dans la ville naissante de Santo-Domingo; mais Cortez n'avait que dix-neuf ans alors, et ne songeait peut-être qu'à devenir *encommendero* de quelque bourgade indienne, tandis que le vieil amiral, las des persécutions et fatigué de sa gloire, rêvait douloureusement qu'il lui fallait revenir en Europe, et, après quelques jours encore de tentatives, atteignait ce paradis terrestre, séjour de la paix qu'il cherchait comme le Dante. — Ces deux hommes, presque aussi célèbres l'un que l'autre à des titres bien divers, purent s'entretenir néanmoins; et tel est le prestige qui s'attache au génie, qu'on ne peut passer sous silence cette possibilité d'une rencontre entre l'heureux conquérant, parfois si impitoyable, et le véritable grand homme. Les historiens contemporains, toutefois, gardent un silence absolu sur ce point.

Nous ne connaissons pas non plus d'une manière bien précise les avantages que la recommandation de Nicolas Ovando put faire obtenir tout d'abord à son jeune parent. Avant de soumettre des troupeaux d'Indiens, comme on le pouvait dire sans figure à cette époque, il dut mener, pendant quelques mois, la vie désœuvrée des aventuriers oisifs qu'on rencontrait en foule à Hispaniola. Dès les premiers temps de son arrivée dans le nouveau monde, tout fait présumer qu'il connut las Casas, qui l'y avait précédé de plusieurs années, et qu'une sorte d'intimité, fruit d'une culture intellectuelle fort rare alors aux îles, s'établit entre les deux jeunes gens. Cortez n'excitait pas alors cette sainte indignation qui s'exhale en paroles si amères chez son pieux contemporain; mais las Casas se préparait à aller plaider avec cette énergie qui ne faiblit pas plus que celle du conquérant, la cause sacrée que gagna bientôt un moine inconnu (³), F. Domingo de Betanzos.

(¹) Voy. Ternaux-Compans, Fernand Alva Ixtlilxôchitl, *Hist. des Chichimèques*, t. Ier, p. 154; voy. également Chimalpain, puis Bétancourt, *Theatro mexicano*.

(²) Bernard Dias del Castillo nous affirme qu'il le parlait avec facilité; mais le vieux soldat n'est pas une autorité bien compétente.

(³) Bartholomé de las Casas ne commença ses pieux voyages en Amérique qu'en 1498, c'est-à-dire à l'époque où Colomb y vint pour la troisième fois; mais ce fut dès l'année 1515 qu'il se rendit en Espagne afin d'y exposer à l'empereur la misère des Indiens. Nous avons associé à ce grand nom le nom presque ignoré d'un autre apôtre de l'humanité, qu'il faut placer, selon nous, entre Vasco de Quiroga et Palafox. Chose étrange! Betanzos, l'infatigable protecteur des Indiens, arriva à Haïti presque en même temps que celui qui devait les asservir dans une proportion jusqu'alors inconnue, et ce fut au temps où

Fernand Cortez. — D'après le portrait original conservé dans l'hôpital de la *Purissima Concepcion de Jesus*, à Mexico.

Cortez étendait par de nouvelles découvertes le champ des conquêtes, que le pieux dominicain fit promulguer la bulle de Paul III qui rendait une âme aux Indiens, et qui commence par ces mots : *Veritas ipsa, quæ nec falli nec fallere potest.*
Le P. Domingo de Betanzos, ou Betanços, né à Léon vers la fin du quinzième siècle, passa à Hispaniola vers 1514, et vint

Lors de son arrivée à Hispaniola, Cortez n'avait pas trouvé le gouverneur dans la capitale naissante qu'avait fondée naguère Barthélemy Colomb; il était absent, et explorait militairement l'intérieur de l'île. Sans rappeler ici une petite anecdote consignée dans toutes les biographies, et qui prouverait qu'à l'exemple de tant de jeunes gens du seizième siècle le jeune soldat de Medelin comptait sur les mines d'Hispaniola pour faire une fortune rapide, nous dirons ici qu'aussitôt le retour du gouverneur, la *mondaine sagesse* (¹) de Cortez, comme las Casas caractérise sa prudence, lui fit prendre le meilleur parti. Après avoir obtenu une concession de terres et un *repartimiento* d'Indiens, il se livra à la vie agricole, dont les résultats étaient alors assurés. Cela ne l'empêcha point de continuer un peu trop fréquemment dans les campagnes verdoyantes de la Vega la vie aventureuse qu'avait menée jusqu'alors l'ancien écolier de Salamanque. En dépit de sa dextérité à manier ces bonnes épées que fabriquait si bien Juanez de la Horta, plus d'une blessure reçue sans gloire le marqua alors de ses cicatrices, et se confondit plus tard avec celles que lui valut son bouillant courage. C'est Bernal Dias, le vieux soldat, qui nous rappelle cette circonstance. Cortez, néanmoins, débuta dès cette époque dans la vie périlleuse de conquistador, et ce fut en prenant part aux expéditions que l'on dirigeait alors contre les restes décimés des populations indiennes qu'il entra en rapport avec Diego Velasquez, ce lieutenant d'Ovando dont l'ancienne protection de Barthélemy Colomb avait fait toute la fortune. A cette école, s'il se familiarisa avec le danger, il apprit aussi bientôt à rester sans pitié devant la race qu'on exterminait : une maladie put seule l'empêcher de prendre part à la funeste expédition où périt Nicuessa. Bientôt il eut une occasion plus favorable de mettre en évidence les hautes qualités qu'on ne faisait que deviner. Au bout d'un séjour de sept ans à Saint-Domingue, Velasquez ayant été nommé gouverneur de l'île de Cuba, avec la commission d'aller subjuguer l'île que dominait une race tout aussi innocente que celle des Ignéris (²), il partit avec l'expédition qui mit à la voile en 1511, et se distingua durant la première époque de la conquête. Son habile historien dit cependant avec raison, sur la foi de Gomara et de las Casas, que si l'activité et le courage dont il fit preuve lui méritèrent les éloges du nouveau gouverneur, tandis que les saillies de son esprit et son humeur cordiale le faisaient aimer des soldats, on n'entrevoyait encore chez lui aucune des grandes qualités qui lui valurent, dix ans plus tard, sa haute renommée. La conquête s'effectua. La faveur dont il jouissait auprès de Velasquez semblait durable; il était même devenu, dit-on, son secrétaire, lorsqu'une aventure de sa vie privée fit tout à coup changer sa situation. Une famille castillane que las Casas semble traiter avec une sorte de dédain, et qui selon Solis pouvait avoir des droits à la noblesse, vivait en ce temps dans l'île de Cuba; elle était venue de Grenade, cacher peut-être sa mauvaise fortune; elle ne put cacher, à cette foule de jeunes aventuriers qui avaient accompagné Velasquez, la rare beauté et les qualités charmantes de quatre jeunes filles, qui venaient sous la garde de leur jeune frère. Doña Catalina Xuares fut remarquée par Cortez et en reçut une promesse de mariage. L'extrême pauvreté de celle à laquelle il voulait d'abord s'unir fit faire sans doute de tardives réflexions à celui pour qui les richesses d'un empire étaient plus tard presque insuffisantes. Sans nier sa promesse, il tenta de s'en dégager. Velasquez, qui, dit-on, n'était pas désintéressé dans la question, la lui rappela durement; il y eut rupture complète entre le gouverneur et son ancien secrétaire, et bientôt Cortez fut à la tête des mécontents de l'île, qui voulaient obtenir de l'autorité voisine qu'on le déposât légalement. Cortez était sur le point de se rendre à Hispaniola pour obtenir ce changement, lorsque le gouverneur, instruit de ses démarches et sûr de la décision de son caractère, le fit charger de fers et jeter en prison; la captivité ne fut toutefois ni bien longue ni bien cruelle : le lieu de réclusion n'avait reçu sans doute aucun de ces ingénieux perfectionnements dont le seizième siècle se montrait si peu avare pour maintenir la sécurité de ses cachots. L'agile Cortez ne s'effraya pas de la hauteur d'un second étage dès qu'il s'agit de recouvrer sa liberté, et il eut

---

à Mexico le 26 juin 1526. Sa mort survint en 1549. On comprend qu'il eut plus d'une occasion de voir le célèbre conquérant pendant des phases bien diverses de sa vie. Il refusa d'être évêque. La fameuse bulle qui fut rendue à sa sollicitation persévérante, en 1536, et promulguée en 1537 par Paul III, est reproduite tout entière dans l'ouvrage suivant : *Historia de la fundacion y discurso de la provincia de Santiago de Mexico*, etc., por F. Augustin Davila Padilla; 1 vol. in-fol., Bruxellas, 1625. Vasconcellos, qui la reproduit dans ses *Noticias do Brasil*, a altéré le nom du vénérable dominicain et l'appelle Betamos.

(¹) *Mundana sabiduria*. Las Casas ajoute : *Astuta agudeza*.
(²) Habitants primitifs de Saint-Domingue, qu'il ne faut pas confondre avec les Caraïbes.

le temps, avant qu'on eût donné l'éveil, d'entrer dans une église pour y réclamer ce droit de refuge, qui ne pouvait être alors violé. Il fut pris néanmoins : une imprudence le livra ; mais l'alguazil Juan Escudero, qui s'empara de lui par surprise, paya cher plus tard la joie que lui donna pareille capture. Las Casas nous apprend qu'il eut l'imprudence de passer à la Nouvelle-Espagne sous la juridiction de Cortez, et le plus grand tort d'y commettre un grave délit. La hart devint le payement de la fatale adresse du pauvre Juan Escudero.

Mis aux fers pour être transporté à Saint-Domingue, jeté probablement dans l'entre-pont, Cortez parvint encore à se dégager de ses chaînes, et, fendant vigoureusement les flots, à regagner son asile. Puis tout à coup, et sans que les historiens puissent se l'expliquer, une grande révolution se fait dans cet esprit indomptable. Bien que rentré en de bons rapports avec la famille Xuares, il a repoussé longtemps les offres de paix qui lui sont faites par Velasquez, lorsque, un jour, il abandonne volontairement le sanctuaire dont la sainteté lui assure un asile inviolable, et, tout armé, se présente devant le gouverneur auquel il demande sa liberté. Quelques mots d'explication la lui rendirent sans condition. Comme bien d'autres, nous laissons à un ancien biographe la responsabilité de cette anecdote dont nous écartons même à dessein les détails trop improbables ; ce qu'il y a de certain, c'est que le mariage de Cortez avec la belle Catalina Xuares eut lieu peu de temps après ; qu'il put se réjouir avec effusion d'une union si bizarrement contractée [1], et qu'enfin, plus tard, avec des concessions de terres et d'Indiens, on lui accorda le titre d'alcade. Tout lui sourit dès lors, et ses exploitations agricoles augmentent ; l'élève des bestiaux, cette richesse permanente de Cuba, lui doit l'introduction d'espèces nouvelles ; son esprit plein de ressources s'applique sans relâche à tirer de ces terres inépuisables tout ce que peut produire leur fécondité ; les mines de l'île elles-mêmes lui livrent leurs secrets ; grâce à son active industrie, il devient possesseur de plus de trois mille *castellanos*, somme énorme pour ce temps, et lorsque le trop prudent Grijalva est de retour, le 15 novembre 1518, d'un voyage entrepris pour confirmer les découvertes de Hernandez de Cordova [2], lorsque le mécontentement de ses compagnons fait le tableau pompeux de

---

[1] C'est le bon Las Casas qui nous instruit de cette particularité, et elle est rappelée dans l'excellent livre de Prescott : *Estando con migo, me lo dixo que estava tan contento como si fuera hija de una duquessa* (étant avec moi, il me dit qu'il vivait avec elle aussi content que si c'était une duchesse). Catalina mourut jeune, et la *Pesquisa secreta* (voy. la *Bibliographie*) accuse Cortez de sa mort. Cette odieuse calomnie, comme le fait remarquer Prescott, n'a pas besoin d'être réfutée.

[2] Les deux voyages si mémorables qui donnèrent aux Européens les premières notions qu'ils eussent reçues sur l'empire mexicain passent comme inaperçus au début de l'histoire de la conquête. Ils n'ont jamais été racontés par ceux qui les ont accomplis, et le pilote expérimenté qui dirigea ces deux expéditions, avant de conduire celle de Cortez, ne nous a point laissé ses journaux.

Antonio de Alaminos, né à Palos de Moguer, comme les Pinzon, n'était probablement pas plus lettré qu'eux. Ce fut cependant à ce rude marin, chez lequel on doit reconnaître le secret instinct qui fait les grands explorateurs, qu'il faut attribuer la première découverte du Yucatan. Appelé à guider l'expédition de Francisco Hernandez de Cordova, qui, se composant de trois navires montés de cent dix soldats, avait mis à la voile de Santiago de Cuba le 8 janvier 1517, sans avoir d'autre détermination que de suivre les traces de Ponce de Léon, il se rappela que le *grand amiral* avait eu toujours le désir de poursuivre ses explorations maritimes vers l'ouest ; et dès lors la péninsule du Yucatan fut découverte. Campêche apparut aux Espagnols avec ses édifices étranges, qui firent supposer à ces hardis aventuriers qu'on était en pays asiatiques, dans les régions où se dressent les minarets des mosquées. Les trente blessures qu'avait reçues Cordova ne l'eussent pas empêché peut-être de renouveler l'expédition, tant il y avait de persévérance en ces fortes natures ; mais il mourut à la Havane, dix jours après son retour.

Le vieil Alaminos ne se découragea pas ; on le trouva prêt, le 8 avril 1518, lorsque Diego Velasquez expédia Juan de Grijalva, natif de Cuellar comme lui, à la recherche des bourgades construites à chaux et à pierre, pour parler le langage des vieilles relations, et qui promettaient bien d'autres richesses que les pauvres cabanes des Ignéris. L'escadre, composée de trois navires et d'un brigantin, vit tour à tour *Pontonchan*, *Tabasco*, *isla de los Sacrificios*, *Ulua*, la côte de *Panuco*, que Grijalva trouva couverte de cités populeuses ; puis, après quelques légères explorations à terre, quelques faibles engagements, elle revint, le 15 novembre 1518, au bout de quarante-cinq jours de navigation. L'or mexicain avait brillé à tous les yeux ; Grijalva était un grand coupable de ne s'être pas emparé de pareils trésors ! Velasquez lui fit comprendre, par la rudesse de son accueil, ce que valent en certaines circonstances la prudence et la modération. Le nom d'Alaminos est oublié, celui de Grijalva nous apparaît sans gloire ; et en cela la postérité se montre également injuste. Le prédécesseur de Cortez n'eut que le tort d'exécuter à la lettre les instructions qu'on lui avait données. Tombé dans une misère réelle après la conquête des régions opulentes dont il avait signalé les richesses (et il n'en avait pas rapporté moins de 15 000 écus), il était en 1523 retiré à Saint-Domingue. Bientôt il retourna à la terre ferme pour rejoindre Pedrarias Davila, qui l'expédia vers les terres du Nicaragua, où les Indiens *Ulanchos* le tuèrent avec d'autres Espagnols. Cette catastrophe eut lieu bien peu de temps après son arrivée.

ces régions nouvelles, destinées à réaliser les premiers rêves de Colomb, Cortez possède déjà assez de richesses et compte assez d'amis pour lier ses projets à ceux de Diego Velasquez, s'il ne songe même déjà à les faire prévaloir.

L'*Art de vérifier les dates* constate que, dès le 13 novembre 1518, c'est-à-dire bien peu de jours avant le retour de la dernière expédition que Diego Velasquez eût envoyée au Mexique sous les ordres de Grijalva, une convention avait été signée entre lui et l'évêque de Burgos, alors président du conseil des Indes, pour que lui, gouverneur de Cuba, devînt concessionnaire des terres qu'il découvrirait dans les régions déjà visitées par ses ordres; la capitulation donnait en outre à Velasquez le titre d'*adelantado*, et lui constituait pour lui et l'un de ses héritiers le quinzième des bénéfices provenant de ces découvertes. Il lui était alloué en outre une quantité considérable d'approvisionnements et d'armes à feu, qu'il pouvait tirer des magasins de l'État.

Avant même que cet acte important ne parvînt à l'île de Cuba, Velasquez avait commencé les préparatifs d'une expédition pour obtenir les résultats que l'on se promettait des courses armées de Hernandez de Cordova et de Juan Grijalva. Ce que l'habile Prescott omet de nous dire, lui qui a si bien interrogé les sources, c'est que le commandement de cette escadre fut offert d'abord à Balthazar Bermudez, né à Cuellar, comme Grijalva, et qu'il le refusa. Le gouverneur de Fernandina s'adressa ensuite à deux de ses parents, Antonio Velasquez Borrego et Bernardin Velasquez; mais ils firent sans hésitation une réponse négative. Ce poste périlleux alla en définitive à celui qui devait s'en emparer. Hernando Cortez fut nommé capitaine général de l'expédition destinée à faire la conquête de la Nouvelle-Espagne, après qu'Amador de Lares, trésorier de la couronne de Castille à Hispaniola, et Andrès de Duero, secrétaire du gouverneur, eurent pour ainsi dire répondu de la fidélité de leur ami à Velasquez, qui, de longue main déjà, connaissait sa résolution et son courage.

Prescott a peint en maître le changement qui s'opéra, à compter de ce jour, dans la conduite de Cortez : « Ses idées, au lieu de s'évaporer en une gaieté frivole, se concentrèrent sur un grand objet. Les ressources de son esprit commencèrent à se déployer dans la manière dont il encourageait et stimulait les compagnons de ses pénibles travaux. Son âme s'était ouverte à un généreux enthousiasme dont l'auraient cru incapable ceux-là mêmes qui le connaissaient le mieux. Il consacra tout l'argent qu'il possédait à l'équipement de la flotte. Il s'en procura davantage en engageant ses propriétés et en donnant son obligation à de riches marchands de l'île, qui ne doutaient pas du succès; puis, quand son crédit fut épuisé, il mit à contribution celui de ses amis. Tous ces fonds furent employés à l'achat des vaisseaux, des vivres et des munitions de guerre; Cortez venait en aide aux volontaires trop pauvres pour s'équiper eux-mêmes. Il en attirait un plus grand nombre par l'appât des profits à partager. »

Il résulte en effet des pièces officielles, examinées avec l'esprit de critique qui caractérise notre époque, que Cortez entra pour des sommes considérables dans les frais de cet armement, si même, comme tendraient à le faire supposer les dépositions de ses partisans exclusifs, il n'en paya pas les deux tiers. La double influence que lui donnèrent son titre, confirmé par le gouvernement d'Haïti, et sa prodigieuse activité dont tout le monde était témoin, fit pénétrer à bon droit une soupçonneuse inquiétude dans l'âme de Velasquez. Il voulut retirer un commandement que lui-même il avait offert; il fut deviné et joué résolûment. Bien que Solis le nie d'une façon positive, l'exact Herrera doit nous servir ici de guide, et il a été d'ailleurs suivi dans son opinion par l'historien le plus brillant et le plus exact de la conquête. Cortez, sentant que le pouvoir allait lui échapper, partit inopinément du port de Santiago de Cuba avant même que ses navires fussent suffisamment pourvus d'armes et de vivres. Animé par une de ces volontés subites qui tant de fois firent tout ployer devant sa résolution, il ordonna de lever l'ancre durant la nuit; et lorsque Velasquez, éveillé subitement, vint sur la plage au point du jour lui demander compte de sa conduite, quelques paroles courtoises lui rappelèrent « qu'il y avait de ces choses qu'il fallait exécuter avant même que d'y songer. » Et la flottille s'éloigna.

Le 18 novembre 1518, elle allait surgir dans un petit port, à 15 lieues de Santiago ([1]): Là devait s'achever l'armement, et les fermes royales pourvurent à l'absence des approvisionnements que l'on n'avait pu emporter. Cortez fit voile ensuite pour la Trinidad.

([1]) Voy., sur les excellentes cartes de M. Ramon de la Sagra, *Macaca*.

Ce fut dans ce port que le capitaine général arbora son étendard et que l'on vit accourir de toutes les parties de l'île des hommes bien résolus à vaincre. C'étaient pour la plupart d'anciens compagnons de Grijalva, que leurs récents souvenirs entraînaient, et qui voulaient faire partie d'une expédition que plus d'une fois ils avaient appelée de leurs vœux. Pedro de Alvarado et ses frères, Christoval de Olid, Alonzo de Avila, Juan Velasquez de Léon, Alonzo Fernandez de Puerto-Carrero, Gonzalo de Sandoval, les meilleurs officiers de ce temps, les hardis marins dont plusieurs avaient navigué jusqu'aux rives du Yucatan, faisaient partie de cette phalange invincible. Le beau-père du gouverneur avait déjà refusé d'arrêter l'homme résolu qui commandait à ces braves. Lorsque la flottille fut entrée dans le port de la Havane, don Pedro Barba reçut le même ordre; mais il se garda bien de l'exécuter.

Le 19 février 1519, l'escadre, guidée par Alaminos, sortait du port aux cris joyeux de la foule, et, descendant sur la plage de Sant-Antonio, Cortez y passait librement en revue sa petite armée. Elle se montait à 110 marins, 550 soldats sur lesquels on comptait 13 arquebusiers et 32 arbalétriers, 200 Indiens appartenant sans doute à la race peu belliqueuse de l'île; quelques femmes indiennes, destinées aux travaux domestiques, accompagnaient les Espagnols; mais la force réelle de cette troupe résolue tenait surtout à ses 10 pièces de bronze, à ses 4 fauconneaux et aux munitions nombreuses que Cortez avait su réunir. Les seize cavaliers qu'il avait aussi réunis à grand'peine furent, on le peut affirmer, avec son artillerie, l'élément le plus sûr de la conquête. Ses onze navires quittèrent Cuba le 18 février 1519, et firent voile pour le Yucatan ([1]).

Pierre Martyr d'Anghiera, le héraut enthousiaste de toutes les grandes découvertes qui ont marqué son temps, s'écrie, au seizième siècle : « Le génie de Cortez triomphera de toutes les déceptions ! » Nous acceptons sa prophétie, réalisée d'une manière si brillante, et ce sera le conquérant lui-même qui se chargera de la raconter.

Nous n'avons rien à dire, en effet, sur l'événement prodigieux qui fit tomber le vaste empire d'Anahuac entre les mains d'une poignée de soldats. La vie du voyageur, de l'explorateur infatigable, de l'observateur judicieux, commence, pour le conquistador, en 1525, au temps où il traverse les solitudes d'Ybueras ([2]) pour aller réprimer la révolte d'Olid. Lui-même il nous a retracé, dans le style animé qu'on lui connaît, les incidents si variés de cette course aventureuse; et cette relation devait faire partie d'une collection justement renommée. Malheureusement cette publication intéressante est restée dans les cartons de l'éditeur généreux auquel on doit déjà tant de documents précieux sur les premiers temps de la conquête. Quant aux événements en eux-mêmes, ils ont été longuement racontés dans la précieuse histoire que nous devons au descendant des rois de Tezcuco ([3]).

Il y a toutefois un fait biographique que nous ne saurions omettre ici. Cortez fut du petit nombre des hommes renommés dont on célébra les funérailles de leur vivant. Pendant qu'il errait dans les vastes solitudes dont il voulait faire une annexe immense de la couronne, les ennemis insolents qu'il avait laissés dans la capitale de la Nouvelle-Espagne, et à la tête desquels se trouvait ce Gonçalo de Salazar, dont la haine ne fléchit jamais, lui faisaient des obsèques magnifiques dans la cathédrale de Mexico, et ordonnaient impunément que l'on infligeât un honteux supplice à une dame honorable de la ville, qui, ne pouvant croire à cette mort prématurée, avait osé la nier publiquement ([4]). Un autre fait ressort des pièces officielles : c'est qu'en dépit de tous leurs efforts pour le perdre, les ennemis les plus acharnés de Cortez ne peuvent nier l'affection réelle que lui portaient les peuples conquis, et surtout cette géné-

---

([1]) « Cortez divisa sa troupe en onze compagnies, et en plaça une à bord de chaque navire, sous le commandement d'un capitaine. Ces capitaines étaient : Alonzo Hernandez Puerto-Carrero, Alonzo Davila, Diego de Ordaz, Francisco de Montejo, F. de Morla, F. de Sancedo, Juan de Escalante, Juan Velasquez de Léon, Christoval de Olid, Pedro de Alvarado, et Francisco de Orosco. » *(Art de vérifier les dates.)* — Le navire que montait Cortez n'avait que 100 tonneaux; il y en avait trois qui en jaugeaient de 80 à 70; le reste se composait de caravelles et de petits bâtiments non pontés.

([2]) Aujourd'hui Honduras.

([3]) Voy. Fernando de Alva Ixtlilxôchitl: Cruautés horribles des conquérants du Mexique et des Indiens qui les aidèrent à soumettre cet empire à la couronne d'Espagne; 1 vol. in-8, Paris, 1838 (collect. Ternaux-Compans). Bustamente appelle un peu pompeusement peut-être Ixtlixôchitl le Cicéron chrétien. Cet historien a en réalité une grande valeur, mais il règne une grande confusion dans la bibliographie de ses œuvres; nous savons que le savant traducteur de Prescott en espagnol, M. Ramirez, l'a élucidée récemment.

([4]) Voy. la longue lettre de l'évêque Zumaraga à Charles-Quint (dans la collection Ternaux-Compans).

rosité prodigieuse qui ne s'affaiblit que lorsque sa ruine eut été pour ainsi dire consommée et qu'il n'eut plus rien de ses anciens trésors à livrer à tant d'amis ([1]).

L'année 1528 marque en réalité l'époque brillante de la vie du conquistador. Inquiet sur son avenir, qu'on lui dit menaçant, fatigué des tracasseries interminables que lui suscitent ces gens de l'audience, qui composent un conseil souverain, il s'embarque pour l'Espagne peu de temps après que ses ennemis ont pris la résolution de venir l'accuser à la cour. Il débarque à Palos vers la fin de mai, se rend à la cour, et, par un étrange revirement de fortune, reçoit un accueil magnifique de Charles-Quint, qui lui donne en mariage doña Juana de Zunia, sœur du comte d'Aguilar. Des lettres patentes, signées le 6 juillet 1529, érigent pour lui en marquisat la vallée d'Oaxaca. Les villes et les simples villages qui lui sont soumis forment un total de 23 000 vassaux; enfin il est nommé capitaine général et gouverneur de tout le continent, ainsi que de toutes les îles qu'il pourra découvrir dans la mer du Sud. Peut-être eût-il préféré à ces titres, tout brillants qu'ils étaient, celui de général des troupes castillanes, lorsque Charles-Quint pouvait le lui offrir, onze ans plus tard, à l'époque d'une mémorable expédition; mais, par le fait, on le récompensa de ses services en restreignant toujours son pouvoir, et sa valeur trop évidente effraya les courtisans.

En 1531, Cortez rentra dans cette ville de Mexico d'où étaient parties tant de calomnies odieuses contre sa personne et au sein de laquelle il existait un parti fomenté par Salazar, dont le but unique était de l'éloigner de nouveau du pays qu'il avait conquis. Cette fois, il reparaît dans la ville espagnole revêtu du titre de marquis del Valle de Oaxaca, et, débarquant au Mexique, il se fait proclamer capitaine général, comme il en avait le droit, voulant même user de haute et basse justice, mais trouvant dans l'administration une résistance à laquelle peut-être il ne s'était pas attendu. L'audience royale, qui représentait directement l'autorité du souverain, lui fit comprendre, dès le début, qu'elle saurait maintenir une prépondérance dont il semblait douter, mais aussi qu'elle n'hésiterait pas à reconnaître ses droits; il en avait d'ailleurs qu'il n'avait pas cherchés et qu'il tenait de son caractère affable, aussi bien que de la générosité de son caractère. Les Indiens, si cruellement maltraités par ceux entre les mains desquels était tombé le pouvoir, lui portaient un attachement qui se manifestait en toute occasion, et l'on aime à lire ces paroles écrites à Charles-Quint par Salmeron, le président de l'audience, qui le traite cependant en ennemi : « L'affection que les Indiens ont pour le marquis vient de ce que c'est lui qui réellement les a soumis et de ce que, à vrai dire, il les a mieux traités que tous les autres ([2]). » Nous ajouterons donc ici avec Prescott : « Cortez n'était pas cruel, si on le compare du moins à ceux qui sont devenus comme lui des héros par la guerre..... Le meilleur commentaire de sa conduite est le respect affectueux que lui témoignaient les Indiens et la confiance avec laquelle ils recouraient à sa protection dans toutes leurs misères. »

Nous trouvons dans l'éminent historien cette phrase concise : « Jamais il n'oubliait les intérêts de la science. » La science pratique, celle qui présente dans ses résultats une utilité réelle, devint en effet bientôt son unique préoccupation, et il peut être considéré comme le promoteur le plus ardent de l'industrie européenne qui changea en quelques années l'aspect de ces contrées.

Les tracasseries interminables de l'audience, et la lutte qu'elle établissait perpétuellement avec le capitaine général, lorsque celui-ci voulait user de ses priviléges et ne pas laisser empiéter sur ses fonctions toutes militaires, contraignirent bientôt le conquistador à quitter Mexico et à aller s'établir sur le penchant des Andes, à 14 lieues du lac, dans une ville indienne appelée Guernavaca. Il y fit bâtir un palais ([3]) dont les vestiges subsistent encore ([4]), et ce fut dans ce lieu vraiment délicieux qu'il passa les années les plus paisibles de sa vie. Dans cette vallée fertile que son regard dominait, sa pensée prévoyante sut naturaliser la canne à sucre de l'île de Cuba et les fruits de l'Andalousie; grâce à lui, le

---

([1]) Voy., à ce sujet, Bernal Dias del Castillo.
([2]) Voy., dans la collection Ternaux-Compans, *Pièces relatives au Mexique*.
([3]) Celui qu'il possédait dans Mexico avait excité ou les craintes ou l'envie de l'audience royale, et elle l'avait pour ainsi dire confisqué au profit du gouvernement. La collection Ternaux-Compans contient à ce sujet des révélations curieuses, et l'on voit comment, grâce à une parcimonie tracassière bien plutôt qu'en vue d'une réelle économie, on empêchait Cortez de tirer de ses propriétés les avantages qu'il pouvait en obtenir à l'époque où il préparait sa coûteuse expédition.
([4]) Mme Calderon de la Barca, *Life in Mexico*; 1 vol. in-8, London, 1843.

lin et le chanvre de l'Europe élevèrent leurs tiges modestes non loin du superbe maguey, qu'elles égalent peut-être en utilité; le mûrier transporté d'Europe put nourrir le ver à soie, qui se multiplia d'une manière rapide. Par ses soins encore, le mouton mérinos fut introduit dans la vallée, et plusieurs volatiles de l'Europe créèrent des ressources alimentaires ignorées jadis des Indiens. En lisant les pièces originales qui regardent la colonisation, une circonstance frappe surtout, c'est le concours de tant d'efforts provenant de partis opposés, pour enrichir de produits inconnus cette terre déjà si privilégiée. Zumarraga détruit les temples, mais il couvre les champs de moissons nouvelles; Cortez oublie ses conquêtes pour demander à la métropole l'introduction d'un végétal utile. Dans cette solitude paisible, la pensée du grand capitaine était donc tout entière à la science pratique. Ce fut dans Guernavaca qu'il se préoccupa avec tant d'ardeur des projets de Charles-Quint pour découvrir un détroit imaginaire ([1]) conduisant à la région des épices; ce fut de là qu'il donna des ordres pour que deux navires se rendissent aux Moluques sur les traces de Magellan. Il fit plus encore pour les sciences géographiques, car, après avoir expédié de Tehuantepec et d'Acapulco plusieurs bâtiments dont la navigation laborieuse fut à peu près sans résultat, il envoya, le 30 juin 1532, Hurtado de Mendoza afin de reconnaître les côtes occidentales de la Nouvelle-Espagne et des îles de la mer du Sud. Mendoza avait péri après s'être avancé jusqu'au 27e degré, toujours par les ordres du capitaine général; Diego Becerra et Hernandez de Grijalva lui avaient succédé à la fin d'octobre 1533; puis une sanglante tragédie avait eu lieu à bord de la capitane, et le pilote Ximenez avait assassiné son chef, pour être frappé lui-même plus tard par les Indiens dans la basse Californie. Cortez apprend que son navire, chargé d'une grande quantité de perles, est tombé entre les mains de son vieil ennemi, Nuno de Guzman; il réclame avec énergie, se fait rendre son bâtiment sans pouvoir obtenir la précieuse cargaison; et, armant de nouveau à ses frais des navires qu'il fait venir de Tehuantepec à Chametla, dans la Nouvelle-Galice, il part pour les régions inconnues, le 15 avril 1535. Cette fois, il avait frété trois bâtiments, et il emmenait avec lui quatre cents hommes et plus de trois cents noirs, bien nouvellement introduits alors dans les campagnes du nouveau monde.

Il fit voile d'abord vers le point où Fortun Ximenez avait trouvé la mort : des armes brisées, des fragments de boucliers, des débris d'armures, lui attestèrent sur ce rivage désert ce qu'étaient devenus ses compatriotes. Depuis le 1er mai 1535, il avait dépassé les *sierras altas* de San-Felipe, à 3 lieues des côtes de la Californie; et ce fut en Californie même qu'il acquit la certitude de la mort des marins espagnols par lesquels il avait été précédé dans ces parages. Les vents l'emportèrent ensuite vers l'embouchure de deux fleuves auxquels il imposa les noms de *San-Pedro* et de *San-Pablo*. Après avoir reçu de nouveaux renforts, qui vinrent le rejoindre par terre, il s'embarqua de nouveau et reconnut la côte jusqu'au port de *Guayabal*. Là, un navire chargé de provisions l'attendait, et il put explorer une partie de la Californie, d'où la tradition faisait venir ces tribus d'Aztèques qu'il avait vaincues douze ans auparavant. Le nom de Cortez n'est pas seulement le nom d'un conquérant, c'est celui d'un intrépide explorateur. Il n'est donc point juste de dire, comme l'a fait un historien, que cette expédition fut aussi coûteuse qu'elle fut inutile; et dans l'ordre des faits acquis à la science, cette conquête était préférable, à coup sûr, à celle où périssaient tant d'Indiens ([2]).

Pendant qu'il visitait ces régions ignorées dont la géographie fut mieux connue de son temps qu'elle ne le fut un siècle plus tard, il apprit la nomination de don Antonio de Mendoza, comte de Tendilla, créé par Charles-Quint vice-roi du Mexique ([3]). Laissant le commandement des forces navales dont il

---

([1]) Dès le 6 juin 1523, Charles-Quint ordonnait à Cortez de chercher le passage sur les côtes des deux mers.

([2]) Les découvertes mémorables faites alors par Cortez furent consignées, d'après ses ordres, sur une carte qu'exécuta le pilote Domingo del Castillo dans la capitale du Mexique, en 1541. Toute la côte de la mer du Sud, depuis le golfe de Tehuantepec jusqu'à l'embouchure du rio Colorado, dans la Californie, y fut soigneusement tracée. On y voit, dit Lorenzana, sur le diocèse de Guadalaxara y Durango, les ports de Colima, Puerto-Escondido, ceux de Xalisco, de Chiametla, et beaucoup d'autres situés vis-à-vis la côte de Californie; d'où il ressort évidemment que Cortez eut connaissance des provinces de Sinaloa, Sonora, Pimeria, Nuevo-Mexico et de la plus grande partie de la presqu'île de Californie, le long de la côte du nord jusqu'au rio Colorado (que le pilote Castillo appelle rio de Buena-Guia), Puerto de Cruz, qui s'élève jusqu'au 28e degré de latitude, et qui comprend le port de Monte-Rey, bien que ce point ne soit pas spécifié. Cette carte précieuse était à Mexico, dans les archives du marquis del Valle. (Voy. aussi, sur cette expédition, M. Duflot de Mofras, *Voyage en Californie*, 2 vol. gr. in-8.)

([3]) Il gouverna le Mexique dix-sept ans, et fut nommé ensuite vice-roi du Pérou. Il mourut en 1552. Un de ses premiers

s'était fait suivre entre les mains de Francisco de Ulloa, qui avait ordre de poursuivre ses recherches le long des côtes de la Californie, et qui, en effet, après avoir exploré ce golfe, disparut sans laisser de souvenir, Cortez se rendit rapidement à Acapulco. Ce fut de là qu'il expédia à Francisco Pizarre, qui lui tenait du côté maternel par les liens de la parenté, des forces assez considérables, grâce auxquelles

Pizarre. — D'après un calque du portrait conservé au Musée de Lima.

celui-ci dut de ne pas succomber au moment où, après avoir brillé dans Cusco, la fortune l'abandonnait dans Lima : le conquérant du Mexique reliait ainsi, par une aide inattendue, les deux plus mémorables conquêtes que l'on eût vues dans le nouveau monde, et l'éclat de Pizarre effaçant pour ainsi dire sa gloire dans la métropole, on eut une preuve nouvelle de sa magnanimité (¹).

Fatigué des luttes toujours renaissantes qu'amenait nécessairement la présence du vice-roi, contraint à faire reconnaître de nouveau ses priviléges comme capitaine général, obligé d'ailleurs de répondre aux nouvelles accusations qu'avait formulées contre sa gestion militaire l'audience royale, il partit pour l'Europe, emmenant avec lui son fils aîné. L'empereur était absent, et l'on pourrait dire que le souvenir de ses conquêtes, toutes récentes qu'elles étaient, allait s'effaçant ; l'or de Pizarre, l'éclat de la défaite d'Atahualpa, les faisaient pâlir. Le conseil suprême des Indes, qui devait juger de ses différends, l'accueillit néanmoins avec une pompe inaccoutumée ; les magistrats qui le composaient vinrent même en corps à sa rencontre, et le firent asseoir au milieu d'eux : ce fut, pour ainsi dire, le seul honneur qui

actes, en arrivant à la Nouvelle-Espagne, fut la promulgation d'une ordonnance de Charles-Quint en faveur des *tamèmes*, ou porteurs indiens, qu'on accablait sous le poids des fardeaux.

(¹) Voy. l'*Art de vérifier les dates*, édition de M. Fortia d'Urban, t. IX, p. 207.

lui fut accordé et la seule satisfaction qu'il reçut; les débats s'éternisèrent, et son retour immédiat au Mexique devint impossible.

En 1541, lors de cette fameuse expédition contre Alger, où la tempête balaya les forces de Charles-Quint et réduisit à l'inaction Doria, Cortez offrit ses services comme volontaire et ses conseils comme capitaine expérimenté. Il ne put combattre et vit ses conseils dédaignés; les sables d'Alger enfouirent à tout jamais trois joyaux dont il n'avait pas voulu se séparer et qui eussent été, disent les chroniqueurs, la vraie rançon d'un empire [1]; on refusa même de l'écouter lorsqu'il proposa aux généraux d'aller dissiper ces légions de barbares et de renouveler dans cet instant suprême les prodiges de prudence et

Maison de Pizarre à Cusco. — D'après M. Francis de Castelnau.

de valeur qui avaient soumis Mexico. Échappé au désastre de l'expédition, il revint en Espagne et suivit, dit-on, Charles-Quint jusqu'au port lorsque celui-ci passa en Italie. Au mois de février 1544, il lui écrivait « qu'il avait espéré que les fatigues de sa jeunesse assureraient le repos de ses vieux jours. » Trois ans après il s'éteignait dans une bourgade de l'Andalousie, sans que justice lui eût été rendue, et au moment où il n'aspirait plus qu'à trouver le repos dans sa riante solitude de Guernavaca.

Comme Christophe Colomb, Cortez mourut loin des régions lointaines vers lesquelles se tournait sans cesse sa pensée. Il était à Séville, se préparant à retourner en Amérique, où résidait encore dona Anna, et il avait heureusement près de lui don Martin, son fils aîné, lorsqu'un dérangement subit dans les fonctions de l'estomac amena une dyssenterie. Pour se dérober au tumulte d'une cité bruyante, et pour échapper peut-être aux importuns, il se fit transporter dans une petite ville nommée *Castilleja de la Cuesta*. Son fils ne le quitta pas et l'entoura des soins que lui inspirait la sollicitude la plus touchante. Il expira dans sa soixante-troisième année, le 10 novembre 1547, et non pas le 2 décembre 1554, comme le dit la *Biographie universelle*. Par son testament, dressé quelques jours auparavant, et qui nous a été conservé, il instituait pour héritier de ses biens don Martin Cortez, son fils aîné, et pour-

[1] Voy. les Émeraudes de Cortez, dans le *Magasin pittoresque*, t. XIX, p. 127, 146

voyait au sort futur de plusieurs enfants naturels. Il demandait aussi à être inhumé dans un couvent fondé par lui en Amérique.

Au milieu du concours des populations, son corps fut transporté à Séville, au lieu de sépulture des ducs de Medina Sidonia, dans l'alliance desquels il était entré par son second mariage. Il y resta déposé jusqu'en 1562; alors seulement on l'exhuma du couvent de San-Isidro pour le transférer, non dans le lieu indiqué par le testament, mais à Tezcuco, au couvent de Saint-François. Cortez était là, près d'une jeune fille qu'il avait perdue, et près de sa vieille mère. Durant le dix-huitième siècle les cendres du conquérant furent de nouveau troublées. A la mort de son arrière-petit-fils don Pedro Cortez, quatrième marquis del Valle, en qui s'éteignait sa descendance mâle, on transporta ses ossements en grande pompe dans la capitale du Mexique; ce fut d'abord le couvent de San-Francisco qui les recueillit. En 1704, un pieux souvenir les fit déposer dans le sanctuaire, où les derniers voyageurs ont pu les visiter; et, il faut le dire, l'hôpital de Jésus-de-Nazareth était bien en réalité le lieu le mieux choisi pour y ériger cette tombe, car c'est un lieu de charité doté par Cortez lui-même. Cortez, en effet, avait essayé d'expier plus d'un acte terrible de sa rapide conquête par de pieuses fondations; peut-être aussi les plaintes de las Casas et de Betanzos avaient-elles agi peu à peu sur cette âme en apparence inflexible. Sa dernière parole condamne l'esclavage, et son dernier vœu est pour les Indiens ([1]).

Il y a aujourd'hui au Mexique trois tombes qui subsistent encore, et qui ont reçu tour à tour les restes du conquistador; la dernière et la plus magnifique, celle qui est surmontée d'un buste dû à l'habile Tolda, n'a pas plus que les autres gardé les ossements qui lui avaient été confiés. En 1823, une faction inintelligente, hostile à tous les souvenirs de la conquête, voulut disperser ces cendres; on lui évita ce sacrilège, et une main pieuse sut les dérober secrètement. Ce que n'a point dit l'éminent historien du Mexique, nous sommes en mesure de l'affirmer aujourd'hui : les restes de Cortez sont en Italie, dans les domaines du duc de Terra-Nova-Monteleone, dernier descendant par les femmes du célèbre conquérant.

LETTRE DE CORTEZ A CHARLES-QUINT.

(CARTA DE RELACION.)

Très-haut, très-puissant et prince très-catholique, empereur très-invincible, notre seigneur ([2]),

J'envoyai à Votre Majesté sacrée, par un navire parti de la Nouvelle-Espagne ([3]), le 16 juillet 1519, une très-longue relation de ce qui s'y était passé depuis mon arrivée jusqu'à cette époque; je confiai cette relation à Alonzo Hernandès Puerto-Carrero et à François de Montejo, procureurs de la riche ville de la Vera-Cruz ([4]), dont j'avais jeté les fondements au nom de Votre Majesté. Depuis ce moment, occupé continuellement à conquérir et à pacifier, manquant de navires, inquiet de n'avoir aucune nou-

---

([1]) Voy. le Testament de Fernand Cortez et l'extrait qu'en donne Prescott.

([2]) On a cru devoir se servir ici de la traduction donnée par le vicomte de Flavigny, et qui est généralement acceptée; on lui a fait subir néanmoins diverses modifications qui contribuent à lui donner plus d'exactitude. Flavigny écrivait en 1778; il a supprimé la suscription qui se trouve en tête de la deuxième Lettre de Cortez. Nous la rétablissons ici. Le livre du traducteur français est intitulé : *Correspondance de Fernand Cortez avec l'empereur Charles-Quint*.

([3]) Avant la révolution qui a établi l'indépendance du Mexique, le vaste territoire dont se composait la Nouvelle-Espagne, ou le territoire connu sous le nom de *el reyno de Mexico*, occupait, selon M. de Humboldt, une étendue territoriale de 118 418 lieues carrées de 25 au degré. Lors du traité signé à Washington, en 1819, tout le Mexique se trouva situé entre les 15° 53′ et 42 degrés de latitude septentrionale, et les 95° 55′ et 126° 25′ de longitude occidentale de Paris. (Voy. l'*Art de vérifier les dates*.)

([4]) Villa-Rica de Vera-Cruz ne subsista pas dans le lieu où l'avait fondée Cortez en 1529. Rebâtie à l'embouchure du rio Antigua, sur le territoire des Totonaques, elle fut transportée à trois lieues de là, et connue dès lors sous le nom de *Villa-Rica-Nuova*. Située à 75 lieues de Mexico, elle a une population d'environ 1 600 habitants; latitude nord, 11° 11′; longitude ouest de Paris, 98° 29′.

DÉBUT DE L'EXPÉDITION. — LA NOUVELLE SÉVILLE.

velle du premier bâtiment, je n'ai pu rendre compte à Votre Majesté de mes actions et de tout le mal que Dieu sait que j'ai eu : Votre Majesté peut prendre le nom d'empereur de ces immenses provinces à aussi juste titre que celui d'empereur d'Allemagne.

S'il fallait lui exposer tous les détails des objets qui se présentent dans ces nouveaux royaumes, ils seraient infinis, et d'ailleurs ma capacité et les circonstances dans lesquelles je me trouve ne me le permettraient pas. Je ferai néanmoins tous mes efforts pour dire la vérité le moins mal qu'il sera en moi, et pour apprendre à Votre Majesté ce qu'il convient qu'elle sache actuellement. Je la supplie de vouloir bien m'excuser si j'omets quelques circonstances essentielles, si je ne lui indique pas au juste le temps et la manière dont les choses se sont passées, et si je ne me rappelle pas exactement les noms des villes, des villages et des domaines qui ont offert leurs services à Votre Majesté, en se reconnaissant pour ses sujets ou pour ses vassaux; car j'ai perdu, par un accident dont je lui rendrai compte, les traités et les différents actes que j'ai passés avec les habitants.

J'ai présenté à Votre Majesté, dans ma relation précédente, la liste des villes et des bourgs qui lui avaient offert leurs services, ou que je lui avais soumis. J'ai parlé en même temps d'un grand prince appelé Montézuma ([1]), qui, d'après les renseignements qu'on m'avait donnés, devait habiter à 90 ou 100 lieues de la côte, et du port où j'avais débarqué. J'ajoutai qu'avec l'aide de Dieu et la terreur de votre nom, je me proposais de chercher Montézuma partout où il pourrait être. Je me rappelle même que je m'engageai à beaucoup plus que je ne pouvais, quand j'assurai que je l'aurais mort ou vif, comme prisonnier ou comme sujet.

Dans ce dessein, je partis de Cempoal (que j'appelai Séville) le 16 d'août, avec quinze cavaliers et trois cents fantassins des plus aguerris; la circonstance était favorable. Je laissai à la Vera-Cruz cent cinquante hommes et deux cavaliers, avec ordre d'y construire une forteresse, qui est déjà bien avancée; et quant à cette province de Cempoal, qui contient cinquante villes ou forteresses, et qui peut fournir environ cinquante mille hommes de guerre, je la laissai en paix, et composée de sujets d'autant plus sûrs, loyaux et fidèles, qu'à peine venaient-ils d'être soumis, à force de violence, par Montézuma, qui les tyrannisait et faisait enlever leurs enfants pour les sacrifier à ses idoles.

Instruits de la puissance formidable de Votre Majesté ([2]), ils m'adressèrent leurs plaintes contre Montézuma; ils se soumirent, me demandèrent mon amitié, et me prièrent de leur accorder ma protection; comme je les ai bien traités et toujours favorisés, je ne doute point qu'ils ne soient de fidèles sujets, quand ils n'auraient d'autre motif que la reconnaissance de les avoir délivrés de la tyrannie de Montézuma. Cependant, pour m'assurer de ceux qui restaient dans les villes, j'ai cru devoir choisir parmi eux plusieurs personnes distinguées, et les emmener avec quelques habitants d'un ordre inférieur, qui m'ont été de la plus grande utilité dans mes entreprises.

Il s'est trouvé parmi mes compagnons des amis et des créatures de Diego Velasquez ([3]), qui, jaloux de mes prospérités, ont voulu quitter le pays et se révolter contre moi : quatre Espagnols, entre autres, nommés Jean Escudero, Diego Cermeno, Piloto et Gonzalo de Ungria, de même que Piloto et Alonzo Peñate, ont avoué qu'ils avaient formé le projet de se saisir d'un brigantin qui était dans le port, d'y mettre une provision de pain et de cochon, de tuer le maître de l'équipage, pour se rendre à l'île Fernandina, et pour informer Diego Velasquez de l'expédition de mon navire en Europe, de son contenu

---

([1]) Flavigny a jugé à propos d'altérer le nom de l'empereur mexicain, que Cortez écrit invariablement *Muctezuma*. Nous conservons ici la dénomination acceptée depuis des siècles, en faisant observer que l'autorité la plus compétente, le vieil historien des Chichimèques, écrit toujours *Mochteuzoma*. Ixtlilxôchitl, descendant des rois de Tezcuco, et le plus habile des interprètes du dix-septième siècle, a tâché de figurer ainsi, pour les oreilles espagnoles, la prononciation de ce nom vénéré. Bernardino de Sahagun l'écrit de cinq ou six manières différentes. Nous épargnerons au lecteur ces étranges variations dans l'orthographe d'un nom si connu. En langue aztèque, il signifie *visage sévère*.

([2]) Flavigny écrit toujours *Majesté*, tandis que Cortez donne alternativement à Charles-Quint les titres de *Majesté sacrée* et d'*Altesse*. Comme empereur, le premier était d'étiquette absolue; mais, en 1520, les souverains de la Péninsule portaient le second plus habituellement. Ce qu'il y a d'assez étrange, c'est que Cortez lui-même reçoit ce titre dans les missives officielles écrites par ses anciens compagnons. Voy., entre autres, une Lettre de Francisco de Alvarado (collection de Ternaux-Compans).

([3]) Voy. ce qui a été dit sur ce personnage dans la biographie de Cortez. Prescott a mis son caractère sous son jour véritable. Lorenzana est fondé dans ce qu'il en dit.

et de la route qu'il tenait, afin que Velasquez prît des mesures pour s'en saisir au passage, comme il aurait traité le dernier, s'il n'avait pas passé par le canal de Bahama. Ils ont encore avoué que d'autres personnes étaient disposées à donner des avis à Velasquez.

Sur ces dépositions, je me suis décidé à punir les coupables selon la justice, les circonstances et le bien du service, et à faire jeter sur la côte les navires qui étaient dans le port, sous prétexte qu'ils n'étaient plus propres à la navigation. J'ai détruit par là tout complot qui, vu le petit nombre des Espagnols et l'intrigue des amis et des créatures de Velasquez, pouvait avoir des suites fâcheuses pour la gloire de Dieu et pour celle de Votre Majesté. J'ai ôté à ceux qui avaient envie de quitter, la possibilité de consommer leur projet, et je me suis mis en route avec d'autant plus de sécurité que les habitants des villes m'ont rendu leurs épées avant mon départ.

Huit ou dix jours après avoir fait jeter les navires à la côte, étant en route pour Cempoal [1] et pour le reste de mon voyage, on me fit savoir de la Vera-Cruz que quatre navires côtoyaient ces parages; que le capitaine qui commandait dans la ville, étant allé dans une barque au-devant d'eux, avait appris qu'ils venaient à la découverte, et qu'ils appartenaient à François de Garay, lieutenant de roi et gouverneur de la Jamaïque; on me manda encore que le capitaine de la Vera-Cruz les avait instruits de la manière dont j'avais pris possession du pays au nom de Votre Majesté, et comment j'avais bâti la Vera-Cruz, au port de laquelle ils pouvaient se rendre en sûreté avec leurs navires et les y réparer. Ils répondirent qu'ils avaient pris connaissance du port en passant vis-à-vis, et qu'ils adopteraient les conseils qu'on leur donnait.

Ces quatre navires ne suivirent pas cependant la barque du capitaine, car à son retour il m'apprit que ces bâtiments n'étaient point entrés au port, et qu'ils continuaient à côtoyer sans qu'on pût découvrir leur dessein. Sur cet avis, j'allai sur-le-champ à la Vera-Cruz, où j'ai su que les navires étaient appareillés à 3 lieues au-dessous, sans que personne de l'équipage eût mis pied à terre.

Je longeai la côte avec quelques soldats pour prendre langue : à une lieue environ des bâtiments, je rencontrai trois hommes qui en venaient; un d'entre eux, qualifié du titre d'écrivain, me dit être chargé de me faire, en présence de deux témoins qui l'accompagnaient, une sommation de poser des limites entre mes découvertes et celles du chef de ces navires, qui désirait fonder des colonies dans les provinces qu'il avait reconnues, et former son établissement sur la côte, à 5 lieues au-dessous de Nautecal [2], ville éloignée de 12 lieues de celle qui est aujourd'hui connue sous le nom d'Almeria.

Je répondis à ces envoyés que leur capitaine pouvait venir avec ses navires au port de la Vera-Cruz, que nous nous y aboucherions, que je ferais donner à l'équipage et aux bâtiments tous les secours qui pourraient dépendre de moi, et qu'enfin, puisqu'ils m'assuraient qu'ils étaient dévoués au même service que moi, je ne désirais rien tant que de trouver les moyens de les servir et de les aider. Comme ces trois envoyés me protestèrent que ni le capitaine, ni personne de l'équipage ne mettrait pied à terre où je serais, je m'assurai d'eux; j'eus lieu de croire que l'équipage de ces bâtiments voulait faire quelque insulte ou quelque dommage au pays, puisqu'il craignait ma présence. Je me cachai, en conséquence, le long de la côte qui faisait face aux navires, jusqu'au lendemain midi, dans l'espérance de prendre et d'envoyer en Europe le chef ou le pilote qui viendrait à terre pour découvrir ce qu'étaient devenus les députés, ce qu'ils avaient fait, ou au moins la route qu'ils avaient tenue.

Mais sur le midi, n'ayant vu paraître personne, je pris le parti de faire déshabiller mes trois envoyés et de vêtir de leurs dépouilles trois Espagnols, qui allèrent faire des signaux et appeler quelqu'un de l'équipage. A peine ces signaux furent-ils aperçus, qu'effectivement dix ou douze matelots ou soldats sautèrent dans une barque et mirent pied à terre, armés d'arbalètes et de fusils; mes Espagnols vinrent se cacher derrière des haies peu éloignées du rivage, comme pour s'y mettre à l'ombre : quatre personnes armées descendirent de la barque à terre et furent prises par le détachement que j'avais aposté.

---

[1] A 4 lieues de Vera-Cruz. Il ne faut pas la confondre avec Cempoal, situé à 12 lieues de Mexico. Les ruines de l'ancien quartier général de Cortez attestaient encore, au dix-huitième siècle, son antique magnificence. (Voy. Lorenzana.) Cortez la nomma vainement Séville, mais ses magnifiques jardins lui valurent le titre de *Villa-Viciosa* (la belle ville).

[2] Cortez défigure fréquemment les noms. Lorenzana croit reconnaître ici une bourgade du diocèse de Puebla, nommée *Nauhtl*.

Un capitaine de navire du nombre de ces prisonniers fit feu sur le capitaine de la Vera-Cruz, et l'aurait tué si Dieu n'eût permis que le fusil ratât. Le reste de la barque regagna le plus tôt possible les bâtiments qui avaient déjà mis à la voile sans l'attendre, tant ils craignaient que je n'apprisse quelque chose de leur dessein ou de leur destination. J'appris par ceux qui me restèrent qu'ils avaient abordé à l'embouchure du Panuco, situé à 30 lieues au-dessous d'Almeria; ils avaient été bien accueillis des habitants du pays, qui leur avaient promis des rafraîchissements; ils y avaient vu de l'or, mais en petite quantité, et n'étaient descendus à terre qu'après s'être bien assurés de l'espèce de gens qu'ils avaient pu découvrir de leurs vaisseaux. Il n'y avait point dans ces cantons de maisons bâties en pierre, elles étaient toutes de paille, à l'exception des planchers faits à la main et peu élevés.

Montézuma, le puissant seigneur (¹), me confirma depuis ces particularités, de même que plusieurs interprètes du pays qui l'accompagnaient. J'envoyai alors ces interprètes, avec un Indien du canton et plusieurs députés de Montézuma, pour attirer au service de Votre Majesté sacrée le seigneur des rives du Panuco. Celui-ci me renvoya, avec mes envoyés, un personnage de haut rang, qui me remit de sa part des habits, des pierres et des panaches (²); il m'assura que tous les habitants de son pays seraient volontiers les sujets de Votre Majesté et mes amis. Je fis en revanche des présents d'Espagne à l'ambassadeur : le cacique de Panuco en fut si content que, quand les gens de l'équipage des navires de François de Garay y débarquèrent depuis, ils me firent proposer de tout ce qu'ils avaient avec eux, des femmes, des poules et d'autres comestibles.

Je restai pendant trois jours dans la province de Cempoal : les habitants m'accueillirent et me logèrent très-bien. J'entrai le quatrième jour dans celle de Sienchimalen, où je trouvai une ville forte par sa situation sur une hauteur très-escarpée; on ne pourrait y monter que d'un côté, et encore très-difficilement si les habitants voulaient en défendre le passage. Il y a dans la plaine qui compose cette seigneurie de Montézuma plusieurs hameaux et des fermes de cinq cents, de trois cents et de deux cents paysans qui cultivent la terre, et qui pourraient au besoin composer une armée de cinq ou six mille hommes. J'y ai été très-bien reçu, et on m'y a donné tous les secours possibles pour continuer ma route.

Les habitants me dirent qu'ils savaient que j'allais voir Montézuma, leur seigneur et mon ami, puisqu'il leur avait fait annoncer qu'il aurait pour très-agréable le bon accueil qu'ils me feraient dans toutes les occasions. Je répondis à leur honnêteté, et je leur dis que j'allais voir Montézuma par ordre de Votre Majesté. En quittant ces contrées, je traversai à l'extrémité de cette province une montagne que nous appelâmes le passage de *Nombre de Dios* (³), parce que c'était la première que nous traversions; nous la trouvâmes plus élevée, plus escarpée et plus difficile à passer qu'aucune montagne de l'Espagne; de l'autre côté, nous parvînmes successivement, sans obstacles et avec sûreté, à des fermes, à un bourg et à la forteresse de Yshuacan (⁴), qui appartenaient également à Montézuma. Nous y fûmes aussi bien reçus qu'à Sienchimalen, d'après les intentions de Montézuma; de mon côté, j'en traitai favorablement les habitants.

Je traversai ensuite pendant trois jours un pays inhabitable par la stérilité, par la disette d'eau et

---

(¹) Montézuma II était le neuvième roi de Mexico; il avait succédé, en 1502, à son grand-père Ahuitzol. Il avait épousé sa nièce, Miahuaxochitl, et son fils aîné, déjà parvenu à son âge de maturité, s'appelait Johualicahuatzin-Mochteuzoma. Ce souverain d'un vaste empire prenait officiellement le titre de Tecatecli-Tetuan-Jullacal, *Seigneur grand et sage*, que plus tard les Indiens donnèrent à Charles-Quint. (L'héritier de la couronne était préalablement revêtu du simple titre nobiliaire de *tecuitli* ou *tecle*.) Le véritable titre de l'empereur était *tlatoque*, du verbe *tlatoa*, qui veut dire *parler*, parce que, comme chefs et véritables seigneurs, les empereurs étaient investis de la juridiction civile et criminelle. Montézuma avait été ceint du *teocuitla yxcua amalt*, ou bandeau royal, à trente-quatre ans. (Voy. *Rapports sur les chefs de la Nouvelle-Espagne*, dans la collection de M. Ternaux-Compans.) Nul empereur du Mexique n'avait encore été redouté comme Montézuma, qui, étant revêtu du sacerdoce avant d'être souverain, avait immolé de ses propres mains, et selon des rites épouvantables, des milliers de victimes sur l'autel de *Vitzilopuchtli*.

(²) Ces présents offerts ainsi constituaient en réalité l'acceptation d'un vasselage. La figure des tributs se trouve reproduite en hiéroglyphes dans Lorenzana. La vingt-cinquième planche, entre autres, spécifie pour Soconusco le payement de 400 plumes riches et 400 plumes vertes. — Voy. aussi la grande collection de lord Kingsborough, dans laquelle est figurée plus exactement la collection de Mendoza. (Voy. les vol. I, V, VI.)

(³) Aujourd'hui *Passo del Obispo* (le Passage de l'Évêque).

(⁴) Ceycoccuacan, aujourd'hui *Yshuacan de los Reyes*.

par le froid. Dieu sait tout ce que nous y avons souffert de la faim et de la soif : nous fûmes surpris encore dans ce désert par un ouragan furieux : je craignis qu'il ne fît périr de froid un grand nombre de mes gens, comme avaient déjà péri quelques Indiens qui s'étaient attroupés sans ordre. Après ces horribles journées, nous traversâmes une seconde montagne moins escarpée que la première [1], au haut de laquelle je vis une petite tour en forme de chapelle ; elle contenait différentes idoles. Cette tour était environnée de plus de mille chariots de bois coupés et rangés avec méthode : nous appelâmes par cette raison cette montagne *montagne du Bois;* en la descendant, entre deux côtes très-escarpées, nous

Monte-Virgen. — D'après Nebel.

traversâmes un vallon extrêmement peuplé d'habitants pauvres ; mais après avoir marché pendant deux heures au milieu de cette peuplade sans pouvoir en rien apprendre, nous nous trouvâmes sur un terrain plus uni, où me parut située la demeure du seigneur du vallon, car nous y vîmes des maisons spacieuses, neuves, belles, bâties en pierres de taille et bien distribuées.

On appelle Caltanmi ce vallon et cette peuplade où je fus bien reçu et bien logé : quand j'eus parlé au seigneur de l'objet de mon voyage, je lui demandai s'il était vassal de Montézuma ou s'il appartenait à une autre juridiction. Surpris de ma demande, il me répondit ingénument : *Eh! qui n'est pas sujet de Montézuma?* Il le croyait le maître du monde, et je ne sais si je le désabusai en lui parlant de la grande puissance et de l'autorité du roi d'Espagne, auquel de plus grands seigneurs que Montézuma étaient soumis avec honneur et avec plaisir, et à l'obéissance duquel Montézuma et tous ses sujets devaient être soumis ainsi que lui-même. Je requis la soumission de ce seigneur, je le menaçai de le punir s'il ne se soumettait point, et je lui demandai de l'or pour preuve de son obéissance. Il me

---

[1] On suppose que c'est la *Sierra del Agua*, que l'on rencontre après cette vaste montagne, désignée sous le nom de *el Cofre de Perote*.

répondit qu'il avait de l'or, mais qu'il ne le remettrait que sur des ordres de Montézuma, à la réception desquels son or, sa personne et tout ce qu'il possédait étaient à ma disposition. Je dissimulai pour ne point faire d'éclat et pour ne point déranger l'exécution de mon projet; je me retirai en l'assurant que Montézuma ne tarderait pas à lui adresser l'ordre de me remettre tout ce qu'il possédait.

Je fus visité dans le même endroit par deux seigneurs de ce canton; ils m'offrirent quelques colliers d'or et sept ou huit esclaves. Au bout de quatre ou cinq jours, je les quittai très-satisfaits de mes procédés, et je passai à la résidence de celui des deux qui demeurait au-dessus du vallon. Son domaine, qui s'appelle Yztacmastitan (¹), peut occuper 3 ou 4 lieues le long du vallon, sur le bord d'une rivière, sans interruption dans les habitations. La maison du cacique (²) est située sur un coteau très-élevé, avec une bonne forteresse entourée de murs et de fausse braie. Sur le sommet du coteau, on compte cinq ou six mille habitants bien logés et plus à leur aise que ceux du vallon; leur cacique se dit aussi sujet de Montézuma; j'en fus bien reçu pendant les trois jours que j'y passai pour me délasser de mes fatigues et pour attendre le retour des quatre Indiens de Cempoal que j'avais députés de Caltanni vers une grande province appelée Tascalteca (³), qu'on me dit très-proche du canton où j'étais.

Mes députés m'avaient assuré que les habitants de cette province, très-puissants, très-nombreux, étaient, ainsi que leurs amis, continuellement en guerre avec Montézuma, leur voisin de toutes parts; ils ajoutèrent qu'il était essentiel de me lier avec eux, parce qu'ils me favoriseraient infiniment si Montézuma voulait se porter à quelque chose contre moi. J'attendis vainement pendant huit jours le retour de mes députés; impatient, j'interrogeai les autres notables de Cempoal que j'avais avec moi, et sur l'assurance qu'ils me donnèrent de l'amitié de cette province, je me déterminai à partir. A la sortie du vallon, je trouvai une enceinte de murailles sèches, élevée de 9 à 10 pieds, épaisse de 20, au haut de laquelle il y avait un parapet d'un pied et demi pour placer des combattants. Cette muraille traversait le vallon d'une extrémité de la côte à l'autre; elle n'avait qu'une issue large de dix pas, où l'enceinte était du double plus épaisse et pratiquée en forme de ravelin.

Je demandai quel était l'objet de cette enceinte; on me répondit qu'on l'avait pratiquée pour se défendre des habitants de la province limitrophe de Tascalteca, ennemis de Montézuma, avec qui ils étaient toujours en guerre. Les habitants du vallon m'engagèrent fort à ne point passer sur les terres de pareils ennemis, puisque j'allais voir Montézuma leur maître; ils me représentèrent que je m'exposerais à des insultes où à des pertes de la part de gens qui, sans raison, pouvaient se porter aux dernières extrémités; ils m'offrirent de me conduire, sans sortir des terres de Montézuma, où je ne cesserais d'être bien reçu. Les habitants de Cempoal, en qui j'avais plus de confiance, me dissuadèrent et m'engagèrent à prendre la route de Tascalteca, en me disant que les sujets de Montézuma ne me parlaient ainsi que pour m'éloigner de l'amitié de cette province; que ces sujets étaient tous méchants et traîtres, et qu'ils finiraient par me conduire dans des précipices dont je ne pourrais plus sortir.

Je marchais une demi-lieue en avant de ma troupe avec six cavaliers, sans trop penser à ce qui pouvait m'arriver, mais dans l'intention de découvrir tout ce qu'il était important que je susse et tout ce qui pouvait venir à moi, en me conservant le temps de prendre mon parti.

Après avoir marché pendant quatre heures, nous montâmes un coteau au haut duquel les deux cavaliers qui allaient en avant aperçurent des Indiens avec leurs panaches de guerre, leurs épées et leurs boucliers; ils s'enfuirent dès qu'ils virent ces cavaliers. J'arrivai assez à temps pour ordonner à ceux-ci d'appeler les Indiens, de leur faire signe de venir et de ne rien craindre. Je me transportai vers un

---

(¹) On appelle maintenant cette localité *Yataca-Maxtitlan*.

(²) Nous ferons remarquer en passant que Cortez évite judicieusement d'employer le titre de cacique pour désigner les chefs aztèques. Le traducteur français du dix-huitième siècle a jugé à propos d'adopter cette dénomination, acceptée du reste par des contemporains de la conquête. (Voy. la collection de M. Ternaux-Compans.)

(³) La Tlascala de nos jours. — Voy., dans Prescott, la prodigieuse influence qu'eut cette république sur la réalisation des projets du conquistador. Ainsi qu'on peut s'en assurer dans la relation toute mexicaine de Fernando de Alva Ixtlilxôchitl, descendant des rois de Tescuco, Cortez passe légèrement dans sa correspondance sur l'immense secours qu'il trouva parmi les Tlascaltèques et les Chichimèques contre les Mexicains. Ses rapports furent d'abord étrangement hostiles à ses courageux alliés. Tlascala signifie littéralement *la terre du pain*. M. de Humboldt a dit, en parlant de Tlascala et de la décadence des pauvres Indiens qui l'habitent : « Ils se distinguent par une certaine fierté de caractère que leur inspire le souvenir de leur ancienne grandeur. »

endroit où ils étaient environ quinze; mais dès qu'ils s'aperçurent de ma marche, ils se réunirent, mirent l'épée à la main, et appelèrent leurs camarades qui étaient dans le vallon : ils se battirent avec nous très-courageusement; ils nous avaient déjà tué deux chevaux, en avaient blessé trois et deux cavaliers, lorsqu'ils furent secourus par quatre ou cinq mille Indiens.

Huit cavaliers de ma suite m'avaient joint; nous les assaillîmes plusieurs fois en attendant l'arrivée du corps espagnol, auquel j'avais fait dire d'accélérer sa marche. Dans nos différentes escarmouches, nous leur tuâmes cinquante ou soixante hommes, sans recevoir aucun échec, quoiqu'ils combattissent avec beaucoup d'ardeur et de courage; mais nous combattions à cheval, conséquemment nous attaquions avec avantage et nous nous retirions sans danger. Dès que les Indiens aperçurent le corps de ma troupe, ils se retirèrent et nous laissèrent le champ de bataille.

A peine étaient-ils partis, que quelques soi-disant caciques, députés de la province, arrivèrent avec deux de mes envoyés de Cempoal. Ceux-ci m'assurèrent que ces caciques n'entraient pour rien dans ce qui venait d'arriver; que c'étaient des communes qui avaient agi sans leur aveu : ils ajoutèrent qu'ils étaient fâchés de leur conduite, qu'ils me payeraient les chevaux qu'on m'avait tués, et qu'ils voulaient être du nombre de mes amis et me bien recevoir. Je les remerciai, et je fus contraint de dormir la nuit suivante au bord d'un ruisseau, à une lieue au-dessus du champ de bataille, parce qu'il était tard et que mon monde était fatigué. J'y restai, malgré toutes ces protestations, très-exactement sur mes gardes, au milieu de mes espions et de mes sentinelles tant à pied qu'à cheval, jusqu'au point du jour, que je partis après avoir disposé pour le mieux mes coureurs, mon avant-garde et mon corps de bataille.

A peine étions-nous en marche, que je vis arriver en pleurant mes deux autres députés de Cempoal, qui m'assurèrent qu'on les avait attachés dans le dessein de les tuer, et qu'ils avaient eu le bonheur de s'échapper pendant la nuit. A peine avais-je eu le temps de les féliciter d'avoir échappé à ce péril extrême, que j'aperçus une multitude d'Indiens bien armés, qui, après avoir poussé de grands cris, commencèrent sur-le-champ le combat en nous envoyant une grêle de flèches.

Je commençai à faire des représentations par mes interprètes, et cela en forme et par-devant l'écrivain; mais plus je faisais d'efforts pour les persuader et pour demander la paix, plus ils cherchèrent à nous offenser. Je changeai alors de manière de combattre, et nous commençâmes à nous défendre. Nous nous battîmes tout le jour au milieu de cent mille hommes qui nous pressaient de tous côtés; et avec six bouches à feu et cinq ou six escopettes, quarante arbalétriers et les treize cavaliers qui me restaient, nous leur causâmes les plus grandes pertes jusqu'au coucher du soleil, sans éprouver d'autres inconvénients que la fatigue du combat et la faim. Ce succès prouve que le dieu des armées combattait pour nous : sans ce secours, comment aurions-nous pu échapper sains et saufs des mains d'une multitude si courageuse et qui, munie d'armes si diverses, montrait tant de dextérité?

Je me postai, la nuit suivante, dans une petite tour qui contenait des idoles, et le lendemain, à la pointe du jour, j'y laissai mon artillerie sous une garde de deux cents hommes, et avec mes cavaliers, cent fantassins et sept cents Indiens, tant de Cempoal que d'Ytaemetistan, je marchai aux ennemis avant qu'ils eussent eu le temps de se rassembler; je leur brûlai cinq ou six villages d'une centaine d'habitations chacun. Je fis quatre cents prisonniers des deux sexes, et je me retirai dans mon camp sans échec, en battant continuellement en retraite. Le lendemain à la pointe du jour ils vinrent fondre sur mon camp avec plus de cent quarante-neuf mille hommes, qui nous attaquèrent avec tant de courage que quelques-uns entrèrent dans l'intérieur du camp et tombèrent sur les Espagnols l'épée à la main; nous nous défendîmes avec fermeté, et Dieu, voulant nous aider dans cette occasion, permit qu'en quatre heures de temps nous fussions retranchés et hors d'insulte en cas de nouvelle attaque.

Je sortis de mes retranchements le lendemain avant le jour, sans être aperçu, avec mes cavaliers, cent fantassins et mes Indiens. Je brûlai dix bourgs, parmi lesquels il y en avait un composé de trois mille maisons, où j'éprouvai une grande résistance; mais comme nous combattions pour notre foi, pour le service de Votre Majesté et sous les étendards de la croix, Dieu nous accorda une victoire signalée; nous leur tuâmes beaucoup de monde sans rien perdre de notre côté. Quand je vis, l'après-midi, que les forces des Indiens commençaient à se rassembler, j'ordonnai la retraite et nous arrivâmes à notre camp sans perte.

Le jour suivant, plusieurs seigneurs m'envoyèrent des députés avec des protestations de repentir et de soumission, des vivres, et quelques plumages très-estimés parmi eux. Je leur représentai leur mauvaise conduite, et je leur répondis que je leur pardonnerais et que je serais leur ami s'ils en changeaient de bonne foi. Le lendemain, plus de cinquante Indiens, qui me parurent gens de crédit parmi eux, se rendirent à mon camp sous prétexte d'y apporter des vivres, mais en effet pour en examiner les détails et les issues avec la plus grande attention. Sur les avis positifs que je reçus des Indiens de Cempoal, qui m'assurèrent que c'étaient des espions malintentionnés, je pris le parti d'en faire arrêter un à l'insu des autres, je le pris à part avec mes interprètes et je l'intimidai pour en arracher la vérité. Il m'avoua que Sintegal, capitaine général de cette province, était caché avec son armée derrière des coteaux situés en face de mon camp, qu'il devait m'attaquer la nuit suivante, puisque le jour ne lui avait pas été favorable, et qu'il lui était important de n'avoir rien à craindre des chevaux et des armes à feu; il me dit encore que Sintegal les avait envoyés pour examiner soigneusement la construction de notre camp, et pour reconnaître les moyens de nous surprendre et de brûler nos cabanes de paille.

D'après cette déposition, je fis prendre un autre Indien, que j'interrogeai de la même manière, et qui me la confirma en mêmes termes; j'en fis prendre encore cinq ou six autres, qui me répondirent de même : je me déterminai enfin à faire arrêter les cinquante, à leur faire couper les mains et à les envoyer dire à leur général « que de nuit ou de jour, chacun d'eux ou lui, verraient qui nous étions. » J'ajoutai encore quelques retranchements à mon camp, je disposai mes postes et je restai sur le qui-vive jusqu'au coucher du soleil. A la nuit tombante, nos ennemis descendirent le long des deux vallons : ils croyaient s'approcher davantage sans être aperçus pour nous entourer et pour être plus à portée d'exécuter leur dessein. Bien instruit de tout ce qui se passait, je crus qu'il serait imprudent de les attendre et dangereux de les laisser nous surprendre la nuit, à la faveur de laquelle ils pourraient parvenir à brûler mon camp. Je me déterminai donc à aller à leur rencontre avec toute ma cavalerie, soit pour parvenir à les dissiper, soit pour les empêcher d'arriver. Je tombai sur les plus proches; dès qu'ils me virent arriver à cheval, ils s'enfuirent, sans s'arrêter et sans crier, derrière les champs de maïs dont presque toute la terre était couverte, en nous abandonnant des provisions qu'ils avaient apportées dans l'espérance de nous enlever. Nos ennemis s'étant éloignés, je pris quelques jours de repos pendant lesquels je me contentai d'éloigner du camp, par des patrouilles, les Indiens qui venaient nous étourdir de leurs cris ou tenter quelques escarmouches.

Remis un peu de mes fatigues, je sortis du camp, après la première ronde de la nuit, avec cent fantassins, mes Indiens et mes cavaliers. A peine avais-je fait une lieue que cinq chevaux ou cavales tombèrent, sans qu'on pût trouver de moyen pour les faire avancer; je donnai l'ordre de les reconduire dès qu'on le pourrait, et continuai ma route, quoique tous mes compagnons, qui regardaient cette chute comme un mauvais augure, me pressassent de revenir sur mes pas. Avant le jour, je tombai sur plusieurs bourgs, où je tuai beaucoup de monde : je ne voulus pas en brûler les maisons, de peur que la flamme ne me décelât aux habitants des environs. A la pointe du jour, j'arrivai dans une ville composée de plus de vingt mille maisons; comme j'en surpris les habitants, ils sortaient sans armes et nus dans les rues, ainsi que leurs femmes et leurs enfants; les voyant dans l'impuissance de me résister, je commençais à y faire quelques ravages, lorsque les principaux vinrent me demander pardon et me supplier de ne point leur faire de mal, et de les recevoir au nombre des sujets de Votre Majesté et de mes amis, en me protestant qu'à l'avenir ils seraient soumis à mes ordres; ils me suivirent au nombre de plus de quatre mille, et ils me conduisirent à une fontaine où ils m'apportèrent fort bien à manger; je les laissai donc en paix et je m'en retournai au camp, où tout mon monde était effrayé et dans les plus vives inquiétudes sur mon sort, parce que la nuit précédente ils avaient vu revenir les juments et les chevaux; mais dès qu'ils apprirent la victoire que Dieu avait bien voulu nous accorder, et la soumission d'une partie de la province, ils se livrèrent à la joie.

Je puis actuellement avouer à Votre Majesté qu'il n'y avait nul de nous qui n'eût forte crainte quand nous nous trouvâmes engagés dans des terres inconnues, sans espoir de secours et au milieu d'une multitude innombrable d'ennemis : j'entendis plusieurs fois de mes propres oreilles me comparer, dans divers comités particuliers, à Pedro Carbonero ([1]) qui savait bien où il était, mais qui ignorait les moyens

---

([1]) La légende de Pedro Carbonero, que Flavigny traduit par *Pierre le Charbonnier*, sans donner son origine, est pro-

d'en sortir. D'autres me traitaient de fou et d'insensé, qu'il ne fallait point imiter, et prétendaient au contraire qu'il fallait s'en retourner au port par le plus court chemin, et me laisser tout seul si je ne voulais pas les suivre. Ils poussèrent même les choses au point de m'en prier à différentes reprises, et j'avais bien de la peine à les persuader quand je leur représentais qu'ils étaient les vassaux de Votre Altesse, que jamais il n'y avait eu faute de cette nature chez les Espagnols, et qu'en un mot il était question de conquérir pour Votre Majesté les plus grandes possessions de l'univers; qu'il s'agissait d'ailleurs de combattre en bons chrétiens les ennemis de notre sainte foi, et de mériter conséquemment la gloire la plus éclatante dans l'autre monde, et dans celui-ci un honneur et une récompense dont aucune génération n'avait joui jusqu'à nous. Je leur faisais remarquer que Dieu combattait visiblement pour nous; que rien ne lui était impossible, puisque, dans des victoires où nous avions fait périr tant d'ennemis, nous n'avions pas perdu un seul combattant; je leur promettais les faveurs de Votre Majesté en cas de fidélité, et je les menaçais de toute sa colère en cas de révolte et de défection. Enfin, par mes propos, et en leur alléguant mille choses de ce genre, je leur rendis peu à peu la confiance et le courage, et je les amenai à faire tout ce que je désirais.

Le lendemain, à dix heures, Sintegal, capitaine général, accompagné de cinquante des principaux seigneurs de la province, se détermina à venir me supplier, de la part de Magiscatzin, gouverneur général de la république, de les recevoir au nombre des sujets de Votre Majesté, de leur accorder mon amitié, et de leur pardonner des fautes commises sans nous connaître. Ils ajoutèrent que, n'ayant jamais eu de maître; qu'ayant de temps immémorial vécu indépendants; que s'étant préservés des usurpations de Montézuma, de celles de son père et de ses aïeux qui avaient conquis le monde; qu'ayant préféré à l'esclavage la privation des choses les plus nécessaires, comme celle du sel.(¹) et du coton, qu'ils ne recueillaient point chez eux, ils avaient cru devoir tenter la conservation de leur liberté, vis-à-vis de moi, par tous les moyens possibles; que, s'apercevant que leurs forces, leurs ruses et leur industrie ne servaient à rien, ils préféraient l'obéissance à la mort et à la perte de leurs femmes, de leurs enfants et de leurs habitations.

Je les fit convenir qu'ils avaient été eux-mêmes la cause de leurs désastres; je leur dis que j'étais venu chez eux en ami sur la parole des Indiens de Cempoal; que je leur avais envoyé d'avance des députés pour les informer de mes intentions et du plaisir que je me faisais de cultiver leur amitié; qu'ils m'avaient attaqué d'abord à l'improviste tandis que je marchais avec la plus grande sécurité; qu'ils avaient ensuite tâché de me tromper par les apparences du repentir et par de fausses protestations, tandis qu'ils faisaient de nouveaux préparatifs pour m'attaquer au moment où je m'y attendais le moins. Je leur reprochai enfin tous les projets, les noirceurs et les trahisons qu'ils avaient entrepris d'exécuter. J'acceptai néanmoins leurs soumissions et l'offre qu'ils firent de leurs personnes et de leurs biens. Depuis ce moment, ils ne se sont démentis en quoi que ce soit, et j'espère que dorénavant ce seront de bons et de fidèles sujets.

Je restai six ou sept jours sans sortir de mon camp parce que je ne pouvais avec prudence me fier à des Indiens qui m'avaient si souvent trompé; cependant, ils me prièrent avec tant d'instance de venir à Tascalteca, où tous les caciques résidaient, qu'enfin je me rendis à leur invitation, en me transportant dans cette capitale, éloignée de six lieues de mon camp. La grandeur et la magnificence de cette ville me surprirent; elle est plus grande et plus forte que Grenade; elle contient autant et d'aussi beaux édifices, et une population bien plus considérable que Grenade lors même de sa conquête; elle est beaucoup mieux approvisionnée en blé, en volailles, en gibier, en poisson d'eau douce, en légumes et en d'autres excellents comestibles. Il y a tous les jours au marché trente mille personnes qui vendent ou qui achètent, sans compter les marchands et les revendeurs distribués dans la ville. On trouve dans ce marché tout ce qui est nécessaire à l'entretien, des habits, des chaussures, des bijoux d'or et d'argent,

---

bablement rappelée dans les nombreux volumes de traditions populaires récemment publiés en Espagne. Nous avions cherché vainement cette locution proverbiale dans plusieurs recueils parémiographiques, lorsque nous l'avons rencontrée dans Chimalpain, qui l'a tirée sans doute de Gomara : « Pedro Carbonero, qui était parti pour aller butiner en terre de Maure, et qui y laissa sa peau et celle des siens ; s'ils n'étaient pas allés là tous comme des fous, quelques-uns en seraient revenus. »

(¹) Le sel auquel les Tlascaltèques faisaient ici allusion s'appelait *tequesquit*. C'était tout simplement du salpêtre. Le grand marché pour cette denrée était à Yxtapalucca et à Ixtapalapa (les villages où se recueille le sel).

des plumes de toute espèce, aussi bien travaillés que dans tous les marchés de l'univers; on y trouve encore toute sorte de faïence, meilleure que celle d'Espagne, du bois, du charbon, des herbages et des plantes médicinales; on y voit des maisons destinées pour les bains, et des endroits où l'on vous lave la tête comme font les barbiers, et où on vous la tond. Enfin il y a dans cette ville beaucoup d'ordre et de police; les habitants sont propres à tout et bien supérieurs aux Africains les plus industrieux. Le territoire de cette république contient environ quatre-vingts lieues de circuit. Il est rempli de beaux vallons parfaitement cultivés et ensemencés : la moindre portion de terre n'y reste pas en friche. La constitution de cette république ressemble à celles de Venise, de Gênes et de Pise, parce qu'il n'y a point de chef qui soit revêtu de l'autorité suprême; beaucoup de caciques résident dans la ville; les paysans laboureurs sont leurs vassaux, et possèdent néanmoins des portions de terre plus ou moins considérables; en temps de guerre, ils se réunissent tous, et le capitaine général fait ses dispositions. Ils se gouvernent par des principes de justice, et punissent les malfaiteurs; car, sur la plainte que je portai au gouverneur Magiscatzin d'un vol qu'un Indien avait fait à un Espagnol de son or, on fit des perquisitions contre le voleur, et on me l'amena avec l'effet volé, afin que j'ordonnasse sa punition; je les remerciai de leur diligence, et leur laissai le coupable pour le punir selon leur usage, en leur disant que je ne ferais pas justice de leurs sujets dans leur pays; ils furent sensibles à cette déférence, et firent conduire le coupable par le crieur public, qui divulgua son crime dans le grand marché. Le crieur monta ensuite sur une espèce de théâtre, au bas duquel resta le criminel; du haut du théâtre, il recommença à publier le vol de l'Indien, qui à l'instant fut assommé à coups de massue par les spectateurs.

D'après des recherches assez exactes, je peux assurer que cette province contient environ cinq cent mille habitants parfaitement soumis à votre empire, ainsi que ceux d'une petite province contiguë, qui vivaient sans maître, selon les usages de celle de Tascalteca, et qu'on appelle Guazincango ([1]).

Me trouvant, très-catholique seigneur, dans ce camp dressé en la campagne, pendant que j'étais encore en guerre avec les Indiens de Tascalteca, six chefs des plus notables, vassaux de Montézuma, accompagnés d'une suite de deux cents personnes au moins, vinrent de sa part se déclarer sujets de Votre Majesté, et demander mon amitié. Ils me prièrent d'imposer à ma volonté le tribut qu'ils devaient lui payer, tant en or qu'en argent, en pierres, en esclaves et en pièces de coton; ils m'assurèrent que je pouvais disposer entièrement de tout ce qu'ils possédaient, pourvu que je n'entrasse point sur ses terres, qui étaient stériles, et où je courrais les risques, à leur grand regret, d'éprouver moi et ma suite toutes espèces de besoins. Ces ambassadeurs restèrent avec moi pendant presque toute la guerre de Tascalteca; ils virent ce dont les Espagnols étaient capables, ils furent les témoins de la paix que j'accordai à cette province et des offres des principaux caciques. Je m'aperçus que nos arrangements ne les satisfaisaient point, parce qu'ils employèrent toutes sortes de moyens pour nous brouiller et pour m'inspirer de la défiance; ils me représentaient ces seigneurs comme des fourbes et des traîtres qui ne cherchaient qu'à me tranquilliser ou me trahir avec moins de danger. D'un autre côté, les Indiens de Tascalteca me conseillaient également de me défier des vassaux de Montézuma, qui n'avaient subjugué la terre que par des ruses et des trahisons : leur discorde et leur antipathie me paraissant favorables au dessein que j'avais de les subjuguer, j'acceptais volontiers l'augure d'un passage de l'Évangile qui m'en promettait la conquête, en disant : *Omne regnum in se ipsum divisum desolabitur* ([2]). Je dissimulais avec les uns et avec les autres; je remerciais chacun en particulier de leurs avis, et je témoignais toujours plus de confiance et d'amitié au parti qui me parlait le dernier.

J'habitais Tascalteca depuis vingt et un jours, lorsque les députés de Montézuma me sollicitèrent de me rendre à Churultecal (Cholula), qui en est éloigné de six lieues ([3]), pour y apprendre les intentions

---

([1]) Lorenzana retrouve dans ce nom celui de Guajozingo. Huitzozingo, comme le rappelle Prescott, signifie un *lieu entouré de saules*.

([2]) « Tout royaume divisé sera détruit. » Nous restituons ici la citation latine de Cortez, que Flavigny a maladroitement traduite en français. On voit que l'ancien écolier de Salamanque n'est pas fâché de montrer à la majesté césaréenne qu'il n'a pas oublié les leçons du docte Lebrixa.

([3]) C'est là que s'élève un des monuments les plus célèbres de cette contrée. La pyramide de Cholula est bien plutôt un tumulus de dimension gigantesque qu'un monument analogue aux antiques constructions de l'Égypte dont elle porte le nom. La gravure que nous donnons p. 378 la représente telle qu'on la voit de nos jours; elle est extraite du grand ouvrage de Nebel,

de Montézuma par de nouveaux envoyés de ce prince, et pour être plus à portée de négocier avec lui; je leur promis d'y aller, et même je leur en indiquai le jour. Les seigneurs de Tascalteca, ayant appris ma résolution, vinrent me trouver d'un air consterné; ils me conjurèrent de ne point l'exécuter, et

Pyramide de Cholula. — D'après Nebel.

m'avertirent qu'on y avait machiné contre moi une trahison qui ne tendait à rien moins qu'à m'anéantir avec toute ma suite. Ils ajoutèrent que Montézuma y avait assemblé cinquante mille hommes qui avaient barré le grand chemin, et qui en avaient formé un nouveau semé de trous, de chausse-trapes et de bâtons pointus, pour faire tomber et pour faire estropier les chevaux (¹). Ils prétendaient encore qu'on

qui l'a dessinée avec tous les soins d'un architecte expérimenté, et a publié son livre en 1843. Elle produisait, du reste, l'impression d'une œuvre de la nature; il y a près d'un siècle, à l'abbé Clavijero, qui, vers l'année 1774, monta jusqu'à son sommet à cheval. Ce savant historien du Mexique dit que sa base ne peut pas avoir moins d'un demi-mille de circonférence, tandis que sa hauteur excède 500 pieds. La pyramide de Cholula est l'antique ouvrage d'un peuple bien antérieur aux Aztèques. Voici, à ce sujet, quelques lignes curieuses du vieux Bernardino de Sahagun : « Les Chololtèques, ceux-là mêmes qui échappèrent de Tulla, ont eu le sort des Romains, et, comme les Romains, ils édifièrent un Capitole pour leur servir de forteresse. C'est ainsi donc que les habitants de Cholula édifièrent à main d'homme ce promontoire... qui est comme une vraie montagne, et dont l'intérieur se trouve rempli de mines et de cavernes. » Nous donnons ce passage bien plutôt à titre de tradition que comme renseignement scientifique. M. l'abbé Brasseur de Bourbourg range ce monument gigantesque dans la seconde division de sa classification ingénieuse des monuments de l'Amérique. *Quetzalcoatl*, ou mieux *Quetzalcohuatl*, le dieu de l'air, et, sous sa seconde personnification, le dieu bienfaisant, auquel on devait l'agriculture, l'usage des métaux, en un mot, les arts de la paix, avait son temple à Cholula, et peut-être l'avait-on élevé sur cette pyramide artificielle, devenue un temple elle-même. Ce fut en fuyant la colère d'une divinité plus puissante qu'il ne l'était lui-même que Quetzalcoatl s'arrêta à Cholula. « Parvenu sur les bords du golfe mexicain, il prit congé de ceux qui l'avaient suivi, leur promit de revenir plus tard avec ses descendants visiter le pays, et, montant un véritable esquif de magicien fait de peaux de serpents, il s'embarqua sur le vaste Océan pour la fabuleuse contrée de Tlapallan. D'après la légende, Quetzalcoatl avait la taille haute, la peau blanche, une longue chevelure noire, la barbe tombante. Les Aztèques comptaient sur le retour de cette bienfaisante divinité, et cette tradition remarquable, profondément enracinée dans les esprits, prépara la voie à la conquête des Espagnols. » (Will. H. Prescott, *Histoire de la conquête du Mexique*, publiée en français par Amédée Pichot, t. Ier, p. 49.)

(¹) Voici la nomenclature à peu près complète des armes offensives employées par les Mexicains contre les Espagnols. Cette panoplie, malgré sa complication, présente l'idée d'une attaque bien peu redoutable : « Les armes offensives sont les arcs, les flèches, les dards, qu'ils lancent au moyen d'un *mangano*, baliste faite avec un bâton; la pointe de leurs flèches est

avait barricadé plusieurs rues; qu'on avait amassé des provisions de pierres sur les toits pour nous assommer en entrant; et pour preuve de ce qu'ils avançaient, ils me priaient de faire attention que les chefs de cette ville, si peu éloignés de moi, n'étaient jamais venus me voir ni me parler, tandis que ceux de la ville éloignée de Guazincango l'avaient fait; ils me conseillèrent en outre de les envoyer chercher, en m'assurant que j'en éprouverais un refus. Je les remerciai beaucoup de leur avis, et je les priai de m'indiquer des députés pour engager ces caciques à venir à Tascalteca : ils m'en procurèrent effectivement, que je chargeai d'invitations pour les seigneurs de Cholula, et de leur faire part des motifs de mon arrivée chez eux et des intentions de Votre Majesté. Mes envoyés ne revinrent qu'avec des habitants de Cholula, qui me dirent que leurs seigneurs étant malades, ils les avaient députés pour savoir ce que je désirais d'eux. Les Indiens de Tascalteca me firent observer que c'était une réponse dérisoire, que ces députés sortaient de l'ordre du peuple le plus commun et qu'absolument je ne devais point partir que les chefs ne vinssent eux-mêmes m'en prier. Je répondis en conséquence à ces envoyés que ce n'était pas à des gens comme eux qu'on devait compte des ordres de Votre Majesté, que leurs caciques seraient eux-mêmes encore trop honorés d'en être instruits, et que si, sous trois jours, ils ne venaient point pour les recevoir et pour se soumettre, j'irais les attaquer, les combattre, les détruire et les traiter comme des sujets rebelles avec la plus rigoureuse justice, au lieu que je les traiterais avec bonté s'ils remplissaient leur devoir.

Le lendemain, je vis arriver presque tous les seigneurs de la ville, qui me protestèrent que s'ils n'étaient pas venus plus tôt, c'est parce que j'habitais au milieu de leurs ennemis, sur les terres desquels ils ne se croyaient pas en sûreté. Ils ajoutèrent que ces ennemis avaient certainement tâché, aux dépens de la vérité, de les desservir dans mon esprit; mais qu'en arrivant chez eux, je verrais et leur loyauté et la fausseté de ces imputations; que, dès ce moment, ils faisaient leur soumission, se déclaraient sujets de Votre Majesté, le seraient toujours, et se conformeraient en tout aux ordres qu'elle voudrait bien leur donner. Tout cela me fut dit par les interprètes, et un écrivain constata ces faits ([1]).

Je me déterminai à partir avec ces chefs, pour ne point montrer de timidité et pour être plus à portée de poursuivre mes projets sur Montézuma.

en pierre dure ou bien en arête de poisson acérée. Ils ont des dards garnis de trois pointes, qui font trois blessures. Ils insèrent dans un bâton trois petites baguettes garnies de pointes dont nous avons parlé, de telle façon qu'ils lancent trois traits d'un seul coup. Voici comment ils font leurs épées. Ils commencent par fabriquer une épée de bois comme nos épées à deux mains, à cela près que la poignée, qui n'est pas aussi longue que les nôtres, est grosse de trois doigts; ils pratiquent une rainure à l'endroit tranchant, ils y introduisent une pierre dure qui coupe aussi bien qu'une lame de Tolède. J'ai vu dans une bataille un Indien donner du tranchant de son épée à un cheval monté de son cavalier, contre lequel il combattait, lui ouvrir la poitrine jusqu'aux entrailles, et l'animal tomber mort sur-le-champ. Ils ont des frondes avec lesquelles ils tirent fort loin.... C'est une des plus belles choses du monde que de les voir partir ensemble pour la guerre; ils marchent admirablement en ordre. » (*Relation écrite par un gentilhomme de la suite de Cortez*, collection de voyages, relations et mémoires publiés par Ternaux-Compans, 20 vol. in-8.)

([1]) La plupart des documents exacts et des renseignements circonstanciés que présente ici Cortez devaient venir de cet interprète qu'un hasard providentiel lui avait envoyé au début de la conquête. Hieronymo de Aguilar, né à Écija, ayant fait naufrage près de la Jamaïque, en 1511, comme il se rendait du Darien à l'île d'Hispaniola, s'était embarqué, lui vingtième, dans une chaloupe, afin de gagner la terre. Sept de ses compagnons avaient succombé; plus heureux, les flots l'avaient poussé avec quelques Espagnols sur les plages de la province de Maya, où un chef d'Indiens s'était emparé de lui et de ceux qui partageaient sa fortune pour les faire servir à d'affreux sacrifices. Plusieurs Européens étaient morts ainsi. Au moment où il allait lui-même succomber et servir à quelque abominable festin, il s'était échappé et avait pu se réfugier chez un autre chef près duquel il avait trouvé, aussi bien que l'un de ses compagnons, l'hospitalité la plus complète. Là il avait appris admirablement la langue que l'on parlait dans ces contrées, mais cette langue n'était pas l'aztèque; selon toute probabilité c'était le *maya*, idiome harmonieux du Yucatan dans lequel on a des fragments de poèmes.

Lorsque Hieronymo de Aguilar se présenta aux compagnons de Cortez dans une complète nudité, monté sur un canot que conduisaient des naturels, et qui aborda à la *punta de las Mugeres* (devant l'île de Cozumel), on l'eût pris pour un Indien lui-même. C'était le premier dimanche de carême de l'année 1519, et il avait confondu dans sa mémoire les jours de la semaine, puisqu'il se croyait au mercredi. Plusieurs historiens affirment que ce pauvre naufragé avait reçu les ordres mineurs, ce qui indique une certaine culture de l'esprit. Fernando Alva Ixtlilxóchitl nous dit que l'apparition de cet interprète fut regardée en son temps comme un fait qui tenait du miracle. Selon ce que nous rapporte encore ce vieil historien, Cortez dit à Aguilar que, puisqu'il savait la langue des naturels, il devait leur prêcher la foi chrétienne; il le fit avec tant de succès qu'il réussit à les convertir.

Aguilar ne savait pas néanmoins tous les idiomes que l'on parlait dans l'Anahuac, et sur le plus important desquels les tra-

Les Indiens de Tascalteca furent fâchés de me voir prendre ce parti; ils m'assurèrent à différentes reprises qu'on me trompait, mais que, puisqu'ils étaient soumis à Votre Majesté sacrée, ils devaient partager mes périls et m'aider; en vain je les priai de ne point venir, je leur représentai que cette démarche n'était point nécessaire; en vain je leur défendis de me suivre, plus de cent mille hommes, capables de bien servir, m'accompagnèrent jusqu'à 2 lieues de la ville, où, à force de sollicitations et de prières, il n'en resta que cinq ou six mille avec moi. Je passai la nuit à cette distance de la ville, au bord d'un ruisseau, tant pour renvoyer la plus grande partie de ce monde, dont je craignais les désordres et les excès dans la ville, que pour ne pas y entrer à la brune. Le lendemain, les habitants de Cholula vinrent au-devant de moi avec des trompettes, des timbales et des prêtres de différents temples, vêtus en habit de cérémonie et chantant (¹). Comme ils nous conduisaient avec cet appareil à un très-bon logement où ma suite se trouva au mieux et où l'on apporta des vivres en assez modique quantité, je remarquai chemin faisant une partie des indices que les Indiens de Tascalteca m'avaient donnés; j'observai, comme ils me l'avaient annoncé, que le grand chemin était barré, qu'ils en avaient construit un autre rempli de trous, que plusieurs rues étaient barricadées, et je vis enfin plusieurs monceaux de pierres sur les toits; je me tins en conséquence sur mes gardes.

Je trouvai, en arrivant à Cholula, quelques envoyés de Montézuma qui venaient pour apprendre et pour rendre compte à leur maître de mes dispositions par les députés qui avaient résidé près de moi. Dès qu'ils se furent acquittés de cette commission, ils s'en retournèrent vers Montézuma avec le plus notable de ces anciens députés.

Pendant les trois jours qui suivirent mon arrivée, je remarquai le peu de soin et le peu d'attention qu'on avait pour moi; je m'aperçus que les égards diminuaient chaque jour, et que les seigneurs, ainsi que les notables de la ville, ne venaient me voir que très-rarement. Je commençais à entrer en défiance, lorsqu'une Indienne de ces pays que j'avais accueillie à Potonchan, et dont j'ai parlé dans ma première relation à Votre Majesté, reçut la confidence d'une autre, née dans la cité même : elle nous apprit que les habitants de Cholula avaient fait sortir de la ville leurs femmes, leurs enfants et leurs bagages, et que, de concert avec les troupes réunies de Montézuma, ils devaient faire main

---

vaux de Molina devaient bientôt jeter tant de jour; le hasard heureux qui l'avait conduit parmi les Espagnols le mit bientôt à même de servir ses compatriotes et d'utiliser les lumières qu'il avait acquises sur la contrée.

En quittant Cozumel ou Acozamil (l'île des Hirondelles), Cortez était arrivé dans un village que l'on nommait *Potonchan*, ou *la bourgade de la rivière puante*, première conquête qu'il eût faite sur la terre ferme. Là le chef soumis par ses armes lui avait amené quatre jeunes femmes esclaves. L'une d'elles, née de parents nobles en pays de Maya, au village de Huilotlan, dans la province de Xalatzinco, avait été enlevée durant son enfance, puis, vendue de village en village, était arrivée dans la terre des Aztèques, chez le seigneur de Potonchan. Elle était belle, douée d'une vive intelligence, et ne tarda pas à adopter le christianisme. Au baptême, on lui imposa le nom de Marina. La jeune Indienne eut pour Cortez un de ces dévouements sans bornes dont il y a tant d'exemples dans l'histoire primitive de l'Amérique; mais il est faux qu'elle ait jamais épousé Aguilar, qui, étant sous-diacre, ne songeait point à se marier. Elle devint la femme de Juan Xamarillo, l'un des hardis compagnons du marquis del Valle, lorsque le conquistador s'avança jusque dans le pays de Honduras. Aguilar même devint bientôt inutile, car la jeune femme apprit rapidement l'espagnol, et ne fut plus obligée de transmettre dans l'idiome aztèque ce qui lui avait été dit en langue maya.

Bernal Dias et Chimalpain ne nous laissent pas de doutes sur plusieurs de ces faits. Ce fut, comme on le voit, Marina qui établit les premières négociations entre les Espagnols, Xicotencatl et les seigneurs de Tlaxcalan, négociations dont dépendit certainement l'heureuse issue d'une invasion presque téméraire. Gomara, en général bien informé, appelle la jeune interprète dona Marina de Viluta.

Outre ces deux précieux coopérateurs, Cortez avait amené avec lui un interprète de l'île de Cuba; il se nommait Melchorejo, et c'était un indigène du Yucatan venu aux Antilles avec Grijalva; il savait fort bien l'espagnol. Un peu plus tard, un célèbre religieux nommé Pedro de Gante et un certain Pilar acquirent une prodigieuse facilité à parler les idiomes de l'Anahuac; mais le dernier de ces interprètes, que Zumarraga nous représente comme ayant manqué deux fois d'être pendu, ne fit servir ses talents qu'à la persécution la plus odieuse des Indiens.

(¹) Les anciens peuples de l'empire d'Anahuac, si avancés dans tout ce qui constitue les arts qui ressortent de l'architecture, ne nous paraissent avoir eu jamais que des idées rudimentaires sur la musique. Lorenzana dit qu'ils fabriquaient de grandes trompettes de bambou fort sonores; ils avaient également des espèces de flûtes et de flageolets en terre cuite. Sahagun, Clavijero, Torquemada, se montrent fort incomplets sur ce point. L'instrument par excellence des Aztèques paraît avoir été le tambour, dont on connaissait deux variétés qui résonnaient à des distances prodigieuses : le *teponaztli* et le *tlapanhuehuetl* étaient fabriqués en bois, et on se servait, pour les faire résonner, d'une baguette garnie d'une boule d'*ulli* ou de gomme élastique.

basse sur nous et n'en pas laisser échapper un seul. L'interprète ajouta au mien qu'il le sauverait et qu'il le mettrait en lieu de sûreté, s'il voulait le suivre. Mon interprète révéla ce complot à d'Aguilar, qui me le découvrit. Sur ces instructions, je fis prendre secrètement un habitant de la ville, que j'interrogeai à l'insu de tout le monde; il me confirma le rapport de mon interprète, et sur-le-champ je pris le parti de prévenir, afin de n'être point prévenu. Je fis venir en conséquence chez moi les principaux caciques de la ville, sous prétexte que j'avais quelque chose à leur communiquer; je les fis renfermer et ensuite attacher dans une salle bien gardée; je donnai l'alerte aux soldats que j'avais sous la main; j'ordonnai de faire main basse sur tous les Indiens qui se trouveraient, tant dans mon logement qu'à proximité; je montai à cheval, je fis prendre les armes à tout le monde; et en moins de deux heures, nous déconcertâmes tous les projets de nos ennemis, et nous leur tuâmes plus de trois mille hommes. Ils avaient déjà fait occuper toutes les rues; les troupes étaient aux postes qui leur étaient assignés : j'eus moins de peine à les renverser, parce que je les surpris et parce que j'avais eu la précaution de faire leurs chefs prisonniers. Je fis mettre le feu aux tours et aux autres ouvrages fortifiés, dans lesquels ils se défendaient et nous faisaient du mal; j'assurai la garde de mon logement, qui était très-fort, par un bon détachement, et j'employai cinq heures à chasser de rue en rue tous nos ennemis, avec quatre cents Indiens de Cempoal et cinq mille de Tascalteca.

De retour à mon logement, j'interrogeai mes prisonniers, et je leur demandai les motifs de leur trahison : ils me répondirent que ce n'était point leur ouvrage, mais celui des Mexicains, sujets de Montézuma, qui avaient rassemblé une armée de cinquante mille hommes à une lieue et demie de Cholula, et qui les avaient engagés par des menaces à partager l'exécution de leurs projets; qu'ils reconnaissaient qu'on les avait trompés; que, si je voulais délivrer un ou deux caciques d'entre eux, ils iraient rappeler les habitants de la ville, et qu'ils feraient rentrer les femmes, les enfants et les bagages; ils me demandèrent mon amitié, et ils me promirent d'être à l'avenir de loyaux, de fidèles et d'inébranlables sujets. Après leur avoir bien fait envisager l'horreur de leur conduite, je les fis détacher, et le lendemain la ville était peuplée et tranquille comme si rien n'y était arrivé. Au bout de quinze ou vingt jours, les marchés et les boutiques étaient aussi fréquentés qu'à l'ordinaire, et je trouvai pendant cet espace de temps les moyens de réconcilier les habitants de Tascalteca avec ceux de Cholula. Ils avaient été ci-devant amis et alliés; mais Montézuma avait employé avec succès pour les désunir les négociations et les présents.

Cette ville de Cholula, composée de plus de vingt mille maisons, est située dans une plaine bien arrosée, bien cultivée, très-fertile en blé et en bons pâturages, comme toutes les terres de cette seigneurie. Depuis un temps immémorial, la cité se gouvernait dans l'indépendance, comme celle de Tascalteca. Cette cité, riche en terre et bâtie sur un des territoires les plus fertiles, est la ville la plus belle de toutes celles que j'ai vues hors de l'Espagne; elle est des plus régulières et bien garnie de tours. Or je puis certifier à Votre Altesse qu'à partir d'une certaine *mosquée* (¹) j'ai compté quatre cents et tant de tours, et toutes appartenant à des édifices religieux. C'est la cité la plus propre à la colonisation des Espagnols

---

(¹) Lorsque Fernand Cortez signale à l'empereur un de ces vastes édifices consacrés au culte des peuples conquis, il se sert invariablement du mot *mesquita* (mosquée) ; et lorsqu'il veut donner une idée de l'ordre uni au mouvement qu'on remarquait dans les villes des Aztèques, le nom de quelque cité de l'empire éteint des Maures revient sous sa plume : c'est Grenade ou Cordoue qu'il cite. Et cependant ce fut par les propres lettres du conquistador que l'Europe eut pour la première fois une idée à coup sûr bien vague de ces temples, de ces palais, de ces ouvrages militaires, qui n'avaient rien de commun ni avec les magnifiques débris de l'antiquité romaine, ni avec les splendeurs de l'architecture arabe. Cortez lui-même ne s'y trompait point, mais les mots, les expressions exactes, lui manquaient pour faire comprendre d'une manière précise des différences architectoniques, qu'un goût délicat et éprouvé peut seul saisir. Quant à ses rudes compagnons, ils détruisaient et ne comprenaient point. Ce ne fut que deux ans plus tard, en 1524, que les premiers religieux franciscains arrivèrent à la Nouvelle-Espagne et se fixèrent d'abord dans la ville de Tezcuco pour prêcher l'Évangile. Dès lors, se répandant dans les grandes villes, telles que Mexico, Tlacopan, Xochimilco, Tlaxcalan, ils purent faire entrevoir, d'une manière bien imparfaite sans doute, mais avec quelque érudition, des variétés dans l'art américain qu'il a fallu plus de trois siècles d'études pour faire apprécier. Durant le synode même, qui fut tenu à cette époque dans la ville de Tezcuco, ce fut à peine si l'on put réunir trente personnes réputées instruites, parmi lesquelles figurait Cortez; et si dix-neuf religieux eurent assez d'instruction pour établir avec le reste du clergé les bases de la prédication évangélique : on bâtit alors des églises, mais il ne se trouva pas un seul homme assez frappé des magnificences de l'art chez les peuples conquis pour élever la parole en faveur des monuments, puisque le digne Bernardino de Sahagun, l'infatigable conservateur des traditions américaines et l'admira-

que j'aie vue des montagnes jusqu'ici... Sa population est si nombreuse que, malgré la culture exacte de toutes les terres et leur fertilité, il y a un grand nombre d'habitants qui souffrent faute de pain, et une quantité de mendiants qui demandent de toutes parts. En général, ils sont mieux vêtus que ceux de Tascalteca; les citoyens distingués y portent par-dessus leurs habits des bournous *(albornozes)* semblables pour l'étoffe et pour les bordures aux manteaux des Africains, mais différents pour la forme. Depuis mon expédition contre eux, je n'ai eu qu'à me louer de leur soumission aux ordres que je leur ai donnés de la part de Votre Majesté, et je crois que dorénavant elle peut compter ces peuples au nombre de ses sujets les plus fidèles.

Vue générale de Palenqué. — D'après Catherwood.

Je parlai aux envoyés de Montézuma de la trahison de Cholula. Je leur dis que je n'ignorais pas la part que ce prince y avait, et combien il était indigne d'un aussi grand seigneur que lui de m'offrir son amitié par des ambassadeurs, et de me faire en même temps trahir par un tiers, pour se disculper à défaut de succès; que puisqu'il ne tenait pas sa parole et qu'il déguisait la vérité, je voulais dorénavant changer de conduite; qu'au lieu d'aller le voir en ami, de vivre en paix et en bonne intelligence avec

teur de cette civilisation déchue, ne devait arriver que cinq ans plus tard pour accomplir cette œuvre immense et subir la persécution.

Si, dès le début, l'ami le plus fervent des Indiens, le probe mais fanatique Zumarraga, mettait sa gloire à anéantir les vestiges de la culture indienne, en commençant par détruire les archives immenses de Tezcuco, il fut imité avec un zèle déplorable par tous ceux qui lui succédèrent, et le nom de Boturini Benaducci apparaît seul durant deux siècles comme celui d'un conservateur intelligent, mais alors persécuté, des merveilles de l'art mexicain; et encore faut-il faire observer que de son temps tout était confondu dans cette branche de l'archéologie naissante, et que l'on ne savait établir aucune différence

lui, comme j'en avais conçu le dessein d'abord, j'étais décidé à lui faire la guerre la plus sanglante et à ravager tout ce que je pourrais. J'ajoutai que j'en étais fâché, que j'aurais préféré l'avoir pour ami, et le consulter sur tout ce j'avais à faire.

Les envoyés de Montézuma me jurèrent qu'ils ignoraient totalement ce qui s'était passé, et qu'ils ne pouvaient pas croire que leur maître y eût la moindre part. Ils me prièrent, avant de me déterminer à lui déclarer la guerre, de m'informer exactement de la vérité, et de consentir que l'un d'eux allât lui parler pour revenir aussitôt. La résidence de Montézuma n'étant qu'à 20 lieues de cette ville, je con-

Tête colossale à Izamal. — D'après Catherwood.

sentis à la demande des envoyés, et j'en laissai partir un, qui revint au bout de six jours, avec le notable qui s'en était retourné après avoir séjourné longtemps auprès de moi.

Montézuma m'envoya dix plats d'or, cinq cents pièces d'étoffes, un grand nombre de poules, et une forte provision de la boisson composée de maïs, d'eau et de sucre, dont ils font usage, et qu'ils appellent *panicap* (d'autres écrivains désignent ce breuvage sous le nom d'*atole*).

entre l'art des peuples pour ainsi dire inconnus qui servirent de maîtres aux Toltèques, et celui des peuples comparativement nouveaux qui s'établirent par la force des armes dans l'Anahuac, où Cortez vit leurs monuments. Veytia, l'abbé Clavijero et l'habile Antonio Gama, vinrent ensuite; mais l'esprit pénétrant du premier voyageur de notre époque devait seul établir, au début du siècle, et avec l'autorité du génie, les données premières qui allaient faire saisir ces différences. Les paroles de Humboldt furent fécondes : en quelques années, la révolution a été complète. Grâce aux vastes travaux des Dupaix, des del Rio, des Aglio et des Kingsborough, des Catherwood, des Stephen, des Squier, des Nebel, des Lenoir et des Baradère, les noms de Palenqué, d'Uxmal, de Copan et de tant de villes de l'Amérique centrale ont acquis autant de popularité que

Les députés ajoutèrent aux présents, de la part de leur prince, des assurances qu'il n'était entré pour rien dans le projet de la révolte des habitants de Churultecal; qu'à la vérité la garnison de cette ville lui

Château de Tuloom, dans le Yucatan. — D'après Catherwood.

appartenait, mais qu'elle n'y était pas entrée par ses ordres, et seulement à cause des considérations particulières pour lesquelles il leur est permis de s'entr'aider les unes les autres; qu'à l'avenir je jugerais par ses actions de la vérité de ses discours. Il finissait par ses protestations ordinaires, en me

ceux des anciennes cités conquises au seizième siècle; et la pensée ne s'égare plus au milieu de leurs ruines magnifiques, dont quelques-unes sont ruines depuis trois mille ans!

Pour ne parler que de Palenqué, ces restes immenses d'une ville dont la véritable dénomination est encore obscure, et auxquelles on a imposé un nom tout espagnol, eurent cependant des explorateurs silencieux bien avant les archéologues habiles que nous venons de nommer. Elles furent signalées au monde savant, dès le milieu du dix-huitième siècle, par un chanoine du Guatemala, don Ramon de Ordoñez y Aguiar; mais, comme tant d'autres ruines célèbres, leur découverte fut due au hasard. Un digne ecclésiastique, oncle du chanoine don Antonio de Solis, curé de Tumbala, était allé se fixer avec les siens dans le voisinage de Santo-Domingo de Palenqué, bourgade située à environ 85 lieues nord-nord-ouest de Guatemala; vers le confluent de l'Ocozingo et du rio de los Zeldales. Cette famille, composée de plusieurs Espagnols intelligents et parmi lesquels on remarquait plusieurs dames et des jeunes gens, dirigeait fréquemment ses promenades vers les forêts immenses que fréquentaient seulement les Indiens. Ce furent les neveux et les nièces du bon curé qui les premiers gravirent dans leurs élans joyeux les degrés de ces temples magnifiques ensevelis sous des troncs d'arbres séculaires. L'importance de ces ruines ne devait pas échapper à cette famille éclairée. Plus d'une fois sans doute il fut question, dans les entretiens du soir, de ce que l'on nommait alors simplement *las Casas de piedra*. Mais le vénérable Antonio de Solis mourut inopinément; la famille

priant de ne pas entrer sur ses terres, parce qu'étant stériles, j'y manquerais de tout; qu'au surplus, je pouvais demander tout ce dont je pourrais avoir besoin, et qu'il se ferait un plaisir de me l'envoyer

Las Monjas—Chichen-Itza, dans le Yucatan. — D'après Catherwood.

aussitôt. Je lui fis répondre que je ne pouvais me dispenser d'entrer sur ses terres, parce qu'il fallait que je pusse rendre compte à Votre Majesté du souverain et des États; que je croyais ce qu'il prenait la peine de me faire dire, mais qu'il trouvât bon que je m'en assurasse par moi-même; que je le priais

se dispersa, et les ruines de Palenqué seraient retombées dans l'oubli si l'un des neveux du bon curé, don José de la Fuente Coronado, n'eût été envoyé à Ciudad-Real pour y faire ses études. L'esprit encore frappé de ces constructions merveilleuses, l'étudiant se lia avec le fameux Ramon de Ordoñez, qui n'était alors qu'un enfant. Les récits de l'habitant de Palenqué enflammèrent cette jeune imagination. Ordoñez voulut contempler les merveilles qu'il avait tant de fois admirées sur la foi d'autrui. Quoique destiné à l'état ecclésiastique, qu'il embrassa plus tard, il se rendit sur les lieux, il étudia les ruines, et, donnant peut-être un peu trop d'essor à son imagination, consigna, parmi beaucoup d'assertions hasardées, une foule d'observations précieuses dans un ouvrage que l'on n'a jamais imprimé. Ce mémoire fut envoyé en Espagne vers 1803, pour y être livré à l'impression; mais le conseil des Indes le supprima, on ignore par quel motif. Son titre, quelque peu ambitieux, fera sourire plus d'un lecteur. Il porte en tête : *Historia de la creacion del cielo y de la tierra*. Dans ce livre, l'auteur promet d'embrasser non-seulement l'histoire des origines américaines, mais de suivre depuis leurs premiers pas la navigation de ces peuples sortis de la Chaldée. On voit de prime abord tout ce que l'antiquaire américain laisse à faire ici aux critiques judicieux, qui examinent sans parti pris à l'avance l'état réel de la question; mais la connaissance des langues américaines, trente années d'observations, l'examen d'une foule d'origines recueillies de la bouche des Indiens, rendent ce recueil de traditions d'une utilité incontestable. Si, dédaignant tous ces faits historiques, on a pendant bien longtemps confondu les monuments

de ne pas mettre d'obstacle à mes résolutions, parce que je serais forcé de lui causer préjudice, et ce serait toujours à mon grand regret.

Idole et autel de Copan, dans le Guatemala. — D'après Catherwood.

Quand Montézuma vit que j'étais déterminé à aller le joindre, il me fit dire qu'il ne demandait pas mieux, et m'envoya beaucoup de monde pour m'accompagner. A peine étais-je entré sur ses terres, que

du Yucatan, du Guatemala et du Mexique; si, durant de longues années, on n'a pas su distinguer les caractères divers qu'ils empruntent aux lieux où ils ont été construits, aux idées religieuses et symboliques qui leur donnèrent naissance, avec l'observation et l'étude l'ordre s'est établi.

L'un des derniers voyageurs qui se soient occupés des antiquités américaines leur assigne quatre grandes divisions, et, nous nous empressons de le dire ici, quelles que soient les théories ultérieures et les recherches historiques sur lesquelles on les établira, ces divisions nous semblent destinées à subsister. La première, selon M. l'abbé Brasseur de Bourbourg, est représentée par les ruines de Palenqué, de Mayapan et d'Izamal : on lui imposerait le nom d'époque *chane-quiche*, du nom de ces peuples, Quichés ou Chichimèques, qui eurent pour législateur Votan, et dont, selon nous, l'antique chronologie reste encore à établir. La seconde prendrait le nom de *tulha-olmèque*, et les débris de la *Tulha d'Ococingo*, ainsi que les grandes ruines de l'Amérique centrale, entre autres celles de *Papantla-Xicochimalco*, celles de *Xochicalco*, antique capitale des Olmèques, serviraient à la représenter, malgré l'analogie des caractères architectoniques que l'on trouve entre ces débris imposants et ceux de Palenqué. Peut-être doit-on, avec le savant ecclésiastique cité plus haut, leur assigner pour point de départ le premier siècle de l'ère chrétienne. La troisième époque, qui se nommerait *cholollane*, ou *maya-zapoteco-toltèque*, ne daterait que de la fin du cinquième siècle, époque de la décadence de Tulha. Chichen-Itza, le vieux

ses gens voulurent me faire passer par un chemin où il leur était très-facile de me nuire (la route de Calpulapa), autant que j'ai pu en juger par la suite et par le rapport de plusieurs Espagnols que j'envoyai de ce côté-là. Il y avait sur ce chemin tant de gorges, de défilés, de ponts et de mauvais pas, qu'ils auraient pu exécuter leurs desseins en toute sûreté; mais comme Dieu a toujours pris soin de veiller particulièrement sur les événements relatifs à Votre Majesté, depuis sa tendre enfance, et que la troupe et le chef marchaient pour son service, Dieu, par sa bonté infinie, nous montra un autre chemin, mauvais à la vérité, mais bien moins dangereux que celui qu'on voulait nous faire prendre. Voici quelle fut notre route.

A 8 lieues de Cholula, on rencontre deux chaînes de montagnes très-élevées, et d'autant plus singulières que le sommet en est couvert de neige au mois d'août, et qu'il sort de l'une d'elles plusieurs fois le jour et la nuit des volumes de feu très-considérables ([1]), dont la fumée s'élève aux nues avec une si grande force, que celle des vents, si prodigieuse qu'elle soit dans cette partie élevée, ne peut en changer la direction verticale. Afin de rendre à Votre Majesté le compte le plus détaillé des objets singuliers de cette contrée, je choisis dix de mes compagnons tels qu'il les fallait pour une découverte de cette nature, je les fis accompagner par des Indiens du pays qui leur servaient de guide, et je leur recommandai de faire tous leurs efforts pour parvenir sur le sommet de cette chaîne de montagnes et pour savoir d'où provenait cette fumée; mais il leur fut impossible d'y monter, à cause de l'abondance des neiges, des tourbillons de cendre dont la hauteur est sans cesse environnée, et du froid excessif qu'il y fait. Ils approchèrent du sommet autant qu'il leur fut possible; tandis qu'ils étaient au point le plus élevé où ils aient pu gravir, la fumée sortit avec tant de bruit et d'impétuosité, que la montagne semblait s'écrouler. Ils ne rapportèrent de leur voyage que de la neige et des glaçons, objets assez rares dans un pays situé, selon ce qu'ils disent, au 20e degré de latitude, parallèle de l'île Hispaniola, et où il fait une chaleur très-vive.

Mes dix compagnons allant à la découverte de cette chaîne de montagnes rencontrèrent sur leur passage un chemin dont ils demandèrent l'issue à leurs guides; ceux-ci leur répondirent que c'était le bon chemin de Culua, et que celui par lequel on avait voulu nous conduire ne valait rien.

Mes Espagnols suivirent ce chemin jusqu'aux hauteurs qu'il coupe, et du point le plus élevé de ces hauteurs ils découvrirent les plaines de Culua, la grande ville de Temixtitan ([2]) et les lacs de cette province, dont je rendrai compte à Votre Majesté.

Mon détachement vint me rejoindre, fort content d'avoir trouvé ce chemin : Dieu sait la joie que je ressentis de cette découverte. Je dis aux envoyés de Montézuma qui étaient destinés à m'accompagner chez lui que je voulais m'y rendre par ce chemin, qui était plus court, et non par celui qu'ils m'indiquaient. Ils me répondirent qu'effectivement ce chemin était plus court et plus praticable, mais qu'ils

temple de Potonchan, dont Cortez dut voir encore les ruines, la pyramide de Cholula, ou mieux de Chololan, en seraient de nos jours la magnifique représentation. « C'est alors que l'on voit surgir les monuments d'*Uxmal*, de *Zahi*, de *Labna*, de *Chichen*, de *Kabah*, dans le Yucatan, et ceux de *Lyoboa* ou *Mictlan*, de *Tututepec*, de *Loohvanna* et de *Zeetobaa*, berceau des rois de la Zapotèque... ceux de *Copan*, de la *Mictlan*, du lac *Lempa*, d'*Ometepec* et des autres îles du lac de Nicaragua ; enfin ceux de la seconde *Tulla*, *Tollan*, du plateau aztèque, et d'un grand nombre d'autres cités aujourd'hui ruinées et qui dépendirent des souverains toltèques... » A cette brillante période de l'art américain succéderait, au douzième siècle, la quatrième division, à laquelle M. l'abbé Brasseur impose la dénomination de *guatemalteco-mexicaine*, celle de la plus grande décadence, celle néanmoins qu'on retrouve dans tous les monuments des peuples subjugués par Cortez. On a reproduit ici des vues qui se rattachent à la période antique, à la seconde division, et à la période magnifique de l'art durant laquelle s'élève Copan. (Voy., pour l'historique de ces monuments, Stephen, et M. l'abbé Ch. Brasseur de Bourbourg, *Lettres pour servir à l'histoire primitive des nations civilisées de l'Amérique septentrionale*; 1851.) Nous n'ajouterons plus qu'un mot à ces détails : c'est que Cortez et ses hardis compagnons ne restèrent pas complétement étrangers à la connaissance de ces ruines de l'Amérique centrale. Lorsque Alvarado fit la conquête du Guatemala, on lui parla de cités immenses dont on lui signala l'antique splendeur, et qu'il se plaît à signaler au conquérant dont il tenait sa terrible mission. D'autres passages des anciennes correspondances renferment des renseignements de ce genre, et rendent d'autant plus étrange l'oubli complet où durant des siècles sont restés ces anciens débris. (Voy., *passim*, la collection de M. Ternaux-Compans.)

([1]) Il s'agit ici du *Popotatepec*, littéralement, la montagne qui fume. Ce volcan célèbre est décrit par M. de Humboldt. (Voy. *Vue des Cordillères*, 1 vol. in-fol.)

([2]) Cortez altère, dans toute l'étendue de son récit, le vrai nom de la capitale du Mexique, *Tenotchitlan*, qui signifie littéralement « le nopal sur une pierre. »

ne me l'avaient pas proposé parce qu'il fallait traverser pendant un jour entier les terres des Indiens de Guasucingo, leurs ennemis, et que nous ne trouverions pas sur cette route tout ce dont nous aurions besoin, comme sur les terres de Montézuma; que cependant (puisque je voulais prendre cette route) ils feraient en sorte que nous y trouvassions des provisions comme de l'autre côté.

Nous partîmes, en craignant que ces envoyés ne cherchassent à nous tendre des piéges; mais comme nous avions déjà indiqué le chemin que nous devions prendre, je ne crus pas devoir, ni revenir sur mes pas, ni changer l'ordre de ma marche : rien n'était plus à craindre que de laisser suspecter notre courage.

Le jour de mon départ de Cholula, je fis quatre lieues pour arriver à quelques hameaux de la province de Guasucingo, où je fus très-bien reçu des Indiens, qui me donnèrent quelques esclaves, des étoffes et de petites pièces d'or (¹), le tout en petite quantité et selon leurs moyens; car étant de la ligue de Tascalteca, concentrés uniquement dans leur pays par Montézuma, et sans communication quelconque, ils sont réduits à leurs propres ressources et sont très-pauvres.

Je montai, le lendemain, entre les deux chaînes de montagnes dont j'ai parlé, et dans la descente nous découvrîmes la province de Chalco, appartenant à Montézuma. Deux lieues avant d'arriver aux habitations, je trouvai un très-beau logement nouvellement construit, et si spacieux que tout mon monde y fut grandement logé. J'avais cependant avec moi plus de quatre mille Indiens : nous trouvâmes des vivres en abondance, de très-bon feu et une grande provision de bois, à cause du froid causé par la proximité des montagnes.

Je reçus dans ce logement plusieurs ambassadeurs de Montézuma, au nombre desquels se trouvait, à ce qu'on me dit, son propre frère : ils m'offrirent la valeur de 3 000 pesos (²) d'or environ, et me prièrent, de sa part, de rétrograder et de ne point persister à pénétrer dans un pays inondé, où l'on ne pouvait aborder qu'en canots ou par de très-mauvais chemins, et dans lesquels il y avait peu de vivres. Ils me prièrent encore de stipuler mes volontés, et m'assurèrent que Montézuma, leur maître, les remplirait, et qu'il conviendrait en même temps de me donner annuellement *certum quid* qu'on m'apporterait au port ou dans tel autre endroit que je désignerais.

Je reçus très-bien ces ambassadeurs, je leur fis des présents d'entre les objets de l'Espagne dont ils faisaient le plus de cas, et particulièrement à celui que je croyais le frère de Montézuma, auquel je fis dire que, s'il dépendait de moi de m'en retourner, je le ferais volontiers pour lui complaire, mais que j'étais venu par ordre de Votre Majesté, et qu'elle avait spécialement exigé de moi le compte le plus détaillé de la personne de Montézuma et de la belle ville qu'il occupait. Je le fis prier de prendre ma visite en bonne part, et l'assurai que je ne lui causerais aucune espèce de dommage; que, dès que je l'aurais vu, je m'en retournerais s'il ne voulait pas me retenir chez lui. J'ajoutai que nous conviendrions bien mieux entre lui et moi de tout ce qui pouvait concerner le service de Votre Majesté, que par des personnes tierces, quelque créance qu'elles méritassent.

Les ambassadeurs s'en retournèrent avec cette réponse, en examinant bien les environs de mon logement; je crus m'apercevoir qu'on y avait pris des précautions et fait des préparatifs pour nous attaquer pendant la nuit. Je me mis sur mes gardes, de manière qu'on changea de façon de penser : mes espions et mes sentinelles s'aperçurent qu'on avait retiré secrètement les troupes rassemblées dans le bois contigu à mon logement.

Le lendemain matin, je partis pour Amaqueruca (³), située dans la province de Chalco, et dont le centre de population principal, avec les aldées d'alentour, peut renfermer vingt mille habitants; cette ville se trouvait éloignée de 2 lieues de mon premier campement; nous y fûmes très-bien logés, dans des maisons appartenant aux seigneurs du lieu : plusieurs notables vinrent me parler et me dire que Monté-

---

(¹) Il y a dans l'original *ciertas piecezuelas*. Les Mexicains n'ayant d'autre monnaie courante que le *cacao*, nous supposons qu'il s'agit ici de pépites d'or.

(²) Le *peso* d'or, que Flavigny rend fort à tort par le mot *écu*, représentait, dit-on, une valeur de 66 francs; mais nous pensons qu'il y a de l'exagération dans cette évaluation adoptée par un éminent historien. Le *castellano* avait la même valeur que le *peso*; un peu plus loin on trouve encore une réminiscence de collége qu'il ne faut pas rendre par une *certaine somme*, puisque les Mexicains ne frappaient pas monnaie.

(³) Lisez *Amecameca*, à deux lieues de *Tlalmanalco*.

CONTINUATION DE LA MARCHE. — MESSAGE. — IZTAPALAPA.

zuma les avait envoyés pour m'attendre et pour me faire fournir tout ce dont j'aurais besoin. Le seigneur de la province m'offrit quarante esclaves et la valeur de mille *castillans*; en outre, pendant deux jours que je restai à Amaqueruca, nous fûmes très-abondamment pourvus de tout ce qui était nécessaire à notre subsistance. Je partis le troisième jour, avec les derniers envoyés de Montézuma, et je fus coucher dans un petit endroit, bâti moitié sur une partie d'une grande lagune, et l'autre moitié sur une portion de terre tenant à une chaîne de montagnes pierreuse et très-escarpée; nous y fûmes néanmoins très-bien logés. Les Mexicains auraient bien voulu en venir aux mains avec nous dans un poste aussi désavantageux, mais ils voulaient le faire avec sûreté, conséquemment nous surprendre pendant la nuit; l'entreprise n'était pas facile, car j'étais continuellement sur mes gardes et je les prévenais toujours de vitesse. Cette nuit, je doublai ma garde, qui tua plus de vingt espions dans des canots, où du haut de la montagne ils venaient continuellement épier le moment de nous surprendre. Quand les Mexicains en virent l'impossibilité, ils changèrent de conduite et se déterminèrent à nous bien traiter.

Au moment où je me disposais à partir, le lendemain au matin, dix ou douze des principaux seigneurs, à ce que j'ai appris, vinrent me trouver; il y en avait un entre autres parmi eux qui avait au plus vingt-cinq ans, pour lequel les autres parurent avoir de si grands égards que, quand il descendit de litière, ces Indiens marchaient devant lui pour ôter les pierres et pour nettoyer le chemin (¹).

Arrivés à mon logement, ces ambassadeurs me dirent qu'ils étaient envoyés de la part de Montézuma pour m'accompagner; qu'il me priait de l'excuser s'il ne venait pas lui-même au-devant de moi pour me recevoir, parce qu'il était indisposé; que sa cité était proche; que puisque j'étais toujours déterminé à venir le joindre, nous nous verrions incessamment, et qu'il apprendrait ce qu'il pouvait faire pour le service de Votre Altesse. Que si cependant je voulais faire quelque attention à ses conseils, je renoncerais au projet d'avancer davantage dans un pays où j'aurais beaucoup de fatigues et de besoins à supporter, et où il serait honteux de ne pouvoir m'offrir tout ce qu'il aurait désiré.

Les ambassadeurs appuyèrent avec tant d'opiniâtreté sur ce dernier point, qu'à moins d'ajouter qu'ils m'interdiraient le passage si je persistais à vouloir avancer, ils n'omirent rien pour m'engager à retourner sur mes pas. Je fis tout ce que je pus de mon côté pour les satisfaire et pour les tranquilliser sur les suites de mon voyage; je les congédiai en leur faisant quelques présents de l'Espagne, et je les suivis de près.

Je vis, à deux portées d'arbalète du chemin, une petite ville bâtie sur pilotis, inaccessible de tous côtés et bien fortifiée, à ce qu'il me parut; elle pouvait contenir environ deux mille habitants.

A une lieue plus loin, nous trouvâmes une chaussée de la largeur d'une pique et longue de deux tiers de lieue; elle nous conduisit à la plus belle ville que nous eussions encore vue, quoique petite. Les maisons en sont bien construites ainsi que les tours, et les pilotis sur lesquels elle est bâtie sont rangés dans un ordre admirable. Les habitants, au nombre d'environ deux mille, nous reçurent très-bien, nous donnèrent des comestibles en abondance, et nous prièrent d'y passer la nuit. Mais les députés de Montézuma m'engagèrent à passer plus loin et à gagner Iztapalapa, qui en est éloigné de 3 lieues, et qui appartient à un frère de Montézuma.

Nous sortîmes de cette ville par une chaussée semblable à la première, d'une lieue d'étendue environ, pour gagner la terre ferme : avant d'arriver à Iztapalapa (²), un seigneur de la ville et un autre chef d'une grande cité que l'on nomme Calnaalcan vinrent au-devant de moi; à mon arrivée, j'en trouvai d'autres qui me présentèrent 3 ou 4 000 castillans d'or, quelques esclaves et des étoffes, joignant à cela un fort bon accueil.

Iztapalapa peut contenir environ douze ou quinze mille habitants: cette ville est située en partie sur la terre et en partie sur l'eau. J'y ai vu des maisons neuves qui ne sont pas encore achevées et qui appartiennent au gouverneur; elles sont aussi bien et aussi solidement bâties, à l'architecture et aux ornements près, que les plus belles maisons d'Espagne. On y trouve des jardins très-frais, garnis de fleurs

---

(¹) Au dix-huitième siècle, les Mexicains gardaient encore cette coutume à l'égard des personnages pour lesquels ils conservaient un certain respect.

(²) *Iztapalapa* conserve le nom qu'elle avait au temps de Cortez; on y découvre encore de nombreux vestiges de son ancienne grandeur.

odoriférantes, de viviers d'eau douce munis de degrés allant presque au fond, de belvédères, de portiques, d'allées d'arbres; les réservoirs sont remplis de poissons et couverts de canards sauvages, de sarcelles, et de toutes les espèces d'oiseaux aquatiques (1).

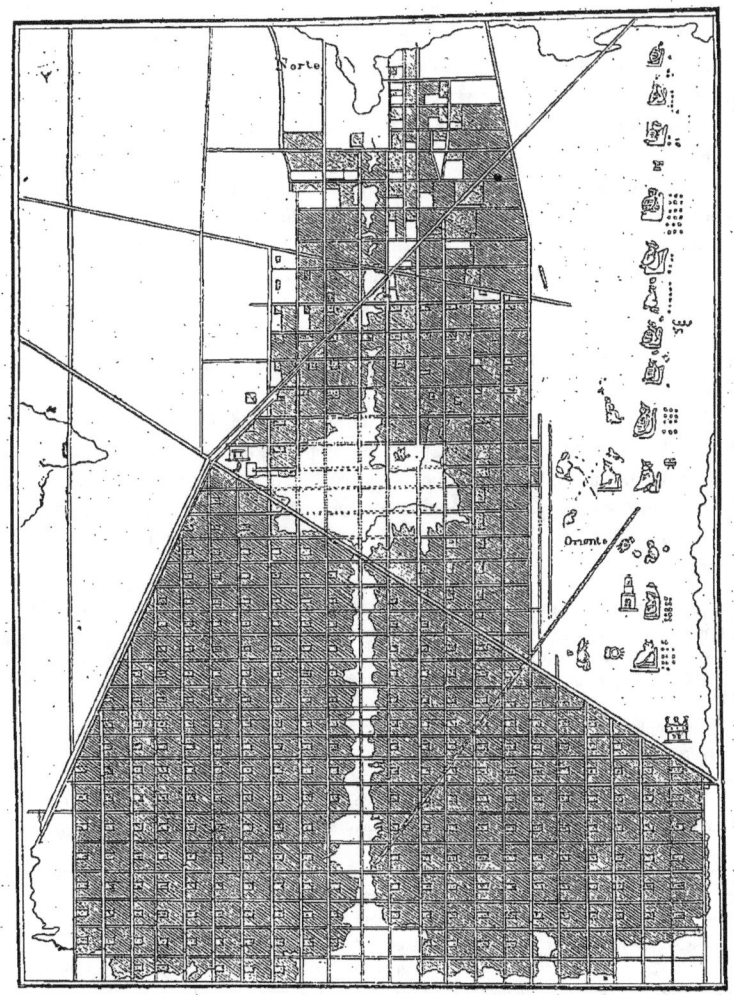

Plan de Mexico. — D'après Beulloch.

Je partis le lendemain de mon arrivée dans cette ville, et, après une demi-lieue de marche, je gagnai une chaussée qui traverse pendant 2 lieues le lac au milieu duquel est bâti Temixtitan (2). Cette chaussée,

---

(1) Dans la crainte de s'égarer au milieu de ces détails architectoniques un peu confus, Flavigny a singulièrement abrégé ici l'original.

(2) Le fragment d'un plan de Mexico que nous reproduisons ici nous est fourni par Beulloch. Il ne faut pas le confondre avec le plan curieux, mais par trop arbitraire, de Savorgnano. Il avait été tracé, à ce que l'on affirme, par ordre de Montézuma. Cette provenance, qui excite à bon droit le doute chez Prescott, nous paraît aussi très-problématique. Le souverain du Mexique avait néanmoins à sa disposition plusieurs architectes et plusieurs intendants des travaux publics capables d'entreprendre un pareil ouvrage. Le principal ingénieur de Montézuma 1er se nommait Pinotetl, et le premier ministre inspec-

large de deux lances, peut contenir huit chevaux de front ; elle est parfaitement bien faite et bordée de trois villes : la première s'appelle Mesicalsingo, et contient environ mille habitants ; la seconde, Huchilohuchico ; et la troisième, Nyciaca ; celle-ci contient plus de six mille habitants. Les tours, les temples, les oratoires, et les maisons des principaux seigneurs, sont très-solidement bâtis, ainsi que leurs mosquées ou leurs oratoires dans lesquels ils conservent leurs idoles. On fait dans cette ville un grand commerce de sel tiré des eaux des marais, bouillies et réduites en pains.

Une demi-lieue avant d'entrer à Temixtitan, on trouve un double mur en forme de boulevard, garni d'un parapet crénelé, qui forme une double enceinte à la ville, et va joindre, de l'autre côté, une chaussée qui aboutit à la terre ferme ; cette double enceinte n'a que deux portes qui débouchent sur les deux chaussées en question.

Plus de mille personnes des principaux de la ville, uniformément vêtues, vinrent au-devant de moi jusqu'à cette double enceinte. A mesure qu'elles en approchaient pour me parler, elles remplissaient une cérémonie fort usitée au Mexique, de mettre la main à terre pour la baiser. J'attendis plus d'une heure pour donner à chaque particulier le temps d'achever la cérémonie.

En entrant dans la ville, il y a, entre l'extrémité de la chaussée et la porte, un pont de bois de dix pieds de large, afin de laisser circuler librement les eaux autour de la forteresse. Ce pont, composé de lambourdes et de poutres, s'enlève à volonté ; il y en a un grand nombre de semblables dans l'intérieur de la ville pour les communications.

Montézuma, accompagné de deux cents seigneurs déchaussés et habillés d'une espèce de livrée très-riche, vint me recevoir en deçà du pont. Cette suite, rangée sur deux files, marchait le plus près possible des maisons, dans une rue longue de trois quarts de lieue, très-droite, très-bien percée, ornée de temples, de grandes et belles maisons. Montézuma, accompagné de son frère et d'un autre seigneur qu'il m'avait envoyé, marchait au milieu de la rue ; tous trois étaient vêtus de même façon, mais Montézuma seul était chaussé ; ces deux seigneurs le soutenaient par-dessous les bras. Quand je vis qu'il s'approchait, je mis pied à terre, et j'allai pour l'embrasser ; mais les deux seigneurs qui l'accompagnaient m'arrêtèrent

---

teur des travaux s'appelait Chihuacoatl. (Voy. l'*Histoire du Mexique*, par D. Alvaro Tezozomoc, publiée par M. Ternaux-Compans, 2 vol. in-8 ; Paris, 1853.) Ce plan offre plusieurs caractères hiéroglyphiques. Les peintres chargés d'exécuter ce genre de travail se nommaient, chez les Mexicains, *tlaluca*, et formaient une classe privilégiée exempte de certains impôts. Nous dirons en passant ici quelques mots de ces caractères mystérieux, dont le vaste ouvrage qui est dû à la munificence de lord Kingsborough (9 vol. in-fol.) offre une si ample collection.

Les Mexicains possédaient de nombreuses chroniques, des poésies du caractère le plus varié, et même des traités encyclopédiques que représentait un livre célèbre et à jamais perdu, nommé *Teomaxtli*. Ces divers ouvrages étaient invariablement écrits en caractères hiéroglyphiques, dont on a longtemps ignoré la valeur, mais dont on commence à pénétrer de nouveau le sens. Les tributs que devait chaque ville ou chaque province étaient exprimés de la même manière, c'est-à-dire qu'ils étaient peints, bien plutôt qu'ils n'étaient tracés, sur une espèce de papier ayant quelque analogie, pour la consistance, avec le papyrus, et que l'on obtenait des feuilles du maguey (*Agave americana*). Ces caractères, que l'on a voulu comparer à ceux des Égyptiens, mais qui en diffèrent sous de nombreux rapports, ont trouvé des interprètes habiles dans le dix-septième siècle et même dans le dix-huitième. Fernando Alva Ixtlilxôchitl, descendant des rois de Tezcuco, qui écrivait en 1608, était un fort habile hiérogrammate, et l'on affirme qu'un certain Borunda, qui vint mourir en Espagne au commencement du siècle, possédait au plus haut degré la connaissance de ces signes mystérieux.

Il paraît certain, et M. de Humboldt l'a dit depuis longtemps, qu'un certain ordre d'hiéroglyphes chez les Aztèques présente tous les caractères des signes phonétiques, et plusieurs écrivains modernes en administrent même la preuve. Ceux que nous représentons page 390 ne sont probablement pas de cette nature, ils donnent l'énumération des temples de la ville. Il y en a un grand nombre figurés, avec leur valeur, dans l'édition des lettres de Cortez, publiées en 1770 par D. Francisco-Antonio Lorenzana, évêque de Mexico, sous le titre, un peu ambitieux peut-être, d'*Historia de Nueva-Espana*. Il s'en faut bien que l'ancien évêque de Mexico soit exempt d'erreur ; car, paraissant en 1770, il ne pouvait avoir connaissance des travaux exécutés par Borunda, et qui eurent lieu vers 1795. Ces mêmes hiéroglyphes, extraits du *Codex* de Mendoza, sont reproduits avec beaucoup plus d'exactitude et avec leurs couleurs symboliques dans l'œuvre immense publiée par Aglio, sous le patronage de lord Kingsborough. De nos jours, le savant M. Ramirez, auquel on doit une dissertation excellente placée en tête d'une traduction espagnole de Prescott, établit d'une manière fixe le caractère phonétique des hiéroglyphes mexicains. Nous citerons principalement, sur cette matière encore peu connue, une savante brochure qui porte le titre suivant : J.-M. Aubin, *Mémoire sur la peinture didactique et l'écriture figurative des anciens Mexicains*, in-8 de 89 pages avec trois planches donnant des caractères hiéroglyphiques. Durant l'incendie du palais de Netzahualpizentli, qui eut lieu en 1520 à Tezcuco, « toutes les archives de la Nouvelle-Espagne furent consumées, les anciennes annales disparurent, pour ainsi dire, dans ce désastre. » (Voy. *Histoire des Chichimèques*, t. II, p. 279.)

et m'empêchèrent de le toucher. Ils firent, ainsi que Montézuma, la cérémonie de baiser leurs mains à terre. Quand cette cérémonie fut faite, Montézuma ordonna à son frère de m'accompagner et de me soutenir dessous le bras. Montézuma, m'ayant adressé la parole, marcha devant moi à petits pas avec celui qui l'accompagnait, et tous les autres seigneurs formant le cortége vinrent me parler en ordre chacun à leur tour, et s'en retournèrent à leur place.

Montézuma. — D'après Sandoval.

Lorsque j'abordai Montézuma, je m'ôtai un collier de perles et de diamants de verre que je lui attachai au cou. Quelque temps après, un de ses serviteurs m'apporta, enveloppés dans un drap, deux colliers de coquilles nacrées, à reflets chatoyants, qu'ils tiennent en grande estime. Il pendait de chaque collier huit breloques d'or longues d'environ un demi-pied et très-bien travaillées. Montézuma vint me les passer au cou, et reprit sa marche dans l'ordre que j'ai décrit, jusqu'à une très-grande et belle maison qu'il avait fait préparer pour nous loger. Alors il me prit par la main et me conduisit dans une grande salle en face de la cour par laquelle nous étions entrés; il m'y fit asseoir sur une estrade très-riche qu'il avait fait faire pour lui; il me pria de l'y attendre et sortit.

A peine avais-je fait loger tous les gens de ma suite, qu'il revint avec différents joyaux d'or et d'argent, des plumes, cinq ou six mille pièces de coton travaillées richement de diverses manières. Après m'avoir fait remettre ses présents, il s'assit sur une autre estrade qu'on lui dressa à côté de la mienne, et me parla ainsi :

« Depuis longtemps nous savons, par les titres que nos ancêtres nous ont laissés, que ni moi ni aucun habitant de ce pays n'en sommes originaires; nous sommes des étrangers venus de fort loin sous les étendards d'un roi qui s'en retourna dans son pays après la conquête, et qui fut si longtemps à revenir au Mexique, que ses sujets avaient déjà formé une très-nombreuse population lors de son retour. Ce roi voulut ramener ses sujets avec lui, mais ils ne voulurent pas le suivre et encore moins le recevoir pour maître. Il repartit seul, et nous a toujours annoncé qu'il viendrait un de ses descendants pour subjuguer ce pays. Suivant le point de l'Orient dont vous dites venir, suivant tout ce que vous nous racontez du roi qui vous a envoyé ici, nous croyons d'autant plus fermement qu'il est notre roi naturel, que vous ajoutez qu'il y a longtemps qu'il a entendu parler de nous; nous sommes certains que vous ne nous trompez pas, vous pouvez donc être assuré que nous vous reconnaissons pour maître, comme représentant un grand roi dont vous nous parlez, et que nous vous obéirons; vous pouvez ordonner absolument dans tout le pays qui m'appartient, et tout ce que nous avons est à votre disposition.

» Puisque vous êtes dans votre pays et chez vous, réjouissez-vous, délassez-vous des fatigues de vos voyages et des guerres que vous avez eu à soutenir; car je sais tous les inconvénients et les obstacles que vous avez eu à surmonter. Je n'ignore point non plus que les Indiens de Cempoal et de Tascalteca vous ont fortement prévenus contre moi; mais ne croyez que ce que vous verrez par vous-même, surtout de ces Indiens qui sont ou mes ennemis ou des sujets révoltés. Je sais également qu'ils ont dit que les murailles de mon palais étaient d'or, que mes tapis et tout ce qui servait à mon usage en était aussi; quant aux maisons, vous voyez qu'elles sont de pierre, de chaux et de sable. » Levant en même temps ses habits et me montrant son corps, il ajouta : « Vous voyez que je suis de chair et d'os comme vous, et que, comme tout le monde, je suis mortel et palpable. Il est vrai que je conserve quelques objets en or qui m'ont été laissés par mes aïeux; mais tout ce que j'ai sera à vos ordres quand vous le voudrez. Je m'en retourne dans une autre maison où je demeure : n'ayez point d'inquiétude, vous aurez ici tout ce qui vous sera nécessaire, à vous et à votre suite, puisque vous êtes chez vous et dans votre pays natal. »

Je répondis à tout ce qu'il m'avait dit, y ajoutant ce qui me parut convenable pour lui laisser croire que Votre Majesté était en réalité celui que ces peuples attendaient (¹).

Aussitôt le départ de Montézuma, on nous apporta une ample provision de poules, de pain, de fruits, de tous les comestibles nécessaires, et particulièrement des ustensiles de logement. Je fus ainsi pourvu pendant six jours, et je reçus les visites des principaux chefs.

Déjà, très-catholique seigneur, je vous ai dit, au début de cette lettre, qu'en partant de la Vera-Cruz j'avais laissé cent cinquante hommes pour achever la construction de la forteresse commencée, et en même temps comment il y avait un grand nombre de villes, de bourgs et d'habitants de ces contrées parfaitement soumis à votre domination; puis, que j'avais laissé dans Cholula quelques sujets affidés sous la conduite d'un capitaine que j'en avais fait commandant

J'en reçus alors des lettres qui m'apprirent que Qualpopoca, seigneur d'Almeria (appelé par les Mexicains Nauthla), lui avait envoyé des députés pour vous assurer de son hommage et de sa soumission, et pour déclarer qu'il n'y était pas encore venu lui-même, parce qu'il lui était indispensable, pour exécuter ce dessein, de passer sur les terres de ses ennemis qui l'insulteraient à coup sûr. Il fit dire en même temps que si l'on voulait lui envoyer quatre Espagnols, il viendrait aussitôt, parce qu'on n'oserait plus l'insulter, le sachant accompagné. Le commandant de Cholula, induit en erreur par bien d'autres exemples de cette nature qui lui avaient réussi, lui envoya les quatre hommes demandés. Qualpopoca ayant ordonné de les assassiner de manière qu'on ne pût l'en soupçonner, deux furent mis à mort, et deux couverts de blessures eurent le bonheur d'échapper à travers les bois. Par suite de cette trahison, le commandant de Cholula s'était mis à la tête de deux cavaliers, de cinquante Espagnols et de huit à dix mille Indiens alliés, et porté sur Almeria. Après plusieurs combats funestes aux habitants.

(¹) Cortez renvoie à cette occasion à Charles-Quint l'honneur que lui faisaient les peuples de l'Anahuac en lui accordant un caractère divin, et en personnifiant en lui *Quetzalcoatl* le dieu législateur, dont on lui avait envoyé en présent les ornements symboliques. (Voy. Bernardino de Sahagun.)

ils en furent tous chassés, et la ville fut brûlée par l'acharnement de nos Indiens, malgré les secours que Qualpopoca et ses amis tentèrent d'y apporter. On interrogea avec grand soin tous les prisonniers faits en cette occasion pour connaître les auteurs de la perfidie ourdie contre les Espagnols; tous en accusèrent Montézuma, et prétendirent qu'à mon départ de la Vera-Cruz il avait ordonné à Qualpopoca et à ses autres vassaux d'employer tous les moyens imaginables pour se défaire de ceux que j'y avais laissés dans le but de favoriser ma retraite.

Donc, très-invincible prince, six jours après mon arrivée à Temistitan, et après en avoir examiné le petit nombre de particularités remarquables, je crus, selon les indices qui me venaient du pays, et pour le bien de la couronne, devoir m'assurer de Montézuma, afin de fixer ses irrésolutions et de l'attacher constamment au service du roi, service auquel il aurait pu vouloir se soustraire, d'après son humeur inquiète. Afin de pourvoir à notre sûreté, de connaître mieux et de soumettre avec plus de facilité les terres de sa domination, je me déterminai à transférer ce prince dans mon logement, qui était très-fort. Pour y parvenir sans bruit et sans émeute, je plaçai des gardes dans les carrefours des rues, et j'allai le voir à mon ordinaire (¹).

Nous parlâmes d'abord de bagatelles : il me fit présent de divers joyaux d'or et d'une de ses filles. Il donna aussi plusieurs filles de seigneurs à quelques-uns de ceux qui venaient en ma compagnie; mais nous changeâmes bientôt de conversation : je lui exposai l'aventure d'Almeria, la trahison, la cruauté de Qualpopoca, qui prétendait n'avoir agi que par ses ordres et n'avoir pu se défendre de les exécuter comme son sujet. J'y ajoutai que je n'en croyais rien, et que ces traîtres en imposaient pour se disculper, puisque je n'avais qu'à me louer de lui; mais qu'il lui était indispensable d'envoyer chercher au plus tôt Qualpopoca et ses complices pour constater la vérité et pour les punir, parce que, sur le récit de ces horreurs, non-seulement mon maître douterait de sa bonne volonté, mais m'ordonnerait de me porter aux dernières extrémités contre lui afin de venger la perfidie exercée sur mes compagnons. A peine avais-je fini de parler, que Montézuma remit une petite pierre en forme de sceau, qu'il portait au bras, à l'un de ses satellites, avec ordre de se transporter à Almeria, qui est à 70 lieues de Temixtitan, ou Mexico, et d'y arrêter Qualpopoca et tous les complices de l'assassinat des Espagnols, pour les amener de gré ou de force dans cette capitale. Les satellites de Montézuma obéirent et partirent sur-le-champ. Je le remerciai de sa promptitude à me donner satisfaction, et j'y ajoutai qu'il ne fallait, pour la rendre complète aux yeux du roi, auquel je devais compte de ces Espagnols, que de le voir, lui Montézuma, logé avec moi jusqu'à ce que la vérité fût connue, et que son innocence, de laquelle je ne doutais point, fût prouvée. Je le priai en même temps de ne point se formaliser de ma proposition, puisqu'il devait conserver toute sa liberté, et que je ne mettrais aucun obstacle ni à son service, ni aux ordres qu'il voudrait donner.

Je le priai de choisir le quartier de mon logement qui lui conviendrait le mieux, d'y faire absolument ses volontés; qu'on ne le troublerait en aucune manière, et qu'indépendamment de ses serviteurs, il aurait encore à ses ordres tous les gens de ma suite, qui préviendraient ses désirs.

Montézuma parut accepter volontiers toutes mes propositions. Il ordonna de préparer aussitôt l'appartement qu'il choisit. Plusieurs seigneurs entrèrent ensuite dans celui où il était, déchaussés, déshabillés, leurs habits sur les bras, et portant une espèce de civière en forme de chaise à porteurs. Ils prirent en silence Montézuma et le placèrent, les larmes aux yeux, dans cette voiture, avec laquelle on le transporta dans mon logement, sans tumulte (²). On aperçut, en traversant la ville, quelques émotions; mais Montézuma les apaisa d'un mot; tout fut tranquille, et le calme dura tout le temps qu'il resta en mon pouvoir, parce qu'il faisait tout ce qu'il désirait, et parce qu'il était servi comme chez lui.

Depuis quinze jours, Qualpopoca, l'un de ses fils, et les complices du meurtre des Espagnols, étaient pris, lorsqu'on me les amena au nombre de quinze. Je les fis mettre en lieu de sûreté; et, quand ils eurent avoué qu'ils étaient sujets de Montézuma, et qu'ils avaient fait mourir les Espagnols, je leur fis faire leur procès. Ils nièrent, dans les informations, que Montézuma eût autorisé leurs crimes par des

---

(¹) Ixtlilxóchitl dit que Montézuma fut arrêté au bout de quatre jours, on ne sait sous quel prétexte. (Voy. *Cruautés horribles des conquérants du Mexique*, p. 8.)

(²) Cortez fit construire plus tard un palais sur cet emplacement.

ordres; mais lors de l'exécution de la sentence, qui les condamnait à être brûlés, ils changèrent de langage, et accusèrent Montézuma. Ils furent tous exécutés dans la place publique, sans la moindre rumeur; et pendant l'exécution seulement, vu l'aveu des coupables, je fis mettre Montézuma aux fers (¹). Il en fut fort effrayé; mais, après lui avoir parlé, je les lui fis ôter, et il se tranquillisa. Depuis ce moment, je ne cherchai plus qu'à le prévenir en tout; je publiai même dans son empire que tous mes vœux tendaient à la conservation de Montézuma dans toute son autorité, pourvu que lui-même reconnût celle du roi mon maître, et que mon intention était qu'on le regardât et qu'on lui obéît comme avant mon arrivée.

Je le traitai si bien, et il était si content de moi, que je lui parlai souvent et en vain de sa liberté : il me répondait toujours qu'il se trouvait bien, que rien ne lui manquait, qu'il avait les mêmes agréments que chez lui; que s'il s'en allait il pourrait arriver que les caciques et ses sujets l'importunassent et l'induisissent à des démarches préjudiciables au service du roi, qu'il avait à cœur de servir de son mieux : au lieu qu'en restant, il répondait à toutes les importunités par le défaut de liberté qui lui servait toujours d'excuse. Il me demandait fort souvent la permission d'aller s'amuser dans plusieurs maisons qu'il avait, tant au dedans qu'au dehors de la ville (²) : jamais je ne la lui ai refusée; il emmenait souvent avec lui cinq ou six Espagnols à une ou deux lieues, et revenait toujours gai et content dans le logement où je le retenais.

Il faisait toutes les fois qu'il sortait des présents, soit en bijoux, soit en étoffes, aux Espagnols qui le suivaient; il leur prodiguait les fêtes et les repas, ainsi qu'aux personnages principaux et aux seigneurs distingués qui l'accompagnaient presque toujours jusqu'au nombre de trois mille.

Quand je fus bien convaincu des dispositions favorables de Montézuma et de sa soumission, je le priai de m'indiquer les mines d'or du pays; et lui, alors de fort bonne volonté, selon qu'il paraissait, dit qu'il accomplirait ce qui lui était demandé.

Il fit venir aussitôt huit de ses serviteurs, qu'il répartit de deux en deux dans les provinces d'où l'on tirait l'or, et me demanda autant d'Espagnols pour être témoins de leur opération : les uns se transportèrent dans la province de Cuzula, qui est éloignée de 80 lieues de Mexico, où on leur montra trois rivières qui produisaient de l'or : ils m'en apportèrent trois échantillons du très-bon, quoique tiré avec peu de soin et avec les seuls instruments dont les Indiens ont coutume de se servir. Ces premiers Espagnols, en allant à cette destination, traversèrent trois grandes provinces, ornées d'une grande quantité de villes, de bourgs et de villages, aussi bien bâtis qu'en aucune partie de l'Espagne; ils rencontrèrent entre autres une forteresse plus grande, plus forte et mieux bâtie que le château de Burgos. Les habitants de la province de Tamazulapa (³) leur parurent de la plus grande intelligence, et beaucoup mieux vêtus que les autres Indiens que nous avions vus jusqu'ici.

La seconde division d'Espagnols et d'Indiens qui allèrent à la découverte de l'or parcoururent la province de Malinaltebeque *(Maninaltepec)*, éloignée de 70 lieues de Mexico, du côté de la mer; ils m'apportèrent encore des échantillons d'or d'une grande rivière qui coule dans ces contrées.

La troisième division marcha dans la province de Tenis *(Tenich)*, dont les habitants parlent une langue différente de ceux de la province de Culua. Le cacique qui y commande s'appelle Coatelicamat. Comme ses possessions existent sur une chaîne de montagnes très-élevées et très-escarpées, comme ses sujets sont très-belliqueux et combattent avec des lances longues de vingt-cinq à trente palmes, ils ne dépendent point de Montézuma : aussi les Indiens qui accompagnaient nos Espagnols n'osèrent-ils entrer dans le pays sans en faire demander la permission au seigneur. On vint lui dire que Montézuma leur maître et moi désirions qu'il eût pour agréable de faire montrer aux Espagnols les mines d'or qu'on exploitait dans son pays. Coatelicamat en accorda la permission aux Espagnols seulement, et la refusa aux sujets de Montézuma, comme à ses ennemis. Les Espagnols furent quelque temps à décider s'ils entreraient seuls, ou non, dans la province de Tenis, parce que leurs compagnons Indiens firent tout ce qu'ils purent pour les intimider; mais ils se résolurent à marcher en avant, et furent parfaitement bien reçus du sei-

---

(¹) Il y a dans l'original, fort abrégé ici : *Le hice echar unos grillos, de que el no recibio poco espanto.*
(²) On désignait les palais impériaux sous le nom de *tecpan;* Montézuma en possédait sept.
(³) Diocèse d'Oaxaca, qui plus tard fit partie de l'apanage de Cortez.

gneur et des habitants, qui leur montrèrent sept ou huit ruisseaux dont ils tirèrent effectivement de l'or en leur présence et dont ils m'apportèrent des échantillons.

Coatelicamat me renvoya mes Espagnols avec quelques députés, qui vinrent m'offrir de sa part des étoffes de son pays, des bijoux d'or, ses terres et sa personne.

La quatrième division des Espagnols et des Indiens qui allèrent à la découverte de l'or parcourut la province de Tuchitebeque *(Xuchitepec)*, située vers la mer, à 12 lieues de celle de Malinaltebeque. On leur montra deux rivières, d'où l'on tira de l'or en leur présence, et dont ils m'apportèrent aussi des échantillons.

Le rapport des Espagnols m'ayant appris qu'il y avait dans cette province beaucoup d'endroits où l'on pouvait fonder des habitations propres à tirer l'or, je priai Montézuma d'en faire établir une dans cette province de Malinaltebeque : les ordres qu'il donna à ce sujet furent si promptement exécutés, que deux mois après ma prière il y avait déjà soixante-dix fanègues de blé, dix fanègues de fèves blanches de semées, et deux mille pieds de cacao de plantés; ils faisaient tant de cas de cette dernière production, qu'en place d'argent elle servait à échanger et à acheter dans tous les marchés possibles (¹). Montézuma fit encore construire quatre autres métairies ou habitations, dans l'une desquelles on pratiqua une pièce d'eau pour cinq cents canards, dont on emploie les plumes pour se vêtir. Il mit dans une autre plus de quinze cents poules, sans compter beaucoup d'autres effets que les Espagnols estimaient vingt mille pesos d'or.

Je priai encore Montézuma de m'indiquer sur les côtes de la mer quelque embouchure de rivière ou ports dans lesquels les navires pussent mouiller en sûreté. Il me fit remettre une carte de toutes les côtes de son empire, peinte sur étoffe (²), et me proposa des guides pour envoyer reconnaître les points correspondants à mes vues. J'y remarquai l'embouchure d'une rivière plus ouverte que les autres, placée dans des chaînes de montagnes appelées Sanmyn autrefois, et aujourd'hui Saint-Martin et Saint-Antoine; j'y envoyai dix pilotes ou matelots, sous l'escorte que Montézuma leur donna : ils partirent du port de Saint-Jean, où je débarquai pour parcourir la côte; ils firent soixante et tant de lieues sans trouver ni port ni rivière où il pût entrer un navire. Ils arrivèrent enfin à l'embouchure du fleuve de Guacalco (³), que j'avais remarqué sur la carte. Le cacique de la province, appelé Tuchintecla, les reçut très-bien, et leur donna des canots pour examiner la rivière. Ils la trouvèrent, à son embouchure, profonde au moins de deux brasses et demie. Ils la remontèrent à environ 12 lieues, et constatèrent qu'elle avait toujours dans la plus grande profondeur cinq ou six brasses d'eau. Selon leurs observations, ils prétendirent que cette rivière a la même profondeur pendant plus de 30 lieues; que ses rives sont infiniment peuplées; que la province qu'elle parcourt consiste dans le terrain le plus uni, le plus fertile et le plus abondant en toutes sortes de productions. Les habitants de cette province ne sont pas sujets de Montézuma, et sont au contraire ses ennemis. Le cacique, en permettant l'entrée aux Espagnols, la défendit à l'escorte mexicaine qui les accompagnait. Il m'envoya des députés chargés de bijoux d'or, de peaux de tigre, de plumes, de pierres et d'étoffes, avec ordre de me dire, en me les présentant, que Tuchintecla, leur maître, avait depuis longtemps entendu parler de moi par les habitants de Putunchan (Potonchan), ses amis, qui, après avoir entrepris de me défendre l'entrée de leur pays, s'étaient soumis et avaient obtenu mon amitié. Ces députés ajoutèrent que Tuchintecla se soumettait entièrement à mes ordres, ainsi que toute sa province, pourvu que j'en défendisse l'entrée aux habitants de Culua; que tout ce qu'elle produisait était à mon service, et qu'il me payerait le tribut annuel que je lui imposerais.

Sur le rapport de mes dix Espagnols touchant la situation et la population de cette province, sur la découverte d'un port, qui avait fait l'objet de tous mes vœux depuis ma descente, je renvoyai avec les députés de Tuchintecla de nouveaux experts pour vérifier les sondes du port et de la rivière, la population de la province, la bonne volonté des habitants, et remarquer les lieux propres à former des établissements utiles. Ils remirent, de ma part, des présents à Tuchintecla : ils en furent bien reçus,

---

(¹) Le cacao *(cacahoatl)* a servi de monnaie sur différents marchés américains, entre autres au Maranham. En ce qui regarde Tenotchitlan, on s'aperçut bientôt que les Mexicains savaient contrefaire admirablement cette graine oléagineuse, et fabriquaient ainsi de la fausse monnaie.

(²) On désigne toutes ces peintures sous le nom de *lienzos*.

(³) Gomara dit *Goazacoalco*.

et remplirent l'objet de leur commission dans le plus grand détail. D'après leur rapport, et la certitude de la bonne volonté de Tuchintecla, je pris le parti d'envoyer dans cette province un capitaine et cent cinquante hommes pour tracer le plan et construire une forteresse, d'après les offres du cacique, qui témoigna le plus vif désir de satisfaire à tous mes besoins et de me voir fixé dans son pays.

Avant d'arriver à Temixtitan, j'avais remarqué qu'un grand seigneur, proche parent de Montézuma, était venu de sa part au-devant de moi; il possédait une province contiguë à celle de Montézuma, appelée Haculuacan (Culuacan).

A l'entrée de cette province, à 6 lieues de Temixtitan par eau, et à 10 lieues par terre, il y a sur le bord du marais salant une grande île, nommée Tezcuco, qui contient 30 000 âmes, de beaux édifices, des maisons superbes, des oratoires bien décorés, et de grands marchés; et deux autres villes, contenant trois ou quatre mille habitants, à 3 et à 6 lieues de distance de la première. Cette province de Haculuacan contient en outre une grande quantité de bourgs, de villages, de métairies et de bonnes terres labourables : elle confine à la province de Tascalteca, et elle obéissait à un seigneur nommé Cacamazin (¹), qui, depuis la prise de Montézuma, s'était révolté autant contre lui que contre le roi mon maître, auquel il avait cependant offert ses services. Montézuma lui prescrivait en vain ce qu'il avait à faire; c'était en vain que je lui parlais au nom du roi : il répondait toujours qu'on pouvait venir chez lui lui donner des ordres, et qu'on verrait les services qu'il était obligé de rendre. N'ayant pu rien obtenir de lui, ni en lui ordonnant, ni en le priant, le sachant escorté et défendu par un corps d'armée considérable et aguerri, je me consultai avec Montézuma sur les moyens de punir ce chef de sa rébellion.

Montézuma prétendit qu'il y aurait du danger à vouloir prendre de vive force un seigneur puissant, qui avait une armée à ses ordres; mais qu'il était possible d'y suppléer par la ruse, ayant surtout à ses gages des notables qui vivaient habituellement avec Cacamazin. Effectivement, ce prince prit si bien ses mesures, que ces notables, qui lui étaient dévoués, engagèrent Cacamazin à se rendre dans l'une de ses maisons, située sur le marais salant, pour y conférer de leurs affaires. On y avait aposté des canots garnis de soldats, dans le cas où Cacamazin se défendrait. Dans le temps qu'il était à délibérer, les hommes dévoués à Montézuma le prirent sans que ses gens s'en aperçussent, le firent descendre dans un canot, et me l'amenèrent à Temixtitan. Je le fis mettre aux fers et en lieu de sûreté ; et, après avoir pris l'avis de Montézuma, je nommai à sa place son frère, appelé Cucuscacin; j'ordonnai à tous les seigneurs et habitants de cette province de lui obéir comme à leur seigneur : mes ordres à cet égard furent exécutés, et je n'ai jamais eu à me plaindre depuis de celui qui en était l'objet.

Quelques jours après la détention de Cacamazin, Montézuma fit assembler chez lui tous les seigneurs des villes et des environs. Lorsqu'ils furent réunis, il m'envoya prier de me transporter où ils étaient, et leur parla ainsi devant moi : « Mes frères et mes amis, depuis longtemps, vous, vos pères et vos aïeux, avez été ou mes sujets ou ceux de mes ancêtres; nous vous avons toujours traités avec honneur et bonté, et vous nous avez toujours servi loyalement. Vous n'ignorez pas non plus, par la tradition de vos ancêtres, que nous ne sommes pas originaires de ce pays, mais que nos pères y ont été amenés par un souverain qui les y laissa; que ce souverain, étant revenu longtemps après, soit pour ramener ses sujets, soit pour régner parmi eux, trouva tant d'opposition à ces deux projets parmi nos ancêtres, qui s'y étaient prodigieusement multipliés, qu'il s'en retourna, en promettant d'envoyer des forces capables de les contraindre à recevoir ses lois. Nos pères et nous l'avons vainement attendu ; mais, suivant ce que ce capitaine rapporte du roi et du maître qui l'a envoyé, en comparant le point d'où il est parti à celui annoncé par nos anciennes prédictions, je suis certain, et vous devez l'être aussi, qu'il vient de la part du maître que nous attendions. Puisque nos prédécesseurs n'ont pas rendu à leur souverain l'obéissance qu'ils lui devaient, faisons-le, nous autres, et remercions les dieux de voir arriver de nos jours ce que nos ancêtres attendaient depuis si longtemps. Obéissez donc dorénavant à ce grand roi, votre souverain naturel, et au capitaine qui le représente, comme vous m'avez obéi jusqu'à ce jour. Payez-lui tous les impôts que vous m'avez payés jusqu'ici, servez-le comme vous me serviez. Par là, non-seulement vous ferez ce que vous devez, mais tout ce qui peut dans le monde me faire le plus grand plaisir. »

(¹) Cacamazin, propre neveu de Montézuma, et, plus tard, livré par son ordre. (Voy., sur ce point important, Ixtlilxòchitl, *Cruautés horribles*, collection Ternaux-Compans.)

Montézuma prononça ce discours en fondant en larmes (¹). Ceux qui l'écoutaient partagèrent ses sentiments, au point de ne pouvoir répondre. Tous les Espagnols qui l'entendirent furent émus de compassion; mais, après quelques moments de silence, tous ces seigneurs répondirent à Montézuma qu'ils l'avaient toujours regardé comme leur maître, et avaient toujours promis d'exécuter ses ordres; qu'en conséquence ils se soumettaient au roi d'Espagne, et promettaient tous ensemble, et chacun en particulier, de faire, comme de bons et loyaux sujets, tout ce que je leur ordonnerais, de payer tous les impôts que j'exigerais, et de servir mon maître comme ils servaient Montézuma. L'acte de soumission fut rédigé par un écrivain public, et signé de toutes les parties, en présence de plusieurs Espagnols comme témoins.

Cet acte étant passé, je parlai, d'après l'offre des seigneurs, à Montézuma du besoin d'or qu'avait Votre Majesté pour différents ouvrages qu'elle faisait faire. Je le priai d'envoyer de son côté quelques députés chez ces seigneurs, tandis que j'y enverrais du mien quelques Espagnols pour les déterminer à remplir à cet égard les désirs de Votre Altesse, et à lui donner par là des témoignages de leur bonne volonté; j'engageai Montézuma à donner l'exemple.

Il distribua, sous escorte de ses gens, les Espagnols que je lui donnai pour cette opération, de deux en deux et de cinq en cinq, pour toutes les provinces et grandes villes de son empire, dont quelques-unes étaient à 80 et à 100 lieues de Mexico. Il envoya en même temps des ordres aux caciques de remplir une certaine mesure d'or que je leur remis. Tous exécutèrent ponctuellement ses ordres, tant en joyaux, bijoux, qu'en feuilles d'or ou d'argent.

Après avoir fait fondre tout ce qu'il fallait mettre au creuset, il en résulta, pour le quint appartenant au roi, 32 400 et tant de pesos d'or, sans compter les bijoux d'or et d'argent, les plumes, les pierres et les effets précieux que je réservai à Sa Majesté, et qui valaient au moins 100 000 ducats.

Ces bijoux, indépendamment de leur valeur intrinsèque, sont d'un prix inestimable par rapport à leur nouveauté et à la singularité de leurs formes; aucun prince de l'univers n'en peut avoir de semblables. Tout ce que Montézuma a vu sur la terre ou tiré du fond de la mer a été par ses ordres imité en or, en argent, en pierreries et en plumes, avec toute la perfection imaginable (²). Il a fait exécuter encore sur mes dessins des figures, des crucifix, des médailles, des bijoux et des colliers à l'européenne.

Il revient également au roi, pour le quint de la vaisselle et de l'argenterie que j'ai fait faire par les gens du pays, plus de 100 marcs d'argent; en outre, Montézuma m'a donné pour lui une quantité de pièces d'étoffes de coton de la plus grande beauté, tant pour les couleurs que pour le travail; des tentures de tapisseries pour les églises et pour les appartements, des couvertures en coton ou en laine de la plus grande finesse, et douze sarbacanes superbement ornées et peintes, de celles dont lui-même il se servait : je puis à peine en retracer la perfection, tant les peintures en étaient excellentes et les couleurs parfaites : on y avait représenté une multitude d'oiseaux, d'animaux, d'arbres, de fleurs, et bien d'autres sujets; aux deux extrémités et au centre, on voyait un ornement en or ciselé, de six pouces de long. Il y ajouta une sorte de *gibecière* à mailles d'or, pour y mettre les *bodoques* (³), qu'on lance par ce moyen, et qu'il dit me vouloir donner en or. Enfin, je reçus des carquois fabriqués en or, et bien d'autres objets, en nombre infini.

(¹) Toutes ces traditions exposées ici par Montézuma étaient gardées à Cuitlahuac (la ville des archives), aujourd'hui Tlahuac. « C'était autrefois une cité populeuse de l'empire chichimèque, fondée au milieu du lac de Chalco; elle était considérée comme la plus savante dans les anciennes histoires, et contenait un dépôt considérable d'archives hiéroglyphiques qui remontaient aux premiers temps de la monarchie chichimèque. A la nouvelle de l'arrivée des Espagnols sur les côtes de la Vera-Cruz, ce furent les *Amoxoaques* de Cuitlahuac que Montézuma envoya consulter pour savoir si ces étrangers étaient véritablement ceux annoncés par les antiques prophéties. Après la prise de Mexico, les archives de Cuitlahuac, dont le *Codex* anonyme de Chimalpopoca parle si souvent, en les citant comme des monuments dignes de foi, furent jetées à l'eau ou brûlées par les Espagnols. Aujourd'hui Cuitlahuac ou Tlahuac est une misérable bourgade que les eaux du lac envahissent peu à peu, faute de réparations aux travaux des anciennes digues, et qui finira par disparaître. Des restes de palais et des sculptures antiques attestent l'ancienne splendeur de la ville des livres... Son dernier seigneur fut le prince Chimalpopoca, troisième fils de Montézuma, dont le descendant est aujourd'hui professeur au collège San-Gregorio. » (Voy. M. l'abbé Brasseur de Bourbourg.)

(²) Plus tard le fameux naturaliste Hernandez se contenta, en bien des circonstances, de faire copier par ses dessinateurs ces représentations métalliques d'objets naturels, et ils figurent ainsi dans son ouvrage.

(³) On désigne ainsi une boule de terre cuite ou d'une autre matière.

Il faudrait plus de talent et plus de temps que je n'en ai pour rendre un compte bien exact de l'étendue de Mexico, des choses singulières qu'on y rencontre, de la police qu'on y exerce, des mœurs et des usages de ses habitants. Si ma relation pèche, ce sera beaucoup plutôt pour en dire trop peu que pour en dire trop. Nous voyons tous les jours des choses si surprenantes, qu'à peine pouvons-nous en croire nos propres yeux. Il ne serait donc pas bien étonnant que je n'obtinsse pas une grande créance dans les pays éloignés, quoiqu'il soit de mon devoir de dire à mon prince et à mon maître la vérité sans altération.

Vue de Mexico dans son état actuel (¹). — D'après Nebel.

La province du Mexique est composée d'un vallon de 90 lieues environ de circonférence; elle est entourée de montagnes élevées et escarpées; le vallon est presque entièrement occupé par deux lacs ou marais, le plus grand d'eau salée, et le plus petit d'eau douce. Ces deux lacs sont séparés, d'un côté par une chaîne de coteaux élevés, situés au milieu de ladite plaine. Comme le lac salé augmente ou diminue suivant la marée, l'eau de ce lac tombe dans le lac d'eau douce en haute marée, et dans les marées basses le lac d'eau douce se perd dans le lac salé.

Temixtitan, ou Mexico, est situé sur le lac salé. De quelque côté qu'on y veuille aborder de la terre ferme, il y a au moins deux lieues d'eau à traverser sur quatre chaussées construites de main d'homme et larges de deux lances. La ville est aussi grande que Séville et Cordoue; les rues principales en sont très-larges et très-droites.

Quelques-unes de ces rues et la plupart des autres sont occupées moitié par un quai et moitié par un canal, qui se communiquent tous les uns aux autres sous des ponts, où l'on peut faire passer dix chevaux de front, et qui sont composés de solives larges, grandes, fortes et bien travaillées. Dès que j'eus remarqué

(¹) Voy. plus haut l'ancien plan de Mexico. L'assiette de la ville moderne n'est plus tout à fait sur le même emplacement. « La première avait été établie, comme Venise, sur de petites îles dans le lac, dont elle est maintenant éloignée d'environ deux milles par le retrait des eaux. Bernal Dias, en voyant cette ville du haut du grand *teocalli*, ou temple, la comparé à un immense échiquier, parce qu'elle était en effet divisée en carrés réguliers. On a imité cette division dans la nouvelle ville; mais celle-ci ne contient pas la moitié des quartiers décrits sur le fragment de l'ancienne carte. » (Boulloch, *le Mexique en 1823*; 2 vol. in-8, t. Ier, p. 290.)

la situation de cette ville, et la facilité qu'elle donnait pour nous trahir ou pour nous faire mourir de faim, sans qu'il nous fût possible de rejoindre la terre ferme, je fis construire quatre brigantins, sur chacun desquels je pouvais transporter trois cents hommes et des chevaux à volonté.

Mexico contient plusieurs grandes places qui servent de marchés. Il y en a une entre autres plus grande que la ville de Salamanque, entourée de portiques, où plus de 60 000 âmes achètent et vendent continuellement toutes espèces de marchandises, des comestibles, des vêtements, des bijoux d'or et d'argent, du plomb, du laiton, du cuivre, de l'étain, des pierres de construction, des plumes, etc... On y vend des pierres brutes et taillées, des bois bruts ou équarris, des briques, des mottes de terre, etc... On y trouve une rue, destinée à recevoir les produits de la chasse, où on vend toutes sortes de gibiers et d'oiseaux, comme des poules, des perdrix, des cailles, des espèces de vautours, des hérons, des poules d'eau, des tourterelles, des pigeons, de petits oiseaux en des cages de roseaux, des perroquets, des bruitiers, des aigles, des faucons, des éperviers, des crécerelles, et parmi ces oiseaux de rapine, il y en a dont on vend les peaux avec les plumes, la tête, le bec et les ongles (¹); il y a aussi des lièvres, des lapins, des cerfs, des petits chiens qui sont bons à manger.

Il y a dans Mexico une rue d'herboristes où l'on vend de toutes sortes de plantes et herbes médicinales connues; il y a des apothicaires chez qui l'on se procure des onguents, des emplâtres et des médecines toutes prêtes à prendre; il y a des barbiers chez lesquels on rase la barbe et les cheveux; il y a des traiteurs où l'on donne à boire et à manger; il y a des porte-faix pour porter les fardeaux. On trouve dans ce marché du bois, du charbon, des brasiers en terre cuite; toutes sortes de nattes pour des lits, pour des chaises, pour des tapis; on y trouve toutes espèces de légumes et de fruits, comme oignons, poireaux, ails, cresson, cresson alénois, une espèce de chardon comestible; bourrache, oseille, cardons, cardes, etc.; il y a des cerises, des prunes, absolument semblables à celles d'Espagne; on y vend de la cire, du miel de cannes de maïs, du miel extrait d'une autre plante qu'aux îles on nomme maguey, puis une espèce de vin extrait de cette plante dont on tire aussi du sucre; on y vend en écheveaux du coton filé de toutes couleurs; dans un endroit semblable à celui dans lequel on débite la soie à coudre, à l'*Alcayceria* de Grenade, on y vend des couleurs pour les peintres, aussi bien broyées et d'aussi belles nuances qu'en Espagne; on y vend des peaux de cerf de toutes couleurs, avec poil et sans poil; des faïences et de la poterie de toutes formes, émaillées ou peintes; on y vend du blé de Turquie en grain ou en pain, qui, pour le goût, l'emporte sur tous les grains des autres îles et de la terre ferme; on y trouve des pâtés de poissons et d'oiseaux, ou mélangés des deux espèces; des poissons frais ou salés, cuits ou crus; des œufs de tous les oiseaux possibles ou des gâteaux d'œufs.

En un mot, on y vend en quantité de tous les comestibles et de toutes les marchandises qu'on trouve dans le reste de l'univers; tout y est dans le plus grand ordre; chaque espèce de marchandise se vend dans une rue particulière, par compte ou par mesure, mais non au poids. Il y a, dans la grande place, une espèce de maison, ou juridiction consulaire, où continuellement douze juges préposés prononcent sur tous les différends qui peuvent survenir dans ces marchés, et punissent sur-le-champ les délinquants : il y a encore des commissaires destinés à examiner les mesures, et nous en avons vu briser plusieurs qui se trouvaient être fausses.

Il y a dans les différents quartiers de Mexico de superbes édifices, des temples destinés au culte des idoles (²), auprès desquels existent des maisons de la plus grande beauté, pour loger les ministres ou religieux qui sont vêtus de noir, qui ne se coupent ni ne se peignent les cheveux depuis le moment où ils entrent en religion jusqu'à celui où ils en sortent. Les enfants des chefs et des habitants les plus distingués sont élevés par ces religieux, portent leurs habits et suivent leur règle depuis l'âge de sept à huit ans jusqu'à leur mariage : jamais femmes n'entrent dans leur maison; ils pratiquent des abstinences plus rigoureuses dans des temps de l'année que dans d'autres.

Le temple principal de Mexico est aussi vaste dans son enceinte que pourrait l'être celui d'un bourg (³)

(¹) On peut consulter les Tables de Lorenzana, et voir que plusieurs villes de l'empire devaient fournir des peaux ainsi préparées. La possession de certaines espèces de plumes était considérée, chez les Mexicains, comme une richesse réelle.

(²) Le mot *coue* signifiait proprement autel; on désignait les temples sous ce nom.

(³) Le grand temple *(teocalli)* de Mexico, dédié à Vitzilopuchtli ou Huitzilopochtli, et commencé par Moctezuma Ilhua-

de cinq cents habitants : il est surmonté par quarante tours d'environ 100 degrés d'élévation chacune ; la principale est aussi élevée que celle de la cathédrale de Séville ; elles sont toutes très-solidement bâties en pierres de taille, avec des charpentes bien assemblées et peintes. Les principaux seigneurs de Mexico ont dans chacune de ces tours leurs idoles et leur sépulture (1).

Il y a trois nefs dans l'intérieur de ce temple, où sont placées les idoles de la plus haute stature. Je fis renverser toutes ces idoles ; je fis nettoyer les chapelles particulières où se faisaient les sacrifices humains, et j'y plaçai des images de Notre-Dame et d'autres saints.

Montézuma fut, ainsi que ses sujets, très-affecté de ce changement ; il me fit prier d'abord de le suspendre, et me fit dire que je devais m'attendre à voir soulever contre moi le peuple, qui croyait que ces idoles lui donnaient tous les biens temporels, et qu'en les laissant maltraiter il s'exposait à les fâcher, à voir sécher tous les fruits de la terre et à mourir de faim (2).

Je tâchai de leur faire entendre, par mes interprètes, combien il était insensé de mettre leur espérance dans des idoles travaillées de leurs mains et composées d'ordures ; qu'ils devaient savoir qu'il n'y avait qu'un seul Dieu, souverain, universel, qui avait créé le ciel, la terre et toute la nature, qui était immortel, c'est-à-dire sans commencement ni fin ; qu'ils devaient l'adorer, ne croire qu'en lui, et non dans aucune créature ni matière périssable : j'y ajoutai tout ce qui pouvait les détourner de leur idolâtrie et les attirer à la connaissance du vrai Dieu.

Ils me répondirent tous, et particulièrement Montézuma, que, n'étant pas originaires du Mexique, il pouvait bien se faire qu'ils se fussent trompés dans quelques points de leur croyance originelle depuis le temps qu'ils étaient sortis de leur pays natal ; que je méritais plus particulièrement leur créance, puisque j'en sortais plus récemment ; qu'ils voyaient qu'ils n'avaient rien de mieux à faire qu'à me consulter, et à suivre mes avis sur ce point. Dès ce moment, Montézuma et les principaux seigneurs de sa suite se mirent comme moi à renverser les idoles, à nettoyer les chapelles et à y placer les images avec un air de satisfaction. Je leur défendis expressément tous sacrifices humains, en leur disant que non-seulement leur divinité avait ces sacrifices en exécration, mais même que les lois humaines les défendaient sous les peines les plus rigoureuses, puisqu'elles ordonnaient de tuer quiconque donnait la mort à son semblable. Ces horribles sacrifices cessèrent, au point qu'il n'y en eut pas un pendant mon séjour à Mexico (3).

Leurs idoles ou statues surpassaient de beaucoup les proportions humaines ; elles étaient composées d'un mélange de légumes et de graines pétries avec le sang des hommes, auxquels ils ouvraient la poitrine tout vivants pour en arracher le cœur, qu'ils offraient à leurs divinités, dont la multiplicité égalait leurs désirs et leurs craintes.

Mexico est orné d'une quantité infinie de grandes et belles maisons, parce que tous les principaux seigneurs et caciques de l'empire y demeurent une partie de l'année, que tous les citoyens et négociants

comina 1er, ne fut terminé que sous le règne de son fils Ahuitzol, qui le fit inaugurer solennellement en 1486 par d'épouvantables sacrifices, auxquels il prit une part d'autant plus active qu'il déployait une habileté prodigieuse dans l'accomplissement de ces rites sanguinaires. Couvert du costume que l'on attribuait aux dieux, paré même de leurs attributs, il ne s'arrêta que lorsque son bras fut las de frapper. Les prêtres lui succédèrent, et le sang coula des deux côtés du temple comme deux longues cataractes. Tezozomoc affirme que ces sacrifices durèrent pendant quatre jours. (Voy. *Histoire du Mexique*, 2 vol. in-8.)

(1) Lorsqu'on eut placé au sommet de ce temple le *cuauhcicalli*, ou autel sculpté qui devait couronner l'édifice, tout le monument eut 160 toises d'élévation. Ce fut le premier jour de 1525 que ce bâtiment immense fut livré aux flammes, et le même jour tous les autres temples de l'Anahuac furent incendiés. Cinquante soldats montèrent au sommet de celui de Mexico et renversèrent les idoles. (Torquemada, t. III.) Après la destruction du temple, le P. Barthélemy de Olmedo y chanta une messe solennelle.

(2) Zumarraga affirme que les franciscains détruisirent à eux seuls, au début de la conquête, plus de 20 200 de ces idoles, dont la nature était bien diverse. Plusieurs d'entre elles, comme Cortez va le dire, étaient moulées avec une sorte de pâte composée de graines diverses, agglutinées par le sang. Il y en avait d'autres taillées dans les matières les plus dures, et lorsqu'elles offraient certains symboles, on leur donnait le nom poétique d'anges qui soutiennent le ciel. Il y avait des statues commémoratives faites en bois léger, et qui étaient destinées à être brûlées ; on les appelait *quixocuallia*. (Voy. Tezozomoc, *Histoire du Mexique*, t. 1er, p. 289.)

(3) Huit cents victimes humaines avaient été immolées par Montézuma lors de l'inauguration du temple de Coatlan. Tezozomoc emploie la plus terrible image pour faire comprendre l'horreur du sacrifice. L'autel pyramidal semblait, dit-il, recouvert d'un tapis cramoisi. Zumarraga évalue à 20 000 le nombre des victimes annuelles ; d'autres l'élèvent à 70 000.

riches y sont très-bien logés et y possèdent presque tous de jolis parterres de fleurs de toute espèce. L'eau douce parvient à Mexico par deux tuyaux de deux pieds de circonférence chacun, et qui sont placés le long de l'une des chaussées par lesquelles on aborde en cette ville : cette eau se distribue le long des rues dans différents canots, pour être ensuite vendue au public.

Il y a des espèces de barrières à Mexico, où des commis préposés perçoivent des droits sur tout ce qui entre. On trouve, dans les marchés publics, des ouvriers de toute espèce qui y viennent pour s'y louer. Le peuple y est plus élégamment habillé que dans tout le reste de l'empire, parce que le séjour de Montézuma et des grands seigneurs y a introduit des modes et des usages particuliers et plus recherchés. Les mœurs en général y ont un très-grand rapport avec les mœurs d'Espagne ; et comme on y remarque à peu près le même ordre et le même ensemble, on est frappé continuellement de la police étonnante d'une nation barbare, séparée de toutes les nations policées, et si éloignée de la connaissance du vrai Dieu.

Il serait difficile de décrire tout ce qui concerne le luxe, la magnificence, le faste et la représentation de Montézuma, par état ou par grandeur : il possédait, comme je l'ai déjà dit, en or, en argent, en pierres précieuses ou en plumes, la représentation naturelle et parfaite de tout ce qui existe dans le monde.

Son domaine était, d'après tous les renseignements que j'ai pris, aussi considérable que l'Espagne ; il commandait à plus de 200 lieues à la ronde, à l'exception de quelques provinces avec lesquelles il était en guerre. Tous les principaux seigneurs étaient aux ordres de Montézuma ; et leurs fils aînés, dévoués à son service, lui répondaient de leur fidélité ; d'ailleurs, il possédait des forteresses dans tous les départements, qui étaient gardées par ses troupes et commandées par ses gouverneurs ; il avait ses receveurs particuliers dans chaque province ; il connaissait parfaitement l'état de ses finances, qu'il avait tracé en caractères et en figures distinctives et intelligibles. Chaque province devait encore à Montézuma un tribut de service, qu'elle lui rendait avec d'autant plus d'exactitude qu'aucun prince de la terre n'était ni plus respecté, ni mieux obéi [1].

Montézuma possédait à Mexico, tant au dehors qu'au dedans de la ville, beaucoup de maisons de plaisance, qui toutes avaient des particularités et des propriétés pour un certain genre de divertissement. Ces maisons étaient bâties avec toute la solidité, la grandeur et la magnificence d'un souverain aussi riche, et telles qu'il y en a peu en Espagne. Il y en avait une entre autres un peu moins brillante que les autres, mais qui était décorée d'un superbe jardin, et surmontée par un belvédère du jaspe le mieux travaillé.

Cette maison pouvait aisément loger deux grands princes, avec toute leur suite ; il y avait dix pièces d'eau douce ou d'eau salée, dont on changeait l'eau à volonté par des écluses, qui étaient destinées à nourrir des oiseaux aquatiques de toutes les espèces, selon leur manière de vivre en liberté : trois cents hommes étaient entièrement destinés à prendre soin de ces oiseaux et à élever les petits. Chaque réservoir ou pièce d'eau avait un corridor qui conduisait à un belvédère, où Montézuma venait s'amuser.

Il y avait dans la même maison un quartier séparé, qui contenait des hommes, des femmes et des enfants nés blancs absolument du corps, du visage, des cheveux, des cils et des sourcils

Dans une autre très-belle maison, il y avait une grande cour, pavée comme nos églises, dans laquelle il y avait quantité de cases de neuf pieds de profondeur et de six pieds d'élévation, destinées chacune à renfermer des oiseaux de proie de chaque espèce, qu'on nourrissait avec des poules, et qui étaient logés de manière qu'ils pouvaient à volonté aller au soleil et à l'air, ou se mettre à l'abri de la pluie. Cette espèce de ménagerie était encore composée de salles basses remplies de grandes cages en bois, destinées à renfermer des lions d'Amérique (*puma*), des tigres, des léopards, des chats, des fouines de toute espèce, qu'on faisait vivre également de poules à discrétion [2].

Montézuma renfermait encore, dans une autre maison, des monstres humains de toute espèce, des nains, des bossus, des gens contrefaits : chaque difformité y avait son quartier séparé.

Montézuma avait à sa cour, tous les matins, plus de six cents caciques ou seigneurs, dont la suite rem-

---

[1] L'archevêque de Mexico Lorenzana a donné en caractères hiéroglyphiques l'exposé des tributs, leur nombre et leur nature. (Voy. aussi la vaste collection de lord Kingsborough, *Antiquities of Mexico*, 9 vol. in-fol.)

[2] Voy., sur cette ménagerie, un article du *Magasin pittoresque*, t. XVII, p. 385 et 402.

plissait plusieurs cours et même la grande rue qui aboutissait au palais. En servant à dîner au prince, on en servait également à toute la cour, et chaque valet ou gens de la suite avait aussi sa ration. Il y avait des offices et des boutiques de limonadiers ouverts pour tous ceux qui voulaient boire ou manger. On servait à Montézuma jusqu'à quatre cents plats différents à chaque repas, on mettait à contribution toutes les productions de la terre et des eaux pour le servir avec une profusion sans égale. Comme le pays est froid, chaque plat ou casserole avait son réchaud particulier. On rangeait tous les plats à la fois dans une grande salle tapissée et magnifiquement meublée, dans laquelle Montézuma mangeait : il se plaçait, à une extrémité de la salle, dans un petit fauteuil de cuir parfaitement travaillé. Cinq ou six seigneurs choisis parmi les anciens se tenaient éloignés de lui et recevaient par ses ordres de ce qu'il mangeait. Il était servi par un seul serviteur, qui, debout, lui avançait les mets qu'il désirait, et demandait aux autres officiers de la bouche tout ce qui était nécessaire au service. Avant et après le repas, on lui donnait à laver ses mains, et la serviette dont il s'était servi une fois ne reparaissait jamais une seconde, non plus que les plats et les casseroles, les écuelles et les réchauds. Il changeait tous les jours quatre fois d'habits, et ne remettait jamais les mêmes. Tous les seigneurs qui venaient lui faire la cour n'entraient chez lui que déchaussés; et quand ceux qu'il envoyait chercher se présentaient devant lui, ils baissaient le corps et les yeux, ils levaient la tête et lui parlaient sans le regarder en face, par égard et par respect; je dis par respect, parce que quelques seigneurs reprenaient les Espagnols de ce qu'ils me parlaient sans honnêteté, sans s'incliner, et en me regardant en face.

Montézuma sortait rarement; mais quand cela lui arrivait, tous ceux qui l'accompagnaient ou qui le rencontraient dans les rues lui tournaient le dos, sans jamais porter les yeux sur sa personne : ceux qui ne voulaient point marcher devant lui se prosternaient jusqu'à ce qu'il fût passé. Il était toujours précédé et annoncé par un seigneur qui portait trois longues baguettes fort minces; et lorsqu'il descendait de sa litière, il prenait une de ces verges en la main et la portait jusqu'au lieu où il allait.

Les usages et les cérémonies employés au service de ce prince sont si multipliés qu'il faudrait bien de la mémoire pour n'en pas omettre; il faut même plus de temps que je n'en ai pour écrire dans le plus grand détail ce dont je me souviens, puisqu'il est de fait qu'aucun prince de la terre ne porte aussi loin que Montézuma le luxe et le faste.

Je restai en cette grande cité tout le temps nécessaire pour pourvoir à tout ce qui pouvait convenir au service de Votre Majesté sacrée, pour pacifier différentes provinces, pour lui soumettre des villes et des forteresses considérables, pour découvrir les mines, pour connaître à fond le pays. Montézuma et les principaux habitants m'aidaient avec plaisir dans mes découvertes, comme si de tout temps ils avaient reconnu *ab initio* Votre Majesté sacrée pour roi et seigneur naturel

J'employai environ six mois, à compter du 8 novembre 1519, pour tout pacifier. J'étais fort tranquille dans Mexico au commencement de mai; j'avais réparti beaucoup d'Espagnols dans les différentes provinces. J'étais dans la plus grande impatience de voir arriver des navires qui m'apportassent la réponse de ma première relation et qui chargeassent tous les effets précieux, l'or, l'argent et les pierreries que j'avais reçus pour mon maître, lorsque quelques sujets de Montézuma, habitants de la côte, m'apprirent que, près des montagnes de Saint-Martin et de la baie de Saint-Jean, ils avaient découvert dix-huit navires en mer prêts à aborder.

Il arriva en même temps un habitant de l'île de Cuba, qui m'apporta une lettre de l'Espagnol que j'avais placé sur la côte pour la découverte des navires; il me désignait le jour où il s'était montré en vue du port Saint-Jean un seul navire, qu'il croyait être celui que j'avais envoyé en Espagne, attendu le temps où il reparaissait; il ajoutait que, pour s'en assurer davantage, il attendait l'arrivée de ce navire au port, après quoi il m'enverrait sur tout cela un détail plus circonstancié. D'après cet avis, j'envoyai, pour ne point manquer le courrier qui viendrait du port, deux Espagnols, par deux routes différentes; je leur ordonnai d'aller jusqu'à la mer pour y savoir combien il était arrivé de navires, d'où ils venaient et ce qu'ils apportaient, afin de me l'apprendre le plus tôt possible.

J'envoyai également un exprès à la Vera-Cruz, pour y prendre des informations, et un autre au capitaine que j'avais détaché avec cent cinquante hommes, pour fonder l'établissement de la province et du port de Guazacualco; j'ordonnai à ce capitaine qu'en quelque endroit que mon exprès le trouvât, il n'allât pas plus loin, parce que j'étais informé qu'il était arrivé des navires au port.

Quinze jours se passèrent, depuis l'envoi de mes exprès, sans recevoir la moindre nouvelle de quelque part que ce fût ; il arriva, après ce laps de temps, des Indiens qui m'apprirent que les navires étaient entrés dans le port de Saint-Jean ; que l'équipage en était débarqué ; qu'il était composé de huit cents fantassins, de quatre-vingts cavaliers et de douze pièces de canon, et qu'on retenait de force mon Espagnol et mes exprès qui étaient chargés de m'avertir.

Sur ces avis, je me déterminai à envoyer mon chapelain, religieux de la Merci, avec une lettre de moi et une autre des alcaldes de la Vera-Cruz, adressées aux commandants des navires débarqués au port de Saint-Jean ; je les instruisais de tout ce qui m'était arrivé au sujet de la conquête et touchant la soumission et la pacification de l'empire du Mexique pour Charles-Quint. Je leur apprenais que Montézuma, l'ancien souverain, était mon prisonnier dans sa capitale, où j'avais amassé des trésors pour mon maître, auquel j'avais envoyé la plus exacte relation de ce qui m'était arrivé ; je leur demandais en grâce de me faire savoir qui ils étaient, s'ils étaient sujets du même souverain que moi, s'ils venaient par ses ordres pour y faire des établissements ou pour y rester, s'ils iraient en avant ou s'ils rétrograderaient sur leurs pas, et je leur proposai de pourvoir à leurs besoins autant que cela me serait possible ; j'y ajoutai que, quand ils ne seraient pas sujets de mon empereur, je ne les aiderais pas moins de tout mon pouvoir, à condition qu'ils évacueraient le pays ; que, s'ils avançaient dans les terres, j'irais les attaquer avec toutes mes forces, et les traiterais en ennemis à toute rigueur.

Cinq jours après le départ de mon chapelain, il arriva à Mexico, de la Vera-Cruz, vingt Espagnols qui m'amenaient un prêtre et deux laïques qu'ils y avaient pris ; ils m'apprirent que la flotte arrivée dans le port y avait débarqué l'armée de Diego Velasquez, commandée par Pamphile Narvaez, de l'île de Cuba ; que cette armée était composée de quatre-vingts cavaliers, de plusieurs pièces de canon et de huit cents fantassins, dont quatre-vingts fusiliers et cent vingt arbalétriers ; que Pamphile de Narvaez se disait capitaine général et lieutenant de Velasquez, gouverneur de tout ce pays ; qu'il avait en conséquence des provisions de l'empereur. Ils ajoutèrent en même temps que Pamphile de Narvaez avait retenu mes émissaires, ainsi que l'Espagnol que j'avais posté sur la côte ; qu'il en avait tiré toutes les informations possibles sur la ville que j'avais bâtie à 12 lieues du port, sur le nombre des gens affidés que j'y avais laissés, sur le détachement que j'avais envoyé à Guazacualco et sur celui de Tuchitebèque. Il avait pris encore des renseignements sur toutes les forteresses que j'avais ou conquises, ou pacifiées, et particulièrement sur Mexico, où j'avais trouvé tant d'or et de bijoux.

Narvaez avait envoyé ce prêtre et ses deux compagnons à la Vera-Cruz, pour attirer les habitants dans ses intérêts et pour soulever la province contre moi. Ces habitants me remirent plus de cent lettres écrites par Narvaez et par ses partisans, pour les engager, par les promesses les plus flatteuses et par les plus belles espérances, à écouter tout ce que l'ecclésiastique et ses compagnons leur diraient de sa part ; ils adressaient des menaces à ceux qui ne se conformeraient pas aux désirs de Velasquez.

Il m'arriva presque en même temps un Espagnol de Guazacualco, qui m'apportait des lettres de Jean Velasquez de Leon, son capitaine, avec des nouvelles à peu près semblables. Don Juan y avait ajouté une lettre de Narvaez, à lui écrite au nom de Diego Velasquez, par laquelle on lui mandait que je le retenais à Guazacualco malgré lui, mais qu'il n'avait qu'à le rejoindre, et qu'il ferait en cela ce qu'il devait à ses parents et à ses alliés fidèles.

Don Juan, en capitaine dévoué au service de son roi, refusa non-seulement les propositions de Narvaez, mais encore partit presque aussitôt que son exprès pour venir me joindre [1].

J'achevai de prendre mes informations des trois émissaires de Narvaez : j'appris que toutes ses forces étaient destinées contre moi, et qu'on devait me poursuivre jusqu'aux dernières extrémités, ainsi que mes partisans désignés, pour avoir osé envoyer directement à l'empereur les relations de mes conquêtes, sans me servir du canal de Velasquez. Je sus encore que le licencié Figueroa, ainsi que les autres juges de Votre Majesté qui résident dans l'île de Cuba, ayant pénétré les vues qui avaient déterminé Velasquez à assembler une armée, et prévoyant le préjudice qui résulterait d'une pareille conduite, avaient député l'un d'eux, nommé Lucas Velasquez d'Ayllon, pour faire en leur nom toutes sortes de représentations à Velasquez et pour lui défendre d'aller en avant ; que cet Ayllon exécuta sa commission à la

---

[1] Toute cette période de l'histoire de la conquête est parfaitement élucidée dans Prescott.

pointe de Cuba au moment où tout se disposait pour l'embarquement de l'armée, et que malgré ses représentations et les menaces qu'il fit au nom de l'empereur, qui ne pouvait être que très-irrité de leur conduite, ils suivirent leur dessein et passèrent sur le continent, où Ayllon les accompagna pour s'opposer de tout son pouvoir à leurs mauvais desseins.

D'après des instructions aussi positives, j'écrivis à Narvaez, par son prêtre émissaire, que j'avais appris de lui avec plaisir qu'il commandait l'armée débarquée sur le continent, tant parce qu'il était mon ami d'ancienne date que parce que je ne pouvais pas douter de la droiture de ses intentions pour le service de notre maître commun; que j'étais cependant un peu surpris qu'il ne m'écrivît point pour me faire part de son arrivée, qu'il retînt mes émissaires, et qu'il eût envoyé des suborneurs pour séduire, pour soulever mes compagnons d'armes et pour les attirer à son parti, comme si nous étions de différentes religions, ou comme si nous servions des maîtres différents; que je le priais dorénavant de changer de conduite et de me faire savoir la cause de son arrivée. J'y ajoutai qu'on m'avait assuré qu'il prenait le titre de capitaine général et de lieutenant du gouverneur don Diego Velasquez; qu'il faisait l'impossible pour se faire reconnaître comme tel; qu'il faisait des alcaldes et des gouverneurs particuliers; qu'il faisait exercer la justice en son nom, contre les lois et les intérêts de son souverain; qu'il avait déjà établi un sénat, sans l'agrément duquel on ne pouvait exercer les fonctions d'une place, encore qu'on en eût les provisions de l'empereur; que cependant, s'il était porteur de ces provisions et qu'il voulût me les communiquer, à moi et au sénat de la Vera-Cruz, nous y obéirions comme à des lettres et à des provisions de notre roi, notre souverain seigneur; que, pour moi, j'étais dans Mexico, où je gardais des objets d'une valeur immense, appartenant à l'empereur, à mes compagnons et à moi; que je ne pouvais pas en sortir sans m'exposer à une révolte qui me ferait perdre en même temps les richesses, la capitale et l'empire.

J'ajoutai une seconde lettre pour le licencié Ayllon à la lettre de Narvaez; mais j'appris depuis qu'à l'arrivée de mon émissaire, Narvaez l'avait fait prisonnier et l'avait renvoyé à Cuba avec deux navires.

Le jour du départ de l'émissaire qui portait mes lettres à Narvaez, il m'arriva un député de la Vera-Cruz qui m'apprit la révolte des Indiens et leur soumission à Narvaez : les habitants de Cempoal surtout s'étaient distingués dans cette révolte; aucun d'eux ne voulait plus servir comme par le passé, ni dans la ville, ni dans la forteresse, parce que Narvaez leur avait fait entendre que j'étais un méchant et un traître, qu'il venait faire prisonnier avec toute sa suite, pour nous faire évacuer le pays [1]; qu'il avait beaucoup de troupes, de bouches à feu et de chevaux, que j'en avais peu, et qu'en se rendant à son parti, ils prenaient celui du vainqueur. Le député de la Vera-Cruz m'apprit que Narvaez allait loger à Cempoal, que sa proximité de la Vera-Cruz alors ne laissait aucun doute sur ses mauvais desseins; la garnison qui la défendait, pour éviter la trahison des Indiens, le bruit et le combat, s'était retirée sur une hauteur, où elle comptait rester chez un seigneur de nos amis jusqu'à nouvel ordre.

Les suites fâcheuses que pouvait avoir pour le service de Votre Majesté la révolte en faveur de Narvaez, me déterminèrent à marcher à lui, avec le projet de l'arrêter, si je le pouvais, et de contenir et de pacifier par là les Indiens. Je laissai mon poste fortifié dans Mexico, bien pourvu de vivres, d'eau, de munitions de guerre, et défendu par cinq cents hommes; je m'acheminai avec le reste de mon monde, qui pouvait monter à soixante-dix hommes, et avec quelques chefs attachés à Montézuma, auquel je recommandai mes Espagnols, les effets précieux qu'il m'avait donnés, et surtout l'obéissance à l'empereur, duquel il devait recevoir incessamment des grâces pour les services qu'il lui avait rendus, tandis que j'allais reconnaître les malintentionnés qui venaient de débarquer.

Montézuma me promit de pourvoir à tous les besoins de mes Espagnols, d'avoir le plus grand soin des objets que je lui confiais, et m'assura que ceux de ses sujets qui m'accompagneraient me conduiraient continuellement sur ses terres, où je ne manquerais de rien. Il ajouta que si j'avais affaire à des ennemis, il me priait de le lui faire dire, parce que sur-le-champ il me ferait passer des troupes pour m'aider à les combattre et à les chasser du pays.

---

[1] Ixtlilxôchitl, si bien informé, fait parfaitement saisir la position critique dans laquelle se trouva placé alors Cortez; tous les *calpixques* refusèrent en cette occasion de marcher contre les étrangers nouvellement débarqués devant Vera-Cruz. (Voy. *Cruautés horribles*, etc., p. 12.)

Je le remerciai de toutes ses offres; je lui insinuai combien Votre Majesté lui saurait gré de ses heureuses dispositions. Je lui fis des présents, ainsi qu'à son fils et à plusieurs témoins de notre séparation. Je partis, et je rencontrai à Cholula le capitaine Juan Velasquez, qui venait de Guazacualco avec tout son monde. Je renvoyai à Mexico quelques soldats malades, et le reste me suivit, ainsi que ma troupe. A quinze lieues de là, je rencontrai mon chapelain, que j'avais envoyé au port pour prendre des instructions; il m'apportait une lettre de Narvaez, qui me mandait avoir des provisions pour commander dans le pays au nom de Diego de Velasquez; que je me rendisse aussitôt pour lui obéir; qu'il avait jeté les fondements d'une ville et nommé des alcaldes et des gouverneurs. Mon émissaire m'apprit encore qu'on avait embarqué le licencié Ayllon, l'écrivain et l'alguasil qui l'accompagnaient; qu'on avait fait l'impossible pour le corrompre, lui, et l'engager à débaucher quelques-uns de mes compagnons d'armes; qu'on avait fait devant lui et devant plusieurs Indiens qui l'accompagnaient la revue de toutes les troupes; tant infanterie que cavalerie, et qu'on avait fait tirer toute l'artillerie devant les naturels, pour les intimider et pour leur faire voir que toute défense devenait impossible.

Ce religieux m'apprit encore les intelligences de Narvaez avec Montézuma; que le premier avait fait d'un seigneur, vassal du second, le gouverneur général des ports et des côtes maritimes; que ce cacique avait été l'émissaire de Narvaez auprès de Montézuma et le porteur de présents réciproques, et que c'était de lui que l'Espagnol s'était servi auprès du prince mexicain pour me faire dire qu'il venait me faire prisonnier, ainsi que toute ma suite, pour le laisser, lui et ses sujets, en liberté, sans demander d'or. Le fait est qu'il voulait s'installer de son chef dans le pays, sans prendre l'attache de qui que ce fût; que personne de nous ne voulait le reconnaître pour capitaine général, et que la justice ne pouvait sévir contre nous par ordre de Velasquez, qui d'ailleurs avait fait alliance avec les naturels du pays, et principalement avec Montézuma.

Mais, réfléchissant sans cesse au grand préjudice que causerait à Votre Majesté l'opposition de ses propres forces, je ne pensai point au danger personnel que je courais, puisque Velasquez avait donné ordre de me pendre, ainsi que mes plus affidés, et je me déterminai à approcher de plus près Narvaez, pour lui faire connaître le tort que faisaient ses mauvaises intentions au service de mon maître. A 15 lieues de Cempoal, où Narvaez était campé, je rencontrai le prêtre que les Espagnols de la Vera-Cruz m'avaient député, et par lequel j'avais écrit au licencié Ayllon, avec un autre prêtre et un habitant de Cuba, appelé André Duero, qui avaient accompagné Narvaez. Ils m'apprirent de sa part, pour réponse à ma lettre, qu'il exigeait que je lui obéisse, que je lui remisse le commandement, et que je le regardasse comme capitaine général, parce qu'il avait un grand pouvoir et que j'en avais peu, et parce qu'indépendamment du grand nombre d'Espagnols qui étaient à ses ordres, il avait dans ses intérêts la plus grande partie des naturels du pays. Il m'offrait, en cas que je voulusse abandonner ma conquête, tout ce que je pouvais désirer, tant en navires qu'en approvisionnements, pour moi et pour les miens; que je serais le maître d'emporter tout ce que je voudrais; qu'il était autorisé par Diego Velasquez à stipuler un pareil traité avec moi, conjointement avec les émissaires qu'il m'envoyait.

Je répondis que je ne voyais pas de provisions de l'empereur qui m'ordonnassent de lui remettre mon commandement, que s'il en avait à me présenter, ainsi qu'au sénat de la Vera-Cruz, selon l'usage établi en Espagne, j'étais prêt à obéir; mais que sans ce préalable, non-seulement aucune raison d'intérêt ni aucune proposition ne pouvait me déterminer à faire ce qu'il désirait, mais qu'au contraire moi et mes compagnons défendrions jusqu'à la mort et en fidèles sujets les provinces que nous avions conquises et pacifiées. Quelles que pussent être les propositions des députés de Narvaez, je fus inébranlable dans mes réponses. Je convins avec eux de le voir, avec des sûretés réciproques, et accompagnés de dix personnes chacun; je lui envoyai des assurances signées en échange de celles qu'il signa pour moi. Mais je fus informé à temps pour échapper au plus grand danger que j'aie couru de ma vie : Narvaez avait désigné deux de ceux qui devaient l'accompagner dans notre entrevue pour m'assassiner; tandis que les huit autres chercheraient à occuper mes dix compagnons, parce qu'il prétendait qu'une fois assassiné, la dispute serait bientôt terminée; elle aurait été effectivement, si Dieu, qui seul met obstacle à de pareils complots, ne m'eût pas fait donner un avis par l'un de ceux qui devaient coopérer à la trahison, avis que je reçus en même temps que le sauf-conduit de Narvaez.

Je refusai alors de me trouver à l'entrevue. Je fis savoir au traître que je connaissais ses mauvaises intentions; je le sommai par des injonctions et par des réquisitions de me signifier les provisions de notre prince, et je lui ordonnai, sous des peines rigoureuses, de ne point prendre jusqu'à ce moment le titre de capitaine général, et de ne point se mêler de la justice, sous quelque prétexte que ce fût. J'ordonnai en même temps à tous les gens de sa suite de ne pas lui obéir en qualité de capitaine général; je les sommai de comparaître devant moi dans un temps marqué, pour recevoir mes ordres en tout ce qui avait trait aux volontés impériales, protestant que, s'ils y manquaient, je procéderais contre eux comme on procédait contre des traîtres et contre des rebelles, qui non-seulement se révoltaient contre leur souverain, mais même qui usurpaient ses terres et ses domaines, pour les donner à ceux qui n'y avaient aucun droit; qu'en un mot, je marcherais contre eux pour les combattre.

Narvaez, pour toute réponse, fit arrêter mes députés et les Indiens dont ils étaient accompagnés; et quand j'envoyai des émissaires pour en avoir des nouvelles, ils recommencèrent à passer devant eux la revue de leurs troupes et de leur artillerie, et à nous adresser de grandes menaces si nous n'abandonnions pas le Mexique.

Voyant que je ne pouvais rien gagner, ni prévenir le mal, ni empêcher la révolte des Indiens, qui menaçaient de se porter aux dernières extrémités, je me recommandai à Dieu; je méprisai les risques, et je sentis que rien n'était plus glorieux pour moi et mes compagnons que de mourir en défendant notre conquête, et en faisant, pour la conserver à mon roi, les derniers efforts contre des usurpateurs.

J'ordonnai en conséquence à Gonsalve de Sandoval, alguasil major, d'aller prendre Narvaez à la tête de quatre-vingts hommes, tandis que je le soutiendrais à pied et sans poudre avec cent soixante-dix hommes qui me restaient.

Le jour que Sandoval et moi devions arriver à Cempoal, où était logé Narvaez, celui-ci fut informé de mon dessein. Il sortit avec quatre-vingts cavaliers et cinq cents fantassins, et vint au-devant de moi; il en était au plus éloigné d'une lieue quand, ne me trouvant point, il crut que les Indiens qui lui avaient donné cet avis se moquaient de lui. Il rentra dans son quartier, en plaçant deux espions à une lieue de la ville, et en retenant auprès de lui, sous les armes, la plus grande partie de son monde.

Pour éviter le bruit, je résolus de marcher la nuit droit au logement de Narvaez, que nous connaissions très-bien; de faire les plus grands efforts pour le prendre, parce qu'une fois pris, il n'y avait plus rien à craindre, puisque tous les autres obéiraient volontiers à la justice, et qu'ils n'avaient obéi que par contrainte aux ordres de Diego Velasquez.

Conformément à ma résolution, le jour de la Pentecôte, un peu après minuit, j'arrivai au logement de Narvaez, après avoir fait l'impossible pour m'assurer des deux espions qu'il avait placés. Tandis que je prenais des informations de l'un d'eux, l'autre s'échappa; je pressai ma marche, pour tâcher d'arriver avant lui, mais mes efforts furent vains. L'espion échappé arriva une demi-heure avant moi; et à mon arrivée au logement de Narvaez, je trouvai tout son monde sous les armes et les chevaux sellés.

Nous marchâmes cependant si secrètement, que nous étions déjà dans la cour de Narvaez sans qu'on nous eût aperçus; alors on cria aux armes. Toute sa suite occupait cette cour et les quatre coins de son logement. L'escalier de la tour où il était logé lui-même était gardé par dix-neuf fusiliers; mais nous y montâmes avec une telle précipitation, que nous n'essuyâmes qu'une décharge qui, grâce à Dieu, ne nous fit aucun mal. Sandoval pénétra dans l'appartement avec son détachement; il était défendu par Narvaez et par cinquante hommes, qui se battirent vigoureusement jusqu'au moment où, étant placé au bas de l'escalier pour empêcher les secours, je fis mettre le feu à la tour. Alors Narvaez se rendit à Sandoval : je m'emparai de l'artillerie pour me fortifier; je fis faire prisonniers tous ceux qui devaient l'être; je fis mettre bas les armes au reste, qui promit d'obéir à la justice, et le tout s'exécuta après avoir perdu deux hommes seulement dans une action aussi vigoureuse.

Tous les soldats de Narvaez convinrent qu'il les avait trompés par des provisions supposées, et en me peignant comme un traître qui s'était révolté. Ils me donnèrent depuis des marques de soumission qui tournèrent à l'avantage de Votre Majesté. Si Dieu, au contraire, eût accordé la victoire à Narvaez, et qu'il eût exécuté le projet de me faire pendre et de se débarrasser de mes compagnons, quand il n'aurait perdu qu'autant de monde que moi dans l'exécution de ses desseins, les Indiens auraient écrasé le reste des Espagnols, seraient restés libres, et de vingt ans il eût été impossible à l'Espagne de conquérir et de pacifier cette partie du nouveau monde.

Deux jours après la prise de Narvaez, comme nous ne pouvions pas subsister dans une ville presque détruite, mise au pillage et sans habitants, je détachai un capitaine, avec deux cents hommes, pour aller former à Guazacoalco l'établissement dont j'ai ci-devant parlé, et un autre capitaine avec le même nombre de subalternes à la rivière découverte par les navires de Francisco de Garay. Je détachai encore deux cents hommes à la Vera-Cruz, où je fis conduire les navires de Narvaez. Je restai à Cempoal avec le reste de ma troupe, pour y donner les ordres nécessaires au service du roi, et j'envoyai un exprès à Mexico pour y faire savoir tout ce qui m'était arrivé. Mon émissaire revint au bout de deux jours avec des lettres de l'alcade que j'y avais laissé, qui m'annonçait que les Indiens avaient assiégé la forteresse de différents côtés; qu'ils y avaient fait jouer des mines; qu'ils y avaient mis le feu; qu'ils leur avaient fait courir les plus grands dangers, et même les auraient assassinés, si Montézuma n'avait pas fait cesser la guerre. Il ajoutait qu'au mépris de ses ordres, les Indiens les tenaient toujours renfermés, sans cependant les attaquer; qu'ils ne laissaient sortir personne de la forteresse; qu'ils avaient brûlé mes brigantins; qu'en un mot, ils étaient dans la plus grande crise, et me priaient, au nom de Dieu, de les secourir, sans perdre un instant ([1]).

Vu le danger des Espagnols, la perte des richesses immenses amassées dans Mexico, et celle de la plus grande et de la plus belle ville du nouveau monde, j'envoyai des ordres aux capitaines que j'avais détachés, pour venir me joindre au plus tôt à Tascalteca, où je me trouverais avec tout mon monde et mon artillerie.

Nous nous joignîmes effectivement à Tascalteca, où, revue faite, je me trouvai soixante-dix cavaliers et cinq cents fantassins. Nous en partîmes tous ensemble le plus tôt possible. Personne ne vint au-devant de nous de la part de Montézuma pour nous recevoir comme autrefois : tout le pays était soulevé et presque dépeuplé. Je crus qu'on avait fait mourir tous mes Espagnols, et que tous les habitants du pays s'étaient réunis dans quelques postes ou défilés pour tâcher de me faire un mauvais parti.

Je pris toutes espèces de précautions conséquemment à cette opinion. J'arrivai à Tesnacan, sur le bord du grand lac, où je demandai des nouvelles des Espagnols que j'avais laissés à Mexico. J'appris qu'ils y existaient encore. Je demandai un canot, pour pouvoir y envoyer un Espagnol qui s'en informât, et un otage considérable qui m'en répondît jusqu'à son retour.

Un homme des plus considérables de la ville fit approcher un canot, dans lequel descendit un Espagnol, accompagné de quelques Indiens; il resta avec moi tout le temps de son voyage à Mexico.

A peine le canot était-il parti que j'en vis arriver un autre qui portait un des Espagnols restés à Mexico. Celui-ci m'apprit que les Indiens n'avaient tué que cinq ou six Espagnols; qu'ils assiégeaient la forteresse, n'y laissaient rien entrer ni sortir qu'avec de fortes contributions, quoiqu'on les traitât un peu moins mal depuis qu'on apprenait ma marche.

Il ajouta que Montézuma désirait mon arrivée, pour recouvrer la liberté d'aller dans la ville. Il me présenta ensuite un émissaire de ce prince, qui me marqua, au nom de son maître, des inquiétudes sur ce qui s'était passé à Mexico; qu'il craignait que je ne lui en voulusse et que je n'entreprisse de me venger, quoique tout ce qui avait été fait contre son consentement et contre ses ordres l'eût affecté autant que moi. Cet émissaire, me croyant fâché, fit tout ce qu'il put, au nom de son maître, pour m'apaiser et pour m'engager à venir reprendre mon ancien logement, où je serais obéi comme par le passé.

Je le fis assurer que je n'étais nullement fâché contre Montézuma, dont je connaissais les intentions, et que je me conformerais à ses conseils.

Je partis le 23 juin de Tesnacan, et je passai la nuit à 3 lieues de Mexico. Le jour de Saint-Jean, je me mis en route après la messe, et j'arrivai à Mexico sur le midi. J'y trouvai peu de monde, et quelques dispositions à la défense, que je crus faites pour éviter punition. J'espérai ramener la paix. Je marchai droit à la forteresse, où je logeai mon monde, ainsi que dans le grand temple qui y était contigu. Mes anciens Espagnols me témoignèrent une joie bien vive, et me regardaient comme leur ayant donné une nouvelle

---

([1]) Le conquistador, on le voit, passe ici bien légèrement sur la sanglante exécution des chefs massacrés par ordre d'Alvarado, lors de la fameuse fête de Toxcatl, qui eut lieu le 19 mai 1521. Ixtlilxôchitl semble vouloir faire croire que le chef castillan fut trompé par les Tlaxcaltèques, et prétendit, en donnant un ordre odieux, prévenir une trahison.

-vie ; ils se croyaient en effet perdus. Tout parut calme ce jour-là et la nuit suivante. Le lendemain, je dépêchai un exprès à la Vera-Cruz, pour y annoncer notre arrivée et la tranquillité qui régnait partout; mais au bout d'une demi-heure cet exprès revint, moulu de coups et dans un état affreux, nous dire que les Indiens venaient à nous de toutes parts, et qu'ils avaient emporté les ponts. A peine avait-il achevé sa relation, que nous nous trouvâmes assaillis de tous côtés par une multitude effroyable d'Indiens qui couraient les terrasses et les rues : ils arrivaient en jetant des cris épouvantables, et nous lançaient des grêles de pierres avec leurs frondes.

Les parapets et les cours étaient couverts de flèches, au point de ne pouvoir y marcher; je fis sur la foule deux ou trois vigoureuses sorties de différents côtés : durant l'une, où marchaient deux cents hommes, commandés par un capitaine, le chef fut blessé, ainsi que beaucoup d'autres; il eut en outre quatre hommes tués avant d'avoir pu assembler sa troupe. De notre côté, nous tuâmes fort peu d'Indiens, parce qu'ils nous attaquaient au delà des ponts, et nous jetaient des monceaux de pierres de plusieurs terrasses, dont nous nous emparâmes, et que nous brulâmes en partie.

Ces terrasses étaient tellement gardées et garnies de pierres, que nous ne pûmes les prendre toutes, ni empêcher les Indiens de nous faire beaucoup de mal. Le combat fut extrêmement vif dans la forteresse. Les Indiens y mirent le feu de différents côtés : ce feu fit beaucoup de ravages dans une partie, sans qu'on pût y remédier de longtemps. Nous le coupâmes enfin, en abattant plusieurs pans de murs considérables. Nous étions pris d'assaut sans pouvoir y remédier, si la garde de fusiliers, d'arbalétriers et le feu de plusieurs pièces d'artillerie bien placées, n'eussent fait des ravages considérables. Nous combattîmes tout le jour et fort avant dans la nuit. Ils ne cessèrent de crier et de nous harceler jusqu'au lendemain. Je fis travailler avec une activité incroyable à réparer les points les plus faibles de la forteresse et les ravages du feu : je distribuai les postes à ceux qui devaient faire des sorties; je fis soigner les blessés, qui s'élevaient au moins à quatre-vingts.

A la pointe du jour, les Indiens recommencèrent leur attaque avec plus de furie que la veille. Les artilleurs n'avaient besoin que de diriger leur artillerie sur les nombreux bataillons mexicains, pour y faire des ravages incroyables; mais ces pertes étaient réparées dans l'instant par la multitude. Après avoir laissé dans le poste une garnison convenable, je sortis, je m'emparai de quelques ponts, je brûlai plusieurs maisons, où nous tuâmes beaucoup de monde, sans produire une destruction sensible, vu la multitude; nous étions obligés de combattre la journée entière, tandis qu'ils se relevaient toutes les heures, avec beaucoup plus de monde encore qu'il ne leur en fallait. Nous combattîmes jusqu'à la nuit ce second jour, et nous rentrâmes dans la forteresse après avoir eu cinquante ou soixante Espagnols blessés légèrement. Réfléchissant au préjudice continuel que nous causaient nos ennemis, à leurs forces inépuisables et à notre petit nombre, nous passâmes toute la nuit et le jour suivant à pratiquer des machines couvertes de planches, dans lesquelles combattaient, à couvert des pierres, vingt hommes, fusiliers, arbalétriers et ouvriers, munis de pics, de hoyaux et de barres de fer; on perçait ainsi les maisons et l'on abattait les murailles construites pour barrer les rues.

Quand nous sortîmes de la forteresse, les Indiens firent les plus grands efforts pour y entrer, et nous eûmes beaucoup de peine à les empêcher de le faire. J'engageai Montézuma, qui était toujours mon prisonnier, ainsi que son fils et plusieurs autres seigneurs considérables, à se montrer, à entrer en pourparler avec les capitaines indiens, et à tâcher de faire cesser le combat. Il sortit pour parler aux combattants, d'un parapet saillant de la forteresse; mais il reçut à la tête un coup de pierre si violent qu'il en mourut trois jours après. Je le fis emporter par deux Indiens prisonniers, qui sur leur dos le portèrent aux autres, mais je ne sais ce qu'ils en firent [1]; ce qu'il y a de certain, c'est que la guerre, loin de discontinuer, devint plus vive de jour en jour.

Le même jour, les Indiens appelèrent du côté où ils avaient blessé Montézuma; ils m'engagèrent

---

[1] Le récit du descendant des rois de Tezcuco est bien différent : « On dit que l'un d'eux lui lança une pierre, qui le tua; mais ses sujets prétendent que les Espagnols eux-mêmes lui donnèrent la mort en le frappant d'un coup d'épée dans le bas-ventre. »

Un autre historien, Tezozomoc, affirme que ce souverain fut enterré à Chapultepec.

Ciutlahuatzin succéda, au bout de vingt jours, à son frère Montézuma. Néanmoins, ce prince étant mort de la petite vérole après quarante jours de règne, les Mexicains élurent Cuauhtemotzin, fils du roi Ahuitzotzin, de la branche de Tlateco.

à venir parler à quelques capitaines qui désiraient m'entretenir. Je le fis. Je les priai de ne point combattre contre moi, et de se souvenir des bons traitements qu'ils en avaient reçus, pour sentir qu'ils n'avaient aucunes raisons pour le faire. Ils me répondirent qu'ils discontinueraient la guerre au moment où je consentirais à évacuer leur pays; qu'autrement je pouvais compter qu'ils nous extermineraient, ou qu'ils périraient tous. Leur but était de m'engager à sortir de la forteresse, pour avoir meilleur marché de moi entre les ponts. Mais je leur répondis qu'ils ne devaient point croire que je leur demandasse la paix par crainte, mais par la pitié que m'inspiraient les maux que je leur avais faits, ceux que je leur ferais encore, et la destruction d'une aussi belle ville que la leur.

N'ayant pu rien gagner, mes machines étant finies, je sortis de la forteresse pour m'emparer de quelques terrasses et de quelques ponts; je fis mouvoir mes engins, que je fis précéder par quatre bouches à feu, par beaucoup d'arbalétriers et de soldats avec leurs boucliers, et par plus de trois mille Indiens de Tascalteca, qui servaient les Espagnols. Nous appliquâmes nos machines et plusieurs échelles à quelques terrasses; mais elles étaient défendues par un si grand nombre d'Indiens, qui nous jetaient des masses énormes de pierres, que nos machines furent brisées, qu'ils tuèrent un Espagnol et en blessèrent beaucoup, sans que nous pussions gagner un pouce de terrain, malgré la vigueur et la longueur du combat. Nous rentrâmes sur le midi dans la forteresse, de très-mauvaise humeur, tandis que le courage et l'audace de nos ennemis s'accroissaient par ce faible avantage : ils nous poursuivirent avec chaleur jusqu'à la porte; ils s'emparèrent du grand temple contigu; et dans la tour la plus élevée et la plus essentielle, ils montèrent jusqu'à cinq cents Indiens des plus notables de Mexico, qui y firent porter du pain, de l'eau, des vivres de toute espèce, et une quantité de pierres incroyable. Tous étaient armés de longues lances, garnies au bout de cailloux tranchants, plus larges et moins pointus que le fer des nôtres [1]. De cette tour, les Indiens causaient de grands dommages dans la forteresse. Les Espagnols l'attaquèrent à différentes reprises, et tentèrent d'y monter; mais comme il y avait au delà de cent marches à grimper, et que ceux qui la défendaient étaient approvisionnés de pierres, ils furent toujours culbutés et repoussés avec tant de courage que les Indiens les poursuivaient jusqu'à la forteresse.

Persuadés que nous ne pouvions rien entreprendre d'utile sans avoir pris cette tour au préalable, je sortis de la forteresse, quoique blessé à la main gauche d'un coup que j'avais reçu au premier combat; je me fis attacher le bouclier, et, suivi de quelques Espagnols, je montai à la tour, après l'avoir fait entourer de soldats. Trois ou quatre de mes compagnons furent renversés en montant, par la vigoureuse résistance des Indiens; mais, avec l'aide de Dieu et celle de sa sainte mère, qui avait été placée dans la tour, nous montâmes et nous parvînmes à combattre les Indiens corps à corps. Nous les contraignîmes à sauter sur les terrasses d'alentour : tous se tuèrent en tombant, que ce fût sur ces terrasses, ou au moment de la chute; en moins de trois heures tout était fini. Je fis mettre ensuite le feu à cette tour et à toutes celles qui dépendaient du temple.

Les Indiens, après cette catastrophe, perdirent un peu de leur orgueil; ils marchaient même à la débandade. Lorsque je revins pour reparler aux capitaines avec lesquels j'avais eu précédemment un entretien, je leur exposai que chaque jour je leur causais de nouveaux dommages, que je leur tuais beaucoup d'hommes et détruisais une partie de leur ville; que je ne m'arrêterais, en cas d'opiniâtreté de leur part, que quand il ne resterait plus de vestiges de la ville et des habitants. Ils s'avouèrent convaincus de la vérité de mes assertions; mais ils m'ajoutèrent qu'ils étaient tous déterminés à mourir pour nous achever; que je pouvais voir les terrasses, les rues et les places pleines de monde, et qu'ils avaient calculé qu'en perdant vingt-cinq mille contre un, nous finirions les premiers. Ils alléguèrent, de plus, que toutes les chaussées qui arrivaient à Mexico étaient détruites; que nous ne pouvions sortir que par eau, et qu'ils n'ignoraient point que, dans peu, nous manquerions absolument de provisions d'eau douce; infailliblement donc nous devions périr par la faim, si nous échappions à la guerre.

Ils ne disaient que trop vrai, la faim devait nous moissonner en peu de temps; mais, voyant que les pourparlers n'avançaient rien, je sortis à la nuit tombante avec quelques Espagnols; et comme nous surprîmes les Indiens, nous emportâmes une rue, où nous brûlâmes plus de trois cents maisons. Je

---

[1] Elles étaient armées de pointes d'iztli ou d'obsidienne

rentrai à la forteresse par une autre rue, dans laquelle je causai quelques dommages, parce que les Indiens s'étaient postés en nombre dans celles que j'avais brûlées ; je détruisis encore, chemin faisant, quelques terrasses contiguës à ma forteresse, du haut desquelles on nous incommodait singulièrement. J'effrayai beaucoup de Mexicains, par les opérations de cette nuit, qu'on employa encore à rétablir mes machines de bois.

Pour tirer parti de la victoire que Dieu nous avait accordée, je sortis de grand matin par la rue dans laquelle nous avions été repoussés la veille : nous y trouvâmes autant de résistance que la première fois ; mais comme il y allait de notre honneur et de notre vie, puisque la chaussée qui conduisait par cette voie à la terre ferme était en bon état, nous fîmes les plus grands efforts, et, dans cette rue couverte de terrasses, de tours élevées, garnie de huit ponts revêtus de barrières, de barricades et murés pour la plupart, nous comblâmes quatre ponts et nous brûlâmes exactement, dans l'intervalle qu'ils remplissaient, toutes les terrasses, les tours et les maisons. Nous eûmes dans cette journée beaucoup d'Espagnols blessés, et néanmoins je laissai cette nuit une forte garde aux ponts, pour les conserver et pour s'opposer aux efforts que les Indiens pourraient faire dans le but de les reprendre.

Je fis une autre sortie le lendemain matin. Nous combattîmes avec tant de bonheur, Dieu nous accorda une victoire si complète, que, malgré les murailles, les retranchements, les barrières qu'ils avaient pratiquées cette nuit, et la quantité énorme des combattants, qui opposèrent une vigoureuse défense à nos efforts, nous prîmes et nous comblâmes tous les ponts qui restaient à forcer. Quelques cavaliers poursuivirent la victoire jusqu'à la terre ferme. J'étais encore occupé à réparer les ponts, lorsqu'on vint m'avertir en toute diligence que les Indiens assiégeaient la forteresse, et demandaient cependant la paix. Je laissai à mon poste quelques pièces de canon, avec tout mon monde ; je pris seulement avec moi deux cavaliers pour aller écouter les propositions des principaux Indiens, qui m'assurèrent que si je voulais leur promettre de ne point les punir, ils feraient lever le siége, remplacer les ponts, reconstruire les chaussées, et serviraient dorénavant avec la même soumission que par le passé. Je fis venir, à leur réquisition, le premier de leur religion que j'avais fait prisonnier. Il leur parla, et nous concilia. Il me parut qu'ils envoyaient des émissaires à leurs capitaines et à leurs troupes, avec ordre de cesser les hostilités et d'abandonner le siége de la forteresse. Nous nous séparâmes, d'après ce procédé, et je me fis servir à dîner. A peine avais-je commencé, qu'on vint en toute diligence m'annoncer que les Indiens avaient repris les ponts et tué plusieurs Espagnols.

Dieu sait combien je fus abattu par cette nouvelle ! Je montai à cheval le plus promptement possible, je parcourus la ville à la tête de quelques cavaliers, et sans m'arrêter nulle part, je repris les ponts, je dispersai les Indiens, et je les poursuivis jusqu'à la terre ferme.

Les fantassins, intimidés, fatigués et blessés pour la plupart, n'ayant pu me suivre, je m'aperçus du danger imminent où je me trouvais. Je revins sur mes pas, pour repasser les ponts que je trouvai pris et très-approfondis à partir du point où nous les avions comblés. Les deux côtés de la chaussée, tant sur terre que sur l'eau dans ces canaux, étaient garnis de monde qui nous assaillait de toutes parts à coups de flèches et de pierres, au point que si Dieu n'avait décidé de notre salut, il était impossible que nous en échappassions. On avait déjà répandu la nouvelle de ma mort, lorsque j'arrivai au dernier pont vers la ville. Tous les cavaliers qui m'accompagnaient y tombèrent, et j'éprouvai moi-même les plus grandes difficultés pour le traverser. Les Indiens remportèrent donc la victoire pour cette fois et s'emparèrent de quatre ponts, après m'avoir extrêmement tourmenté, sans avoir pu blesser ni moi, ni mon cheval, armés à l'épreuve.

Je laissai une bonne garde aux quatre ponts que je conservai. Je fis faire dans la forteresse un pont volant, que quarante hommes pouvaient porter. Examinant avec attention le danger imminent que nous courions, le tort considérable que nous éprouvions journellement, l'appréhension où nous étions continuellement que les Indiens ne détruisissent la dernière chaussée qui restait, mes compagnons, blessés pour la plupart, au point de ne pouvoir plus combattre, me sollicitant toujours de sortir de la ville, je pris mon parti et résolus d'en sortir cette nuit même. Je partageai en différents paquets l'or, l'argent et les bijoux qui appartenaient à l'empereur et à nous. Je les distribuai aux alcaldes, aux gouverneurs, aux officiers et à tous ceux qui étaient présents ; je les requis de m'aider à les sauver ; j'abandonnai à cette fin l'une de mes juments que l'on chargea, autant qu'il était possible, de ce que les hommes ne pouvaient emporter, j'accompagnai cette jument d'une escorte suffisante, et je partis le plus secrètement que je pus de la forteresse, que j'évacuai totalement

J'emmenai avec moi un fils et deux filles de Montézuma, Cacamazin, son frère, et plusieurs seigneurs de la province, et mes prisonniers. Arrivés aux ponts, que les Indiens avaient coupés, on jeta à la place du premier celui que j'avais fait construire, et cela sans peine, puisque personne ne s'y opposait; mais la sentinelle ayant averti, nous fûmes assaillis de toutes parts, avant d'arriver au second, par une quantité innombrable de combattants qui nous attaquaient à la fois par terre et par eau.

Je marchai en diligence avec cinq cavaliers et cent fantassins, et nous gagnâmes la terre ferme à la nage. Je laissai alors l'avant-garde, pour revenir à l'arrière-garde, que je trouvai fort maltraitée et engagée dans un vigoureux combat, ainsi que les Indiens de Tascalteca qui nous accompagnaient.

Plusieurs Espagnols avaient été tués dans le combat; nous avions perdu des chevaux, l'artillerie, une grande partie de l'or et des effets précieux, quand je fis filer le reste de mon monde, et quand j'entrepris de contenir les Indiens avec vingt fantassins et quatre cavaliers.

J'arrivai à la ville de Tacuba, qui est au delà de la chaussée, après avoir essuyé des fatigues et couru des dangers inouïs. Toutes les fois que je faisais face à l'ennemi, j'étais accablé par une grêle de flèches, de traits et de pierres, parce qu'ils pouvaient me côtoyer sans cesse et m'attaquer du milieu des eaux sans risques.

Je ne perdis à l'arrière-garde, où était le plus fort des attaques, qu'un seul cavalier; on se battit à l'avant-garde, et partout avec un courage qui enfin nous sauva.

A mon arrivée à Tacuba, je trouvai tout mon monde réuni sur une place, et ne sachant sur quel point marcher. J'ordonnai à ces hommes de sortir sur-le-champ en rase campagne, avant que la foule de nos ennemis augmentât et nous fît beaucoup de mal, en s'emparant des maisons et des terrasses de la ville.

Ceux qui composaient l'avant-garde ne sachant par où sortir, je pris leur place et les mis à l'arrière-garde jusqu'à ce qu'ils fussent sortis de la ville. J'attendis cette arrière-garde dans des terres labourées. J'appris, lorsqu'elle y arriva, qu'elle avait été attaquée, qu'elle avait perdu dans sa retraite quelques Espagnols et quelques Indiens, et que nous avions perdu en chemin une bonne partie de l'or et des effets précieux que nous avions emportés (1).

Je pris un poste capable d'arrêter nos ennemis, et j'ordonnai à mes prisonniers de se rendre au haut d'une tour et d'un poste fort, situés sur la cime d'un coteau voisin; nous avions perdu vingt ou vingt-quatre chevaux; nous n'avions pas un cavalier en état d'allonger le bras, pas un fantassin qui pût se remuer, lorsque nous arrivâmes à ce logement. Nous nous y fortifiâmes, et les Mexicains vinrent nous y assiéger, sans nous laisser une heure de repos. Nous perdîmes dans cette défaite quarante-cinq chevaux, cent cinquante Espagnols, et plus de deux mille Indiens, parmi lesquels se trouvèrent au nombre des morts le fils et une fille de Montézuma, ainsi que les principaux seigneurs que j'avais faits prisonniers. A minuit, espérant de n'être pas vus, nous sortîmes secrètement de la tour, en y mettant le feu dans plusieurs endroits, sans trop savoir le chemin que nous avions à prendre : nous nous abandonnâmes à la conduite d'un Indien de Tascalteca, qui nous promit de nous mener chez lui, si on ne s'opposait point à notre passage. Les sentinelles ennemies, à notre départ, sonnèrent l'alarme, et appelèrent tous les habitants des villages à la ronde, qui se rassemblèrent en grand nombre et nous poursuivirent jusqu'au jour. A l'aube du matin, les cinq cavaliers qui battaient l'estrade donnèrent sur des groupes d'ennemis qui se trouvèrent sur le chemin, en tuèrent une partie et dissipèrent le reste. Comme je vis peu de temps après le nombre des ennemis se rassembler et s'accroître, je réunis ma troupe, je formai des pelotons de ceux qui étaient propres à quelque chose; j'en composai mon avant-garde et mon arrière-garde, je garnis mes ailes et je fis marcher mes blessés dans le centre; je divisai également ma cavalerie en petits escadrons : nous marchâmes ainsi en combattant de tous côtés, et nous ne pûmes faire que trois lieues en vingt-quatre heures.

---

(1) C'est la douloureuse période de la conquête, que tous les historiens désignent sous le nom de *noche triste*.

On voit que le voyageur cesse, pour ainsi dire d'exposer ses observations; c'est le conquérant qui achève le récit. On n'a pas cru devoir supprimer cette dernière partie de la lettre; elle sera surtout lue avec fruit par ceux qui consulteront le livre de Prescott, les mémoires que l'on a récemment publiés au Mexique, et l'importante collection due à M. Ternaux-Compans.

Dieu permit qu'aux approches de la nuit nous découvrîmes, sur une hauteur où nous nous fortifiâmes, une tour et un bon logement où nous fûmes assez tranquilles pendant toute la nuit, quoique vers l'aube du jour nous eussions eu une espèce d'alarme causée par les cris de la multitude d'Indiens qui nous poursuivaient.

Je partis le lendemain à une heure, dans l'ordre exposé plus haut, en soutenant bien mon avant-garde et mon arrière-garde. Les ennemis ne cessaient de nous harceler de toutes parts, en jetant des cris épouvantables et en appelant à leur secours les nombreux habitants du pays. Nos petits escadrons de cavalerie les attaquaient et les dissipaient, sans leur faire grand mal, par suite de l'inégalité du terrain. Nous côtoyâmes un lac pendant tout le jour, et nous arrivâmes à un bon poste, où je crus que nous serions obligés d'en venir aux mains avec les habitants; mais ils s'en allèrent dans d'autres endroits à proximité. Je restai dans ce poste pendant deux jours, pour donner répit à des soldats fatigués, blessés, mourants de faim et de soif, et à des chevaux excédés de fatigues et de besoins. Nous trouvâmes du blé de Turquie, dont nous mangeâmes abondamment; nous en fîmes cuire et griller une provision pour la route, pendant laquelle nous fûmes toujours poursuivis par nos ennemis.

Nous suivions toujours avec confiance notre indien de Tascalteca; nous éprouvions des fatigues inouïes, parce que nous étions souvent obligés de sortir du chemin, et il commençait à se faire tard, lorsque nous arrivâmes dans une plaine garnie de quelques petites maisons où nous passâmes la nuit, ayant grand appétit.

Le lendemain, de grand matin, nous recommençâmes à marcher, et à peine étions-nous sur le chemin que nous fûmes attaqués à l'arrière-garde. Nous combattîmes jusqu'à notre arrivée dans un grand village éloigné de 2 lieues du point d'où nous étions partis. Je découvris à main droite quelques Indiens sur une petite éminence, que je crus pouvoir prendre, parce qu'ils étaient près du chemin. Pour reconnaître cette éminence et pour m'assurer s'il n'y avait point derrière la hauteur plus de monde qu'on n'en voyait, j'allai avec dix ou douze fantassins et cinq cavaliers avec l'intention de faire le tour du coteau. Nous nous trouvâmes derrière une grande ville très-peuplée, où nous essuyâmes un combat si vif que la terre était couverte de pierres et que j'en fus blessé moi-même à la tête de deux coups. Étant revenu au village, où se trouvait ma troupe, pour faire bander mes plaies, j'en fis sortir les Espagnols que je n'y croyais pas en sûreté. Nous continuâmes ainsi notre route, toujours assaillis par un grand nombre d'Indiens qui nous blessèrent quatre ou cinq Espagnols et autant de chevaux; ils nous tuèrent encore une jument, ce qui qui nous fit grand'peine à perdre, puisque, après Dieu, nous mettions toutes nos espérances dans nos chevaux. Nous nous consolâmes cependant de cette perte, en mangeant la bête jusqu'à la peau; nous n'avions pas même à suffisance du blé de Turquie cuit ou grillé : nous avions été souvent obligés de manger les herbes que nous trouvions dans la campagne.

Voyant tous les jours croître nos ennemis en nombre et en force, tandis que nous diminuions à vue d'œil, je fis faire cette nuit des béquilles pour soutenir les blessés, afin que tous les Espagnols pussent se défendre.

Ce fut l'Esprit-Saint qui m'inspira, si l'on considère ce qui m'arriva le jour suivant; car à peine avions-nous fait une lieue et demie que je fus attaqué, par les flancs, par l'avant-garde et par l'arrière-garde, à Otumba, ayant à me défendre contre un nombre prodigieux d'Indiens.

Nous combattions, pour ainsi dire, pêle-mêle; nous regardions ce combat comme le dernier de notre vie, tant nous étions faibles et tant nos ennemis étaient forts et vigoureux. Nous étions presque tous blessés et mourants de faim et de fatigue; mais Dieu voulut faire manifester sa toute-puissance en notre faveur et confondre par notre faiblesse l'orgueil de nos ennemis. Nous leur tuâmes beaucoup de monde, parce que le nombre les empêchait de combattre et de s'enfuir : le combat ne finit que par la mort d'un de leurs principaux chefs, et nous continuâmes un peu plus tranquillement notre chemin, tout en mourant de faim, jusqu'à une maison située dans la plaine, où nous passâmes la nuit, partie à couvert, partie en plein air.

Nous découvrîmes avec quelque plaisir de cet endroit les montagnes de Tascalteca, parce que nous commencions à connaître le pays et le chemin que nous devions prendre; mais cette joie fut bientôt modérée par des réflexions affligeantes. Nous étions, en effet, incertains de l'amitié des habitants de cette province; nous avions à craindre d'en être exterminés, par l'espoir de recouvrer leur liberté, dès qu'ils verraient notre faiblesse et l'état déplorable où nous étions réduits. Nos craintes se dissipèrent bientôt, car le lendemain à la pointe du jour nous suivîmes un chemin plat qui conduit en droite ligne à la province de Tascalteca, poursuivis par un très-petit nombre d'ennemis, quoique le pays fût extrêmement peuplé. Nous évacuâmes entièrement, le dimanche 8 juillet, la province de Culua, et nous entrâmes dans celle de Tascalteca par une petite ville appelée Gualipan (Hueyothlipan), qui peut contenir trois à quatre mille habitants. Nous fûmes très-bien reçus des gens du pays ; nous nous remîmes un peu de la faim et des fatigues que nous avions essuyées avant d'y arriver. Nous payions comptant tout ce qu'on nous fournissait, de l'or que nous avions rapporté. Je restai trois jours à Gualipan, pendant lesquels je reçus la visite de Magiscatzin, de Sintégal, de tous les seigneurs de la province, et même de quelques-uns de celle de Quaxucingo, qui nous témoignèrent prendre le plus vif intérêt aux événements qui nous étaient arrivés, et qui cherchèrent à me consoler, en me disant qu'ils m'avaient plusieurs fois assuré que les habitants de Culua étaient des traîtres auxquels je ne devais pas me fier ; que, n'ayant pas voulu m'en rapporter à eux, je devais m'estimer très-heureux de m'en être tiré ; que, quant à ce qui les regardait, ils m'aideraient jusqu'au dernier soupir pour me dédommager des peines que j'avais essuyées ; qu'en outre de ce qu'ils y étaient obligés comme sujets de l'empereur, ils avaient à venger la mort de leurs enfants, de leurs frères, de leurs compatriotes, qui m'avaient accompagné ; que je pouvais mettre leur amitié à l'épreuve de tout, jusqu'à la mort ; qu'il fallait, puisque j'étais blessé et accablé de lassitude, aller avec toute ma suite à la ville, éloignée de 4 lieues, pour nous y délasser de toutes nos fatigues.

Je les remerciai, j'acceptai leurs offres, et je leur fis quelques présents des bijoux que nous avions pu sauver, et qui leur firent le plus grand plaisir. J'arrivai à la ville avec eux, et je fus très-bien reçu. Magiscatzin me fit présent d'un lit tout garni, parce que nous n'avions rien avec nous. Il fit réparer à mes gens tout ce qu'ils possédaient et qui en était susceptible.

Lorsque je partis pour Mexico, j'avais laissé dans cette ville quelques malades et quelques gens affidés commis à la garde de l'or, de l'argent, des effets et des provisions que j'abandonnais pour marcher plus lestement ; j'y avais encore laissé tous les actes que j'avais passés avec les gens du pays, et les hardes des Espagnols, qui m'accompagnaient avec un simple habit. J'appris qu'un officier de la Vera-Cruz, à la tête de cinq cavaliers et de quarante-cinq fantassins, avait emmené malades, gardes et bagages, et que tous avaient péri et étaient tombés entre les mains des Mexicains, qui avaient fait en cette occasion un butin de plus de cinquante mille pesos d'or. Je sus encore qu'ils avaient massacré plusieurs Espagnols allant à Mexico, m'y croyant en paix et se fiant à la sûreté des chemins.

Cette nouvelle nous attrista au delà de toute expression, parce que, outre la perte des Espagnols et des effets, elle nous rappelait la mort de ceux qui avaient péri sur les ponts de Mexico, et nous faisait craindre que ces Indiens ne fussent tombés sur les Espagnols de la Vera-Cruz, et n'eussent fait révolter les habitants du pays, que nous regardions comme nos amis. Pour éclaircir ce doute, j'envoyai un émissaire à la Vera-Cruz, que je fis accompagner par quelques Indiens pour le guider. Je leur ordonnai de s'écarter du grand chemin jusqu'à leur arrivée dans la ville, et de m'instruire sur-le-champ de ce qui s'y passerait. Dieu permit qu'ils trouvassent les Espagnols dans le meilleur état possible et les gens du pays fort tranquilles. Cette nouvelle nous consola un peu de notre perte ; mais on fut très-affligé à la Vera-Cruz des événements que nous avions éprouvés.

Je restai vingt jours dans la province de Tascalteca, à me remettre de mes blessures, que la fatigue du chemin et le mauvais pansement avaient empirées, notamment celles de la tête ; je fis également guérir mes compagnons blessés ; il en mourut quelques-uns, tant de leurs blessures que des fatigues qu'ils avaient essuyées ; plusieurs restèrent manchots ou boiteux, par suite de blessures incurables. Pour moi, j'en suis quitte pour deux doigts de la main gauche.

Mes compagnons, réfléchissant à la mort des Espagnols que nous avions perdus et à l'état d'impuissance auquel les fatigues, les blessures et la crainte des dangers nous réduisaient, me prièrent à différentes reprises d'aller à la Vera-Cruz, où nous aurions le temps de reprendre des forces, avant que les gens du pays, que nous regardions comme nos amis, profitassent de notre détresse, ne se liassent avec nos ennemis, et ne s'emparassent des hauteurs par lesquelles nous devions passer, pour tomber, tantôt sur nous, et tantôt sur la garnison de la Vera-Cruz : ils me représentèrent qu'étant rassemblés, qu'ayant des navires à portée de nous, nous serions plus forts, et nous pourrions mieux nous défendre, au cas d'une attaque, jusqu'au moment où nous pourrions faire venir du secours des îles. Pour moi, au contraire, je me déterminai à continuer la guerre, voyant que si nous montrions peu de courage aux gens du pays, et particulièrement à nos alliés, ce serait une raison de plus pour qu'ils nous tournassent le dos beaucoup plus tôt; me rappelant d'ailleurs que la fortune seconde toujours les entreprenants, que notre confiance en Dieu, dans sa grande bonté et dans sa miséricorde, opérerait des miracles en notre faveur, et qu'il ne permettrait pas que nous périssions ou que nous abandonnassions un aussi beau pays, je me déterminai à ne pas quitter les hauteurs, à attaquer nos ennemis de tous les côtés, à ne pas trahir les intérêts de l'empereur, et à ne pas nous déshonorer par la suite, quelles que fussent les fatigues et les dangers que nous eussions à essuyer.

Après avoir passé vingt jours dans cette province, quoique je ne fusse pas bien guéri de mes blessures, ni mes compagnons bien remis de leurs fatigues, j'en sortis du côté de la province de Topeaca, qui était de la même ligue et de la même confédération que celle de Culua, notre ennemie, et sur les confins de laquelle on avait assassiné, disait-on, douze Espagnols qui allaient de la Vera-Cruz à Mexico.

En entrant dans cette province, les habitants vinrent en foule se placer dans les défilés et occuper certains postes avantageux pour nous combattre et pour nous empêcher d'y pénétrer; mais ils firent des efforts inutiles. Je leur tuai beaucoup de monde, je les mis en fuite, sans avoir eu un seul Espagnol de tué ou blessé.

Je pacifiai en vingt jours un grand nombre de villes, de bourgs et d'habitations qui en dépendaient; je reçus les hommages et les soumissions des chefs et des notables; je chassai un grand nombre d'Indiens de la province de Culua qui y étaient venus pour nous faire la guerre et pour nous empêcher de nous lier de gré ou de force. Il y a encore dans cette province plusieurs villes à soumettre; mais j'espère qu'avec l'aide de Dieu elles seront bientôt réunies au domaine royal de Votre Majesté.

C'était dans la partie de la province de Tepeaca qu'on avait assassiné les Espagnols qui allaient à Mexico; je me déterminai à y faire un certain nombre d'esclaves, dont je donnai le quint aux officiers de l'empereur, parce qu'ils avaient été plusieurs fois soumis par la force des armes, et toujours rebelles; parce qu'ils avaient assassiné des Espagnols, parce qu'ils étaient anthropophages, et, en un mot, parce qu'il devenait indispensable, pour en contenir le nombre, de les effrayer par un exemple rigoureux.

Nous fûmes secondés dans cette guerre par les habitants de Tascalteca, de Churustecal et de Guaxucingo, qui nous prouvèrent avec bien du zèle l'amitié qu'ils avaient pour nous. Tout me fait croire aussi que ce seront à tout jamais de fidèles sujets et de loyaux serviteurs.

Pendant la guerre de Tepeaca, je reçus des lettres de la Vera-Cruz m'apprenant qu'il était arrivé au port, et en très-mauvais état, deux navires de François de Garay, qui, ayant renvoyé plus de monde à la rivière du Panuco, avaient trouvé, de la part des habitants, une résistance telle qu'ils avaient perdu dix-sept ou dix-huit Espagnols et sept chevaux, qu'un beaucoup plus grand nombre, y compris le capitaine et le lieutenant, avaient été criblés de blessures et contraints de regagner leurs navires à la nage.

Ces accidents ne leur seraient pas arrivés s'ils ne s'étaient pas conduits vis-à-vis de moi comme on l'a vu au commencement de cette lettre; je leur aurais donné de bons avis pour les en préserver, puisque le seigneur de Panuco s'était soumis à l'empereur, et que, pendant mon séjour à Mexico, il n'avait rien négligé pour conserver mon alliance.

J'ordonnai à la Vera-Cruz d'expédier toute espèce de secours aux navires de François de Garay, et, si le capitaine voulait partir, qu'on l'aidât et qu'on favorisât son départ.

Après avoir pacifié la totalité de cette province, nous songeâmes aux moyens de nous l'assurer et de prévenir les révoltes auxquelles elle était sujette et auxquelles elle pouvait être incitée par les Indiens de Culua. Son importance, en outre, pour le commerce d'importation dans l'intérieur des terres nous décida à y construire, sur l'emplacement le plus avantageux, une ville que j'appelai *Segura de la Frontera*. J'y établis un gouvernement et un tribunal de justice, et je fis amasser d'excellents matériaux pour y élever le plus promptement possible une bonne forteresse.

J'étais occupé à écrire cette relation, lorsque je reçus des émissaires de la province de Guacahula, qui vinrent m'avertir, de la part de leurs seigneurs, que plusieurs capitaines de Culua avaient rassemblé trente mille hommes dans leurs villes et dans les environs, tant pour garder les passages que pour empêcher les villes et les provinces voisines de nous servir comme alliés; que, pour eux, qui étaient venus me rendre leurs hommages depuis peu de temps, ils ne voulaient pas qu'on pût les accuser d'avoir donné leur aveu à une pareille incursion; que plusieurs autres villes m'auraient aussi envoyé des députés, si les capitaines de Culua ne s'y étaient pas opposés; qu'enfin ils m'en donnaient avis pour que j'y misse ordre, et afin que je les préservasse des dommages que leur occasionnerait le séjour d'une aussi grande armée, qui maltraitait tous ceux qu'elle rencontrait et volait tous les effets qui en valaient la peine.

Ces seigneurs ajoutèrent qu'ils étaient prêts à exécuter tout ce que je leur ordonnerais. Après les avoir fait remercier de l'avis qu'ils me donnaient et de leur dévouement, je leur envoyai treize cavaliers et deux cents fantassins espagnols avec trente mille Indiens de nos alliés. Nous convînmes que cette armée passerait par les endroits propres à ce qu'on ne la découvrît point; qu'à son approche de la ville le seigneur de la province et ses vassaux entoureraient les logements des capitaines de Culua, et les tueraient avant qu'on pût les secourir; que, quand ces secours arriveraient, ils seraient attaqués par les Espagnols qui entreraient aussitôt qu'eux dans la ville et qui les mettraient en fuite.

Ce plan formé une fois adopté, tout le monde se mit en marche; les Espagnols passèrent par Churustecal et dans une partie de la province de Guaxucingo, où on leur donna de si fortes suspicions sur les liaisons que les habitants avaient avec ceux de Culua, que leur capitaine fut à la découverte, et se rendit maître de tous les seigneurs de Guaxucingo et des émissaires de Guacahula.

Quand ils furent faits prisonniers, le capitaine espagnol revint avec sa troupe à Churustecal, éloigné de quatre lieues de l'endroit où j'étais; il m'envoya tous les prisonniers sous une escorte composée de cavalerie et d'infanterie, en me faisant transmettre le rapport de ce qu'on avait découvert sur leur compte, et en m'écrivant que les Espagnols étaient très-effrayés des difficultés de cette attaque.

Dès que les prisonniers furent arrivés, je les fis interroger par mes interprètes, et, après n'avoir rien omis pour découvrir la vérité, il me parut que le capitaine espagnol ne les avait pas bien entendus : je les fis mettre en liberté, et je les satisfis en leur disant que je les regardais comme de très-fidèles sujets de Votre Majesté sacrée, et que je voulais marcher à leur tête le jour de la victoire que je comptais remporter sur les gens de Culua.

Pour ne montrer ni faiblesse ni crainte aux habitants du pays et à nos alliés, je crus devoir interrompre tout ce que j'avais commencé ce jour-là et marcher droit sur la ville; j'arrivai effectivement le même jour à Churustecal, où j'eus bien du mal à dissuader les Espagnols de la trahison à laquelle ils croyaient.

Le lendemain, je fus coucher au village de Guaxucingo, où les seigneurs avaient été faits prisonniers. Le jour suivant, après avoir combiné ma marche avec les émissaires de Guacahula, je partis avant le jour, et j'y arrivai sur les dix heures. Une demi-lieue avant la ville, je trouvai des exprès qui m'assurèrent que tout était bien combiné; que les gens de Culua ne se doutaient point de mon arrivée, parce que les Indiens de la cité s'étaient saisis des espions qu'ils avaient placés sur les chemins et des détachements qu'ils avaient envoyés pour s'emparer des postes et des tours qui dominaient la campagne; qu'en conséquence les ennemis étaient fort tranquilles, pleins de la confiance qu'ils mettaient dans leurs espions et dans leurs sentinelles; qu'en un mot je pourrais arriver sans être aperçu. J'accélérai ma marche. Dès que nos alliés de la ville nous aperçurent, ils entourèrent les logements des capitaines, et commencèrent à combattre les Indiens de Culua qui étaient répartis dans divers quartiers. J'étais encore à une portée d'arbalète de la ville, qu'on m'amena quarante prisonniers. Je me hâtai d'y entrer, et, sous la conduite d'un guide, je marchai droit au logement des capitaines que je trouvai défendus par trois mille hommes au moins; ils combattaient avec tant de courage qu'on ne pouvait pénétrer dans l'intérieur; mais dès que j'arrivai, nous y entrâmes, et il y pénétra avec nous tant d'habitants du pays que nous ne pûmes préserver ces capitaines de la mort. J'aurais bien voulu en faire quelques-uns prisonniers, pour m'informer de Mexico et du successeur de Montézuma; je n'en pus prendre qu'un, encore était-il plus mort que vif : je sus de lui ce que je raconterai bientôt.

On tua dans la ville beaucoup d'Indiens de Culua; ceux qui y vivaient encore lorsque j'y entrai, apprenant mon arrivée, commencèrent à gagner leur camp; il en périt grand nombre en fuyant. La nouvelle de mon arrivée perça bien vite au camp, situé sur une hauteur qui dominait toute la ville et la plaine d'alentour. Ils vinrent au moins trente mille voir ce qui se passait; c'était bien la plus belle troupe que j'aie vue de ma vie : elle était couverte d'or, d'argent et parée de plumes. Ces gens commencèrent par mettre le feu dans différents endroits de la ville. Dès que l'on m'en eut averti, j'en sortis à la tête de

VICTOIRE COMPLÈTE REMPORTÉE SUR LES INDIENS.

ma cavalerie, parce que l'infanterie était déjà très-fatiguée, et je les attaquai de toutes parts; ils se retirèrent, et tinrent ferme dans un passage, dont nous les chassâmes cependant. Nous en renversâmes une quantité prodigieuse dans un ravin escarpé des deux côtés, au point que les ennemis ne pouvaient ni passer pour s'enfuir, ni nous-mêmes les poursuivre; beaucoup furent étouffés, ou périrent par la chaleur; nous eûmes deux chevaux blessés, dont un mourut. Le nombre infini d'Indiens, nos alliés, qui vinrent à notre secours, acheva d'exterminer ceux de Culua; comme ils étaient tout frais, et que ceux-ci étaient à demi morts, il n'en resta pas un. Nous arrivâmes dans leur camp, où ils avaient pratiqué des baraques, des logements et des auberges; tout fut pillé et brûlé par les Indiens nos alliés, qui étaient rassemblés au nombre de cent mille au moins.

Après cette victoire, nous ne laissâmes pas un ennemi dans la province; nous chassâmes devant nous tous ceux qui existaient encore au delà des cols, des défilés et des passages qu'ils occupaient. Nous revînmes ensuite à la ville, où nous prîmes trois jours de repos, dont nous avions grand besoin.

Très-peu de temps après, les Indiens d'Ocupatuyo vinrent m'offrir leurs services. Ocupatuyo (Ocuituco) est une assez grande ville, située à deux lieues du camp qu'occupaient nos ennemis et auprès de cette montagne fameuse qui contient un volcan. Les habitants de cette ville me dirent que leur seigneur s'était enfui avec les Indiens de Culua, lorsque nous les avions poursuivis de ce côté-là, parce qu'ils croyaient que nous ne nous arrêterions qu'à la ville; qu'ils désiraient depuis longtemps mon amitié, et qu'ils se seraient venus offrir beaucoup plus tôt en qualité de vassaux et de sujets, si ce seigneur fugitif ne s'y était opposé à plusieurs reprises; qu'actuellement ils venaient rendre leurs hommages, et me prier de leur donner pour seigneur un frère de l'ancien, qui avait toujours été de leur avis et qui en était encore, et de les autoriser à ne plus recevoir l'autre, en cas qu'il revînt. Je leur répondis qu'ayant jusqu'ici été de la confédération de Culua, et que, s'étant révoltés plusieurs fois contre l'empereur, ils méritaient une punition exemplaire et sévère; que j'avais déjà médité de l'exécuter sur leur personne; que, puisqu'ils m'assuraient que leur seigneur était cause de leur rébellion, je voulais bien, au nom de mon maître, leur pardonner leur erreur, et les recevoir à son service; mais que je les prévenais qu'un châtiment bien sévère leur serait infligé en cas de récidive; que si, au contraire, comme je l'espérais, ils étaient des sujets loyaux et fidèles de Votre Altesse, je les favoriserais et je les protégerais toujours en son nom.

Cette ville de Guacahula est située dans une plaine environnée, d'un côté, de hautes montagnes escarpées, et de l'autre par deux rivières éloignées l'une de l'autre de deux portées d'arbalète, avec des rives aussi très-escarpées.

Les approches de cette cité sont extrêmement difficiles; les entrées en sont presque impraticables à cheval. La ville est entourée d'un grand mur en chaux et en pierres, de vingt-quatre pieds de hauteur du côté de la plaine, et presque au niveau dans l'intérieur. Il règne tout le long de la muraille un parapet élevé de six pieds, sur lequel on peut monter à cheval par quatre issues. Ces issues sont couvertes par trois ou quatre enceintes avec des courtines enjambées les unes dans les autres. L'enceinte entière est remplie de pierres de toute grosseur avec lesquelles ils combattent.

Cette ville peut renfermer environ cinq ou six mille habitants; les hameaux qui l'environnent et qui en dépendent peuvent en contenir autant. L'emplacement de la ville est très-considérable, parce qu'elle contient beaucoup de jardins spacieux.

Après trois jours de repos, je marchai de Guacahula à Izzucan, qui en est éloigné de 4 lieues, parce que je fus averti qu'il y avait une garnison des Indiens de Culua dans la ville, dont les environs dépendaient et dont le cacique, fort porté pour eux, était parent de Montézuma. J'étais accompagné de plus de cent vingt mille Indiens, lorsque nous arrivâmes à dix heures à Izzucan, que nous trouvâmes abandonné du peuple et des femmes.

Il y avait cinq ou six mille hommes de guerre bien disciplinés qui entreprirent de défendre la place; mais ils abandonnèrent bien vite leur projet quand nous autres Espagnols, qui faisions l'avant-garde, eûmes profité d'un passage pour y entrer. Nous les poursuivîmes de si près, d'un bout à l'autre de la ville, que nous en contraignîmes une partie à sauter du parapet dans la rivière qui l'entoure; ils en avaient coupé les ponts; nous fûmes un peu arrêtés au passage; mais nous les poursuivîmes ensuite pendant une lieue et demie, et je crois que peu d'entre eux échappèrent à la mort.

De retour à la ville, dont le seigneur s'était réfugié dans la province de Culua, j'envoyai aux principaux habitants, qui avaient abandonné leur domicile, deux prisonniers qui leur promirent de ma part et au nom de mon souverain de leur pardonner leur rébellion et de les bien traiter dorénavant, s'ils le servaient en loyaux et fidèles sujets. Mes prisonniers revinrent au bout de trois jours, avec quelques notables, qui me demandaient pardon de leur faute, qu'ils n'avaient commise qu'en obéissant à leur seigneur, et qui promirent de servir avec fidélité.

Je les rassurai, je leur dis de revenir chez eux avec leurs femmes et leurs enfants; je leur persuadai aussi de conseiller aux habitants du pays de recourir à moi, que je leur pardonnerais le passé; mais qu'ils ne m'exposassent point à marcher contre eux, parce que je serais désespéré du mal que je serais contraint de leur faire.

Au bout de deux jours, Izzucan fut repeuplée; tous les habitants des environs vinrent faire leurs soumissions, la province fut tranquillisée, et ils se lièrent avec nous et avec les Indiens de Guacahula. Il n'y avait plus qu'une contestation à juger au sujet de la seigneurie: il s'agissait de savoir à qui elle appartenait depuis le départ du dernier seigneur pour Mexico; ou du bâtard du seigneur naturel du pays, que Montézuma avait fait mourir, et qui avait remplacé son père, en épousant une cousine de Montézuma; ou du petit-fils de ce même seigneur assassiné, fils de la fille légitime qui avait épousé le chef de Guacahula.

L'héritage fut assigné par la voix publique à ce petit-fils, qui avait dix ans; ils lui prêtèrent serment d'obéissance devant moi. Ils lui donnèrent pour tuteur son oncle le bâtard et trois notables, dont deux d'Izzucan et un de Guacahula, furent chargés du gouvernement du pays et des soins à donner à l'enfant jusqu'à ce qu'il fût en état de gouverner par lui-même.

Izzucan peut contenir trois ou quatre mille habitants. Les rues en sont bien percées et alignées; elle est située sur la pente d'un coteau où s'élève une bonne forteresse du côté de la plaine; elle est entourée d'une rivière profonde qui coule près de l'enceinte; elle est encore entourée par le ravin très-escarpé d'un ruisseau, au-dessus de l'escarpement duquel il règne un parapet qui fait tout le tour de la ville: toute cette enceinte était remplie de pierres.

Près d'Izzucan on trouve un vallon charmant, très-fertile en fruits et en coton, qu'on ne rencontre point sur les hauteurs des environs, à cause du froid; mais ce vallon, situé à l'abri des vents du nord par les montagnes, est chaud, et il se trouve arrosé par des canaux superbes et bien percés.

Pendant mon séjour en cette ville, que je laissai tranquille et remplie de nouveau par sa population, je reçus les hommages et les soumissions, pour mon maître, des seigneurs de Guaxucingo et d'une autre ville, frontière de la province du Mexique, éloignée de 10 lieues d'Izzucan; il en vint également de huit endroits de la province de Coastoaca (Oaxaca), dont j'ai fait mention dans les paragraphes précédents, et qui est éloignée de 40 lieues d'Izzucan. Ces Indiens m'assurèrent que le peu qui restait à venir de leur province ne tarderait point à arriver. Ils me prièrent de leur pardonner leur retard, par la crainte qu'ils avaient eue de ceux de Culua; n'ayant jamais pris les armes ni contre moi, ni contre aucun Espagnol depuis qu'ils s'étaient rendus sujets de notre souverain; qu'en un mot ayant toujours été fidèles et prêts à exécuter ses ordres, ils avaient été contraints de cacher leur bonne volonté, par la crainte seule de s'attirer sur les bras un ennemi trop puissant.

Au surplus, Votre Majesté peut être bien assurée qu'avec l'aide de Dieu elle recouvrera bientôt, sinon le tout, du moins la majeure partie de ce qu'elle a perdu. Tous les jours je reçois des marques de soumission des villes et des provinces qui appartenaient autrefois à Montézuma, parce qu'elles voient que je traite très-bien celles qui obéissent, et que je fais une guerre impitoyable dans le cas contraire.

J'appris par les Indiens faits prisonniers à Guacahula, et spécialement par le blessé dont j'ai parlé, que Montézuma avait été remplacé par l'un de ses frères, seigneur d'Istapala, parce que l'aîné des fils de l'ancien souverain avait été tué sur les ponts de Mexico, et que, de deux autres, l'un était fou et l'autre paralytique. On s'était déterminé à ce choix parce qu'on regardait ce frère comme un homme prudent et courageux, qui nous avait fait la guerre. J'appris que ce prince se fortifiait dans Mexico, et qu'il mettait en état de défense les principales villes de sa domination; qu'il faisait pratiquer beaucoup de fossés et de souterrains et amasser de grandes provisions d'armes; qu'il faisait faire entre autres de grandes lances, comme les piques de cavalerie, dont il avait pris quelque idée par celles dont se trouvaient armés déjà plusieurs Indiens de Tepeaca, contre qui nous avions combattu.

J'envoie chercher par quatre navires, à Cuba, des soldats et des chevaux pour nous secourir; j'en envoie quatre autres pour le même objet à Saint-Domingue, où je demande encore des armes, des arbalètes, et de la poudre surtout, dont j'ai grand besoin (¹), parce que des fantassins couverts de boucliers sont de peu de ressource contre la grande multitude et contre des forteresses. Je prie le licencié Rodrigue de Figueroa, et tous les autres officiers de Votre Majesté, de nous donner tous les secours qu'ils pourront, parce que cela est très-essentiel au bien de son service et à notre sûreté.

Avec ces renforts, je reviendrai à Mexico, je réparerai les pertes passées, et je compte soumettre cette orgueilleuse capitale et ses dépendances dans l'état où je l'avais déjà réduite. En attendant j'ai fait construire douze brigantins pour entrer dans le lac. On ramassera et on disposera tous les bois nécessaires, de manière à pouvoir les conduire par terre et à n'avoir plus en arrivant qu'à les assembler : on fait ici des amas de clous pour le même objet, et j'ai déjà fait préparer la poix, l'étoupe, les voiles, les rames et tous les agrès nécessaires. Je ne perds pas un instant ni un moyen pour parvenir à mon but, et je n'épargne ni argent, ni peine, pas plus que je ne redoute le danger.

Mon lieutenant à la Vera-Cruz m'apprit il y a deux ou trois jours l'arrivée d'une petite corvette de trente hommes d'équipage, manquant absolument de subsistances, et venant à la découverte des navires que François de Garay avait envoyés sur les côtes dont j'ai fait mention. Cette corvette était arrivée à la rivière de Panuco, où l'équipage avait séjourné trente jours, sans avoir vu qui que ce soit dans le pays et sur les bords de la rivière, ce qui me fit présumer que le pays avait été entièrement dépeuplé par les événements qui m'étaient arrivés.

La corvette nous annonça devoir être suivie par deux autres navires de François de Garay, chargés d'hommes et de chevaux, qu'ils croyaient déjà passés au-dessous de la côte. Je crus de mon devoir et du bien du service de Votre Majesté de chercher à instruire ces navires et à prévenir les dangers qu'ils couraient. Je fis donner ordre à la corvette d'aller à la découverte desdits navires, pour les avertir et pour leur dire de se rendre au port de la Vera-Cruz, où le premier capitaine envoyé par François de Garay les attendait.

Dieu veuille qu'elle les trouve avant l'heure du débarquement! Ces Espagnols ne sont nullement en défiance, et les Indiens se trouvent prévenus. Les premiers pourraient bien être maltraités au préjudice de notre souverain, d'autant plus que le succès des Indiens les animerait encore davantage et leur donnerait de plus en plus du courage et de la hardiesse pour nous attaquer.

Au moment où je finis ma lettre, j'apprends que Guatimosin, indépendamment de ses fortifications et de ses amas d'armes, de munitions et de vivres, a envoyé des émissaires dans toutes les provinces et villes de son empire, pour certifier à tous ses sujets qu'il les dispense du service et des impôts qu'ils lui doivent pendant un an, pourvu qu'ils emploient tous leurs efforts à faire une guerre sanglante à tous les chrétiens, jusqu'à ce qu'ils soient totalement exterminés ou chassés du pays, et pourvu qu'ils en fassent autant à tous les Indiens nos amis ou alliés.

Quoique j'espère, au moyen de la grâce de Dieu, qu'ils ne viendront nullement à bout de leurs desseins, je me trouve tous les jours très-embarrassé pour secourir les Indiens qui demandent à l'être. Ils sont en si grand nombre, et dans des provinces si éloignées, que je ne peux les secourir tous comme je le voudrais contre les Indiens de Culua, qui, à cause de nous, leur font une guerre continuelle et des plus opiniâtres.

Par tous les rapports que j'ai trouvés entre ces pays et l'Espagne, tant pour l'étendue que pour le climat, la fertilité, etc., j'ai cru qu'il convenait de l'appeler *Nouvelle-Espagne*, au nom de Votre Majesté : j'ose la supplier de lui conserver ce nom.

J'ai écrit en assez mauvais langage, mais de mon mieux, à Votre Majesté, la vérité de tous les événements qui me sont arrivés ici, et tout ce qu'il convient qu'elle sache, et je la supplie d'y envoyer un homme de confiance pour lui rendre un compte particulier.

(¹) Durant une de ses périlleuses expéditions, l'intrépide Alvarado recueillit du soufre et ne tarda pas à en faire fabriquer de la poudre à canon, l'élément le plus nécessaire pour achever la conquête. (Voy. collection de Ternaux-Compans.)

Très-haut, très-excellent prince, que Dieu, notre Seigneur, conserve votre vie et votre royale personne; qu'il conserve aussi l'État puissant de Votre Majesté sacrée; que cet État s'augmente, durant longues années, de royaumes plus considérables et de seigneuries, comme le désire son cœur royal.

De Votre Majesté sacrée, le très-humble serviteur et vassal, celui qui baise les pieds et les mains de Votre Altesse (¹),

FERNAND CORTEZ.

De la ville Segura de la Frontera, en la Nouvelle-Espagne, le 3 octobre 1520.

(¹) On a cru devoir rétablir ici dans son étendue le protocole supprimé par Flavigny; c'est celui qui est, du reste, toujours employé dans les lettres officielles de l'époque.

BIBLIOGRAPHIE.

TEXTES A CONSULTER. — *Segunda carta de relacion embiada a Su Majestad el emperador, por el capitan general de la Nueva-España, llamado Fernan Cortés*, en la cual hace relacion de las provincias y tierras sin cuento, que se han nuevamente descubierto en el Yucatan; 1 vol. in-fol., goth., J. Cronberger, Sevilla, 1522. La première lettre écrite du Mexique par Cortez à Charles-Quint ne fut jamais publiée (du moins on le suppose); celle-ci, qui est, en effet, la première dans l'ordre de celles que nous possédons, est rarissime. — *La Carta tercera*; in-fol., Goth., Sevilla, 1523. — *Historia de Nueva-España*, escrita por su esclarecido conquistador Hernan Cortes, aumentada con otros documentos y notas, por el illustrissimo senor D. Francisco-Antonio Lorenzana, arzobispo de Mexico; 1 vol. pet. in-fol., Mexico, 1770. Cette édition, accompagnée d'hiéroglyphes mexicains, renferme les quatre lettres connues de Cortez. Les textes hiéroglyphiques n'y sont pas toujours très-exactement reproduits, mais leur valeur est indiquée en espagnol. — *Carta quinta* de Cortez. Elle existe manuscrite en original; le célèbre conquistador y raconte à Charles-Quint son expédition vers Honduras. Cette lettre devrait nécessairement faire partie d'une autre édition, si on en donnait une. M. Ternaux-Compans en avait annoncé la traduction dans sa précieuse collection; elle n'a point été publiée. — *Cartas ineditas de Hernando Cortez*; voy. Edwards, Viscount Kinsborough et Aglio, *Antiquities of Mexico* (continued), 2 vol. in-fol., de 1831 à 1848, p. 401 du t. IX de cette vaste collection. — *Carta de Hernan Cortés*, que original existe en poder de D. Joaquim Garcia Icazbalceta, escrita en 15 de octobre 1524; 1 vol. in-8, goth., Mexico, 1855 (publiée à 40 exemplaires seulement). Il est possible que les archives de Séville et de Simancas fournissent encore de nouveaux textes.

TRADUCTIONS DES TEXTES. — *La preclara narratione di Ferdinando Cortese al imperatore*, conversa del idioma hispaniuolo al italiano, da Pietro Savorgnano; 1 vol. in-4°, Venezia, 1523; avec un grand plan de Mexico, sur lequel figure la ménagerie de Montezuma (voy. le *Magasin pittoresque*). — *Præclara Ferdinandi Cortesii de nova maris oceani Hyspania narratio sacr. et univ.* Carolo, Romanorum imperat., anno Domini MDXX, transmissa, in qua continentur plurima scitu et admiratione digna, etc., per doctorem Petrum Sauorgnanum Forojuliensem reverendissimi D. Joann. de Reuelles episcop.; Vienensis secretarium, ex hyspano idiomate in latinum versa S. L. et A.; mais imprimé à Nuremberg, chez Arthémuis, en 1524; pet. in-fol. rarissime. Il en existe un exemplaire au Muséum d'histoire naturelle. Une autre édition de la même année se trouve à la bibliothèque Sainte-Geneviève avec la date et le plan. (Voy., pour les réimpressions, la Bib. amér. de Ternaux-Compans.) — *Correspondance de Fernand Cortez avec l'empereur Charles V sur la conquête du Mexique*, traduite en français par le vicomte de Flavigny; 1 vol. in-12, Paris, 1779, et 1 vol. in-8, Paris, 1780. — *Brief an K. Carl V, uber die Eroberung von Mexico*: nebst einer enleitung und mit Anmerkungen herausgegeben von J.-J. Stapfern; 2 t. in-8, Heidelberg, 1779, et Gœttingue, 1780. — *Dispatches of Fernando Cortez*; 1 vol. in-8, New-York, 1846. Cette traduction est de M. G. Folsom, et accompagnée de notes substantielles.

SOURCES MANUSCRITES A CONSULTER. — *De rebus gestis Cortesii*, manuscrit qu'on suppose fait sur une grande compilation intitulée : *De Orbe novo*. Ce livre est adressé au propre fils de Cortez. On l'a attribué à Calvet de Estrella, chroniqueur des Indes. Il est probablement à Madrid ou à Séville. — D. Diego Garcia Panes, *Theatro de la Nueva-Espana en su gentilidad y conquista*, grande collection manuscrite à Mexico. — *Colleccion de manuscr. del Archivo de Mexico*, recojida por orden del conde de Revilla-Gigedo; 20 vol. in-4°. — F. Diego Duran, *Historia de las Indias y islas y tierra firme*, acabose el año 1579; 1 vol in-fol., avec de nombreuses vignettes à l'aquarelle. Ce précieux volume conservé à Madrid, et dont le savant M. Jozé Fernando Ramirez possède une copie, doit être mis sous presse incessamment; sa publication sera l'un des plus grands services que l'on ait rendus aux lettres américaines. — Las Casas, *Historia de las Indias*, manuscrit. — *Memorial de Benito Martinez, capellan de Velas-*

quez, contra Hernan Cortés, manusc. (Voy. aussi, pour ces premiers temps : *Carta de Diego Velasquez al licenciado Figueroa,* manusc., à Mexico ; — *Declaration de Puerto-Carrero,* Coruna, 30 abril 1520, manuscrit ; — *Declaracion de Montejo,* 29 avril 1520, manuscrit). — *Conquista de Mexico y otros reynos y provincias de la Nueva-Espana que hizo el gran capitan Fernando Cortes.* Su autor, D. Domingos de San-Anton Munon Quauhtleluannitzin ; se halla la copia original de esta historia que hasta ahora nose ha descubierto su autor, ni dado a luz ; en letras antiguas, en la libreria del Colegio de San-Pedro y San-Pablo de la Ciudad de Mexico. Manuscrit de la Bibl. imp., sous le n° supp. franç. 2502. — Chimalpain traduisit Gomara en aztèque avec des modifications importantes, puis fut traduit en espagnol à son tour. Ce précieux ouvrage a été publié depuis à Mexico par Bustamante. Parmi les ouvrages inédits, en petit nombre, qui existent à Paris et qui roulent sur les antiquités du Mexique, nous signalerons la collection de la bibliothèque du corps législatif et les manuscrits aztèques de la Bibliothèque impériale, puis la petite collection de livres écrits sur la langue *quiché* qui existe à la même bibliothèque, section des manuscrits. Nous indiquerons entre autres, comme pouvant donner la clef de bien des mystères touchant les hiéroglyphes antérieurs à ceux des Aztèques, la grammaire quichée, sous ce titre : *Arte de la lingua giche,* su compuesto por el M. R. P. Fray Bartholomeu Anleo, religioso menor de N. S. P. San-Francisco ; — Puis, pour une autre langue du Guatemala : *Vocabulario en lengua castellana y guatemalteca que se llama cakchiguelchi ;* supp. franç., n° 3310. — Vuenimavuh, *Theologia indorum ;* manuscrit écrit en 1553, etc. On possède en Amérique F. Francisco Ximenez, *Historia de la provincia de San-Vicente de Chiappas y Goathemala,* manuscrit trouvé récemment dans la bibliothèque d'un couvent de Guatemala, par le docteur Karl Scherzer. — D. Ramon Ordoñez, *Historia de la creacion del cielo y de la tierra,* conforme al sistema de la gentilidad americana, theologia de los culebras figurada en ingeniosos geroglificos, simbolos, emblemas y metaphoras ; diluvio universal, dispersion de las gentes, verdadero origen de los Indios, su salida de la Chaldea ; su transmigracion en estas partes occidentales, su transito por el Oceano y derrota que siguieron, hasta llegar al seno mexicano principio de su imperio ; fundacion y destruccion de su antigua y primera corte poco ha descubierta y conocida sobre el nombre de ciudad del Palenqué ; supersticioso culto con que los antiguos Palencianos adoraron al verdadero Dios figurado en aquellos simbolos o emblemas que, colocados en las aras de sus templos ultimamente, degeneraron en abominables idolos ; libros todos de la mas venerable antiguedad sacados del olvido unos, nuevamente descubiertos otros ; e interpretados sus simbolos, emblemas y metaforas, conforme al genuino sentido del phrasismo americano, por D. Ramon Ordoñez y Aguiar, presbitero, domiciliado de la ciudad real de Chiappas y residente en Goathemala ; Composé vers 1792, ce manuscrit était à Madrid, en 1808, entre les mains de Gil Lemos, prêt à être imprimé. — Le même, *Antigua mythologia de los Tzendales,* manuscrit important, composé avant 1794. Le Dr Paul-Félix de Cabrera, en ayant eu connaissance, en publia indûment les points principaux ; mais il fut condamné comme plagiaire, par décision du tribunal de Guatemala, le 30 juin 1794. L'ouvrage de Cabrera parut en Angleterre sous le titre suivant : *Theatro critico americano,* or Solution of the great problem of the population of America, by the Dr P.-F. Cabrera ; London, 1822.

LIVRES A CONSULTER. — Martin-Fernandez de Enciso, *Suma de geographia que trata de todas las partidas y provincias del mondo,* en especial de las Indias ; 1 vol. in-fol., 1546. La première édition est de 1519, et c'était, en l'année même où le conquérant partit pour Mexico, le seul livre de géographie qui eût dit un mot sur le Mexique. — *Itinerario de Ludovico de Verthema, Bolognose, ne lo Egypto ne la Suria,* etc.; 1 vol. in-8, Venezia, 1522 ; rarissime. — On y a joint l'Itinéraire de Grijalva, sous ce titre : *Qui comincia lo Itinerario de l'isola de Juchatan novamente ritrovata,* per il signor Juan de Grisalva (sic), capitan generale de l'armata del re de Spania, per il suo capellano composta. (Cette précieuse relation, pour ainsi dire introuvable, a été traduite en français par M. Ternaux-Compans, et insérée dans sa collection, en 1838.) — El Dean Cervantes, *Mexicus interius,* opuscule sous forme de dialogue du début de la conquête, et dont on n'a trouvé qu'un exemplaire à la suite d'une grammaire de Nebrixa. — Benito Fernandez, *Doctrina christiana,* en lengua mixteca ; 1 vol. in-4°, 1550 ; premier livre de linguistique publié sur les langues de ce pays. — Première et deuxième relations faites par Pierre d'Alvarado à Fernand Cortez (voy. Ramusio, 1er vol.; Giunti, 1550). — Relation faite par Diego de Godoy à Fernand Cortez, id. — Relation de Nuno Guzman, datée d'Omitlan, province de Mechoacan. — Lettre de D. Antonio de Mendoza ; id. — D. Fr. Bartolome de las Casas o Casaus, *Brevissima relacion de la destruycion de las Indias,* colegida por el obispo D. fray B. de las Casas, de la orden de Santo-Domingo ; 1 vol., Sevilla, en casa de Sebastian Truxillo. C'est le premier traité du saint évêque spécialement consacré aux Indiens d'Haïti ; pour les autres ouvrages, et notamment pour celui qui est intitulé : *Este es un tratado que el obispo de la ciudad real de Chiapa escrivio sobre la materia de los Indios,* 1552, voy. Ternaux-Compans, *Bibliothèque américaine ;* 1 vol. in-8, Paris, 1837. — Francisco Lopez de Gomara, *Historia general de las Indias,* con todo el descubrimiento y cosas notables que han acaecido, desde que se ganaron hasta el ano de 1551, con la conquista de Mexico y de la Nueva-Espâna ; 1 vol. in-fol., goth., Saragoça, A. Millan, 1552-53. Lopez de Gomara, né à Séville en 1510, passa en Amérique, après avoir fait ses études à l'université d'Alcala, et devint précepteur des enfants de Cortez ; sa relation se ressent de cette intimité avec son héros. Son ouvrage, fréquemment réimprimé et traduit, a paru en français sous ce titre : *Histoire générale des Indes occidentales et terres neufves qui jusques à présent ont été découvertes,* traduite en français par M. Fumée, sieur de Marly-le-Châtel ; 1 vol. in-12, Paris, Michel Sonnius, 1569. — Il y a une édition du même format, avec l'ancre aldine, une édition de 1584, et enfin une autre de 1587. La traduction italienne est de 1555. — Molina, *Vocabulario en lengua castellana y mexicana,* compuesto por el M. R. P. A. de Molina, de la orden de San-Francisco; 1 vol. in-fol., Mexico, 1571. Livre capital pour les études sur la linguistique de ces régions. M. Ramirez possède la première édition, réputée introuvable, de la grammaire donnée par Molina. — Girol. Benzoni, *Istoria del mondo nuovo;* in-8, Venezia, 1565. — D. Gabriel Lasso de la Vega, *Primera parte de Cortes valeroso y la Mexycana;* 1 vol. in-4°, Madrid, 1588. Poëme curieux, qui est complet seulement dans la deuxième édition, de 1594. — *Voyages et conquêtes du capitaine Ferdinand Courtois ès Indes occidentales,* histoire traduite de langue espagnole par Guillaume le Breton, Nivernois; 1 vol. in-12, Paris, 1588 (trad. de la 2ᵉ partie de Lopez de Gomara). — Acosta, *De natura novi orbis,* libri II; 1 vol. in-12, Salmanticæ, 1589. — El P. Joseph de Acosta, *Historia natural y moral de las Indias;* 1 vol in-4°, Sevilla, 1590. — Maestro fray Agostin Davila Padilla, *Historia de la fundacion y discurso de la provincia de Santiago de Mexico;* 1 vol. in-fol., Madrid, 1598. — Richard Hackluyt, *the Principales navigations, voyages,* etc.; 3 vol. in-fol., goth., 1599-1600. Voy., dans cette précieuse collection, les relations de Thomson, Chilton, Hawks, Philips, Hortop, etc. — *Piedad heroyca de Hernando Cortez;* 1 vol. in-8, imprimé vers 1600, et dû à Carlos de Siguenza y Gongora (ne se trouve jamais complet). — Gabriel Lasso de la Vega, *Elogios en loor de los tres famosos varones D. Jayme, rey de Aragon, D. Fernando Cortez, marquez del Valle, y D. Alvaro Bazan;* 1 vol. in-12, Çaragoça, 1601. — B. de Balbuena, *Grandeza mexicana;* 1 vol. in-12, Mexico, 1604. — Fray Juan de Torquemada, *XXI libros rituales y monarchia indiana,* con el origen y guerras de los Indios occidentales, de sus poblaciones, descubrimientos, conquista, conversion y cosas maravillosas de la misma tierra; 3 vol. in-fol., Madrid, 1613. Vaste ouvrage encore indispensable, mais dont l'importance a diminué depuis les publications de Ternaux-Compans, lord Kingsborough, Aglio et Ramirez. — Hernandez, *Quatro libros de la naturaleza, virtudes de las plantas,* etc., traducidos y aumentados por F. Francisco Ximenez; 1 vol. in-4°, Mexico, 1615. — Antonio de Remesal, *Historia de la provincia de Chyapa y Guatemala;* 1 vol. in-fol., Madrid, 1619. — Lope de Vega, *Marquez del Valle* (Fernand Cortez), l'une des comédies fameuses. — Canizares, *el Pleyto de Fernan Cortez* (comédie). — Fernand de Zarate, *Conquista de Mexico* (comédie). — F. del Rey, *Hernand Cortez en Tabasco* (comédie). — Bernal Dias del Castillo, *Historia verdadera de la conquista de la Nueva-España;* 1 vol. in-fol, Madrid, 1632. Il y a une édition de cet ouvrage capital, d'un vaillant compagnon de Cortez, publiée vers 1700; elle est plus complète d'un chapitre. — *Relacion universal y verdadera del sitio en que esta fundada la ciudad de Mexico;* 1 vol. in-fol., Mexico, 1637. — D. Juan Palafox, évêque de la puebla de los Angeles, *Virtudes del Indio;* 1 vol. in-4°, 1650. Il y en a une édition de 1661. — Johannis Solorzano, *De Indiarum jure,* etc.; 2 vol. in-fol., 1672. — D. Antonio de Solis, *Historia de la conquista de Mexico,* poblacion y progressos de la America septentrional, conocida por el nombre de Nueva-Espana; 1 vol. in-fol., Madrid, 1684. Première édition d'un ouvrage très-fréquemment réimprimé et traduit dans toutes les langues, mais auquel le livre de Prescott a porté un dernier coup. Il a été traduit en français sous le titre suivant: *Histoire de la conquête du Mexique ou de la Nouvelle-Espagne,* traduite de l'espagnol de D. Antoine de Solis par Citry de la Guette; 1 vol. in-4°, Paris, 1691. Nous en connaissons une édition de la Haye, 1692, 2 vol. in-12, par l'auteur du *Triumvirat,* toujours Citry de la Guette. — Lopez de Cogolludo, *Historia de la provincia de Yucathan;* 1 vol. in fol., Madrid, 1688 (cet ouvrage est fort rare et a été réimprimé tout récemment). — Thomas Gage, *Voyage à la Nouvelle-Espagne;* 2 vol. in-12, Amsterdam, 1695. — F. Agostin de Vetancourt, *Theatro mexicano,* descripcion breve de los successos, etc.; 1 vol. in-fol., Mexico, 1698. — Gemelli Carreri, *Giro del mundo;* Napoli, 1699. Il y a une édition de Venise, en 9 tomes in-8, 1719; puis une autre, 9 vol. in-8, Naples, 1721. Traduit en français sous ce titre: *Voyage autour du monde, fait de 1693 à 1697,* traduit de l'italien par (L. M.) N.; 6 volumes grand in-12, Paris, 1719-1727. — Antonio de Herrera, *Historia general de los hechos de los Castellanos en las islas y tierra firma del mar oceano,* en ocho decades; 4 vol. in-fol., Anvers, 1728. Cette édition est réputée correcte; il y en a une de Madrid, 1729-1730, avec estampes, mais on sait quelle est la valeur iconographique des figures de cette époque. La première édition de ce livre capital est de 1601-1615; in-fol. Il a été publié en français, sous ce titre: *Description des Indes occidentales, ou le Nouveau monde;* 1 vol. in-fol.; les deux premières décades, Amsterdam, 1622; Amsterdam, 1681; 3ᵉ décade: la traduction latine paraît à Amsterdam, in-fol., 1622. — Fr. Gregorio Garcia, *Origen de los Indios de el nuevo mondo e Indias occidentales,* deuxième impression; 1 vol. in-fol., Madrid, 1729. — *Diario y derrotero de lo camino, do visto y observado en el discurso de la visita general de precidios (sic)* situados en las provincias ynternas de la Nueva-Espana, que executo D. Pedro Rivera; 1 vol. in-fol., Guathemala, 1736. — *Estrella del norte de Mexico;* 1 vol. in-4°, Mexico, 1741. — Luiz Bezerra Tanco, *Felicidad de Mexico, en la admirable aparicion de Nuestra-Senora de Guadalupe;* 1 vol. in-8, Madrid, 1745. — Lorenzo Boturini Benaduci, *Idea de una historia general de la America septentrional,* fundada sobre material copioso de figuras, symbolos, caracteres y geroglificos, cantares y manuscritos de autores indios ultimamente descubiertos; 1 vol. in-4°, Madrid, 1746. Ouvrage des plus importants. (Voy. sur Boturini un article dans la *Biographie générale,* publ. chez les frères Didot.) — D. Fr. Luiz de Leon, *Hernandia, triunfos de la fé y gloria de las armas españolas, conquista de Mexico, y proezas de Hernan Cortez;* 1 vol. in-4°, Madrid, 1755. — Eguiara, *Bibliotheca mexicana;* in-fol., Mexico, 1755. — Granados y Galvez, *Tardes americanas;* 1 vol. in-4°, Mexico, 1778. On y trouve le texte otomite du fameux chant de Netzahualcoyotl. — Robertson, *Histoire de l'Amérique* (trad. de l'angl. par Suard); 2 vol. in-4°, Paris, 1778. — Clavigero, *Storia antica del Messico;* 4 t. en 2 vol. in-4°; fig. Le texte original de cette histoire estimée ayant été presque épuisé, on en donna, au dix-huitième siècle, une traduction espagnole, sous le titre de *Historia antigua de Mexico, por Clavijero,* etc.; Londres, 1786, 2 vol. in-8; fig. — Ant. de Alcedo, *Dicionario geogr. historico de las Indias occidentales o America;* 5 vol. in-4°, Madrid, 1786. — Clavigero, *History of Mexico;* 2 vol. gr. in-4°, London, 1787. La traduction allemande, 2 vol. in-8, est publiée à Leipzick, en 1789. — Salazar y Olarte, *Historia de la conquista de*

Mexico; 1 vol. in-fol., Madrid, 1786. — Maneiri. *De vitis aliquot Mexicanorum*, partes III; 3 vol. in-8, Bononiæ, 1791. — Carillo y Perez, *Pencil americano*; 1 vol. in-4°, Mexico, 1797. — Escoiquiz, *Mexico conquistada*, poëma heroyco; 3 vol. pet. in-8, Madrid, 1798. — *Cantos de las musas mexicanas*; 1 vol. pet. in-4°, Mexico, 1804. — D. Antonio de Leon y Gama, *Descripcion y cronologia de las dos piedras*, etc.; 1 vol pet. in-4°, Madrid, 1802, réimprimé à Mexico, par Bustamante, en 1832, avec la fig. du calendrier mexicain. Il a été publié à l'origine en italien sous ce titre. — Ant. Leone Gama, *Saggio dell' astronomia de' Messicani*; 1 vol. gr. in-8, 1804. — P. du Roure, *la Conquête du Mexique*, poëme; 1 vol. in-8, Paris, 1811. — Beristain, *Bibliotheca hispano-mexicana*; 3 vol. in-8, Mexico, 1816. — Billaud-Varennes, Mémoire contenant la relation de ses voyages et aventures dans le Mexique; 2 vol. in-8, Paris, 1822. — Bustamante, *Galeria de ant. principes mexicanos*; 1 vol. pet. in-4°, Puebla, 1821. — D. Antonio del Rio, *Description of an ancient city discovered near Palenque in the Kingdom of Guatemala*, etc., translated from the origin. ms.; 1 vol. in-4°, London, 1822. — W. Bullock, *Six month's residence and travels in Mexico*; 1 vol. in-8, fig., London, 1824. Traduit en français sous ce titre : *le Mexique en 1825*, ou Relation d'un voyage dans la Nouvelle-Espagne, contenant des notions exactes et peu connues sur la situation physique, morale et politique de ce pays; ouvrage traduit de l'anglais par M..., précédé d'une Introduction et enrichi de pièces justificatives et de notes, par sir Charles Bierley ; 2 vol. in-8 et 1 atl. in-4° obl., Paris, 1824. — Roux de Rochelle, *F. Cortez*, poëme; 1 vol. in-8. — Lyons, *Journal of a residence and tour in Mexico*; 1 vol. in-8, London, 1824. — Basil Hall, *Extrait from a journal*, etc.; 4° édit.; 2 vol. in-8, Edimburgh, 1825. — A. de Humboldt, *Essai politique sur la Nouvelle-Espagne*; 4 vol. in-8, Paris 1825. Nous signalons de préférence cette édition portative. — Mac Beaufoy, *Mexican illustrations*; 1 vol. in-8, Lond, 1828. — Voy. aussi le capit. Lyon, 1827 et 1828, et Ward, 1827. — Ranking, *Historical researches on the conquest of Peru, Mexico*; gr. in-8, Londres 1827; ouvrage plein d'hypothèses hasardées. — Bernardino de Sahagun, *Historia de las cosas de la Nueva-España*, pub. por el señor Bustamante; 3 vol. pet. in-4°, Mexico, 1829. Cet important ouvrage imparfaitement édité, sur lequel on peut lire un article de M. Ferd. Denis dans la *Revue des Deux-Mondes*, a été reproduit dans la vaste collection suivante. — Lord Kingsborough et Aglio, *Antiquities of Mexico*, comprising fac-similes of ancient mexican paintings and hierogliphics, preserved in the royal libraries of Paris, Berlin, Dresden, in the imperial library of Vienna, in the Vatican library, in the Borgiam Museum at Rome, in the library of the institute at Bologna and in the bodleian library at Oxford. Together with the monuments of New Spain by M. Dupaix, with their respectives scales of measurement and accompanying description ; the whole illustrated by many valuables inedited manuscripts by Augustine Aglio ; 7 vol. gr. in-fol., London, 1830. Ce vaste recueil est, sans contredit, le plus beau monument qui ait été encore élevé aux antiquités américaines. Des bibliographes, qui se disent bien informés, affirment que l'impression de l'ouvrage s'est élevée au delà de 1 500 000 francs. Les exemplaires sur grand papier étaient évalués naguère à 15 000 fr.; de 1831 à 1848, sous le titre de *Antiquities of Mexico continued*, les t. VIII et IX ont paru. Voy. un article analytique étendu sur la collection de lord Kingsborough, dans le *Bulletin* de Férussac. — Beltrami, *le Mexique*; 2 vol. in-8, Paris, 1830. — Alex. Lenoir, Warden, Ch. Farcy, Baradère et Saint-Priest, *Antiquités mexicaines*, 1 vol. in-fol., Paris, 1834 et années suivantes. — Latrobe, *Rambler in Mexico*; 1 vol. in-8, New-York, 1836. — D. Mariano Veytia, *Historia de Mejico*; 3 vol. petit in-4°, etc.; Mexico, 1836. Veytia, né à Puebla en 1710, mort en 1780, vint en Europe et fut l'exécuteur testamentaire de Boturini Benaduci ; il a donc puisé aux sources les plus originales. Il embrasse la période comprise entre la fin du douzième siècle et le quinzième. Il a eu un habile éditeur dans M. Orteaga. — Delafield's, *American antiquities* and researches into the origin and antiquities of America ; 1 vol. in-4°, fig., Cincinnati, 1839. — Ternaux-Compans, *Voyages, relations et mémoires originaux*, pour servir à l'histoire de la découverte de l'Amérique, publ. pour la première fois en français ; 20 vol. in-8, Paris, 1837 et ann. suiv. Cette précieuse collection, qui a mis en lumière tant de relations ignorées, renferme plusieurs ouvrages écrits spécialement sur l'histoire du Mexique. Il faut mettre au premier rang les ouvrages de Fernando d'Alva Ixtlilxochitl ; le livre d'Alonzo de Zurita, *Rapport sur les différentes classes de chefs de la Nouvelle-Espagne* ; puis le Recueil de pièces curieuses relatives à la conquête du Mexique (inédit) ; 2 vol. in-8, Paris, 1838. Ces précieux volumes renferment les relations suivantes, trop rarement consultées : — *Itinéraire du voyage de la flotte du roi catholique à l'île de Yucatan, dans l'Inde*, fait en l'an 1518, sous les ordres du capitaine Grijalva ; — *Relation abrégée de la Nouvelle-Espagne*, et sur la grande ville de Temixtitan (Mexico), écrite par un gentilhomme de la suite de Cortez ; — Lettres de Pedro de Alvarado ; — Lettre du frère Pierre de Gand, en date du 27 juin 1527 ; — *De l'ordre des successions observées par les Indiens* ; — *Des cérémonies observées par les Indiens, lorsqu'ils faisaient un tècle* ; — Lettre de Ramirez de Fuenleal, évêque de Saint-Domingue, à S. M. Charles V, 3 novembre 1532 ; — Relation de ce qui s'est passé, le 10 du mois de septembre 1541, dans la ville de Santiago-de-Guatemala ; — Lettre de Juan de Zarate, évêque d'Antequera ; — Lettre de Lorenzo de Bienvenida ; — Avis du vice-roi D. Antonio de Mendoza ; — Mémoire des services rendus par le gouverneur D. Francisco de Ibarra, — Lettre des chapelains F. Torribio et F. Diego d'Olarte, sur les tributs que payaient les Indiens ; — Requête de plusieurs chefs d'Atilan à Philippe II ; — Extrait de l'*Histoire de Philippe II*, de Cabrera de Cordoue. — Dans le volume publié en 1829, on trouve : *De l'arrivée des Espagnols et du commencement de la loi évangélique* (c'est la treizième relation de D. Fernando de Alva Ixtlilxochitl, l'interprète juré, descendant des rois de Tezcuco); — Note sur Echevarria y Veytia; — Supplique adressée par l'archevêque de Mexico à Charles V, en faveur des Macceiales ; — Pétition adressée à Charles V par plusieurs chefs mexicains ; Mexico, 1732. — Extrait du Catalogue de Muñoz : — Compte rendu du procès de Boturini; — Note sur le Guatemala; — Note sur les poésies aztèques; — Stances; — Note sur les Itzaes. — Fréjus, *Historia breve de la conquista de los estados independientes del estado de Mexico*; 1 vol. in-4°, Zacatecas,

1838. — H. Ternaux-Compans, *Essai sur la théogonie mexicaine*; broch. pet. in-8, Paris, 1840. (Extrait des Annales des voyages.) — J. Stephen's, *Incidents of travels in central America, Chiapas and Yucatan*; 2 vol. in-8, New-York, 1841. — On doit au même, *Incidents of travels in Yucatan*; 2 vol. in-8, Londres, 1843. Les dessins de ces précieux volumes ont été exécutés par Catherwood. Depuis la mort de J. Stephen, ses quatre volumes ont été réimprimés en deux volumes in-8. — Isidore Lowenstern, *le Mexique*, souvenirs d'un voyageur; 1 vol. in-8, Paris, 1843. — F. Catherwood, *View of ancient monument, in central America and Yucatan*; 1 vol. in-fol., London, 1844. —Brantz-Meyer, *Mexico as it was and as it is*; 1 vol. in-8, New-York, 1844. —Michel Chevalier, *le Mexique avant et pendant la conquête*; 1 vol. in-8, Paris, 1845. — William-H. Prescott, *Histoire de la conquête du Mexique*, avec un tableau préliminaire de l'ancienne civilisation du Mexique et la Vie de Fernand Cortés, publ. en français par Amédée Pichot; 3 vol. in-8, Paris, 1846. L'original de cet excellent livre a été aussi traduit en espagnol, par M. Joaquim Navarro, sous ce titre : *Historia de la conquista de Mexico*, 3 vol. in-8, Mexico, 1844. Le deuxième volume renferme un supplément composé de notes et d'éclaircissements précieux donnés par M. Jozé Fernando Ramirez. Le troisième est consacré aux planches et à leur explication, due à M. Gondra. Il y a une autre traduction, faite à Mexico; 2 vol. in-4°. — C. Nebel, *Voyage pittoresque et archéologique dans la partie la plus intéressante du Mexique*; 1 vol. in-fol., Paris, 1846 (ouvrage dont les planches présentent une rare exactitude). — J.-M.-A. Aubin, Mémoire sur la peinture didactique et l'écriture figurative des anciens Mexicains; brochure in-8, de 89 p., Paris, imprimerie administrative de Paul Dupont, 1849. — Mayne Reid, *the Rifle rangers*, or the adventures of an officer in Southern Mexico; 2 vol. post. in-8, London, 1850. — L'abbé E.-Charles Brasseur de Bourbourg, Lettres pour servir à l'introduction à l'Histoire des nations civilisées de l'Amérique méridionale, en espagnol et en français; 1 vol. pet. in-fol., à 2 col., Mexico, imprenta de M. Murguia Portal del Aguila del Oro, 1851. — George F. Buxton, *Travels*. — E.-G. Squier, *Nicaragua, its people, scenery,* monuments and the proposal canal with numerous maps and illustrations; 2 vol. in-8, New-York, 1852. — Alvaro Tezozomoc, *Histoire du Mexique*, traduite sur un manuscrit inédit, par Henri Ternaux-Compans; 2 vol. in-8, Paris, 1853. Tezozomoc (prince du sang royal de Tezcuco) a recueilli avec un soin bien rare les traditions légendaires. — *El Registro Yucateco*, periodico literario, redactado por una sociedad de amigos; 4 vol. in-8, Merida-de-Yucatan, 1846 et ann. suiv. On trouve dans cette collection, rarissime en France, une vue de Cozumel, où débarqua Cortez. — *Proceso de Residencia contra Pedro de Alvarado*, ilustrado con estampas sacadas de los antiguos codices mexicanos y notas y noticias biograficas y arqueologicas, por Jozé Fernando Ramirez, lo publica paleografiado del ms. original el licenciado Ignacio L. Rayon; 1 vol. in-8, Mexico, 1841. — Fray Torribio de Motilinia, *Historia de los Indios de la Nueva-España*; enero de 1555. — *Carta* de fray Torribio de Motilinia al emperador Carlos V; 1 vol. gr. in-8, Mexico, 1855 et années suiv. Ces précieux documents, fournis par un ardent ami des Indiens, contemporain de las Casas, font partie d'une grande collection en voie de publication, et éditée par D. Joaquim-Garcia Ycazbalceta. — D. Jozé-Fernando Ramirez, *Ixtlilxôchitl* (Fernando de Alva), article tiré à part et extrait du grand *Diccionario historico* en voie de publication à Mexico; brochure gr. in-8, à 2 col. On y a donné la liste la plus complète des œuvres du célèbre historien, qu'il faut toujours opposer aux récits des Espagnols. — J.-J. Ampère, *Promenades en Amérique*, États-Unis, Cuba, Mexique; 2 vol. in-8, Paris, 1855.

NOTE SUPPLÉMENTAIRE. — Au moment de clore ce volume, nous recevons de Portugal de nouveaux documents biographiques sur Magellan, extraits, nous affirme-t-on, d'actes authentiques. Bien qu'ils se trouvent en désaccord avec plusieurs renseignements adoptés par le savant et consciencieux Navarrete, nous n'hésitons pas à en donner ici un extrait sommaire, en raison de la confiance que nous inspire la source dont ils émanent. D'après ces pièces originales, Magellan ne serait pas né à Porto, mais bien à Villa-de-Sabroza, dans le district *(comarca)* de Villa-Real, province de Tras-os-Montes. Il résulte du testament de l'illustre navigateur, écrit à Lisbonne, dans le faubourg de Belém, le 19 décembre 1504, qu'il avait institué pour ses héritiers, à cette époque, sa sœur, doña Theresa de Magalhaens, et son beau-frère, João da Sylva Telles, gentilhomme du palais et seigneur du château da Pereira-da-Sabroza; il reconnaissait également pour son héritier un neveu, fils des deux précédents, nommé Luis Telles da Silva. Il manifeste, dans cette pièce, le désir que les armes des Magalhaens soient désormais unies aux armes des Telles da Sylva. Par suite des événements que nous avons rapportés, cette famille alla s'établir dans un village retiré, voisin de Monte-Longo de Taje. Il paraît qu'elle resta dans l'ignorance des droits qui lui auraient été transmis par leur illustre parent. Le village où s'était retiré le beau-frère de Magellan se nommait Marinhâo, et trois générations appartenant à la même famille s'y succédèrent. Luis Telles da Sylva avait en réalité hérité de son oncle, car il ne paraît point que la haine qu'inspirait le nom de Magellan eût été jusqu'à la confiscation de ses biens; on s'était contenté d'abolir ses priviléges nobiliaires, comme on peut encore aujourd'hui s'en assurer à Sabroza, où les écussons portant ses armes ont été piqués partout à coups de marteau. — Voici les détails qu'il nous a été possible de nous procurer sur l'état actuel de la famille de Magellan en Portugal : Antonio-Luis Coelho de Castillo-Branco de Magalhaens, mort à Madrid et descendant direct de Luis Telles, a laissé une fille naturelle, mais reconnue et héritière de ses biens, qui vit encore aujourd'hui et qui est veuve du maréchal Antonio-Ferreira d'Aragâo. Elle a eu de son mariage un fils et une fille, qui habitent Villa de Parada de Pinhâo, dans la comarca de Villa-Real. Nous devons ces documents à M. Joaquim Pinto de Magalhaens, qui occupe un des premiers emplois dans l'administration de Porto; ils nous sont parvenus par l'entremise d'un savant officier d'artillerie, M. J.-V. Damazio.

FIN DU TOME TROISIÈME.

PARIS. — TYPOGRAPHIE DE J. BEST,
Rue Saint-Maur-Saint-Germain, 15.

www.ingramcontent.com/pod-product-compliance
Lightning Source LLC
Chambersburg PA
CBHW071100230426
43666CB00009B/1766